KB210416

이것이

개벽

이다

上

이것이 개벽이다(上)

단기 4316년(서기 1983년) 5월 20일 초판 발행, 총 3판 50쇄 발행
단기 4357년(서기 2024년) 3월 11일 개정 3판 1쇄 발행

지은이 안경전
발행처 상생출판
발행인 안경전
주 소 대전시 중구 선화서로 29번길 36(선화동)
전 화 070-8644-3156. FAX 0303-0799-1735
등록번호 2005년 3월 11일 제175호
Copyright ⓒ 2024 상생출판

ISBN 979-11-91329-54-4

지금은 천지의 질서가 바뀌는 때!

이것이 개벽 이다 上

안경전 지음

상생출판

개정 3판 서문

≡

"천지가 병들었다!"

지구촌을 휩쓴 코로나19 팬데믹은 수많은 목숨을 앗아가고 인류에게 전염병의 무서움을 실감케 했다. 2022년부터는 코로나19가 독성도 약화되고 기세도 약해져 일상이 회복되는가 싶더니 느닷없이 엠폭스(원숭이두창)라는 복병이 등장했다. 2023년에 국내에서만도 150명이 넘는 엠폭스 지역감염자가 발생했다. 가을개벽 병란病亂의 전령으로 예고된 시두時痘가 현실로 다가온 것이다.

세계적인 생태학자인 최재천 교수는 "이번 세기 내에 인류가 멸망한대도 당연한 결과다. … 지구 온도가 2도만 올라도 지구 생물종 절반이 멸종한다는 연구결과도 있다."라고 현재 인류가 처한 위기상황을 경고했다.

세계자연기금(WWF)은 1970년부터 2018년 사이 야생동물 개체군의 규모가 평균 69% 감소했다고 경종을 울린다. 식물이나 동물 등 다양한 종들이 사라지면 생태계 먹이사슬 최상단에 있는 인간의 생존도 위태로워진다. 과학자들은 지구상 생명체가 이미 '제6의 멸종' 시대로 진입하고 있다고 경고한다.

후천 개벽에 대한 인식을 바로잡는다 : 후천개벽은 가을개벽이다!

하늘땅이 골수까지 병이 들었다. 병든 천지부모의 품속에서 숨 쉬며 사는 인간 또한 병이 들어 죽음을 향해 가고 있다. 우주까지 여행하는 첨단문명 시대인데, 인류의 생명을 근본적으로 위협하는 이런 재난들이 왜 발생하는 것일까? 어떤 전문가와 학자도 현재 지구촌에 총체적으로 밀려오는 변화의 실상이 무엇인지 정확하게 진단하지 못한다. 도대체 지금 인류는 어느 때에 와 있고 어디를 향해 가는가?

이 격변의 비밀은 천지의 거대한 계절 변화인 '개벽', 지금까지의 모든 질서를 뒤바꾸어 새 세상을 열어젖히는 변혁의 손길, 가을개벽을 알 때만 풀 수 있다. 개벽의 본래 말은 '천개지벽天開地闢'으로, 그 뜻은 하늘과 땅이 새롭게 열린다는 것이다. 개벽은 크게 선천개벽과 후천개벽이 있고, 후천개벽이 곧 가을개벽이다. 선후천 개벽보다 더 근원적으로는 우주의 시공간이 처음 열린 사건이 있는데 이를 시원개벽, 창세개벽이라 한다. 창세개벽으로 우주가 탄생한 이후 약 140억 년의 세월이 흘러 무변광대한 은하들과 별이 탄생하였고, 천지일월이 태극의 음양 시스템으로 이루어져 순환하면서 지구를 중심으로 한 우주 1년의 시간대가 정립되었다.

우주 1년 사계절 시간대의 발견! 이것은 동아시아 문명권에서 가장 위대한 기념비적인 사건이다. 이 우주 1년 세계관은 동학에서 '다시 개벽'으로 선언되었다. 동학의 개벽은, 동학과 서학의 결론인 참동학에서 선천개벽과 후천개벽, 우주의 봄여름 선천과 가을겨울 후천으로 돌아가는 우주 1년 사계절의 개벽 우주론으로 완성되었다.

지금은 '우주의 계절'이 여름철 말에서 가을철로 넘어가는 전환기에 와 있다. 이것이 후천개벽의 핵심 명제이자 결론 주제다. 후천개벽은 우주의 가을철이 시작되는 가을개벽이다. 이때는 자연개벽, 문명개벽, 인간개벽이 동시에 일어나며, 그중에서 가장 중요한 의미를 갖는 것은 인간개벽이다.

그러면 가을개벽의 핵심인 3대 개벽은 무엇인가? 자연개벽은 천지의 시공간 질서가 바뀜으로써 선천에서 후천으로, 우주 여름에서 가을로 전환하는 것을 의미한다. 즉 선천 말 여름의 성장과 분열의 극에서 만물이 균형·통일·성숙·조화·하나 되는 가을 우주로 들어서는 것이다. 이렇게 자연의 시간 질서가 가을철로 바뀜에 따라 지구촌 인류가 성숙한 정신문명, 잃어버린 빛의 문명을 여는 총체적인 문명개벽이 수반된다. 마지막으로 문명개벽의 주체인 인간이 내적으로 몸과 마음, 의식을 변화시켜 영혼이 어둠에서 영원한 빛의 세계로 다시 돌아갈 수 있는 궁극의 깨달음, 무병장수 문화가 열리는 인간개벽이 있다. 인간개벽은 무병장수 신선문화, 궁극의 부처인 미륵불의 대도통 문화를 성취하는 것이다. 가을개벽은 이러한 자연과 문명, 인간개벽, 곧 세 벌개벽이 통합되어 완성된다.

빛꽃 수행 : 빛의 인간이 되어 우주 가을 세계로!

동서고금의 성자와 철인들은 표현은 달라도 이구동성으로 가을개벽 소식을 전했다. 기후학자나 생물학자, 환경운동가들은 예지자들보다 더 실감나게, '제6의 멸종 시대'를 전 인류의 긴박한 생존 문제로 이야기한다.

이런 때에 가을개벽이 가져올 대격변의 위기를 극복하기 위해 인류가 각성하고 준비해야 할 급선무는 무엇인가? 그것은 나 자신이 영적으로 성숙해서 닥쳐올 개벽 실제상황에 대처할 진리적인 해답을 찾는 일이다. 현대는 문명의 이기가 발달하여 생활은 편리해졌지만, 인류는 영적으로는 오히려 더욱 어두워졌다. 현대인들은 TV 영상이나 스마트폰으로 언제 어디서나 시청각적인 자극을 받는다. 그러나 이런 문명의 도구가 영성을 죽이고, 자기 내면의 소리를 전혀 듣지 못하게 만들고 있다. 그리하여 인간은 자기 내면의 영과도, 만물과도 소통하지 못하고 눈과 귀가 완전히 닫히게 되었다.

이제 우리는 다시 눈과 귀를 열어, 귀 밝고 눈 밝은 영성의 인간으로 돌아

가야 한다. 전자음악의 선구자인 독일 작곡가 슈톡하우젠Karlheinz Stockhausen
은 "앞으로 '우주음악' 시대가 열린다."라고 했다. 인간이 내 몸의 마음과 영
을 우주와 연결해서 보이지 않는 우주의 메시지를 들을 줄 아는 '빛의 인간',
영성이 활짝 열린 인간의 시대가 펼쳐진다는 것이다. 앞으로 산업혁명, 정보
혁명을 넘어 제5차 산업혁명인 영성혁명과 무병장수 시대가 열리게 된다.

　구글은 이미 '인간 수명 500세' 연구에 투자하고 있다. 메타(구舊 페이스북),
구글 같은 세계적 기업들은 사내 복지프로그램으로 명상 클래스를 열어 직
원들에게 제공하고 있다. 스티브 잡스는 30년 넘게 하루도 빠짐없이 명상
수행을 했고, 빌 게이츠, 오프라 윈프리, 마이클 조던 등도 명상을 즐기는
것으로 유명하다. 우주의 여름과 가을이 크게 바뀌는 이때[夏秋交易期]는 '귀
와 눈이 밝은 사람'으로 돌아가야 한다. 육체적 귀와 눈을 넘어 '영적인 귀
와 눈'을 떠야 한다.

　동서의 많은 예지자와 성자들은 가을개벽기에 장차 대병란大病亂이 계속
발생하고, 지진·화산폭발·쓰나미 같은 자연재난, 테러와 대전쟁이 한꺼번에
일어난다고 전했다. 이런 지구적 차원의 재난들은 언제 어디에서 누구에게
한순간에 닥칠지 알 수 없으므로 스스로 영안Spiritual vision을 틔워야만 재난
을 대비하고 피해서 살아남을 수 있다.

　지금 우주의 여름과 가을이 교차하는 대개벽기에 일어나는 병란과 전쟁
같은 재난의 근원에는 그동안 선천의 상극 세상에서 눈물짓고 억울하게 죽
어간 수많은 생명의 원한이 있다. 쌓이고 쌓인 이 원한은 반드시 '해원解寃'
과 '상생相生'을 통해야만 끌러낼 수가 있다. 가을개벽은 바로 인류사에 누적
된 이 깊고 깊은 원한의 역사를 해소하고 상생의 세상을 열기 위한 통과의
례이다.

　우주의 가을철 천도 변화의 섭리는 원시반본原始返本이다. 원시반본은 근원

으로 돌아가서 나의 뿌리를 찾는 것이다. 뿌리를 잃어버리면 모든 것을 잃고 생존이 불가능한 죽음, 영원한 죽음을 맞이하게 된다. 그러면 원시반본해서 돌아가야 할 근원은 어디인가? 그것은 만물의 존재 근원이요 우주 탄생의 근원인 빛의 세계다. 이 빛의 근원 세계를 음양의 언어로 '율려律呂'라고 한다. 무궁한 빛의 자리 심장에서 터져 나오는 영원한 생명력을 쐬어야 인간은 비로소 자신의 본래의 참마음과 신성을 되찾은 빛의 인간이 되고 도통道通 문을 열 수 있다.

　모든 성자가 전한 말씀의 결론이 그 빛의 세계에 들어가는 것이다. 기독교 성서에도 "너희는 세상의 빛이다."(『마태복음』 5:14)라고 했다. 석가모니 부처는 설산고행을 통해 우주의 궁극의 빛의 세계에 들어가 보니, 이 대우주가 거대한 한 송이 빛꽃이라는 것을 깨달았다. 석가모니의 도통 전수 가르침이 '말 없는 가르침으로 한 송이 꽃을 들고 미소를 지은 염화미소拈華微笑'다. '내가 본 그 빛꽃을 너희 중에 본 사람이 있느냐?'라는 뜻이다. 그런데 말법 세계가 되면서 이 깨달음 문화의 시원 맥이 다 끊기고 사라져, 빛꽃을 본 자도 없고, 꽃에 대한 가르침도 전혀 없이 경전 해석만 하고 있는 것이 오늘날 인류의 정신문화의 현주소다. 이 빛꽃 문화는 동방에서 1만 년 전후부터 시작된, 인간개벽을 위한 원형문화의 상징이다. 이 우주의 빛꽃을 받아 인간개벽의 꿈을 완성해서 전하는 도통법이 동학에서 선언된 시천주侍天主 조화정造化定 세계, 곧 만사지萬事知 도통 세계다.

　동학은 종교가 아닌 무극대도無極大道다! 300만 동학 구도자들이 무참하게 학살되어 패망당하고, 다시 동학을 완성한 것이 참동학이다. 참동학에서 전하는 빛꽃 수행을 해야 인류는 빛의 인간이 되어 우주 가을 세계로 들어갈 수 있다.

　우주는 인간 농사를 짓기 위해 존재한다. 우주가 열려서 변화하고 그 속에서 인간과 만물이 태어나고 성숙하는 신비를 풀려면 선·후천 변화의 실제 내용인 우주의 창조 순환(운동)의 진실한 모습인 우주 1년 사계절을 알아야 한다. 그동안 풀리지 않았던 종교, 과학, 철학 등 인생의 진리 고민거리들을 총체적으로 해소할 수 있는 비밀이 우주 1년, 선후천 개벽 이야기 속에 들어 있다. 개벽은 우주 만물의 새로운 탄생이다. 인류 문명은 다가오는 개벽을 통해 우주의 가을 문명으로 완전히 새롭게 시작하게 된다. 가을개벽은 결코 종말이 아니라, 종말론의 최종 해답이다.

본서는 자연개벽, 문명개벽, 인간개벽이라는 3대 개벽을 주제로 한다. 본서 초판(1983년)이 나온 지 어느덧 40년이 흘렀다. 이번 개정판의 상권에서는 예지자들의 선견先見을 대폭 보강하여 누구나 닥쳐오는 가을 대개벽을 확신할 수 있게 했다. 그리고 본서의 완결본 『개벽 실제상황』을 통해 실제 가을개벽의 사건 전개를 제대로 인식하여 치밀하게 피난을 준비하고, 무엇보다도 가을개벽기에 3대 개벽의 목적을 성취할 수 있도록 인간 내면의 영적인 눈과 귀를 열어주는 '무병장수 후천 조화 신선 도통 수행법'을 공개했다.

후천개벽, 큰 가을의 폭풍우가 거세게 몰려오고 있다. 인류 모두는 새로운 몸, 새로운 영체를 만들어 한순간에 생사가 갈리는 개벽의 물결에 대비해야 한다.

이 책을 읽는 독자들이여! 이제 낡은 사고의 틀을 벗어버리고, 지구촌이 한가족이라는 인류애로 상생의 대도大道 진리의 빛을 마음속에 한가득 담으시길 기원한다.

道紀 154(2024)年 3月 3日

安 耕 田

초판 서문

종잡을 수 없이 흘러가고 있는 이 세계의 운명은 과연 어찌 될 것인가?

위기의식이 극도로 고조되어 가고 있는 오늘의 세계문명은 끓어오르는 고통의 강도가 너무도 지나쳐, 이제는 '멸망', '종말적 심판', '인류의 파멸'과 같은 자극적인 단어들마저 아무런 호소력을 주지 못하고 예사로 들리는 무관심의 세상이 되어버렸다. 윤리와 도덕이 상실되고 말살되어 세계 도처에서 죽음을 초대하는 병증이 극심하게 곪아터지고 있는 지금 이 시대는, 종합적인 메스를 가해야 하는 총체적인 대변혁기이다.

우리는 삶의 곳곳에서 온갖 위기적인 사태들을 생생하고 극적으로 체험하며 살고 있는 현장 검증인이다.

나는 애초에 이 책을 집필할 의도를 전혀 갖지 않았다. 다만 평소에 지금쯤에는 인류가 맞이하게 될 비정한 운명에 대한 모든 의혹과 궁금증을 해소시켜 줄 수 있는 서적이 나와 주었으면 하는 은근한 기대감은 늘 가지고 있었다. 그런데 이제까지 출간된 인류의 종말문제를 다룬 책들은 대부분 단편적이며 같은 내용이 반복되고, 또 잘 알지도 못하면서 인위적인 재주로 편린들을 짜 맞추었거나, 틀에 박힌 상투적인 이야기들이 고작이었다.

새로운 천지가 열리는 변혁기를 맞이하여 간과해서는 아니될 문제는, 현재까지도 무지한 자들에 의해 철저히 왜곡되고 있는 '종교진리의 정수문제'이다. 게다가 교묘한 잔재주로 기존의 진리에다 이것저것 덧붙여 한판을 차린 자들이 일세를 풍미하면서 숱한 고귀한 영혼들의 인식세계를 마비시켜, 진리를 올바르게 받아들이지 못하는 집단적인 영적 불구자로 만드는 용서

받을 수 없는 대죄악을 범해왔다. 진리의 세계에 들어서서 보면 이 문제만큼 사람을 슬프고 허전하게 만드는 것이 없다.

그러던 차에 작년(壬戌年, 1982) 대구 강연회에 갔다가 부산에 직장을 두고 있던 마산의 한 신도를 처음으로 만나, 그의 간곡한 부탁으로 다음날 부산까지 가게 되었다. 함께 도담道談을 나누다가 바다가 보이는 태종대太宗臺에 이르러 유달리 맑게 갠 푸른 하늘에서 내리쬐는 태양의 뜨거운 열기를 받으며 배를 탔다.

배가 파도를 가를 때마다 밀려왔다 부서지는 물결을 보면서, 나는 지나온 인생에 얼룩진 잔 그림자들이 거세게 요동치는 대양의 일렁거림 속에서 살아 움직이고 있음을 느낄 수 있었다. 굵게 주름진 파도의 모습은 세계인의 고뇌하는 얼굴이었고, 시원스런 바닷바람을 타고 흩어지는 무지개빛 물보라는 세상의 묵은 정신을 후려치는 혹독한 시련의 채찍인양 보였다. 지난 5년간의 세월은 내 인생에 있어서 가장 견디기 힘들었던 고난의 연속이었다.

오륙도를 돌아오는 선상에서 나는 구도求道의 과정에서 자주 체험하였던, 신비한 천지의 물의 조화기운이 눈부시도록 현란하게 춤추는 모습을 그날 따라 유달리 묘한 심정으로 바라보았다.

내가 이러한 인생의 지워지지 않는 추억 속에서 서성이고 있을 때였다. 첫 대면이었지만 그가 나에게 거듭 청하였던 권유의 목소리가 귓전에 몰려왔다. '오늘의 세계에서 가장 중요한 문제가 되고 있는 인류의 종말 문제를 구체적으로 해명한 책자가 나와야 할 것 같은데, 종정님이 한번 정리해보는 것이 어떻겠느냐' 하는 것이었다.

처음에는, 나 자신이 세상에 이름이 나돌아 다니는 것을 대단히 싫어하는 성미인 데다, 당시에는 책을 쓸 시간적 틈도 없었기에 별로 귀담아 듣지 않았다. 그런데 그 뒤 수개월이 지난 어느 날, 집으로 돌아가던 밤길에 '우주와 세계문명의 개벽에 대한 수수께끼'를 정리하여 먼저 도장道場에서 체계적으로 교육시켜야 할 필요성이 있음을 깨닫고, 집에 도착하자마자 목차를 써 보았다. 이때 나에게 진한 영감을 준 것은 이날 밤하늘을 가득 메운 아름다운 달빛이었다.

사실, 이제까지 전설로만 들어온 천지의 개벽에 대한 문제는 단순한 종말이나 멸망 차원의 이야기가 아니다. 이 천지의 대개벽에는 천지의 창조와 변화 원리(특히 시간의 문제) 및 여러 종교에서 제기해 온 구원의 도맥문제, 그리고 세계문명의 종주국宗主國에 대한 인사人事문제 등, 극히 알기 어려운 도道의 상단자리에 있는 문제들이 종합적으로 결부되어 있다. 이는 종교와 철학과 과학의 극치의 문제이다.(종말론은 우주 변화의 본체론과 직결되어 있다.)

지금까지 그토록 말이 많았던 인류의 종말에 대한 실상도, 우주와 인간에 대한 이러한 총체적인 변국의 틀(바탕)을 모르고서는 다만 현상론적이고 피상적인 겉껍데기의 이야기에 불과할 뿐, 궁극적으로 해명되지는 않는다. 이제까지 몇 차례 경험해 왔으며, 오늘에 와서 차원을 달리하여 또다시 부딪치고 있는 인류의 종말 문제는, 불교의 세계관만으로 해명되지 않으며, 기독교의 세계관이나 『주역』과 『정역』의 논리만으로도 완전히 해명되지 않는다. '우주의 변화 원리[理]'와 그러한 이치로 벌여져 있는 천상 '신도神道의 문제', 그리고 이 두 가지의 힘[理+神]을 바탕으로 하여 전개되는 지상의 '인사人事(역사)문제'가 동시적으로 해명될 때 신비에 싸인 인류종말의 수수께끼는 완전히 풀리게 되는 것이다.

신도들 수행시키랴 강의해주랴 무척 바쁜 틈바구니 속에서 조금씩 원고를 써둔 것이 작년(1982) 11월이었다. 본서를 집필하며 느낀 소감은, 가능하면 한 2천 페이지쯤 되어야 이야기가 제대로 될 것 같았다. 그러나 책읽기를 꺼려하는 요즘의 세태를 감안하여 상권과 하권으로 내용을 나누었다. 특히 하권은 서울에 올라와 여관을 전전하면서 썼다. 대개벽이라는 중차대한 인류의 생사존망에 관한 문제를 구체적으로 확인하기 위해, 가급적이면 최근에 나와 있는 자료를 주로 참고하였으며, 철학적이고 종교적인 가치가 있는 것만 취하여, 먼저 이제까지 나온 자료를 객관적으로 정리하고 그 핵심적인 일치점을 찾아내어 최종 결론을 내렸다. 기존에 예고된 동서양의 중요한 우주변국의 소식을 먼저 살펴보고, 다음에는 기성종교들의 우주관과 신관 그리고 변혁관을 살펴보았다. 이어 우주의 변혁 원리와 한국의 정통 정신문화(동학·증산도)가 전해주는 구원의 소식을 살펴보았다.(물론 여기에 실려 있는 내용은 극히 기본적인 것들이다.)

그리하여 본서는, 단순히 인간의 운명만을 언급한 기존의 종말론 서적의 성격을 뛰어넘어 한국의 뿌리역사와 그것이 세계문명사에서 차지하는 정통 문제, 우주 변화의 원리, 종교 도맥 등의 문제를 종합적으로 다룬 교양서적의 성격으로 집필된 것이다. 혹 오필된 점이 있으면 후일 반드시 바로잡을 것임을 밝혀둔다.

계해癸亥(1983)년 가춘佳春 4월 7일 저녁

安 耕 田

본서를 읽어 가는 순서

본서는 모두 7부로 구성되며 상·하 두 권으로 나뉘어 있다.

상권은 1~4부, 하권은 5~7부로 구성되어 있다.

각 장마다 수數에 대한 매우 중요한 개념이 나오는데, 수를 단순한 수로 볼 것이 아니라, 수를 통해 '우주 변화의 원리'와 '우주 조화기운'을 직관하여 본다는 마음을 가지는 것이 수의 비밀을 푸는 지름길이다. 상권 4부와 하권 5부에서 전하는 우주 시간의 변화원리는 냉철한 수학적인 머리로 읽는 것보다, 우주를 마음에 그리는 시인詩人의 심정이 되어 가슴으로 느끼며 읽는 것이 이해하는 데 도움이 된다.

본서에서는 여러 분야의 많은 문제를 그 핵심만 축약하여 정리하였다. 그러므로 논리적으로 건너뛴 내용도 적지 않다. 간혹 이해하기 어려운 내용이 나오더라도 몇 번 반복해서 읽어 가면 대부분 납득할 수 있다.

본서를 반드시 상권부터 차례로 읽을 필요는 없다. 상권과 하권의 전체 목차를 훑어본 후, 관심 있는 부분부터 읽어도 전체 내용을 이해하는 데는 큰 지장이 없다.

본서 하권 5·6부는 이전 출판된 내용을 일부 개정하고 보강했다. 반면 7부는 전면 재구성하여 이전 판본과 많이 다르고, 필자의 『도전道典』 강독을 바탕으로 정리된 내용이기 때문에 글의 성격과 어투가 5·6부와 조금 다른 점이 있음을 감안하여 읽어주기를 당부드린다. 각 부별 주요 내용은 다음과 같다.

상 권

1부 동서양의 2대 철인 예지자인 프랑스의 노스트라다무스와 조선의 남
　　사고가 전해 준 세계 변국과 구원 소식.

2부 에드가 케이시와 루스 몽고메리, 모이라 팀스 등 영능력자와 동서 고
　　금의 철인이 전하는 미래 예언. 탄허 스님이 전하는 역학원리에 따른
　　변국 소식. 한국의 비기인 『정감록』, 『신교총화』, 『춘산채지가』의 비
　　결. 그리고 세계 지식인들이 바라보는 인류의 미래.

3부 불교·기독교에서 전해 준 핵심적 구원론인 천지개벽과 신新세계 도래
　　문제. 특히 기독교 신관神觀과 구원의 메시아인 우주 통치자 강세 소
　　식. 도가道家에서 전하는 우주관과 개벽에 대한 이치. 후천개벽과 상제
　　님 강세를 예고한 최수운 대신사와 김일부 대성사의 『정역』.

4부 우주 통치자 하나님이신 증산 상제님께서 창도한 증산도甑山道의 핵심
　　진리인 우주관과 인류 구원의 개벽 소식. 증산도에서 전하는 대개벽
　　과 지상 조화선경 문명의 비전.

하 권

5부 상권에서 살펴본 천지개벽의 구체적인 원리. 천지 만물을 생성하고
　　변화시키는 본체 자리인 무극·태극·황극, 인간의 화생과 진화의 비밀,
　　고대 문명에 얽힌 신비.

6부 한국의 뿌리인 환국, 배달국, 단군조선의 역사와 문화. 인류 문화의
　　모체인 신교神敎의 근본정신과 4대 종교와의 관계. 면면히 이어진 신
　　교의 선맥仙脈과 신교의 부활.

7부 증산도에서 전하는 가을 천지개벽의 구체적 내용과 후천 조화선경을
　　향한 세계 질서의 전개. 가을 개벽기 절대적 구원의 조건과 구체적 구
　　원 소식. 마침내 열리는 지구일가 통일문명.

2부 | 대변혁에 대한 동서고금의 메시지

Gaebyeok of Nature
자연개벽

Gaebyeok of Civilization
문명개벽

Gaebyeok of Humanity
인간개벽

동서양의 2대 철인 예지자인
프랑스의 노스트라다무스와
조선의 남사고가 전해 준
세계 변국과 구원 소식

동서의 두 철인이
그려 주는
인류의 미래

1부에서는

　현대인들은 노스트라다무스라는 이름은 많이 들어 보았어도 그의 전 생애를 관통하는 진실한 영적 세계에 대해서는 너무도 많은 부분을 모르고 있다. 그와 동시대에 이 땅 조선에서는 앞으로 닥칠 변화의 거센 흐름을 노스트라다무스보다 더욱 구체적이고 종합적으로 전한 위대한 철인 예지자인 남사고 선생이 살았다.

　1부에서는 노스트라다무스 예언의 핵심이라 할 수 있는 '황금의 사뛰흔느와 헤이쁘즈', '1999 수의 진실', '공포의 대왕의 신비', 그리고 그의 예언시에 가장 많이 흐르고 있는 '7과 9수의 비밀' 등이 해명될 것이며, 이러한 내용은 남사고의 예언을 통해 더욱 구체적으로 밝혀질 것이다.

　노스트라다무스의 예언시는 신비의 언어로 짜여 있다. 노스트라다무스는 아들 세자르에게 보내는 편지에서, 온갖 변국이 일어나는 원인은 영원한 존재자에 의한 '하늘의 운동'에서 오는 것이기 때문에, '예지자는 '신의 비밀'을 일반적인 지식과는 다른 수준에서 보게 된다'고 썼다. 남사고의 예언 가사 또한 '하늘의 운동'을 이치적으로 밝혀 주는 철학적이고 신비한 언어로 가득하다.

　우리는 여기에서 이러한 동서양 정신세계의 암호를 해독할 수 있는 유일한 장치가 동방의 역철학인 '우주 변화의 법칙'이라는 것을 알게 될 것이다.

위대한 예언이 역사에 던지는 메시지

예언이란 미래의 운명을 예고하는 것이다.

우주와 인간이 지금까지 걸어오면서 남긴 숱한 발자취는 시간의 흐름과 함께 모두 소멸하는 듯 보이지만, 과거는 지금 이 한순간 속에 미래를 창조하는 엄청난 힘으로 잠재되어 있다.

아침에 눈을 뜨고 일어나면 인간은 자신이 꿈꾸는 미래를 향해 길을 떠난다. 인간은 꿈을 먹고 사는 영물靈物이기에, 언젠가는 우리가 밟게 될 미지의 운로運路를 탐색해 보는 것도 의미 있는 일이리라.

인류 미래의 소식을 전해 주는 예지자에는 네 유형이 있다.

첫째, 자연의 변화원리[天理]를 대각한 철인哲人

둘째, 도통道通의 깊은 경지에서 미래를 그림같이 꿰뚫어 보는

　　　도통 군자와 성자

셋째, 종교적 계시를 받아 미래를 내다보는 종교인

넷째, 순수한 영적 감수성을 바탕으로 계시를 받아 미래를 투시하는

　　　영능력자

그런데 어떠한 유형의 예지자이든 전하는 핵심 내용은 모두 일치하며, 이는 곧 인류의 미래 운명이 이미 대국적인 차원에서는 모두 예정되어 있음을 뜻한다. 그 예정된 운명은 '우주에는 불가사의한 섭리'가 작용하고 있음을 암시한다.

비록 뚜렷하게 의식하지 못한다 할지라도, 인류는 우주가 변화하는 원리[天理]의 커다란 흐름을 타고 존재하며, 인간이 창조한 문명 역시 우주 변화의 물톨(원리)을 따라서 발전해 간다. 그러한 원리가 있기 때문에 동서양의 모든 예지자들은 영

적인 환몽이나 추론을 통해 오묘한 우주의 변화 원리가 토해 내는 미래의 모습을 밝힐 수 있었던 것이다.

예지자들이 밝혀 놓은 예언 내용은 예지자 자신의 영적 경지와 우주 법도를 체득한 경계에 따라 실로 다양하다. 따라서 예언을 통해 미래를 바라보는 후세의 우리들도, 오직 시공을 관통하는 우주의 변화 법칙에 의거할 때만 예언의 진실성을 올바르게 판단할 수 있다.

이에 필자는 인류의 문화유산 중 우주의 변화 법칙을 논리적으로 파헤칠 수 있는 유일한 철학 체계인 '동양의 역철학(『주역』과 『정역』)'과 한국 정신의 정수인 '동학'과 '증산도'를 바탕으로 인류의 미래에 얽힌 심원한 운명의 암호를 풀어 보려 한다.

깨어 있는 영혼과 열린 마음으로 시간을 초월하였던 고금의 예지자들은 한결같이 고독한 삶을 살았다. 종말론 작가인 할 린제이Hal Lindsy가 말했듯이, 그들은 인류의 운명에 대한 대국적인 방향을 제시해 주는 사명을 띠고 태어난 인물로서, 하나님의 입과 같은 시간의 대변자였다. 그들이 전해 준 인류 미래의 소식은 난세를 살아가는 상처 깊은 모든 인간에게 꿈과 희망을 심어 주었다. 그들은 한결같이 천지의 대변혁을 경고했지만, 종국적으로는 인류의 영원한 이상인 신천지의 선경세계가 지상에 펼쳐지게 된다고 예고했다. 그러한 이상 세계가 펼쳐지는 것은 천상과 지

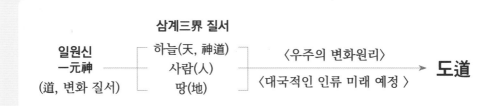

삼계三界 질서

일원신　　　ㄱ 하늘(天, 神道)　　　　〈우주의 변화원리〉
一元神　　　├ 사람(人)　　　　　　　　　　　　　　　　　→ 도道
(道, 변화 질서)　L 땅(地)　　　　　　〈대국적인 인류 미래 예정〉

상이 동일한 우주 법도에 의해 발전해 가다 마침내 신명과 인간이 동시에 구원되는 우주 섭리 때문이다.

동서 종교의 성자와 성철聖哲들이 전해 준 구원의 핵심 내용은 새 시대의 도래에 따른 새 진리의 출현과 인류를 구원하는 민족의 정통 문제로 모아지고 있다.

16세기는 많은 예언자들이 출현한 시대였다. 동서양을 대표하는 예지자인 격암 남사고格庵 南師古(1509~1571)와 노스트라다무스M. Nostradamus(1503~1566), 『토정비결』로 널리 알려진 토정 이지함土亭 李之菡(1517~1578) 선생, 「궁을가弓乙歌」로 유명한 정북창鄭北窓(1506~1549) 선생이 거의 동시대를 살았다.

1부에서 다룰 노스트라다무와 남사고를 비교하자면, 노스트라다무스가 서양을 중심으로 벌어질 사건을 예언한 데 비해, 남사고의 예언은 동양, 특히 한국의 미래에 집중되어 있다. 노스트라다무스는 4차원 영계靈界에서의 계시와, 비록 체계적으로 밝히진 않았지만 상수철학象數哲學의 논리를 통해 인류 역사의 발전 과정과 미래에 인류가 파멸되어 가는 모습을 소상히 묘사하고 있다. 격암 남사고는 지상 최대의 변혁이 벌어지는 이유를 역易의 원리로 해명하고, 대재앙의 참혹한 모습뿐만 아니라 구원의 법방도 함께 제시하고 있다.

그럼 먼저, 노스트라다무스가 제시하는 인류의 미래와 구원의 희망에 대해 알아보기로 한다.

미셸 노스트라다무스

무서운 전쟁이 서양에서 준비되면
다음 해에는 돌림병이 찾아오리라.
너무도 두려워하리라, 젊은이도 늙은이도 동물도

(『백시선』)

1. 달빛 아래에서 쓴 미래의 서사시, 『백시선百詩選』

미셸 노스트라다무스(1503~1566)는 프랑스의 프로방스 지방 생-헤미Saint-Rémy에서 태어났다. 본명인 미셸 드 노스트르담Michel de Nostredame은 '성모 마리아의 대리자 천사장'이라는 뜻이다. 이후에 성을 라틴어 노스트라다무스Nostradamus로 바꾸었다. 이 위대한 예지자는 어린 시절부터 여러 학문(의학·철학·점성학)에 정통했던 조부와 외조부에게서 다방면의 고급 지식을 전수받았다. 이미 12세 때 라틴어, 히브리어, 그리스어 공부를 끝냈으며 점차 고전 문학, 수학, 의학, 점성술, 연금술 등의 전문 지식을 풍부하게 습득했다.

성장하여 아비뇽에서 철학과 법학을, 몽펠리에Montpellier 대학에서 의학을 공부했으며, 졸업 후 그곳에서 3년 동안 교수로 있었다. 그러나 불행하게도 결혼한 지 3년째 되던 해(1537년)에 당시 프랑스를 휩쓸던 흑사병으로 사랑하는 아내와 자식을 모두 잃고 말았다. 흑사병으로부터 수많은 생명을 건져 냈던 그였지만 정작 자신의 가족을 구하는 데는 무기력했던 것이다.

이후 44세가 되던 1547년에 남프랑스의 살롱드프로방스Salon-de-Provence
라는 마을에서 한 부유한 미망인과 재혼하여 아들 세자르를 낳았다. 한 번
자식을 잃은 뼈아픈 상처 때문인지 그는 세자르César를 몹시도 사랑했다.

노스트라다무스는 의사의 업을 그만두고, 자신이 '비밀의 방'이라 부르는
컴컴한 서재에서 스스로 '미래로 가는 통로'라고 이름 붙인 검은 거울을 통
해 하늘의 소리를 들으며 예언서『백시선百詩選』*을 집필하기 시작했다. 당
시 그의 예언시를 읽고 누구보다도 열광한 사람들은 프랑스의 상류층이었
다. 특히 프랑스 국왕 앙리Henri 2세의 왕비 까트힌느Catherine de Médicis는 자
신의 사망과 가문의 운명에 대한 예언에 충격받고, 1556년에 노스트라다무
스를 궁중으로 불러 왕가의 운세 판단을 맡겼다.

그러나 노스트라다무스는 위선과 음모로 가득 찬 궁중 생활에 혐오를 느
끼고, 살롱으로 돌아와 1558년 초부터『백시선』의 마지막 부분을 집필했
다. 12권으로 된 이 결정판은 그가 죽은 지 2년 후(1568년)에 출판되었다. 그
는 1566년 7월 2일 세상을 떠났지만, 그의 예언은『백시선』속에 남아 지금
까지도 온 세상을 전율케 하고 있다.

오랜 작업 끝에 완성된『백시선』에는 "이 책 속에 세계의 미래가 모두 담
겨 있다."라고 친구들에게 말한 그대로, 문명의 발전 모습과 전 인류를 파멸
로 몰고 가는 무시무시한 전쟁, 그리고 그 끝에 찾아올 혹독한 기아와 전염
병으로 인한 지구 종말의 영상이 파노라마처럼 펼쳐져 있다.

---

* 백시선 |『백시선百詩選 Les Centuries』은 본래 12권의 책으로 구성되어 있다. 제1권부터
  제4권의 전반부는 1555년 리옹에서 발간되었는데, 이 책의 앞부분에는 아들 세자르에
  게 보내는 편지가 실려 있다. 제4권의 추가 부분과 제7권까지 포함한 증보판은 1557년
  에 속간되어 큰 반향을 불러일으켰다. 권당 100여 편의 4행시가 수록되어 간행 당시에
  는 총 1,200여 편의 예언시가 실려 있었다고 전해지는데, 오랜 세월이 흐르면서 200여
  편이 유실되고 현재 남아 있는 것은 약 1천여 편 뿐이다. 표제를『모든 세기』혹은『제
  세기諸世紀』로 번역하기도 한다.

노스트라다무스의 잃어버린 예언서

20세기 후반, 400년간 로마에 숨겨져 있던 노스트라다무스의 예언서가 발견되면서 새로운 예언이 쏟아져 나왔고, 현대 인류의 운명을 암시하는 내용들이 많아 큰 관심을 불러일으켰다.

이 예언서는 로마 국립도서관에서 이탈리아 저널리스트 엔자 마싸Enza Massa와 로베르토 피노티Roberto Pinotti가 16세기 고서 필사본과 함께 발견한 것으로, 당시 책의 표제는 『바티시니아 노스트라다미Vaticinia Nostradami』였다고 한다. 이탈리아 역사학자들은 정밀 검사를 통해 이 고문서가 실제 노스트라다무스가 살았던 16세기에 제작되었음을 규명했다.

그 책에는 노스트라다무스가 직접 그린 많은 수채화가 수록돼 있고, 이미 알려진 예언은 물론 새로운 예언에 대한 구체적인 진술도 언급돼 있다.

그림 중에서 가장 흥미를 끄는 것은 큰 타워가 불타고 있는 모습을 그린 것이다. 이 그림은 2001년에 미국에서 일어난 9·11테러를 예언한 것으로 해석되고 있다. 『백시선』에도 9·11테러를 예언한 것으로 추정되는 시가 있다.

노스트라다무스 박물관
프랑스 남부 살롱드프로방스Salon-de-Provence 소재

몸은 둘, 머리는 하나, 그리고 둘로 갈라진 벌판,

전대미문의 네 개에 응답하리라,

거대한 것에 비해 너무도 작은 것, 거대한 것에 피해를 안기리라.

뾰족한 탑이 무너지리라, 그리고 외수아에 더 큰 피해를 입히리라.

Deux corps, vn chef, châps diuisez en deux,

Et puis responde à quatre ouys,

Petits pour Grands, a pertuis mal pour eux.

Tour d' Aigues foudre, pire pour Eussouis. (12:52)

(＊ L'édition posthume de Benoist Rigaud, Lyon, 1568. 브누와리고. 1568년 리용 후판본)

'몸은 둘인 뾰족한 탑'은 흡사 무너진 세계무역센터 쌍둥이 빌딩을 떠올리게 한다. 그리고 'Eussouis'는 프랑스어 식으로 읽으면 '외수아'가 되는데, USA를 프랑스어 식으로 읽으면 '위에스아'이므로 발음이 아주 비슷하다.(강주헌 엮음, 『노스트라다무스가 예언한 21세기 대충돌』)

인류의 최후 운명이 여기에

다음에 살펴보려는 시는 인류의 마지막 운명을 암시하는 가장 불가사의하면서도 중요한 구절이다. 이 시는 그의 예언 중에서 가장 널리 알려져 있으며 가장 논란이 되는 내용이기도 하다.

노스트라다무스 그림 예언의 일부

1900, 90, 9, 7의 달

하늘에서 공포의 대왕이 내려오리라:

앙골무아의 대왕이 부활하리라

화성을 전후로 행복하게 지배하리라.

L'an mil neuf cens nonante neuf sept mois

Du ciel viendra vn grand Roy d'effrayeur :

Ressusciter le grand Roy d'Angolmois,

Auant aprés, Mars régner par bon-heur. (10:72)

많은 사람들은 노스트라다무스가 '1999년 7월'을 세계 종말의 시기로 예언한 것으로 알고 있다. 그러나 이는 고토 벤(五島勉)을 비롯한 노스트라다무스 연구가들 대부분이 자의적으로 해석한 결과일 따름이다. 새 천 년이 시작되었는데도 이 예언이 실현되지 않자, 노스트라다무스는 세기말을 사는 인류에게 허무맹랑한 예언으로 큰 공포를 안겨 준 인물로 여겨지게 되었다. 섬뜩하리만치 정확하게 인류의 미래를 내다본 그가 왜 가장 중요한 종말 시기에 대해서는 빗나간 예언을 남기고 말았을까? 그는 진정 1999년을 종말의 때로 보았는가? 이제 그 진실을 밝혀 보기로 한다.

이 예언시의 프랑스어 원문 첫 줄에 나오는 '랑 밀 뇌프 성 노낭뜨 뇌프 L'an mil neuf cens nonante neuf'를 많은 학자들은 글자 그대로 1999년으로 해석하고 있다. 그런데 현대 프랑스어에서는 이 99라는 숫자를 '4×20+19(까트흐 뱅 디스 뇌프quatre-vingt-dix-neuf)'라고 표기한다.

16세기 프랑스어인 'nonante neuf'라는 말은, 현대 프랑스어처럼 '4×20+19'가 아니라 99로 해석되며 엄밀하게 따지면 '90의 9'로 해석할 수 있다. 또 뇌프neuf라는 단어에는 아홉이라는 뜻 외에 '새로운, 신참인'이라는 뜻도 들어 있다.

그러므로 이 구절을 단순히 1999년으로만 이해하면 안 된다. 본문의 뜻을 손상시키지 않으면서 문제의 시구를 우리말로 옮긴다면 '1900, 90, 9, 7

의 달'로 해석할 수 있다(7월은 'juillet'란 단어를 쓴다). 9라는 수는 새 질서의 개벽으로 들어서는 대변화의 시간 과정을 뜻하는 것으로 봐야 한다.

노스트라다무스는 자신의 모든 예언시를 보통사람이 쉽게 알 수 없도록 고의적으로 난해하게 구성한 이유를 밝히면서, 비록 미래의 소식을 비밀스럽게 전할지라도 그것은 영원한 하나님으로부터 오는 것이기 때문에 마침내 알 수 있다고 했다.

> 나는 세상의 불의함 때문에 입을 다물고 나의 저작을 포기하려고도 했었다. 그것은 이 시대의 불의만이 아니라, 더 많게는 다가올 시대의 불의 때문이었다. 여러 정부와 종파, 국가들이 지금과는 완전히 달라질 것이기 때문이다. … 내가 앞으로 닥쳐올 일을 분명하게 밝혀서 쓴다면 현재 권력 자리에 있는 사람들, 종파나 각 종교의 지도자들은 그들이 진실이라고 믿고 있는 것들과 이 사건들이 대단히 다르다고 생각하고 이를 비난할 것이다. … 이러한 이유 때문에 나는 미래에 일어날 사건들을 그대로 기록하지 못하고 비밀스럽게, 수수께끼처럼 묘사할 수밖에 없었다. 또한 장차 일어날 일들이 놀라기 잘하는 사람들을 분노케 하는 일이 없도록 모든 것은 모호하게 쓰였다. 그래서 학자나 현인, 권력자나 왕들은 이해하지 못하고, 보잘 것 없고 겸손한 사람들이 이해할 수 있도록 하였다. 또한, 영원한 하나님으로부터 예언적인 직감의 능력을 부여받은 예언자들도 이를 이해할 것이며, 이러한 예언의 직감에 의해서 사람들은 먼 앞날의 일들을 알게 될 것이다.(「아들에게 보내는 편지」)

그러므로 하나님이 생명을 창조하고 만물을 주재하시는 근본 원리를 알기만 한다면 그가 남긴 예언의 수수께끼도 풀 수 있는 것이다.

우주생명의 창조 섭리를 규명할 수 있는 강력한 수단인 동양의 상수象數

철학에서 9와 7은 둘 다 분열 작용의 마지막 단계를 가리키는 수[象數]이다. 9는 작용의 끝수[終數]이며, 7은 분열의 최후 단계에서 작용하는 천지기운[火氣]을 표상하는 수다. 그러므로 9와 7을 연속적으로 기록한 숫자 배열, 즉 '1900, 90, 9, 7의 달'은 1999년을 가리키는 것이 아니라, 성장 과정[先天]을 마감하기 직전까지 계속되는 문명과 대자연의 '분열의 최후 단계 시점'을 상징적으로 나타낸 것이다.

결론적으로 노스트라다무스는 결코 1999년을 종말의 때로 말하지 않았다. 뒤에서 알게 되겠지만 우리는 여전히 그가 상징적으로 표현한 '1900, 90, 9'의 시간대에 살고 있다. 노스트라다무스의 예언은 아직 완전히 실현되지 않았기 때문이다.

2. 하늘땅이 흔들리는 가공할 천재지변

격렬하게 진동하는 대지, 나라를 집어삼키는 해일

새 희망의 세기가 되리라 기대했던 21세기, 하지만 해가 거듭할수록 자연재해는 빈번하게 발생하고 있으며 또한 그 강도를 더욱 높여 가고 있다. 2004년 12월에는 거대한 쓰나미가 동남아시아를 휩쓸어 세계지도를 바꾸어 놓았으며, 2008년 5월에는 쓰촨성 대지진이 중국을 발칵 뒤집어 놓았다. 또 2023년에는 무려 17만 명 이상의 사상자를 낸 튀르키예-시리아 대지진으로 전 세계가 충격과 슬픔에 빠졌다. 그런데 노스트라다무스는 이들 지진보다 훨씬 더 강력한 천재지변이 인류의 생존을 위협하게 될 것이라고 다음의 예언시에서 무섭게 경고하고 있다.

태양이 황소자리 20도에 올 때 대지는 격렬하게 진동하며
사람들로 붐비던 거대한 극장이 무너지리라:
대기도 하늘도 땅도 캄캄해지고 혼란해지며

그때는 불신자들도 하나님과 성자를 향해 나아가리라.

Sol vingt de Taurus si fort de terre trembler,
Le grand theatre remply ruinera :
L'air, ciel & terre obscurcir & troubler,
Lors l'infidele Dieu & saincts voguera. (9:83)
(＊ 태양이 황소자리에 머무르는 기간 : 4월 21일~5월 20일)

7개의 스타디움과 같은 거대한 둥근 산이
평화와 전쟁, 기근과 홍수 뒤에
큰 나라들을 집어삼키며 달려들리라
아무리 오래되고 지반이 튼튼할지라도.

La grande montagne ronde de sept stades,
Aprés paix, guerre, faim, inondation,
Roulera loin, abîmant grands contrades,
Mesmes antiques, & grand fondation. (1:69)
(＊ 1 stadium=약 185m / 7 stadia=약 1.3km)

　여기서는 지상의 어떤 지역이 바닷속으로 침몰되어 사라질 것임을 전하고 있다. '거대한 둥근 산'은 지각 변동 때문에 발생하는 거대한 해일을 가리키는 것으로 이러한 재난은 홍수와 기근 뒤에 발생한다고 한다.

달의 새로운 순환 주기

얼마나 큰 손실인가! 아! 학식은 뭘 할 것인가!
달의 주기가 완성되기 전에
불과 대홍수와 무지한 왕권 때문에
다시 회복되기까지는 긴 세기가 걸리리라.

La grande perte, las! que feront les lettres,
Auant le Ciel de Latona parfaict,

Feu grand deluge plus par ignares sceptres,
Que de long siecle ne se verra refaict. (1:62)

둘째 행의 '달의 주기週期가 완성된다'는 말이 구체적으로 무엇을 의미할까? 지금의 달은 자전축이 5도 정도 기울어져 있다. 그래서 태양과 음양(태극) 운동을 할 때에 태양의 지배를 너무나 크게 받는다. 그런 점에서 달은 자유롭지 못하다.

'달의 주기가 완성된다'는 말은, 천지일월에 대변혁이 일어나 태양과 음양의 균형을 이룬 달의 새로운 주기가 시작된다는 것을 암시한다. 그러한 대변혁이 생기기 위해서는 어떠한 변화가 일어나야 할 것인가? 상식적으로 생각해도 당연히 달의 공전궤도가 바뀌어야 할 것이다. 후술하겠지만, 머지않은 장래에 지구 자전축까지 흔들리는 천지의 대격변이 일어나는데, 어찌 달인들 요동치지 않겠는가!(4부 2장 참고)

그러면 격변은 어느 정도나 지속될까? 노스트라다무스는 천지의 대변화가 일단 현실화되면 단기간에 좋아지는 일은 없을 것이라고 하였다. 다시 말하면, 지축 이동과 같은 대사건이 일어나는 시점을 전후하여 충격적인 변국이 전개되는 일정한 기간이 있다는 것이다. 이 기간의 전후로 일어나는 여러 가지 충격 가운데 우리가 직접 체험하게 될 대표적인 재앙은 물[水]과 불[火]에 의한 파괴다. 전쟁, 화재, 홍수, 지진, 화산 폭발, 해일 등을 떠올리면 그 참상의 강도를 느낄 수 있으리라.

이에 대해 그는 아들에게 이렇게 일러 주었다.

전 우주적인 대재난이 일어나기 전에 대홍수가 일어날 것이다.
그래서 물에 덮이지 않는 땅이 거의 없게 될 것이다.
대홍수는 상당한 기간 지속될 것이며, 특정한 인종과 특정한 지방을 제외한 모든 것이 소멸될 것이다.(「아들에게 보내는 편지」)[1]

모든 것을 뒤흔드는 지구 중심의 불

위의 편지 내용에 뒤따라 다음과 같은 예언이 나온다.

> 대홍수를 전후하여 많은 지역에서 비가 적게 올 것이다. 하늘에는
> 수많은 불덩어리와 뜨겁게 불타오르는 돌들이 떨어질 것이며, 모
> 든 것은 불로 파괴될 것이다. 이 모든 것은 최후의 대재난 이전에
> 갑작스럽게 일어날 것이다. 이는 화성의 운행주기와 관계가 있다.
> 그러나 어떤 별들은 여러 해 동안 보병궁자리에 모여들 것이며, 다
> 른 별들은 더 오랜 기간 동안 게자리에 모여들어 한동안 지속될
> 것이다.(「아들에게 보내는 편지」)2)

노스트라다무스는 물에 이어 불에 의한 파괴가 일어날 것이라 경고하고
있다. 이 모든 것은 최후의 대재난 직전에 일어난다고 했다. 그렇다면 이 최
후의 대재난이란 구체적으로 무엇을 말하는 것일까?

> 지구 중심에서 심각한 불이 일어나 새로운 도시 주변을 뒤흔들리라.
>
> Ennosigee feu du centre de terre, Fera trembler autour de citée
> neuue. (1:87:1-2)

이 예언시도 심오한 경지를 느끼게 하는 중요한 구절이다. 지구의 중심에
있는 신비의 '불'이 새로운 도시 주변에 지진을 일으킨다고 하였다. 일부 노
스트라다무스 연구자들은 이 불덩이를 지하의 핵무기라 말한다. 또한 지질
학자들의 연구에 따르면, 지구 중심에 있는 고온의 핵이라는 주장도 제기된
다. 지질학자들은 지구 중심의 핵이 맨틀의 대류를 일으키고 새로운 지각을
형성하며, 여러 가지 지각 변동을 일으키는 원동력이라 한다.

그러나 여기에서 노스트라다무스가 말하는 것은 현상적인 불만이 아니

다. 무형적인 천지의 불 기운 때문에 지구의 여러 지역에서 엄청난 지각 변동이 일어날 것을 예언한 것이다.

뒤에서 설명하겠지만, 이 불 기운은 우주가 새로운 시간대로 접어드는 원리를 밝힌 『정역正易』에서 언급한 이천칠지二天七地의 음양 불[火]의 변화를 암시한다.(3부 4장 '정역팔괘도' 참조)

3. 지구촌을 휩쓰는 대전쟁과 대병겁

대전쟁 : 비처럼 내리는 피

인류의 커다란 혼란 뒤에 '더 큰 혼란'이 준비되고 있으며
거대한 모터는 새로운 세기들을 가져올 것이다:
비처럼 내리는 피와 젖, 기아, 강철, 역병
하늘에는 긴 불꽃을 내며 달리는 불이 보일 것이다.

Après grâad troche humain plus grâad s'apprête
Le grand moteur les siècles renouuelle :
Pluye, sang, laict, famine, fer & peste,
Au ciel veu feu, courant longue estincelle. (2:46)

이 시는 21세기를 전후하여 일어날 국가 간의 큰 분쟁의 모습을 그리고 있다. 여기에서 분쟁이 21세기를 전후하여 일어난다는 것은 원문의 2행에서 '세기'를 나타내는 단어가 시에클sièclers이라는 복수형으로 되어 있다는 사실에서 알 수 있다. 일부 노스트라다무스 연구가들은 이를 3차 세계대전으로도 해석하는데, 시에서는 분쟁이 과학의 급속한 발전에 힘입어 일어난다는 것이다. 4행의 '긴 불꽃을 내며 하늘을 달리는 불'이란 미사일을 의미하며 3행은 전쟁이 초래할 참상을 나타낸다.

노스트라다무스는 다른 시에서 이러한 분쟁의 원인에 대해서 여타 예지자들과는 다른 '영적인 차원의 통찰'을 보여준다.

신들이 인간에게 나타나리니
그들은 대분쟁의 원인이 될 것이다:
하늘이 검과 창으로부터 고요함을 되찾기 전,
막대한 어려움이 왼손에 닥쳐오리라.

Les Dieux feront aux humains apparences
Ce qu'ils seront auteurs de grand conflit :
Avant ciel vu serein, épée et lance,
Que vers main gauche sera plus grand afflict. (1:91)

지상에서의 대분쟁은 각 종교나 민족이 받드는 신들이 매개함으로써 일어난다는 것이다. 뿐만 아니라 3행에서는 하늘도 이들 신들 간의 다툼 때문에 혼란한 상태에 있다고 함으로써, 천상 신명들 간의 위계질서도 제대로 잡혀 있지 않다는 대우주 신도神道의 비밀을 은연중에 암시하고 있다. 이러한 천상 영계의 비밀은 하권까지 읽으면 자연스레 해명될 것이다.

치명적인 전염병으로 텅 비는 도시

볼스크들의 파멸은 공포로 인해 매우 끔찍할 것이다.
그들의 거대한 도시는 '치명적인 질병'으로 오염되리라:
'태양과 달은 약탈' 당하고 그들의 사원은 더럽혀지리니:
두 강은 흐르는 피로 붉게 물들게 되리라.

Ruyné aux Volsques de peur si fort terribles,
Leur grand citée taincte, faict pestilent :
Piller Sol, Lune & violer leurs temples :
Et les deux fleuues rougir de sang coulant. (6:98)

앞에서 우리는 천재지변과 대전쟁에 대한 소식을 들었다. 그런데 여기에서는 "치명적인 질병으로 오염되리라"고 하면서 "태양과 달은 약탈당하고"라고 하여, 자연계의 대변혁과 더불어 치명적인 질병이 유행하여 볼스크 족,

즉 '서구 세계가 처참하게 몰락'하리라고 예고하고 있다.

노스트라다무스는 이 질병들이 전쟁이라는 또 다른 재앙과 맞물려 돌아가는 모습도 그리고 있다.

> 무서운 전쟁이 서양에서 준비되면
> 다음 해에는 돌림병이 찾아오리라
> 너무도 두려워하리라, 젊은이도 늙은이도 동물도
> 피, 불, 수성, 화성, 목성은 프랑스로.
> L'horrible guerre qu'en l'Occident s'appreste,
> L'an ensuiuant viendra la pestilence
> Si fort l'horrible, que jeune, vieux, ne beste,
> Sang, feu, Mercure, Mars, Jupiter en France. (9:55)

가공할 공포의 전쟁의 조짐이 나타나기 시작하는 다음 해에 질병이 퍼진다고 했다. 그런데 이 돌림병의 정체가 무엇이기에 사람은 물론 동물까지도 두려워한다는 것일까?

뒤에서 살펴보겠지만, 이 괴이한 병은 바로 황금의 사뛰흔느가 쇠(가을 금金 기운=숙살肅殺 기운)로 변하는 것과 밀접한 관련이 있다.

> 같은 해, 그리고 그 후 몇 년 동안 가장 무시무시한 전염병과 가장 가혹한 기근이 연속해서 발생할 것입니다.(「앙리 2세에게 보내는 편지」)3)

> 그때 세계의 2/3가 죽게 될 질병이 광범위하게 나타납니다. 아무도 들판과 집의 진정한 주인을 알지 못할 정도로 많은 사람들이 죽고 마을의 길마다 풀이 자라나 무릎을 덮을 것입니다.(「앙리 2세에게 보내는 편지」)4)

질병의 발생에 대해서는 특정 지역을 구체적으로 거론하면서 그 참상을 생생하게 그린 예언도 있다.

> 역병의 급증으로 인한 엄청난 기근.
> 북극을 따라 내리는 오랜 비로 인하여:
> 반구의 100곳 사마호브랭은,
> 정치가 없는 무법으로 살 것이다. (2:84)

> Si grand famine par vnde pestifere.
> Par pluye longue le long du polle arctiques:
> Samarobryn cent lieux de l'hemisphere,
> Vivuront sans loy exempt de pollitique. (6:5)

보통은 기근 후에 영양 부족으로 역병이 발생하는 경우가 많은데, 역병으로 기근이 발생한다. 농사지을 사람이 없을 정도로 많은 사람들이 죽기 때문일 것이다.

이 시에서 언급한 사마호브랭이 어디인지는 알 수 없으나 100곳이라 했으니, 아주 많은 곳에 역병이 퍼지고 인명 손실이 커서 공권력 통제가 없는 상태로 변하게 된다는 것을 알 수 있다.

'무서운 전쟁 다음 해에 돌림병이 찾아온다'는 앞의 시와 연관지어 보면, 장차 전 인류를 멸망으로 몰고 갈 이 괴질은 전쟁이 터진 후에 발생하게 된다는 것을 알 수 있다.

4. 새로운 변혁에 다가서는 세기

지구촌이 맞이한 새로운 변혁의 시간대

궁수자리에 연결된 연못의 낮은
찬양받는 고귀한 구유 속에서
'역병'과 '기아'와 '군대'에 의한 죽음
세기는 새로운 변혁에 다가서리라.

Faux à l'estang joinct vers le Sagittaire,
En son haut AVGE de l'exaltation,
Peste, famine, mort de main militaire,
Le siecle approche de renouation. (1:16)

(＊ 궁수자리: 사수좌의 기간(11월 23일~12월 21일))

복음서에 따르면 예수는 말구유에서 태어났다. 그렇기 때문에 제2행에서 '찬양받는 고귀한 구유'라고 표현한 것이다. 이 표현은 일견 기독교 정신을 찬미한 것처럼 보인다. 그러나 노스트라다무스가 진실로 그런 의미에서 '찬양받고 고귀하다'고 했을까? 다음 제3행에서는 질병과 기아와 전쟁에 의한 죽음이 있다고 하였는데, 이는 무엇을 말함인가? 노스트라다무스는 '찬양받고 고귀하다'는 반어법을 쓰면서 기독교에 바탕을 둔 서양문화의 한계와 결말을 강력하게 암시하고 있는 것이다.

마지막으로, 가장 중요한 제4행의 '세기'는 지금의 시간대를 뜻한다. 이는 『백시선』 곳곳에서 말하는 변혁의 때가 대부분 현재 우리가 살고 있는 시대를 가리킨다는 점과 연관지어 생각하면 쉽게 이해할 수 있다. 그리고 '새로운 변혁에 다가선다'는 것은 지금까지 인류가 겪었던 단순한 문명사적인 변혁을 뛰어넘는 파천황적인 차원의 대변혁이 멀지 않다는 것을 의미한다.

결국, 이 시는 현재의 인류가 질병과 전쟁, 기아에 의한 죽음의 시대를 거쳐 새로운 변혁의 시간대를 맞게 될 것을 노래하고 있는 것이다.

1900, 90, 9, 7의 달
하늘에서 공포의 대왕이 내려오리라:
앙골무아의 대왕이 부활하리라
화성을 전후로 행복하게 지배하리라.

그때 세계의 2/3가 죽게 될 질병이
광범위하게 나타납니다.
아무도 들판과 집의
진정한 주인을 알지 못할 정도로
많은 사람들이 죽고
마을의 길마다 풀이 자라나
무릎을 덮을 것입니다.

'일곱 번째 큰 수'가 다 돌고 나면

일곱 번째 큰 수가 다 돌고 나면
대학살의 시대가 도래하리라:
그것은 큰 천 년에서 그리 먼 일은 아니다
그때는 죽은 자들이 무덤에서 나오리라.

Au reuolu du grand nombre septiesme,
Apparoistra au temps jeux d'Hécatombe :
Non esloignée du grand aage milliesme,
Que les entrez sortiront de leur tombe. (10:74)

'일곱 번째 큰 수'가 다 돌았을 때 우주의 대학살 사건이 일어난다고 한 이 불가사의한 말이 의미하는 바는 도대체 무엇일까?

물론 어떤 특정한 해[年]나 달[月]을 암시하는 말도 아니며, 우리가 흔히 쓰는 숫자 7을 의미하는 것도 아니다. 왜냐하면 단순한 7이 아니라 '일곱 번째 큰 수'라고 하였기 때문이다. 또한, '다 돌았을 때'라는 말은 '순환의 주기성이 종결된 상태'를 암시하고 있다. 즉, 노스트라다무스는 '일곱 번째 큰 수가 다 돌고 나면'이라는 이해하기 어려운 시 구절을 통해, 이제까지 서구에서는 깨닫지 못했던 '우주 순환의 주기'에 대한 심오한 내용을 암시하고 있는 것이다.

동양의 상수象數철학으로 보면, 1부터 10까지의 자연수는 각각 천지의 주기적 변화의 특정 단계를 나타낸다. 그 중에서도 7이라는 수는, 분열과 통일을 반복하며 천지를 잡아 돌리는 조화 기운이 전반기 분열 운동의 극점에 다다른 상태를 말한다. 그러므로 '일곱 번째 큰 수가 다 돌고 나면'의 정확한 의미는 우주 생명이 순환하는 주기 중에서 전반기 과정, 즉 사람이 처음 생겨난 이후 문명을 발전시키는 전반기 분열 과정(7火의 단계)을 끝마치고, 후반기 통일·완성 과정으로 대전환하는 때를 말하는 것이다.(1장 끝 특각주의 '천지 생명의 순환도' 참고)

선천 분열 운동의 시간대가 종결되면 분열 기운을 주재하던 7수數, 곧 오화牛火가 정남방에서 물러나면서 지축이 순간적으로 이동하는 대격변이 일어나게 된다. 이 예언시는 천지를 잡아 돌리는 조화 기운이 분열에서 통일로 전환할 때, 지구의 공전 궤도가 새로운 궤도로 전환함으로써 수많은 사람이 죽음의 심연으로 떨어지게 됨을 생명의 상수象數 원리로 암시하고 있는 것이다.(상세한 내용은 4부 2장 참조)

그리고, "그때는 죽은 자들이 무덤에서 나오리라"라는 구절을 보면 이 변국이 지상의 인간에게만 영향을 미치는 것이 아니라, 천상의 영계와도 직결되어 있는 대이변이라는 것을 짐작하게 한다. 물론 이 말은 죽어서 땅속에 묻혔던 유골이 사람으로 되살아나는 것을 뜻하는 것이 결코 아니다. 이는 지상의 삶을 마감하고 천상 영계에서 살고 있는 신명들이 앞으로 열리는 지상 선경세계에 사람으로 윤회해 오거나, 아니면 영계 사람으로서 직접 지상에 오는 것을 말한다.

죽음의 검이 다가오고 있다

내 아들아, 내가 신으로부터 받은 계시에 따라 별들의 운행을 계산해 보면, 이제 죽음의 검劍이 우리에게 다가오고 있다. 그것은 '전염병'과 3세대에 걸친 끔찍한 전쟁과 기근을 퍼뜨린다, 그리고 이 칼은 행성 주기에 맞추어 여러 번 다시 지구에 떨어질 것이다. 내 예언의 대부분이 이루어지고 있거나 별들의 운행에 따라 이루어질 것이다.(『아들에게 보내는 편지』)[5]

노스트라다무스는 질병과 전쟁, 그리고 기근이 되풀이하여 지구를 강타할 것이라 전하고 있다. 3부에서 서술하겠지만, 질병과 전쟁, 기근은 『미륵경』에 나오는 표현과 같으며, 예수 또한 복음서에서 그와 같은 말을 하였다. 따라서 위대한 예언자가 되었든, 종교의 성자가 되었든, 그들이 전하는 개벽의 메시지는 대국적으로 동일하다는 것을 다시 한 번 확인할 수 있다. 그런데 이 질병, 전쟁, 기근이 얼마나 많은 생명을 앗아가기에 '죽음의 검'이라고 표현했을까! 노스트라다무스는 그 같은 재난은 변혁의 큰 흐름에서 나타나는 하나의 현상이라 말하면서 '별자리의 움직임'과 관련이 있다고 말한다.

5. 인류를 절멸시키는 '헤이뽀즈'

> 떠나라, 떠나라, 모두 쥬네브를 떠나라
> '황금의 사뛰흔느'가 '쇠'로 변하리라
> '헤이뽀즈'를 거스르는 자는 모두 절멸되리라
> 그 전에 하늘은 징조를 보이리라.
>
> Migrés, migrés de Geneue trestous,
> Saturne d'or en fer se changera:
> Le contre RAYPOZ exterminera tous,
> Auant l'aduent le ciel signes fera. (9:44)

이 시는 변혁의 시기에 벌어질 생사 문제와 근본적인 원인에 대한 궁금증을 비유적으로 풀어주고 있다.

쥬네브는 스위스의 국제 도시 제네바를 가리킨다. 여기에서 유추하여 이 예언시를 해석할 때, 대개 인구가 밀집되어 있는 대도시에서 많은 희생자가 발생할 것이라고 풀이해 왔다. 그러나 죽음의 대왕이 어찌 대도시에만 심판의 메스를 가하겠는가? 그는 지상의 인간을 포함한 모든 것을 절멸시킨다고 하였다. '절멸되리라'라는 말은 선한 자와 악한 자, 종교를 믿는 자와 그렇지 않은 자를 가릴 것 없이 인간이라면 누구나 예외 없이(tous=all) '멸망당한다'는 것이다. 이는 지상에 있는 모든 인간의 생명에 큰 변화가 일어나게 됨을 의미한다.

그렇다면 이 시에서 생사와 직결되는 불가사의한 수수께끼의 단어, '헤이뾰즈Raypoz'란 무엇을 말하는 것일까? 사실 제3행의 구절은 노스트라다무스의 영적 깨달음의 경계를 단적으로 보여주는 신비스러운 비유이다. 대부분의 연구가들은 헤이뾰즈를 막연하나마 '공포의 대왕'과 동일한 존재라고 해석해 왔다.

그러나 이 한 구절만 해도 그 어떤 점성학적 지식이나 피상적인 자구 해석으로는 결코 해명할 수 없다. 결론적으로 말해서, 이 구절은 둘째 구절과 더불어 서양의 신화와 동양의 우주 변화의 섭리를 두루 통하지 않고서는 해명하기 어려운 우주 원리의 핵심적인 신비를 가리키고 있다. 여기서 '헤이뾰즈'는 생명을 박탈하는 어떤 절대적인 힘을 소유한 존재를 가리킨다. 그리고 이 헤이뾰즈는 바로 앞 절의 '황금의 사뛰흔느가 쇠로 변하리라'라는 구절과 밀접한 관계가 있다.

그렇다면 그의 여러 예언에서 가장 핵심이 되는 '황금의 사뛰흔느'는 과연 무엇이며, 이것이 왜 쇠로 변한다고 하였을까? 그리고 헤이뾰즈는 도대체 어떠한 존재이기에 인간과 만물을 모두 절멸시키는 것일까? 이 모든 수수께끼를 풀기 위해서 먼저 '사뛰흔느'에 대해 알아보기로 한다.

'황금의 사뛰흔느'의 수수께끼

프랑스어 '사뛰흔느Saturne'는 본래 로마 신화에 나오는 농경신 사투르누스Saturnus이며, 별을 가리킬 때에는 토성을 의미한다. 그러나 이것만 갖고는 '황금의 토성이 쇠로 변하리라'라는 피상적인 뜻밖에 얻지 못한다.

동양의 우주론으로 해석해 보면 사뛰흔느는 오행의 토土에 대응한다. 더 구체적으로 말해서 십토十土에 대응하며 음과 양의 두 생명 기운이 통일된 상태(무극)를 가리킨다.(76쪽, '우주원리로 풀어 보는 그리스 신화' 참고) 이 중성의 조화생명은 색채로는 황금색이다.[木은 靑, 火는 赤, 土는 黃, 金은 白, 水는 黑] 그래서 노스트라다무스는 황금의 사뛰흔느라고 말하였다. 마찬가지로 이 시에 나타난 쇠도 결코 물질적인 금속이 아니다. 그것은 바로 오행의 금金을 상징한다.

우주의 조화 기운이 성장기에서 성숙기로 대전환할 때에는 '화극금火克金'이라는 상극 현상이 발생한다. 이때 통일의 조화 기운인 십토+±가 중개함으로써 상극이 아닌 '토생금의 상생 원리'가 작동하게 되는 것을 의미한다.[火生土, 土生金] '황금의 사뛰흔느가 쇠로 변하리라'는 말은 바로 사뛰흔느라는 중성생명[10土=무극 기운]이 금 기운을 낳음으로써 무사히 '완성의 새 시대로 전환'되는 것을 가리킨다.

헤이뽀즈는 가을천지의 숙살기운

이 중성생명의 천지 기운[土]이 쇠[金]로 변할 때는 천지 가을철의 숙살肅殺 기운이 내려와 선악을 초월하여 지상의 모든 생명을 절멸시킨다. "헤이뽀즈를 거스르는 자는 모두 절멸되리라"라는 구절은 바로 이러한 우주 가을개벽의 추살秋殺 섭리를 의미한다.

'헤이뽀즈Raypoz'는 인류의 생사를 판가름하는 가을바람, 그리고 더 근원적으로는 그 죽음의 바람을 몰고 오는 서신西神, 바로 금신金神을 암시하는 말이다. 그리스 신화에서는 서신을 서풍신西風神, 즉 제피로스Zephyros라고 한다. '헤이뽀즈Raypoz'는 노스트라다무스가 제피로스를 가리키는 불어 단어 '제피흐Zephyr'의 철자 순서를 바꾸고 음에 맞추어 철자를 변형시킨 것이다.

노스트라다무스는 이러한 철자의 순서와 변형을 통하여 제피로스, 즉 서신이라는 은밀한 뜻을 '헤이뽀즈Raypoz'에 감춰 두었다. 헤이뽀즈는 우주의 가을철에 모든 생명을 앗아가는 숙살기운이자 그 기운을 주재하는 서신을 상징한다. 가을바람으로 찾아오는 병란病亂의 손길의 근원인 서신의 실체를 모르고 서신의 질서를 거스른다면 이번 가을에 그 누구도 생존할 수 없다. 본서를 정독해 나가면, 1부 2장 남사고 『격암유록』의 한 구절인 '서지심西之心'이 노스트라다무스가 말한 '헤이뽀즈', 즉 인류의 생사여탈권을 쥔 서신의 실체임을 알 수 있다.

인간이 전혀 느낄 수도, 볼 수도, 들을 수도 없는 이 무시무시한 가을개벽의 추살秋殺기운은 지상 인간계와 천상 신명계의 모든 죄업과 부조리를 심판하여, 미성숙한 쭉정이를 천지에서 완전히 걸러내는 정화 작용을 한다.

그런데 중요한 것은, 이런 과정을 거치면서 우주 생명의 열매인 인간이 성숙하여, 인류가 오랫동안 꿈꾸어 오던 선경낙원을 지상에 새롭게 건설하게 된다는 것이다. 즉, 이 4행시 속에는 지상 생명의 절멸뿐만 아니라, 우주의 조화신이 우주를 창조한 조화 기운(사뛰흔느)으로 다시 현상계를 성숙시킨다는 창조의 비밀이 담겨 있다.

'사뛰흔느의 치세治世에는 인간은 본래 절대 평등하며 자유롭다'는 로마 신화에서 전하는 메시지도, 결국은 이러한 우주의 조화성신의 섭리를 내포하고 있는 것이다. 이 같은 우주의 궁극 이상은, 생명의 순환 운동에서 볼 수 있듯이 사뛰흔느 기운(10未土)이 작용하는 천지 방위가 이동할 때, 즉 지구의 자전축이 이동하고 공전 궤도가 이동할 때 비로소 실현된다.

이상의 결론에서 우리는 노스트라다무스야말로 자연계의 생명의 순환이치와 다가오는 대격변의 밑바닥에 흐르는 천리天理를 꿰뚫어 보았던 철인이었으며, 이제까지 세상에 알려진 바와 같이 그저 단순히 환영으로 나타난 현상만을 기록한 평범한 예지자가 아님을 알 수 있다.

그는 자신의 예언 내용이 일견 모호해 보이지만, 상당한 시간이 흐른 뒤에는 구체적으로 해명될 날이 오리라는 것도 예견하였다.

이제 죽음의 검이 우리에게 다가오고 있다.
그것은 '전염병'과
끔찍한 '전쟁'과 '기근'을 퍼뜨린다.
그리고 이 검은 행성 주기에 맞추어
여러 번 다시 지구에 떨어질 것이다.
내 예언의 대부분이 이루어지고 있거나
별들의 운행에 따라 이루어질 것이다.

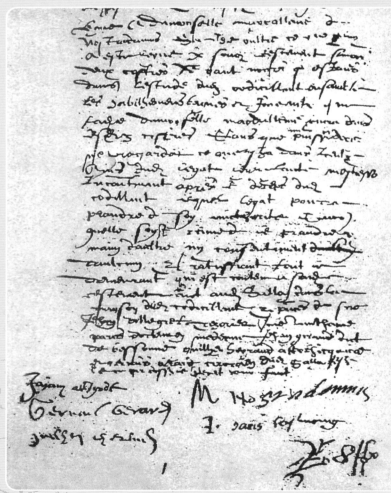

노스트라다무스의 친필 일기

6. 공포의 대왕과 앙골무아 대왕

하늘에서 내려오는 공포의 대왕

1900, 90, 9, 7의 달

하늘에서 공포의 대왕이 내려오리라:

앙골무아의 대왕이 부활하리라

화성을 전후로 행복하게 지배하리라.

L'an mil neuf cens nonante neuf sept mois

Du ciel viendra vn grand Roy d'effrayeur :

Ressusciter le grand Roy d'Angolmois,

Auant apres, Mars regner par bon-heur. (10:72)

이미 서두에서 언급한 이 시는 노스트라다무스의 예언 중에서 가장 충격적이고 중대한 메시지를 담고 있다. 먼저 이 시의 첫 두 행을 하나로 묶어서 살펴보자. '공포의 대왕'이라는 표현의 어감만으로도 이 존재는 지상의 모든 생명체의 생사를 심판하는 권능을 쥐고 있는 '영적 대권자'라는 것을 충분히 알아차릴 수 있다. 또한, 하늘에서 내려오는 신비한 신명적神明的 존재라 하였으니 그는 결코 지상의 인간은 아닐 것이다.

지금까지 이 시를 연구한 사람들은 피상적인 사고방식에서 벗어나지 못하고 별의별 근거를 다 끌어다 붙이며 해석을 시도하였다. 그러나 모두 동양의 우주 순환 법칙에서 바라보는 관점과는 너무나도 거리감이 있는 해석이었다.

이 공포의 대왕이라는 대권능을 가진 존재를 한마디로 정의한다면, 앞에서 살펴본 황금의 사뛰흔느[土]가 쇠[金]로 변화할[土生金] 때 우주의 가을철 숙살 기운을 타고 천상의 영계에서 내려오는 '심판의 주재자'이다. 이 부분을 읽어가기가 무섭게, 신앙생활을 하는 대부분의 사람들은 '아하, 그렇다면 그분은 내가 신앙하는 종교의 교조敎祖되시는 분을 말씀하시는 거로구나'라고 생각할 것이다.

그러나 이는 조금도 맞는 말이 아니다. 이 문제에 대한 해답은 오직 '우주가 순환하는 밑바탕(본체)의 원리'를 완전히 해명할 때라야 비로소 바르게 풀린다. 왜냐하면 우주 순환의 법도 자체가 곧 신神이 역사를 주재하는 섭리이기 때문이다. 이에 대한 수수께끼는 본서를 마지막까지 읽어 내려가면 자연스럽게 해명된다.

공포의 대왕은 천지에 꽉 차 있는 불 기운[火]이 숙살기운[金]으로 화할 때 인간의 혼魂을 잡아가는 '개벽기 심판의 최고 집행자'이다. 다시 말하면 그는 하늘땅이 개벽 운동을 할 때 죽음의 사자들을 몰고 와서 오직 죽음의 심판을 집행하는 대권자, 곧 지상의 인간 생명을 모두 거두는 권능자라는 말이다.

그렇다면 인간을 구원하는 존재는 누구란 말인가? 노스트라다무스는 이 구원의 존재에 대해서도 신비스러우면서도 분명하게 전해 주고 있다.

신비에 싸인 앙골무아 대왕

노스트라다무스는 죽음의 혼을 부르는 공포의 대왕이 하늘에서 내려와 지상에 있는 '앙골무아의 대왕'을 소생시킨다고 하였다. 그렇다면 이 앙골무아의 대왕은 글자 그대로 앙골무아라는 이름을 가진 인간 왕을 칭하는 말일까?

이에 대해 대부분의 연구가들은 '앙골무아Angolmois'를 '몽골리아Mongolias'라는 단어의 철자 순서를 바꾼 것으로 보고, 몽골계 민족의 국가 중에서도 가장 큰 나라로 풀이한다.(노스트라다무스 연구회, 『노스트라다무스 새 예언』)

현 인류가 지상에 처음으로 생겨난 이후, 문명 발상의 중심지에서 지구 곳곳으로 분산 이동하며 정착하는 과정에서 다양한 민족이 형성되었다. 앙골무아는 지구상의 다양한 민족들 가운데 세계사의 문화 정통 정신을 간직하고 있는 몽골로이드 민족을 일컫는 말이며, '앙골무아 대왕'은 세계의 대이변기에 그 정통 민족으로부터 출현하는 '구원의 주재자', 즉 '동방 문명의 종주 민족’에서 출현하는 인류의 새 지도자를 가리킨다. 그러므로 앙골무아의 대왕을 소생하게 한다는 말 속에는 창세 문명의 씨를 뿌린 정통 종주 민족을 미래에 새 역사 창조의 주인으로 등장시킨다는 의미가 함축되어 있는 것이다. ‘소생하게 한다’는 의미의 ‘헤쉬시떼ressusciter’라는 단어에는 ‘다시 한 번 흥하게 하다’라는 뜻도 있다. 결론적으로 이 구절은 공포의 대왕이 내려온 후에는 지금까지 역사의 그늘에 가려져 있었던, 태고 시대에 세계 문명을 탄생시킨 선천 문화 정통 민족이 인류 문명을 다시 주도해 간다는 의미를 내포하고 있는 것이다.

노스트라다무스 연구가로, 미국 NBC-TV 특집 〈고대의 예언들〉(1994. 4. 10. 방영)에도 출연한 바 있는 미국의 존 호그John Hogue는 1,000여 편의 4행시 속에 감추어져 있는 구원의 희망에 대해 이렇게 이야기하였다.

> 노스트라다무스의 예언들 중에는 세기 말 이전에 생겨나 전 세계에 꽃피는 새로운 종교에 대한 긍정적인 예언들이 끊임없이 발견되고 있다. … 그는 기독교, 이슬람, 유대교, 불교, 힌두교 등과는 거리가 먼 ‘새로운 종교가 도래’할 것을 분명히 예언하였다.

그리고 마지막 행의 ‘화성Mars’은 세계 도처에서 일어나는 전쟁의 환란을 뜻한다. 노스트라다무스는 “화성이 지구에 마지막 최대 이변을 일으키는 원인으로 작용한다”라고 지적한 바 있다. 물론 이 전쟁은 천상의 영계에서 대군신大軍神들 간의 일대 격돌이 선행되고 난 뒤에 지상에서 전개된다.

이제까지 살펴본 예언의 핵심은, 인류사의 대변국을 통해서 역사의 뒤안길로 사라져 버렸던 고대 세계사 시원 민족의 정체가 드러나고, 그 정통성을 지닌 민족의 후예가 세계 무대에 다시 등장할 것이라는 소식으로 요약된다. 그러면 인류 구원의 거룩한 빛은 구체적으로 지상의 어느 곳에서 비쳐 오는 것일까?

7. 기성종교의 몰락과 세계 구원

최후의 대환란과 기성종교의 운명

노스트라다무스는 대환란의 참상을 다음과 같이 묘사하고 있다.

> 화성이 무력으로 우리를 위협하고
> 70회나 피를 흘리게 하리라:
> 성직자의 부흥과 파멸
> 그리고 사람들은 그들의 말을 듣지 않으리라.
>
> Mars nous menace par sa force bellique,
> Septante fois fera le sang épandre :
> Auge et ruine de l'Ecclésiastique,
> Et plus ceux qui d'eux rien voudront entendre. (1:15)

'그 날'에 울려 퍼지는 통곡의 메아리가 얼마나 구슬프기에, 게다가 엉겨 붙은 슬픔의 빨간 농진이 얼마나 진하기에 70회나 피를 흘린다고 하였을까? 그는 이렇게 비극적으로 다가올 미래의 아픔을 노래한 시인이었다. 또한, 종말의 시간대에 어떠한 구원의 법방도 제시하지 못하는 기성종교에 사람들이 등을 돌리게 될 것을 이같이 내다보았다.

인류를 구원할 조비알리스트

> 과거와 함께 현재 시간은
> 위대한 조비알리스트에 의해 심판을 받으리라:
> 그 후 세상은 지치게 되고
> 성직자들에게 배신을 당하리라.
>
> Le temps present auecques le passée,
> Sera jugée par grand Jovialiste :

Le monde tard luy sera lassée,
Et deloyal par le clergé juriste. (10:73)

(＊ clergé juriste : 법률을 공부한 성직자로서, 노스트라다무스 당시에는 이들이 재판
관 노릇을 했다.)

이 시의 1, 2행에서 과거와 현재 시간이 '조비알리스트Jovialiste'의 심판을
받는다고 하였다. 그렇다면 심판의 전권을 행사하는 '조비알리스트'는 과연
누구일까?

일반적으로는 조비알리스트를 '목성木星의 기운을 받은 사람'이라 풀이한
다. 명랑하고 즐겁고 유쾌하다는 의미인 조비알jovial이라는 말은 목성을 뜻
하는 조브Jove, 곧 쥐삐떼흐Jupiter에서 왔는데, 목성이 유쾌한 기분을 감응시
킨다고 생각한 데서 그러한 의미가 파생되었다고 한다. 주피터는 로마 신화
에 나오는 '모든 신의 제왕'이다. 따라서 조비알리스트는 사람들을 즐겁게
하는 역할을 하면서 제왕이 되기도 하는 그런 존재이다.

그리고 노스트라다무스는 이 시의 3, 4행과 다음의 시에서 전해 주고 있
는 것처럼 종교인들의 철저한 아집과 독선적인 사고방식, 그리고 배타적인
정죄 의식이 빚어낸 환상의 믿음 때문에 인간 구원의 대명제가 완전히 상실
되어 버린 말세의 시운을 고발하고 있다.

교회나 각 종파는 환상으로 바뀌고 파괴로 치달으리라

Celui qu'aura la charge de detruire
Temples, & sectes, changes par fantaisie : (1:96:1-2)

구원의 사자는 동양에서

다음 시에서 노스트라다무스는 자기 민족을 비롯한 유럽 사람들을 구원
하기 위하여 동방에서 오는 거룩한 무리의 모습을 마치 영상을 보듯이 생생
하게 그려 주고 있다.

동양인이 자기 고향을 떠나리라

아뻬냉 산맥을 넘어 골(la Gaule)에 이르리라:

하늘과 물과 눈을 넘어

누구나 '그의 장대'로 맞으리라.

L' Oriental sortira de son siege,
Passer les monts Apennins voir la Gaule :
Transpercera le ciel, les eaux & neige,
Et vn chacun frappera de sa gaule. (2:29)

'골Gaule'은 프랑스를 말하며, 아뻬냉 산맥은 이탈리아 반도에 있다. 따라서 아뻬냉 산맥을 넘어 골에 다다른다는 말은, 구원의 주인공인 동양인들이 이탈리아를 거쳐 노스트라다무스의 조국 프랑스로 찾아오리라는 것을 의미한다.

그런데 이 시에서 가장 이해하기가 어려운 부분은 마지막 행의 '누구나 그의 장대로 맞으리라'라는 구절이다. 문자 그대로 누군가가 비행선을 타고 하늘을 넘고 바다를 건너와서 나무 몽둥이를 들고 두들겨 준다는 말일까? 그런 우스운 모양은 결코 아닐 것이다.

'골'을 대문자로 Gaule이라 쓰면 프랑스를 뜻하고, 소문자로 gaule이라 쓰면 장대를 뜻한다. 그렇다면 이 장대란 무엇을 의미하는 것일까? 먼저 '그의 장대'에서 '그'는 동방에서 찾아올 '구원의 무리'를 말하는 것이다. 그렇다면 이 장대는 그 구체적인 용도가 무엇이든 간에 구원의 절대자가 부여하신 것이라는 사실을 어렵지 않게 알 수 있다. 그런데 '두드리다, 치다'라는 뜻으로 통용되는 '프하뻬frapper'에는 '각인刻印하다'라는 의미도 있는데, 여기에는 동양인들이 장대를 들고 온 목적을 암시하는 단서가 감추어져 있다.

그러나 노스트라다무스는 예언시 어느 곳에서도 이 장대의 신비에 대해서 구체적으로 말하지 않았다. 그렇다면 그는 왜 인류 구원에 가장 중요한 생명의 열쇠인 이 신물神物에 대해 입을 다문 것일까? 그 이유는 그가 열렬한 기독교 신자였기에 아마도 『성서』에 그 해답이 있다고 믿었기 때문일 것이다. 이 '조화의 장대'에 얽힌 수수께끼는 뒤에서 살펴볼 성서의 말씀과 동양의 위대한 철인들이 전한 개벽 소식에서 구체적으로 풀릴 것이다.

우주 변혁을 완수하기 위해 강세하시는 하나님

위대하시고 영원하신 하나님은 천도天道 혁명(révolution, 천체 주기의 혁
명)을 완수하기 위하여 오실 것이다.

le grand Dieu éternel viendra parachever la révolution

천체는 그 운행을 다시 시작할 것이며, 지구를 견고하고 안정하게
하는 뛰어난 회전 운동은 그 궤도를 여러 세기에 걸쳐 지속하지는
않을 것이다. 그것은 '하나님의 의지'대로 완수될 것이다.(「아들에게
보내는 편지」)6)

노스트라다무스가 아들 세자르에게 남긴 메시지 중에서 가장 놀라운 내용은 하나님이 당신의 의도, '천도혁명'을 이루시기 위해서 지상에 '직접 강세하신다'는 소식이다. 노스트라다무스는 예수가 아니라 하나님 아버지가 오신다고 분명하게 말하고 있다. 예수의 12사도가 제대로 전하지 못한 것을 그는 정확히 전하고 있는 것이다. 마지막 구원의 메시지에 관한 한 노스트라다무스는 예수의 제자들보다 위대하다.

기존의 서양 기독교적인 사고 방식으로는 아버지 하나님께서 지상에 직접 내려오시게 되는 우주 구원의 도비道祕를 결코 해명할 수 없다. 해명은커녕 그들은 하나님의 강세 자체도 받아들이지 못한다. 「요한계시록」을 보면 백보좌에 앉으신 아버지 하나님이 스스로 '장차 올 자'(「요한계시록」 1:8)라고 밝혀 놓았음에도 말이다. 이러한 아이러니야말로 '우주원리에 어두운 서구 정신의 한계'를 여실히 드러낸 것이라 하지 않을 수 없다. 그러나 이를 동양의 심오한 역철학 원리로 간단히 언급하면, 우주에 통일의 기운이 무르익으

면 지존무상하신 하나님께서 당신이 주재하여 다스리는 만물을 결실하시기 위해 친히 강세하시게 되어 있다.

또한, 노스트라다무스는 이 편지글에서 장차 지구가 올바른 궤도, 즉 안정된 정원궤도를 돌게 될 것임을 암시하고 있는데 이것은 아버지 하나님의 의지에 따라 이루어지게 된다는 것이다.

새로운 왕이 여는 황금시대

화성과 왕권이 하나로 합해지리라.
게자리 아래에서 처참한 전쟁이 있으리라.
그 뒤에 새로운 왕이 나타나리라.
그에 의해 오래도록 지상이 평화롭게 되리라.

Mars & le sceptre se trouvera conioinct,
Dessoubs Cancer calamiteuse guerre,
Un peu apres sera nouueau Roy oingt,
Qui par long temps pacifiera la terre. (6:24)

노스트라다무스는 이 시에서 처참한 전쟁과 그 후에 올 새로운 왕과 긴 평화 시대를 말하고 있다. 이 시에서 언급한 처참한 전쟁은 국가 간 소규모 전쟁이 아니라 한 시대를 끝내고 새로운 시대를 여는 변혁의 계기가 되는 최후의 큰 전쟁이다.

불교에서는 미륵이 출세할 때 전륜성왕轉輪聖王이 함께 출현하여 극락세계를 연다고 하였다. 노스트라다무스는 우주 변혁, 천도혁명을 완수하기 위해 아버지 하나님이 오시는 때에, 하나님의 이상을 실현할 '새로운 왕'이 함께 나타날 것이라 했다. 그 분은 천주[하늘의 주인] 아버지의 도법道法으로 지상에 평화낙원을 건설하시는 전륜성왕 같은 분이다.

노스트라다무스는 앞에서 살펴 본 예언에서는 이 분을 조비알리스트라고도 표현하였다. 영원히 전쟁이 없는 평화로운 세상, 사랑과 웃음이 가득한 낙원을 만드는 분이기에 '즐겁다'와 '제왕'이라는 뜻을 동시에 가진 '조비알리스트'라는 표현을 쓴 것이다.

투쟁 중에 있는 태양의 법과 금성의 법
예언의 정신에 부합하여
어느 누구도 이해하지 못할
위대한 메시아의 법이 태양을 통하여 유지되리라.

La loy du Sol & Venus contendus
Appropriant l'esprit de prophetie,
Ne l'vn ne l'autre ne seront entendus,
Par Sol tiendra la loy du grand Messie. (5:53)

지난 인류 역사를 보면 한 나라를 잘 다스리는 성군이 나왔다 해도 그 치세 기간이 길지 않았다. 또한 통치법도 왕조와 시대가 바뀌듯 변해 왔다. 하지만 메시아가 오셔서 직접 열어주시는 세상은 대변혁에서 살아남은 사람들의 자손의 자손까지, 대대손손 하나님의 진리 속에서 평화롭게 사는 세상이다. 그런데 노스트라다무스는 메시아의 법을 누구도 쉽게 이해하지 못할 것이라 했다. 그 이유는 무엇일까? 그 분의 법은 기존에 세상에 널리 알려진 종교나 가르침이 아니라 전혀 새로운 진리이기 때문이다.

그림자와 어둠이 깔린 날에 태어나리라.
그리고 최상의 자비심으로 지배하리라.
고대의 항아리에서 그 피가 다시 살아나리니,
청동시대를 대신하여 황금 세기를 다시 열리라.

Nay sous les ombres & iournee nocturne,
Sera en regne & bonté souveraine:
Fera renaistre son sang de l'antique urne,
Renouuellant siecle d'or pour l'airain. (5:41)

과거에는 영웅들이 무력으로 세상을 지배했다. 그 속에서 수많은 사람이 피를 흘리고 원한을 맺고 죽었다. 그러나 새 시대를 여는 왕은 자비심으로 통치한다고 했다. 이 왕은 앞에서 말한 것처럼 위대한 메시아의 법으로 세상을 다스리는 법왕法王이다. 이 법왕이 '황금 세기'를 다시 여는 것이다.

중국 송나라 때 역학의 대가였던 소강절은 시대를 '황제왕패이적금수皇帝王霸夷狄禽獸'로 구분했다. 인류사의 초기는 원시시대가 아니라 하늘땅의 신성과 광명과 하나되어 살던 황금시대(the Golden Age)였다. 그러나 물질문명이 고도로 발달한 지금은 천지의 신성과 광명을 잃어버려 영성이 몰락한 타락의 시대이다. 『구약』의 에덴동산 이야기는 황금시대와 그 이후 타락의 시대를 상징한다. '고대의 항아리에서 그 피가 다시 살아난다'는 것은, 새로운 왕이 태어나는 나라와 그 가르침이 인류 시원문화가 꽃핀 고대 황금시대와 연결되어 있다는 것을 나타낸다.

8. 새로운 시대가 열리는 때

북방 왕의 침입 이후 펼쳐지는 황금시대

세 번째 북방 왕은 백성들의 원성과 그들의 주된 요구 사항을 듣고 대군을 일으켜 자기 조부와 증조부들이 거쳐 간 해협을 건너 국가의 전체적인 질서를 바로잡을 것입니다. 두건을 걸친 큰 대리자(역주: 교황을 의미)는 본래의 위치를 찾고 받아들여지지만 결국 비탄에 잠기고 철저하게 버림받게 될 것입니다. 성인 중의 성인(역주: 이 성인은 예수를 가리키지만, 여기서는 기독교를 뜻한다)은 이교도에 의해 파괴될 것이고 신·구약 성서는 금서로 소각될 것입니다. 그 후에 적그리스도는 지옥의 왕자가 되고, 그리하여 모든 기독교 왕국들과 불신앙자들은 마지막으로 25년 동안 몸서리칠 것입니다. 심각한 전쟁과 전투가 일어나고 도시들, 시내 중심가, 성들, 그리고 건물들이 불타고 파괴되어 폐허가 될 것입니다. 이처럼 폐허가 된 도시는 소녀들, 유부녀들 그리고 성폭행 당한 과부들과 담벼락 사이에 버려진 갓난아이들의 피로 온통 물들 것입니다. 수없이 많은 죄악이 사탄의 이름으로 자행될 것이고 전 세계는 거의 파괴되고 폐허로 남을 것입니다.(『앙리 2세에게 보내는 편지』)

왜 세 번째 북방 왕은 대군大軍을 일으켜 자기의 조상들이 건너간 길을 따라 국가의 질서를 바로잡는다고 했을까? 그리고 북방 왕의 침입은 어떻게 해서 기독교 세계의 붕괴와 마침내는 전 세계의 파괴를 가져오게 되는 것일까? 그러면 전 세계는 이대로 폐허의 침묵 속에 영원히 빠져들게 되는 것일까?

물론 그것은 아니다. 그는 앞에서 '사뛰흐느의 지배를 받게 될 것이다', '환란 후에 사뛰흐느의 통치로 황금시대가 온다'고 하였다. 쉽게 말한다면 우주생명이 본래의 통일 상태로 되돌아가기 때문에, 그러한 대운을 타고 지금까지의 모든 인간의 꿈과 소망이 성취되는 새로운 시대가 개막되는 것이다.

정녕 오늘의 이 시대는 그가 전해 주고 있는 바와 같이 최후의 시대이며 전 세계가 거의 파괴되고 폐허로 돌아가는 때인가? 그래서 신앙의 대로 위에는 무지의 광기가 죽음의 춤을 추고, 지상에는 끈끈한 원한이 세찬 함성을 토해 내면서 만든 무덤들이 이렇게 수놓아져 있는 것일까? 언제쯤 천지의 생명이 자신의 신성의 모습을 완전히 되찾음으로써 지상의 뭇 생명이 삶의 희열과 자유를 구가하게 되는 것일까?

사뛰흔느의 지배와 세계 변혁

지금 우리는 전능하시고 영원하신 하나님의 뜻에 따라 '달의 지배'를 받고 있다. 달이 모든 주기를 끝내면 '태양의 지배'를 받을 것이며, 다음에는 사뛰흔느*의 지배를 받게 될 것이다. 왜냐하면 하늘의 징표에 따르면 토성의 지배가 다시 시작되고, 세계는 변혁에 접근하게 될 것이기 때문이다.(「아들에게 보내는 편지」)7)

(＊로마신화의 농경신 '사뛰흔느'는 태양계에서 '토성'을 가리킨다.)

이 내용은 1장 끝에 나오는 '천지 생명의 순환도'를 이해한 후에 읽으면, 노스트라다무스가 우주 변화의 원리를 얼마나 환히 꿰뚫고 있었는가 하는 것을 깨달을 수 있다. 그는 '달이 모든 주기를 끝내면'이라는 구절과 '토성의 지배가 다시 시작되고'라는 구절에서 우주의 순환성을 전해 주고 있다. 그리고 '달의 지배가 끝나고 태양의 지배로 넘어간다'고 함으로써, 태양계 전체에 커다란 이변이 일어나 새로운 세계가 창조된다는 가을 우주개벽의 비밀을 언급하고 있다.

막을 내리는 일곱 번째 큰 수[七火]의 우주 역사 시대

> 20년 동안의 달의 통치가 끝나고
>
> 다른 것이 7,000년 동안의 왕국을 이룩하리라:
>
> 이울던 태양의 주기가 회복될 때,
>
> 그때 내 예언도 완성되고 끝나리라.
>
> Vingt ans du règne de la Lune passés,
>
> Sept mille ans autre tiendra sa monarchie :
>
> Quand le soleil prendra ses jours lassés,
>
> Lors accomplit et mine ma prophétie. (1:48)

달의 통치란, 지상의 모든 인간이 부자유하고 미성숙한 달의 기운에 지배받아 온 것을 말한다. 이제껏 인간을 비롯한 지상의 모든 생명은 달이 던지는 신비한 기운[陰氣]을 태양 기운[陽氣]에 비해 적게 받음으로써 수많은 모순과 갈등 속에서 살 수밖에 없었다. 이러한 것을 과학적인 사고방식으로만 생각하면 이해하기가 대단히 어렵다. 삼라만상이 일월日月과 더불어 시시각각 기운을 주고받으며 살아가는 생명의 조화를 마음으로 느껴야만 노스트라다무스의 예언 경계에 한 발짝 더 다가설 수 있을 것이다.

위 시에서 '20년 동안'은 20년이라는 기간을 의미하는 것이 아니다. 이것은 달의 부자유한 운명에 지배를 받는 처음부터 마지막 순간까지를 총체적으로 가리키는 말이다. 그리하여 여기서의 '20'은 '분열의 종국 상태를 나타내는 허수虛數'가 되는 것이다. (이것은 하권 5부에서 구체적으로 밝혀질 것이다.)

제3행에서 '이울던 태양의 주기가 회복될 때'라는 말은 달이 부자유스러운 구속 상태에서 풀리는 날, 태양의 시간 주기도 '새로운 창조의 시간대'로 바뀌게 될 것을 의미한다. 즉, 이것은 미래에 있을 '일월日月의 대변국'을 전하고 있는 것이다.

그리고 '다른 것이 7천 년 동안의 왕국을 이룩하리라' 하였는데, 이 7,000이라는 수에 대해 노스트라다무스는 다음과 같이 설명하고 있다.

사탄이 결박되고 나면 … 이 일은 7000년경에 일어날 것이고, 예
수 그리스도 교회는 북방에서 온 이교도들에 의해 더 이상 짓밟히
지 않을 것입니다. 그때 세계는 대혼란에 가까이 갈 것입니다.(『앙
리 2세에게 보내는 편지』)8)

우리가 살고 있는 이 시대가 바로 '7000년'의 시기라는 것이다. 7이라는
수는, 앞에서도 언급한 바 있는 '일곱 번째 큰 수', '70회의 피눈물', '7의 달'
이라는 표현과 같이, 분열·성장기를 마감하는 마지막 시대의 상징으로 쓰인
것이다.

9. 하나님의 조화로 펼쳐지는 지상 선경 세계

천상보다 높은 영적 차원으로 바뀌는 지상

그러면 장차 이 우주에 펼쳐지게 될 새로운 세계는 구체적으로 어떠한 모
습이며 또 어떠한 원리로 다가오는 것일까?

신의 말씀이 '하늘과 땅',
'신령한 젖을 머금은 신비의 황금'을 포함한 만물에 내릴 것이다.
육체, 영혼, 정신은 모든 힘을 다해
하늘 의자에서와 같이 그의 발아래 모여든다.
Le divin Verbe donnera à la substance,
Compris ciel, terre, or occulte au lait mystique :
Corps, âme, esprit ayant toute puissance
Tant sous ses pieds comme au siège Celique. (3:2)

새로운 세계가 되면 모든 사람이 인류를 구원해 주신 한 분의 가르침에
따라 새 시대를 살아간다. 그런데 왜 '그의 발아래'에 모여든다고 한 것일

까? 이 말은 천상 영계의 깊은 섭리를 우리에게 암시해 주고 있다.

물론 여기서 '하늘 의자'는 지존의 권능자를 상징하기도 하지만, 실제로 그 절대자가 앉는 '천상의 보좌'를 가리키기도 한다. 이 시에 나오는 '하늘 의자에서와 같이'는 참으로 의미심장한 말이다. 하늘나라와 똑같은 세상이 어딘가 다른 곳에서 다시 펼쳐진다는 뜻이 담겨 있는 것이다.

그래서 '하늘 의자에서와 같이 그의 발아래에 모여든다'는 것은 하나님의 성소가 하늘나라에서 지상으로 옮겨 오게 되는 우주개벽의 신비를 암시한다. 다시 말하면 지상의 인류 역사가 천상의 어느 곳보다 높은 차원의 세계로 바뀐다는 말이다. 이 우주의 신비는 본서 4부와 하권 7부에서 해명될 것이다.

'죽음의 날'을 넘어 영원한 생명의 세계로

영혼이 없는 육체는 더 이상 희생되지 않으리라
'죽음의 날'이 생일이 되고:
성령은 영혼을 행복하게 만들리라
말씀의 영원함을 보면서.

Le corps sans ame plus n'estre en sacrifice,
Jour de la mort mis en natiuitée :
L'esprit divin fera l'ame felice,
Voiant le verbe en son eternitée. (2:13)

이 시 또한 신비스러우면서도 불가사의하기 짝이 없는 구절로 이루어져 있다. 수수께끼 같은 첫 행의 의미도 2, 3행이 제대로 해독될 때 비로소 그 의미가 풀리게 된다. 먼저 2행의 '죽음의 날'이란 앞에서도 살펴보았듯이, 우주의 조화 기운이 성장에서 성숙으로 대전환할 때 천지 가을철의 숙살기운이 내려와서 모든 생명을 절멸시키는 그때를 가리킨다. 따라서 그날은 지금까지 인류를 길러 온 '생장生長의 시간대'가 끝나는 동시에 '성숙의 시간대가 열리는 날'이기도 하다. 이를 노스트라다무스는 '죽음의 날이 곧 생일이 된다'고 한 것이다. 그런데 여기에는 육신을 가진 인간으로서 겪게 될 죽음과 부활이라는 의미도 숨어 있다.

3행의 '성령'은 이 새로운 우주의 시간대를 펼치는 '천지 자연의 순수 생명의 신성', 즉 후천 가을우주의 무극無極의 영기를 말한다. 조화신의 기운은 사뛰흔느의 비의祕意에서 보았듯이, 천지를 황금시대로 바꾸는 대권능을 갖고 있다. 따라서 이 무극의 성신이 다스리는 시대가 오면 모든 생명이 성숙한 존재로 변모하는데, 신성에 충만한 이 예지자는 이를 '성령은 행복한 혼을 만들리라'라고 노래했던 것이다. 미래를 노래하는 서양의 시선詩仙 노스트라다무스는 새로운 세계가 올 때에는 이처럼 우주의 조화 기운이 질적 대변화를 일으킨다는 것을 은연중에 암시하고 있다.

이상 2, 3행의 해석을 바탕으로 1행의 뜻을 짚어 본다면, 첫째 행은 지금의 미완성 시간대에서 '성숙한 우주 가을 시간대'로 넘어가는 그때에 희생당하는 생명은 더 이상 윤회의 기회를 얻지 못한다는 것을 의미한다. 윤회는 영혼의 미완성을 전제로 하는 개념으로 생명이 완전히 여무는 성숙의 시간대에는 윤회가 종결되기 때문이다. 이 프랑스 예지자는 그것이 가을철의 숙살지기 때문이든, 자연계에 일어나는 대변국 때문이든, 이번에 희생되는 영혼은 윤회의 기회를 박탈당한 채 '영원히 소멸'되고 만다는 엄정한 우주 법도에 따른 심판을 일깨워 주고 있는 것이다.

10. 노스트라다무스 예언의 원리, 특징과 한계

신의 섭리와 천체의 운행

그러면, 노스트라다무스는 예언시에서 시간에 대한 모든 암호를 무엇에 의하여 배열했던 것일까? 그는 천문학적인 행성의 운행 원리, 성서 말씀, 자신의 직감 등에 의거하여 이 모든 것을 종합하여 전하는 것이라 하였다.

> 1557년 3월 14일 지금부터 7000년대 초기까지 일어날 일들을 저의 예언서에 기록하였으며, 이 시간들은 저의 천문학적인 계산과 그 외의 다른 지식들을 동원해서 추정한 것입니다. 이때에는 예수 그리스도와 그의 교회의 적대자들이 세상에 가득 찰 것입니다. 저의 예언들은 천체의 운행을 포함한 연쇄적인 질서, 그리고 천문학적인 계산과 저의 또 다른 지식에 의해 산출된 결과들입니다. (「앙리 2세에게 보내는 편지」)9)

천문의 운행 원리를
연구하는 노스트라다무스

그는 앙리 2세에게 보내는 편지에서 몇 번에 걸쳐 강조하고 있는 바와 같이, 자신이 신앙하는 성서의 가르침을 따르면서 그와 동시에 '천문학의 과학적인 운행 원리'를 바탕으로 미래의 사건을 예언하고 있음을 밝히고 있다.

그러므로 '천지·일월·성신의 운행 원리'를 제대로 알지 못하면, 노스트라다무스의 예언시를 아무리 읽어도 그가 후세 인류에게 전하고자 한 세계의 종말과 구원의 내막은 전혀 알 길이 없게 된다.

그리고 그는 자신이 후손들의 미래에 닥칠 쓰라린 현실상을 보여줄 수 있는 능력을 갖게 된 것은, 모두 앞서 살다 가신 분들의 영력靈力에 힘입은 것이라고도 하였다.

> 모든 것은 천체의 운행에 의해 계산된 것이며, 그것은 적막한 시간에 제 마음 속에 떠오르는 감동과 '오랜 조상들의 감응이 합쳐서' 이루어진 것입니다. 하지만, 국왕 폐하, 시간의 불공정함은 이런 비밀스러운 사건들이 단지 수수께끼 같은 문장들로 표현될 수밖에 없도록 합니다. 그러나 저는 그 문장들에 어떠한 모호함도 남기지 않았고 의심스러운 계산도 하지 않았기 때문에 그것들은 오직 하나의 의미와 하나의 해석만을 가지고 있을 뿐입니다.(「앙리 2세에게 보내는 편지」)10)

노스트라다무스는 신앙인으로서 그 누구보다도 조상의 은덕을 항상 이야기한 사람이었다. 이 편지에서 그는 앙리 2세에게 모든 것을 수수께끼 같은 문장으로 표현할 수밖에 없는 안타까움을 고백하고 있다. 하지만 보이지 않는 생명의 샘에서 흘러나오는 무상한 시간대의 흐름을 신비한 마음의 눈으로 간파했기에, 지극히 엄정하면서도 명료하게 사건들을 그려내고 그 사건들의 시간대를 계산했다고 자신 있게 이야기하고 있다.

노스트라다무스 예언시의 특징

> 어떤 사람들은 나의 예언이 장대한 시간에 걸쳐 있다는 이유로 머리를 절레절레 흔들 것이다. 그러나 이 모든 예언들은 '달의 지배'가 계속되는 동안 실현될 것이며 온 세상이 이를 이해하게 될 것이다.(『아들에게 보내는 편지』)11)

아들에게 미래의 정경을 확신시키는 이 외로웠던 시인의 예언시는 다음과 같은 특징을 갖고 있다.

(1) 종교적인 색채가 짙으며 신의 절대적인 구원 의지를 강조한다.
(2) 자연의 변화 원리로써 신이 존재하는 암호를 밝혀 준다.
(3) 앞으로 닥칠 변화는 전 지구적이며 우주적인 차원임을 보여준다.
(4) 행성들의 변화를 천문학적인 차원을 뛰어넘어 영적 차원으로 말한다.
(5) 우주생명의 본체 자리와 현상계의 변화 원리를 상징적으로 표현한다.
(6) 지상에서 어떤 변국이 일어나기 전에, 천상 영계에서 연관된 사건이 선행하여 발생한다는 역사의 신도神道 원리를 전해 준다.

『백시선』은 이처럼 고차원의 경지에서 쓰였기 때문에 대부분의 사람들은 그의 예언에서 가장 핵심적인 의미를 파악하지 못했다. 그는 서양 사람이지만 예언의 근본 정신을 동양의 우주원리로 은폐시켰기 때문에, 서양의 철학과 신학이나 과학적 사유만으로 그의 예언시를 이해하기란 대단히 어렵다.

한편 그의 예언시는 동양 세계와 세계 변혁의 구심 자리에 대한 내용이 거의 없으며, 미래에 실현될 신천지에 대한 언급도 극히 적다는 한계가 있다.

노스트라다무스의 마지막 한마디

그런데 노스트라다무스는 우주의 대변국의 시간대를 암시하면서 의도적으로 '불확실성'을 남겼다. 다음에 나오는 까트힌느Catherine de Médicis 왕비와의 대화에서 이를 엿볼 수 있다.

> "그것은 피할 수 없는 것입니까? 그때 사람들은 묵묵히 그것을 기다리는 수밖에 없습니까? 하나님이나 천사는 아무것도 도와주지 않나요? 구원의 길은 없나요?"
>
> "없습니다." 노스트라다무스는 우울한 어조로 대답했다.
>
> "구원은 어디에도 없습니다. 사람들은 멸망할 수밖에 없습니다. 그것이 그때 사람들에게 예정된 운명인 것입니다. 다만 …"
>
> "다만?"
>
> 까트힌느는 다음 말을 재촉했다.
>
> "종말의 날의 양상으로 저에게 보이는 것은 대지진이나 기근이나 전쟁 … 불가사의한 탈것이나 빛나는 새 … 그리고 '대왕'이 내려온 다음의 참상 … 그것뿐입니다. 허나, 만일 '다른 존재'가 나타난다면, 그런 종말의 참담한 양상이 사라질 것 같이 생각됩니다."
>
> " … 모르겠습니다. 그것은 아직 안개 속 저 먼 곳에 있습니다. 나타날지의 여부도 모르겠습니다."(『지구 최후의 날』)

여기서 노스트라다무스가 떨리는 음성으로 말한 '다른 존재'란 무엇을 가리키는 것일까? 그는 왜 예언의 종지부를 찍는 마지막에 와서 우리를 이렇게 당혹하게 하는 것일까? 그의 고백에 다시 귀를 기울여 보자.

> 그래서 폐하, 저는 이 글에서 이러한 예언들을 상당히 모호하게 기술하고 있으며, 다가올 사건의 시간대에 있어서도 그러한 사건들

이 일어날 시간과 예언이 실현될 때를 상당히 모호하게 기술하였습니다. … 저는 각각의 사행시마다 시간대를 분명히 할 수도 있습니다만, 이는 모든 사람들에게 유쾌한 일이 아닐 겁니다.

「앙리 2세에게 보내는 편지」)12)

그는 일호의 에누리도 없이 닥칠 위대한 시간의 미스터리를 고의적으로 모호하게 기술하여 우리를 혼란에 빠뜨렸다고 말하고 있다. 그런데 그는 흘러가는 시간대의 오묘한 짜임새를 이 편지 여기저기에서 언급하면서 '천문학의 원리에 근거를 두고 예언을 전한다'고 말했다. 고도의 예지와 통찰력을 발휘하여 지상의 생명에 직접적인 영향을 주는 별들의 운행과 변화의 원리를 밝힘으로써 이 시간대의 수수께끼를 정확하게 말해 줄 수도 있었지만, 그렇게 하지 못하는 심정을 여기서 털어놓고 있는 것이다.

노스트라다무스는 시간대의 대이변을 밑바닥까지 꿰뚫어 본 인물이었다. 예언이란 예지자가 영적으로 높은 차원에 올라가 시간의 제약이 없는 4차원 세계를 왕래함으로써 마치 영화를 보듯이 미래에 닥칠 일을 보는 데서 나오는 것이다. 그런데 막연히 '다른 존재'라고 표현한 것과 '어떤 다른 존재가 올지 안 올지 모르겠다'고 자신감 없이 말한 것은, 시간에 구애받지 않는 천상의 4차원에서도 보지 못하는 시간대가 있다는 것을 시사한다.

그도 평상시에는 최후의 순간에 천상의 영계에서 벌어지는 엄청난 변혁과 파국의 종말적인 심판 장면을 보지는 못했다. 아니, 결코 볼 수가 없었던 것이다.

뒤에서 알게 되겠지만, 그것은 바로 신도神道의 섭리 때문이다. 그가 그렇게도 궁금해 마지않았던 그 장면은 바로 이승에서 저승으로 거처를 옮기는 급박한 임종의 순간에야 그의 눈앞에 펼쳐졌다.

실로 아름답게 느껴질 정도로 '가을개벽의 시간대'가 파도치는 사연을 들려 준 이 신의神意에 충실했던 시인은, 전신의 살과 뼈가 흐물거리는 기괴한

병으로 인생의 마지막 순간을 소진시키고 있었다.

그 괴로움이 계속되던 1566년 어느 겨울 밤, 그는 갑자기 오른손을 내밀고 무엇인가를 가리키며, "오, 보인다. 저것이다. 오!" 하고 나지막하게 부르짖었다. "무엇입니까? 무엇이 보입니까?" 하고 두 번째 부인인 안느가 다그쳐 물었다. … (『지구 최후의 날』)

그는 과연 무엇을 보았던 것일까? 아마도 천지의 엄청난 대변동과 우주의 생명이 새로운 차원으로 전환 운동을 하는 경이의 순간뿐만 아니라, 천상 영계에서 벌어지는 엄청난 대개벽 사건을 보았으리라.

아, 그러나 어찌하리오! 그는 한마디도 전하지 못하고 떠나버렸다. 이것은 신神의 이해와 인간 문제 해결에 있어서 서구 정신의 한계를 은연중에 암시해 주는 것이라 할 수 있으리라.

하늘에서 공포의 대왕이 내려오리라
앙골무아의 대왕이 부활하리라.

게자리 아래에서 처참한 전쟁이 있으리라.
그 뒤에 새로운 왕이 나타나리라.

동양인이 자기 고향을 떠나리라
누구나 '그의 장대'로 맞으리라.

위대하시고 영원하신 하나님은
천도天道 혁명을 완수하기 위하여
오실 것이다.

위대한 메시아의 법이
태양을 통하여 유지되리라.

청동 시대를 대신하여
황금 세기를 다시 열리라.

인류 미래를 시로 전한
노스트라다무스

　미셸 노스트라다무스는 전생에 기독교의 천사장인 미카엘이었다고도 전해지는, 프랑스 출신의 위대한 예지자이다.

　그는 의학, 점성학, 수학 등을 공부한 지성인이었다. 44세에 재혼하여 아들 세자르를 낳았는데, 흑사병으로 과거에 아들을 잃은 상처가 있어, 이 아들에 대한 사랑으로 미래의 소식을 담은 예언서 『백시선』을 남겼다.

　노스트라다무스는 "이 책 속에 세계의 미래가 모두 담겨 있다"라고 말하면서, "천체의 운행에 의해 계산된 것이고, 조상들의 정신이 합쳐져서" 미래 소식을 전한다고 하였다. 『백시선』에는 대전쟁과 대지진, 인류를 절멸시키는 괴질 등의 대변혁과 인류를 구원할 하느님의 강세에 관한 영상이 파노라마처럼 펼쳐져 있다.

　프랑스 프로방스 지역에 있는 작은 도시 살롱 드 프로방스에는 노스트라다무스가 1547년부터 1566년 사망할 때까지 살던 집이 있는데 지금은 기념관으로 사용하고 있다.

① ③ 노스트라다무스 기념관 앞 광장　② 기념관 앞 광장에 있는 노스트라다무스 동상

노스트라다무스 기념관 입구

노스트라다무스 기념관 내부

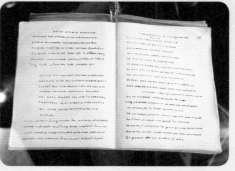

노스트라다무스 기념관_저서

우주원리로 풀어 보는
그리스 신화

신화는 한 민족의 우주관(세계관)을 상징적으로 대변한다. 각 민족의 신화 속에는 우주생명의 창조 법도와 순환 섭리가 신격화神格化 또는 의인화되어 깃들어 있으므로, 태고의 숨결과 미래의 비전까지도 그 속에 영원히 살아 숨 쉬고 있다.

서양 정신 세계의 발상지는 그리스로서 로마 신화 역시 그리스 신화에 그 뿌리를 둔다. 그리스 신화를 제대로 모르고서 서양문화의 바탕을 이해하기란 대단히 어렵다. 왜냐하면 로마인들은 그리스인들로부터, 또 그 후 대부분의 서양 사람들은 로마인들로부터 과학적 사고 방식과 철학적 체계, 그리고 종교까지도 물려받았기 때문이다. 토마스 불핀치Thomas Bulfinch(1796~1867)도 말했듯이, 그리스 신화에 담긴 정신을 이해하려면 먼저 고대 그리스인들의 우주관을 이해해야 한다.

이제 사투르누스(사뛰흔느)에 함축된 신화적 의미를 더듬으며 노스트라다무스가 은유와 상징으로 후세 사람들에게 미래의 변국을 전한 이 신비의 시를 해석해 보기로 한다.

로마 신화에 등장하는 사투르누스는 그리스 신화로는 크로노스Kronos*에 해당하는데, 크로노스에 얽힌 이야기는 우주가 생성, 분화되어 가는 과정을 인격화하여 전해 주고 있다.

* 크로노스는 시간 혹은 세월이라는 뜻이다. 크로노스가 모래시계를 들고 있는 노인의 모습으로 그려지는 것도 이 때문이다. 크로노스가 자식을 삼킨다는 것은, 존재하는 모든 것이 언젠가는 시간에 의해 소멸되어 버린다는 냉혹한 자연의 섭리를 상징한다. 또한, 크로노스는 생명이 있는 모든 것의 명줄을 끊어 버리는 존재임을 나타내기 위해서 낫을 든 모습으로 그려지기도 한다.

크로노스

크로노스는 '씨 뿌리는 자'이며 자연을 생성한 시時로서, 그가 다스릴 때 세계는 결백과 순결의 황금시대였다. 그런데 그는 자식을 낳으면 마구 잡아먹어 버렸기 때문에 세계는 여전히 암흑이었다. 오랜 세월이 지나서야 여동생이자 아내인 레아Rhéa의 지혜로 비로소 아들을 낳아 기르는 데 성공하였다. 우주에는 이때 정신세계가 창조되었는데 그 주인공이 바로 제우스Zeus이다. 그리스 사람들은 그를 인간과 만물의 창조자이며 통수자로서 상정했다.

제우스는 아테나Athéna라는 딸을 낳았는데 그녀는 힘과 지혜를 겸비한 여신女神이다. 그리하여 그리스에서는 그녀를 수호의 신으로 모신다. 그런데 재미있는 사실은, 아테나가 수호와 지혜의 신이기 때문에 투구를 쓰고 창과 방패로 무장을 한 채 벼락 같은 함성을 지르며 제우스의 머리에서 나왔다는 것이다.

아테나

아폴론

제우스

무사이

제우스는 아들도 낳았는데 그가 아폴론Apollon이다. 그는 형벌의 신, 예언의 신, 제도의 신이며, 태양의 신이기도 하다. 제우스는 또 기억의 여신인 므네모시네 Mnémosyne와의 사이에서 노래, 시가, 예술, 학문을 관장하는 무사이Musai*라는 이름의 아홉 여신을 낳았다.

여기서 우리가 주의 깊게 살펴보려고 하는 점은 '크로노스 → 제우스 → 아테나 → 아폴론 → 무사이'로 이어지는 탄생의 순서가 바로 동양의 우주원리로 볼 때, 인간의 영혼(정신)이 창조되어 진화·발전하는, 선천에 우주 생명이 순환하는 과정을 말해주고 있다는 사실이다.

정신세계의 통수자인 제우스가 나왔다는 말은 인간과 천상 신들의 탄생과정의 최초 단계를 말하는 것이다. 제우스는 로마신화에서 쥬피터라고 하는데 별로는 목성을 가리킨다. 복희팔괘에서는 만물의 탄생 기운을 진震괘로 나타내며 그것은 또한 번개[雷]로 표상되는데, 공교롭게도 제우스는 '번개를 지닌 독수리'를 총애하였다. 이것은 제우스가 만물의 탄생 과정에서 작용하는 조화 기운인 '목의 정신을 상징'한다는 것을 나타낸다.

그 다음에 아테나 여신[陰]과 아폴론[陽, 태양의 신]은 우주생명이 분열운동하며 만물을 성장시켜 가는 '화火의 단계'를 설명해 주고 있다. 아테나 여신이 제우스의 머리에서 나왔다는 것은 우주생명이 탄생[木]에서 성장[火]으로 처음 전환하는 과정에서는 반드시 화火가 목木의 머리에서 갈라져 나온다는 섭리를 상징한다. 또 아테나를 여신으로 나타낸 것은 생명의 분열과정인 화의 초기 단계인 2화[二巳火, 음]를 의미하며, 아테나가 무장을 하고 나온 이유는 분산의 최후 과정인 7화[七午火, 양]의 생명을 잘 수호하여 만물의 성장 과정이 마지막 단계(일곱 번째 큰 수)까지 잘 이루어질 수 있도록 하기 위한 것이다.

그리고 생명의 신성神性을 표상하는 아폴론이 태양의 신이면서 동시에 제도와

---

* 무사이는 무사Musa의 복수형이다. 영어, 프랑스어, 독일어 권에서는 뮤즈Muse로 통한다. 영어에서 음악을 뜻하는 뮤직music과 박물관을 의미하는 뮤지엄museum이라는 말도 이 무사이에서 나왔다.

형벌의 신으로 전해지는 신비한 원리는, 이러한 불(2·7火)의 시대에 우주의 불 기운을 쏘이며 성장해 나가는 인간 세상이 분열의 극한 시대를 맞아 화형장과 같은 고통의 세상으로 화한다는 것을 나타내고 있다. 이것은 인간의 정신세계가 성장·발전해 가는 원리를 나타내고 있는 문왕팔괘에서, 아폴론의 신성을 나타내 주는 불이 태양 자체[남방, 離]를 상징하고 있음에서 뚜렷이 알 수 있다.

다음으로 노래와 예술, 시가와 학문의 여신인 무사이는 화생토火生土의 순서로 생명이 생성하여 순환하는 원리를 암시한다. 다시 말하자면, 무사이는 생명이 '탄생'[木: 제우스] → '성장'[2火: 아테나, 7火: 아폴론]의 전반기 분열 과정을 종결하고 후반기 성숙[4·9金] 과정으로 넘어가는 과도기[土生金]의 중개자[10土]로서, 그 과도기 때의 우주생명의 희열을 대변하며 '인류 정신과 학문의 완성을 암시'한다.(한동석, 『우주 변화의 원리』, 410쪽~414쪽 참고)

제우스와 그의 세 자식들에 대한 이상의 내용은, 생명이 '근원의 상태[無極 자리, 크로노스]에서 → 화생[제우스] → 성장·발전[초기: 아테나, 후기: 아폴론] → 성숙으로 향하는 과도기[무사이]'라는 삼단계로 이루어지는 우주와 인간 정신의 창조·변화 원리를 드러내고 있다.

"'헤이뽀즈'를 거스르는 자는
모두 절멸되리라"

水

金 ← 土 → 木

"황금의 사뛰흔느는
쇠로 변하리라"

火

우주의 창조와 변화를 상징하는
그리스 신화

우주의 본체로서 혼돈의 조화자리	선천 생장 분열 시대		
10무극	3(양)木 〈화생〉	2(음)火, 7(양)火 〈분열·성장과정〉	10(음)土
크로노스(Kronos) = 사투르누스	제우스(남)	아테나(여)-2(음)火 아폴론(남)-7(양)火	무사이(여)
음양이 분화되기 전의 조화자리 (상제上帝님, 하나님)			선·후천 교역 기운의 중매자로서 크로노스의 현상 대행자

무극無極 ― 크로노스
〈10土〉〈사투르누스 = 황금색으로 상징〉

양(분열·생장)		음(통합·수장)	
선천先天		후천後天	
봄	여름	가을	겨울
화생(生)	성장(長)	결실(成)	휴식(藏)
木(靑)	火(赤)	金(白)	水(黑)
3木, 8木	2火, 7火	9金, 4金	6水, 1水

太 ☯ 極   土

〈상극의 개벽운동〉

木 ―生→ 火 ←克― 金 ―生→ 水

"황금의 사뛰흔느가 쇠로 변한다"는 구절에서 사투르누스(사뛰흔느)는 천지가 생겨나기 전의 혼돈(무극)의 조화자리만을 지적하는 것은 아니다.

이때의 사투르누스는 태초의 천지개벽 후 현상계 속에서 천지와 인간을 완전히 구원하여 통일시키기 위해 개벽 운동을 일으키는 가을의 성숙한 조화 기운을 말한다.

천지 생명의 순환도
우주의 1년 주기

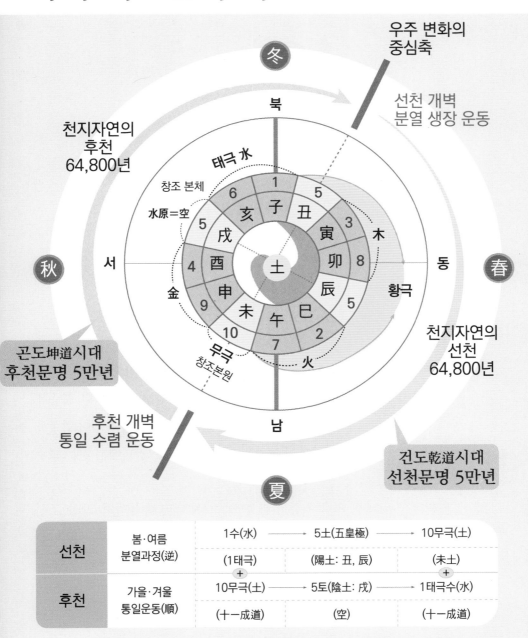

우주 변화의
중심축

冬

북

선천 개벽
분열 생장 운동

천지자연의
후천
64,800년

태극 水

창조 본체

水原=空

6

1

5

亥 子 丑

3

木

戌 寅

5

土 卯 8

秋

西

金

4 酉

辰

東 春

申 巳 황극

9 未 午 5

2

천지자연의
선천
64,800년

곤도坤道시대
후천문명 5만년

10

무극
창조본원

7

火

후천 개벽
통일 수렴 운동

남

건도乾道시대
선천문명 5만년

夏

선천	봄·여름 분열과정(逆)	1수(水) → 5土(五皇極) → 10무극(土)
		(1태극) (陽土: 丑, 辰) (未土)
		⊕ ⊕
후천	가을·겨울 통일운동(順)	10무극(土) → 5토(陰土: 戌) → 1태극수(水)
		(十一成道) (空) (十一成道)

격암 남사고

죽음이 끝나고 삶이 시작되는 때가 이때로다.
괴상한 기운으로 중한 병에 걸려 죽어
울부짖는 소리가 연이어 그치지 않으니 과연 말세로다.
'이름없는 괴질병'은 하늘에서 내려 준 재난인 것을.
그 병으로 앓아 죽는 시체가 산과 같이 쌓여
계곡을 메우니 길조차 찾기 힘들더라. (『격암유록』)

1. 동양에서 발굴된 인류 미래의 서사시, 『격암유록格庵遺錄』

　　격암 남사고格庵 南師古(1509~1571)는 조선 명종 때의 철인으로 경북 울진
사람이다. 어릴 때 책을 짊어지고 울진 불영사佛影寺를 찾아가다 한 도승을
만나 비술祕術과 진결眞訣을 전해 받고 도를 통했으며, 『주역』을 깊이 연구하
여 천문, 지리, 관상에 통달해서 놀라운 예언을 남겼고, 말년에는 천문 교수
를 역임했다.

　　일찍이 영동嶺東을 지나다 문득 하늘을 쳐다보고 크게 놀라며 "오늘 조선
을 해칠 자가 나타날 것이다"라고 하였는데 그날 토요토미 히데요시豊臣秀吉
(1536~1598)가 태어났다. 또 "임진壬辰년에 백마 탄 자가 남해로부터 오면 나
라가 거의 망한다" 하였는데 과연 격암의 사후 1592년에 왜적이 쳐들어올
때 왜장 가토 기요마사加藤清正가 백마를 타고 왔다고 한다.

남사고는 16세기 말부터 시작하여 최종적으로는 후천後天 시대의 개막 때까지 일어날 사건을 예언하였다. 뿐만 아니라 그 이후에 펼쳐질 후천後天 지상선경세계地上仙境世界에 대해서도 많은 언급을 하였다. 특히 그는 '천상 영계의 변혁, 한국 정신문화의 변천 과정, 절대자의 여러 가지 호칭 문제, 새로운 구원의 진리 출현' 등에 관한 문제를 자세히 전해 주었다. 이는 모두 그의 호를 딴 예언서 『격암유록』에 기록되어 있다. 본서에서는 국립도서관 소장본 『격암유록』과 조성기 편編 『격암유록』을 주로 참고하였다.

『격암유록』의 진위 문제

20세기 말에 『격암유록』*의 조작 여부가 세간에 화제거리로 등장한 바 있었다. 『위대한 가짜 예언서 격암유록』(김하원, 만다라, 1995)이라는 단행본이 출간되기도 했으며, MBC-TV의 〈PD수첩〉을 통해 "예언인가 조작인가 – 격암유록의 정체"라는 프로그램이 방영(1995. 9. 26)되기도 하였다.

이들이 조작 가능성을 제시하는 주된 이유는 다음과 같다. 첫째, 격암이 직접 쓴 『격암유록』 원본이 아직 발견되지 않았고 다만 필사본이 발견되어 1977년이 되어서야 국립중앙도서관에 소장되었다는 점이다. 둘째, 한자 표기법 일부가 현대어로 되어 있고, 일부 내용에 기독교 성서를 베낀 흔적이 있다는 점이다. 셋째, 특정인과 특정 종교 단체를 구체적으로 가리키는 표현이 빈번하게 등장한다는 점이다. 이러한 이유 때문에 『격암유록』은 위서僞書일 가능성이 아주 높다고 보는 것이다.[13]

실제로 『격암유록』의 내용을 주의 깊게 분석해 보면 일부 내용이 조작되었다는 것을 누구나 알 수 있다. 그렇다고 『격암유록』의 모든 내용이 전혀

---

* **격암유록** | 우리나라의 대표적 예언서 중의 하나인 『격암유록』은 지구촌의 위기에 대한 세인의 관심이 고조되어 많은 주목을 받고 있다. 『격암유록』에 관한 해설본이 20종 넘게 출판되었다는 것 하나만 보아도 격암의 예언에 대한 세인의 관심도를 짐작할 수 있다.

신빙성이 없는 것은 아니다. 『격암유록』을 무조건 신봉하는 것도 잘못이지만, 일부 내용에 조작의 흔적이 엿보인다고 해서 『격암유록』 전체를 부정하는 것 또한 어리석은 태도이다.

인류 역사에서 가장 권위 있는 책으로 인정받는 성서, 불경, 사서삼경, 『도덕경』과 같은 기성종교의 경전들도 세월이 흐르면서 그 본래 내용이 왜곡, 변형, 삭제, 첨가되어 왔다. 이런 현상은 특히 기독교 『신약』의 형성 과정에서 잘 드러난다.[14] 그런데 기성종교의 경전 형성 과정에 수많은 문제점이 있다는 것을 알면서도, 종교적 측면에서 그 경전의 권위를 인정하는 근본 이유는 어디에 있을까? 그것은 그 경전의 말씀이 진리를 깨칠 수 있는 길을 제시하기 때문이다.

『격암유록』 역시 마찬가지이다. 일부 내용에 왜곡, 변형, 첨삭된 흔적이 있지만, 그 속에는 분명히 인류의 미래상과 구원의 길을 후손에게 알려 주는 선인의 예지가 살아 숨 쉬고 있다. 옥석을 구분하지 못하는 어리석은 사람은 귀한 옥玉과 쓸모없는 돌[石]이 섞여 있을 때 전부를 버린다. 하지만 지혜로운 사람은 예리한 시각으로 돌무더기 속에서도 빛을 발하는 옥을 가려 내는 법이다.

남사고 비결
정감록에 포함되어 있는
사본(규장각 도서)

울진 남사고 유적지

2. 천지의 대이변과 괴질의 창궐

열 가구에 한 집도 살기 힘든 '하늘에서 내리는 질병'

해와 달이 빛을 잃어버리고 어두운 안개가 하늘을 덮는구나. 예전에 찾아볼 수 없는 대천재로 하늘이 변하고 땅이 흔들리며 불이 날아다니다가 땅에 떨어진다. 삼재팔란*이 함께 일어나는 이때에 세상 사람들아, 그대들은 때를 알고 있는가. 3년 동안 흉년이 들고 2년 동안 질병이 도는데 돌림병이 세계의 만국에 퍼지는 때에 토사와 천식의 질병, 흑사병, 피를 말리는 '이름 없는 하늘의 질병'으로 아침에 살아 있던 사람도 저녁에는 죽어 있으니 열 가구에 한 집이나 살아남을까.

日月無光, 塵霧漲天! 罕古無今大天災로 天邊地震, 飛火落地。三災八亂幷起時에 時를 아노 世人들아! 三年之凶·二年之疾, 流行溫疫萬國時에 吐瀉之病·喘息之疾, 黑死枯血無名天疾, 朝生暮死, 十戶餘一。(『격암유록』「가사총론」)

여기서 들려주는 말세 소식은 열 집 중에 한 집도 살기 어려울 정도로 인류 역사상 유례가 없는 초유의 대환란으로서, 괴병이 천지의 대이변을 동반하면서 일어나게 된다는 것이다. 이러한 하늘과 땅의 크나큰 변화는 앞서 살펴본 노스트라다무스의 예언과 그 내용이 거의 동일하다. 격암은 천지기운의 변화 때문에 지상에 괴이한 기운이 돌아 3년간의 흉년과 2년간의 괴질이 전 세계 모든 나라를 엄습할 것이라 하였다. 또 괴병은 인간의 지혜로는 도저히 알 수 없는 '이름 없는 하늘의 질병'이라고 강조하였다.

---

* 삼재三災는 수재水災·화재火災·풍재風災 또는 도병刀兵·기근飢饉·역려疫癘를 일컫는다. 팔란八亂은 기飢·갈渴·한寒·서暑·수水·화火·도刀·병兵을 말한다.

나를 살리는 것과 죽이는 것

남사고 선생은 천지 이변이 일어나고 괴질이 창궐할 때 사는 길과 죽는 길이 무엇인지 알려 주고 있다.

> 나를 살리는 것은 무엇인가? '도를 닦는 것[修道]'이 그것이라. 나를 죽이는 것은 누구인가? 소두무족이 그것이라. 나를 해치는 자는 누구인가? 짐승과 비슷하나 짐승이 아닌 것이니 혼란한 세상에서 나를 노예로 만드는 자라. 늦게 짐승의 무리에서 빠져나온 자는 위험에 액이 더 가해지고, 만물의 영장으로서 윤리를 잃고 짐승의 길을 가는 자는 반드시 죽는도다.
>
> 活我者誰? 三人一夕; 殺我者誰? 小頭無足; 害我者誰? 似獸非獸, 亂國之奴隷。遲脫獸群者, 危之加厄; 萬物之靈 失倫獸從者, 必死。(『격암유록』「말운론」)

천지의 정수를 돌돌 말고 태어난 거룩한 인간으로서 윤리 도덕을 저버리고 짐승의 길을 간다면, 장차 이 세상을 통째로 쓰러뜨릴 거센 화액의 소용돌이에 빠져 죽음을 피할 수 없게 될 것이라 경고하고 있다. 살 수 있는 길은 오직 새 시대의 새 진리를 잘 닦으며 수도(원문에 修를 三人一夕으로 파자하였다)하는 길뿐이다.

인류를 모두 죽이는 존재를 격암은 '소두무족小頭無足', 즉 '작은 머리에 다리가 없는 것'이라 하였다. 이 소두무족은 도대체 무엇일까? 바로 노스트라다무스가 말한 '공포의 대왕'이다. 격암은 후세인들이 알기 쉽도록 소두무족의 정체를 여러 표현으로 일러 주며 훈계까지 하고 있다.(2부 2장 참조)

> 날아다니는 불은 도인을 찾아와서는 들어오지 못한다네. 해와 달이 빛을 잃고 별과 우박이 떨어지니 만 개의 산과 만 개의 바위로

갑옷을 만들어 몸을 보호하는구나. 사람과 비슷하나 사람이 아닌 '하늘의 신'이 내려오니 하늘불을 아는 자는 살게 되리라. 음귀가 발동하는 것을 좇는 자는 죽음을 면치 못하며, 구원의 도를 닦지 못하여 '귀신이 혼을 빼 가는 병'을 알지 못하는 자는 망하게 되는구나.

飛火不入道人尋。日月無光星落電, 山萬岩萬掩身甲。似人不人天神降, 六角八人知者生。陰鬼發動從者死, 無道病鬼不知亡。(『격암유록』「말운론」)

이 구절에 나오는 '날아다니는 불', 또는 하늘에서 오는 불이라는 뜻인 '하늘불', 그리고 '사람과 비슷하나 사람이 아닌 하늘의 신', 이런 표현들이 소두무족의 정체이다. 노스트라다무스가 말한 공포의 대왕과 마찬가지로 이 소두무족은 천상 영계의 신으로서, 인간의 혼을 빼가는 알 수 없는 괴병으로써 인류의 생사를 심판하는 괴질의 주재자인 것이다.

3. 기성종교의 몰락과 새 진리의 출현

인류 구원의 능력을 상실한 종교, 도맥이 끊어진다

격암은 모든 종교가 도맥道脈이 단절되어 인류 구원의 능력을 완전히 상실하게 되리라는 것을 다음과 같이 환히 내다보았다.

하늘이 전해 준 도덕이 잊혀지고 없어지는 세상에 동서의 도와 교가 신선 세상에서 만나리라. 말세를 당하여 유교·불교·선도에 어지러이 물드니, 진정한 도는 찾을 길이 없고 문장은 쓸모없는 세상이라. 공자와 맹자의 가르침을 읽는 선비라 칭하는 자는 보고도 깨닫지 못하는 쓸모없는 인간이라. 아미타불을 염불하는 도승 님네들, 말세를 당하여 어지럽게 물들어 진도眞道를 잃었으니 염불은 많이 외우나 다 소용 없는 때로다. 미륵불이 출세하나 어떤 인간이 깨닫는가! … 스스로 선도라 칭하여 '주문을 외는 자'는 때가 이르렀으나 이를 알지 못하니 한탄스럽기 그지없도다. 서학이 세운 도를 찬미하는 사람들과 조선 땅 안의 동학을 고수하는 도인들도 옛것에 물들어 도를 잃으니 쓸모없는 인간이로다.

天說道德忘失世, 東西道敎會仙境。末世汨染儒佛仙, 無道文章無用世。孔孟讀書稱士子, 見不覺無用人。阿彌陀佛道僧任, 末世舊染失眞道。念佛多誦無用日, 彌勒出世何人覺! … 自稱仙道呪文者, 時至不知恨歎。西學立道讚美人, 海內東學守道人, 舊染失道無用人。(『격암유록』「정각가」)

여기서 우리에게 들려 주고 있는 말세에 대한 소식은 무엇인가? 이 세상 모든 종교들은 근본 문제에 대한 가르침을 외면한 채, 지엽적인 문제만 가지고 이단 시비와 논쟁의 늪을 헤어나지 못하리라는 것이다. 머지않아 지금까지와 전혀 다른 새 세상이 열리는데, 세상 사람들은 묵은 관념에 사로잡혀 코앞에 닥친 큰일을 전혀 모르고 있으니, 기존 종교의 가르침이 과연 쓸데가 있느냐는 것이다.

그는 인류를 구원하기 위해 이 땅에 오시는 미륵부처님의 출세 소식을 전하면서, 소위 도를 많이 닦았다는 자들도 역사의 이러한 비의祕意를 전혀 알지 못하고 있다고 탄식하고 있다. 그러면서 이 시대는 도를 제대로 닦기는 고사하고, 하늘이 열어 준 도와 덕을 망각하고 파괴하는 비극의 시대라고 시대의 무지를 꾸짖고 있다.

또한, 남사고는 지엽만 번성하여 진리의 핵심 문제인 인간과 우주의 근본 문제에 무지하기 짝이 없는 현대 학문의 흐름에 대해서도 통렬하게 비판하고 있다.

갈래갈래 뻗어나간 동서양의 학문도 바른 길을 알지 못하니 어찌 생명을 닦을 수 있으랴. 재생의 소식이 봄바람을 타고 오는구나.

枝枝葉葉東西學, 不知正道何修生! 再生消息春風來。(『격암유록』
「정각가」)

그는 이미 400여 년 전에, 조선 땅에 기독교가 전래될 것과 마지막 시대에 난무하는 4대 종교의 대세를 꿰뚫어 보면서, 기성종교인의 편협성과 독선적 신앙 태도를 혹독하게 비판하고 있다.

공자와 맹자의 가르침을 읽는 선비들은 우물 안에서 하늘을 보는 격이며, 염불하는 스님들은 세속에 물들지 않았다고 장담하며 각기 삶과 죽음을 믿고 따르나, 진정한 도를 모르며 허송세월하고 지내니 한탄스럽네!

나라 밖의 하늘을 믿는 자들은 유아독존 격으로 하나님을 믿으니 대복이 내려도 받지 못하리라. 우리나라의 동도에서 주문을 외우는 자는 글월이 없이 도통한다고 주창하나 생사의 이치를 깨치지 못하여 '해원解冤'을 알지 못하니 쓸모없도다.

孔孟士子, 坐井觀天; 念佛僧任, 不染塵世如言壯談, 各信生死, 從道不知, 虛送歲月, 恨歎! 海外信天先定人, 唯我獨尊信天任, 降大福不受。我東方道呪文者, 無文道通主唱, 生死之理不覺, 不知解冤無用。(『격암유록』「정각가」)

구도하러 깊은 산속에 들어가지 말라

궁을弓乙 사이의 십승지를 찾으려 하는가. 산을 넘나들며 산속에서 찾으려 하지 말고 마음 가운데서 찾아보오. 지리 십승에 들어가지 말 것이니 나를 죽이는 것이 십승일세. … 입산하는 자는 반드시 죽건만 어찌 산속에서 찾는단 말인가. 산에 가까이 가지 말 것을 재삼 간절히 충고하는 것이니 산이 춤추고 독한 안개가 자욱하여 많은 사람이 죽을 것이로다.

弓乙之間十勝地를 諸山之中 넘나들며 不求山中 찾지말고 三峯山下半月 船坮 極求心中 찾어보소. 地理十處不入하라. 殺我者가 十勝일세. 白轉身 이 必死언만 諸山中에 찾단말가? 山不近이 丁寧으로 山嵐毒霧多死로다.

(『격암유록』「십승론」)

오늘도 속세를 정리하고 커다란 의문을 품은 채 산을 찾아 나서는 구도求道의 등반자들이 여전히 나오고 있다. 예나 지금이나 그들은 좀처럼 풀리지 않는 삶의 근본 문제에 대한 해답을 얻기 위해 인생의 모든 것을 걸고 산으로 들어가 수행한다.

이 위대한 철인 예지자는 왜 세인들에게 '도 닦으러 입산하지 말라'며 재삼 재사 간절히 충고하고 있는 것일까? 흔히 세상 사람들이 생각하는 것처럼, 천지가 요동치면 산이 붕괴될 위험이 있으니 오지로 들어가지 말라는 것일까?

여기에는 우리가 미처 생각하지 못한 개벽기 구원의 비밀이 담겨 있다. 이 문제를 한마디로 요약하면 이제는 산속이 아니라 가정이 가장 기본적인 수도장이 되어야 한다는 말이다. 남사고 선생은 대환란의 때가 닥치면 입산한 자는 '반드시 죽는다'고 경고하고 있다. 혹자는 수백 년 전부터 전해 내려오는 전국 십대 명소[十勝地]를 피난지로 들먹이며 애송이 수도자들을 유혹해 왔으나, 그곳은 피난의 명소가 아니라 가장 포근한 죽음의 명당이라는 것이다. 세상사에 염증을 느껴 산으로만 찾아드는 자들은 가슴 깊이 새겨들어야 할 구절이다.

인간으로 출세하시는 미륵불

미륵불彌勒佛이 출현컨만 유·불·선이 부패腐敗하여 아는 군자 누구인가? 삭발하고 하늘을 모시는 스님이 되신 분네들이여, 관세음보살이 그 누구인가? 하늘 주인을 모시는 보살을 깨닫지 못하고 미륵불을 제 알손가. 아미타불 불도인들 팔만경전 공부하여 극락간단 말은 하나 가는 길이 희미하고, 서학에 입도한 천당인天堂人들 천당 말은 참 좋으나 구만장천 멀고 머니 일평생엔 다 못 가고, 영가 시조詠歌時調 유사儒士들은 오륜삼강이 바른 사람의 도리이나 거만방자, 시기질투, 음사욕정뿐일러라.

사람의 도리를 가르친 유교와 땅의 도리를 가르친 불도가 '해 저무는 운'을 맡은 고로 상극의 이치를 나타낸 낙서의 기운이 혼미한 중에, 안개 속을 방황하며 길을 잃는 이치로서 유교·불교·선도의 냇물이 각각 파벌로 나뉘어져 서로 이기고 서로 이익된다 말하지만, 천당인지 극락인지 피차일반 다 못 하고 평생수도 십년공부 나무아미타불일세. 춘말하초春末夏初 사월천四月天을 당코 보니 허사로다.

彌勒佛이 出現컨만 儒佛仙이 腐敗하야 아는 君子 누구누구? 削髮爲僧 侍主님네, 世音菩薩 게누군고? 侍主菩薩不覺하고 彌勒佛을 제알손가! 阿彌陀佛佛道人들 八萬經卷工夫하야 極樂간단말은하나 가난길이 希微하고, 西學入道天堂人들 天堂말은 참조으나 九萬長天 멀고머니 一平生엔 다못가고, 詠歌詩調儒士들은 五倫三綱正人道나 倨謾放恣猜忌疾妬 淫邪情欲譿일러라. 人道儒와 地道佛이 日落之運 맡은故로 洛書夜運昏衢中에 彷徨霧中失路로서 儒佛仙이 各分派로 相勝相利 말하지만 天堂인지 極樂인지 彼此一般 다못하고 平生修道十年工夫 阿彌陀佛일세. 春末夏初四月天을 당코보니 다虛事라. (『격암유록』, 「가사총론」)

인생과 우주 변화의 원리인 『주역』에 통달한 철인 격암 선생은, 인간 세상의 어떠한 부패보다도 종교의 부패를 통렬하게 비판하고 있다. 진리의 근본적인 문제들은 그대로 남겨 놓고 천당과 극락의 환상만을 요란하게 선전하는 기성종교는 대개벽 환란의 그 순간까지 헛된 가르침을 고집하며 구원의 길에서 더욱 멀어지고 있기 때문이다. 다시 말하면 기성종교의 빛바랜 가르침은 최후의 기점에 처한 오늘의 이 상황을 치유하는 데 전혀 도움이 되지 못한다는 것이다. 그는 여기서 온 인류에게 '새 시대의 새 진리'를 베풀어 주실 미륵부처님께서 친히 강세하시리라는 위대한 생명의 소식을 전해 주고 있다.

기성 종교인들은 가슴 깊은 곳에 믿음과 순진한 소망을 고이고이 간직하고 살아가지만, (노스트라다무스가 말한 최후의 해에 이르러) '봄이 끝나고 여름에 접어들 무렵'이 되면 이들의 가공架空의 신앙은 여지없이 부서지고 말 것이라 경고한다. 그러나 남사고는 아쉽게도 4월에 대해서는 어떠한 원리적인 이야기도 전혀 하지 않고 있다.

세계를 구원할 생명의 도道는 어디에

인간 구원의 명제는 영원히 종교가 쥐고 있다. 궁극적인 구원은 어떠한 철학 명제나 정치 제도에도, 황금 보따리에도 존재하지 않는다. 비정한 역사의 신神은 또 다시 '진리의 혁명'이라는 시대정신을 요구하고 있는 것이다.

> 각각의 도와 교가 제 나름대로 주장하지만 '신앙 혁명'이 이루어짐을 알지 못하는도다. 어떻게 깨치지 못하고 난세에 살 수 있으랴. 하늘이 위대한 도를 내려주는 시대가 바로 지금이라. 도의 가르침을 순종하여 한 마음이 되어 '해원'을 알지라.
> 道道教教獨主張, 信仰革命不知, 何不覺而亂世生! 天降大道此時代, 從道合一解冤知。(『격암유록』「정각가」)

그는 이처럼 모든 종교의 진리가 허물을 벗게 되는 개벽의 실상을 알 때, 이 난세에 살아남을 수 있는 길이 확고하게 열린다고 하였다. 또한 이 희세의 철인은 '유불선이 합일된 대도가 천하의 으뜸이 된다'(儒佛仙合一之道, 天下之宗也。『격암유록』「도하지」)고 하면서, 인류의 가슴에 맺힌 한을 풀어 주는 '해원

해와 달이 빛을 잃어버리고
어두운 안개가 하늘을 덮는구나.
예전에 찾아볼 수 없는 대천재로
하늘이 변하고 땅이 흔들리며
불이 날아다니다가 땅에 떨어진다.

'이름 없는 하늘의 질병'으로
아침에 살아 있는 사람도 저녁에는 죽으니
열 가구에 한 집이나 살아남을까.

나를 살리는 것은 무엇인가.
'도를 닦는 것[修道]이 그것이라.
나를 죽이는 것은 누구인가.
소두무족이 그것이라.

구원의 도를 닦지 못하여
'귀신이 혼을 빼 가는 병'을
알지 못하는 자는 망하게 되는구나.

解冤의 이치'를 알라고 하였다. 오늘 이 시대의 진정한 구원이란 모든 인간의 가슴 깊은 곳에 응어리져 있는 '원한을 남김없이 씻어줄 수 있는 대도大道'여야 한다는 것이다.

4. 인류구원의 실현과 선경낙원 시대의 도래

'서신사명西神司命'으로 오시는 세계구원의 절대자

소두무족으로 불이 땅에 떨어지는 혼돈한 세상이라. 천하가 모여
드는 세상을 당하여, 천 명의 조상에 자손 하나가 사는 이치라 슬프
도다. … 소두무족으로 나는 불이 땅에 떨어지는 가운데 '하늘의
신병神兵'에 의지하여 밀실에 은거하니 하늘을 흔드는 세력을 가진
마귀가 스스로 주저주저 하는구나. 세 성인(공자·석가·예수)이 복 없
음을 한탄하고 있는 줄을 모르나니, 이때의 운은 서신이 맡았으니
[西神司命] 저 도적의 세력이 애처롭기 짝이 없구나.

小頭無足, 飛火落地, 混沌之世。天下聚合此世界, 千祖一孫哀嗟呼! …
小頭無足, 飛火落地, 隱居密室依天兵, 才欣天勢魔自躊。不知三聖無
福歎, 此運西之心, 彼賊之勢衰悽然。(『격암유록』「말운론」)

격암은 천상에 계신 조상 천 명 가운데 지상 자손은 한 명 정도밖에 살아
남지 못하게 된다고 선언하고 있다. 구원의 확률이 얼마나 작은지 절감할
수 있다. 그는 이 소두무족을, 하늘을 흔드는 세력을 가진 마귀들까지도 섬
뜩 놀라게 하는 '날아다니는 죽음의 불'로 묘사하고 있다. 그렇다면 소두무
족을 왜 불로 묘사하는 것일까? 노스트라다무스는 인류의 생사를 심판하는
무서운 존재를 '공포의 대왕'으로 묘사했고, 격암 선생은 '소두무족'으로 그
모습을 드러내고 있는데, 지금 이 구절을 잘 읽어 보면 이 신비한 존재의 정
체는 천병天兵, 즉 하늘의 신병神兵임을 알 수 있다. 이 신병들은 천지에 가득

찬 불[火] 기운을 받아 활동하기 때문에 화신火神이라고도 한다. 신병에 대한 상세한 내용은 2부에서 알게 될 것이다.

그런데 지상의 죄악을 판결하는 소두무족의 심판이 얼마나 가혹하고 엄청나기에 천상의 석가나, 공자, 예수까지도 한숨짓는다고 하였을까? 수없이 많은 사람이 처넘어가는 극한 상황에서 우리가 구원받을 수 있는 길은 정녕 없는 것일까?

노스트라다무스는 구원의 절대자를 신화적인 비유로 이야기하였지만, 남사고는 인류 구원의 대명제를 쥐고 계신 분에 대한 소식을 동양의 우주 원리로 명쾌하게 전해 주고 있다. 그가 전한 핵심적인 구원의 메시지는 '차운此運 서지심西之心'이라는 구절의 '서지심西之心'에 들어 있다. '서지심西之心'이라는 글자에 마음 심心 자가 들어 있다. '서'라는 글자가 단순히 방위를 나타내는 것이 아니라 인격적인 존재를 나타내고 있다는 것을 알 수 있다.

그러므로 '서지심'은 서신西神의 마음, 서신西神의 뜻, 즉 서신사명西神司命을 의미한다. 서신은 가을의 신이다. 동양의 시공 개념에서 서방은 계절로 가을을 의미하기 때문이다. 결론적으로 서신사명은 '우주의 주재자 상제님이 가을개벽기를 맞아 서신으로 강세하여 인류 구원의 대업을 맡는다'는 우주 개벽의 비밀을 담고 있다. 즉, 서신은 가을개벽의 주제요 결론에 해당하는 말인 것이다.

그렇다면 이 서신의 구원 진리는 언제 어디서 출현하게 된다는 것일까? 이 문제는 인류의 생사 문제와 직결되어 있으므로 좀 더 신중하게 살펴보기로 한다.

> 천 마리의 닭 중에 한 마리의 봉황鳳凰이 있으니 어느 성인聖人이
> 진정한 성인인가. 진짜 성인 한 사람을 알려거든 '소 울음 소리'가
> 나는 곳을 찾아드소.
> 千鷄之中有一鳳에 어느 聖이 眞聖인고. 眞聖一人 알려거든 牛聲入中

차자들소. (『격암유록』「송가전」)

격암은 이 구원의 성인[眞聖]이 분명히 사람으로 올 것이라 말한다. 그리고 격암은 여기에서 다시 한 가지의 암시를 되풀이하며 '소 울음 소리[牛聲]'가 나는 곳을 찾아가라고 하였다. 그가 거듭 강조하고 있는 소 울음은 무엇을 말하는 것일까?

> 우성牛性은 소 울음 소리가 나는 들에 있도다. 생명을 추수하는 심
> 판의 날에 '해인海印의 역사'가 없을 수 없으니, 중생은 겁기를 벗어
> 버리고 변화된 몸으로 탈바꿈하는구나.
> 牛性在野牛鳴聲, 人生秋收審判日。海印役事能不無, 脫劫衆生變化
> 身。(『격암유록』「석정수」)

우리는 여기에서 '소 울음 소리'가 사람을 추수하는 대개벽의 심판 날에 역사役事하는 해인과도 깊은 관계가 있음을 알 수 있다. 노스트라다무스가 '그의 장대'로 표현한 해인의 조화는 인류 구원의 비밀을 푸는 핵심 열쇠이다. 이에 대해서는 하권에서 다룰 것이다.

'여자 성씨'로 오시는 하나님

각각의 나라가 빛을 보고 벌나비같이 찾아온다. 천하만방에 해가 비치는 때라. 이때는 '천지가 뒤집어지는 시대'이니 '하나님이 사람으로 내려오는 때'인데 어찌 영원한 생명이 있음을 모르는가. 가지와 이파리같이 뻗어 나간 도를 합하는 운이라. 이때는 여자를 품은 사람이 운을 받는다. 한 조상에 열 자손이 살게 되고 도와 교는 모두 합해지니 이것이 곧 십승이라. 하나의 도로써 통일되니 모든 사람들이 화합하고 덕이 있는 마음이 화합을 낳으니 도가 없으면 멸

망하느니라.

列邦蝶蝴見光來, 天下萬邦日射時。天地反覆此時代, 天降在人此時代, 豈何不知三人日! 東西合運枝葉道, 此運得受女子人。一祖十孫人人活, 道道敎敎合十勝。一道合而人人合, 德心生合無道滅。(『격암유록』「말운론」)

실제로 천지의 변국기가 당도하여 세계사의 주도권이 뒤바뀔 때에는, 동방의 구원의 나라를 향하여 세계만방의 지도자를 비롯한 온 인류가 벌과 나비같이 모여든다고 하였다.

지상의 생명들이 오늘날처럼 지울 수 없는 상처를 받고 애처로운 한을 품고 사는 시대는 일찍이 없었다. 사람들은 이렇게 깊은 한을 안고 있으면서도 가슴 한구석에 한결같이 희망의 빛을 품고 끈끈하게 생명을 영위해 나간다. 이 구절에서 진실로 중요한 것은, 앞에서 노스트라다무스도 언급했듯이 세상의 모든 한을 풀어 주시는 천상의 절대자는 천지의 운행 질서가 뒤바뀌는 전환기에 우리와 같은 인간으로 강세하신다는 것이다. 이 절대자는 '성씨에 여자를 품고' 오시는데, 무성하게 뻗어 나간 세상의 모든 종교 진리가 바로 이분의 대도에 의해 통일되어 인류는 한마음으로 화합하며, 모든 꿈과 소망이 현실에서 함께 성취되는 이상 세계가 열린다. 격암은 이러한 영원한 삶에 대한 소식에 귀를 기울이라고 신신당부하고 있다.

하나님이 인간으로 오신다는 말은 이제까지의 성자 시대가 끝나고, 아버지가 직접 내려오시는 구원의 '성부 시대'가 전개된다는 뜻이다. 앞서 언급한 '십승十勝'의 진정한 의미도 다름 아닌 십무극十無極 기운을 몰고 오시는 우주 절대자의 가르침을 말하는 것이다.

마지막 구절에서는 인간 역사의 물결은 도道의 흐름을 타고 진행되어 나가는 것이며, 역사의 변국과 새 시대를 향한 대전환도 도의 흐름을 타고 이루어진다고 덧붙이고 있다.

'하나님'은 곧 우주를 통치하시는 상제님

고통의 바다에 빠진 중생衆生들이여 빨리 오소. 소리도 없고 냄새도 없는 '상제上帝님'이 후박간에(부유한 사람이건 가난한 사람이건 간에, 즉 빈부귀천 가리지 말고) 다 오라네. 부를 적에 속히 오소. 때 늦어져서는 후회하고 통탄하리니 일가친척 부모형제 손목잡고 같이 오소. 우리 주님 강림할 제 영접해야 아니되나 … 태고시황 꿈을 꾸던 불로초와 불사약이 무도대병 걸린 자들 만병회춘 시키려고 편만조야 내릴 때도 궁을弓乙 외에는 구하지 못하는도다. 동해삼신 불사약은 삼대에 걸쳐 덕을 쌓은 집 외에는 사람의 힘으로 구하지 못한다네. 지성감천至誠感天으로 구하게나. 산의 마귀와 바다 귀신은 숨어들고 만다네.

苦海衆生 빨리오소. 無聲無臭上帝님은 厚薄間에 다오라네. 부를적에 속히오소. 晩時後悔痛嘆하리! 一家親戚父母兄弟 손목잡고 갓치오소. 우리주님 강님할제 영접해야 안이되나. … 太古始皇 꿈을 꾸던 不老草와 不死藥이 無道大病 걸인者들 萬病回春 시키랴고 편만조야 나릴때도 弓乙外는 不求로세. 東海三神不死藥은 三代積德之家外는 人力으로 不求라네. 至誠感天求한다네. 山魔海鬼 은장된다. (『격암유록』「궁을도가」)

앞에서 남사고는 '미륵불께서 출세하시리라'고 하였고, 이때는 '하나님께서 사람으로 오시는 때'라 하였다. 그런데, 지금은 "상제님께서 다 오라네"라고 하면서 "우리 주님 강림할 제 영접해야 아니 되나"라고 말하고 있다. 왜 그는 인류 구원에 대한 중대한 메시지를 알리는 고귀한 문장에서 구세주를 여러 호칭으로 나열하고 있는 것일까? 미륵부처님과 하나님, 그리고 상제님과 주님은 모두 다른 분이라 그러한 것일까?

오늘의 종교가 안고 있는 비극적인 희극 한 토막을 소개할까 한다. 이미 기억에서 아득한 옛 이야기가 되었지만, 필자의 구도 생활 초창기 때, 기독교의 정규 대학 과정을 마치고 비교종교학도 깊이 있게 연구한 전도사 출신의 노년 여성과, 불교 신자로서 기독교에도 대단히 박식한 신사가 자신들이 가지고 있는 구원관에 대해 실로 뜨거운 대화를 나누는 것을 본 적이 있었다. 그들이 장장 다섯 시간이 넘게 벌인 열띤 논쟁은, 최소한 예수님과 미륵부처님은 같은 날, 같은 시간에 오실 것이라는 놀라운 결론으로 끝을 맺었다. 어쩌면 이것은 오늘날 모든 종교인이 구원의 주재자에 대해 가지고 있는 사고방식의 대표적인 타협안인지도 모른다.

상제님의 말씀이 담긴 진리의 책

우주의 진리가 하나이기 때문에, 비록 표현 방식은 다를지라도 모든 종교의 근본 진리 자리도 하나이다. 상제님, 미륵부처님, 하나님, 천주님 등의 말은 유·불·선·기독교에서 그동안 전해 준 서로 다른 절대자의 호칭인 것이다. 호칭만 다를 뿐 그 호칭이 가리키는 '절대자는 동일한 한 분'이다. 마치 자기를 낳아 주신 분을 한국에서는 '아버지'라 부르지만, 영어로는 '파더 Father', 프랑스어로는 '뻬흐Pere'라고 부르는 것과 똑같은 이치이다.

만약에 이분들이 모두 서로 다른 분으로서 나름대로 힘과 권능을 가지고 동시에 지상에 내려온다면, 각 종교의 신자들이 벌이게 될 일은 실로 가관일 것이다. 인류 역사를 더 비극적인 상처투성이의 분열로 몰고 갈 것이 틀림없다.

> '상제님의 말씀'이 담긴 성스러운 진리의 책은 생사의 이치를 밝히고 말씀으로 심판하도다. 소리 없고 냄새 없고 별 맛이 없으면서도 대자대비하고 만물을 사랑하시니 한 사람의 생명이 우주보다 귀하도다. 지혜가 있고 먼저 깨친 자들이 합하고 합하여 사람들을 근본자리로 돌아오게 하고 도성덕립을 시키지만 사람들이 이를 깨치지 못하니 한심하도다.

上帝豫言聖眞經, 生死其理明言判。無聲無臭別無味, 大慈大悲博愛萬物, 一人生命貴宇宙。有智先覺, 合之合人人還本, 道成德立, 人人不覺寒心。(『격암유록』「정각가」)

　　상제님의 가르침을 담은 성스러운 진리의 책에는 구체적으로 어떤 내용이 담겨 있을까? 예언시를 쓴 격암은, 하나님이 인간으로 오시는 그때가 이미 왔다 할지라도 이를 전혀 깨닫지 못하고 하루하루를 문제의식 없이 살아갈 세상 사람들이 너무도 안타깝다고 탄식하고 있다.

인류사가 새로 시작되는 동북 간방艮方

　　천하의 문명이 간방에서 시작하니, 동방예의지국인 조선 땅에서도 호남지방 전라도에서 천지의 도를 통하니 무극의 도라. … 도를 찾는 군자, 그리고 수도인들아, 계룡산을 찾는다는 말인가. 세상사가 한심하구나.
　　天下文明始於艮에 禮義東方湖南으로 人王四維全羅道를 道通天地無形외라. … 訪道君子修道人아, 地鷄龍만 찾단말가! 寒心하다. (『격암유록』「성운론」)

　　노스트라다무스는 '구원의 거룩한 무리가 동방에서 출현한다'고 하였다. 격암은 이에 대해 '새 문명이 동북의 간방艮方에서 시작된다'고 역학의 원리로 전하고 있다. 그리고 이 동북방에서도 조선, 그 중에서도 전라도에서 인류 역사 초유의 무극대도가 출현한다는 것이다. 그는 또한 조선 500년 동안 전해 내려온 계룡산의 정씨 왕국에 대한 전설이 모두 허사가 될 것이니, 허망한 꿈에서 깨어나라고 경계하고 있다.

　　동방의 금수강산, 우리 조선에 천하의 새 기운이 돌아든다. 태고 이래 처음 있는 무궁한 도법이 꽃피니, 무궁화 동산 조선은 세계의 중심으로 화하고, 세계 모든 백성의 부모 나라가 되리라.

錦繡江山我東方, 天下聚氣運回鮮。太古以後初樂道, 始發中原槿花鮮, 列邦諸民父母國。(『격암유록』「말운가」)

오늘의 현실에서 볼 때 '세계의 역사가 한국에서 새 출발을 한다'는 이 경이로운 소식이 허황된 소리로 들릴 수 있다. 그러나 격암은 곳곳에서 미래의 새 문명 건설을 주도할 조선[한국]의 역할에 대해 상세하게 전하고 있다.

노스트라다무스의 구원의 장대와 '해인海印'

하늘에서 불이 날아 떨어져 인간을 태우니 십 리를 지나가도 한 사람 보기가 힘들구나. 방이 열 개 있어도 그 안에 한 사람도 없고 한 구획을 돌아봐도 사람은 보이지 않도다. … 하늘의 신장들이 날아다니며 불을 떨어뜨리니 조상이 천이 있어도 자손은 하나 겨우 사는 비참한 운수로다. 괴상한 기운으로 중한 병에 걸려 죽으니 울부짖는 소리가 연이어 그치지 않아 과연 말세로다. 이름 없는 괴질병은 하늘에서 내려준 재난인 것을, 그 병으로 앓아 죽는 시체가 산과 같이 쌓여 계곡을 메우니 어찌할 도리 없어라.

天火飛落燒人間에 十里一人難不覓이라. 十室之內無一人에 一境之內亦無一人。… 小頭無足飛火落에 千祖一孫極悲運을 怪氣陰毒重病死로 哭聲相接末世로다. 無名急疾天降災에 水昇火降 모르오니 積尸如山毒疾死로 塡於溝壑無道理。(『격암유록』「말중운」)

이 구절을 보면 노스트라다무스가 말한 공포의 대왕은 천상의 신장임을 알 수 있다. 남사고 선생은, 노스트라다무스가 말한 '황금의 사뛰흔느가 쇠로 변할 때 모든 생명을 절멸시키는 헤이쁘즈'를, 천지기운이 변화하여 다른 차원의 운동을 하는 '괴상한 기운'으로 표현하고 있다.

노스트라다무스는 '이 괴병이 너무도 무서워 젊은이나 늙은이 할 것 없이 모두 피해 갈 수 없다'고 하였다. 격암도 이 상황을 '십리 길에 사람 한 명 보기도 힘들 것이라'고 하였으니, 그 가공스럽고 엄청난 충격을 가히 짐작할 수 있으리라.

이 이름 없는 비참한 괴질병이 세상을 휩쓸어 버릴 때에 사람을 살리는 구원의 극비極祕를 노스트라다무스는 '그의 장대'로, 격암은 '해인海印의 조화'로 전하고 있다.

> 산을 뒤엎고 바다를 옮기는 해인을 용사하여 마음대로 해인을 써 왕래하면서, 무위이화의 자연스런 이법으로 백발의 늙은 몸을 가진 쓸모없는 자가 신선의 풍모를 지닌 소년이 되며, 늙지 않고 쇠약해지지 않는 영원한 생명을 가지니 극락의 꿈이 아닐런가! 병을 골수에 가지고 있던 불구자도, 죽었던 자도 다시 생명을 얻어 소생하니 과연 불가사의한 해인이로구나.
> 倒山移海印用事 任意用之往來하며 無爲理化自然으로 白髮老軀無用者가 仙風道骨更少年에 二八靑春 妙한 態度 不老不衰永春化로 極樂長春一夢인가! 病人骨髓不具者가 北邙山川閑臥人도 死者回春甦生하니 不可思議海印일세. (『격암유록』 「도부신인」)

왜 '바다 해海', '도장 인印' 자를 썼을까? 이제까지 여러 종교에서 주장해 온 것처럼, 해인은 실물이 아닌 무형의 조화를 말하는 것일까? 하지만 노스트라다무스나 격암의 이야기만 들어 보아도 절대로 무형은 아니다. 격암은 해인을 조화와 권능의 상징으로 거듭 강조하면서, 천상에 계시는 조상들은 지상의 자손들이 괴병을 물리치고 생명을 소생시키는 해인의 불가사의한 조화를 왜 알지 못하고 있을까 탄식하고 있다고 말하고 있다.

세 성인(공자, 석가, 예수)이
복 없음을 한탄하고 있는 줄을 모르나니,
이때의 운은 서신이 맡았으니
저 도적의 세력이 애처롭기 짝이 없구나.

천 마리의 닭 중에 한 마리의 봉황이 있으니
어느 성인이 진정한 성인인가.
진짜 성인 한 사람을 알려거든
'소 울음 소리'가 나는 곳을 찾아드소.

빈천하고 곤궁하고 힘없는 자들아.
정신 차려서 해인을 알도록 할지라.
무궁조화가 한량이 없도다.
너의 선령 조상신명들은
너희가 해인을 알지 못할까 탄식하고 있도다.

먼저 돌아가신 조상님과 부모님의 영혼靈魂이 다시 살아서 상봉相
逢하리라. 빈천하고 곤궁하고 힘없는 자들아, 정신 차려서 해인海
印을 알도록 할지라. 무궁조화가 한량이 없도다. 너의 선령 조상신
명들은 너희가 해인을 알지 못할까 탄식하고 있도다.
저의先塋 父母靈魂 다시사라 相逢하리. 貧賤困窮無勢者야! 精神차려
海印알소. 무궁조화 한량업네. 너희 先영 신명덜은 不知일가 탄식이라.
(『격암유록』「격암가사」)

살 수 있는 자는 누구인가

영웅호걸과 현인군자, 대관대작, 부귀자는 도매금에 넘어가리니
아래에서 위로 구원이 미치는 이치로서 소 울음 소리를 내는 자가
먼저 살 수 있으리라.
영웅호걸 현인군자 대관대작 부귀자야 도매금에 넘어가리 自下달上理
치로서 우명자가 先來로다. (『격암유록』「격암가사」)

때가 이른 것을 알지 못하니 철부지로다. 치야도래하니 때를 알
지라.
時至不知節不知, 哆耶都來知時日。(『격암유록』「가사요」)

남사고는 세계 구원의 대세에 대해 이렇게 단호하게 잘라 말하고 있다.
구원의 거대한 그물에 먼저 건져지는 계층은 억압받는 민중이라는 것이다.
우주의 진리는 현세의 소위 잘 나간다는 자들을 외면해서 그런 것일까? 단
연코 그건 아닐 것이다. 이 문제에 대한 그의 해답은 인생의 하층에서 상층
으로 향하는 이치로써 구원이 이루어지기 때문이라는 것이다. 물론 여기에
도 우주의 절대적인 구원 섭리가 작용하고 있다.

이 구절에서 가장 중요한 부분은 '소 울음 소리를 내는 자'가 먼저 살 수 있
다는 것이다. 그리고 그는 또 '치야도래'의 일을 알라고 하였고, 거듭 반복하

여 '소 울음 소리를 내라' 하였는데, 여기에 우리의 생명과 직결되는 중대한 구원의 비밀이 담겨 있음을 감지할 수 있다. 이는 하권에서 밝혀질 것이다.

> 세상 사람들이 그때를 알지 못하여 많이도 죽고, 귀신도 덩달아 많이 죽는구나. 혼은 떠나가니 이제까지 살아 온 인생이 한심스럽도다.
> 世人不知接戰時, 多死多死鬼多死, 魂去人生恨心事。(『격암유록』「은비가」)

마지막 대변국은 지상의 인간뿐만 아니라 천상 영계의 귀신도 심판받아 죽어 넘어가는 것이라고 하였다. 그러므로 남사고가 들려주는 천지의 변국은 노스트라다무스의 말과 같이, 천상 영계에서 살고 있는 조상과 지상에서 살고 있는 인간 자손들을 심판하는 이중 심판임을 명백히 알 수 있다.

백보좌 신의 심판과 신선의 운

지금 우리는 낡은 운을 끝맺고 새로운 시대가 시작되려는 전환점에 와 있다. 이에 대해 격암은 다음과 같이 이야기한다.

> 죽음이 끝나고 삶이 시작되는 때가 바로 이때로다. 어두운 시대는 지나가고 밝은 세상이 오는 신선의 운에는 백보좌의 신의 심판이 있도다. '예가 아니면 보지 말고 예가 아니면 듣지 말라'고 하였으니, 걷거나 머물거나 앉거나 눕거나 행실을 단정히 하라. 선천의 성인이 예언한 것을 밝게 보아라. 하늘에 거역하는 자는 망하리라.
> 死末生初 此時로다. 陽來陰退 仙運에는 白寶座의 神判이라. 非禮勿視, 非禮勿聽, 行住坐臥 端正하소. 先聖豫言 明示하라. 逆天者는 亡하리라. (『격암유록』「성운론」)

격암이 밝은 세상이 오는 미래를 '신선의 운'이라 한 것처럼, 앞으로 펼쳐지는 인류의 미래 세계는 불로장생의 신선 문명 시대이다.

그리고 이러한 지상 낙원을 펼치기 위해 지금의 죽음의 문명을 근본부터 개벽시키는 '백보좌白寶座의 신판神判'이 있을 것이라 하였다. 이것은 무엇을 말하는 것일까? 우선 여기에서 보좌란 천상에서 최고 권능을 가지신 절대자 하나님의 옥좌를 의미한다. 그런데 그 절대자가 앉으신 천상 궁궐의 보좌의 색을 왜 백색으로 나타냈을까? 또한, 흔히 쓰는 '심판審判'이라는 말 대신 왜 '신판神判'이라 했을까? 동양의 역철학으로 볼 때 이는 대단히 중요한 의미를 담고 있는 표현으로, 성서의 백보좌 심판보다 더욱 구체적이며 우주원리적인 표현이다.

이에 대한 신비는 백보좌의 신神을 알게 되면 자연히 풀리게 된다. '백보좌의 신'이란 지상의 인간 문제를 최종 결론지으시는 우주의 최고 대권자를 역易의 원리로 표현한 말이다. 또한, 이분은 이미 앞에서 살펴본 것처럼 서신西神을 가리키기도 한다.

서신은 서쪽에 계신 신神이라는 뜻이 결코 아니다. 오행 원리로 볼 때, 생명의 수렴과 결실 기운을 상징하는 '금金'은 계절로는 가을, 방위로는 서쪽, 색채로는 백색白色에 해당한다. 그러므로 생명을 추수하는 신인 '서신'을 '금신金神'이라고도 하고, '백보좌의 신神'이라고도 하는 것이다. 그러므로 백보좌의 신은 곧 서신으로서, 이분은 가을천지의 조화 기운으로 지상의 인간과 천상의 신명神明을 함께 추수하시는 구원의 절대자가 된다.

미래의 후손들을 지극히 염려하던 이 예지자는, 지금까지 모든 성인들의 말씀이 조금도 거짓이 아니니 밝게 잘 살펴보고, 백보좌 신판 후에 이 지상에 이루어지는 선경낙원의 새 세상을 맞이하라고 재삼 당부하고 있다.

그러면 백보좌의 신판 후에 열릴 미래 세계는 어떤 모습일까? 노스트라다무스는 개벽 후의 세계에 대해서는 별로 언급하지 않았다. 그러나 남사고는 큰 환란을 극복하고 살아남은 인류는 모두 새 사람으로 환골탈태換骨奪胎하여 선인仙人의 경지에까지 이르는 새 문명의 놀라운 모습을 전해 주고 있다.

> 사람마다 모두 도를 통하여 빼어난 경지에 다다르니, 이 세상은 맑고 투명한 유리세계로 되는구나. 태양은 쉼없이 광명 기운을 뿜어내고 달도 이지러지지 않으니, 주야를 불문하고 항시 일월의 광명이 가득하도다. … 사람들은 근심 걱정이 전혀 없고, 불로불사의 영춘永春에서 살아가는도다.
> 人身通秀琉璃界。日光無落月無虧, 不分晝夜恒日月, … 此居人民無愁慮, 不老不死永春節。(『격암유록』「생초지락」)

> 유불선 삼도가 합일하는 황극 선의 운이라. … 황극 신선의 도로 맑고 맑은 세상이 열리는도다.
> 儒佛仙合皇極仙運。(『격암유록』「송가전」) … 皇極仙道明朗世。(『격암유록』「송가전」)

격암은 무병장수하는 신선들이 살아 갈 맑고 맑은 세상을 열어주시는 인사의 주인공에 대한 비밀까지도 뚫어지게 밝혔다. 모든 인간이 불로불사하는 신선의 세상은 하나님이 아니라, 하나님의 일을 이루어 줄 또다른 일꾼들이 열게 된다는 것이다.

정도령, 그는 누구인가

정감록 이후로 정도령 출세 사상은 면면히 이어져 왔다. 조선이 오백 년으로 끝나고 새 세상의 주인은 정씨鄭氏가 된다는 것이다. 격암은 정도령을 어떻게 이야기했을까?

> 정씨 정씨 무엇이 정씨인가? 7에 3을 더한 10이 정씨이다. 어떤 성

인지 모르며 후예가 없다. 일자종횡이 정씨이다.

鄭氏鄭氏何鄭氏, 滿七加三是鄭氏。何性不知無裔後, 一字縱橫眞鄭
氏。(『격암유록』「남사고비결」)

격암은 '정씨'를 특정 성씨로 말하지 않았다. 그러면서 7에 3을 더한 숫자
를 정씨라 했는데, 이것은 숫자 '10'을 말한다. 그리고 '일자종횡一字縱橫'이
'정씨'라고 했다. 한 일— 자에 세로로 선을 그으면 열 십十이 된다. 격암이
말한 정도령은 바로 숫자 '10'이다.

그렇다면 숫자 10은 무엇을 말하는 것일까? 동양 우주론에서 숫자 10은
'10무극無極'을 나타내며 아버지 하나님이자 미륵불을 상징한다. 즉 격암은 조
선왕조가 끝나고 나서 특정 성씨인 정씨가 왕이 되는 것이 아니라, '인류를
구원하는 하나님이 강세하신다'는 것을 말한 것이다.

상제님이 동방의 한반도로 강림하시니 미륵 상제 정도령이시니라.

上帝降臨東半島, 彌勒上帝鄭道令。(『격암유록』「은비가」)

격암은 상제님이 미륵불과 호칭만 다를 뿐 같은 한 분이고 한반도에 강
림하신다는 것을 분명하게 밝혔다.

십승지는 어디인가

십승지十勝地는 어떠한 환란이 있어도 능히 피할 수 있는 열 곳의 길지吉地
를 뜻한다. 풍기, 봉화, 속리산, 유구 등 특정 장소로 추정하는데, 정감록에
기록된 이후 민간에서 많이 회자膾炙되었다.

그러면 격암은 십승지에 대하여 어떻게 말하였을까?

팔만대장경에 나오는 보혜대사가 미륵불인 십승이요, 의상조사의

삼매 해인이 정도령의 십승이요, 외국의 도(기독교)에서 말하는 보
혜지사(보혜사, 성령)가 상제로 재림하는 것이 십승이니, 유불선에서
지칭한 언어는 달라도 결국 하나의 이치로 십승을 말하는 것이라.

八萬經內普惠大師, 彌勒佛之十勝이요 義相祖師三昧海印, 鄭道令之
十勝이요 海外道德保惠之師, 上帝再臨十勝이니 儒佛仙異言之說, 末
復合理十勝이라. (『격암유록』「십승가」)

격암은 십승을 특정 장소로 말하지 않았다. 정도령을 '10수'라 한 것처럼,
불교에서 말한 미륵불, 기독교에서 말한 아버지 하나님이 바로 십승이라는
것을 알 수 있다. 앞에서 미륵상제님이라는 표현이 있듯이, '미륵불', '하나
님', '상제님'은 언어만 다를 뿐 '한 분'을 나타낸다.

십승을 글자 그대로 풀면, 열 십 자, 이길 승 자, '하나님이 승리한다'는
뜻이다. 결국 환란기 즉 개벽기에 십승지를 찾아 특정한 곳으로 갈 것이 아
니라 상제님의 대도 진리를 만나야 승리하는 인생, 성공하는 인생이 될 수 있다
는 말이다.

그렇다면 하나님의 진리를 만나기만 하면 가을 개벽의 대환란에서 누구
나 다 사는 것일까? 그렇게 단순하지는 않다. 앞에서도 밝혔지만 격암은
'소 울음소리 나는 곳을 찾아야 한다'고 했다. 또 다른 표현으로 정감록에
도 나오는 '이재전전利在田田'이라는 구절이 자주 등장한다.

이재전전에서 십승의 조화가 나온다.

利在田田十勝化。(『격암유록』「말운론」)

궁궁지도는 유불선이 하나로 합일된 진리요, 천하의 으뜸 진리이
다. 비결에 이르기를 이재전전은 수행하는 것이다.

弓弓之道 儒佛仙合一之道, 天下之倧也。訣云 利在弓弓乙乙田田 是天
坡之三人一夕。(『격암유록』「도하지」)

이재전전의 밭은 입 구口 자를 빼면 열 십+ 자 하나님이다. 이재전전利在田田의 '전田'은 십승으로 표현되는 하나님의 진리를 뜻하고 그 진리가 펼쳐지는 성스러운 장소와 수행법을 동시에 뜻한다. 그 진리는 유불선이 합일한 으뜸 진리이다. 앞서 살펴본 「말운론」에서 "도와 교가 모두 합해지니 이것이 곧 십승이라" 한 것도 유불선이 합일된 으뜸 진리가 십승임을 말한 것이다. 그러나 단순히 이 진리를 믿는다고 다 사는 것이 아니다.

삼인일석三人一夕은 닦을 수修 자의 파자破字로, 수행修行을 뜻한다. 즉 이재전전은 가을 개벽기에 구원받을 수 있는 법방法方을 말한 것으로서 미륵부처님이자 하나님이신 '상제님의 10무극 진리를 만나 진리 가르침대로 수행을 해야 살 수 있다'는 뜻이다. 그 수행법의 내용도 글자에 담겨 있다. 이재전전의 '전田'은 입 구 자 4개가 모여 있는 글자이다. 단순한 정좌 수행이 아니라 입으로 조화주문을 읽는 수행을 해야 함을 말해주고 있다. 아래 예언에서 '염불하며 수승화강'이라는 말도 주문 수행을 강조하고 있다.

장소로서 전田은 대전을 뜻한다. 일찍이 수많은 예지자들이 계룡산이 다음 시대의 중심이 될 것이라 했다. 이미 많은 중앙부처가 서울에서 대전 옆의 세종시로 이전했고, 국회의사당과 청와대 분원 설치가 추진되고 있다. 대전을 중심으로 한 광역 대전권은 한국의 수도이자, 후천의 수도가 된다. 또한, 계룡산 인근에는 후천의 인류를 신선으로 만드는, 조화신선 도통 문화를 여는 수행센터가 건축되고 있다.

> 수승화강을 깨닫지 못하는 자는 수도자가 아니로세. 진경을 많이 읽고 염불하며 수승화강 알아보소, 통하지 않는 곳이 없는 수승화강은 병란兵亂과 흉악한 질병에 다 통하니.
>
> 水昇火降不覺者는 修道者가 아니로세 多誦眞經念佛하며 水昇火降알아보소 無所不通水昇火降 兵凶疾에 다通하니 (『격암유록』「말중운」)

우성재야십승처엔 '소 울음 소리'가 낭자하고
牛性在野十勝處엔 牛鳴聲이 浪藉하고 (『격암유록』「가사총론」)

수승화강水昇火降은 수행의 원리로, 수행을 통해 몸에서 일어나는 내적 변화를 나타내는 용어이며, 수행이 일정 수준에 도달한 상태에서 이루어진다.

이 가사에서 수승화강은 곧 수행이자 수행 원리를 말한다. 그런데 구체적으로 진경眞經, 곧 하나님의 말씀이 담긴 경전을 읽고 염불을 하며 수행을 하라고 했다. 앞에서 살펴보았듯이 격암유록에서 말하는 부처는 석가불이 아니라 미륵불이다. 격암은 미륵불이 내려주신 가르침과 조화 수행법으로 수행을 하면 '흉악한 질병을 이겨낼 수 있다'고 말한다. 이 수행법의 비밀이 우명성牛鳴聲에 있는데, 우명성의 비밀은 본서를 읽어나가면 자연스레 깨달을 수 있다.

'우성牛性'은 격암유록에 많이 등장하는 표현으로 하나님을 뜻하고, 하나님의 대행자인 진인眞人을 뜻하기도 한다. 그런데 하나님의 진리를 닦는 곳에 우명성牛鳴聲, '소 울음 소리'가 울려퍼진다고 했다. 우명성이 들리는 곳이 '진짜 아버지 하나님의 가르침대로 수행하는 곳'이라는 의미이다.

『격암유록』을 이용해 자신이 구원자요 하나님이라 주장하는 이들이 있다. 그러나 살펴본 대로 환란기에 살아날 수 있는 조화 수행법이 없으면 모두 거짓 가르침이며 혹세무민하는 현란한 말장난에 불과하다. 코로나19 등 예상치 못한 괴질이 위세를 떨치며 갈수록 인류를 위협할 것이다. 전쟁, 괴질 등 각종 재난이 몰아닥치는 가을 개벽기에는 동방 땅에 오시는 하나님의 진리를 만나 그 가르침대로 수행하여 내 몸을 강건하게 해야 살아남을 수 있다. 이 수행법은 본서 하권과 완결편인 『개벽 실제상황』에 상세히 설명하였다.

상제님이 강세하신다

격암은 상제님을 미륵불, 천天 등 여러 표현으로 부르며 아버지 상제님이 지상에 강세하실 것을 알렸다. 앞에서 이미 언급하였기에 여기서는 상제님 강세에 관련된 다른 내용만 간략히 소개한다.

미륵이 출세하니 모든 법과 종교의 주인이라. 유불선을 합일하여 하나의 진리로 다시 만드신다.
彌勒出世萬法教主, 儒佛仙合一氣再生。(『격암유록』「궁을론」)

상제님이 동방의 한반도로 강림하시니 미륵 상제 정도령이시니라. 선천의 말에 유불선 삼도를 합일하는 분이 정해진다.
上帝降臨東半島, 彌勒上帝鄭道令, 末復三合一人定。(『격암유록』「은비가」)

상제님께서 유불선 삼도를 합일한다고 하셨는데 「은비가」에서는 삼도를 합일하는 일꾼들이 정해진다고 했다. 완전히 새 진리인 상제님의 도법을 성사재인하고 새로운 문화를 이끌어 갈 일꾼들이 따로 나오게 될 것을 알린 것이다.

서양의 기운이 동방 한국에 올 때 상제님이 강세하시는 것은 의심할 것 없이 분명하니.
西氣東來上帝再臨, 分明無疑되오리라. (『격암유록』「격암가사」)

상제님 강세가 멀지 않으니, 전심을 다해 협력하여 수도해야 하는 때라. 민심이 다 함께 화합하게 되면 온천하가 태평가를 부르게 되리라.
上帝降임 不遠하니 全心合力修道時 民心裏和되계되면 왼天下가 太平歌라. (『격암유록』「격암가사」)

두 예지자의 공통점과 차이점

우리는 두 철인을 비교함으로써 동서의 정신세계가 하나로 통해 있다는 사실을 새삼 확인할 수 있다. 비록 같은 시대를 서로 지구 반대편에서 살았지만 그들이 전하고 있는 신神의 음성은 동일한 소리였으며, 그들의 영혼이 신의 숨결과 한 줄기 물결이 되어 흘렀을 때, 순결한 의식의 바다 위에 찬란하게 비쳤던 인류의 미래 모습은 비슷한 영상으로 떠올랐다. 두 예지자가 남긴 예언을 통해 인류 문명의 비밀을 풀어 가노라면, 동일한 메시지를 전하는 동서 정신세계의 대조적인 맛을 느낄 수 있을 것이다.

서양의 사유는 단편적이며 분석적인 데 반해, 동양의 통찰력은 사상事象을 종합적으로 볼 수 있는 혜안을 열어 준다. 노스트라다무스가 전한 내용을 눈을 감고 그려 보라. 그는 현상적으로 벌어지는 사건에 중점을 두었기 때문에 변화를 일으키는 힘의 정체와 원리에 대해서는 희미한 소식만을 전할 뿐이다. 반면 남사고는 변화의 거센 흐름을 만화경같이 종합적으로 전해 주면서, 이러한 충격의 소용돌이를 일으키는 '인간의 원한'과 '진리의 통일 문제'를 선명하게 밝혀 준다.

조선의 대천문관, 격암 남사고

　격암 남사고는 1570년(선조 3)에 종6품 관상감觀象監 천문교수로 발탁되었다. 이는 그가 당시 천문과 지리에 능통하고 효행이 출중하였기 때문이다. 남사고는 선조의 즉위, 사림士林의 분열에 따른 동서붕당東西朋黨, 임진왜란 등을 예측하였다.

　사람들은 남사고를 '해동海東의 소강절邵康節'이라 칭하였다. 소강절은 천지의 운동과 변화, 음양의 쇠함과 성함을 통해 만물 변화의 법칙을 이해할 수 있다고 보았던 인물이다. 이를 통해 남사고 역시 천문지리의 신비하고 오묘한 경지에 두루 통달한 인물로 알려졌음을 알 수 있다.

❶ 격암기념관

밀암密庵 이재李栽가 『남격암유사南格庵遺事』를 지어 남사고를 평하기를 "역수에 더욱 정밀하여 음양의 변화를 따지는 방법을 잘하였고, 천문과 지리와 예언의 요체를 깊이 탐구하였다. 그리하여 하늘에서 나타나는 변화와 땅에서 보이는 증상을 신처럼 꿰뚫어 보았으며, 깊고 묘한 이치와 신묘한 작용의 기변에도 통달하였다."라고 하였다.

남사고의 예언은 국가적인 환란에 대비하는 한편, 미래에 대한 희망을 부여하는 데 초점을 맞추고 있어 커다란 의미가 있다. (출처: 격암기념관 안내문)

❷ 격암 남사고 생가
❸ 치격사_격암 남사고 신위 봉안
❹ 수남정사
❺ 자동서원

동서양 2대 철인이 전하는 예언의 핵심

	미셸 노스트라다무스	격암 남사고
활동 시기와 지역	16세기(1503~1566) 서양의 프랑스	16세기(1509~1571) 동양의 조선
예언의 특징	• 서양을 중심으로 벌어지는 현상적인 사건에 중점. 단편적, 분석적임. • 미래의 신천지 언급이 적음.	• 한국의 미래에 집중. 변화를 일으키는 힘의 정체와 원리에 대해 종합적으로 전함. • 인류의 해원과 진리의 통일 문제를 우주원리에 입각하여 전함.
대변국 소식 — 천재지변	• 지구의 시간의 큰 이동이 있다. • 지구의 회전 운동은 영원히 그 축 위에 기울어진 채로 있지는 않을 것이다.	• 대천재大天災로 하늘이 변하고 땅이 흔들린다.
대변국 소식 — 전쟁과 질병	• 긴 불꽃을 내며 하늘을 달리는 불이 보일 것이다. • 무서운 전쟁. 거대한 도시는 치명적인 질병으로 오염. • 하늘에서 공포의 대왕이 내려온다.	• 귀신이 혼을 빼 가는 병. • 괴상한 기운으로 중한 병에 걸려 죽으니 • 피를 말리는 이름 없는 하늘의 질병 • 소두무족小頭無足으로 불이 땅에 떨어지는 • 귀신 신장들이 날아다니며 불을 떨어뜨리니
구원의 소식 (천상의 절대자 강세 소식)	• 위대하시고 영원한 하나님이 변혁을 완수하기 위하여 오실 것이다.	• 이때의 운은 서신이 맡았다[此運西之心]. • 미륵불 출세. • 하나님이 사람으로 내려온다. • 상제上帝님이 후박간에 다 오라네. • 백보좌의 신神의 심판.
구원의 법방	• 동양인이 자기 고향을 떠나리라. 아페닌 산맥을 넘어 골에 이르리라. 누구나 그의 장대로 맞으리라.	• 소울음 소리가 있는 곳을 찾아드소. • 소울음 소리를 내는 자가 먼저 살 수 있다. • 정신 차려서 해인海印을 알도록 할지라.
미래 세계	• 하늘의자에서와 같이 그의 발아래에 모여든다. • 성령은 행복한 혼을 만들리라.	• 모두 도를 통하여 빼어난 경지에 다다르니, 맑고 투명한 유리세계 근심 걱정이 전혀 없고 불로불사의 영춘永春세계

죽음이 끝나고 삶이 시작되는 때가 바로 이때로다.
어두운 시대는 지나가고 밝은 세상이 오는
신선의 운에는 백보좌의 신의 심판이 있도다.

사람들은 근심 걱정이 전혀 없고,
불로불사의 영춘永春에서 살아가는도다.

상제님이 동방의 한반도로 강림하시니
미륵 상제 정도령이시니라.

상제님 강세가 멀지 않으니,
전심을 다해 협력하여 수도해야 하는 때라.
민심이 다함께 화합하게 되면
온천하가 태평가를 부르게 되리라.

에드가 케이시와 루스 몽고메리,
미타르 타라빅 등 영능력자와
동서 고금의 철인이 전하는 미래 예언.
탄허 스님이 전하는
역학원리에 따른 변국 소식.
한국의 비기인 『정감록』,
『신교총화』, 『춘산채지가』의 비결.
그리고 세계 지식인들이 바라보는
인류의 미래.

2부

대변혁에 대한
동서고금의
메시지

2부에서는

1부에서 전개된 내용을 중심 맥으로 하여 동서고금을 통틀어 중요하다고 생각되는 예지자들의 개벽에 대한 핵심적인 예언을 보다 폭넓게 살펴보기로 한다.

우주의 개벽 운동 원리를 알아보기 위한 기본 작업으로서, 초인 에드가 케이시가 들려준 지구 변혁의 요인을 먼저 알아보고, 이어 문인이면서 영능력자인 루스 몽고메리가 생생하게 전한 극이동, 미래연구가인 모이라 팀스가 전하는 미래 세계에 대한 메시지, 전자과학도 출신의 예지자인 고든 마이클 스칼리온의 예언 등을 알아본다. 그리고 20세기의 지성인 찰스 버리츠에 의해 세상에 널리 알려진 아메리카 인디언의 철학적인 예언, 중세의 인물인 성聖 말라키의 대예언, 마더 쉽튼의 예언을 알아본다. 그 다음에 충격적인 내용을 담고 있는 파티마 제3의 계시와 20세기 이후 서양 예지자들의 예언을 살펴보기로 한다.

이어서 인류 문명의 모체이면서 제1의 뿌리 종교인 신교에 얽힌 여러 이야기를 담은 『신교총화』를 비롯하여, 『정역正易』을 깊이 연구한 탄허 스님이 바라본 한국의 미래, 한국의 대표적인 비기祕記들 가운데에서 『정감록』의 핵심적인 3대 예언(특히 다가올 변국에 대한 내용), 입산入山 3일 만에 우주의 한소식을 들었다는 정북창 선생의 「궁을가弓乙歌」, 그리고 민간에 널리 전해 오는 『춘산채지가』와 중국과 일본에 전해지는 예언 중 귀중한 내용 몇 가지를 살펴보기로 한다.

이번 개정판에서는 동서양 예언을 대폭 보강하였다. 서양 예언 중에서는, 독일의 노스트라다무스로 불리는 마티아스 스톰버거, 예언의 정확도가 매우 높은 타라빅, 타이타닉 침몰과 이스라엘 재건을 예언했던 점성술의 대가 키로, 아버지 하느님 왕국의 도래를 알린 피터 더납, 보어전쟁과 세 차례의 세계 대전을 예언한 랜스버그, 셜록 홈즈 소설가로 유명한 코난 도일, 마야·잉카 케추아·푸에블로·남아프리카의 줄루 등 세계 각 민족이 전한 개벽 소식 등을 전한다. 특히 그 중에서 특출한 예언은 가톨릭의 수녀들이 남긴 것으로, 개벽기에 태양과 달의 빛이 사라지고 3일간의 암흑이 찾아온다는 놀라운 내용이 담겨 있다.

동양 예언에서도 미륵불 출세를 알린 유백온과 마이산 산주 이갑룡 처사의 신비한 이야기, 일본의 『일월신시日月神示』, 대동세계를 노래한 『추배도推背圖』와 보허대사 예언, 한반도에서 출현할 성인을 알린 『송하비결』과 우학도인 권태훈 옹의 예언, 꿈에서 본 미래를 만화로 남겨 일본에서 베스트셀러가 된 『내가 본 미래私が見た未来』를 보강하여 소개한다.

핵심 내용을 잘 정리하며 읽어 가면 대국적인 변국의 흐름을 느끼게 될 것이다. 2부에서 다룰 여러 예지자와 지식인들의 미래 전망을 미리 살펴보면 다음과 같다.

(1) 머지않아 인류에게 공전절후의 재난이 닥친다.
(2) 이 재난은 자기장의 변화, 지축의 이동, 보병궁 시대의 도래 등
    천문의 변화와 관련이 있다.
(3) 전 지구적인 천재지변과 더불어 전염병, 전쟁 등이 함께 발생한다.
(4) '우주 통치자(신)'의 구원으로 이 재난을 극복한다.
(5) 재난을 극복한 사람들은 선경낙원 세상에서 살아가게 된다.

예언한 내용과 시점, 예언의 방법 등은 조금씩 다르지만 이들은 한 목소리로 위와 같은 개벽의 메시지를 전했다. 이제 이들이 전한 인류 미래의 충격과 축복의 메시지로 들어가 보자.

서양의 예지자들이 전하는 대변혁 소식

극이동 직전의 며칠 동안은 지구 전체가 마치
요람에 누워 있는 아기를 달래듯이
진동하는 것처럼 느껴질 것이다.
지구 극이동 그 자체는 '눈 깜짝할 사이'에
마치 지구가 한쪽으로 넘어지는 것처럼 일어날 것이다.

(『우리들 사이의 이방인』)

1. 잠자는 신비의 예지자, 에드가 케이시

에드가 케이시Edgar Cayce는 20세기 미국이 낳은 가장 위대한 예지자이다. 그는 1877년 3월 18일 켄터키 주 홉킨스빌 근처에 있는 한 농장에서 태어났으며, 어릴 때부터 성서 읽기를 대단히 즐긴 경건한 기독교 신자였다. 어릴 때는, 성장이 느린 꽃에게 말을 걸어 잘 자랄 수 있게 할 정도로 영성이 뛰어난 인물이었다. 대우주의 심령과 통하는 능력을 타고난 케이시는 자신의 특별한 능력을 평생 짐스러워하면서도 지상의 인간에게 신의 목적을 이해시키는 것을 일생의 과제로 알았다.

신을 항상 경외하였던 그는 최면 상태에서 잠재의식으로 말하는 방식, 즉 영독靈讀(spiritual reading)을 통해 수많은 불치병 환자들을 치유하는 기적을 일으켰다. 또한 케이시는 영독을 하는 동안, 세계적인 대변동, 지진, 지구 전체의 대이변 등에 대해서도 방대한 내용을 예언했다.

『잠자는 예언가, 에드가 케이시Edgar Cayce-The Sleeping Prophet』를 저술한 제스 스턴Jess Stern은 케이시의 예언 내용이 지질학적 견해와도 많은 부분에서 일치한다고 소개함으로써 예언의 신빙성을 한층 높여 주었다. 스턴은 케이시의 예지 능력에 대해 다음과 같이 말하고 있다.

> 케이시는 그의 잠재의식의 세계가 느끼는 모든 것, 즉 인간의 육체나 영혼, 지구 혹은 우주의 내부를 들여다볼 수 있는 힘을 지니고 있다는 사실이 명백해졌다. 그는 확실히 'X-선과 같은 눈'을 가진 인간이었다. 그는 미래 의식이라는 채널을 통해서 국제적인 분쟁 장면을 시간적 순서에 따라 명확하게 투시하여 소련(러시아), 중국, 일본, 영국, 미국의 장래에 대해 말했다.

에드가 케이시(1877~1945)

케이시는 가장 정확하고 사실적인 예언을 한 것으로 유명한데, 그가 생전에 한 14,000여 건이 넘는 모든 예언은 파일화되어, 현재 버지니아 주에 있는 연구계몽협회(ARE: Association for Research & Enlightenment)라는 재단의 도서관에 보관되어 있다. 이 책에서는 그의 예언 중 아직 일어나지 않은 미래의 변화에 관한 내용만 간단히 요약해 보기로 한다. 에드가 케이시의 예언은 대부분 『잠자는 예언가, 에드가 케이시Edgar Cayce-The Sleeping Prophet』에서 발췌하였다.

뉴욕 소멸과 해저가 되는 해안가

케이시는 여러 예언을 통해 장차 지구를 뒤흔드는 파괴적 재앙이 대자연의 힘에 의해 일어날 것이라고 강조하고 있는데, 특히 아메리카 대륙에서 벌어질 변화의 모습을 소상하게 밝혀 주고 있다. 가장 충격적인 예언은 로스앤젤레스, 샌프란시스코, 뉴욕 시의 파괴에 대한 내용이다. 그는 로스앤젤레스, 샌프란시스코의 대부분은 뉴욕보다도 훨씬 먼저 파괴될 것이며, 또한 "미합중국 동해안의 대부분은 서해안 지역이나 중부 지역과 마찬가지로 혼란에 빠질 것이다"라고 여러 번 말했다. 심지어 미국 서부는 갈라져 버릴 것이라고 예언하기도 했으며, 한편으로는 지구 전체의 대이변으로부터 안전한 지역에 대해서도 언급했다.

> 수년 내에 대서양과 태평양에 각각 육지가 나타날 것이다. 그리고 많은 나라에서 현재 해안선으로 되어 있는 대부분의 지역이 해저가 될 것이다. 현재 뉴욕 주의 해안 지대, 혹은 뉴욕 자체도 대부분 소멸될 것이다. 그러나 이것은 다음 세대에 일어날 것이다. 한편 남·북 캐롤라이나 주와 조지아 주의 남부도 소멸될 것이지만 이것은 훨씬 빨리 일어날 것이다.
> 그리고 내가 지금 살고 있는 버지니아 비치 지역은 오하이오 주, 인디애나 주, 일리노이 주 및 캐나다 남부와 동부 지역의 대부분과 함께 안전한 지역에 포함된다. 서부의 대부분은 기타 많은 지역과 마찬가지로 혼란이 발생할 것이다.

에드가 케이시처럼 생명체에서 발산되는 오라를 볼 수 있었고, 최면 상태에서 대화를 통해 미래를 예언했던 인물로 미국의 폴 솔로몬(1939~1994)이 있다. 그는 1994년 11월 18일에 미국 NBC-TV에서 방영된 〈고대의 예언들Ancient Prophecies〉 2편에서 "미 대륙은 동·서로 갈라져 두 동강 난다"라고 미국의 몰락을 예언함으로써 수많은 시청자에게 큰 충격을 던져 주었다. 그는 환영을 통해, 거대한 해일이 캘리포니아와 조지아의 해안을 덮치는 것을 보았다고 한다. 또, 기온이 급격하게 변화함으로써 지구의 생명 시스템이 거의 파괴되며 많은 생명체가 치명적인 타격을 입을 것이라고 경고했다. 솔로몬은 "지구는 거의 완전한 파괴를 겪게 되며, 새로운 세상이 열리기 전 우주는 지금의 질서에서 혼돈의 나락으로 떨어지게 될 것"이라 전했다.

일본 침몰과 그 외 지역

케이시는 1934년에 일본, 유럽, 극지방의 지각 변동 등에 대해서도 중요한 예언을 했다.

(1) 일본 침몰 : "일본의 대부분은 바닷속으로 반드시 침몰할 것이다.
(The greater portion of Japan must go into the sea)"

(2) 유럽 지역의 변화 : "유럽 북부는 눈 깜짝할 사이에 변화될 것이다."

(3) "북극과 남극 지역에 지각 변동이 일어나고, 열대 지역에서는 화산 폭발이 있을 것이다."

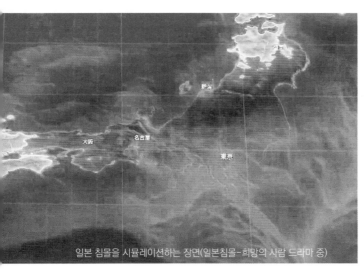

일본 침몰을 시뮬레이션하는 장면(일본침몰-희망의 사람 드라마 중)

일본 침몰
소설 『일본침몰』은 이미 40여 년 전에 출간되었고, 영화와 드라마로도 만들어졌다. 2021년에는 소설을 원작으로 하여 일본 관동 지방 침몰이라는 소재를 다룬 TV 드라마 〈일본침몰-희망의 사람〉이 방영되어 시청률 15%를 넘기며 인기를 끌었다.

(4) 구소련의 미래 : "소련에서 공산주의가 붕괴한 후에 각자가 자기 민족을 위해 살아야 한다는 원칙이 그곳에서 탄생할 것이다."

(5) 중국의 미래 : "중국은 여러 계급과 교파를 통합하게 되고 이들은 민주주의의 길을 향해서 단합할 것이다."

일본 침몰에 대한 케이시의 영독靈讀은 그 표현이 매우 독특하다. 유독 일본에 관해서만은 예언할 때 일반적으로 거의 쓰지 않는 '반드시 그렇게 될 것[must]'이라는 강력한 표현을 사용하고 있다. 케이시는 일본 열도가 필연적으로 침몰할 수밖에 없다는 것을 강하게 나타내기 위하여 그렇게 표현했을 것이다.

이미 시작된 지구 자전축 변화

지구 회전축의 변화가 1936년부터 지각 저 밑에서부터 시작되었다.

"생명은 오늘 해야 할 일을 위해서 존재한다"라고 입버릇처럼 말했던 케이시는, 역사상 어느 예지자보다도 이미 진행 중인 지구 자전축의 변화를 강조하여 말하고 있다. 그 변동은 지구 내부와 북극성北極星의 중심과 관련되어 일어나는 것이라고 했다. 제스 스턴은 그의 책에서 케이시의 예언과 프랑스 고생물학자古生物學者인 퀴비에Georges Cuvier*의 과학적 분석이 놀랄 만큼 유사하다는 것을, 케이시의 예언을 연구하는 한 지질학자의 견해를 인용하여 이렇게 전하고 있다.

---

* 퀴비에(1769~1832) | 비교해부학과 고생물학의 창시자. 화석이 지층마다 눈에 띄게 다른 것을 중시하여 과거 지질시대 동안 생명이 거의 멸종한 적이 여러 번 있었다는 것을 밝혔고, 그것은 점진적인 변화가 아닌 하늘과 땅의 대격변 때문이라는 '천변지이天變地異설'로 유명하다.

퀴비에에 의하면 대재해의 주원인은 지구의 경사이며, 그로 인한 대변동에 의해 한때 사막이었던 지역이 대양이 되고 바다였던 지역이 건조 지대가 되었다고 한다.

지상에서 커다란 재앙이 일어나는 가장 큰 원인은 지구 자전축 경사의 변동이라는 것이다.

그 지질학자의 말에 의하면 시간의 흐름에 따라 지축의 경사도는 회전하고 있는 지구에 약간의 흔들림을 주고, 관성의 이동에 의해서 지구가 새로운 각도의 진로에 순응할 때 변동이 일어난다는 것이다.

이러한 과학적인 분석은 지구와 우주 운동의 신비를 풀 수 있는 핵심 열쇠라 아니할 수 없다. 지질학적 측면에서 볼 때에도 지구에 일어나는 최대 변국은 자전축의 경사가 새로운 각도로 접어들 때에 발생한다는 것이다. 그 지질학자는 지축의 이동과 지각 변동의 상관관계를 이렇게 전하고 있다.

지축의 극히 미미한 이동도 지각에는 중대한 결과를 가져옵니다.

지축 변화에 대한 케이시의 예언은 동양에서 전설처럼 전해 오는 상전桑田이 벽해碧海가 된다는 천지개벽설과 그 내용이 대단히 유사하다. 그러나 동양의 우주관에 근접한 소견을 피력했던 케이시도 끝내는 지구의 자전축이 어떠한 원리에 따라 변화 운동을 하게 되느냐 하는 문제에 대해서는 한마디도 말하지 못했다.

지구에 이러한 대변국을 초래하는 근본적인 원인을 해명함으로써만, 우리는 위대한 예지자들이 들려 준 개벽의 신비를 비로소 이해할 수 있을 것이다.

극이동과 새로운 사이클의 시작

에드가 케이시의 극이동에 대한 예언에서 중요한 것은 천지의 대변혁이 찾아오게 되는 우주 변화의 순환 주기에 대한 이야기이다.

극이 이동합니다. 극이동이 생길 때 '새로운 사이클'이 생깁니다. 이는 곧 '재조정의 시기'가 시작되는 것입니다.

이 내용은 분명 지구 최대의 신비임이 틀림없다. 그러면 지구의 극은 어떻게 이동하게 되는 것일까? 또한 극이동 후에는 지구의 시간 주기가 어떻게 변화되는 것일까? 즉, 그가 말한 새로운 사이클은 어떻게 진전되어 나갈 것인가? 케이시는 이러한 불가사의한 개벽의 핵심 문제에 대해서 시원스러운 해답을 주지 않지만 이때에 일어나는 변화의 현상에 대해서는 약간 언급하고 있다.

케이시는 지구 기후의 현저한 역행을 가져올 극점 이동의 서곡으로 '북극 및 남극 지방의 대변동'과 열대 지역의 화산 폭발에 대해서 말했다.

가까이 다가 온 찬란한 신의 날

대격변의 운명을 피할 수 없다면, 경건주의자였던 케이시의 다음과 같은 충고에 귀기울여 볼 만하다.

오늘날 이 땅에서 가장 필요로 하는 것이 무엇일까? 사람들에게 신의 찬란한 날이 가까이 왔다는 것을 알려 주는 것, 또 믿지 않는 사람들에게 그들의 경험을 통해서 이제 일어나려고 하는 현상을 알게 해 주는 것이다.

케이시는 인류의 새로운 미래는 지구의 내부와 외부의 변화 요인 중에서 특히 '외부의 거대한 힘' 때문에 생기는 파괴가 지구에 밀어닥치면서 시작된다고 하였다. 또한, 마지막에 일어날 변국의 종합적인 상황에 대해서는 다음과 같이 지적해 주고 있다.

전쟁, 지구 내부의 변동 및 극점을 연결하는 축軸의 변화에 의한
지구의 전이轉移이다.

절대적인 예언을 부정했던 케이시도 전쟁이나 대파괴의 시기에 각 개인에게는 선택의 자유가 거의 없다는 점을 인정하였다. 이는 아마 그의 수준 높은 지성의 예지력으로 가슴 깊이 느꼈을 우주의 숙명이었으리라.

신神의 광명光明은 무엇을 말하는가

신비주의자 케이시는 66세가 되던 1944년 11월 말, 폐수종肺水腫이라는 병을 앓아 수척하게 마른 모습으로, 죽음의 날을 맞이하기 위해 옛날에 낚시를 즐겼던 호숫가의 휴양처를 찾아갔다. 다음 해 1월 3일, 그는 전장에 나간 두 아들과 자기 인생의 영원한 반려자인 사랑하는 아내를 남겨 두고 세상을 떠났다. 그런데 놀랍게도 '1월 3일'은 그가 자신의 죽음을 예언한 바로 그날이었다.

그는 후세의 인류에게 이 지상에 '초인[神]의 나라'가 도래할 것이라고 하였는데, 그 시기에 대해서는 '신의 빛이 또 다시 구름 사이에 보이는 시기'라는 미묘하고 신비스런 말을 남겼다.

그것은 '신의 빛'이 또 다시 구름 사이에 보이는 시기로서 선언될
것입니다.

은빛이 감도는 신기루 같은 미래를 가리키는 이 표현, '신의 빛이 또 다시

구름 사이에 보이는 시기'는 무엇을 암시하는 것일까? 대부분의 케이시 연구가들이나, 서구 철학과 신학에만 매몰되어 진리의 정곡을 찌르지 못하고 단지 외곽에서만 서성거리는 사람들은, 이 시기를 단순히 자신들이 신앙하는 교조가 재림하는 시점 정도로 생각할 뿐이다.

다른 위대한 예지자들과 마찬가지로, 의도적으로 숨길 수밖에 없는 말 못할 속사정으로 인해 그의 순결한 영혼이 우리의 순수의식 속에 아름답지만 희미하게만 그려 주고 있는 '신의 빛'은 그저 자비로운 신의 모습이 아니다. 여기서의 신은 노스트라다무스나 남사고가 전한 공포의 대왕도, 구원의 대왕도 아니다. 이 '신의 광명'은 바로 개벽 시간대의 불가사의한 신성神性을 말한 것이다.

그러면 이 시간대의 속성에 얽혀 있는 비밀은 과연 무엇일까? 이제까지의 어떠한 학문과 종교의 원리로도 해결하지 못했던 이 신비의 극치를 풀 수 있는 새로운 세계관이나 가르침은 진정 없는 것일까? 이러한 천지생명의 개벽에 대한 수수께끼는 본서를 끝까지 읽어 가면 자연히 풀리게 될 것이다.

심판의 날에 열리는 '신의 빛'이라는 말은 시간의 신비를 벗길 수 없었던 한 지성이 토로한 정직한 고백이리라. 노스트라다무스가 '일곱 번째 큰 수가 다 돌았을 때'라고 한 말과 같이, 이 불가사의한 신성이 충만한 '천국의 시간대'는 '새로운 시간의 큰 주기'가 찾아온 후에야 열리는 것이다. 이 지상 낙원의 시간대는, 케이시가 들려주고 있는 '또 다시 구름 사이에 보이는 시기'라는 말에서, 예전에도 주기적으로 열린 적이 있었음을 알 수 있다.

케이시가 순수한 영혼의 빛으로 바라보았던 이 신의 빛은, 대이변이 휩쓸고 간 뒤에 지상 낙원의 시간대에 마치 영롱한 아침의 서광과 같이 비치게 될 영성靈性이다. 결론적으로 말한다면, '신의 빛이 구름 사이에 보이는 시기'라는 것은 새로운 시간대로 막 넘어가려는 찰나, 즉 천지가 개벽 운동으로 새롭게 태어나는 순간을 말하는 것이다.

2. 극이동을 생생하게 전한 루스 몽고메리

　루스 몽고메리Ruth Montgomery는 미국의 유명한 영능력자로서 정신세계 분야에서 명성을 얻기 이전에도 언론계에서의 왕성한 활동으로 잘 알려진 지식인이었다. 그녀는 어떤 특별한 계기로 여러 차례에 걸쳐 놀랄 만한 영적 체험을 한 이후, 자신이 영혼 세계의 지혜를 이 세상에 알리기 위해 선택된 중매자라는 것을 깨닫게 되었다고 한다.

　몽고메리의 예언은 주로 신명계의 지도령指導靈들이 전하는 메시지를 자동적으로 받아 적는 방법[자동기술自動記述, Automatic Writing]으로 이루어졌다. 매일 아침 명상 상태에서 타자기 위에 손을 가볍게 올려 놓으면, 신명계 지도령들의 영적 자극에 반응하여 손가락이 자동적으로 움직이며 메시지를 타이핑하였던 것이다. 몽고메리는 자신에게 자동기술自動記述을 지도하는 신비로운 영靈의 이름을 '릴리'와 '아더포드'라고 밝혔다.

　지도령들은 그녀에게 머지않아 지축 변동이 일어나 전 세계에 큰 재난이 닥칠 것이라 전하고, 그것을 책으로 펴내어 세상 사람들이 극이동의 환란에 '미리 대비하게 하라'고 가르쳤다고 한다. 따라서 그녀가 저술한 여러 권의 서적은 지구 극이동의 문제를 중심 주제로 다루고 있다.

　또한, 21세기에 도래할 새 문명, 아틀란티스 대륙과 레무리아 대륙의 침몰로 말미암아 사라진 초고대 문명의 수수께끼, 그리고 사후 세계, 현세와 내세, 영혼과 인간의 관계 등도 함께 언급하였다. 1960년대부터 1980년대 중반까지 15권이 넘는 저서를 펴낸 그녀는 심령 분야와 지축 이동 예언에 관한 한 미국

루스 몽고메리(1912~2001)

을 대표하는 저명한 작가 중 한 명이다.*

지구의 극이동에 대한 우주의 깊은 섭리

몽고메리의 지도령은 극이동의 철학적 의미를 명쾌하게 전해 주고 있다.

> 지구는 진화의 단계에 있다. 극이동은 지구 성숙의 연장선상에서 일
> 어나는 것이다. … 지구의 극이동은 자연 섭리로서 지구 자체의 정
> 화(cleaning)를 위한 필연적 과정이기 때문이다. … 지축 변동은 피할
> 수 없으며 그 변동은 인간이 만들어 낸 공해와 자기의 이익만을
> 위해 타인들에게 농간을 부리고 있는 탐욕스런 영혼을 지구에서
> 깨끗이 쓸어 내기 위해서는 꼭 필요한 과정이다. … 지구의 극이동
> 과 더불어 지상의 우리를 에워싸고 있는 야수성과 탐욕이 말끔히
> 청소될 것이며, 인간 본성의 고결함이 드러나 새로운 차원의 문명이
> 번영하게 된다. … 그때에는 음성이나 화상으로 의사를 전달하기
> 보다는 영적인 방법으로 상호 교류할 것이다.(『미래의 문턱』, 『우리들
> 사이의 이방인』에서 발췌 요약)

'극이동은 지구 성숙의 연장선상에서 일어나는 것이며, 또한 지구 자체의
정화를 위한 필연적 과정'이라는 말을 잘 음미하여 보라. 수많은 예지가가
전하는 지구 극이동 문제에는 단순한 물리적인 변화 현상을 넘어서는 대자
연의 깊은 섭리가 작용한다는 것을 깨달을 수 있다.

앞의 노스트라다무스의 예언에서도 알아본 바와 같이 현 시대는 분열 성
장기인 불[火]의 시대를 모두 끝내고, 천지의 성숙 결실기인 금金의 시대로

---

* 『미래의 문턱Threshold to Tomorrow』, 『진리를 찾아서A Search for the Truth』, 『이전
세계The World Before』, 『우리들 사이의 이방인Strangers among Us』 등이 있다.

이행하려는 과도기이다. 극이동은 지금까지의 역사 과정을 총결산하고, 이 제까지와는 전혀 다른 새로운 차원의 조화와 통일의 문명권으로 진입하는 전기점이 되는 것이다.

인간계로 오고 있는 신명계의 고급 영

머지않아 들이닥칠 대변국은 지상 인간계만의 개벽이 아니라 천상 신명 계와 지구를 포함한 우주 자연계까지, 즉 천지인天地人 삼계의 질서가 근본적 으로 재편되는 총체적 대개벽이다. 이러한 파천황적인 대변국을 대비하기 위 해 유사 이래 전례가 없을 정도로 신명계의 고급 영들이 천상에서 인간계로 내려오고 있다고 몽고메리는 전하였다.

이들은 절대자 신神으로부터 직접 부여받은 큰 깨달음과 선견지명을 가 지고 있기 때문에 우리들에게 장래에 닥칠 위험을 경고하고, 육신의 생존뿐 아니라 영적 측면의 궁극적인 개혁을 위해 무엇을 준비해야 하는가를 가르 쳐 준다. 이로 미루어 보건대 천상 영계에서는 이미 오래 전부터 지구 극이 동의 환란을 대비하기 위해 분주히 서둘러 왔음을 알 수 있다.

극이동을 예고하는 징후: 지진, 화산 폭발의 증가, 악성 전염병 출현

몽고메리는 지구 극이동의 여러 현상을 적나라하게 전하고, 또한 여타 예 지자들과 마찬가지로 극심한 지각 변동과 함께 찾아올 괴병의 창궐을 경고 했다.

인류가 맞이해야만 하는 하나의 커다란 문제가 있다. 그것은 지구 의 극이동이다. 극이동 전에 지구에는 여러 조짐이 있게 된다. 기 상 이변은 점점 더 심해진다. 폭설, 폭풍, 홍수 등이 자주 발생하고 기온도 더욱 불규칙하게 변한다. 실제적인 지축 이동 전에 비록 짧 은 순간이지만 두 가지의 특별한 경고가 있게 된다. 지중해 연안의 섬, 남아메리카, 캘리포니아에 산재한 오래된 화산에서 폭발이 일어나고, 그 다음에는 악성 전염병이 번지게 될 것이다.

그 이후로 지구 대부분의 지역에서 짧게 전율하는 진동이 발생하고, 북미, 아시아, 그리고 남아메리카의 광범위한 지역에서 유사 이래 일찍이 없었던 커다란 해일이 일어날 것이다. 극이동 직전의 며칠 동안은 지구 전체가 마치 요람에 누워 있는 아기를 달래듯이 진동하는 것처럼 느껴질 것이다.(『우리들 사이의 이방인』, 228쪽)

'눈 깜짝할 사이'에 일어나는 극이동

미래를 그림처럼 내다보는 뛰어난 예지자라 할지라도, 자화磁化된 암석 속에 새겨진 자극磁極 이동의 흔적을 정밀하게 포착하는 주도면밀한 과학자라 할지라도, 우주 변화의 원리를 꿰뚫지 않고는 극이동에 얽힌 신비를 명쾌하게 해명할 수 없다. 이는 오직 동방의 지혜가 낳은 개벽 원리로만 온전히 풀어헤칠 수 있다.

비록 단편적이긴 하지만 지축 변동이 벌어지는 그 순간의 상황에 대해 몽고메리가 전한 충격적 소식을 살펴보자.

행성인 지구가 흔들리는 것은 지축 변동의 시점이 가까워지고 있다는 증거이다. 흔들림이 있고 대략 6시간 내에 지축 변동이 일어난다. 그 사이에 엄청난 기후 변화가 일어날 것이다. … (『미래의 문턱』, 95~96쪽)

지구 극이동 그 자체는 '눈 깜짝할 사이(wink of an eye)'에 마치 지구가 한쪽으로 넘어지는 것처럼 일어날 것이다.

낮인 지역에서는 지구가 공전궤도 상에서 새로운 위치로 이동하는 순간, 머리 위에 있던 태양이 순간적으로 거꾸로 이동하는 것처럼 보일 것이다. 안전한 지역에서 피난하고 있는 일부 사람들은 지구 표면의 진동과 떨림을 직접 보게 될 것이며, 또 어떤 지역에서는 바닷물이 부글부글 끓어오르고 대양의 물이 치솟아 올라 육지 위로 쏟아 부어지는 것을 보게 될 것이다. 또한, 지구 내부에서의 폭발은 바다 표면에 새로운 육지를 솟아오르게 할 것이다. 한쪽은 바닷물이 육지를 먹어 삼키고, 한쪽에서는 바닷물이 육지를 토해 낸다고 생각하면 된다.

혜성이 지구와 충돌한 것처럼, 지구는 본래의 공전궤도를 이탈하여

아프리카 서해안에 있는 라팔마라는 작은 화산섬이 폭발해 무너지면, 바다 건너 아메리카 대륙 동부 해안에 수백 미터 높이의 메가 쓰나미가 발생한다고 한다. 지축이 이동할 때에는 상상할 수 없을 정도로 강력한 쓰나미가 밀어닥친다.

요동칠 것이다. 지구 극이동이 일어날 때, 밤인 지역에서는 하늘의 별들이 마구 흔들려 땅에 떨어지는 듯하고, 다음 날 새벽이 밝아 올 때는 지평선에서 떠오르는 태양이 전혀 엉뚱한 방향에서 솟아 오르는 것을 목격하게 될 것이다.(『우리들 사이의 이방인』, 229~230쪽)

몽고메리는 마치 영화의 한 장면을 보는 것처럼 극이동 순간을 실감나게 묘사하고 있다. 만약 이 예언처럼 지축이 한순간에 급변한다면, 그것이 지상에 미치는 충격의 파도는 가히 상상을 초월할 것이다. 전 지구가 요동치고 하늘과 땅이 제멋대로 춤추는 것처럼 보일 것이다.

극이동 때문에 일어날 끔찍한 재난을 생생하게 묘사한 문헌은 이 외에도 대단히 많다. 노스트라다무스, 케이시, 스칼리온 등이 전한 예언들과 성서, 불경 등의 종교 경전, 그리고 아메리카 인디언의 일족인 호피족의 신화, 세계 도처에서 전승되어 내려오는 신화 등에서도 다가오는 천지개벽에 대한 생생한 메시지를 확인할 수 있다.

일례로 『신약』을 살펴보면, "해가 총담 같이 검어지며 달이 온통 피같이 되며, 하늘의 별들이 무화과나무가 대풍에 흔들려 과실이 떨어지는 것같이 땅에 떨어지며, 하늘은 종이 축이 말리는 것처럼 떠나가고, 각 산과 각 섬이 제자리에서 옮기우매 …"(『요한계시록』, 6:12~14)라는 구절이 있다. 약 2천여 년 전에 요한이 계시 받은 이 내용과 몽고메리가 우리에게 전한 메시지는 그 내용이 매우 유사함을 느낄 수 있다.

극이동과 새로 그려지는 지구 지도

극이동이 일어나면 순간적으로 극심한 기상 이변이 발생한다. 사람, 동물, 새, 나무 등 수많은 생명체가 갑자기 얼어 죽기도 할 것이며, 반대로 어떤 곳은 대기가 후끈후끈 달아오르기도 할 것이다.

대도시일수록 전기, 수도, 가스 등 대부분의 기반 시설이 파괴되어 철저한 고립무원의 유령 도시로 변해 버리고 말 것이다. 2008년 5월에 일어난 중국 쓰촨성 대지진과 2011년 3월 일본 동북부 대지진, 2023년 2월 튀르키예-시리아 대지진을 연상해 보면 그 참상을 가히 짐작할 수 있으리라.

몽고메리는 극이동에 따른 지형 변화를 이렇게 전하였다.

> 뉴욕 시는 물 밑으로 사라져 버릴 것이다. 아틀란티스 대륙이 다시 떠오르는데, 이때 미국의 동부해안 바다 밑의 땅이 융기하여 그 아랫부분이 아틀란티스의 끝부분이 될 것이다.
>
> 플로리다 지역은 대부분이 가라앉아 점점이 떠 있는 섬 지대로 바뀔 것이다. 텍사스 지역을 포함한 대서양과 멕시코 만을 접하고 있는 남쪽 지역은 극적으로 변할 것이다. 서부 지역은 캘리포니아 일대가 격렬한 파도 속으로 사라질 것이며, 5대호의 일부 지역은 바다가 되어 버릴 것이다. 워싱턴D.C.는 황폐화되지만 완전히 파괴되지는 않는다.
>
> 대부분의 다른 해안의 행락지는 사라지는 데 반해, 버지니아 해안 지역은 유달리 안전할 것이다.(『우리들 사이의 이방인』, 231~232쪽)

> 미국의 동부와 서부, 영국, 남아시아, 그리고 유럽의 전 지역이 아틀란티스 대륙의 융기로 물이 범람하게 되고, 레무리아 대륙의 일부가 태평양에 솟아오르게 된다. 그리고 하와이는 바다 속으로 미끄러져 들어간다. 그때 이 지역들은 더 차가운 기후로 변화하는 반면 러시아, 유럽, 캐나다 북부 지역의 얼어붙은 불모지는 따뜻하고 습기 있는 땅으로 바뀌어 농경지가 되고 또한 동물들이 살아가기에 적당한 넓은 땅이 생긴다.(『우리들 사이의 이방인』, 232~233쪽)

안전한 지역은 일반적으로 해안 지방에서 멀리 떨어진 곳이 될 것이다. 화산은 멕시코, 중미, 그리고 어디에서나 폭발할 것이므로 안전한 지역을 정확하게 예측하는 것은 어려운 일이다.

유럽은 구불구불한 해안선을 따라 많은 지역에 작은 항구와 저지대가 많아 문제가 있다. 스칸디나비아 반도는 더욱 넓어질 것이다. 영국은 바다 밑으로 사라질 것이며, 네덜란드와 그 인근 해안 지역도 사라질 것이다. 러시아와 중국 북부 지역은 안전할 것이며, 남반구 대륙의 일부 지역은 육지가 훨씬 넓어질 것이다. … 새로운 남극은 남아메리카의 남쪽 부분이 될 것이며, 새로운 북극은 태평양의 어느 곳이 될 것인데 정확한 위치를 지적하기는 어렵다.(『미래의 문턱』, 199쪽)

신의 숨결을 느끼는 극이동 후의 생존자들

극이동의 극한 상황이 휩쓸고 간 뒤, 고통과 비탄이 사람들을 짓누를 것이며 한편으로는 어마어마한 재난을 극복한 뿌듯함을 느끼기도 할 것이다. 또 살아남은 사람들의 대부분은 신神이 '어떤 목적'에 쓰기 위해 자신들을 살려 주었다고 느낄 것이다. …

살아남은 사람들은 극이동 전의 과거를 회상하는 것이 마치 호랑이 담배 피우던 시절을 이야기하는 것과 같을 것이다. 어떻게 하여 자신이 이런 세상에 오게 되었는가 놀라워하며, 한때(극이동 전)는 육지였으나 지금(극이동 후)은 물이 되어 버린 곳을 손으로 가리키며 '앞으로의 남은 생'에 대해 이야기할 것이다.(『우리들 사이의 이방인』, 231~234쪽)

그런데 극이동의 환란에서 살아남은 사람이 모두 새 세상을 맞이하는 것은 결코 아니다. 극이동을 전후하여 전 세계를 강타하는 초급성 괴질이 창궐하기 때문이다. 인류는 극이동의 환란과 더불어 이 가공스러운 괴질을 극복해야만 비로소 새 하늘 새 땅에서 새 문명을 건설하는 신인간으로 태어날 수 있다.

최상의 기쁨과 행복이 펼쳐질 새 시대

몽고메리는 극이동 후 새 세상의 신인간이 육체적, 정신적, 영성적으로 어떤 모습을 가지게 되는지를 비교적 소상히 전해 주고 있다. 극이동 후에는 과거에 신神으로 숭배되던 뛰어난 영혼들이 지구에 돌아와, 살아남은 사람들이 신세계의 새 질서에 적응할 수 있도록 도울 것이라고 한다.

> 극이동 후 펼쳐지는 신시대(New Age)는 인간 정신이 맑고 고결했던 초기 아틀란티스 시대 이래 최상의 기쁨과 행복의 시대가 될 것이다. 극이동의 시련기를 겪고 살아남은 사람들은 오늘날의 인간과는 다른 신체 구조를 가질 것이며 투쟁과 증오에서 해방되며, 서로서로 잘 되기를 도와주면서 절대자에게 순종하며 살아갈 것이다. 새로운 인류는 평화를 추구하고 영적인 성숙을 위해서 매진할 것이다. …
> 새 시대의 사람들은 죽음 후의 생명의 존재 의미를 깨닫고, 물질로 되어 있든 에테르체로 되어 있든 그것은 단지 진동 수준(vibratory level)의 차이뿐이란 것을 깨닫는다. 두 영역(물질계와 에테르계, 즉 인간계와 영혼계) 사이의 의사소통 장벽도 사라질 것이다.(『미래의 문턱』, 206~207쪽)

미래 문명은 인간과 신명이 막힘없이 소통하는 신인합발神人合發의 문명이다. 이 문명 속에서 지상의 인간과 천상의 신명은 서로 자유롭게 의사소통을 할 뿐 아니라, 서로 힘을 합해 문명을 발전시키고 역사를 개척해 나간다. 그리하여 마침내 인간과 신명은 이 지상에 우주의 결실 문명인 후천 선경낙원仙境樂園을 건설하게 된다.

그리고 몽고메리는 미래 선경낙원 세상의 생활상을 다음과 같이 전한다.

지금 한 국가 단위로 모든 사람들이 소속된 대의代議 정부가 있는 것처럼, 앞으로는 세계 각 나라에서 스스로 뽑은 대표자들로 구성된 하나의 세계 기구가 탄생한다. 그리하여 궁극적으로는 통일된 하나의 정부가 이루어질 것이다. 그리고 새로 도입된 통화通貨는 전 세계 어디에서나 통용될 것이다. 그때에는 지구 전체의 구석구석을 우주선으로 여행할 수 있는 새로운 종류의 교통, 통신 체계가 확립될 것이다. 그리고 자기磁氣 에너지와 태양 에너지가 화석 연료(석유, 천연가스, 석탄 등)를 대체할 것이다.

21세기는 다시 없는 행복의 시간대가 될 것이다. 모든 인간들은 극이동 때문에 파괴되어 엉망이 된 지구를 재건하고 지구의 풍요로움을 되찾기 위하여 함께 일할 것이다. 지구의 풍요는 극지방에까지 철저하게 영향을 미치게 될 것이다.…

21세기가 되면 전쟁 무기는 실질적으로 사라질 것이다. 그 이유는 인간이 더 이상 분쟁과 혼란을 일으키지 않고 이웃을 자신처럼 생각하게 되기 때문이다. 오래 전부터 예언되어 온 지상낙원이 실제로 이루어진다. … 과학 기술의 진보라는 외면도 중요하지만 인간이 자신의 내면세계에 대한 성찰을 하기 때문에, 미래는 인간의 영혼이 고도로 진보하는 시대가 될 것이다. …

인간은 신神의 섭리에 순종하게 될 것이며, 전 인류를 하나 되게 하는 사랑의 힘이 부활될 것이다. 한 시대에 서로 대립하는 이데올로기들이 공존할 때는 분쟁이 싹튼다. 그러나 미래의 세계는 통치 방법과 신神을 숭배하는 방법이 모두 일치하므로, 즉 정교政教가 합일되어 평온과 평화를 이루게 된다.(『우리들 사이의 이방인』, 247~249쪽)

지구 극이동 후에 펼쳐질 새 시대의 생활상을 이렇게 몽고메리처럼 상세히 전한 예지자가 또 있을까? 심지어 그녀는 대기오염 문제의 해소에 대해서도 언급하고 있다. 개벽 후에 지구에 내려오는 외계의 존재들이 공해로 찌든 지구 대기를 말끔히 청소하기 위해 전기 폭풍우를 일으켜 오염된 구름을 흩어 버리는데, 이때부터 지구는 신선하면서도 맑은 대기로 가득 찬 정말로 살기 좋은 환경으로 탈바꿈된다고 한다.

개벽 후 지구상의 생존자 수

몽고메리는 극이동 때 발생하는 여러 파국적 현상을 마치 그림을 보는 것처럼 적나라하게 묘사하여 전했을 뿐만 아니라 개벽을 극복하고 구원받는 생존자 수도 비교적 자세하게 전했다.

> 지구상에서 살아남을 사람의 숫자는 1만 명에 1만을 곱하여 한 명을 더한 것(1억 1명)이다.(『미래의 문턱』, 96쪽)

그런데 몽고메리가 전한 예언이 모두 적중한 것은 아니다. 가끔씩 몽고메리는 그녀의 지도령의 메시지에도 오류가 발견되는 경우가 있다고 했다. 그녀가 지도령에게 오류를 지적하자 지도령은 이렇게 고백했다고 한다.

> 루스! 우리는 항상 진실만을 말하려고 노력하지만, 우리들이 아직은 완전한 영혼이 아니므로 오류가 전혀 없는 것은 아니다. 우리는 자신에게 다짐한 사명을 실행하기 위하여 살아 있는 사람들과 영계의 신명들 사이에는 아무런 장벽이 없다는 사실, 그리고 우리는 모두가 하나라는 사실을 입증하기 위하여 부단히 노력할 뿐이다.(『미래의 문턱』, 201~202쪽)

피상적인 과학적 사고에 사로잡힌 현대인들은 흔히 예언을 미래에 대한 한 개인이나 신명의 주관적 견해로만 치부해 버린다. 하지만 그 예언을 뒷받침하는 원리적 근거가 있을 때, 예언은 힘을 얻게 되고 미래에 대한 엄중한 경고로서 보다 의미 있게 받아들여지게 된다.

그러면 극이동 후 구체적으로 어떤 과정을 거치면서 이 지상에 새 세계가 건설되는 것일까? 본서 하권에서 인류 구원의 주체 문제와 후천개벽 후 지상에 펼쳐지는 조화선경 낙원의 인사人事 문제에 대한 구체적인 해답을 발견하게 될 것이다.

3. 미래 연구가, 모이라 팀스

모이라 팀스Moira Timms는 동서고금의 예언과 다가오는 대자연의 변국에 대해 연구를 많이 한 지적인 여성으로, 새 시대가 도래한다는 메시지를 풍부한 자료와 유려한 필치로 전해 주는 미래연구가이다.

모이라 팀스(1938~)

그녀는 『예언과 예측을 넘어서Beyond Prophecies And Predictions』라는 책에서, 최근의 과학적 연구 성과와 천문 현상, 그리고 동양 철학(음양오행, 인도 사상 등)의 기본 개념을 활용하여, 고대에서 현대에 이르는 여러 예언의 통일적 해석을 시도하고 있다.

그녀는 동서양의 우주 철학과 예언을 종합하여, 지금 인류가 시공이 대전환하는 순간을 맞이하고 있다고 결론내리고 있다.

임팩트 존Impact zone이란 무엇인가? 어떻게 여기에 대비해야 하는

가? 임팩트 존은 파도가 최정점에서 붕괴하는 순간의 극히 짧은 시간과 공간을 말한다. … 파도타기를 하는 사람에게 있어서 그때는 모든 것이 순간적으로 정지한다. 사고와 이성적인 정신은 더 이상 쓸모가 없고, 오직 초월적인 본능과 반사 신경만이 파도타기의 성공과 실패를 좌우한다. 오직 파도와 일체가 되는 사람만이 성공할 수 있다. …

지금 전 인류는 운명공동체로서 거대한 개벽의 파도를 함께 타고 있다. 바로 그 순간, 임팩트 존에 다다를 때, 우리는 자연의 힘과 완전히 공명共鳴되고 동조同調되어야만 한다. … 개벽의 파도타기는 우주에 자연적인 진화의 계획이 있는 한 피할 수 없는 주기적인 사건이다.(『예언과 예측을 넘어서』, 머리말 중)

우주의 질서 : 나선형 순환 법칙

과학은 여전히 우주의 생성에 대해 의견이 엇갈리지만, 우주에는 질서가 있다고 하는 것에 대해서는 서로 일치하고 있다. … 자연은 단순, 불변의 우주 원리에 의해 섭리되고 있다. 우주의 법칙이란 물리학에서 형이상학에 이르는 범주의 공통분모이다.(『예언과 예측을 넘어서』, 3쪽)

우주 만유의 변화성[역易]과 그 변화성의 이면에 존재하는 불변의 법칙성[불역不易]에 대한 탐구는 동양 역철학의 출발점이다. 따라서 모이라 팀스가 언급한 우주의 법칙이라는 것은 사실 동양의 역철학易哲學의 기본 개념을 그대로 도입한 것이다. 또한, 그녀는 천지일월과 인간을 포함한 우주 만유가 '마음(mentalism)의 법칙, 진동(vibration)의 법칙, 양극성(polarity, 음양陰陽)의 법칙, 업業(karma)의 법칙, 리듬rhythm(율려律呂)의 법칙, 상호 조화(correspondence)의 법칙, 나선형(spirals)의 법칙' 등에 따라 서로 기운을 주고받으며, 상호간에 긴밀한 영향을 끼치며 변화한다는 것을 강조하고 있다. 이것 역시 모두가 동양 철학의 음양오행 원리의 기본 개념과 대단히 유사하다.

> 나선은 영원성의 상징이다. … 나선은 조화를 이루며 반복되는데, 창조·확장·성장·쇠퇴·위축·소멸의 주기를 이루며 순환한다. … 한 바퀴 돌 때마다 다른, 그러나 같은 의미 패턴을 가지는 나선은 진보적이며 동시에 순환 반복적인 자연 주기이다. '나선형으로 흐르는 시간의 본질'을 이해하지 못하면 역사를 단순하게 선형線形으로 진보하는 것으로 생각하게 될 것이다. 세계는 '진화 나선의 중심' (the center of an evolutionary spiral)에 접근하고 있다.(『예언과 예측을 넘어서』, 25~28쪽)

모이라 팀스는 자신의 저서에서 여러 예언을 소개하고 있는데 여타 예언과 중복되는 부분을 제외하고, 여기서는 새로운 내용만을 몇 가지 정리해 보기로 한다.

마야인들의 대개벽 시간표

BCE 2000년경부터 아메리카 대륙에서 찬란한 문명의 꽃을 피웠던 마야인들은 천문학과 기하학 등에 대한 뛰어난 지식을 가지고 있었다. 마야인들은 태양 주위를 도는 지구 공전궤도의 거리를 수천분의 일 이내의 정확도로 계산해 내었다고 하며, 고유한 역법曆法도 사용했다고 전한다. 태양력(Haab, 1년 365.24219일)과 종교력(Tzolkin, 1년=260일)을 동시에 사용한 마야 역법은 대단히 과학적이고 체계적이며, 미래를 예언하고 다음 시대의 문화적 조류를 점치는 데도 활용되었다.

마야력의 마지막 카툰K'atun(마야력의 시간 단위의 하나로 20년의 기간을 뜻함)인 1992년~2012년 사이의 기간 동안에, 기존 세계 질서 내에서 모순을 야기시켜 왔던 묵은 기운이 바뀌거나 사라질 것이다. … 마야의 우주론은 이 시기를 행성 지구에 거대한 진화의 마스터플랜이 현실화되는 때로 말하고 있다.

마야인들은 최근의 순환 주기의 끝에 해당하는 1987년부터 1992년의 기간을 '폭풍의 시대'라고 부른다. 그 다음에는 태양의 시대(1992~2012)가 오는데, 이 시대는 무지개를 만들게 된다고 한다. … 마야인들은 인간이 다시 한 번 광명으로 화하는 이 시기를 빛의 회귀와 더불어 다가오는 '태양의 시대'로 축복하고 있다. 이 빛의 완전한 스펙트럼은 모든 차크라를 환히 비추고 인간에게 '태양의 마음(광명)'을 열어 준다. …

마야 역법의 마지막 단계는 1992년 7월 26일에 시작되었는데, 이 시기는 '시간 전이Time Shift'라는 상징적 별명이 붙어 있다. 이때부터 지구 차원의 진화를 촉진하는 현상들이 다시 일어나기 때문이다. …

'시간 전이'는 마야 역법상으로 전이(shift, 개벽)에 관계된 마지막 20년(K'atun, 1992~2012년)에 해당한다. 그런데 이 '전이'는 우리가 일상적으로 인식하는 시간의 변화뿐만 아니라 시간 그 자체의 구조를 구성하고 있는 시간 주파수의 변화까지도 의미하는 것이다. … 정신세계 탐구가이자 『고풍의 부활The Archaic Revival』의 저자인 멕케나Terence Mckenna는 우리가 역사의 종말을 향해 접근하고 있고, 또한 초공간hyperspace의 세계로 막 들어가려 하는 찰나에 살고 있다고 한다. 다른 말로 표현하면, 전통적으로 인지되어 온 역사의 시간 벡터를 변형시키거나 삼켜 버리는, 다차원적이며 동시 반응적인 현실이 다가오고 있다는 것이다.(『예언과 예측을 넘어서』, 269~275쪽)

팀스는 마야 역법이 전한 개벽 시간대의 핵심 메시지를 해독하면서, 오늘 우리는 우주의 조화 기운에 공조共調되어 대우주에 미만彌滿한 전체성을 자각하고 궁극적인 깨달음의 경계에 도달하는 새로운 그리스도적 인간이 출현하는 시대에 살고 있다고 한다.

동서의 여러 예지자가 예고한 것처럼, 곧 지구 차원의 대재난(기아, 질병, 각종 천재지변, 극이동)이 일어난다. 이에 대해 그녀는 이것은 단순한 파국이나 종말이 아니라 '지구의 상처를 치유하기 위한 위기'(healing crisis)이며, 이 지상에 새로운 조화調和 세계를 실현하기 위해 이제까지 축적된 업karma을 청산하는 과정임을 강조한다.

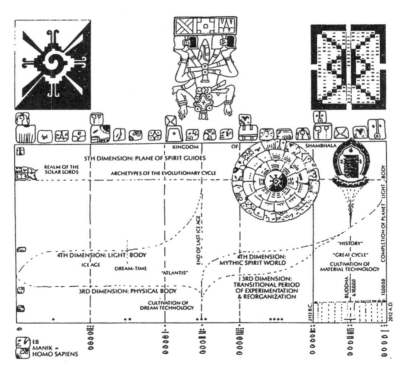

마야 역법의 26,000툰(Tun=년) 주기   인류는 마야 역법의 26,000년 주기의 마지막 20년 (K'atun)에 살고 있다. 마야 역법에 따르면 이 시대는 지구라는 광체光體(Light Body)가 성숙하는 때인데, 지구의 성숙이 마무리되는 시점이 이 도표의 오른쪽 끝에 해당하는 2012년이라 한다. (A. T. Mann, 『천년의 예언들Millenium Prophecies』, 1992, 119쪽)

'중앙 태양'의 영적 오라 속으로 진입하는 태양계

서구 신비주의나 신지학神智學에 따르면, 행성을 포함한 모든 물질체에는 각각에 상응하는 영적 에너지체가 있다. 태양은 여러 단계를 거쳐 우주의 근원을 이루고 있는 영적인 '중앙 태양'에서 방사하는 강력한 에너지를 받는다.

지구가 기울어진 채 태양 주위를 공전함으로써 사계절이 나타나듯이, 태양계는 중앙 태양 주위를 회전함으로써 영적 차원의 계절이 생긴다. 우리는 지금 중앙 태양의 보이지 않는 오라Aura 속으로 진입하고 있는데, 이에 따라 정도의 차이는 있지만 모든 사람의 의식이 새롭게 변모한다. 점점 더 강렬해지는 중앙 태양의 빛은 이제까지 누적된 부정적 업보의 구름을 흩어 버리고, 지구와 우리 인간을 정화시키며 우리의 영체를 자극한다.(『예언과 예측을 넘어서』 2장 참고)

커다란 순환 주기는 인류 진화에 있어서 영적인 변화를 일으킨다. 지축의 경사는 북자기극北磁氣極을 하늘의 특정한 북극 성좌(현재는 북극성)에 일치시킨다. 우주 에너지는 북극 성좌로부터 지구 내부의 에너지 통로망을 통하여 세계 각 지역으로 퍼지고, 또한 인간의 의식 속으로도 내려오게 된다. 이 우주의 영적 에너지는 인간의 정수리 차크라(백회혈, 지구의 북자기극北磁氣極에 해당한다)를 통해 척추의 에너지 통로를 따라 내려와, 내분비계와 관련된 차크라 시스템을 경유하여 인간의 영대靈臺를 자극한다.

지축의 경사 각도에 따라 북극 성좌가 바뀌고, 지구와 인간이 받는 우주 에너지도 달라진다.(『예언과 예측을 넘어서』 4장 참고)

물병자리의 빛 속으로 들어가는 지구

지구는 지금 여명이 트기 전의 어둠을 뜻하는 쌍어궁(Pisces) 시대를 마감하고, 생명의 물로 출렁이는 물병자리(Aquarius)의 빛 속으로 융화해 들어가고 있다. 물병자리에서 뿜어내는 생명 개벽의 물줄기에 따라 이 세상은 축복받고 순화되어, 조화調和와 지혜가 넘쳐나는 새 시대가 펼쳐진다. 어둠이 물러가고 광명과 영적인 에너지로 충만한 세계로 넘어간다.(『예언과 예측을 넘어서』 4장 참고)

1987년부터 이미 가동된 '조화 수렴調和收斂'의 우주 에너지

천문시天文時로 1987년 2월 23일 7시 35분에 마젤란 성운 근처에서 'SN1987A'라는 초신성의 폭발이 관측되었다. 푸른 초신성의 폭발은 마야력曆이 예언한 '우주 기운의 공조共調(synchronization)'를 나타내 보인 것이며, 호피족이 오랫동안 기다려 왔던 '대정화(great purification)의 시작'을 알리는 신호이다.

초신성 폭발은 행성 지구의 진화 펄스pulse(맥박)를 우주의 진화 펄스에 일치시키는 것을 의미하는 것이며, 우리로 하여금 앞으로 예기치 못할 비약적인 진화를 준비하게 하는 사건이다. 이 초신성의 폭발은 지구 내부 깊숙이 내재된 '뿌리 에너지'를 활성화시켜 지구 전체에 진화적인 충격파를 가하고, 인간의 의식을 고양시킨다.

이리하여 지구 차원에서 공명장이 가동되어, 새로운 에너지의 흐름이

초신성 'SN1978A'의 에너지 벡터Vector

북극성(Polaris)
작은 곰자리
용자리
헤라클레스자리
뱀주인자리
사수자리 (인마궁)
남천극(南天極)
초신성1978A
마젤란 성운

인간의 깨달음에 직접적인 영향을 끼치기 시작하는 것이다. 실제로 초신성에서 쏟아지는 중성미자中性微子의 해일은 인간의 영체를 휘감고 모든 생명체의 DNA를 자극한다. 우주의 중심에서 용출하는 새로운 '조화 수렴' 기운은 특히 깨달음의 눈이 위치한 인당印堂(brow chakra)을 자극하여, 직관력과 영적 파워를 향상시킨다.(『예언과 예측을 넘어서』 16장 참고)

극이동은 이런 우주와 생물권의 조화를 재구성하는 데 필요한 일종의 '전기 충격'이라 할 수 있다. 지축의 변동은 지구에 태양과 영적인 중앙 태양의 기운이 더 잘 전달될 수 있게 하고, 또한 생명체의 자아개발에 필요한 진동을 더욱 증가시키려 하는 우주의 배려이다.(『예언과 예측을 넘어서』 6장 참고)

4. 미래 지도를 그린 예지자, 고든 마이클 스칼리온

모든 생명체가 멸망하는 때를 보았다고 주장하고 있는 고든 마이클 스칼리온Gordon Michael Scallion은 우리와 동시대를 살아가는 예지자이다. 본래 전자과학을 전공한 과학도인데, 1979년에 갑자기 환몽 상태를 경험한 후 생명체 주변에서 발산되는 오라를 볼 수 있게 되었고 예지 능력도 얻게 되었다고 한다.

미래연구가로 활약하는 그는 "오늘의 이 세계는, 본질적으로 천재지변에 관계된 새로운 종류의 환경적 파국들이 끊임없이 발생하는 재난 지대로 변화하고 있다"고 경고하고 있다.

고든 마이클 스칼리온 (1942~)

두 동강 나는 미국과 새로운 미국 서해안선

스칼리온은 케이시와 마찬가지로 미국 서부 해안 지역인 캘리포니아 일대에 대규모의 지각 변동이 일어날 것을 예언하고 있다. 변동이 1998년부터 2001년 사이에 일어날 것이라고 예언한 것이 시기적으로 딱 들어맞지는 않았지만, 스칼리온이 제시한 미국의 미래 지도를 보면 변국의 정도를 능히 짐작할 수 있다.[1]

> 캘리포니아 지역에 강도 10~15의 초강진이 발생할 것이다. … 그 결과 캘리포니아 해안 지역 대부분이 물에 잠기게 되며 기존의 육지가 섬들로 변하게 될 것이다. … 북미 지각판이 격렬히 위로 솟아오르면서 캘리포니아의 대부분이 바다에 가라앉게 된다. 고지대는 섬으로 남게 되어 캘리포니아 제도諸島로 알려지게 될 것이다. … 이로 인해 미국 서부의 해안선이 새로 형성되고 피닉스는 대항구가 될 것이다.(『미국의 미래 지도 : 1998~2001』)

미국 외 다른 지역의 지리적 변화

스칼리온은 미국뿐 아니라 일본의 침몰, 하와이 제도의 침수, 눈 깜짝할 사이에 벌어질 유럽 대륙의 침강, 호주 대륙의 변화, 아틀란티스 대륙의 융기 등에 대해서도 케이시와 대부분 유사한 예언을 했다.

> 먼저 미국의 캘리포니아가 무너져 내리고 일본이 가라앉게 될 것이다. 이 변화는 도미노 현상과 같이 한번 시작되면 여러 곳으로 계속 뻗어 나간다. 그러나 모든 사건들이 일어나는 정확한 시간은 알지 못한다. 단지 내 환영에 따르면 대부분의 변화가 2012년까지는 완료될 것이다.(1996년 3월 세미나)

또 그는 핵 문제에 대해서도 다음과 같은 경고성 예언을 하고 있다.

핵 실험을 할 때 지하 핵폭발의 영향은 몇 시간, 며칠, 어떤 경우는 몇 년이 걸려서 지구 변화의 형태로 나타난다. 지구 극판의 급소에 해당하는 곳에서 지하 핵폭발이 일어나면, 다른 극판의 지역인 지구의 반대편 쪽에서 변화가 나타난다. 지구는 축구공처럼 극판들이 서로 맞물려 이루어졌기 때문이다. 지구의 어느 한쪽에 영향을 주면, 다른 부분에도 큰 영향을 미치게 된다.(『지구변화보고서』, 1994년 8월)

지구의 극이동과 초급성 괴질의 엄습

스칼리온 역시 다른 여러 예지자와 마찬가지로 인류가 맞이할 가장 큰 변국으로 지구의 극이동을 꼽고 있다. 그는 극이동 문제를 지구 중심축이 변화하는 '자전축의 이동(Geocentric Pole Shift)'과 지구 자장의 극이 변화하는 '자장축의 이동(Magnetic Pole Shift)'으로 구분하여 전했다.

스칼리온은 자전축이 마지막으로 크게 이동했던 시기는 지금부터 약 54,000여 년 전이라고 하고 있으며, 또 태양이나 화성의 자전축이 바뀔 때는 지구 자전축이 완전히 180도 뒤집힌 경우도 있었다고 전했다.[2] 그는 지구의 자장축이 바뀌는 과정에 대해 이렇게 전한다.

우선 먼저 지구의 에테르 장ether field이 개벽되어(shift) 자장축이 바뀐다. 철새들의 비행로가 바뀌고, 특히 북극과 남극의 새로운 자장축의 선을 따라 지진이 자주 일어난다. 에테르 장의 개벽 때문에 인간과 동물, 그리고 식물들에까지 새로운 질병들이 나타나며, 자장축이 빠른 속도로 진동하기 시작한다. 자장축이 이동하기 몇 개월 전부터 태양과 지구 사이의 운로에 변화가 있으며, 이로 인해 열대

고든 마이클 스칼리온이 그린
미국의 미래 지도

스칼리온은 지도 중 진한 부분이 세계적인
지각 변동 이후 바다 밑으로 사라진다고 했다.
미국 지질조사국(USGS)은 30년 안에
샌 안드레아스 단층대에서 규모 7.5 이상의 대형 지진이
일어날 확률이 99.7%라고 경고했다.
이 단층대는 액체로 채워진 균열부가 많이 있으며
이 액체들이 지진 압력을 받으면 바위들을 벌어지게 만들어
지진 발생의 가능성을 높여준다고 했다.

지방에서는 바람이 심하게 불 것이다.(『지구변화보고서』, 1994년 7월)

스칼리온은 지구 자장축의 변화와 더불어 지구 자전축 변화 역시 시간 질서의 순환 사이클 속에서 발생하는 주기적 사건이라고 말하고 있다. 그는 지축 변화는 인간의 행동 여하에 따라 축복이 될 수도 있고 치명적 재난이 될 수도 있다고 하면서, 앞으로 몇 년 동안의 생활방식이 지축 변화 이후의 삶의 방향을 결정짓게 될 것이라고 경고하고 있다.

그런데 지축의 이동과 함께 찾아오는 질병이 더 큰 문제이다. 이제 에이즈나 에볼라 같은 질병은 이미 과거의 이야기가 되고 코로나19나 엠폭스 바이러스 같은 새로운 미생물 병원체가 인류의 생존을 위협하는 전염병으로 등장했다. 하지만 앞으로는 이런 질병과 근본적으로 차원을 달리하는, 인간 능력으로는 도저히 알 수 없는 괴병(unknown disease)이 갑자기 출현한다는 것이다.

> 자기 에너지의 변화로 인해, 새로운 질병이 발생할 것이다. … 대재
> 난이 절정에 달하는 시기가 되면 새로운 질병과 갑작스런 전염병이
> 지구를 휩쓸 것이다.(『지구 변화-오스트레일리아』, 1992.12.17, Audio tape)

노스트라다무스는 하늘에서 공포의 대왕이 내려와 인류를 절멸시킨다고 하였으며, 남사고는 소두무족小頭無足의 신병神兵이 인간의 혼魂을 순식간에 잡아가는 괴질병이 전 세계를 엄습한다고 경고하였다. 그런데 스칼리온은 에테르 장의 급격한 변화로 말미암아 갑작스런 전염병이 지구를 휩쓴다고 전한다. 세 사람이 말한 것은 모두 동일한 초급성 괴질을 가리킨다. 다만 예지자에 따라 미래를 내다보는 예지력과 통찰력의 경계가 서로 다르기 때문에, 신명계의 법도 차원에서 혹은 이법적 차원에서 괴병에 대한 경고 메시지를 다르게 전한 것이다.

새로운 지구의 탄생 : 다음 시대 인종의 시조

루스 몽고메리처럼 스칼리온도 미래 세계의 생활상에 대해서 비교적 자세히 전한다. 그는 지구의 환경이 변화한 후 지금과는 다른 새로운 인종이 출현하게 되는데, 그 환란기에 살아남은 사람들 중 15세 미만의 어린이들이 다음 시대 인종의 시조가 될 것이라고 했다.

그리고 그의 예언 내용을 주의 깊게 살펴보면 비록 그가 우주의 순환 법도를 근본적으로 깨치진 못했지만, 환영을 통해 미래의 상생相生 문명을 어렴풋하게나마 보았음을 알 수 있다.

공기는 맑고 깨끗하고 오존층 파괴도 더 이상 일어나지 않는다. 또한, 사람은 냉난방과 채광이 자동으로 조절되는 일종의 생명막으로 덮힌 원형의 둥근 돔 모양의 집에서 살아간다.

자동차는 사라지게 되고, 대신 바퀴 없이 소음을 내지 않고 땅에서 움직이는 담배 모양의(cigar-shaped) 기다란 새로운 형태의 대중교통 수단이 나타난다. 지구의 새로운 진동과 그 속에서 살아가는 사람들의 의식이 새롭게 전환하기 때문에, 사람의 평균 수명은 150세로 늘어난다. 사람들은 텔레파시로 의사소통을 하며, 또한 동물과의 의사소통도 가능하게 된다. 새로운 꽃과 식물들이 나타나 약초로 쓰이게 된다. 에이즈나 다른 전염병을 포함한 20세기의 많은 병들이 사라진다. 빛과 소리, 텔레파시가 뛰어난 치료 방법이 된다.

2002년에는 전 세계가 직관에 의해 이끌어지는 단일의 음陰의 사회(lunar society)가 된다. 지구에는 하나됨(Oneness: 통일, 일치)으로 일컬어지는 보편적인 영적 신앙이 존재하게 되는데, 그것은 모든 생명의 상호관계[相生]에 대한 믿음이다. 평화의 천년 왕국이 도래하고 우주의 새로운 주기가 시작된다.

시간대는 다를 수 있으나 결국은 실현되는 예언

스칼리온은 독자들이 무엇보다도 가장 궁금하게 여기는 문제, 즉 '미래사가 일어나는 시간대의 비밀'에 대해 한 세미나에서 이렇게 언급하고 있다.

> 지난 16년간 예언가로서의 경험으로 비추어 볼 때, 미래의 사건들을 정확히 어느 시간대에 일어난다고 이야기하는 것은 무척 어렵다. … 내가 예언했던 바로 그 시간대에 발생하지 않은 사건들은 예언한 시간대보다 빨리 혹은 늦게 일어나는 등 결국에는 모두 발생한다.

만약 그의 예언대로 머지않아 지구촌을 뒤흔들 커다란 변국이 찾아온다면 우리는 지금 무엇을 해야 하는가? 스칼리온은 이렇게 답하고 있다.

> 의식이 깨어 있으면 뭐든지 가능하다. 행동하든 부정하든 의식이 깨어 있어야만 대안을 마련할 수 있는 것이다. 개개인이 어떻게 선택하느냐에 따라 미래가 결정되는 것이다.

5. 불가사의 현상 전문가, 찰스 버리츠

찰스 버리츠Charles Berlitz(1914~2003)는 특수한 영능력을 지녔던 예지자는 아니다. 그는 지구의 종말이라는 암담한 미래의 고갯길에 먼저 올라서, 보이지 않는 운명의 힘에 이끌려 가는 오늘의 우리들에게 무언의 손짓으로 길잡이 역할을 해 준 호기심 강한 20세기의 지성인이었다.

1914년에 뉴욕에서 출생한 버리츠는 예일대 문학, 언어학부를 졸업한 후, 32개 언어에 능통한 지구촌 최고의 어학 실력으로 고대 언어, 고고학, 선사학先史學을 깊이 연구하여 이 방면에는 한소식 들은 사람으로 이름이 나 있다.

그가 1981년에 저술한 『죽음의 날Dooms Day 1999.A.D』은 전 세계의 여러 지역에서 유래한, 다가오는 미래에 대한 다양한 예언들을 소개하고 있다. 이 책은 우리나라에도 번역되었는데, 그 중에서 참고할 만한 내용 몇 가지만 간단히 요약하여 소개한다.

호피족 : 흔들리는 지축과 제 5세계의 도래

> 중미 고대의 아즈텍족의 순환력循環曆에서도, 북미 호피족의 순환
> 력에서도 현재의 기간 - 불의 태양 - 이 끝날 때에 세계도 파멸하리라
> 고 예고하고 있다.(『죽음의 날』, 25쪽)

우리는 고대 아메리카 대륙에서 살았던 이들 민족들이 사용했던 '순환력'이라는 개념에서, 저 아름다운 자연의 시간과 공간이 일정한 순환의 틀을 지니고 있다는 사실을 다시 한 번 깨달을 수 있다. 그리고 현재가 '불의 태양의 기간'이라 하였다. 그런데 이 불[火] 시대가 끝날 때 세계가 파멸한다는 말의 핵심적인 뜻은 노스트라다무스가 말한 '일곱 번째 큰 수가 다 돌았을 때'라는 의미와 똑같다. 즉, 우주의 불[火] 시대가 종결되는 것을 말하며, 우주생명의 순환도를 참고하면 정남방 7오화午火가 물러나는 것을 가리킨다.(오화는 이괘離卦로서 태양을 상징)

> 극히 오랜 전승傳承을 지닌 아메리카 인디언의 소 부족 호피족은
> 분명히 지구가 축에 중심을 두고 회전하고 있다는 것을 알고 있었
> 다. 어느 호피 전설에서는 지구의 축은 두 사람의 우주 거인에 의
> 하여 수호되고 있으며, 그들이 여기에서 손을 떼면 지구의 회전이
> 뒤흔들려서 세계의 종말이 찾아들어 새로운 시대가 시작되고, 그 후에
> 또한 '같은 일이 되풀이된다'고 전해 오고 있다.

현재의 세계, 즉 제4 세계의 종말은 이미 시작되었다고 호피족은 생각하고 있으며, 지금은 보이지 않으나 지구를 향하여 우주에서 돌진해 오는 별이 출현한 뒤에 그것이 완료된다는 것이다. … 중미의 톨테카족이나 아스테카족의 세계 파멸관도 또한 현재의 세계는 지진에 의해서 현시대 안에 멸망한다고 예언하고 있다.(『죽음의 날』, 44~45쪽)

이 호피족의 전승에서, "지구의 회전축이 뒤바뀌어 새로운 시대가 시작된다", "그 후에 그런 일이 또 다시 되풀이된다"라는 것은 모두 대자연의 순환 원리를 지적한다.

여기서 잠깐 호피족 대대로 전해 오는 또 다른 예언 한 토막을 소개하면, 그들은 제4 세계의 종말 후 제5 세계의 통일문명을 건설하게 될 선구자 민족에 대하여 이렇게 말한다.

물질 세계의 문제들은 전 세계를 일가一家로 묶어 주는 절대자의 권능을 행사하는 영적인 존재에 의해 해결될 것이다. …
다가올 미래의 다섯 번째 새 세상을 향한 출발은 이미 시작되었다. 새 세상은 그리 눈에 띄지 않는 작은 나라, 소수 인종 중의 겸손한 민족에 의해 건설될 것이다.(『Book of The Hopi』, 334쪽)

'대화재와 대홍수'의 시대

또한, 버리츠는 2,300년 전의 한 점성학자가 읽어 낸, 앞으로 일어날 천체 운행 궤도의 변화와 그 후 지구에 닥칠 물과 불의 변국을 이렇게 전하였다.

현대의 천문학자, 지질학자, 해양학자들이 점차 강하게 주장하고 있는 이 최악의 사태는 놀랍게도 2,300년 이상 거슬러 올라가 바빌로니아의 점성학자이며 역사가인 베로수스Berosus에 의해서도 언급되고 논평되었다. 다음은 로마의 시인이었던 세네카가 저술한 것이다. "이들 사건은, 별이 거쳐 가는 코스가 원인이 되어 발생한다. 그것은 확실히 일어나는 것으로서 '대화재와 대홍수의 시대'라고 이름 붙여도 괜찮다고 생각한다. 그의 주장은, 현재의 제각기 다른 궤도를 진행하고 있는 여러 행성이 게자리[蟹座] 속에 집합하여, 모든 천체를 통틀어서 하나의 직선을 그을 수 있는 배열을 이루었을 때 지구상의 만물이 멸망하리라는 것이다."(『죽음의 날』, 38~39쪽)

여기서 중요한 점은 이러한 대재난이 일어나는 근본 원인이 여러 행성의 궤도 수정 때문이라는 것이다. 그 시점은 행성 직렬 현상이 일어나는 이후부터라는 것이다.

불과 홍수로 주기적인 파괴를 당하는 지구
헤라클레이데스는 플라톤의 제자로서 플라톤이 일시적으로 아카데미를 그에게 맡기고 떠날 정도로 뛰어난 철학자이자 천문학자였고 서양에서 지구의 자전을 제일 처음으로 주장한 사람이기도 하다.

고대 그리스의 우주관은, 지구는 '불과 홍수'에 의하여 주기적인 파괴를 계속 받는다는 플라톤이나 기타 철학자가 주장하는 이론의 영향력 안에 있었다. 헤라클레이데스Herakleides(BCE 390~BCE 312)도 선인先人 플라톤*의 아틀란티스 침몰설의 영향을 받아 세계가

---

* 신은 때로 우주의 주기적인 순환을 인도하기도 하고, 또 때로는 우주를 우주 자체에 내맡겨 버리기도 한다. 후자의 경우는 정해진 일정한 기간까지 우주의 순환이 지속되고 났을 때이다. 그렇게 되면 우주는 그 자체의 운동에 의해 그때까지와는 반대 방향으로

종말적인 파멸을 입었을 때로부터 헤아려 1만8백 년이 지나면 또 다시 파멸이 찾아든다고 계산하였다. 가령 이 헤라클레이데스의 파멸반복설의 시간 간격을 인정하여, 아틀란티스가 가라앉았다고 플라톤이 쓴 연대(당시로부터 9천 년 전)로부터 계산한다면, 다음번의 대파멸이 일어나는 시기는 '제2 천년기의 끝 무렵'에 매우 가까운 연대가 된다.(『죽음의 날』, 43~44쪽)

지하 문명 세계 아갈타 왕의 예언

몽골 사막 지방과 티벳 산악 지대에는 오랜 옛날부터, 비경秘境 아갈타와 그곳의 통치자 '세계의 왕'에 대한 신비로운 전설이 전해 내려오고 있다. 아갈타는 중앙아시아의 고원 밑에 실재한다고 널리 믿어지고 있는 '지중 세계地中世界'로, 거대한 일련의 동굴로 이루어져 있다고 한다. 지표로 통한 비밀 출입구에서 때때로 고대 종족이 출현한 적도 있으며, 숨겨진 문명으로 현대까지 존속한다고 한다. 이곳의 통치자 '세계의 왕'이 수백 년 후에 일어날 비극적 사건을 예언했다고 하는데 그 내용은 다음과 같다.

사람들은 차츰 영혼을 잃어갈 것이다. … 최악의 부패가 지상을 지배하게 되리라. 사람은 피에 주린 짐승처럼, 형제의 피를 구하며 목을 태우리라. 초승달은 가려지고, 그 추종자들은 허위와 영겁의 싸움 속으로 떨어져 … 왕들의 관은 전락하고 … 지상의 전 민족 사이에는 무서운 싸움이 일어나고 … 전 국가가 사멸하리라. … 거대한 아름다운 도시라는 도시는 불로 망하게 되리라. … 가족은

돌기 시작한다. 그 방향 전환은 엄청난 천재지변을 동반한다. 동물들 전체로 보나 인류로 보나, 엄청난 규모의 파멸 속에서 극히 소수의 대표자들만이 간신히 살아남는다. … 그러나 역설적인 '재생'이 그 파멸의 뒤를 잇는다. 사람들은 다시 젊어지기 시작한다. 노인들의 백발이 검어지기 시작했고 … (플라톤, 『국가론Politik』)

흩어지고 신앙과 사랑은 소멸하여 ⋯ 세계는 허무로 돌아가고 ⋯ 다음 50년 이내에, 18년간의 전쟁과 대재난이 있으리라. ⋯ 그 다음 아갈타의 여러 민족이 땅 밑에 있는 지저 동굴을 나와 지상에 모습을 드러내리라.(『죽음의 날』, 58~59쪽)

전설의 지중세계 대왕이 묘사한, 마지막 시대를 살아가는 지상 인간의 모습은 노스트라다무스가 그린 예언의 시정詩情을 느끼게 한다.

지중세계로부터 전해진 이 예언은 장차 지상 세계가 국가 간에 벌어질 대전쟁, 갖가지 대재난, 불로 망할 것이라 하였다. 버리츠는 이렇게 덧붙이고 있다.

주목해야 할 것은 고대의 파멸 예언은 모두가 최후의 전쟁, 대지진, 대폭풍, 세계에 걸친 화산 분화, 엄청난 홍수가 함께 뒤섞여 일어난다고 말하고 있는 점이다. 예언의 대부분이 특히 파괴적인 전쟁을 꼽고 있는 것을 보면 아마도 그것이 최후의 대멸망의 전조나 계기가 되는 모양이다. 대이변이 임박하고 있다는 경고는 최근 들어 부쩍 커지고 있다.

세계 종교의 경전과 성직자들의 예언

버리츠는 불교, 힌두교, 이슬람교 등의 정통 경전에 기록된 인류의 미래에 대한 예언, 성서 외전에서 전하는 이야기, 천주교 성직자들이 남긴 예언들도 소개하고 있다.

불교에서는 고타마 싯달타(석가모니)의 탄생 후 2,500년이 되면 현세가 종언을 고한다고 하였다. 그때 미래의 부처, 즉 마이트레야 부다Maitreya Buddha(미륵불)가 출세하여 인류를 구제할 것이라 한다.

힌두교의 고대 성전 『뿌라나Purana』에 기록된 전승에 따르면, 역시 제4의 시대, 즉 칼리 유가Kali-yuga*가 끝나는 때에 인류가 절멸하게 되며, 지금이 바로 그 칼리 유가 시대가 마지막에 이른 때라고 예언하고 있다. 이때 시바 신은 현세를 파괴하여 인류를 한층 높은 차원으로 인도하게끔 운명지어져 있다고 한다.

이슬람교의 예언은 생각지도 않은 논쟁을 불러일으킨 적이 있었다. '이 세계는 인간이 달에 발을 들여놓을 때까지 이어진다'는 내용 때문이었다. '달에 발을 들여놓을 때까지'는 '무한의 기간'이라는 의미의 상징적인 표현 이었지만, 실제로 암스트롱과 올드린 두 우주 비행사가 달에 발을 들여놓았 을 때 보수적인 이슬람 세계가 발칵 뒤집어졌었다.

그리고 버리츠는 7권의 그리스도교 정경正經 외에 그 가치를 인정받는 외 전 중 하나인 「에스드라서」가 전하는 세상 종말의 모습을 이렇게 소개한다.

> 거대하고 강한 구름들이 … 치솟아올라 모든 땅과 사는 자들을 멸
> 망케 하리라. … 또한 여러 도시의 벽, 여러 산과 언덕, 숲의 나무
> 들과 야생의 풀과 곡물을 멸망케 하고 … 땅을 가는 자, 씨를 뿌리
> 는 자 한 사람도 남기지 않으리라 ….

「에스드라서」는 인류를 절멸시킨다는 칼리 유가 시대에 펼쳐질 파멸의 양상을 스펙터클 영화의 한 장면처럼 박진감 있게 잘 그려 주고 있다. 천지 의 이변이 없이는 아마 이러한 죽음의 폭풍은 결코 일어나지 않으리라. 땅 을 갈며 씨 뿌리는 대지의 순민順民인 농부까지도 죽음으로 몰아넣으리라는 말과 한 사람도 남기지 않으리라는 말은, 노스트라다무스가 말한 '헤이뽀 즈Raypoz(西風)가 모든 것을 절멸시킨다'는 예언과 상통함을 확인할 수 있다.

---

* 칼리 유가 | 힌두교에서는 세계를 4기로 나누어 마지막인 이 시기를 최악의 암흑시대로
  잡고 있다. 칼리 유가의 말기에 비슈누의 마지막 아바타인 칼키가 백마를 타고 나타나
  인류를 구원한다고 하였다. 칼리는 '파괴의 여신'의 이름이기도 하다.

찰스 버리츠는 또한 자신의 저서에서 역사상 위대한 예지자들이 말한 '마지막 날'에 대한 충격적인 소식을 정리해 놓았다. 그중 가톨릭 성직자들이 예언한 가톨릭의 운명과 마지막 교황의 최후 모습에 대한 내용을 간략히 소개한다.

첫째, 아일랜드 아머Armagh에서 태어나 신비주의적인 수행을 하였던 순수한 구도자로서, 아머의 대수도원장Abbot이었던 말라키Malachy O'Morgair (1094?~1148)의 예언이 있다. 신비한 환몽을 통해 미래를 내다본 그는 가톨릭에 적지 않은 충격을 던진 특이한 예언을 남겼다.

말라키는 세 단어로 된 짧은 문장으로 12세기 초반 자신이 생존한 시대의 교황부터 미래에 나올 교황에 이르기까지 역대 교황의 재임 기간, 출신지, 특징 등을 예언하였는데 그 내용의 대부분이 적중했다고 한다. 예를 들어 2005년에 선종善終한 요한 바오로 2세에 대해서는 '태양의 신고辛苦(일식)'라고 기록했는데, 실제로 이 교황은 일식 기간 중에 태어났다. 16세 베네딕토 교황은 '올리브의 영광'으로 서술했는데, 베네딕토 수도회의 상징이 바로 올리브이다.

그에 의하면 로마 가톨릭의 법왕 정치는 '로마의 베드로Peter the Roman'라는 교황에서 끝나며, 이 시대에 '일곱 개 언덕의 도읍(로마)은 파괴되고 무서운 재판관이 사람들을 재판'하게 된다고 한다.

둘째, 교황 비오 10세Pius X(1835~1914)가 1909년 프란시스코 수도회 총회를 응대하는 자리에서 갑자기 실신 상태에 빠졌는데, 얼마 후 의식을 회복하자마자 공포에 질린 채 이렇게 고백했다고 한다.

오오, 얼마나 무서운 광경인가! 나 자신일수도, 나의 후계자인지도 모르지만, 그는 로마 법왕의 자리에서 내려와 바티칸을 떠날 때에 '사제들의 시체를 밟아 넘으며' 걷지 않으면 안 되었다.

마지막 교황의 운명에 대한 비오 10세의 이 충격적인 고백은 뒤에서 살펴볼 '파티마 제3의 계시'와 비슷한 내용이다.

마더 쉽튼이 노래한 미래의 모습

마더 쉽튼Mother Shipton(1488~1561)은 노스트라다무스보다도 더 이전인 1488년 7월, 영국의 한 작은 마을에서 태어났다. 그녀는 주로 영국의 미래사를 언급한 뛰어난 영능력자였다고 전한다. 요크 근처의 크리프톤에 있는 그녀의 비문에는 '여기에 거짓을 말한 일이 없었던 자가 잠들다'라고 기록되어 있다.(월친스키, 『대예언자들』)

쉽튼은 미래에 발전하는 유럽의 모습과, 400년 후의 사람들이 어떻게 파멸적인 최후의 날을 맞이하게 될 것인지 여성다운 섬세함으로 한 폭의 그림처럼 노래하였다.

> 여자들이 사내 같은 옷을 입고 바지를 입고
> 긴 머리를 싹둑 잘라 버릴 때 …
> 그림이 살아 있는 듯 자유롭게 움직일 때
> 배가 물고기처럼 바다 밑을 헤엄칠 때
> 사내들이 새를 앞질러 하늘을 날아오를 때
> 세계의 절반은 피로 흠뻑 젖어 죽게 되리라.
> 이레 낮과 이레 밤 동안
> 인간은 끔찍한 광경을 지켜보게 되리라.
> 파도가 그 끝이 어디인지 모를 만큼 높이 솟아올라
> 해안을 할퀴어 댈 테고
> 산들은 우르르 포효하기 시작할 테고
> 지진이 평야를 갈라 놓으리라.

지구 대이변에 대한 과학자들의 예측

버리츠는 과거 10만 년 동안에 세 번 극이동이 있었다는 찰스 햅굿Charles Hapgood 교수의 말을 인용하고 있는데, 햅굿은 시베리아의 얼음더미 속에 묻혀 있는 매머드의 새끼가 먹이를 입에 문 채 죽은 모습을 증거로 제시하면서, 지구에 대홍수나 빙하기 같은 대이변이 급작스럽게 찾아올 수 있다는 것을 대단히 설득력 있게 말하였다.

시베리아 북극 해안의 리아호프 섬은 온통 매머드의 뼈와 어금니로 뒤덮여 있는데 심지어 주위를 둘러싼 암붕岩棚도 뼈로 되어 있다고 한다. 지질학적으로 극히 최근 시기에 몇 백만에 달하는 동물이 만년 동토凍土층의 흙과 얼음 속에 순식간에 냉동된 빙하기의 자취는, 지구 자체가 미래의 인간에게 과거 개벽기의 기억을 남긴 사례인 것이다.

버리츠는 다윈의 말도 인용하고 있는데, 지구 전체가 흔들리는 대이변이 없이는 일견 불가해한 종種 전체의 소멸과 같은 파국적인 상황이 결코 일어날 수 없다고 했다.

> 마음속으로 무엇인가 대단한 이변이 있었다고 덮어놓고 믿어 버리고 싶어진다. 동물들이 큰 것이든 작은 것이든 이런 모습을 한 채 남파타고니아, 브라질, 페루, 베링 해협에 이르는 미 대륙 전체에서 사멸하기 위해서는 '지구의 전 골격이 뒤흔들리지 않으면 안 되는 것'이다.

기타 영능자들의 지구 변혁에 대한 공통된 예언

이외에 버리츠는 여타 현대의 다른 영능자들이나 예지자들이 전한 미래의 변국에 대한 메시지에 대해서도 언급하는데, 그 내용이 대동소이하며 다만 세부적인 부분에서만 조금씩 다를 뿐이다. 미래에 대한 예언 능력을 가진 영능자들을 대상으로 인터뷰가 행해진 적이 있다. 영능자들이 전한 예언들은, '환태평양 지진대(불의 고리ring of fire)'에 연관된 단층선과 화산 지대 연안에 재해가 일어날 것이라는 과학의 예측과 너무나 흡사했다고 한다.

다음에 그 내용을 간단히 소개한다.

서로 마찰하는 지각판板이 일으키는 지진과 그 결과 빚어지는 화산 폭발과 해일이 중국과 인도네시아에 파멸적 타격을 끼친다. 또한, 해일이 인도 남부와 방글라데시의 대부분을 뒤덮는다. 일찍이 '곤드와나 대륙'이 있었던 것으로 추정되는 인도양 해저 부근에서는, 침몰해 있던 육지가 부상한다. 커다란 해진海震과 지진이 일어나는데, 이로 인해 하와이와 뉴질랜드에 대격변이 일어나고 일본이 침몰된다. 유럽에서는 스칸디나비아 반도와 영국 제도 곳곳이

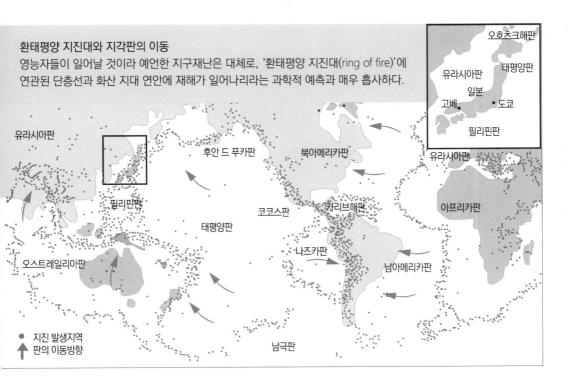

환태평양 지진대와 지각판의 이동
영능자들이 일어날 것이라 예언한 지구재난은 대체로, '환태평양 지진대(ring of fire)'에 연관된 단층선과 화산 지대 연안에 재해가 일어나리라는 과학적 예측과 매우 흡사하다.

오호츠크해판
유라시아판
태평양판
일본
고베 · 도쿄
필리핀판

유라시아판
후안 드 푸카판
북아메리카판
유라시아판
필리핀판
코코스판
카리브해판
아프리카판
태평양판
나즈카판
남아메리카판
오스트레일리아판
남극판

● 지진 발생지역
⬆ 판의 이동방향

해면 밑으로 가라앉고, 런던이 북해를 바라보는 항구가 된다. 코펜하겐은 바닷속으로 가라앉고, 벨기에와 네덜란드의 대부분도 그렇게 된다. 지중해에서는 장래에 파괴적인 지진이 집중적으로 발생하는데, 그 전조로서 베수비오스 화산이 엄청난 폭발을 일으킨다.

유사 이전에 그랬던 것처럼, 지브롤터는 다시 아프리카 대륙과 연결되고 이로 인해 지중해는 내륙에 갇혀 버리게 된다. 스페인 서방의 해저에서도 육지가 솟아오른다. 이 지역은, 전설로 전해 오듯 고대 스페인의 서안에서 배로 여러 날을 항해한 끝에 도달하게 되는, 일찍이 안락과 풍요의 아틀란티스 대륙이 존재해 있던 곳이다. 남미에서는 페루, 에콰도르, 콜롬비아, 중앙아메리카의 서부 연안 지대의 여러 곳이 바다 밑으로 가라앉을 것이다. 파나마 지협地峽엔 균열이 가는데, 이것은 두 개의 대양이 언젠가는 재회하여 한쪽이 다른 쪽으로 흐르게 되리라는 고대부터 중미 인디언 부족들 사이에 전해 내려오는 전설을 연상시킨다.(『죽음의 날』, 88~91쪽)

6. 점성학의 대가, 페닉스 노아

신비주의 연구가로 일본에서 수학한 바 있는 페닉스 노아는, 서양 점성학원 원장이자 일본 정통 점성학의 일인자로 알려져 있다. 노아는 『계시록의 대예언』에서 『성서』의 「요한계시록」, 노스트라다무스의 『백시선』, 그리고 점성학을 결합하여 인류 미래의 전환에 얽혀 있는 의혹을 일부 풀어 주고 있다. 물론 그도 찰스 버리츠와 마찬가지로, 영적인 능력이 있는 예지자는 아니다.

그의 저서에서 호소력 있는 중요한 핵심 내용만을 소개한다.

인류 미래의 예언을 관장하는 별, 니니브

밤하늘에 빛나는 저 무수한 별은 인간의 운명과 조금이라도 관계가 있는 것일까? 아니면 전혀 무관하게 자신의 길만을 재촉하고 있는 것일까? 이 문제에 초점을 두고 오랜 세월 동안 별들의 배열 상태, 운행 원리, 궤도 위를 달리는 순환과 변화의 원리 등을 탐색하는 천문학과 점성학이 발달하였다.

막막한 우주의 허공을 떠도는 별들이 인간 운명의 행로에 보이지 않는 강렬한 영향을 끼친다는 생각은 까마득한 옛날부터 인간의 잠재의식 속에 뿌리 깊이 박혀 있다.

재앙이란 뜻의 영어 단어 disaster*라는 말도 그 어원을 추적해 보면 희랍어에서 별을 뜻하는 단어와 깊은 연관이 있다. 또한 위대한 성자의 탄생과 죽음에서부터 범부 중생의 인생에 이르기까지, 천상의 뭇별이 던져 주는 영 기운靈氣運은 인간의 생명과 직결되어 있음이 요즘 과학에 힘입어 조금씩 밝혀지고 있다. 예를 들면, 달은 인간의 생리 주기와 깊은 관련이 있고, 태양은 인간의 탄생 및 죽음과 어떤 통계적인 함수 관계가 있으며, 텔레파시 같은 인간 상호 의식 교류의 강약과도 직결되어 있다는 것이다.

중세의 토마스 아퀴나스는 "지상의 모든 현상은 근본적으로 별에 있다"라고 하였으며, 노스트라다무스가 역사의 본질을 점성의 원리로 전해 주었듯이, 노아도 "신의 비의祕義는 별에 있

십이궁도

---

* disaster = dis(away, 멀리) + aster(별, astro에서 유래).
별이 본래의 정상 위치를 벗어나는 것이 재앙의 근본이라 생각한 데서 만들어진 단어.

다"라고 말하고 있다.

그런데 노아가 우리에게 전하고 있는 사실 중 특이한 것은 세계 대전을 일으키는 '별(니니브)'이 있다는 사실이다. 그 별이 반짝이기만 하면 단 한 번도 예외없이 전쟁이 일어났다는 것이다. 예언을 관장하는 이 운명의 별이 바로 수많은 인간의 운명의 색채를 모두 묶어 두른 모습을 하고 있는 토성이라 한다. 중세 유럽에서는 이 사파이어(토성)를 예언자의 보석으로 진귀하게 생각하였으며, 또 신성한 법력法力을 높인다 하여 역대 로마 교황에게 특별히 사랑을 받았다고 한다.

새로운 우주 시대, 보병궁寶瓶宮 시대의 도래

점성학자인 노아는 "보병궁 시대는 신비학자들에 의해, 세상을 깨끗이 맑히기 위한 '빗자루와 총채, 그리고 쓰레받기의 시대'라고도 불리는데 이것은 예언의 핵심을 찌르는 가장 인상적인 말이다"라고 주장하였다. 보병궁이란 무엇을 말하는 것일까?

점성학에서는 태양계가 또 다른 중심의 태양을 안고 도는 기간을 12궁으로 나누고 한 단위의 별자리 시대를 약 2,000여 년으로 계산하는데 그 중의 하나가 보병궁이다.

보병궁寶瓶宮, 즉 물병자리[水瓶座]로 상징되는 새 시대의 예고는 동양 우주관의 순환 원리와 대단히 중요한 연관성이 있다. 지금의 인류는 쌍어궁雙魚宮 시대의 말기에 살고 있다. 좀 더 구체적으로 말하면, 노아의 말과 같이 현시대는 쌍어궁 시대에서 보병궁 시대로 넘어가는 양쪽 사이클의 전환기인 프리즘 존prism zone에 해당한다. 하늘의 계시로 열리는 보병궁 시대, 그 위대한 2천 년 기期의 도래가 점성학상 새 시대를 예고하는 대변혁의 방정식이라 할 수 있다는 것이다.

'보병궁 시대(Aquarian Age)'야말로 「요한계시록」의 예언에 있는 영원한 새 예루살렘 성의 출현 시기와 거의 같다고 노아는 말한다.

아무튼 오늘날 세계 인류는 '보병궁 시대'라는 새로운 구원의 시간대로 돌입하려는 전환기에 살고 있다. 이 전환의 시점은, 천지에서 지상 인간의 마음속에 눌려 있는 도덕적인 모순을 대청소하는 '쓰레받기의 개벽 시대'이다.

결론적으로 노아는 "세계사가 다시 그 발상지를 향해 중심을 이동하기 시작할 때 세상의 종말이 온다"라는 명언을 인용하면서 이러한 변국은 단순한 파괴만을 위한 것이 아니라고 주장한다.

이어서 그는 "인류를 실질적으로 구원해 주실 위대한 인물이 20세기에 탄생하리라"라고 말한 수정구水晶球의 예언자 진 딕슨이 제시한 희망찬 미래를 언급하면서, 인류의 원대한 꿈이 현실화되는 새 시대가 도래한다는 것을 거듭 강조하였다.

7. 20세기 최대의 비밀, 파티마 제3의 계시

성모 마리아의 대예언

1981년 5월 2일, 더블린에서 런던으로 가던 아일랜드 항공기 안에서 기괴한 비행기 납치 사건이 발생했다. 이 사건은 오스트레일리아 출신의 전직 수도사인 로렌스 다우니라는 사람이 저질렀는데, 그의 요구 사항은 '바티칸[로마 교황청]은 파티마 제3의 계시를 세상에 공포하라'는 것이었다. 도대체 이 '파티마 제3의 계시'의 내용이 무엇이기에, 전직 수도사까지 지낸 사람이 국제적인 이목을 집중시키는 항공기 납치 소동을 벌인 것일까?

1917년 5월 13일, 포르투갈의 빈촌 파티마에 사는 세 어린이 ─ 루치아(10세), 루치아의 사촌 여동생인 야신타(7세), 야신타의 오빠인 프란시스코(9세) ─ 앞에 눈부신 흰 빛을 뿜으며 성모 마리아가 나타나 인류의 운명과 직결된 세 가지 대예언을 하였다고 한다. 성모 마리아는 매월 13일에 여섯 번을 계속하여 출현하였다. 특히 10월 13일 수천 명의 군중 앞에 모습을 보였을 때는 갑자기 폭우가 쏟아지다 그치더니 태양이 나타나 오르락내리락 하면서 비에 젖었던 사람들의 옷이 순식간에 마르고, 어떤 사람은 병이 치유되는 기적을 체험하였다고 한다. '태양의 기적'이라 불리는 이 현상은 아직도 풀리지 않는 수수께끼로 남아 있다.

이때의 계시 가운데 제1 계시는 지옥의 생생한 모습과 제1차 세계대전의 종결, 제2 계시는 제2차 세계대전에 관한 내용이었다. 이 두 가지 계시는 성모의 고지告知로 수십 년 동안 발표되지 않았다. 1959년 8월, 교황 요한 23세가 파티마 제3의 계시를 처음으로 열어 보았지만, 1963년 재위 기간이 끝날 때까지 계시 내용을 공개하지 않았다. 이렇게 파티마 제3의 계시는 계속 감춰진 채로 있다가 바오로 6세(1963~1978 재위)에 이르러서야 그 일부가 공개되었다. 이 계시의 전문을 읽은 그는 너무도 충격을 받아 의자에서 떨어져 실신할 정도였다고 한다.

> 아 가엾어라, 교황님! 교황님이 층층대를 내려오시며 수많은 시체를 넘을 때 사람들이 돌을 던지며 욕설을 내뱉었고 교황님은 손을 이마에 대고 울고 계셨다.

1917년 포르투갈 파티마에서 성모 발현의 기적을 보기 위해 운집한 군중

루치아는 후에 수녀가 되어 포르투갈 갈멜 수녀원에서 엄격한 수도 생활을 영위하였다. 계시받을 당시 야신타가 영적 능력을 얻어서 위와 같은 소식을 전했다고 밝혔다.(야신타와 프란시스코는 성모의 예언대로 계시를 내려 받은 2, 3년 뒤에 감기로 죽었다.)

제3의 계시가 진정으로 알리고자 한 것

아마도 교황청이 제3의 계시를 일부 발표했을 때 충격을 줄이기 위해 내용을 축소했을 것으로 추정된다. 이후 2000년 5월 13일 교황 요한 바오로 2세가 파티마를 찾아 전문을 공개했다.

> 천사는 오른손으로 땅을 가리키며 큰 소리로 외쳤습니다. "참회하라, 참회하라, 참회하라!" … 교황 성하께서는 그 산에 오르시기 전에 거의 폐허가 된 큰 도시를 지나가셨습니다. … 산꼭대기에 오르신 교황 성하께서는 그 큰 십자가 밑에 무릎을 꿇으신 채, 그분을 겨냥하여 총과 활을 쏘는 한 무리의 군인들에게 죽임을 당하셨습니다.

앞에서 살펴본 내용에서 교황 비오 10세는, 마지막 교황이 바티칸을 떠날 때에 사제들의 시체를 밟고 간다고 했다. 파티마 제3 계시에서는 교황이 죽임을 당한다고 했다. 가톨릭의 수장인 교황과 관련된 위 예언은 교회 권위의 몰락, 서양 정신 문명의 몰락을 상징한다.

이 제3의 계시는, 1953년에 세상을 떠난 미국의 스폴딩Spalding이 11인의 조사단과 함께 1894년부터 3년 반 동안 인도, 티벳 등지에 체류하면서 히말라야의 초인 성자들과 생활할 때 채록한 깨달음의 말씀과 상통하는 점이 있다. 계시 내용은 다음과 같은 새 차원의 신세계가 도래한다는 인류사의 대개벽의 전환점을 말하는 것이리라.

바야흐로 온 세상에 새로운 정신 사이클의 여명이 밝아오고 있으며, 혼란과 소용돌이를 뚫고 맑고 투명한 수정인류水晶人類의 시대가 다가오고 있는 것입니다. … 새롭게 생각하는 위대한 신인종新人種이 당당한 발걸음으로 역사의 무대로 나서고 있습니다. 머지않아 커다란 파도가 세상을 휩쓸고 지나갈 것입니다. 그때 진화라고 하는 무거운 짐을 지고 나아가는 인류의 앞길에 흩어져 있던 환상과 미혹의 편린들이 모두 씻겨 나갈 것입니다. … 이러한 신인종은 우주의 영적인 계획 속에는 일점일획의 오류도 있을 수 없다는 절대적인 확신을 가지고, 완전한 우주에서 완전한 상황과 조건 속에서 완전한 사람들과 함께 살 수 있다는 것을 압니다.(『초인생활』, 371~373쪽)

인류는 어떤 과정을 거쳐 새 시대인 '수정 시대'를 맞이하게 되는 것일까? 여기에는 선천 세상의 모든 인간을 천상 신명계神明界의 법도로써 총정리하는 새로운 우주 창조의 섭리가 담겨 있다.

8. 무서운 미래를 본 스톰버거

독일의 노스트라다무스로 불리는 마티아스 스톰버거Mathias Stormberger (1753~?)는 마티아스 랑Mathias Lang, 스탄버거Starnberger, 스툼버거Sturmberger, 스토아버거Stoaberger 등 여러 이름으로 알려져 있다. 스톰버거는 체코 국경에서 멀지 않은 독일 바이에른 삼림 지역의 라벤슈타인Rabenstein에서 태어났다. 그는 글을 읽거나 쓸 줄 모르고 정규 교육도 받은 적이 없지만 철도, 비행기, 제1차, 2차 세계대전, 경제공황 등에 대해 놀랄 만큼 정확한 예언을 남겼다.

20세기 초 전쟁과 경제공황

철로가 건설되고 철 괴물이 들판을 가로질러 짖어댈 것이다. 말도 없고 축도 없는 차가 다닐 것이며, 사람들은 새처럼 공중을 날아 다닐 것이다.

숲의 외곽에서 철길이 완성되고 철마가 보이면 전쟁이 시작되어 4년 동안 지속될 것이다. 말이 없이 이동하는 동력을 가진 철 요새가 나타나 싸울 것이고, 땅에서 나와 하늘에서 떨어지는 무기가 나타날 것이다.

1914년 8월 1일, 스톰버거가 살던 숲 근처에 철로(칼테넥Kalteneck에서 데겐도르프Deggendorf까지의 철도 구간)가 개통하게 되고, 이 무렵 제1차 세계대전이 발발했다. 스톰버거의 말처럼 이 세계대전은 4년 동안 지속되었고, 탱크와 전투기 등 신무기가 등장하였다.

이 끔찍한 전쟁이 끝나자마자 돈이 가치가 없을 때가 올 것이다. 200길더를 주고도 빵 한 덩어리를 구할 수 없게 되지만 기근은 없을 것이다. 돈은 철로 만들어지고, 금이 아주 귀중해져서 금화 몇 개로 작은 농장을 살 수 있게 된다.

1차 대전 이후 20~30년이 지나면 또 하나의 더 큰 전쟁이 발발할 것이다. 전 세계 거의 모든 나라가 참여할 것이다. 군인이 아닌 수백만 명의 사람이 죽을 것이다. 하늘에서 불이 떨어지고 많은 도시가 파괴될 것이다.

제1차 세계대전이 끝난 후 승전국들은 독일에 엄청난 전쟁 배상금을 청구했고 그 결과 독일에 살인적인 인플레이션이 일어났다. 인플레이션이 심각할 때는 빵 한 덩어리를 사는 데 20억 마르크(1923년 말 기준, 1922년 말에는 빵

한 덩이가 160마르크)가 필요했을 정도였다. 그리고 얼마 지나지 않아 전 세계에 경제대공황이 닥쳤다.

2차 세계대전 때는 전쟁의 무대가 유럽 전역 뿐만 아니라 전 세계로 확산되었고, 참전국과 지원국을 합해 50여 개 나라가 참전했다. 무차별 폭격으로 많은 도시가 파괴되었으며, 민간인과 군인을 합해 약 7천만 명이 넘는 사람들이 희생되었다.

마지막 전쟁과 유령사냥

2차 세계대전 후에 사람들은 평화가 정착되었다고 생각할 것이다. 그러나 그것은 두 전쟁 사이의 기간일 뿐이다. 두 번째 세계 대전 후에는 모든 것을 결정할 세 번째 동란動亂이 일어날 것이다. 완전히 새로운 무기가 등장할 것이다. 이전의 모든 전쟁에서 죽은 사람보다 더 많은 사람이 하루 만에 죽을 것이다. 인공 무기가 전투에 등장할 것이다. 거대한 재앙이 일어날 것이다. 지구상의 국가들이 두 눈을 크게 뜨고 이 재앙에 빠져들 것이다. 사람들은 무슨 일이 일어나고 있는지 알지 못할 것이고, 아는 사람들은 침묵할 것이다. 모든 것이 전과 달라질 것이고, 지구상의 많은 곳이 큰 묘지가 될 것이다. 세 번째 큰 전쟁은 많은 나라의 종말이 될 것이다.

스톰버거는 분명한 어조로 세 번째 큰 전쟁이 일어나고, 이 전쟁이 모든 것을 결정한다고 했다. 제1차, 2차 세계대전이 세계를 변화시킨 것 이상으로 모든 것이 이 전쟁 이후 송두리째 변한다는 것이다. 전쟁이 일어나면 거대한 재앙도 함께 일어난다고 했다. 그 거대한 재앙이 무슨 이유로 어떻게 일어나는지 구체적으로 표현하지는 않았다. 그러나 두 눈을 크게 뜨고도 재앙에 빠져들고, 무슨 일이 일어나는지 알지 못한 채 당하고, 많은 곳이 큰 묘지가 된다고 했다. 그가 말한 이 재앙은, 노스트라다무스가 말한 '공포의 대왕'이 내려옴으로써 일어나는 재앙과 같은 것이다. 그렇기에 사람들이 이유도 알지 못한 채 죽어가게 되는 것이다.

> '철의 표제標題'를 가져야만 살아남는다. 대정화(the great Clearing Away) 때에 숨은 사람들은 낯선 사람들에게, "형제자매님 어디에 숨어서 지내셨습니까?"라고 말할 것이다. 그때 사람들이 산꼭대기에 올라가면 모든 숲에서 불빛을 하나도 볼 수 없을 것이다.
> 사람들은 아플 것이고 아무도 그들을 돕지 못하게 된다. … 그러나 이 상황이 계속되고, 이어서 세상의 종말이 올 것이다. 모든 것이 끝나는 때이므로 하늘과 땅이 불타오를 것이다.
> 불과 황으로 유령사냥(wild hunt)을 하는 소리가 온 나라에 울릴 것이다. … 모든 공포 중에서 이것이 마지막이 될 것이다. 파리가 벽에서 떨어지는 것처럼 사람들이 둑에서 떨어질 때 무서운 종말이 시작된다.

스톰버거의 이 예언이 정확히 무엇을 의미하는지 알기는 힘들다. 그러나 다른 예지자들의 말과 연결해서 생각해 보면, 장차 인류를 엄습할 괴질怪疾과 관련되는 것을 알 수 있다. 스톰버거는 그 환란을 '대정화'라 했다. 페닉스 노아가 전한 '빗자루와 총채, 쓰레받기의 시대'와 같은 뜻이다. 이것은 세상의 불의와 악업을 정리하기 위해 천지에서 정화하는 작업이다.

스톰버거는 환란의 그때 '철의 표제'를 지녀야만 살아남는다고 했다. '철의 표제'는 '특정 문자가 새겨진 철로 만든 신물神物'로 해석할 수 있다. 노스트라다무스는 동양에서 온 거룩한 이들의 '장대'에 맞는다고 표현했다. 스톰버거가 언급한 '철의 표제'와 노스트다라무스가 말한 '장대'는 대환란기에 인류를 구원하는 신물神物과 관련이 있다.

'유령사냥'은 북유럽의 전설이다. 유령사냥꾼이 나타나면 전쟁이나 전염병 같은 재앙이 일어나고, 사냥꾼을 본 사람은 죽는다고 한다. 다음 페이지 그림을 보면 유령사냥이 무엇인지 짐작할 수 있다. 그것은 하늘에서 수많은 신병神兵이 내려와 사람들의 목숨을 앗아가는 것이다. 유령사냥은 노스트라다무스가 말한 '하늘에서 내려오는 공포의 대왕' 사건과 비슷하다.

　　이 사건 후에도 여전히 2~3명의 통치자가 함께하는 것을 본다면
　　그것은 기적일 것이다. 청화명려한 세상이 될 것이며, 살아남은 사
　　람들은 희망이 가득한 좋은 시간대를 맞이하게 될 것이다.
　　여름이 짧아지고, 여름과 겨울이 구분되지 않을 것이다.

　스톰버거는 '유령사냥'을 종말이라 하면서도, 이것으로 세상이 끝나는 것이 아니라 청화명려清和明麗한 세상이 열린다고 했다. 기후가 온화하고 여름과 겨울이 구분되지 않는 세상, 즉 사계절의 구분이 없는 새 세상이 된다는 것이다. 대재앙에서 살아남은 사람들은 희망이 가득한 새로운 시간대를 맞이하게 된다.

지구상의 많은 곳이 큰 묘지가 될 것이다.
세 번째 큰 전쟁은 많은 나라의 종말이 될 것이다.

사람들은 아플 것이고
아무도 그들을 돕지 못하게 된다.
이어서 세상의 종말이 올 것이다.

불과 황으로 유령사냥(wild hunt)을 하는 소리가
온 나라에 울릴 것이다.
'철의 표제'를 가져야만 살아남는다.

오딘의 유령사냥
The Wild Hunt of Odin, Peter Nicolai Arbo 작(1872)

9. 미타르 타라빅이 본 마지막 전쟁과 구원

세르비아의 작은 마을 크렘나Kremna의 가난한 양치기였던 미타르 타라빅Mitar Tarabich(1829~1899)은 문맹이었지만 미래를 내다보는 능력이 있었다. 세르비아 정교를 독실히 믿는 신자였던 그는, 어느 날 같은 마을의 자하리에 자하리크Zaharije Zaharich(1836~1918) 신부를 찾아가 자신이 미래를 보는 것 같다고 말했다.

미타르 타라빅 Mitar Tarabich

신부는 타라빅의 말을 믿고 그의 예언을 받아 기록했다. 일반적으로 예언자들이 시나 상징 등으로 신비스럽게 말하는 경향이 있지만 타라빅은 직설적으로 미래에 대해 예언했다. 제1차 세계대전과 제2차 세계대전, 나치 등장, TV 발명, 석유 발굴 등을 예언했는데 예언의 정확도가 높은 편이다.

제1차, 2차 세계대전

신부님께 한 가지 더 말할 것입니다. 침략군은 정확히 침례식 날에 크렘나에 와서 3년 동안 머무르다가 그들이 왔던 그날(세인트 루크의 날)에 사라질 것입니다. 그러나 신부님은 전쟁의 끝을 보지 못할 것입니다. 세계에서 가장 큰 대학살의 마지막 해에 신부님은 돌아가실 것입니다. 두 전쟁이 일어나는데 하나는 투르크와의 전쟁이고 하나는 전 세계가 참여하는 전쟁입니다. 두 전쟁 모두 신부님의 손자를 앗아갈 것입니다. 한 명은 신부님이 살아있는 동안에, 한 명은 신부님이 돌아가신 다음에 목숨을 잃을 것입니다.

타라빅의 예언대로 독일은 제1차 세계대전 때, 세인트 루크의 날(10월 18

일)에 크렘나에 들어왔다가, 3년 후 같은 날짜에 크렘나에서 물러났다. 자하리크 신부는 1918년에 사망하고, 같은 해에 그의 손자 2명도 목숨을 잃었다.

신부님, 두 번째 큰 전쟁 이후에 전 세계가 평화롭고 풍요롭게 살기 시작하겠지만, 그 모든 것은 쓰라린 환상이 될 것입니다. 왜냐하면 많은 사람들이 신을 잃어버리고, 인간의 지능을 숭배하기 때문입니다. 신부님도 아시겠지만, 인간의 지능은 신에 비하면 대양의 물 한 방울 만큼도 되지 않습니다.

세르비아 크렘나Kremna에 있는 타라빅 생가

타라빅은 제2차 세계대전이 끝나면 한동안 큰 전쟁이 없는 시기가 오지만, 이 평화는 오래가지 않으며 환상에 지나지 않는다고 했다. 또 다른 위기가 올 것이기 때문이다.

괴질의 창궐, 마지막 전쟁과 구원

수數로 가득한 책을 읽고 쓰는 사람들은 자신이 가장 많이 안다고 생각할 것입니다. 이 지식인들은 계산이 인도하는 대로 삶을 인도할 것이며, 이 숫자가 가리키는 대로 정확하게 생활할 것입니다. 이 지식인들 중에는 착한 자와 악한 자가 있을 것입니다. 악한 자들은 악한 일을 할 것입니다. 그들은 공기와 물을 더럽히고 바다, 강, 땅에 전염병을 퍼뜨릴 것이고 사람들은 갑자기 다양한 질병으로 죽기 시작할 것입니다. 선하고 현명한 사람들은 이 모든 노력과 고된 일이 가치가 없을 뿐 아니라 세상을 멸망시킨다는 것을 알고, 숫자에서 지혜를 찾는 대신에 명상에서 지혜를 찾기 시작할 것입니다.

사람들이 명상(수행)을 더 많이 하기 시작하면서 하나님의 지혜에 더 가까이 다가갈 것입니다. 그러나 그때는 너무 늦을 것입니다. 악한 자들이 이미 온 땅을 황폐화하여 사람들이 많은 수로 죽기 시작할 것이기 때문입니다.

타라빅은 이처럼 과학은 발달하지만 오히려 환경재난과 전염병이 일어나서 인류를 멸망의 길로 접어들게 한다고 했다. 지금 지구는 기후변화를 넘어서 기후재난이라 할 만큼 급속한 변화를 보이고 있다. 이미 지구가 견딜 수 있는 임계점을 넘었다고 경고하는 학자도 있다. 전문가들은 환경파괴와 기상 이변 때문에 다양한 신종 전염병이 발생한다고 한다. 미국 코넬 대학의 피멘텔Piementel 교수는 "심각한 환경 문제는 질병 발생에도 큰 영향을 미치고 있다"라고 했다. 그런데 타라빅은 악한 지식인이 전염병을 퍼뜨릴 것이라 했다. 사스는 중국의 연구소에서 유출된 전염병이었고, 2020년에 전 세계를 강타한 코로나 바이러스도 중국 우한의 한 연구소에서 유출되었다고 의심의 눈초리를 보내는 나라가 많다. 지식인 중 누구라도 악한 마음을 가지면 생물학 무기로 지구를 멸망시킬 수도 있는 시대에 인류가 살고 있는 것이다.

타라빅은 이때 현명한 사람들이 명상에서 삶의 지혜를 찾기 시작할 것이라 했다. 실제로 현재 미국에서는 명상이 유행하고 있고 실리콘 밸리가 유행을 선도하고 있다. 오프라 윈프리도 명상을 즐기고, 고인이 된 애플의 창업자 스티브 잡스는 생전에 명상에서 직감을 얻어 제품을 개발한다고 했다. 이제 명상은 거스를 수 없는 시대의 흐름이 되었다.

전 세계에 이상한 병이 돌지만 아무도 치료약을 찾지 못할 것입니다. 모든 사람들이 '나는 알아, 나는 알아. 나는 배웠고 똑똑해.'라고 말하겠지만 아무도 모를 것입니다. 사람들은 치료법에 대해 고민하겠지만 정확한 치료법은 아무도 찾지 못할 것입니다. 우리는 신의 도움을 통해 우리 주변에 널려 있고 자신의 내면에 존재하는 정확한 치료법을 찾을 수 있습니다.
사람들은 아무것도 모르면서 모든 것을 알고, 모든 것을 할 수 있다고 생각하며 어리석은 짓을 많이 행할 것입니다. 동방에서 현자들이 나타날 것입니다. 그들의 지혜는 모든 바다와 국경을 넘어 전해질 것이지만 사람들은 오랫동안 이 지혜를 믿지 않을 것이며, 이 진실은 오히려 거짓이라 선포될 것입니다.

타라빅은 전 세계에 '이상한 병'이 돈다고 했다. 그러나 타라빅이 말한 전염병은 바이러스에 의한 전염병이 아니다. 전문가들이 고민하고 연구해도 아무도 치료법을 찾지 못한다고 했다. 그는 오직 신의 도움을 통해서, 내면을 통해서 치료법을 찾을 수 있다고 했으니 그 병은 약물로 치료할 수 없는 괴질인 것이다. 이 괴질은 스톰버거가 말한 '유령 사냥'과 같은 신병神病이기 때문에 어떤 의학과 약물로도 물리칠 수 없다.

그는 이 괴질에서 살아남는 방법을 인간의 내면에서 찾으라고 했다. 그리고 이 괴질에서 살아날 '지혜'를 가지고 '동방의 현자들'이 나타난다고 강조했다. 일찍이 노스트라다무스는 동양인이 골la Gaule을 넘어서 '그들의 장대'로 사람을 살린다고 했다. 두 예지자는 같은 미래를 본 것이다.

> 가장 위대하고 분노한 자들은 가장 강력하고 가장 화가 난 자와 맞서 싸울 것입니다!
> 하늘을 나는 군대가 이 끔찍한 전쟁으로 고통스러워할 때, 땅과 물에서 싸우는 군대는 좀 더 나을 것입니다.
> 세 개의 십자가가 있는 산에 뛰어가 숨는 자들은 목숨을 구할 수 있고, 구원받고 풍요와 행복과 사랑으로 살게 될 것입니다. 더 이상 전쟁이 없을 것이기 때문입니다.

타라빅이 앞에서 이미 제1, 2차 세계대전을 언급했으므로 이 전쟁은 또다른 큰 전쟁, 제3차 세계대전을 말하는 것이다. 그런데 그는 전쟁과 구원을 동시에 말하고 있다. 타라빅은 제3차 세계대전에 이어서 인류 구원과 관련된 '전 세계에서 도는 이상한 병', 괴질이 발생할 것을 예언한 것이다.

타라빅은 괴질에서 살아남는 방법을 '세 개의 십자가가 있는 산'에 숨는 것이라 했다. 이 산을 특정 지역이나, 기독교 신앙이라 해석하기도 하지만 둘 다 아니다. 여기서 '세 개의 십자가가 있는 산'은 앞의 예언에서 말한 '동방에서 나타날 현명한 사람들'과 연결하여 해석하는 것이 합리적이다. 둘다 구원과 관련된 표현이기 때문에, '세 개의 십자가 산'은 전쟁을 피할 수 있는 지역이 아니라 괴질병을 극복할 수 있는 구원의 법방法方으로 해석하는 것이 타당하다.

'세 개의 십자가가 있는 산'을 동양의 상수학으로 해석하자면, '십자가'라는 말에서 숫자 10은 하나님을 상징한다. 그런데 앞에 숫자 3이 붙었다. 동방에서는 전통적으로 하나님을 '삼신三神', '삼신하나님', '삼신상제三神上帝'라 불렀다. 타라빅이 말한 '세 개의 십자가가 있는 산'은 하나님의 존호尊號와 관련이 있다.(본서 4부 참조) 따라서 타라빅이 말한 구원은 참 하나님의 진리와 그 진리를 가지고 오는 동방의 현자들을 만나야 한다는 것으로 귀결된다.

타라빅은 마지막 3차 세계대전과 괴질이 인류를 엄습한 뒤에 행복과 평화가 넘치는 세상이 도래한다고 했다.

10. 황금시대 도래를 알린 피터 더납

피터 더납Peter Deunov(1864~1944)은 불가리아 출생으로 베인사 도노Beinsa Douno라는 영적 이름으로도 불렸다. 더납은 철학자, 음악가이자 영적 스승으로서 불가리아에서 가장 영향력 있는 100인에 뽑혔다. 더납의 아버지는 불가리아 정교회 사제였고, 더납은 미국에서 신학교를 다닌 후 귀국해서 1년간 감리교 목사로 활동했다. 그 후 'Universal White Brotherhood'라는 밀교 형태의 기독교 교단을 만들었다. 교황 요한 23세로 선출된 주세페 론칼리Angelo Giuseppe Roncalli 추기경은 더납을 '지구상에서 가장 위대한 철학자'라고 말한 적이 있다.

더납의 어록 『The Wellspring of Good』과 『Prophet for Our Times』에

피터 더납Peter Deunov

서 미래 세계에 대해 언급한 주요 내용을 살펴본다.

지상에 열리는 하나님의 왕국

더납이 세운 교단 이름은 Universal White Brotherhood(보편 백색 형제단)이다. 'white'는 글자 그대로만 보면 백색, 백인인데, 백색은 광명을 상징하기도 한다. 한국인이 광명을 숭상하여 흰 옷을 즐겨 입은 것처럼, 더납 교단의 이름 화이트white도 하나님이 여시는 미래 세계의 성격인 '광명'을 의미한다. 유니버설universal은 인간에게 삶의 의미를 이해하는 보편적 능력이 있음을 나타내며, 형제애brotherhood는 인류가 모두 하나님의 자녀이고, 전 세계를 위해 함께 일해야 한다는 것을 뜻한다고 한다. 그러므로 이 교단은 광명의 인간으로 다시 태어나고, 상생의 세상을 열려는 모임이라 할 수 있다.

더납은 장차 지상에 펼쳐질 '하나님의 왕국'을 자주 언급했다.

> 인류가 이 '신성한 불'(성령)을 거친 후에 하나님의 왕국이 지상에 올 것이다. 사랑의 불이 오면 어떤 사람들은 빛을 발할 것이다. 그러나 다른 사람들은 불타고 회개하게 될 것이다.
>
> 사람들이 깨어나지 않으면 그들을 둘러싼 모든 '담요'가 타 버린다. 자신이 만든 모든 것이 타서 재와 먼지로 변한다. 나는 하나님의 날의 도래에 대해 말하고 있다. 나는 지금 "우리는 하나님의 날에 있다!"라고 말하는 것이다.
>
> 마지막 열차가 출발하기 30분 전이다. 아직 자신의 삶을 정리하지 못한 사람들에게 화가 있을 것이다. 유럽이 과거의 실수를 바로잡지 못하면 큰 환란이 올 것이다.
>
> 하나님은 오시고 있으며 이미 땅에 발을 디디고 계신다. 그분이 땅에 발을 디디셨다는 것을 쉽게 증명할 수 있다. 끊임없이 증가하는 큰 고통은 하나님께서 이 세상에 오신다는 증거이다. 그분의 결정

이 무엇인지 아는가? 불순한 것을 태워버리는 것이다.

더납은 이렇게 '하나님의 왕국'이 지상에 펼쳐질 것이라 했다. 하나님의 왕국은 기독교의 핵심 복음이다. 기독교인들은 이 왕국이 지상이 아니라 천상에 있다고 생각하는 경우가 많다. 그러나 "뜻이 하늘에서 이루어진 것 같이 땅에서도 이루어지이다."라는 '주기도문'처럼 하나님의 왕국은 지상에 건설된다.

더납은 이 왕국에 들어가기 전에 '신성한 불Divine Fire'을 거쳐야 한다고 했다. 더납이 언급한 '신성한 불'은 성령인데, 성령은 심판의 성격을 함께 지니고 있다. 공덕과 선업을 쌓은 사람은 지상에 펼쳐질 새 시대로 넘어가 빛의 인간이 될 것이고, 그렇지 않은 사람은 죄과에 대한 벌을 받아야 하기 때문이다. '자신이 만든 모든 것', '삶을 정리하지 못한 사람들'이라는 말에서, 단순히 믿음으로써 구원받는 것이 아니라, 자신이 살면서 쌓아 온 모든 말과 행위에 따라서 심판 받는다는 것을 알 수 있다. 그런데 이 왕국이 건설될 시기가 30분밖에 남지 않았다고 했다. 그만큼 임박하다는 것이다.

지금은 종교가 퇴조했지만 유럽은 기본적으로 가톨릭이나 개신교 국가이고, 그 문화를 바탕에 깔고 있다. 그런데도 유럽에 큰 환란이 있다고 했으니, 하나님의 왕국에 들어가는 것이 단순히 믿음의 문제가 아니라는 것을 알 수 있다.

더납은 하나님이 오시고 있다는 증거로 세상에 큰 고통이 증가하고 있다는 것을 말했다. 더납의 말대로 지금 이 세상은, 불순한 것을 태워버리고 청소해서 새 세상을 열기 위해 크게 요동치고 있다. 20세기 이후 인류가 겪은 두 차례의 큰 전쟁과, 각종 자연재난, 코로나19 같은 전염병은 새 세상을 열기 위한 과도기에 일어나는 현상이다. 인류는 전쟁을 통해서 전쟁의 무익함을 깨닫고, 지구온난화를 통해서 자연에 대한 잘못된 생각을 깨닫고, 코로나 사태를 통해서 현재 삶의 방식과 물질 문명에 대해 다시 돌아보게 되었다. 재난은 고통스러운 것이지만, 재난을 겪으면서 비로소 우리가 가진 잘못된 의식과 문화를 되돌아보고 삶의 방향을 돌릴 수 있는 소중한 가르침을 배운다.

애벌레에서 나비로 탈태하는 변화를 겪는 지구

더납은 새 시대가 오기 전에 지상에 큰 고통이 닥칠 것을 여러 번 강조했다.

> 가을에는 모든 오래된 잎이 원하든 원하지 않든 떨어진다. 다가오는 봄에 새로운 가지, 잎과 꽃을 생산할 새싹만 나무에 남게 된다. 인생의 아름다움은 변화에 있다. 폭풍이 지나고 날이 맑아지듯이, 현재의 사건은 폭풍과 같다. 그리고 그것들은 결국 지나간다. 현재 일어나는 모든 사건은 더 좋은 미래를 위한 것이다. 우리는 현재의 질서가 양호하다고 생각하지만, 하나님은 사람들이 저지른 범법에 지치셨다.
>
> 현재 지구 전체가 큰 변화와 재건을 겪고 있다. 이것은 힘이 균형을 잡을 때까지 계속될 것이다. 지구는 혼란을 겪을 것이다.
>
> 지구 전체가 너무나 크게 요동쳐서 현재 문화의 흔적이 거의 남지 않을 것이다. 이것은 위대한 자연법에 근거하여 이루어질 것이다. 유럽에는 어느 나라도 처벌받지 않는 나라가 없을 것이며, 현재의 질서와 모든 인간의 거짓이 사라질 것이다.

가을은 성숙의 계절이다. 가을 바람이 불면 잎이 지고 다가오는 봄에 새 생명을 잉태할 열매를 맺는다. 폭풍에 떨어지는 잎과 과일이 있고, 폭풍에도 튼실하게 붙어 있는 열매가 있듯이, 인간도 우주의 큰 가을에 성숙하기도 하고, 떨어지기도 한다. 다가올 하나님의 심판은 인간 열매를 추리는 과정이고, 각종 시련과 재난은 인류를 성숙시키기 위한 폭풍과 같다. 인류는 새 시대가 오기 전에 닥칠 대격변을 잘 극복하여 열매 인간이 되어야 한다.

'새로운 시대'가 오면 더 이상 폭력이 존재하지 않는다. 현대 무기나 법원과 교도소는 더 이상 존재하지 않게 될 것이다. 현재의 질서는 버려질 것이다. 신은 '새로운 세계'를 창조하고 있다. 구세계는 새로운 세계로 나아가고 있다.

다가올 새로운 세대는 세상을 새롭게 할 것이다. 이것은 지금 우리가 애벌레에서 나비로 변하는 것과 같은 시대에 있음을 의미한다. 아직 나비가 되지 않은 애벌레는 나비가 어떻게 공중에서 살 수 있는지 물을 것이다. 그런데 그들이 나비가 되면 배우게 된다. 애벌레 때는 알지 못한다.

더납은 새로운 시대의 성격에 대해서도 언급했다. 자신의 성공을 위해 남을 짓밟고 폭력을 행사하지 않는 세상, 법원과 교도소가 사라지고, 무기가 없고 전쟁이 없는 세상이 될 것이라 했다. 범죄와 폭력을 걱정하지 않아도 되니 참으로 평화와 상생의 시대라 할 것이다. 그 세상에서 인류는 모두 성숙한 인간이 된다는 것을 알 수 있다. 더납은 이것을 애벌레에서 나비로 탈태하는 것에 비유했다. 지금의 인류가 영적 애벌레 수준이라면 다가오는 새 시대에는 진정한 깨달음과 자유의 인간 나비가 된다. 인간의 몸이나 의식, 심법 등이 완전히 새롭게 태어나게 되는 것이다.

11. 점성술의 대가, 키로

키로(1866~1936)의 세례명은 윌리엄 존 워너William John Warner인데, 키로Cheiro(그리스어로 '손'에서 유래)라는 이름으로 널리 알려졌다. 일부에서는 루이스 하몬 백작 Count Louis Hamon이 키로라고도 한다.

키로Cheiro(1866~1936)

그는 20세기 초 아일랜드의 점성가이자 수비학數祕學, 손금술 전문가였다. 10대 시절에 인도를 여행했을 때 고대 인도의 지혜를 공부했다. 키로는 유명인들을 상대로 손금을 보고 점을 쳐 주는 것으로 유명했다. 타이타닉호의 침몰을 예언했고, 유대인이 팔레스타인 지역에 이스라엘을 재건할 것도 예언했다. 그의 예언은 정확도가 높은 것으로 정평이 나 있다.

인류를 구원할 마지막 전쟁과 대재난

키로는 유명인들을 고객으로 해서 그들의 미래에 대한 점을 보기도 했지만, 앞으로 닥칠 인류의 미래에 대한 대국적인 예언도 많이 남겼다. 키로는 사람들이 알아들을 수 없는 상징과 시를 통해서가 아니라 직설적으로 전한 것이 특징이다.

> 인류를 구원하게 될 것은 마지막 전쟁뿐이다. 단지 세계가 피와 파괴, 그리고 폭력을 통해 만족감을 받게 될 때에만, 현재의 미친 악몽으로부터 깨어나게 될 것이며, 그래서 다가올 '전쟁 중의 전쟁'은 예상되는 사태에 어울리게 된다. (『밀레니엄의 대예언』, 196쪽)

전쟁은 파괴와 무력을 동원한다. 그런데 아이러니하게도 마지막 전쟁이 인류를 구원한다고 했다. 제2차 세계대전 이후에는 세계적인 규모의 전쟁이 없어 사실상 평화를 유지하고 있는 듯하나 아직은 지구촌에 전쟁 없는 완전한 평화와 구원이 실현되었다고 보기는 힘들다. 그러므로 키로가 말한 마지막 전쟁은 아직 일어나지 않은 또 다른 대 전쟁임을 알 수 있다.

그는 피와 파괴, 폭력을 다시 한 번 겪으면서 전쟁을 한 차례 더 겪는다고 했다. 그 전쟁을 '마지막 전쟁', '전쟁 중의 전쟁'이라고 했다. 이 전쟁이 인류사에 미칠 영향이 기존과는 판이하게 다르기 때문이다. 다가올 마지막 전쟁을 통해서 인류는 전쟁이 무의미하다는 것과, 전쟁 없이 평화롭게 살아가는 지혜를 터득하게 될 것이다. 그래서 키로는 마지막 전쟁이 인류를 구원하는 전쟁이 된다고 말한 것이다.

> 강력한 재난을 통해 사람들은 완전에 더욱 가까워질 것이며 피와 희생으로 태어난 새로운 물병자리의 경이를 감당하기에 더 적당하게 될 것이고, 결국 지구 위에 있는 물이 쏟아지고 있다는 것은 고통을 통과한 비이기성을 상징-자기의 부정-하는 '물의 운반자'를 실현할 것이다. (『밀레니엄의 대예언』, 283쪽)

> 모든 측면에서 우리가 보는 혁명과 격동들은 당분간 제국의 몰락, 왕관의 파괴, '낡은 것'의 죽음과 '새로운 것'의 탄생을 가져올 것이다. (『밀레니엄의 대예언』, 422쪽)

전쟁을 통해 구원받는다고 한 것처럼, 키로는 재난을 통해 인간이 완전에 더욱 가까워질 것이라는 알기 힘든 말을 했다. 어떤 재난이기에 재난 후에 인류가 완전에 가까워지는 것일까? 그것은 대환란 후에 펼쳐질 세상이 지금과 다르고, 인간 성숙에 더욱 유리한 자연환경과 에너지가 지구상에 펼쳐지기 때문일 것이다. 쌍어궁 자리가 끝나고 물병자리로 완전히 옮겨가게 되면 이기성을 극복하고, 이타성을 기반으로 하는 성숙한 인류와 사회가 된다.

그런 사회로 옮겨가는 과정에서, 즉 물병자리 시대로 이행하는 과도기에 제국이 몰락하고, 왕권이 붕괴되고, 낡고 묵은 것이 무너지고 새로운 것이 탄생하는 산고를 겪을 것이라 했다. 키로의 말처럼 20세기는 제국의 몰락과 왕권 해체의 시기라 해도 과언이 아니다.

전쟁으로 구원받고 재난 후에 완전에 가까워진다는 말을 통해서, 마지막 전쟁과 재난이 시간차가 거의 없이 동시에 일어난다는 사실도 알 수 있다.

깊은 어둠과 새로운 문명의 빛

키로는 점성술의 대가답게 별자리의 전환을 통해 평화로운 새 시대가 열릴 것이라 했다.

> 국경이 사라진다. 사람들의 관점은 물병자리적으로 되고 인류는 하늘에서 그 모습을 보게 된다. … 현재의 비자연적인 국경들은 쓸려 나갈 것이다. 그러한 여러 조건하에서 전쟁은 불가능할 것이며, '평화의 약속'은 결국 실현될 것이다. (『밀레니엄의 대예언』, 326쪽)

> '낡은' 것은 '새로운' 것을 잉태하려고 한다. 모든 땅에서 모든 사람 속에서 '산고'가 점점 더 강하게 되어가고 있다. … 시간의 시계는 '자정'을 쳤다. 가장 검은 어둠이 가장 위대한 새벽에 앞서서 온다. "오 주여, 얼마나 오래-얼마나 오래?"라는 울음이, 새로운 문명의 빛이 밤의 어둠 뒤에서 나타나기 전에 깊은 탄식 소리가 나올 것이다. (『밀레니엄의 대예언』, 383쪽)

전문가들은 현재 인류가 안고 있는 환경, 전쟁, 기아 같은 여러 문제를 해결하려면, 전 지구를 아우르는 통일 정부, 각 나라를 강제할 수 있는 단일정부가 수립되어야 한다고 말한다. 단일정부가 수립된다면 사실상 국경은 의미가 없게 된다. 키로는 전쟁을 통해 성숙하고 인위적인 국경이 사라져 전쟁이 불가능한 세상이 열린다고 했다.

지금 지구촌은 키로의 말처럼, 낡은 과거를 버리고 새로운 시대를 열기위한 산고의 시간대, 정화의 시간대에 있다. 이 과정에서 인류사에는 격변이 있을 것이다. 낡은 것이 정화되지 않고는 새 시대가 오지 않기 때문이다. 전쟁이 없는 평화 시대, 개개인이 본래의 성품을 회복하여 성숙한 인간으로 새로 태어나는 위대한 새벽이 우리 눈앞에 다가와 있다. 그러나 새 문명의 태양을 맞이하기 위해 인류는 가장 큰 어둠의 터널을 지나야 한다. 새 시대를 맞이할 준비를 한 사람은 새 태양을 볼 것이고, 준비하지 못한 자는 깊은 한숨을 내쉴 것이다.

12. 미래를 내다본 그 밖의 여러 예지자

'셜록 홈즈'의 아버지 코난 도일

코난 도일Conan Doyle(1859~1930)을 모르는 사람은 있어도 그가 지은 추리소설의 주인공인 '셜록 홈즈'를 모르는 사람은 없을 것이다. 코난 도일은 의사이자 소설가이며 영국 심령연구협회에 가입한 심령 연구가였다. 그는 1920년대에 심령술과 사후 분야에서 가장 활동적인 대중 연설가이고 저자이기도 했다. 심령학과 초자연적 현상에 대한 그의 저술만 해도 13권이나된다.

코난 도일은 자신의 영적 스승인 피니어스Phineas에게 받은 가르침과 영국과 미국에서 접수한 자료를 바탕으로 미래 세계에 일어날 일을 편지로 남겼다.

혹독한 지진과 거대한 해일이 밀어닥칠 것이다. 그 천재지변 기간에 대다수 인류가 절멸할 것이다.

전쟁은 이 재난의 초기 단계에서만 나타나는데, 뒤따라 올 위기의 신호탄이 될 것이다. 위기는 순식간에 닥칠 것이다. 문명사회의 파괴와 혼란은 믿기 힘들 정도로 엄청날 것이다. 짧은 혼란기 뒤에 재건의 시기가 오는데, 격변의 총 기간은 약 3년이 될 것이다. 대서양에서는 땅이 솟아오르고 이로 인해 쓰나미가 미국과 아일랜드, 서유럽 바닷가와 영국의 저지대 해안을 덮쳐서 큰 재난을 일으킬 것이다.

남태평양과 일본에 나타날 대격변의 징조가 보인다.

인류는 영성으로 돌아갈 때 구원받을 수 있다.

코난 도일은 개벽기에 일어날 대재난을 눈으로 직접 보듯이 생동감 있게 전한다. 먼저 지진과 해일 같은 거대한 천재지변이 닥친다고 했다. 이 천재지변은 대서양에서 솟아오르는 땅, 아틀란티스 대륙과 관련이 있다. 바다에서 새 땅이 솟아오른다면 쓰나미의 파괴력은 엄청날 것이다. 영화에서 보던

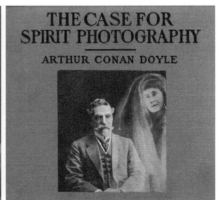

코난 도일과 그가 저술한 심령학 저서

장면보다 더 처참한 상황이 닥치게 된다. 특히 미국과 유럽 서부는 저지대가 많기 때문에, 산을 집어삼킬 정도로 높은 파도는 순식간에 두 지역을 덮칠 것이다.

코난 도일은 영국인이어서 서구 사회 중심으로 예언을 남겼지만, 남태평양과 일본에서도 대격변의 징조가 보인다고 했다. 개벽기에는 대서양에서만 격변이 일어나는 것이 아니라, 전 지구 차원에서 대재앙이 일어나게 되는데 그 기간이 약 3년이 될 것이라 했다.

코난 도일은 3년 대재난의 서곡으로 전쟁을 언급했다. 전쟁이 먼저 일어나지만 곧바로 대자연의 격변이 닥친다는 것이다. 이 전쟁이 키로가 예언한 '마지막 전쟁'이다.

코난 도일은 이때에 영성을 회복함으로써 인류가 구원받는다고 했다. 전쟁과 지진 같은 자연재난에서 살 수 있는 방법은 피하는 것뿐이고, 구원과는 상관이 없다. 그런데도 코난 도일이 영성과 구원을 말한 것은, 3년 재난이 각 종교에서 언급한 인류 심판 및 구원과 관련되어 있다는 것을 시사한다. 이 심판에서 구원받을 수 있는 방법은 단순히 신을 믿는 것이 아니라 '영성'을 회복하는 것이라 했다. 인간이 본래 타고난 신성을 밝혀 다가오는 새 시대를 맞이해야 한다는 의미이다.

미래를 보는 사람, 니콜라스 반 렌스버그

니콜라스 반 렌스버그
Nikolaas van Rensburg(1864~1926)

니콜라스 반 렌스버그Nikolaas van Rensburg(1864~1926)는 남아프리카 공화의 보어인이다. 렌스버그는 학교 정규교육을 20일 밖에 못 받았다.

렌스버그는 다른 사람의 도움으로 겨우 성서를 읽을 수 있었고 글은 쓰지 못했다. 그의 예언은 딸들의 도움으로 기록되었고, 나중에 아드리안 스니만Adriaan Snyman이라는 사람에 의해 편집되어 『Voice of Prophet』으로 출간되었다.

보어 전쟁에 참전한 렌스버그는 영국군의 침투 경로를 예언하여 장교에게 알리고, 영국이 휴전을 제의해 올 것도 예언했다고 한다. 제1차 세계대전과 제2차 세계대전, 체르노빌 원전 폭발과, 다이애나 왕세자비 사망, 남아프리카에 흑인 정부가 들어설 것도 예언하였다. 순박한 농부였던 렌스버그의 예언은 농기구와 농사에 비유한 내용이 많다.

영국의 고귀한 집안의 매우 유명한 여성이 끊임없이 이혼을 생각하고 있다. 그녀가 죽으면 우리나라(남아프리카 공화국)에 큰 선거가 있다.

'영국의 고귀한 집안의 매우 유명한 여성'은 다이애나 왕세자비였다. 영국인의 사랑을 받으며 활발한 자선 활동을 했던 그녀는 1996년에 이혼하고 1997년에 교통사고로 사망했다. 렌스버그의 말대로, 그녀가 죽은 지 며칠 후 남아프리카에서 NP와 ANC 간에 선거가 있었다.(NP와 ANC는 남아프리카 정당 이름)

세상은 불타고 있었고 회색과 붉은 황소는 싸우고 있었다.
어둠이 세계를 덮치는 것을 자주 보았다. 많은 나라들이 그 어둠에 폐허가 되었다. 전쟁은 수백만 명을 파멸시킬 것이다. 그러나 결국 전쟁 뒤에는 상복喪服이 전 세계를 뒤덮는 것을 본다. 모든 나라가 탄식하고 기도할 것이다. 죽음의 낫이 수백만 명을 베어 넘어뜨리는 것을 본다. 그것은 끔찍한 질병인데, 전쟁에서 죽은 것보다 더 많은 사람을 죽일 것이다.

이 예언은 제1차 세계대전에 대한 예언으로 해석된다. 제1차 세계대전은 수백만 명을 죽음으로 몰았지만, 전쟁으로 죽은 것보다 훨씬 많은 사람이 스페인독감으로 죽었다. 그 때문에 전쟁이 조기에 종결되었다.

국가 연합이 설립되어야 한다. 그런데 연맹이 불충분한 것을 느끼고 독일을 포함시킬 것이다. 국가 연합은 중심이 없다. 국가 연합이 신을 배제했기 때문이다. 바퀴를 함께 뭉칠 중심이 없으면 바퀴는 굴러가지 않는다.

쟁기에 뒤엎어지는 것처럼 온 세상이 뒤집어지는 때가 온다.

(이것은 3차 세계대전이 될 것이고, 모든 것이 무질서해지고 혼란에 빠질 것이다.)

렌스버그는 독일이 참여한 국가 연합이 설립된다고 했다. 그런데 이 예언에서 UN이 계속 유지되지 않고 언젠가는 해체된다는 것을 알 수 있다. '국가 연합이 신을 배제했다'는 말 속에서, UN이 해체된 이후에 세워질 새로운 세계 정부는 하나님을 경배하고 하나님의 뜻에 따라 문명을 건설하는 지구촌 통일 정부가 될 것임을 추측할 수 있다.

앞 예언 중 괄호 안의 내용은 렌스버그 예언을 출간한 편집자의 해석인지, 아니면 렌스버그가 한 말을 간접적으로 딸이 확인해 준 것인지 알 수 없다. 그러나 1차 세계대전과 2차 세계대전에 대해서 별도로 예언한 구절이 있으므로, 이 구절을 3차 세계대전으로 해석하는 사람이 많다. 렌스버그 역시 전 지구촌을 혼란에 휩싸이게 만들 마지막 전쟁이 일어날 것을 경고한 것이다.

일본은 두렵지 않다. 신이 지진으로 일본을 응징할 것이기 때문이다.

에드가 케이시와 코난 도일의 예언처럼, 렌스버그 역시 일본이 대지진으로 멸망할 것이라 했다. 그런데 일본에 일어날 대지진을 '신의 응징'이라 했다. 에드가 케이시가 'must(반드시)'라는 강한 표현으로 일본 침몰을 예언한 것처럼, 개벽기에 일어날 일본 지진에는 신의 뜻이 담겨 있다는 것을 암시한다.

미륵불 출세에 대한 샴발라의 예언

니콜라스 레리히Nicholas Roerich(1874~1947)는 러시아 출신의 화가이자 작가, 철학자, 고고학자였다. 레리히는 중앙아시아와 티벳을 많이 답사하고 해당 지역의 문화를 담은 『아시아의 심장Heart of Asia』이라는 책을 남겼다. 그 책에 미륵불의 출현과 '샴발라의 예언'이 담겨 있다.

니콜라스 레리히
Nicholas Roerich

> 미륵불 출현은 전쟁 후에 있을 것으로 예상된다. 그러나 마지막 전쟁은 참된 가르침을 위해 일어날 것이다. 샴발라에 대항하는 모든 일은 무너질 것이며 거처는 파도에 휩쓸려 갈 것이며, 개조차도 그의 부르심에 응답하지 않을 것이다. 마지막 밤에는 구름도 안 보이고 번개밖에 보이지 않을 것이며, 불의 사자는 빛의 기둥에 떠오를 것이다. 가르침에 따르면 샴발라의 전사들은 '천하무적'으로 불릴 것이다. 하나님께서 서두르고 계신다. 하나님의 깃발은 이미 산 위에 있다.(니콜라스 레리히, 『아시아의 심장Heart of Asia』)

미륵불은 말세에 출현하는 미래불로서, 이 세상을 용화龍華 세계로 만든다고 알려져 있다. 그런데 특이하게도 전쟁 후에 출현한다고 했다. 이 예언에서 말한 미륵불 출현을 미륵불의 지상 강세로 볼 수도 있지만, 미륵불이 건설하는 용화세계가 전쟁 후에 펼쳐진다고도 해석할 수 있다. 앞서 살펴본 다른 예지자들의 말처럼, 마지막 전쟁 후에 진정한 황금시대가 지구상에 펼쳐진다는 것과 맥락이 같다.

샴발라는 히말라야 산맥의 북쪽 어딘가에 있다는 불교 전설상의 왕국으로 물리적 실체는 발견되지 않았다. 샴발라 전설에는 세상이 악으로 가득 찬 종말의 시기가 될 때, 샴발라의 정예 군대가 출동해 악을 물리치고 세상을 구원함으로써 진정한 평화시대가 열린다고 한다. 샴발라의 전사들은 하나님의 명에 따라 세상의 악한 영혼들을 모두 잡아가는, 남사고가 말한 '하늘의 신병神兵'으로 해석할 수 있다.

이 예언의 영어 번역본에는 특이하게 '하나님The Lord'이라는 표현이 등장한다. 보통 기독교에서 쓰는 언어인데 불교의 미래불을 하나님이라 한 것이 흥미롭다. 같은 예언에서 앞에는 미륵불, 뒤에는 하나님이라 표현함으로써 미륵불과 하나님이 동일한 한 분이라는 사실을 알리고 있다.

그리고 '하나님께서 서두르고 계신다'는 표현에서, 미륵불 출현이 얼마

고대 간다라 지역에서 발견된
초기 미륵불상
손에 물병을 든 모습을 하고 있다.
3세기 제작, Metropolitan Museum of Art

남지 않았다는 사실도 알 수 있다. 흔히 미륵불이 56억 7천만 년 후에 출현한다고 하지만, 그것은 잘못된 것이다. 인도에서 발견되는 초기 미륵불상을 보면, 손에 물병을 든 모습을 하고 있다. 이것은 미륵불이 물병자리 시대에 오시거나, 물병자리 시대를 여시는 부처님이라는 것을 나타낸다.

미래를 살다 온 사람, 알 비렉

미래 세상을 갔다 왔다고 말하는 사람들이 있다. 믿기 힘든 이야기이다. 그들이 주장한 시기가 서로 달라서 그냥 허위로 여길 때도 많다. 그런데 한 가지 주목할 부분이 있다. 발생하는 시기에 대한 언급은 다르지만, '미래를 살다 왔다고 주장

알 비렉(1927~2007)

하는 사람들'은 거의 예외 없이 제3차 세계대전 발발을 이야기 한다는 것이다.

그 중에서 알 비렉Al Bielek이라는 인물이 있다. 그는 하버드대학 출신 물리학자로서 1943년에 이루어진 '필라델피아 실험'에 참가했다. 이후 미국 정부가 실시한 타임머신 실험에 참여하고, 미래세계를 살다 왔다고 주장했다. 이 실험은 아인슈타인, 테슬라, 폰 노이만 등 당대 최고 과학자들의 주관하에 롱아일랜드 몬탁 공군 기지에서 실시되었고, 알 비렉의 실험 참여 여부는 서류에 의해 증명되었다.

알 비렉은 1984년, 2137년, 2749년 세 시간대에 살다가 왔다고 했다. 그가 보았다는 미래를 요약하면 대전쟁, 엄청난 기후변화, 미국과 유럽의 달라진 해안선, 바다에 잠겨 일부만 남은 플로리다, 미시시피 강의 내륙 수로화, 3억 명 수준의 세계 인구, 물질에 대한 갈망이 없고 매우 이성적인 미래 사람들, 빛과 진동으로 치료하는 미래 의료술 등이다.

앞에서 다른 예언을 살펴보지 않았다면 허위로 치부할 수 있겠지만, 그가

미래 세계에서 보았다는 내용은 다른 예지자들의 말과 비슷한 부분이 많다. 그가 언급한 미래가 실제로는 현실화 되지 않은 것도 있다. 그러나 그의 말을 대국적인 차원에서 본다면 참고할 부분이 많다는 것을 발견할 수 있을 것이다.

13. 세계 각지의 원주민이 전한 개벽

'새로운 세상이 열린다, 개벽이 다가오고 있다'는 것은 예지자들만 전한 것이 아니다. 창조와 종말 또는 새로운 세상이 열린다는 내용은 각 민족의 신화에도 전해지고, 전통 부족 중 영성이 뛰어난 샤먼들을 통해서도 전해온다. 그 중에는 본서에서 다룬 예언들이 공통으로 언급한 미래와 다른 것도 있지만, 놀랄 만큼 유사한 내용도 많다. 서로 다른 시대와 다른 지역에 살았던 예지자들이 공통된 미래를 말한다면 그 소식에 진지하게 귀를 기울이는 것이 합리적인 자세일 것이다.

고대 잉카제국이 전한 '빛의 인간'

서양인이 아메리카 대륙을 발견하기 이전, 남아메리카 안데스 산맥에는 잉카문명이 화려하게 꽃피어 있었다. 스페인 정복자에게 허무하게 무너진 이후 혼혈인도 많이 생기고 전통 문화도 파괴되었지만, 지금도 잉카의 언어와 문화를 그대로 간직한 부족이 여전히 남아 있다. 잉카제국이 무너질 때 케로Q'ero라는 작은 부족이 안데스 산맥 깊숙이 들어가 500년 이상 잉카의 언어와 역사, 전통을 지키며 살아왔다. 이 부족은 1955년에 서구 세계에 드러났고, 1996년에는 부족의 제사장과 원로들이 미국을 방문해 잉카 조상의 예언을 전하였다.

잉카인들은 세상에 종말, '파차쿠티Pachakuti'가 온다고 말한다. 파차쿠티는 케추아어로 '시간과 공간을 흔드는 자, 뒤집는 자'라는 뜻이다. 즉, 지구의 시간과 공간이 뒤집힐 정도의 대격변이 발생한다는 것이다. 파차쿠티 이후에는 새로운 인간이 출현하고 황금시대가 열린다고 말한다. 호모 사피엔스가 '호모 루미너스Homo luminous'라는 '빛의 인간'으로 새로 태어나고, 인간이 불사의 몸이 된다고 했다. 한 세상의 종말과 이후에 열릴 황금시대 즉 개벽을 이야기한 것이다.

지금은 인간이 피조물이라는 의식을 벗어던지고 자유롭고 권능을 가진 존재, 공동 창조주라는 의식으로 전환을 해야 하고, 지구와 모든 생명체가 재조정되는 것을 목격할 것이라 했다.

푸에블로 원주민이 전하는 제5 세계와 지구의 정화

현 세계가 판을 마치고 새로운 세계가 열린다는 신화는 북미 원주민에게서도 볼 수 있다. 호피족이나 푸에블로 원주민은 지금의 세계가 끝나고 제5세계가 열린다고 하며, 현재 '지구의 정화'가 일어나고 있다고 전한다. 푸에블로족 파트리시오 도밍게즈Patricio Dominguez는 조상으로부터 내려오는 예언을 다음과 같이 전했다.

> 조상들은 지구가 매우 아플 때가 올 것이라고 말했다. 끊임없는 탐욕의 문화 때문에 지구에 치명적인 액체와 금속이 가득 차고, 공기는 연기와 재로 오염될 것이며, 심지어 지구를 깨끗하게 하는 비조차도 독약이 되어 떨어질 것이다. 새가 하늘에서 떨어지고 물고기가 배를 뒤집고 죽으면 숲 전체가 죽기 시작한다.

> 무지개의 상징 아래, 모든 종족과 모든 종교는 서로 조화를 이루며 지구의 모든 창조물과 조화롭게 살아가는 위대한 지혜를 전파하기 위해 함께 모일 것이다. 이런 길을 가르친 사람들은 '무지개 전사'로 알려지게 될 것이다. 그들은 전사일지라도 조상들의 영과

함께 다닐 것이며, 그들의 머리에는 지식의 빛을, 마음에는 사랑을 가지고, 다른 어떤 생물에도 해를 끼치지 않을 것이다. 이 무지개 전사들은 큰 투쟁이 일어난 후에 평화의 힘을 이용하여 마침내 대지의 파괴와 훼손을 끝낼 것이다. 그 후에 어머니 지구에 평화롭고 풍요롭고 즐거운 황금시대가 오랫동안 펼쳐질 것이다.

현재 인류가 겪는 환경파괴, 대도시의 스모그, 산성비를 마치 직접 보고 말하는 듯 사실감이 느껴진다. 일곱 색이 모여 조화를 이루는 무지개처럼 지구촌 인류가 화합하여 조화롭게 살아가는 방법을 가르치는 '무지개 전사'가 나타날 것이라 했다. 그들은 평화의 힘으로 지구를 구하고 황금시대를 열어갈 것이라 한다. 예언에서는 무지개 전사가 어떤 무리를 말하는지 명확하지 않다. 하지만 무지개가 흔히 일곱 색으로 표현된다는 점에서, 이 전사들을 천상의 7수, 북두칠성의 기운을 받은 사람 또는 단체로 해석할 수 있다. 이 7수의 비밀은 본서 하권에서 밝혀진다.

마야인이 전하는 제5의 태양

카를로스 배리오스

제5 세계가 새로이 열린다는 신화는 아메리카 대륙의 원주민에게 광범위하게 퍼져 있다. 중미 대륙에서 번영을 누렸던 마야족에게도 비슷한 예언이 전해온다.

카를로스 배리오스Carlos Barrios는 역사가이며 인류학자이다. 그는 19세부터 25년 동안 마야족 장로들과 함께 공부한 후, 마야족의 의식을 주관하는 사제이자 영적 가이드인 아스퀴즈Ajq'ij가 되었다.

배리오스는 마야를 연구하는 학자들이 '2012년 종말설'을 잘못 알렸다고 비판한다. 마야 장로들은 2012년 12월에 세상이 끝나는 것이 아니라 변화하는 것이라 말했다는 것이다. 배리오스와 그의 형제 제라르도는 여러 가지 마야 달력을 조사하고, 많은 교사와 함께 공부했다. 제라르도는 약 600명의 마야 전통 장로들을 인터뷰했다. 이런 연구와 인터뷰를 바탕으로 카를로스 배리오스는 고대 마야 예언 메시지의 핵심을 이렇게 밝혔다.

> 우리는 제4 태양의 세계에 있는 것도, 제5 태양의 세계에 있는 것도 아니다. 지금은 두 세계 사이, 전환기에 있다. 우리가 전환기를 통과함에 따라 환경 파괴, 사회 혼란, 전쟁이 뒤섞여 지속적이고도 거대한 전 지구적 변화가 일어난다.
> 인류는 존속할 것이지만 다른 방식으로 존속할 것이다. 재료 구조가 변경되어 한 차원 더 높은 인간이 될 수 있는 기회를 갖게 될 것이다. 우리는 마야 달력과 예언에서 말한 가장 중요한 시대에 살고 있다. 세상의 모든 예언과 모든 전통이 지금 한 곳(대변혁)을 가리키고 있다.

배리오스가 전한 마야의 예언에 따르면 현재는 제5 세계로 전환하는 과도기이다. 푸에블로 원주민이 제5 세계가 열린다고 전한 것과 동일하다. 새로운 세계로 전환하는 과정에서 거대한 변혁이 일어나고, 호모 루미너스로 재탄생한다고 잉카족이 예언한 것처럼, 인류는 호모 사피엔스를 뛰어넘는 새로운 인간이 된다고 한다. 마야족 역시 단순한 종말적 사건을 이야기한 것이 아니라, 기존 세상의 창조적 파괴와 새로운 황금시대로의 전환, 가을개벽을 말했다는 것을 알 수 있다.

아프리카 줄루족이 전한 완벽한 제 7세계

줄루Zulu족은 남아프리카 공화국 최대 민족으로서 그 숫자는 1천만 명이 넘는다. 이 민족의 신화는 시기를 가늠할 수 없는, 아주 오랜 기간의 인류사에 관한 스토리를 전한다. 다음은 『2012 Enlightened』에 소개된 줄루의 신화이다.

> 줄루에 따르면 인류는 현재 제6 세계에 있다. 전통에 따르면 천신天神 은쿨룬쿨루Nkulunkulu는 하늘의 여왕 놈커불와나Nomkubul-wana의 도움으로 이 세상을 다섯 번 창조하고 파괴하고, 다시 만들었다.
>
> 이 제6 세계는 지구 어머니가 깊은 우울증과 슬픔에 빠진 상태에서 창조되었기 때문에 무지, 고통, 굶주림, 전쟁, 투쟁으로 가득 찬 세상이다. 이 아픔과 고통의 시간은 약 2천 년 간 지속될 것이다. 2천 년의 기간이 지나면 은쿨룬쿨루와 놈커불와나가 이 제6 세계를 파괴하고 제7 세계를 만들 것이다. 제7 세계는 죽음과 고통이 없는 완벽한 지구가 될 것이다. 인류는 행복과 조화의 시대에 살게 될 것이다.

줄루족 신화는 지구 역사에서 창조와 파괴가 되풀이되었다고 하고, 현재는 제6 세계라 전한다. 인도의 시간관에서도 1칼파(겁劫) 동안 창조와 파괴가 반복되는데, 황금시대인 사트야유가에서 악이 가득한 칼리유가로, 다시 사트야유가로 순환한다. 줄루족 신화도 전쟁과 투쟁이 가득한 아픔의 시간대가 지나면 행복과 조화의 시대인 제7 세계가 도래한다고 했다.

> 제6 세계가 끝나려 할 때 라이즈위Leizwe라는 위대한 인간 영웅이 로화니Rohwani를 구할 것이다. … 그는 상지Sange 새를 죽이고 로화

니를 영원한 고통의 바위에서 해방시킨다. 그때부터 로화니는 라이즈위에게 영원히 봉사해야 한다. 우주에 사는 가장 현명한 영혼 중 하나인 로화니는 라이즈위가 완벽한 세상을 만들도록 도와준다. 이 완벽한 세계인 제7 세계는 제6 세계의 폐허 위에 세워진다. 지구상에 새로운 천국이 건설되고, 라이즈위는 지구의 정당한 통치자로 즉위한다.

줄루족 신화에 따르면 우리가 살고 있는 제6 세계는 불완전하고 고통과 슬픔이 가득한 세상이다. 이러한 제6 세계의 인류를 구원하기 위해 제6 세계 말에 라이즈위라는 영웅이 출현하여 완벽한 세상인 제7 세계를 만든다고 했다. 말세가 끝나고 극락정토가 열린다는 불교의 가르침이나, 신이 재림하여 천국이 건설된다는 기독교의 복음과 동일하다. 제7 세계가 완벽한 세상이 된다고 했지만, 그것은 제6 세계의 폐허 위에 세워진다고 했다. 고통스러운 제6 세계의 청산과 지구상에 새로운 천국 건설, 이른바 개벽인 것이다.

새로운 세상이 열리면 라이즈위가 지구의 통치자로 즉위한다고 했는데, 한 나라의 통치자가 아니라 지구의 통치자이다. 그러므로 전 지구가 하나의 국가처럼 되는 지구일가 문명이 열릴 것이라는 사실도 드러내고 있다.

잉카 케추아 : 저무는 철의 시대와 다가오는 황금시대

남미에는 아직도 잉카제국의 전통을 지키며 살아가는 사람이 많다. 케추아Quechua는 고대 잉카제국의 공용어를 지칭하는데, 이 언어를 사용하는 부족들을 케추아라 부르기도 한다. 페루 쿠스코 출신 원주민인 윌라루 후아이타Willaru Huayta는 페루의 정글에서 자랐고 샤먼과 함께 공부하며 조상들로부터 비전祕傳되어 온 진실을 배웠다. 그가 전한 예언을 살펴본다.

우리는 모두 어머니 자연의 일부이다. 그 어머니는 우리 안에 있고 우리는 그 어머니 안에 있다. 우리는 지구, 태양, 물에 전적으로 의존한다. 우리 육체는 자연(땅)의 진화를 따른다. 그러나 우리 영체 靈體는 태양에서 온 것이다. 두 눈으로 볼 수 있는 태양이 아니라 다른 차원에 있는 태양, 영적 빛으로 불타는 황금빛 태양이다. 인간 내면의 빛은 이 영적 근원에서 온다. 우리는 이 태양에서 지구로 와서 경험을 쌓았고, 결국 이 태양으로 돌아갈 것이다. 우리는 태양의 자손이다.

모든 인간은 어머니 자연의 자녀이다. 그러므로 우리는 모두 형제자매이다. 자녀가 자연의 법칙에 따라 조화롭고 평화롭게 사는 것을 볼 수 있다면 부모는 얼마나 행복할까? 자연을 부모로 인식하고 존중할 때 우리는 부모에게 축복을 받고 모든 악으로부터 보호를 받게 된다.

이처럼 후아이타는 지구를 살아 있는 어머니로 보고 인간도 어머니 지구의 일부로 본다. 하늘을 아버지로, 땅을 어머니로 여겨서 천지부모天地父母라 말하는 동양의 사상과 동일하다는 것을 알 수 있다. 인간은 하늘땅으로부터 몸을 받은 자녀이니 하늘땅의 법칙에 따라 조화롭게 살아야 건강하다는 사실을 각성시켜 주고 있다.

월라루 후아이타

우리의 영체는 물질적인 태양이 아니라 '영적 빛으로 불타는 황금빛 태양'에서 온다고 했다. 9천 년 전부터 전해 오는 한국의 고유 경전 천부경天符經에서도 '본심본태양本心本太陽'이라 하여 인간 본래의 마음이 태양에 근본을 두고 있다고 했다. 인간 영혼의 본질은 광명이므로, 인간은 이 광명을 밝히고 추구하는 삶을 살아야 한다는 가르침을 전하고 있다. 인간 생명의 본질과, 천지의 자녀로서 하늘땅 부모님의 품 안에서 어떻게 살아야 하는지에 대한 명쾌한 해답이 아닐 수 없다.

'자연의 도'로 돌아가서 지구를 신성한 살아있는 어머니로 인식해야 한다. 어머니는 인간이 자기중심주의에 빠져 병들었다는 것을 안다. … 어머니 지구인 '파차 마마'는 크게 슬퍼하며 울고 있다. 우리가 무지하고, 어둠에 떨어져 길을 잃고, 파괴를 일삼고, 불균형 속에서 서로 죽이는 것을 보고 있다. 우리는 '자연의 도'로 다시 돌아와야만 문제에 대한 해결책을 찾을 것이다. 이것은 지난 몇 년 동안 우리에게 주어진 예언이며 우리 자신을 구할 기회를 준다. 1년에 사계절이 있는 것처럼, 4개의 큰 우주 시대가 순환한다. 긴 겨울 같았던 '철의 시대'는 이제 막을 내리고 있다. 봄과 같이 '새로운 황금시대'가 전 세계에 시작되고 있다.

현재 지구상의 모든 병폐는 자연을 생명이 없는 존재로 여기기 때문에 일어나는 것이다. 후아이타는 인류가 '자연의 도'로 돌아가 만물을 살아 있는 생명체로 인식해야 한다고 거듭 강조한다. 그렇게 할 때 파괴와 불균형이 청산되고 조화와 균형, 평화의 세상이 열리게 된다.

그리고 1년에 사계절이 있는 것처럼 우주도 네 개의 큰 시대로 순환한다고 했다. 지금은 '철의 시대'로 인류가 파괴와 불균형에 빠진 때이지만 머지않아 이 시대가 막을 내리고 새로운 황금시대가 도래한다고 했다. 새 시대의 개막, 개벽인 것이다.

14. 종교 성자들이 전한 개벽

3일간의 완전한 어둠

천주교 수도사와 신부, 수녀 중에서 미래의 재난을 알린 예지자들이 있다. 그들이 전한 예언에서 공통되는 것은 바로 '3일간의 암흑'이다. 지구에 대격변이 일어나서 전기를 쓸 수 없게 되어 3일간 완전한 암흑 세상이 된다는 것이다.

오스트리아 수도사 요한 프리데Johann Friede(1204~1257)는 문명이 끝날 것이라는 소식과 함께 3일간의 암흑에 대한 이야기를 전했다.

> 완전한 어두움이 3일 밤낮 지속될 것이다. … 이 시간 동안 빛의 힘
> 이 없는 사람은 졸음과 같은 잠에 빠질 것이다. 특히 영적 생명의
> 불꽃이 없는 사람은 많은 경우 깨어나지 못할 것이다. … 모든 전
> 쟁에서 생긴 사상자보다 더 많은 사망자가 있을 것이다.

노스트라다무스보다 훨씬 앞서, 프리데는 앞으로 지구상에 큰 자연 변혁이 일어나며, 전쟁에서 죽은 사람보다 더 많은 사람이 죽을 것이라 했다. 알수 없는 질병이 퍼져 인류가 대부분 소멸할 것이라는 소식을 전한 다른 예지자처럼 끔찍한 미래를 본 것이다.

신실한 수녀 중에도 계시를 받거나 기도를 하다가 미래에 일어날 일을 보고 알린 분들이 있다.

> 3일 동안 어둠이 지속될 것이다. … 짧지만 격렬한 전쟁이 있을 것
> 이다.(이탈리아의 팔마 마리아Palma Maria 수녀; 『The Christian Trumpet』, Patrick
> Donahoe, 1874, 110쪽.)

하나님께서는 두 가지 형벌을 정하실 것이다. 하나는 전쟁, 혁명 및 기타 악의 형태로 지상에서 시작되고 다른 하나는 하늘에서 보내질 것이다. 나는 지상에서 3일 밤낮으로 지속될 강렬한 어둠을 본다. 아무것도 보이지 않고 공기가 역병을 토할 것인데, 이 전염병으로 죽는 것은 주로 종교의 적들이지만 오직 그들에만 국한되지는 않을 것이다. 이 3일 동안 인공조명은 불가능할 것이다. ⋯ 호기심에 창을 열어 집을 바라보거나 집 밖으로 나가는 사람은 그 자리에서 죽을 것이다. (이탈리아의 안나 타이지Anna Taigi 수녀)

자연 전체에 3일의 어둠이 있을 것이다. 3일 밤과 2일 낮 동안 오직 밤만 계속될 것이다. 불신자의 집과 이 모든 것을 통해 신을 찾지 못한 사람들은, 상상할 수 있는 가장 끔찍한 모습을 하고 가장 괴상한 소리를 내는 악령을 맞이할 것이다. 피처럼 붉은 구름이 하늘을 가로질러 움직일 것이다. 균열과 천둥이 지구를 뒤흔들

(좌) 마리 쥴리 자에니Marie Julie Jahenny 수녀 (1850~1941)
(우) 안나 마리아 타이지Anna Maria Taigi (1769~1837). 이탈리아 로마의 산 크리스고노 San Crisogono 성당에 안치되어 있다. 사후 160여 년이 지난 지금도 시신이 부패하지 않고 있다.

것이다. 믿을 수 없는 번개가 한 번도 본 적이 없는 방식으로 거리를 뒤흔들 것이다. 지구는 기초까지 흔들릴 것이다. 바닷물이 거품을 내며 제방을 넘어 육지를 덮칠 것이다. 그리고 지구 전체가 공동묘지가 될 것이다. 이어서 거대한 기근이 일어날 것이다. 이 위기는 아주 빨리 일어날 것이며, 이 형벌은 전 세계적으로 동일하게 일어날 것이다. (프랑스의 마리 쥴리 자에니Marie Julie Jahenny 수녀)

그 날 환난 후에 즉시 해가 어두워지며 달이 빛을 내지 아니하며 별들이 하늘에서 떨어지며 하늘의 권능들이 흔들리리라. (『마태복음』 24:29)

위 예언들은 3일간 완벽한 어둠이 있고, 이 어둠의 기간에는 조명을 이용하려 해도 불가능한 상황이 된다는 것을 공통적으로 전한다. 외계인 채널러들은 이 3일간의 어둠에 대해, 태양계가 포톤벨트Photon Belt로 완전히 진입하는 데에 3일이 걸리고 이 기간에 전기를 쓸 수 없는 상태가 된다고 말한다. 예지자들은 이 3일간 절대 집 밖에 나가지 말고 창문도 열지 말 것을 당부했다.

이때는 지구의 공전 궤도와 지축이 크게 이동하고, 거대한 해일이 일어나 육지 깊숙이 들어오게 된다. 그리고 짧지만 격렬한 전쟁이 일어나는데 이 전쟁보다 더 많은 희생자를 내는 사건이 발생하여 지구가 거대한 묘지가 된다고 했다. 전쟁보다 더 무서운 형벌이 하늘에서 내려오기 때문이다. 1920년에 시복을 받은 유명한 수녀 타이지는 하나님의 형벌 중 하나가 하늘에서 내려올 것이라 했고, 공기가 역병을 토한다고 했다. 그녀가 역병을 언급하면서 종교를 말한 것은, 이 역병이 단순한 전염병이 아니라 '하나님의 심판'과 관련되어 있기 때문이다. 노스트라다무스가 말한 '공포의 대왕', 남사고가 말한 '소두무족', 스톰버거가 말한 '유령사냥'과 같은 것이다.

아버지 하나님의 영원한 왕국

바하이교는 페르시아인 바하올라Baha'u'llah(1817~1892)가 창시한 종교이다. 바하이교도는 바하올라를 '하나님 말씀의 전달자'라 믿는다. 바하이교의 핵심 가르침은, 모든 종교가 하나의 신성한 근원에서 나왔고, 인류는 한 겨레이며, 지구는 한 나라라는 것이다. 바하이교는 지구적 차원의 새로운 문명 건설, 남녀 평등, 과학과 종교의 조화, 세계연방 체제를 교리로 삼는다. 바하올라는 개벽 후에 지상에 펼쳐질 낙원의 모습을 한 편의 시처럼 아름답게 전하였다. 그런데 그가 전한 낙원도 지구를 송두리째 뒤흔드는 대변혁이 일어나고 나서 펼쳐진다.

> 정해진 시간이 되면 갑자기 무언가 나타나 사람들이 팔다리를 마구 떨게 될 것이다. 그때가 되어야 '신의 깃발Divine Standard'이 펼쳐지고 파라다이스의 나이팅게일이 노래할 것이다.(압둘 바하Abdul-Baha(바하올라의 아들이자 후계자), 『Some Answered Questions』)

(좌) 바하올라Baha'u'llah
(우) 이스라엘 아코Akko에 있는 바하이교 성지. 바하올라가 이곳에서 승천했다.

일곱째 천사는 하늘의 특성을 갖추고 하늘의 인성과 품성을 지닌 채 나타나는 사람일 것이다. 하나님의 말씀이 선포되고, 신의 출현이 선포되며 확산될 것이다. 만군의 주님이 출현하고, 선지자의 책과 저술에 약속되고 기록된 '전능자의 신성한 시대'가 열릴 것이다. 그 '신의 날'에 신성한 영적 왕국이 세워지고 세상이 새롭게 될 것이다.

생명체의 몸에는 새로운 영혼이 불어넣어질 것이고, '신성한 봄'이 올 것이다. 자비의 구름이 비가 되어 내릴 것이고, 하나님의 광명이 빛날 것이며, 생명의 바람이 불 것이다. 인류가 새 옷을 입을 것이고, 지구는 숭고한 낙원이 될 것이다.

인류는 교육을 받고 전쟁, 분쟁, 다툼 및 악의가 사라질 것이다. 그리고 '진실, 의로움, 정직, 하느님에 대한 경배'가 영원히 지구를 다스릴 것이다. 이것은 영적이고 영원한 왕국이 세워질 것을 의미한다. 그날은 하나님의 날이다. 지나가고 사라진 모든 날은 아브라함, 모세, 그리스도 또는 다른 예언자들의 날이었지만 이 날은 하나님의 날이다. '하나님의 광명'이 가장 따뜻하고 아름답게 떠오를 것이기 때문이다. (압둘 바하, 『Some Answered Questions』)

바하이교는 '일곱째 천사The Seventh Angel'를 기다리고 있다고 한다. 일곱째 천사는 아버지 하나님의 말씀을 선포하고 지상에 영원한 하나님의 왕국을 만드는 사람이다. 바하이교에 따르면 예수나 석가모니, 마호메트는 '하나님 말씀의 전달자'이다. 바하올라도 마찬가지다. 그런데 성자의 시대가 끝나고, 하나님의 날, 하나님의 왕국이 펼쳐진다고 했다. 하나님 말씀의 전달자들에 의해 유불선 고등종교가 생겨나 인류 문명의 밑바탕이 되었지만, 앞으로는 완전히 판이 다른 성숙한 문명, '영적이고 영원한 왕국'이 펼쳐지게 되는 것이다.

극이 이동합니다. 극이동이 생길 때
'새로운 사이클'이 생깁니다.
　　　　　　－ 에드가 케이시

지구의 극이동은 자연 섭리로서
지구 자체의 정화를 위한 필연적 과정이다.
　　　　　　－ 루스 몽고메리

파도가 그 끝이 어디인지 모를 만큼
높이 솟아올라 해안을 할퀴어 댈 테고
　　　　　　－ 마더 쉽튼

지구상의 많은 곳이 큰 묘지가 될 것이다.
세 번째 큰 전쟁은 많은 나라의 종말이 될 것이다.
　　　　　　－ 마티아스 스톰버거

현재의 질서는 버려질 것이다.
신은 '새로운 세계'를 창조하고 있다.
　　　　　　－ 피터 더납

전 세계에 이상한 병이 돌지만
아무도 치료약을 찾지 못할 것입니다.…
동방에서 현명한 사람들이 나타날 것입니다.

– 미타르 타라빅

새로운 문명의 빛이
밤의 어둠 뒤에서 나타나기 전에
깊은 탄식 소리가 나올 것이다.

– 키로

호모 루미너스Homo luminous
'빛의 인간'으로 태어난다.

– 잉카 케로족

3일 동안 어둠이 지속될 것이다.

– 팔마 마리아 수녀

'신의 날'에 신성한 영적 왕국이 세워지고
세상이 새롭게 될 것이다.

– 바하올라

동양의 선지자들과 비기祕記가
전하는 대변혁 소식

후천 벽두에 1만2천 명의 도인이 출세한다···
이러한 대문명이 열린 후에 참되고 올바른[眞正]
세계 통일의 대교주大敎主가 출세하리라.(『신교총화』)

재건축이라는 것은 세상의 근원인
하느님의 뜻대로 하는 것이다.
빛의 세상으로 만드는 것이다.

(『히후미 신지ひふみ神示』)

　본장에서는 『신교총화神敎叢話』에서 자하 선인과 팔공 진인이 전하는 천지
와 세계의 대변국과, 병든 세계를 치유하는 대도 진리와, 세계 구원의 성자
출현에 대한 희망의 소식을 간단히 살펴본다. 이어서 역철학을 바탕으로 개
벽 소식을 전한 탄허 스님과, 조선 민중의 염원과 호흡을 같이 해 온 『정감
록』의 핵심적인 내용, 정북창 선생의 「궁을가」 소식, 『춘산채지가』, 그리고
중국과 일본 예지자들이 전하는 예언도 살펴본다.
　한국의 예지자들이 들려 주는 한국과 세계에 대한 예언은 서양이나 그
밖의 성자들이 전하는 미래의 소식과 달리, 한 구절 한 구절에 대단히 함축

적인 의미를 담고 있으며, 대변국이 발생할 수밖에 없는 필연적인 이유를 우주 원리를 바탕으로 하여 밝히고 있다. 그리고 자손이 어떠한 정신자세로 조상을 공경해야 하는지 가슴이 서늘하리만큼 준열하게 가르침을 내려 준다.

1. 『신교총화神敎叢話』가 전하는 대변국 소식

『신교총화』는 이름 그대로 인류 문명의 모체요 제1의 종교인 신교에 얽혀 있는 여러 가지 중요 내용을 정리한 책이다. 이 책은 한문 원문으로 45쪽 밖에 안 되지만, 약 6백 년에 걸친 역사의 흐름과 생활방식, 인간상의 타락, 세계 문명 발전의 생생한 과정, 우주 운동의 본질, 수도 공부의 중요성, 동방 문화의 연원, 모든 세계 종교와 문화의 뿌리가 신교 정신이라는 것에 대한 명쾌한 해설, 그리고 한국인이 이 세계사에서 부여 받은 위대한 소명 등 실로 방대한 내용을 도적道的 경지에서 전해 준다.

물론 이 책이 100퍼센트 완벽한 내용을 담은 것은 아니다. 그러나 역사상 동서의 어느 대 예언가보다도 우주원리와 동방 민족의 정통정신의 도맥을 대단히 흥미 있게 전한다는 점에서 소중한 자료라 아니할 수 없다.

『신교총화』의 전반부는 자하 선인의 말씀이, 후반부는 자하 선인仙人과 그 제자인 팔공八公 진인眞人의 말씀이 기록되어 있다. 자하 선인(1351~?)은 광동인廣東人으로 이름이 이고李㮨, 자는 덕화德和이며 자하紫霞는 호이다. 태백산 구화동九花洞에서 살았고 『신교총화』 저작 당시인 계사(1893)년에 543세라 하였으며, 당나라 때 팔선八仙 가운데 한 사람인 여동빈과 함께 가야산에서 은거하며 놀고 있다고 한다.(『신교총화』, 1쪽)

팔공 진인(1398~?)은 성이 류柳이고 이름은 성성成性인데, 팔공산八公山에서 항상 기거하여 세인들이 그를 팔공 진인이라 불렀다. 자하 선인의 문인으로 당시 496세였다고 전한다.(『신교총화』, 12쪽)

본서에서는 『신교총화』의 핵심 내용만 간략히 소개한다.

모든 종교와 진리의 모체, 신교

신교는 뭇 종교의 조상이며 모체가 되는 뿌리 진리이다. …
말세가 되면 인정이 사욕으로 들끓어 본원을 망각하리라. …
장차 신시神市(배달) 시대의 가르침神市敎인 신교의 본원을 연구하지도
않으리니 어쩌리오. 제 스스로 자신의 뿌리를 상실하리라.

神敎之爲衆敎之爲祖, 爲母之理。… 人情多私忘本源。… 不究神市敎
之本源, 如何也! 亦自失其源。

선천 성자들의 도道의 연원

도교로 말하면, 노자가 스스로 성을 이李라고 하였는데 이李 자는
'동방東方의 아들'이란 뜻이니 이것은 자기가 동방 사람임을 가리
킨 것이 아니고 무엇이리오.

以道敎言之, 老子之初生而自指李[東方木也], 李字, 木子之意, 非東方
而何!

석가로 말하면, 육 년 동안 고행을 하여 깨달은 도는 무궁무궁한
'삼신의 진리'를 원각圓覺한 것에 지나지 않는다. … 그러므로 평생
의 공덕이 이 천명을 받들어 자비에 힘쓴 것일 뿐이다.

以釋迦言之, 其所耐苦六年而悟道, 不過是尊吾帝釋之無窮無窮無無
窮神理之覺圓得如如而來。… 故平生所工, 只此尊天命務慈悲而已。

공자의 가르침으로 말하면, 공자가 일생 동안 중히 여긴 것은 천명
에 순응하고 천도를 공경하여 상제님의 뜻을 높이는 것이었다.

以孔子敎說之, 孔子一生所重, 順天命敬天道, 以尊上帝之意。

예수로 말하면, 상제님의 명을 받고 유대가 망했던 때에 내려와서
(유대 역시 진동방의 지파이다) 상제님의 도를 밝혔다. 동방에서 서방으

로 가서 '평등의 교설'로 일세를 흔들어 깨웠으니 이 또한 상제님의 명에 따라 그리한 것이다.

以耶蘇談焉, 耶蘇不過是受上帝之命, 降于猶太亡國之際[是亦震東方支派地方內], 以說明上帝之道。自東徂西, 以鼓動平等之說, 以警一世, 亦不過是上帝之一命者而已。

세상에서 행하여지는 삼교의 진리를 보면, 도교에서는 은둔 수행하여 장생불사하고, 불교에서는 고요히 선정하여 심법 닦고, 유교에서는 기강을 펴고 인륜을 밝히는 것에 지나지 않는다. 이것들은 모두 신교의 심오하고 광대한 진리에 위배될 수 없는 것이다.

道之行於世, 不過是老之遁數延命, 迦之抱元含神, 儒之陳紀明倫而已。皆不能違於神教涵泓廣大。

말세의 인정과 세태

지금 이후로 세로世路가 험난하여 천사만마千邪萬魔가 천리를 어지럽히리라.

從今以後, 世路尤險, 千邪萬魔, 以亂天理矣。

사람이 모두 도도해지고 스스로 속이고 남을 속이며 하늘과 땅이 광명을 상실하리라.

人皆滔滔, 自欺欺人, 天地光明失矣。

사람들이 자기 선조의 도를 알지 못한 채 다만 다른 것에 매달려 있으리라.

人不知其祖先之道, 而只從他。

후세 사람의 마음이 삿된 것에 구부러져서 사도邪道에 잘 빠져들고 진실과 허위를 구분하지 못하리니 어찌하리오! 또 귀신과 마귀에 홀려서 미친 것 같으리라.

後世人心多邪曲, 故逕入邪道, 不知眞僞, 奈何! 人多鬼魔所使而如狂也。

사람마다 하루에 천리를 갈 것이며[日行千里] 집 위에 집이 올라서고
[屋上加屋], 집집마다 약국이로다[家家藥局]. 곳곳마다 종소리가 울리
고[處處鐘鳴] 사는 모습이 새가 이 가지에서 저 가지로 사는 모습과
같으리라.(『신교총화』, 29쪽)

구원의 빛은 가을 금金 시대에 뿌리를 둔다

인류를 구원할 대명의 싹은 가을의 결실 기운[金]을 쓰는 때에 뿌
리를 두며 후천의 대명력大明曆을 쓰는 날이라.

大明之萌, 根於金之用, 大明曆之日。

우주의 시간대가 성숙 운동하는 후천 가을의 360일 정역의 광명 역수를
쓰게 될 때 세계 구원의 대광명이 온 세상에 비치게 된다는 말이다.

새로운 신도神道의 개벽으로 실현되는 인류 구원

예로부터 전쟁의 방법은 시대에 따라 변해 왔다. 최초에는 손으로
서로 싸우고, 다음에는 나무로, 다음에는 쇠로, 다음에는 물로, 다
음에는 공중에서 싸우는 경지에까지 이르게 된다. 그때에는 사람
과 가축이 모두 멸망하는 지경에 이르게 되리라. 마침내 신명神明
의 도는 신도神道의 회복으로써, 인간 구원의 도道는 새로운 도道의
개벽으로써만 가능하리니 연후에 건곤 천지가 다시 광명을 회복
하게 되리라.

自古戰爭之法, 隨時而變。最初以拳相鬪, 繼而木, 繼而金, 繼而水。
大繼而戰于空中之境, 人畜俱滅之境。終則神以神, 道以道, 然後乾
坤復明。

분열과 통일 운동의 순환적 기틀

천하가 합해졌다 분열하고 분열했다 통일되는 것은 천지 변화의
기본 원칙이기 때문에 이것을 아는 자는 먼저 그 기틀을 살피고
행해야 하리라.

天下合而分, 分而合, 亦理之常。知者, 先察其機而隨行焉。

선·후천 일주기(129,600년) 동안 지상에 생겨나는 인명의 총수에 대해서는
이렇게 말하고 있다.

지구상 인명 총수는 12만9천6백 억 수이다. 그러나 이후에 천지
는 다시 혼돈으로 돌아가리라.

地球上人命, 十二萬九千六百億數。然後天更混沌焉。

여기서 숫자의 정확성을 따지기 이전에, 인간의 총수는 우주의 1년 중 무
한으로 생겨나는 것이 아니라, 시공(時空=理氣)의 운행 도수에 따라 한계가
있음을 알 수 있다.

혹세무민하는 자는 마지막 날 하늘이 벌한다

근일에 소위 수도한다는 자들이 왕왕 다른 이들의 재물을 취하고
자 하여, 부처에게 빌면 화가 복으로 바뀐다는 말로써 일세를 고
동시키고 있다. 어리석은 자들이 이 설이 잘못된 것임을 알지 못하
니, 사람을 속인 죄는 하늘이 죄인을 죽이는 벌을 면하기 어려울
것이요, 속임을 당한 자도 또한 책임을 면하지는 못하리라.

近日所爲修道者, 往往欲取人財物, 曰禱佛則換禍轉福之談鼓動一世。
愚夫愚婦不知理說之誤, 欺人者之罪難逃天誅, 被欺者亦不無其責。

이제는 사람들의 몸이 악독해지고 우상숭배에 매달려 복을 구하

니 어찌 복이 있으리오! 가히 부끄러워할지니, 바로 이것이로다. 수도자의 행실은 남이 안 보는 데에서도 언행을 삼가서 양심에 조금도 부끄러울 것이 없어야만 하나니라.

今人身爲惡, 而祈福于物象, 何福之有! 可愧者, 此也。修道者之行, 獨行不愧影, 獨寢不愧衾而已。

인류 문명의 도덕 심판은 서구부터

천지 도덕을 말살하는 극단은 현재 서방(兌=西方) 사람들로부터 비롯된 것이다. 저들은 다만 아버지만 찾고 어머니의 은혜는 모르며 망령된 사탄의 말을 하고 있음이라. 세상에 어찌 하늘은 있는데 땅은 없고, 아버지만 있고 어머니는 없는 이치가 있겠는가! 서양 사람들은 천부는 높이면서 땅의 어머니는 몰라보니 장래 인류가 모두 금수로 돌아갈 징조라. 이는 조상에게 제사도 지내지 않으며 마귀라고 칭하는 지경에까지 이르렀으니 이들을 어찌 인간이라 할 수 있으리오. 천지가 변혁할 때 먼저 그 종자를 멸하는 것은 서방 사람[兌人]들이라.

... 天地變易之時, 先滅其種者, 兌人乎!

장차 올 서방의 문명이라는 것은 다만 서로 죽이는 마음만을 주장할 뿐이니, 상제님[天帝]께서 반드시 벌하시리라.

將來兌人之所謂文明, 只主相殺之心而已, 天帝必誅之矣。

동방 한국은 세계의 종주宗主

오직 우리 배달의 신교神市敎는 허허적멸虛虛寂滅한 중에 화복을 구하지 않는다.

惟我神市敎理, 不救禍福於虛虛寂滅之中。

근세에는 죽어서 영화를 구하니 이것은 다 속임을 당하는 헛소
리들이라.

近世所爲死而未榮者, 都被欺於僧徒之浮說。

왜냐하면 복福은 수도 과정에서 정성이 투철하면 부수적으로 내려오는
것이기 때문이다.

세인이 단군묘를 말하나 단군왕검은 화신化神 승천하여 육신을 남
기지 않은 분이기 때문에 천지와 함께 살고 계신다.

世人稱檀君墓, … 實非體魄地, 化神升天之人, 肉體不脫也, 而與天地
共矣。

우리 신조의 후예로서 중국에 들어가 천하를 다스린 것은 순으로
부터 시작하여 원을 거쳐 청나라에서 끝났다.

惟我神祖裔之入支那, 主天下, 始于舜, 中于元, 終于淸也。

우리 신족神族 통일은 순舜임금으로 비롯하였으나, 우리 동방에서
다시 그러한 인물이 나오리라.

惟我神族之統一, 自舜爲始, 後天則又有其人於東方矣。

진秦·한漢 이후로 당唐·원元·명明나라는 소위 망국의 길이었다. 문
약文弱에 빠지고 (신교를 경시하여) 더욱이 불교와 허무의 도에 빠져
그러하였는데, 우리의 신라부터 조선 때까지도 그와 같았다.

秦漢以來, 唐宋元之所亡國皆是此流之獘, 尤有甚焉者, 尙佛虛無也。
夫此是隣國曾鑑, 我東亦自新羅以降亦如是, 而至李朝中。

태녀兌女(미국)가 비록 막강하다 하더라도 진장남震長男(동방 한국)에
게는 순종하지 않을 수 없게 되어 있으니, 바로 진장남(동방 한국)의
덕 때문이로다!

兌女雖强, 其於震男, 不可不順從, 乃其德夫!

1만2천 도통군자와 대교주의 출세

후천 벽두에 1만2천 명의 도인이 출세한다. 이때에는 사람마다 하루에 만리를 가는데 천지를 날아다니는 것이 솔개가 하늘을 나는 모양 같다. 곳곳에 사람 사는 모습은 밤이 없는 성[不夜城]과 같다. 이러한 대문명이 열린 후에 참되고 올바른[眞正] 세계 통일의 대교주 大教主가 출세하리라.

後天井有萬二千道, 有萬二千人。人能日行萬里, 飛揚天地如鳶飛, 處處生不夜城, 然後眞正大教主出矣。

앞으로 백 년이 못 되어 이 대교주(壬人, 태어나는 해가 천간天干으로 임년 壬年)는 신교에 의해 새 문화를 선도해 가리라.

未百年, 壬人依神教先導矣。

우리 동방東方은 인목寅木이다. 임壬은 곧 북방 수水로서 수생목水生木하는 천지의 생성 원리 때문이다. 단군 임검壬儉의 도道(신교)는 반드시 임성인(壬年에 태어나는 인물로 壬=一太極으로 太極帝를 말함)이 먼저 이끌어 갈 것이라.

東方, 寅木。壬則水, 水生木之理也。壬儉之道, 必使壬姓人先遵。

자하 선인이 『신교총화』를 쓴 때(1893)로부터 100년이 못 되어, 신교 문화를 부흥시키는 대교주가 출세하여 새 시대를 이끈다고 하였으니, 한번 생각해 볼 일이다. 그리고 대순진리회 같은 일부 난법 단체에서는 도통을 준다고 신도들을 속이고 있으나, 1만2천 도통 군자는 선천 세상에서 나오는 것이 아니라 개벽 후 후천선경이 이루어진 다음에 정식으로 출세하게 된다고 전해 주고 있다.

대도大道를 닦는 열쇠, 바른 마음

대도는 정正한 것이거늘 어찌 삿邪된 것이 있으리오. 사악한 것에 물든 자는 그 마음이 먼저 바르게 깨어 있지 못한 까닭이라. 이에 세상 사람들이 사설邪說을 지어내게 됨이니 이 모두 심병心病이라.

大道有正, 邪何有! 被邪者, 其心先不正。故世人之做出邪說者, 總是心病。

인간의 몸에 이로운 최상의 보배는 몸속에 있는 '세 가지 정기와 아홉 영(三精九靈)'을 수련하는 것이다. 사람이 잘 닦아 기氣를 드리우면 그 형모가 용호龍虎와 같이 걸출하고 위풍당당할 것이다.

人身之最可修煉, 三精九靈。人之所垂氣, 龍虎而已。

천하를 통일하는 한국의 원형 진리, 신교

오직 우리나라의 종교가 장차 천하를 건져내는 제1의 진리가 되리라.

惟我倧教之將爲天下一。

동방 신시(배달)의 신교 진리가 장차 천하에 밝혀지리라. 동방 장남[震長男]의 운이 다시 용솟음치게 되며, 미국[兌小女]이 이를 순종하게 되는 이치는 우주 자연의 변화 원리이다.

[神市]眞理將明於天下, 長男運更壯, 而小女從之理, 自然的。

신시(배달) 천왕의 대도의 조화 능력이 광대하니 장차 동[震]·서[兌] 양의 통일 원리는 하락河洛 상수 철학의 이수理數 가운데 있도다.

神市天王造化能力廣大, 將爲震兌統一, 自在理數中。

단군왕검께서 여신 신성의 도는 칠정양병七丁兩丙이 세 번 순환하는 해[三回之年]의 다섯 번째에 이르는 달[五歸之月]에 반드시 회복되리라.(『신교총화』, 4쪽)

신조神祖(단군왕검) 때의 옛 영토를 다시 찾게 되리라. 후에 신인합발의 도가 세계에 구원의 광명을 크게 떨치게 되리라.

神祖古域必復, 而後神人之道, 大明於世。

천하대동天下大同의 낙원 세계가 이루어지면 공전법公田法을 쓰게 되리라.(『신교총화』, 24쪽)

천지는 비록 붕괴되지는 않으나 (우주 일년 중 빙하기 초기 시간대인) 해亥에 이르면 다시 혼돈의 겨울개벽 시대로 들어간다. 이때에는 다만, 모든 진인眞人이 성성하게 깨어 완성된 정신만이 있을 뿐이다.

天地雖不毀, 至亥而又混沌之世矣。此時, 只在諸眞矗矗惺惺而已。

이상에서 우리는, 한국에서 탄생한 성인과 철인이 한국과 세계 인류의 미래 운명에 대해 들려 준 개벽 소식은, 서구의 예지자나 기존 성자의 말씀 내용보다도 더욱 구체적이며 섬세하고 뚜렷한 천지 변화의 논리로써 명쾌한 해답을 내려 주고 있다. 동방 한민족은 우주의 변화 원리를 알아내어 현실 속에서 천리를 그리며 살아온 가을 대개벽의 유일한 주체 민족이다.

2. 동방의 노스트라다무스, 탄허 스님

탄허呑虛 스님(1913~1983)은 1913년에 전북 김제에서 태어났으며, 속명은 김금택金金鐸이다. 탄허 스님은 고승이자 불교학자로 조계종 중앙역경원 초대 원장을 지내며 불경을 한글로 번역하는 데 큰 공을 세웠다. 그는 15세부터 도道에 대한 해답을 얻고자 고승 방한암(1876~1951)과 서신 문답을 주고받은 뒤, 1934년 22세에 오대산 상원사에서 출가하였다. 불교뿐 아니라 유교, 도교, 역철학에도 정통하고 비교종교학 분야에서 세계적 석학으로 추앙받았으며, 자신이 죽을 날짜(1983년 6월 5일 유시酉時)까지도 정확하게 예언할 정도로 한 소식을 들은 사람이었다. 그래서 그는 '동방의 노스트라다무스'라고도 불린다.

탄허 스님의 구도 배경에는 보천교普天敎(증산도 초기 교단)의 동방주東方主(4대 간부 중 하나)였던 부친 김홍규의 영향이 있었다. 보천교는 20세기 초 700만 교세를 자랑했다. 당시 2천만 명 정도 되는 인구에서 1/3 정도가 보천교 신도였던 셈이다. 탄허는 13세까지 보천교에서 운영하는 서당에서 한문과 서예를 배우고 상제님의 진리를 들으며, 앞으로 닥칠 후천개벽과 구도에 큰 관심을 가지게 되었다. 즉 탄허의 후천개벽관은 본래 보천교에서 유래한 것이고, 이후 주역과 정역 등을 공부하며 개벽에 대한 학문적 체계를 세운 것이다.

그는 역철학 원리에 근거하여 후천 세계에 대한 자세한 예언을 남겼다. 그의 저서 『부처님이 계신다면』과 『주역선해周易禪解』, 중앙대 장화수 교수가 탄허 스님을 만나 대담한 내용과 예언을 정리한 『탄허 큰스님·장화수 교수, 대예언·대사상』에서 핵심을 발췌하여 소개한다.

서양 종교와 동양 역철학이 보여주는 미래

지금 역의 진행 원리로 보면 이 간방艮方의 위치에 간도수艮度數가 비치고 있다고 할 것입니다. … 정역의 원리로 보면 간도수艮度數가 이미 와 있기 때문에 후천 도수는 곧 시작이 됩니다. … 역학을 근거로 하여 미래를 보는 눈은 그보다 훨씬 포괄적이며 나아가서 인류 사회의 미래를 우주적인 차원에서 볼 수 있다는 큰 장점을 가지고 있습니다. …

서양 종교의 예언은 인류 종말을 말해 주고 주의 재림으로 이어지지만 '정역의 원리'는 후천 세계의 자연계가 어떻게 운행될 것인가, 인류는 어떻게 심판 받고 부조리 없는 세계에서 얼마만 한 땅에 어느 만큼의 인구가 살 것인가를 풀어주고 있습니다. …

이 정역팔괘正易八卦는 후천팔괘로서 미래역입니다. 이에 따르면 지구는 새로운 성숙기를 맞이하게 되며 이는 곧 사춘기의 처녀가 초조初潮를 맞이하는 것과 같다고 할 것입니다.(『부처님이 계신다면』, 157~170쪽)

북극 해빙과 지축 이동

북극 빙하의 해빙으로부터 시작되는 정역시대는 이천칠지二天七地의 이치 때문입니다. 이에 의하면 지축 속의 불기운이 지구의 북극으로 들어가서 북극에 있는 빙산을 녹이고 있다고 합니다. … 이제까지 지구의 주축은 23도 7분 기울어져 있는데 이것은 지구가 아직도 미성숙 단계에 있다는 것을 말하며 … 북빙하가 녹고 23도 7분 가량 기울어진 지축이 바로 서고 땅 속의 불에 의한 북극의 얼음물이 녹는 심판이 있게 되는 현상은 지구가 마치 초조 이후의 처녀처럼 성숙해 간다는 것을 의미합니다.(『부처님이 계신다면』, 167~170쪽)

"그렇게 되면 한국의 장래는 매우 밝으며 지금까지 23도 7분 기울어져 있던 지축이 빙하가 녹음으로써 바로 서게 되어 극한極寒과 극서極暑가 없어지고 세계적인 해일과 지진으로 … (경향신문, 1980. 5. 31)". 이것이 바로 불란서 예언가가 말한 세계 멸망기가 아닌가 합니다. 또는 성경에서의 말세에 불로 심판한다는 시기가 아닌가 합니다. 그러나 성경의 말세와 예언가의 말은 심판이니 멸망이니 하였지만 역학적인 원리로 볼 때는 심판이 아니라 성숙이며, 멸망이 아니라 결실인 것입니다.(『주역선해周易禪解』 3권, 429~430쪽)

지금은 중국 영토로 되어 있는 만주와 요동반도 일부가 우리 영토로 속하게 될 것이고, 일본 영토의 3분의 2가량이 바다로 침몰할 것입니다. 일본은 손방巽方이라고 하는데 손巽은 주역에서 '입야入 也'로 풉니다. 이 '들 입入' 자는 일본 영토의 침몰을 의미합니다. …
우리나라는 동남 해안 쪽 100리의 땅이 피해를 입을 것입니다. 그러나 우리의 영토는 서부 해안 쪽으로 약 2배 이상의 땅이 융기해서 늘어날 것입니다.

이러한 파멸의 시기에 우리나라는 가장 적은 피해를 입게 되는데 그 이유는 한반도가 지구의 주축 부분에 위치하기 때문입니다. 정역 이론에 따르면 한국은 지구의 중심 부분에 있고 간태艮兌가 축으로 되니까, 일제시대의 일본의 유끼사와(行澤) 박사는 계룡산이 지구의 축이라고 밝힌 적이 있습니다.(『부처님이 계신다면』, 163~170쪽)

남북 통일과 세계 전쟁

중국은 진방震方이고 장남이다. 소녀少女인 미국과 장남長男인 중국은 후천 원리에 의해 얼마 동안 관계가 지속될 것이나 오랫동안 유지하지는 못할 것입니다. 중국과 소련의 전쟁 발생 가능성은 상당히 높습니다. 소련은 감坎방이고 중남中男인데 장남인 중국과 중남인 소련이 같은 양陽이기 때문에 서로 조화할 수 없고 대립됩니다.(『부처님이 계신다면』, 122쪽)

'66·77에 해방되고 33·44에 통일된다'는 말씀을 늘 하셨습니다. 해방이 6×6=36 해서 일제 36년 만에 갑자기 해방이 왔고 음력 7월 7석날(=양력 8월 15일)에 해방되었으니 기똥차게 맞춘 것입니다. (장화수 교수)

추후 40~50년 후에 계룡산이 이 땅의 중심이 된다고 보셨다.(탄허 스님 제자 원행 스님 증언, 『탄허 큰스님·장화수 교수, 대예언·대사상』)

우리나라는 평화통일은 안 된다고 그러셨어요. 북한의 변동을 말씀하시면서, 애들이 성냥갑 갖고 놀면서 불장난을 하다가 성냥갑 안에 불이 번져서 확 타버리는 듯한 그런 증세는 있을 것이라고 했어요. 북에 나이 젊은 사람이 장長이 돼서 변화가 있을 것이라고 하셨어요. 천안까지는 조금 위험하고 천안 아래로는 괜찮다고 하셨어요.(전국비구니회 수석부회장 진관 스님 증언, 2011년 6월 6일)

인류 구원의 주인공 한국: 한국은 세계 인류의 정신적 수도

소남小男은 시종始終을 내포하고 있으므로 간방에 간도수가 접합됨으로써 어두운 역사는 끝맺게 되고 이제 새로운 역사가 시작될 수밖에 없으며 또한 인류 역사의 시종이 다 같이 이 땅에서 이루어진다고 할 것입니다. … 이 한국 문제의 해결은 곧 세계 문제의 해결과 직결된다고 나는 보고 있습니다.

우리 선조가 적선해 온 여음餘蔭으로 우리 한국은 필경 복을 받게 될 것이다. 우선 이 우주의 변화가 이렇게 오는 것을 학술적으로 전개한 이가 한국인 외엔 있지 않으며, 이 세계가 멸망이냐 심판이냐 하는 무서운 화탕火湯 속에서 인류를 구출해 낼 수 있는 방안을 가지고 있는 이도 한국인 외에 또 다시 없는 것이다. 그러고 보면 한국은 세계적인 신도神都, 다시 말하면 정신 수도首都의 근거지라 하여도 과언이 아닐 것이다.

시만물始萬物 종만물終萬物이 간艮에서 일어난다면 인류를 구출할 세계적인 정신문화가 어찌 한국에서 시始하고 종終하지 않으랴.(『주역선해周易禪解』 3권, 434~435쪽)

세계 종교의 통일

반드시 그러한 왕도정치王道政治가 세워질 것입니다. 누구의 덕으로 사는지 모를 세상이 펼쳐질 것입니다.

그런데 종교는 과연 어떻게 변모할 것인가? … 신앙인끼리 반목질시하고 네 종교, 내 종교가 옳다고 하며 원수시하는, 이방인異邦人이라 해서 동물처럼 취급하는 천박한 종교의 벽이 무너진다는 뜻입니다. 그 장벽이 허물어지면 초종교超宗敎가 될 것입니다.

국제적인 권능의 지도자가 이 땅에서 출현한다. 요·순임금이 한반도에 나타나고 그때에 만주까지 우리 땅이 되며 '만주 계룡산'(흥안령산맥=봉천奉天)이 중심이 될 것이라 말씀하셨습니다.(진관 스님 증언)

엉뚱한 지도자가 나온다. 가장 이상적이고 초능력적인 힘을 발휘할 수 있는 인물, 구세주나 메시아에 비견하는 인물이 나온다.(『탄허 큰스님·장화수 교수, 대예언·대사상』)

3. 『정감록』이 전하는 미륵존불 강림과 인류 심판

어느덧 민중 신앙이 되어 버린 『정감록』 본래의 내용은 극히 간결하나 오랜 세월이 흐르면서 많은 예언이 덧붙여졌다. 『정감록』의 핵심은 오래 전부터 전해 오는 다음의 3대 예언이다. 이 3대 예언은 도의 경지에서 미래의 시간대와 영계의 비밀을 알고 전한 수준 높은 내용이므로 간단히 요약하여 설명하기로 한다.

임진왜란

殺我者誰오? 女人戴禾가 人不知라.
살 아 자 수   여 인 대 화   인 부 지

活我者誰오? 十八加公이라.
활 아 자 수   십 팔 가 공

병자호란

殺我者誰오? 雨下橫山이 天不知라.
살아자수　　우하횡산　　천부지

活我者誰오? 浮土는 溫土니 從土하라.
활아자수　　부토　　온토　　종토

최후의 변국과 구원의 길

殺我者誰오? 小頭無足이 神不知라.
살아자수　　소두무족　　신부지

活我者誰오? 寺畓七斗落에 浮金은 冷金이니 從金하라. 奄宅曲阜라.
활아자수　　사답칠두락　　부금　냉금　　종금　　　엄택곡부

三人一夕은 利在田田하니 道下止하라.
삼인일석　　이재전전　　　도하지

　　각 예언의 구성을 살펴보면 '나를 죽이는 자는 누구인가[殺我者誰], 나를 살리는 자는 누구인가[活我者誰]'를 반복하고 있다. 즉, 급박하게 생사 판단이 이루어질 정도로 한국이 당하는 시련이 엄청나다는 말이다.

　　첫째 예언에서 임진왜란 때는 계집[女] 사람[人]이 벼[禾]를 이고 있는 것이 사람인 줄을 모른다 하였는데, 이는 '왜倭' 자를 파자破字한 것으로 왜인의 침략으로 나라 전체가 화를 당하리라는 것을 암시한 것이다. 그리고 '십팔가공十八加公'이라 하여 나라에 도움을 주는 자를 명나라 장수 이여송李如松으로 말하고 있다. 당시 일본군이 조선으로 출병할 때, 일본 공주가 영기靈氣로 미래를 내다보고 성공치 못하리니 떠나지 말라 하였지만 이를 묵살하고 떠나려 하자, 그러면 '솔 송松' 자를 조심하라고 당부했다는 일화가 있다.

　　둘째 예언은 병자호란 때 청 태종이 10만 대군을 거느리고 엄동설한을 틈타 쳐들어오는데(1636년 12월 9일 압록강을 건넘), 이때 백성들이 미리 산으로 피난 가서 숨어 있다가 얼어 죽을 것을 말한 것이다. '비 우雨' 아래 '뫼 산山'을 가로로 놓으면 '눈 설雪' 자이다. 눈이 하늘에서 올 것을 모른다는 말이다. 그리고 나를 살리는 길은 '떠 있는 흙이 따뜻한 흙이니 그것을 따르라'

했는데, 이는 온돌방을 말한 것으로서 방에 가만히 있어야 살 수 있다는 말이다.

마지막으로 장래에 닥칠 변국에 대해서는 지극히 불가사의하게 말하고 있다. 인간을 모두 죽이는 것은 작은 머리에 다리가 없는 존재, 즉 '소두무족小頭無足'인데, 이것이 바로 신명인 것을 모른다고 하였다[神不知]. 이것은 앞의 백보좌 신판神判에서 살펴보았듯이, 대개벽을 집행할 때 역사役事하는 천상 영계의 신명들이다. 즉, '귀신 귀鬼' 자에서 작은 머리(')에 다리가 없다 하였으니, 다리 부분을 떼어 버린 '불曲' 자를 '자전'에서 찾아보면 '鬼頭'라고 하여 '귀신 우두머리'라는 뜻이 나온다. 이 글자는 백보좌의 서신西神 심판을 대행하는 천상 군대[神軍]의 총 지휘자인 대신장大神將을 은밀히 암시한다. 이 천군天軍의 대장이 바로 노스트라다무스가 말한 공포의 대왕이다.

그러면 나를 살려 주는 것은 무엇인가. 사답칠두락寺畓七斗落, 즉 절 논 일곱 두락이라 하였다. 이것은 뒤에서 살펴볼 금산사 미륵전에 모셔져 있는 미륵불상과 관련되어 있다. 당시 미륵불상을 조상할 때 하늘의 신神들이 진표 대성사를 도와, 사방에서 불자들이 몰려들어 이룩하였다고 한다.(3부 참고)

부금, 냉금, 종금은, 밑 없는 시루[浮金] 위에 서 계신 금미륵불[㪟金]이 사람으로 강세하시니 그분의 도를 잘 믿으라[從金]는 뜻이다. 그분은 지상에서 문득[奄] 곡부曲阜(전북 고부의 옛 이름)에 집을 정하시어 새 진리를 주실 것이니, 그 도에 그쳐[道下止] 잘 닦으라(三人一夕은 '닦을 수修'의 파자破字)는 소식이다. 이재전전利在田田에서 '전田'은 새 진리가 매듭지어지는 대개벽기의 새 수도首都를 말한다.(『주역』 건괘 '현룡재전'과 하권 7부 참고)

4. 북창 정렴 선생의 「궁을가弓乙歌」의 개벽소식

일명 용호대사龍虎大師로 불리는 정북창鄭北窓(1506~1549) 선생은 조선 중종, 명종 때의 학자로 충청도 온양 사람이다. 25세(1530년)에 사마시司馬試에 급제하고 포천 현감까지 지냈으나 후일 벼슬을 사양하고 산천을 주유하였다. 소시에 산사山寺에서 선가仙家의 육통법六通法을 시험해 보려고 3일 동안 정관靜觀하더니, 이로부터 배우지 않고 저절로 통하여 천리 밖의 일도 생각만 일으키면 훤히 알게 되었다고 한다.

북창 선생은 본래 체질이 허약하여 아침에 입을 꼭 다물고 정좌하여 식사를 기다리고 해가 뜨면 비로소 입을 열어 말을 하였다. 밤에도 단정히 앉아 새벽까지 잠을 자지 않고 수도에 열심일 뿐만 아니라 마음을 고명高明하게 쓰고 의리를 지키는 데도 뛰어났다. 또한, 새소리, 벌레 소리, 짐승 소리를 비롯하여 어느 나라, 어느 지방의 말도 배우지 않고 듣는 대로 통한 것으로 유명하다. 14세 때 북창 선생이 부친을 따라 명나라에 들어갔을 때 천기를 보고 찾아온 유구국琉球國(지금의 오키나와) 사람과 나눈 유창한 대화가 소문이 나자 많은 외인外人이 몰려 왔는데, 이들이 제각기 선생에게 자기 나라 말을 건네도 통하지 않음이 없었다고 한다.

북창 선생이 돌아가신 연고를 간단히 적으면 이러하다. 친구의 부친이 찾아와서 아들의 병을 고쳐 달라고 애소하자 북창 선생은 친구의 천명이 다했다고 말했다. 그래도 3대 독자인 아들을 꼭 살려 달라고 눈물로 하소연하자 선생은 자신의 수명에서 10년을 떼어 그 친구의 명을 이어 주는 한 가지 방법을 가르쳐 주었다. 아무 날 저녁에 아무 산에 올라가면 산 위에서 푸른 도포와 노란 도포를 입은 두 노인이 바둑을 두며 놀고 있을 테니 바둑이 끝날 무렵에 노인에게 술과 안주를 지성으로 권하며 사연을 고하면 마침내는 승낙을 받아 아들을 살릴 수 있으리라 하였다. 이렇게 하여 선생은 친구의 수명을 이어 주고 자신은 44세에 스스로 만장輓章 한 수를 지어

놓고 단정히 앉은 채 홀연히 세상을 떠났다.

그의 아우 고옥古玉 정작鄭碏과 종형 계헌桂軒 정초鄭礎도 모두 금단金丹의 비법을 연마하여 한 소식 들었다고 전한다.(홍만종, 『해동이적』; 이능화, 『조선도교사』; 안명선, 『빛나는 겨레의 얼』 참조)

그러면 용호대사 북창 선생이 남긴 「궁을가弓乙歌」에 예시된 내용 가운데 도통 문화를 여는 관문이 되는 천지의 대변국과 현 시대의 바른 처세에 대한 몇 가지 교훈을 살펴보기로 한다.

천지의 남북이 변하는 미래의 대변국기

남천북천南遷北遷 어인 일고. 분리分離친척 가지 말고 인의仁義상대 근본하라. … 즉금천지卽今天地 불행하니 천지운수 무가내라. … 구변구복九變九覆 차시지화此時之禍 궁궁을을弓弓乙乙 용화龍華로다. 이재궁궁利在弓弓 이것이라. … 이대천지以待天地 구복시九覆時에 궁을도통弓乙道通이 유현維賢이라.

조국을 떠나지 말라

애고애고 저 백성아, 간단 말이 어인 말고. 고국본토 다 버리고 어느 강산 가려는가. … 가고 가는 저 백성아 일가친척 어이할꼬. 차시구복此時九覆 불원하니 천하태평 절로 된다. 부모처자 다 버리고 길지吉地 찾는 저 백성아. 자고自古 창생 피난하여 기만 명이 살았던가. … 일편수신一片修身 아니하고 가고 가면 살아날까.

이번의 천지 운수는 우주의 시간대가 뒤바뀌는 대변국기로서 불행한 때이니, 형제 친척을 떠나지 말고 남을 사랑하고 의리를 저버리지 말라고 신신당부하고 있다. 천지가 아홉 번(최대의 변국을 뜻하는 수) 변하고 뒤집어질 때 '궁을弓乙의 도통'이 나온다는 것이다. 그러면 이 궁을弓乙이란 과연 무엇을

암시하는 말일까?(하권 7부 참고)

조선 강산에 출세하는 인류 구원의 도통 군자

조선강산 명산이라, 도통 군자 다시 난다. 사명당四明堂이 갱생하니
승평시대昇平時代 불원이라. … 창생도탄 없어진다. 포덕포화布德布
化하는 때라. … 대성지화大聖之化 돌아오니 궁을弓乙노래 불러보자.

인류를 구원하는 희세의 도통 군자가 오시리라 하였다. 그런데 여기서 사
명당四明堂은 구체적으로 무엇을 말하는 것일까? 그리고 지금이야말로 천지
대운이 새롭게 감도는 시대이기 때문에, 구원의 소식을 전하기 위해 어느
때보다도 부지런히 포교 사업에 힘쓸 때라고 훈계하고 있다.

태평성대

궁을궁을弓乙弓乙 성도成道로다. 춘아춘아 태평춘太平春아, 사시안정
태평춘아. 삼십육궁三十六宮 도시춘都是春아 …

천지의 축이 크게 이동하고 후천 가을 기운(4·9金 = 36)의 시대가 도래하여
극한 극서가 모두 사라지고, 이 지상 세계가 감미로운 춘정春情이 물결치는
온화한 선경낙원으로 변모한다는 말이다.
그런데 여기서 '궁을'은 무엇을 말하는 것일까?

궁을弓乙은 태극太極의 신神

태극궁을太極弓乙 신명神明이라. 궁을궁을弓乙弓乙 성도成道로다.

'궁을'은 이 태극 기운을 타고 지상에 오는 구원의 인격자를 상징한다. 하
권 5부의 「태극도」(우주 생명의 순환도)를 보면 알 수 있듯이, 「태극도」의 태극

수太極水의 순환 정신이 바로 궁을로 되어 있다. 지금은 우주의 천체가 기울어져 있어 태극 모양을 그릴 때 ☯와 같이 그리지만, 앞으로 천체가 이동하면 태극이 성도成道하게 되어 그 모양이 바뀌게 된다.

태극신명太極神明이란, 사람으로 오시어 절대자의 성업을 매듭지으시는 분을 말한다. 석존이 전한 구원의 양커 대왕, 노스트라다무스가 말한 동방족으로 오실 앙골무아의 대왕도 바로 이 태극신명을 가리킨다.

5. 『춘산채지가春山採芝歌』의 구원 소식

『춘산채지가』는 전라감사였던 이서구李書九(1754~1825) 선생이 저술했다는 설이 있으나, 내용상으로 보면 그 뒤에 나온 것으로 추정된다. 이서구 선생의 자字는 낙서洛瑞, 호號는 척재惕齋, 강산薑山이다. 화담 서경덕의 학통을 계승한 그는 정조正祖와 순조純祖 때의 학자요 정치가로 대사간, 대사헌, 이조판서, 우의정을 지냈다. 문장이 뛰어나고 시를 잘 지어 이덕무李德懋, 유득공柳得恭, 박제가朴齊家와 더불어 한시 사대가四大家에 속한다.

언문 가사 형식으로 된 이 비결은 「남조선南朝鮮 뱃노래」, 「초당草堂의 봄꿈」, 「달노래」, 「칠월식과七月食瓜」, 「남강철교南江鐵橋」, 「춘산春山노인 이야기」 등 6편으로 되어 있는데, 그 내용은 주로 '우주 변화의 원리, 미륵 천주님의 강세, 세계 구원의 진법眞法, 나라 사랑과 조상 공경' 등을 담고 있다. 비록 짤막한 가사 형식의 글이지만, 개벽 시대를 살아가는 데 도움이 되는 교훈적인 삶의 지침과 인류 구원의 비의祕意를, 풍자와 해학을 곁들인 유려한 필치로 전해 준다.

지금은 금수 시대

천황지황天皇地皇 개벽 후에 인황시대人皇時代 언제런고. 반고인盤古人이 지낸 후에 삼황시대三皇時代 이때로다. 삼황시대 지낸 후에 오제건곤五帝乾坤 어느 땐고. 오제건곤五帝乾坤 지나가고 왕패시대王霸時代 되었구나. 왕패시대 지나가고 이적夷狄 운수로다. 이적 운수 지나가고 금수운이 이때로다. 개벽 이후 몇 만 년에 금수시대禽獸時代 당했구나. 금수생활 저 사람아 정신 차려 생각하소.(「춘산노인 이야기」)

유불선이 통일되는 우주 가을철의 무극 운수 시대

천하절후 삼변하니 그 이치를 뉘 알쏘냐.(「남조선 뱃노래」)

비운否運(䷋)이 태운泰運(䷊)되니 무극운無極運이 열렸구나. 쇠병사장 없어지니 불로불사 선경仙境일세. 유불선이 합석合席하니 삼인일석三人一夕 닥쳤어라.

여름도수 지나가고 추분도수 닥쳤으니 천지절후 개정改正할 때 오장육부 환장換腸이라. 수토水土 복통 앓을 적에 임사호천臨死呼天 급하더라. 구년 홍수 몰아드니 몸돌릴 틈 없었구나.(「칠월식과」)

해원문解寃門을 여시는 천주님(미륵불)의 지상 강세

지성발원至誠發願 다시 해서 구천九天에 호소했더니 해원문이 열렸구나. 모악산母岳山 돌아들 때 성부 성자 성신 만나 무량도無量道를 닦아내니 미륵전彌勒殿이 높았구나.(「남조선 뱃노래」)

희역羲易이 주역周易되니 음양난산시대陰陽難散時代로다. 중니여래仲尼如來 시위侍位하고 영웅호걸 도위道位로다. 선천운수 지나가고 후천운수 돌아오네. 인존시대人尊時代 되었으니 주역이 정역正易 된다. 지천태괘地天泰卦 되었으니 금신사명金神司命 하실 적에 가을 가을 노래하니 추분도수 되었구나. 신유금풍申酉金風 찬바람에 만물 성숙되었구나. 초복 중복初伏中伏 다 지내고 말복운末伏運이 이때로다.
곤남건북坤南乾北 하올 적에 간동태서艮東兌西 되었구나.(『칠월식과』)

노스트라다무스나 남사고의 예언과 같이 『춘산채지가』에서도 서신西神을
우주 원리적인 표현으로 금신金神이라 말하고 있다. 또 대개벽 시운을 지구
의 일년에 비유하면 말복末伏 시기로서 최고의 분열기라고 전하고 있다. 그
리고 가을철에는 주역에서 정역으로 천지의 틀이 바뀐다. 건곤이 정남북에
자리 잡고, 동시에 간태가 합덕하는 세상이 되는 것이다.

천지의 남북이 변한다(남북 개벽)

성문부자聖門父子 일부자一夫子는 자세자세 일렀으니 개벽이치 불원
不遠함은 대성인의 행위로다. 수조남천水潮南天 하올 적에 수석북지
水汐北地 되는구나. 북극통개北極通開 삼천리요 남해개벽南海開闢 칠천
리라.(『초당의 봄꿈』)

김일부 대성사가 선포한 『정역』의 개벽 이치가 실현될 날이 멀지 않음을
강조하고 있다. 천지의 운행이 변하여 지구의 적도와 남북극에 대변화가 일
어날 때는, 북극은 3천 리가 열리고 남해 쪽으로는 7천 리 땅이 열린다고 전
한다. 신서神書를 대필한 저자는 이러한 대변국의 시기를 당하여 조국을 떠
나지 말 것을 간곡히 당부하고 있다.

척신 난동으로 멸망한다

무지한 창생들아 오천만신汚天瞞神 부디 마라. 선천도수 어찌하여
선악구별 혼잡해서 소인도장 되었으니 군자도소君子道消 되었던가.
악한 자도 복을 받고 착한 자도 화를 당하네. 후천운수 개벽할 때
선악구별 가릴 적에 신목여전神目如電 무섭더라. 암실기심暗室欺心

하지 마라. 네 몸에 지은 죄는 네 몸에 그칠 것이요, 네 몸에 닦은 공덕 네 몸에 복록이라.(「남조선 뱃노래」)

혈기 믿는 저 사람아 허화난동虛火亂動 조심하고 척신난동隻神亂動 되었으니 척신隻神받아 넘어간다. 남북풍南北風이 일어나니 만국성 진萬國腥塵이 되었구나.(「초당의 봄꿈」)

가장 기본적인 인간 심판은 척신隻神에 의한 것이라고 경계하고 있다. 원한을 품고 죽은 사람이 척신이 되어, 모든 공덕과 죄업을 최종적으로 심판받는 개벽 철에 한을 풀기 위하여 일시에 대발할 것이니, 척을 짓지 말고 덕을 베풀며 살아야 한다고 했다.

젊은이들이여, 부모와 조상을 잘 섬기라

이팔청춘二八靑春 소년들아 허송세월 부디 마라. 과학인지 문학인지 금세풍속今世風俗 괴이하다. 하늘 쓰고 도리도니 마음대로 뛰는구나. 효자 충신 다 버리고 시속개명時俗開明 말을 하네. 똑똑하고 잘난 체로 주제넘게 배웠던가, 미신타파 한다 하고 천지신명 무시하네. 저의 부모 몰랐으니 남의 부모 어이 알리. 저의 선령先靈 다 버리고 남의 조상 어이 알리. 더벅머리 홀태바지 비틀거려 걷는 양은 서양문명 이러한가 동양문명 이러한가. 고래의관古來衣冠 보게 되면 손질하고 욕을 한다.(「초당의 봄꿈」)

천상공덕天上功德 선령신先靈神들 자손찾아 내려올 제 춤추고 노래하며 나를 보고 반가와서 적선積善일레 적선일레 만대영화萬代榮華 적선일네. 백조일손百祖一孫 그 가운데 자손줄을 찾아가니 어떤 사람 이러하고 어떤 사람 저러한고. 자손줄이 떨어지면 선령신도 멸망된다. 희희낙락 기뻐할 제 한모퉁이 통곡이라 뼈도 없고 싹도 없다. 영혼인들 있을쏘냐.(『달노래』)

선령신을 잊지 말고 부모공경 지극하라. 불효불충 저 사람이 장래 희망 볼까보냐.(『춘산노인 이야기』)

지금은 인간 씨종자를 추리는 우주 가을의 결실기이므로, 천상의 백 명 조상 가운데 불과 한 명의 자손만이 구원 받아 가을우주의 열매로 여문다는 강력한 경고를 전하고 있는 것이다. 지상의 자손인 내가 구원 받지 못하면 천상의 조상도 구원의 대열에서 탈락되는 인신人神 개벽기이므로, 부디 선령신을 잘 섬기고 근본이 왜곡된 서양 종교에 물들지 말라고 신신당부하고 있다.

천지 도수 뒤바뀌니 선천 비결 믿지 말라

선천비결先天祕訣 믿지 말라. 선천비결 믿다가는 귀지허사歸之虛事 되리로다.
대성인大聖人의 행行이신가 천지도수 바뀌었으니 귀신도 난측難測커든 사람이야 어찌하리. 아무리 안다 해도 도인 외에 뉘 알쏘냐.(『초당의 봄꿈』)

인의예지仁義禮智 사단四端 중에 믿을 신자信字가 으뜸이라. 믿을 신자 없고 보면 매사불성每事不成 되느니라. 춘하추동 사계절은 천지의 신용信用이요 …. (『춘산노인 이야기』)

여기서 가장 중요한 가르침은 지상에 강세하시는 미륵 천주님이 이제까지의 천상과 지상의 운로를 전혀 새롭게 개벽해 놓으셨기 때문에, 다가오는 대개벽 세계의 운수는 귀신도 알 수 없고 오직 그분이 열어 주신 판 밖의 새 진리를 잘 믿는 도인만이 알 수 있다는 것이다. 대저 믿음이란 진리와 구원으로 들어가는 관문이다. 무지와 아집이 합쳐진 기존의 광신적인 믿음이 아니라, 대도 차원에서 깨어진 개벽 정신으로 천지와 함께 활보하는 큰 믿음을 말하는 것이다.

구원 받는 자는 다시 젊어진다

부富하고 귀貴한 사람 장래는 빈천貧賤이요, 빈貧하고 천賤한 사람 오는 세상 부귀로다.(「남강철교」)

백발노인 청춘되고 백발노구白髮老軀 소부少婦되어 흰 머리가 검어지고 굽은 허리 곧아져서 환골탈태換骨奪胎 되었으니 선풍도골仙風道骨 완연完然하다.(「남조선 뱃노래」)

다가오는 새 세계는 전 인류가 환골탈태하는 신선 문명 시대임을 알 수 있다. 과연 그것은 구체적으로 어떻게 이루어지는 것일까?(이 문제는 하권 7부에서 다룸)

한 많은 세계의 '고통의 밤'은 언제쯤 새려나

원촌遠村에 닭이 우니 태극성太極星이 비쳤구나. 개가 짖고 날이 새니 각자 귀가歸家하는구나.(「초당의 봄꿈」)

배 띄워라 배 띄워라 남조선 배 띄워라. … 제일강산第一江山 돛대로서 도사공이 누구신고. 세계동란世界動亂 하실 적에 전원수全元帥가 이 아닌가. … 많고 많은 저 사람에 누구누구 모였던고. 주중지인舟中之人 많은 친구 수도수덕修道修德 하였던가. 일심공부一心工夫 하올 적에 이 배 타기 소원일레. … 어렵더라 어렵더라 이 배 타기 어렵더라.(『남조선 뱃노래』)

여기서 태극성은 구체적으로 어떠한 별을 말하는 것일까? 그것은 운명의 별 니니브가 아니라, 대개벽기에 인류 구원을 완성하는 '성자의 별'을 말한다. 또한 이 구원의 배인 남조선 배를 타기가 어려울 것이라는 것도 말하고 있다.

그런데 왜, 닭 울고 개 짖으니 태극성의 기운이 동動하기 시작한다고 하였을까? 그리고 닭 울고 개 짖는다는 말은 무엇을 암시하며 날이 새어 각자 귀가한다는 말은 또 무엇을 뜻하는 것일까?

지구촌에 세계 개벽이 실제로 전개되어 가는 과정을 암시하는 이 구원의 핵심 비밀은 무엇일까? 본서를 계속 읽어 가며 그 뜻을 살펴보자.

6. 선천 대변국에 대한 동양 예언

동양에는 깨달음을 얻고 난 후 다가올 미래에 대해 위대한 철인이나 유명인에 가탁하여 예언을 남긴 예지자가 많다. 유명인의 이름을 빌려서 권위를 부여하려는 것이다. 이런 예언은 정확한 출처와 발표된 시기를 알 수 없으므로 위서로 단정하는 경우가 많다. 그러나 아직 실현되지 않은 예언 내용에 공통점이 있다면, 예언을 허위로 치부하는 것보다는 그 내용에서 옥석을 가리는 지혜가 필요하다.

중국에서 유명한 『추배도推背圖』, '유백온劉伯溫 예언', 『보허대사步虛大師 예언』, 『무후백년계武侯百年乩』와 한국의 『송하비결松下祕訣』 등을 살펴보기로 한다. 이 예언들에서 많은 비중을 차지하는 자국의 정치 질서와 관련된 내용은 제외하고, 가을 대개벽을 언급한 내용 중심으로 소개하기로 한다.

천하가 한 집안이 될 것을 기록한『추배도推背圖』

『추배도』는 당나라 때 천문학자 이순풍과 원천강이 당태종의 명을 받아
저술했다고 알려져 있다. 그러나 실제로는 이들의 이름을 가탁하여 후세에
지은 것으로 추정된다. 이 책에는 60개의 그림과 그림에 따른 예언시가 쓰
여 있다. 55번까지의 예언은 지나간 사건에 관한 것인데 모두 적중했다고
한다. 56번부터는 아직 이루어지지 않은 예언으로, 그 가운데 개벽과 관련
된 내용만 살펴본다.

> 하늘이 이 사람으로 하여금 죽일 생각을 그치게 하리라. 믿을 수
> 없이 기이한 재주꾼이 오월吳越 지역에서 나오고, 천리 먼 바다는
> 이로부터 군대를 멈추리라.
> 天使斯人戢殺機。不信奇才産吳越, 重洋從此戢兵師。

중국 예언들은 앞으로 대성인이 출현하여 전쟁을 막고 대동세계를 연다
는 것을 공통적으로 전한다. 위의 예언에서도 장차 전쟁이 일어나는데 성인
이 출현하여 전쟁을 멈추게 하고 다시는 전쟁이 없게 만든다고 했다. 사람

『추배도』

들이 서로 해치려는 생각을 끝내고 모두 화평하게 지내는 대동세계가 펼쳐질 것을 노래하고 있다.

성도 없고 곳간도 없으며, 너도 없고 나도 없다. 천하가 한 집안이 되어 다스림이 큰 덕화에 이른다. 한 사람이 온 세계를 복되게 하기 위하여 … 동서남북 사방이 모두 화목해진다.
無城無府, 無爾無我。天下一家, 治臻大化。一人爲大世界福, … 東南西北盡和睦。

달이 차면 기울 듯이, 극에 이르면 방향이 전환되는 것이 세상의 이치이다. 이처럼 이 구절은 한 세상의 끝과 방향 전환을 암시하고, 투쟁과 상극으로 점철된 이 세상이 끝날 때가 되었다는 것과 상극 세상을 끝낼 한 사람이 출현할 것을 말하고 있다. 그리고 그 사람이 대동세계를 건설하여 천하를 한 집안이 되게 한다고 했다.

미륵불 강세를 알린 유백온

유백온劉伯溫은 주원장을 도와 명나라를 건국한 책사로 제갈량에 비유될 만큼 지략이 뛰어난 인물이다. 그러나 그의 예언이 실제 유백온의 것인지 유백온에 가탁한 후세 사람의 것인지는 알 수 없다. 일반적으로 후세인이 유백온의 이름을 빌어 지은 것으로 평가한다.

유백온

유백온의 예언은 『소병가燒餠歌』, 『금릉탑비문金陵塔碑文』, 『섬서태백산유백온비기陝西太白山劉伯溫碑記』 세 가지가 전한다. 그 중 다가올 대변국과 구원의 소식을 전한 『소병가』와 『섬서태백산유백온비기』 중심으로 살펴보려 한다. 이 예언은 동서 종교에서 전하려 한 구원론의 핵심을 담고 있다.

1) 『소병가燒餠歌』

'소병가'는 주원장이 유백온의 명성을 듣고 초빙하여 전병을 먹으면서 나눈 이야기라고 하여 붙여진 이름이다.

황제 : 최후에 도는 누가 전하는가?

유백온 : 스님을 볼 수 없고, 도인을 볼 수 없으며, 머리에 네 냥의 양털로 짠 모자를 쓰고 있습니다. 진불眞佛은 절간 안에 있지 않으니, 그분은 미륵원두교彌勒元頭敎를 관장하십니다.

帝曰 : 末後道何人傳
제왈　말후도하인전

溫曰 : 不相僧來不相道, 頭戴四兩羊絨帽, 眞佛不在寺院內,
온왈　불상승래불상도　두대사량양융모　진불부재사원내

他掌彌勒元頭敎。
타장미륵원두교

황제 : 미륵은 어디로 강세하시는가?

유백온 : 신이 듣건대, 미래교주께서는 인간 세상에 임하셔서 관원에게 이바지하려고 재상부에 계시지 않으며, 태자를 위해 황궁에 계시지 않으며, 사찰과 도관道觀에 계시지 않으며, 가난한 집 초당으로 내려오셔서 황하 이북에서 황금을 나눠주십니다.

帝曰 : 彌勒降凡在哪裏
제왈　미륵강범재나리

溫曰 : 聽臣道來, 未來敎主臨下凡, 不落宰府共官員, 不在
온왈　청신도래　미래교주림하범　불락재부공관원　부재

皇宮爲太子,
황궁위태자

不在僧門與道院, 降在寒門草堂內, 燕南趙北把金散。
부재승문여도원　강재한문초당내　연남조북파금산

황제 : 그대는 무엇 때문에 '도道' 자를 말하는가?

유백온 : 말대에 일만 조상과 일천 부처가 내려오는데, 성두성신星

斗星神과 아라한과 천진과 보살이라도 이 겁액을 면하기 쉽지 않습니다. 미래불이 내려와 도를 펴는데, (그분은) 천상천하 모든 부처의 조상입니다. 이때에 미륵불의 대도(金線之路)를 만나지 못하면 이 겁난을 피하기 어렵습니다. 모든 것을 버리고 미륵불의 81겁을 받들어야 합니다.

帝曰 : 你因何說道字
제왈   니 인 하 설 도 자

溫曰 : 上末後時年, 萬祖下界, 千佛臨凡, 普天星斗, 阿漢群眞,
온왈   상말후시년 만조하계 천불임범 보천성두 아한군진

滿天菩薩,
만천보살

難脫此劫, 乃是未來佛, 下方傳道, 天上天下諸佛諸祖, 不遇金線之路。
난탈차겁 내시미래불 하방전도 천상천하제불제조 불우금선지로

難躱此劫, 削了果位, 末後勒封八十一劫。
난타차겁 삭료과위 말후륵봉팔십일겁

이 예언은 인류의 운명이 결정되는 최후의 순간에 도를 전해 인류를 구원하는 절대자에 대해 알려 주고 있다. 그분은 불교나, 도교에 속한 사람이 아니고, '미륵원두교'를 관장한다고 했다. 분명히 '미륵'이라 했는데 절간 안에 있지 않다고 했다. 여기에서 인류를 구원하는 최후의 도를 전하는 미래불은 불교에서 말한 미륵이지만, 그분의 가르침은 불교나 도교가 아니라 전혀 새로운 것임을 알 수 있다.

추배도와 소병가를 소개한 중국 서적

그리고 그분은 황금을 나눠준다고 했다. 실제로 황금을 나눠주는 것이 아니라, '금金 기운을 뿌린다'고 해석할 수 있다. 음양오행에서 여름은 화火에 속하고, 가을은 금金에 속한다. 미륵불께서 화火로 상징되는 한 시대를 끝내고 금金으로 상징되는 새로운 시대를 열어주신다

는 뜻이다. 그래서 그분의 대도를 '금선지로金線之路'라 표현하고 있다.

아울러 말대에는 '모든 부처의 조상'인 미륵불의 대도를 만나야만 겁난劫亂에서 살아남을 수 있다고 했다. 화火로 상징되는 말세 시대에, 모든 부처의 조상이자 절대자인 미륵불께서 강림하여 인류를 구원하고, 새 시대로 인도하신다는 것이다. 그분의 가르침을 만나야 말세의 겁난을 극복할 수 있다. 그런데 그분은 절간이나 도관에 있지 않으니, 기존 종교의 틀 속에서 찾지 말고 새 진리를 찾으라는 소중한 가르침을 전하고 있는 것이다.

2) 『섬서태백산유백온비기陝西太白山劉伯溫碑記』

이 글은 을묘(1915)년에 섬서성에서 지진이 일어났을 때 발견되었다고 하는데, 어떤 예지자가 유백온에 가탁하여 도참을 만들어서 1915년 경에 세상에 드러난 것으로 추정된다.

> 하늘에 눈이 있고, 땅에 눈이 있고, 사람마다 두 눈을 가지고 있나니, 하늘도 뒤집어지고, 땅도 뒤집어지는데, 소요하며 자유로우니 즐거움이 끝이 없네.
> 빈자는 만 명 중에 천 명이 남고, 부자는 만 명 중에 두세 명이 남으리라. 빈자와 부자가 만약 마음을 고쳐먹지 않으면 눈앞에서 죽을 날을 보게 되리라.

天有眼, 地有眼, 人人都有一雙眼, 天也翻, 地也翻, 逍遙自在樂無邊。
천유안 지유안 인인도유일쌍안 천야번 지야번 소요자재악무변

貧者一萬留一千, 富者一萬留二三, 貧富若不回心轉,
빈자일만유일천 부자일만유이삼 빈부약불회심전

看看死期在眼前。
간간사기재안전

열 가지 근심이 있다네. 첫째 천하의 난, 둘째 기아, 셋째 홍수, 넷째 병화(兵火=狼煙), 다섯째 사람들의 불안과 혼란, 여섯째 9월, 10

월의 근심, 일곱째 사람 없이 혼자 밥 먹는 것, 여덟째 입을 옷이 없는 것, 아홉째 시체를 검시할 사람이 없다는 것, 열째는 이 모든 것이 돼지와 쥐의 해를 넘기기 쉽지 않다.

還有十愁在眼前, 一愁天下亂紛紛, 二愁東西餓死人,
환유십수재안전 일수천하분분난 이수동서아사인

三愁湖廣遭大難, 四愁各省起狼煙, 五愁人民不安然, 六愁九冬十月間,
삼수호광조대난 사수각성기낭연 오수인민불안연 육수구동십월간

七愁有飯無人食, 八愁有人無衣穿, 九愁屍體無人檢,
칠수유반무인흘 팔수유인무의무인천 구수시골무인검

十愁難過猪鼠年。
십수난과저서년

평지에는 오곡의 종자가 없고, 사방 들판을 삼가 방비하니 인가에 밥 짓는 연기가 끊어졌는데, 만약 온역瘟疫이 언제 발발하는지 묻는다면, 다만 9월에서 겨울 10월 사이로 본다 하노라.

대겁년을 넘겨야 비로소 세간의 불로선不老仙이라 할 수 있으니 …

만약 태평성대를 물으면, 다리를 놓아 새 주인을 맞이하고 상원갑자上元甲子가 이르러 사람마다 하하 웃는다고 한다. 그들에게 왜 웃느냐고 물으니, 새로운 땅의 주인을 영접하기 때문이라 한다. 상천上天이 석 자 해를 관장하고, 밤에는 도적의 난리가 없으며, 비록 어떤 사람이 주인이 되려고 하더라도, 주인은 중앙 토土 자리에 앉아 있고, 백성들은 '진주眞主'라 외친다.

平地無有五穀種, 謹防四野絶人煙, 若問瘟疫何時現, 但看九冬十月間。
평지무유오곡종 근방사야절인연 약문온역하시현 단간구동시월간

若得過了大劫年, 才算世間不老仙, …
약득과료대겁수 재시세간불로선

若問大平年, 架橋迎新主。上元甲子到
약문대평년 가교영신주 상원갑자도

人人哈哈笑, 問他笑什麼 迎接新地主, 上管三尺日, 夜無盜賊難,
인인합합소 문타소십마 영접신지주 상관삼척일 야무도적난

雖是謀爲主, 主坐中央土, 人民喊眞主。
수시모위주 주좌중앙토 인민함진주

이 예언은 뜻밖에도 2020년에 크게 주목을 받았다. 음력 9월과 10월에 근심, 역병이 발생한다고 했고, 돼지와 쥐의 해(2019년 기해년, 2020년 경자년)에 발생한다는 점을 들어서 이 글이 코로나19 사태를 말한 것으로 해석된 것이다. 그렇게 해석할 수 있을 만큼 많은 부분이 맞아떨어진다. 그러나 첫 구절부터 끝까지 면밀히 읽어가다 보면, 이 예언이 단순히 코로나19를 알린 것이 아니라는 것을 알게 된다.

이 예언은 『소병가』에 나타나지 않은 재난의 종류와 그 재난의 위급함에 대해 말하고 있다. 먼저 하늘과 땅이 뒤집어지는 대재난이 발생한다고 했다. 그리고 남사고 예언에서 '천조일손千祖一孫', '십 리에 사람하나 볼 듯 말 듯'이라 한 것처럼, 사방 들판의 집마다 밥 짓는 연기가 끊어진다고 했다. 이 재난은 괴질로 인한 것인데 '온역瘟疫'이라 표현했다. 온역은 전염성 열병을 통틀어 이르는 말이다. 온역이라는 말 속에서 이 괴질이 화기火氣로 인해 발생한다는 것을 알 수 있다. '부자는 만 명에 두세 명 겨우 살 정도'로 위세를 떨칠 이 온역을 넘기면 좋은 세상이 펼쳐진다고 했다. 그러므로 이 괴질은 화火로 상징되는 한 시대를 마감하는 때에 발생하는 심판의 성격을 지니고 있다. 앞서 남사고 예언에서는, '날아다니는 불', '소두무족小頭無足', '하늘에서 불이 날아 떨어진다'라고 표현했는데, 온역이 그와 같은 괴질이라는 것을 알 수 있다.

이 겁재를 넘기면 불로선不老仙이 된다고 한다. 태평성대가 되고 인류가 완전히 새로운 인간으로 거듭나는 것이다. 그 세상을 다스리는 분이 중앙 토土 자리에 앉는다고 하는데 중앙 자리는 주재자主宰者를 뜻한다. 여기에서 지구촌 인류가 함께 잘 사는 '대동세계를 건설하는 일꾼들'이 있다는 것을 알 수 있다. 이러한 재난이 일어나는 때에 대해 이 예언에서는 특정 시기를 말하고 있다. 그러나 하늘에서는 앞으로 다가올 일의 대세는 일러주어도, 정확한 시기를 알려주는 경우는 거의 없다. 예언이 말하려는 큰 틀 정도만 받아들이는 것이 바람직하다.

태평시대를 노래한 보허대사步虛大師 예언

고정함高靜涵은 1904년 정월 초이렛날 『보허대사 예언』이란 도참을 저술했다고 한다. 그는 청말淸末에 청허거사淸虛居士로 불린 불교의 승려인데 보허대사步虛大師를 내세워 도참을 지었다고 한다. 보허대사는 수나라 관리 또는 장수 출신이라 하나 기록은 불분명하다.

이 예언은 모두 12절로 되어 있고 10절까지는 중국의 미래에 관련된 내용이다. 11절과 12절을 살펴보기로 한다.

> 관을 덮고 평가하니 공과功過가 나누어지네. 망망대해에서 승평시대를 보고, 백 년 동안의 큰 일이 꿈만 같도다. 화려한 남조南朝시대 태평성대 봄이러니, 만리 산하는 곳곳마다 푸르도다.
> 세상은 셋으로 나누어지고, 성인이 출세하여 검은 면류관을 쓰고 곤룡포를 입으리라. 천지가 다시 밝아지고 만물을 안배하니, 온 천하가 노래하며 그 복을 받는다네.
>
> **棺蓋定, 功罪分, 茫茫海宇見承平, 百年大事渾如夢, 南朝金粉太平春,**
> 관개정 공죄분 망망해우견승평 백년대사혼여몽 남조금분태평춘
>
> **萬裏山河處處靑。**
> 만리산하처처정
>
> **世宇三分, 有聖人出, 玄色其冠, 龍彰其服, 天地夏明, 處治萬物,**
> 세우삼분 유성인출 현색기관 용창기복 천지복명 처치만물
>
> **四海謳歌, 蔭受其福。**
> 사해구가 음수기복

이 예언도 유백온과 마찬가지로 승평시대, 태평시대를 노래하고 있다. 직접적으로 밝히지는 않았지만, '백 년 동안의 큰 일'이라 하여 인류사의 큰 변화가 약 백 년 동안에 이루어진다고 했다. 그리고 천지가 다시 밝아지고 '태평성대 봄'이 오는데, 성인이 출세하여 그 세상을 이룬다는 것을 말했다.

요순시대의 도래를 예고한 「무후백년계武候百年乩」

「무후백년계」의 '무후武候'는 제갈량이다. 1933년 홍콩 신계新界 지역에서 현원학원玄圓學院을 개원할 때, 어떤 사람이 제갈량이라 자칭하고 전후 100년사를 예언한 것으로 알려져 있다. 이 예언은 1933년 〈홍콩공상일보香港工商日報〉에 실렸다. 그리고 1999년 8월, 경천선생鏡泉先生이 〈경제일보〉에 발표하면서 널리 알려지게 되었다.

예언은 세 단락으로 되어 있는데 앞의 두 단락은 제2차 세계대전, 국공내전, 오성홍기五星紅旗 등을 말하고 마지막 단락은 자미성인의 출현으로 이루어져 있다. 이 가운데 아직 실현되지 않은 마지막 내용만 살펴본다.

> 밭에서 워싱턴(華盛頓)이 다시 나오리니, 사람들에게 복을 주니 진명천자니라. 이분은 원래 자미성인데, 나라를 평정하고 백성을 평안하게 하여 공덕이 크도다. 중도를 잡고 하나를 지켜서 건곤을 정하니, 도덕이 높고 은택이 넓어 요순을 바라는구나.
>
> **田間再出華盛頓。造福人群是眞命。**
> 전간재출화성돈　조복인군시진명
>
> **此人原是紫微星。定國安民功德盛。**
> 차인원시자미성　정국안민공덕성
>
> **執中守一定乾坤。巍巍蕩蕩希堯舜。**
> 집중수일정건곤　외외탕탕희요순

밭에서 워싱턴(성인)이 나온다고 했다. 그런데 다음 구절에서 '진명천자'라고 바꾸어 말하고 아래 구절에서는 그분을 '자미성'이라 했다. 자미성은 하느님, 천제天帝의 별로 천자天子를 상징한다. 밭에서 나오는 성인이 세상을 다스리는 천자가 되어서 태평성대로 일컬어지는 요순시대를 이룩한다는 내용을 담고 있다.

그런데 내용 가운데 '밭[田]'에서 천자가 나온다고 한 것이 흥미롭다. 정감록에서 말한 '이재전전利在田田'의 그 '전'과 일맥상통하는 것이다. 여기서 말하는 전田은 단순히 밭이 아니라 성인이 나오는 지역과 관련이 있다.

이상의 중국 예언에는 '앞으로 성인이 출현하여 태평시대를 연다'는 공통점이 있다. 과거의 일은 그럴듯하게 꾸며서 맞출 수 있지만, 일어나지 않은 미래의 일에 대해 공통점이 많이 나타난다면 그 예언의 의미를 깊이 새겨 보아야 할 것이다.

송하비결 松下祕訣

『송하비결』은 조선시대 송하松下 노인이 지금부터 약 120년 전에 남긴 예언이라 한다. 정치적으로 해석되는 부분이 많고 해석도 다양하다. 『송하비결』에서 앞으로 닥칠 대변국을 알린 내용을 살펴본다.

> 북쪽에서 전쟁이 일어나면 세상에 독한 전염병이 돈다. 열에 아홉이
> 죽고 하나만 산다. 십승지로 가라. 이로움은 오직 전전田田에 있으니,
> 전田을 손 가운데 꽉 잡아라. 길한 별이 모여들어 간방을 비추니
> 만물의 우두머리가 나타난다. 바로 만국성인이다. 현인들도 출현
> 한다.
>
> **北門兵禍 世行毒疾。九死一生。去十勝地。利在田田 手中握田。**
> 북문병화 세행독질 구사일생 거십승지 이재전전 수중악전
>
> **吉聖聚會 艮方照臨 首出庶物。萬國聖人。賢人出現。**
> 길성취회 간방조림 수출서물 만국성인 현인출현

현 시대가 끝날 때에 큰 전쟁이 북쪽에서 일어나고, 전쟁에 이어서 열에 아홉을 죽이는 독한 괴질이 생긴다고 한다. 그런데 그것을 피할 길은 '전田'에 있다고 한다. 구원의 도가 '밭田'에 있다는 것은 『격암유록』과 『정감록』, 중국의 예언에서 말한 것과 일맥상통한다. 이 예언은 전쟁과 괴질로 세상이 끝나는 것이 아니라, 길한 별이 간방艮方 대한민국을 비추고, 대한민국에서 만국성인이 출현한다는 희망찬 미래를 함께 전한다.

예언이 나온 시대와 예지자들은 다르지만 하나 같이 대변혁과 그 위기에서 벗어날 법방과 인류를 구원할 분에 대한 내용에 공통점이 있음을 알 수 있다. 이 예언들이 밝힌 구체적인 구원의 비밀은 본서 하권까지 읽어 가면 자연스럽게 파악하게 될 것이다.

신의 재건축, 미륵의 세상이 다가온다

일본에는 일본의 미래와 개벽 소식을 전한 『히후미 신지ひふみ神示』(혹은 히쯔키 신지日月神示로 불림)라는 아주 유명한 예언서가 있다. 이 책의 저자는 신전神典 연구가이며 화가인 오카모토 텐메이岡本天明(1897~1963)이다. 텐메이는 어릴 때부터 영감이 뛰어나서, 신령의 모습이 보이고 목소리가 들리기도 했다고 한다. 그의 예언은 루스 몽고메리처럼 자동기술 방식

오카모토 텐메이

으로 기록되었는데, 일본 창세 신화의 첫머리에 나오는 신 '국상입존國常立尊 (쿠니토코타치노 미코토)'을 필두로 한 고급 신령단이 접신해 미래 소식을 알려 주었다고 한다. 텐메이는 알 수 없는 기호와 숫자로 기록된 39권에 이르는 방대한 예언을 남겼다. 1944년부터 1961년까지 17년에 걸쳐 기록된 이 예언서에는 제2차 세계대전에서 일본의 패전, 앞으로 일어날 후지산 폭발, 신의 재건축과 대정화 소식, 미륵의 세상 등 충격적인 내용들로 가득하다.

도쿄도 원래의 흙으로 한때는 돌아갈 것이다. 신이 말한 것은 틀리지 않는다.
東京も元の土に一ときはかえるから、その積りでゐて呉れよ。神の申したこと違はんぞ。(1권 11첩)

위 예언은 2차 세계대전에서 일본이 패전하기 1년여 전에 기록되었는데, 실제로 도쿄는 미국에게 공습을 받아 많은 건물이 재로 변했다. 그의 예언에는 지구와 인류의 미래와 관련된 예언도 담겨 있다. 앞에서 살펴본 예지자들의 미래 소식과 일치하는 예언이 많은데 상당히 구체적이고 깊이가 있다.

> 북쪽에서 쳐들어올 때가 이 세상의 종말의 시작이다. 하늘에 태양이 하나가 아니다. 둘, 셋, 넷 나타나면 이 세상의 끝이라 여겨야 한다.
> 北から攻めて来るときが、この世の終り始めなり、天のお日様一つでないぞ、二つ三つ四つ出てきたら、この世の終りとおもへかし。(3권 16첩)

> 대지진, 불의 비가 내리는 대정화이니 혼자 피하고자 하더라도 신이라도 도망갈 수 없다. 천지가 뒤섞이고 뒤집어질 것이다.
> 大地震、ヒの雨降らしての大洗濯であるから、一人のがれようとて、神でものがれることは出来んぞ、天地まぜまぜとするのぞ、ひっくり返るのぞ。(오십묵시록五十黙示録 자금지권紫金の巻, 5첩)

> 바다가 육지가 되고, 육지가 바다가 된다.
> 海が陸になり陸が海になる。(1권 3첩)

> 땅도 뒤집히고 하늘도 뒤집힌다.
> 大地も転位、天も転位するぞ。(오십묵시록五十黙示録 7권 15첩)

텐메이는 한 세상의 끝이 다가오는 시기를, 북쪽에서 일본으로 침입하는 때라 했다. 여기서 말하는 북쪽은 러시아나 북한, 중국 중 한 나라로 해석할 수 있다. 세상 종말의 신호가 되는 거대한 전쟁이 북쪽 나라의 침입으로부터 일어날 것을 말한 것이다. 그런데 말세에는 전쟁만 일어나는 것이 아니라, 바다가 육지가 되고, 육지가 바다가 될 정도로 천지자연에 대격변이 함께 일어날 것이라 했다. 불의 비가 내린다는 것은 화산폭발을 뜻하는데, 아이러니하게도 이 대격변을 대정화라고 했다. 이렇게 본다면, 현재 지구상에 일어나는 자연 재해도 지구를 새로 정화하는 데 그 목적이 있다고 할 것이다.

하루에 10만 명이 죽기 시작하면, 드디어 신의 세상이 가까이 온 것이다.
一日に十万、人死にだしたら神の世がいよいよ近づいたのざから、(1권 25첩)

재건축이라는 것은, 신계神界, 유계幽界, 현계顯界에 있는 지금까지의 일을 깨끗이 티끌 하나 남김없이 세탁하는 것이다. 재건축이라는 것은 세상의 근원인 하느님의 뜻대로 하는 것이다. 빛의 세상으로 만드는 것이다.
建替と申すのは、神界、幽界、顕界にある今までの事をきれいに塵一つ残らぬ様に洗濯することざぞ。今度と云ふ今度は何処までもきれいさっぱりと建替するのざぞ。建直と申すのは、世の元の大神様の御心のままにする事ぞ。御光の世にすることぞ。(10권 12첩)

일본뿐만 아니다. 전 세계는 물론이고 삼천 세계의 대정화라 말할 수 있겠다. 신에게 의지하고 신이 말씀하시는 대로 실천하는 것 외에는 길이 없다.
日本ばかりでないぞ、世界中はおろか三千世界の大洗濯と申してあろうがな、神にすがりて神の申す通りにするより他には道ないぞ。(3권 20첩)

이 세상의 끝은 신국의 시작이라 여겨라. 신들께도 알릴 것이다.
この世の終りは神国の始めと思へ臣民よ、神々様にもしらすぞよ。(3권 16첩)

쥐의 해를 중심으로 하여 전후 10년이 가장 중요한 때다. 세상을
새로 다시 짓는 것은 물과 불이다.
子(ネ)の歳真中にして前後十年が正念場、世の立替へは水と火とざ
ぞ。(8권 16첩)

이 예언에는 앞으로 닥칠 개벽기의 재앙을 '큰 고개(오토게大峠)'로 표현하
고 있다. '큰 고개'에는 '물과 불'의 재앙, 곧 홍수와 지진, 화산폭발로 인류
가 고난을 겪게 된다는 것이다. '큰 고개'가 닥쳐서 지금까지 일어난 일을 티
끌 하나 남김없이 세탁한다고 했다. 이러한 내용은 다가올 보병궁 시대를
'빗자루와 총채, 쓰레받기의 시대'라 한 페닉스 노아의 예언과 동일하다. 다
가올 세상은 기존의 불의와 악을 뿌리 뽑고 청소해서 대정화를 해야 열릴
수 있다. 그래서 '큰 고개'가 지나고 나면 현 세상이 무너지고 '미륵의 세상',
'신의 나라'가 재건된다고 했다.
텐메이의 예언에는 '신의 나라'가 '미륵의 나라'로도 표현되어 있고, 미륵
불이 여는 세상이 구체적으로 묘사되어 있다.

지금의 사람 중 몇몇은 신시(신의 계시)를 알지 못하여 창피한 일이
생길 것이다. 한심한 일이 생길 것이다. 후회가 코앞이다. 다음 세
계는 미륵의 세계, 하늘의 조상님들의 세상이다. 땅의 세계는 오오
쿠니노토코타치 대신님 조상들이다. 하늘의 조상님들 그 세계의
시작이다. 돕는 자가 진정한 살아있는 신이다. 마무리가 훌륭하게
이루어진다. 안심하라. 하늘도 밝아지고, 땅도 빛난다. 천지가 하나
되어 진정한 하늘이 되고 진정한 땅이 된다. 삼천 세계가 새로 열리
니 빛의 시대를 즐거워하라.
今の人民少しは神示判って居らんと恥づかしい事出来て来るぞ、な
さけない事出来てくるぞ、くやしさ目の前ぞ。次の世がミロクの世、

天の御先祖様なり、地の世界は大国常立の大神様 御先祖様なり、天
の御先祖様 此の世の始まりなり、お手伝いが弥栄のマコトの元の生
神様なり、仕上げ見事成就致さすぞ、御安心致されよ。天も晴れる
ぞ、地も輝くぞ、天地一つとなってマコトの天となりなりマコトの地
となりなり、三千世界一度に開く光の御代ぞ楽しけれ、(20권 17첩)

앞에서는 '신의 세상'이 온다고 했는데, 여기서는 '미륵의 세계'가 온다고
하였다. 미륵이 곧 신이요 하나님인 것이다. 미륵의 세계에서는 천지가 하
나 되어 새로운 빛의 세계가 열린다고 하였다. 불교에서 말한 용화세계가
열리는 것이다. 그 세계는 하늘도 땅도 밝아진다고 했다. 지금의 천지질서
에 대변화가 생길 것을 알려주고 있다.

한 명의 왕이 세상을 다스린다. 하늘의 뜻을 이어받은 천자님이 세
상을 비춘다. 세 가지 도가 하나로 합쳐진다. 이 세상이 꽉 차게 된
다. 시원으로 돌아가는 것이다. 끝은 시작이다. 시작은 영(빛)이다.
불사의 사람이 된다. 유계에 들어가는 자는 나라(신의 나라) 밖으로
가게 된다.
신국은 빛나서 눈 뜨고 볼 수 없게 된다. 신민의 몸에서도 빛이 나
게 된다. 그 빛에 의해 그분의 역할, 위격을 알게 되는 것이다. 미
륵의 세상이 되면 모든 것이 분명해진다. 기쁘고 기쁜 세상이 된
다. 지금의 문명이 없어지는 것이 아니다. 혼을 불어넣어 드디어
빛나게 되는 것이다. 초목도, 네 다리 동물도 모두 노래 부르게 된
다. 그 빛에 모두가 모여들게 된다. 천자님의 은광은 하느님의 빛
이다.
一つの王で治めるのざぞ。天つ日嗣の実子様が世界中照らすぞ。国
のひつきの御役も大切の御役ぞ。道とは三つの道が一つになること
ぞ、みちみつことぞ、もとの昔に返すのざぞ、つくりかための終りの仕

組ぞ、終は始ぞ、始は靈（ひ）ぞ、富士都となるのざぞ、幽界（がいこく）行きは外国行きぞ。神の国光りて目あけて見れんことになるのざぞ、臣民の身体からも光が出るのざぞ、その光によりて その御役、位、分るのざから、みろくの世となりたら何もかもハッキリして うれしうれしの世となるのざ、今の文明なくなるのでないぞ、たま入れていよいよ光りて来るのざ、手握りて草木も四つあしもみな唄ふこととなるのざ、み光にみな集まりて来るのざぞ、てんし様の御光は神の光であるのざぞ。(5권 11첩)

이 예언에서는 미륵의 세상이 열리는데, 그때 지상천국을 다스릴 왕에 대해 말하고 있다. 미륵 세상의 왕은 전 지구촌을 한 가족이 되게 한다. 그 분은 중국 예언에서도 언급되었고, 노스트라다무스 예언에서는 '세계를 평화롭게 할 새로운 왕'이라 했다. '세 가지 도가 하나가 된다'라고 했는데, 이것은 다가오는 세상에는 유불선 삼도三道의 경계와 장벽이 허물어져 하나의 진리로 통합될 것을 말한 것이다. 그 세상에서 인간은 환골탈태하여 불사의 몸이 되고 몸에서도 빛이 난다고 했다. 그야말로 지상선경이 되는 것이다.

그리고 그 세상을 '하느님의 나라'로 말하면서 '미륵의 세상'으로도 표현하고 있다. 미륵이 바로 하나님이라는 것을 자연스럽게 알려 주고 있는 것이다.

질병의 신이 여기저기에서 만연하고, 틈만 있으면 사람의 육체에 뛰어 들어갈 계획이니 최대한 조심하라. … 지금까지는 신국과 외국으로 나뉘어 있었으나 하나로 섞여지고 새롭게 짜여 세계가 하나되어 저절로 위아래가 생기고, 한명의 왕이 다스리게 된다. 사람은 흙으로 빚어져서 신의 숨결을 불어넣어 생긴 것이니, 더 이상 어찌해도 인간의 힘으로 어찌 할 수 없게 되면, 땅님을 불러라. 땅님에 빌어라. 땅님은 부모이니 부모의 품속으로 돌아오라. 기쁘고 기쁜 원래 자리로 돌아오라. 백성부터 새로 태어나라.

病神がそこら一面にはびこって、すきさへあれば人民の肉体に飛び込んでしまう計画であるから、余程 気付けて居りて下されよ。... 今迄は神国と外国と分れてゐたが、愈々一つにまぜまぜに致してクルクルかき廻してねり直して世界一つにして自ら上下出来て、一つの王で治めるのぢゃぞ。人民はお土でこねて、神の息入れてつくったものであるから、もう、どうにも人間の力では出来ん様になったら お地（つち）に呼びかけよ、お地（つち）にまつろへよ、お地（つち）は親であるから親の懐（ふところ）に帰りて来いよ、嬉し嬉しの元のキよみがへるぞ、百姓から出直せよ。(18권 5첩)

이 예언서도 역시 한 분의 왕이 다스리는 세계를 말하고 있다. 이 왕이 나오기 전에 '질병의 신'이 여기저기에서 만연한다고 했다. 좋은 세상이 오기 전에 인류가 병란病亂으로 한 번 뒤집어진다는 것을 알려주고 있다. 병이 크게 퍼질 것이니 최대한 조심하라고 하면서, 그때는 땅에 빌어야 한다고 했다. 예언에서는 땅을 부모라고도 하고, '부모의 품속', '기쁘고 기쁜 원래 자리'로 돌아오라고 했다. 동양철학에서 땅을 나타내는 토土는 하나님을 상징한다. 물리적인 땅을 찾으라는 것이 아니라, '인간 생명의 근원으로서 지구 어머니', 더 나아가 생명의 부모인 하나님을 찾으라는 것임을 알 수 있다.

미륵의 세상이 되면 세계 각국이 각각 독립적인 문화를 가지게 된다. 그렇지만 모든 나라가 하나의 중심(배꼽)에 연결되어 있다. 지상천국은 한 나라이고 한 가정이면서, 또 스스로 각각 다른 작은 천국이 생겨서 민족의 독립성도 가지게 된다.
みろくの世となれば世界の国々がそれぞれ独立の、独自のものとなるのであるぞ。ぢゃが皆それぞれの国は一つのへそで、大き一つのへそにつながってゐるのであるぞ。地上天国は一国であり、一家であるが、それぞれの、又自づから異なる小天国が出来、民族の独立性もあるぞ。(29권 9첩)

이 예언에 따르면 미륵의 세상, 지상천국이 하나의 세계가 된다고 말하고 있으나 각 나라의 자주권이 무시되는 획일화된 세상이 아니다. 천자가 다스리는 세상은 각 민족의 자주권을 허용하면서도 하나로 연결된 세상이다.

> 대청소가 격해지면 세계 사람이 모두 가사 상태가 된다. 청소가 끝난 후 인연이 있는 영혼만을 신이 골라내 숨을 다시 불어넣어 미륵 세상의 인민으로 삼는다. 인연 있는 영혼에는 신의 표지가 새겨져 있다. 불교와 인연 있는 사람들만 구원받는 것이라 생각하면 안 된다. 기독교와 인연 있는 사람들만 구원받는다고 생각해서는 안 된다. 신도와 인연 있는 사람만 구원받는다고 생각해서는 안 된다. 알라신과 인연 있는 사람만 구원받는다고 생각해서는 안 된다. 그 외의 많은 신, 각각의 신과 인연 있는 사람만 구원받는다고 생각해서는 안 된다. 모든 사람이 구원받는 것이다.
> 大掃除はげしくなると世界の人民皆、仮四の状態となるのぢゃ、掃除終ってから因縁のミタマのみを神がつまみあげて息吹きかへしてミロクの世の人民と致すのぢゃ、因縁のミタマには(カミ)のしるしがつけてあるぞ、仏教によるもののみ救はれると思ってはならんぞ、キリストによるもののみ救はれると思ってはならん、神道によるもののみ救はれると思ってはならん、アラーの神によるもののみ救はれるのでないぞ、その他諸々の神、それぞれの神によるもののみ救はれるのではないぞ、何も彼も皆救はれるのぢゃ、(오십묵시록五十黙示録 자금지권紫金之巻 4첩)

텐메이는 신의 재건, 대청소가 휘몰아치면 모든 사람이 가사 상태가 된다고 했다. 그리고 인연이 있는 영혼만 선택되어 새롭게 열릴 미륵의 세상으로 살아 넘어간다고 했다. 기존 세상을 대청소로 말끔히 정리하고 새 세상을 여는 것, 바로 개벽과 구원을 말한 것이다. 본서 하권 7부를 읽으면 이 예언의 숨겨진 깊은 뜻이 자연스레 밝혀질 것이다.

텐메이는 이처럼 미륵의 세상으로 갈 인연은 종교의 믿음과 무관하다고 했다. 구원은 종교와 무관하게 모든 사람에게 적용된다는 뜻이다.

타츠키 료의 『내가 본 미래私が見た未来』

1954년 생인 타츠키 료たつき諒는 만화가로 데뷔한 1975년부터 신비한 꿈을 꾸게 되고, 자신의 꿈을 만화로 남기게 된다. 타츠키는 영화 장면처럼 생생하게 꿈을 꾼다고 한다. 자신의 큰아버지가 돌아가시는 꿈을 꾸고 스케치를 했는데, 실제로 찾아간 상가의 거리가 자신이 그린 것과 같았다고 한다. 1995년 1월 2일에는 "15일 후나 15년 후에 거칠고 금이 간 대지"라는 꿈을 꿨는데, 그로부터 15일 후인 1995년 1월 17일, 고베 대지진이 발생한다.

1970년대 영국의 세계적인 록 그룹 퀸Queen의 보컬인 프레드 머큐리 사망, 다이애나 왕세자비 사망 예언 등이 담겨 있는 이 만화는 1999년에 출판되었다. 하지만 당시에는 이미 일어난 사건들을 다루어 신빙성이 떨어진다는 점 때문에 사람들의 관심에서 멀어졌다.

이 책이 다시 화제가 된 것은, 2011년 동일본 대지진을 예언한 '대재해 2011년 3월'이라는 내용 때문이었다. 이 만화에는 코로나19를 예언한 것으로 해석되는 내용도 있다. 2020년경에 나타나 4월에 사라진다고 되어 있는데, 이 4월에 대한 해석은 각양각색이다. TV에 소개되며 인기가 상승하자 출판사 권유로 2021년 10월에 완전판이 발행되고 50만 부가 팔렸다.

타츠키의 예언에서 아직 실현되지 않은 것은 후지산 폭발과 자신이 사는 가나가와현神奈川縣에 대형 쓰나미가 몰려오는 꿈이다. 그리고 2021년에 출간된 완전판에서 가장 이목을 끄는 예언은 초대형 쓰나미다. 2025년 7월, 일본과 필리핀의 중간 해역에서 해저화산이 폭발해 태평양 연안 국가에 동일본 대지진 때 일본 동북해안을 휩쓸었던 거대 쓰나미의 3배 높이의 초대

2025년 7월에 일어날 일

일본 열도 남쪽 태평양에서 거대한 쓰나미가 발생하는 것을 보았습니다. 해저 화산 폭발에 의한 것인지 폭탄에 의한 것인지는 모릅니다.

이것은 2025년 7월에 일어납니다.

일본과 필리핀 중간 해역쯤에서 발생한 해저 폭발 (분화)로 인해, 태평양 주변 국가에 엄청난 쓰나미가 몰려가게 됩니다. 일본 열도는 태평양 연안 1/3~1/4 이 쓰나미에 휩쓸리게 됩니다. 이 쓰나미의 높이는 동일본 대지진의 세 배 정도로 거대합니다. 이 충격으로 인해 육지가 솟아오르는데, 홍콩에서부터 대만, 필리핀까지가 이어진 듯한 느낌을 줍니다.

『내가 본 미래私が見た未来』

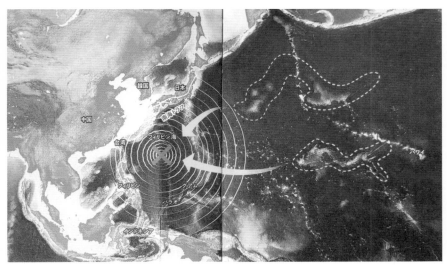

地図上で見た「2025年7月に起こること」の夢
海底の地形がわかるGoogle Earthで見るとわかりやすいのですが、震源地として見えたのは、北は日本・西は台湾・南はインドネシアのモロタイ島・東は北マリアナ諸島を結ぶひし形の中心です。その震源地のはるか南、日付変更線付近からハワイ諸島にかけての海底に、夢で見た2匹の竜のようなシルエットが見えるのです。（※地図＝ⒸROOTS/Heibonsha C.P.C.）

지도상에서 본 "2025년 7월에 일어날 일"에 대한 꿈
진원지로 보이는 곳은 북쪽은 일본, 서쪽은 대만, 남쪽은 인도네시아의 모로타이섬, 동쪽은 북마리아나 제도를 잇는 마름모꼴의 중심입니다. 진원지에서 멀리 떨어진 동쪽의 날짜 변경선에서 하와이 제도에 걸쳐진 해저에서 꿈에서 본 두 마리 용과 같은 실루엣이 보입니다.

형 쓰나미가 닥친다는 것이다. 이때의 충격으로 홍콩에서 필리핀까지 육지로 이어지는 느낌을 받았고, 일본은 태평양 연안의 1/3에서 1/4이 해일 피해를 받는다고 하였다. 이것은 괴멸적인 격변이지만 이후에 밝은 세상을 보았다고 한다. 타츠키는 격변 이후의 세상, 즉 개벽 후의 밝은 미래를 본 것이다. 그렇다면 과연 2025년에 이런 사건이 벌어질 것인가? 그것은 본서를 계속 독서해 나간다면 스스로 알 수 있을 것이다.

마이산 산주山主 이갑룡 처사가 전한 인류의 미래

한국은 명산이 많은 곳이다. 백두산에서 뻗어 내린 맥이 백두대간을 거쳐서 결실을 맺은 혈 자리도 많다. 그래서인지 한반도, 그중에서도 남쪽 조선에서 인류를 구원하는 진리가 나오고 이상향이 건설된다는 이야기가 많이 전해졌다. 명산 중에서 마이산馬耳山은 백두산과 함께 가장 신비로운 산인데, 암마이산과 수마이산이 솟아 있는 모양이 말의 귀와 같다고 해서 붙여진 이름이다. 마이산은 계절마다 이름을 달리 부르는 게 특징이다. 봄에는 돛대봉, 여름에는 용각봉, 안개가 자욱하게 끼고 나면 용 뿔같이 보여서 용각봉이라 한다. 가을의 이름은 마이봉이다. 겨울에는 붓을 가지고 암마이산에 글을 쓰는 형국이라 해서 문필봉이라 한다. 마이산은 금강과 섬진강의 수원지이기도 하다. 마이산에서 뻗은 산의 맥은 운장산, 대둔산을 거쳐 계룡산으로 이어진다. 백두대간의 맥이 마이산에서부터 역으로 솟구치며 태극 모양을 이루고, 금강의 물줄기도 역으로 흐르며 공주에서 굽이쳐 산태극, 수태극을 이룬다.

양쪽 봉우리 중 하나는 정상까지 갈 수 있고, 하나는 길도 없어 오르지 못한다. 경사가 급한 마이산은 걸어서도 오르기 힘든 곳이다. 그런데 19세기 조선에서 가장 신성한 이로 만인의 가슴속에 살아 있던 당대 최고 천재, 고부의 강증산이라는 분이 천황문(암봉과 수봉 사이 고개)까지 백마를 타고 올랐다는 신이한 이야기가 전한다. 그분이 거기에 말을 매어놓고 마을 주민들과 함께 암마이봉 정상에서 제를 지내는데, 말이 암마이봉 숫마이봉 양쪽에 대고 발을 뚜벅대며 포효를 했다고 한다.

마이산은 조선 개국과 관련이 깊은 곳이기도 하다. 조선 왕의 어좌御座 뒤에 펼치는 일월오봉도日月五峯圖에 이 산이 그려져 있다. 고려 말에 이성계는 남원에서 왜구를 물리치고 개선하는 길에 마이산에 들렀을 때 그곳에서 한 신선으로부터 금척을 받는 꿈을 꾸었다. 이때부터 이성계는 새 왕조 건국을 마음먹게 되었고, 마이산에서 100일 기도를 드렸다 한다.

마이산의 신비 중 으뜸은 탑사에 있는 신비로운 석탑이다. 천지일월과 오행 이치를 담은 천지탑, 오방탑, 일광탑, 월광탑을 비롯하여 80여 개가 있는데, 태풍이 불어 나무가 뽑혀도 탑은 무너지지 않는다고 한다. 이 탑들은 이

마이산

갑룡李甲龍 처사라는 인물이 조성했다고 알려져 있다.

　마이산 탑사에는 이 처사의 손자 이왕선 씨가 살고 있는데, 필자는 이왕선 씨의 집 안방과 전주의 한 식당에서 이 처사의 생애와 미래에 펼쳐질 사건에 대해 증언을 들은 적이 있다. 처사는 세종의 형인 효령대군의 후손이다. 가난한 집안에서 태어난 그는 16세 때 부모를 여의고 전국을 주유하다가 25세 때 마이산에 들어와 기도하며 수행을 하기 시작했다. 처사는 탑사의 대웅전 바로 밑에 자연적으로 생긴 작은 샘이 있는데 그 앞에 작은 단을 만들고 돌로 울타리를 쌓아서 '용궁단'이라 하고, 젊어서부터 평생 용궁단에서 기도를 했다. 당시에는 시계가 없었는데도 한 치도 어긋남 없이 평생 동안 자시子時에 용궁단에서 천상 미륵존불의 용화낙원이 오기를 기도했다. 이왕선 씨는 처사의 구도 열정을 이렇게 전했다.

　　굴에 들어가서 하기도 하고, 산의 상봉에서도 하시는데, 비가 쏟아지고 겨울에 눈보라가 치고 수염이 얼어붙어도 그대로 앉아서

마이산 탑사와 이갑룡 처사

기도하다가 끝나는 시간이 되어야 일어난다. 눈 오면 눈, 비오면 비 다 맞고 그 자리에 앉아계셔도 동상도 안 걸리고 감기도 안 걸리고 평생 약 한 번 안 드시고 가신 분이다. 보통 일주일 기도, 3·7일 기도를 많이 하셨다.(이왕선 증언)

이 처사는 기도를 시작한 이후 전국 명산을 다니며 기도하고 돌아올 때는 돌을 가지고 와서, 하루에 한 층씩 30여 년 동안 돌탑을 쌓았다. 탑사는 1980년에 정부에 사찰 등록을 하면서 석가불을 모시기 시작했다. 그 이전에는 미륵불만 모신 곳이었다. 그 이유는 앞으로 오는 시대는 석가불의 시대가 아니라 미륵불의 시대임을 깨달은 처사가 직접 미륵불을 조성해 모셨기 때문이다.

어느 날 처사는 제자에게 앞으로 닥칠 인류의 미래에 대해 이렇게 전했다.

앞으로 엄청난 재앙이 온다. 그때는 천심 가진 사람만 살아남는다.
선仙의 씨앗만 남아 요순세계가 온다. 용화세계, 미륵 세상이 온다.

처사는 95세에 세상을 떠났는데, 죽을 시간을 잘못 정했다며 36시간 만에 다시 살아났다. 그리고 97세부터는 물만 마시며 온 몸을 정화하고 나서 이듬해에 천상으로 떠났다.

백산대운과 황백전환기의 도래

1980년대 한국에서는 소설 『단丹』이 선풍적인 인기를 끌었었다. 소설 속의 주인공인 우학도인은 실존인물로 봉우鳳宇 권태훈權泰勳(1900~1994)이었다. 봉우 선생은 1900년 서울에서 출생하여 어릴 때부터 한국 고유의 정신 수련법을 익혀서 높은 경지에 이르렀고, 대종교의 최고 지위인 총전교總典教

를 2회 역임했던 도인이었다.

그가 남긴 수많은 구술과 수필을 모은 『백두산족에게 고함』(정신세계사, 1989년)이라는 책이 있다. 봉우 선생은 백산대운白山大運과 황백전환기黃白轉換期가 도래할 것을 예고했고, 미래에 대한 뛰어난 통찰을 보여주었다. 봉우 선생이 한국과 인류의 희망찬 미래에 대해 남긴 말과 글을 살펴본다.

봉우 권태훈

> 황백전환기라 함은 바로 백산대운白山大運이 열릴 시기를 말한다. … 확실한 것은 전환의 시대는 오고 있으며 그 조짐은 이미 몇십 년 전부터 천문에, 역학에, 추수推數에, 원상原象에 드러나 있었다는 것이다.(『백두산족에게 고함』, 64~65쪽)

황백전환기는 서양문명이 지고 황인종 중심의 동양문명이 세계질서를 주도하게 된다는 의미를 담고 있다. 책이 출간된 시기로 볼 때 시대를 앞서갔던 그의 혜안을 알 수 있다. 봉우 선생은 앞으로 물질문명이 쇠퇴하고 정신문명이 크게 꽃필 것도 내다보았다.

> 한 가지 공통점은 이 시기에 정신문명과 물질문명의 대립이 없어지고 조화되어 지상천국이니, 극락세계이니, 장춘세계長春世界이니, 태평건곤泰平乾坤이니의 창설創設이 이루어진다는 것이다. … 이러한 이상은 결코 허황한 몽상가의 허튼소리가 아니라, 지나간 인류 역사의 어두운 질곡에 대한 물극필반物極必反의 원리로서 우리에게 다가오고 있는 것이다.(『백두산족에게 고함』, 65~66쪽)

그리고 봉우 선생은 어둠의 세상을 끝내고 광명의 세상을 밝힐 만세萬世 대장부가 출현할 것이라 예고했다.

> 만약 앞으로 세계 인류의 공통된 목자로서 모든 사람이 희망하고 있는 이상을 실현시킬 만한 인물이 나온다면 전 인류가 쌍수로 환영할 것이요, 이 사람이야말로 우주사宇宙史에 최대 영광을 차지할 인물이 될 것이어늘 … 역학易學으로 보면 간도광명艮道光明이라 하여 우주사가 전개된 이후 인류의 문명이 이 간방艮方(동북방)에서 시작하였고 다시 광명이 간방에서 온다고 하였다. 이것이 중명重明(거듭 빛남)이라는 것이다. 백두산족에게서 세계 인류의 평화를 건설할 인물이 나오리라는 옛 성인들의 예시인데 누가 이 운運에 맞는 인물인가. 하루라도 속히 출현하라. 전 세계 인류는 고대한 지 오래다.(『백두산족에게 고함』, 74쪽)

> 어찌하여 오래지 않아 동방에 하나의 붉은 해가 이 우주를 다시금 밝혀 줄 것을 꿈속에라도 생각지 못하는가? 이 초목금수의 시대 중에서, 닭 울음소리에 새벽어둠이 걷히고, 해가 떠오르기 전의 어둠 속에서 새벽을 알리는 큰 종이 울리면, 동쪽 창가에서 붉은 해를 맞이하는 역할이 오만 년 대동책大同策의 한 부분이 될 것이다.(『백두산족에게 고함』, 86쪽)

봉우 선생은 어두운 세상을 밝힐 붉은 해와 같은 인물이 백두산족 중에서 간방艮方 한반도에 나타날 것이라 했다. 그리고 그 분이 장차 오만 년 대동세계를 열게 될 것이라 했다. 봉우 선생의 통찰에 따르면, '장차 올 그 분'은 물질문명이 극에 달한 지금 어딘가에서 전 인류의 영성 혁명을 준비하고 실천하고 있을 것이다.

천하대동의 낙원 세계가 이루어진다.

– 신교총화

가을가을 노래하니 추분도수 되었구나
백발노인 청춘되고 … 선풍도골 완연하다.

– 춘산채지가

천하가 한 집안이 되어
다스림이 큰 덕화에 이른다.

– 추배도

우리나라는 동남 해안 쪽 100리의 땅이
피해를 입을 것입니다.
시만물始萬物 종만물終萬物이 간艮에서 일어난다면
인류를 구출할 세계적인 정신 문화가 어찌 한국에서
시始하고 종終하지 않으랴.

– 탄허스님

북쪽에서 전쟁이 일어나면
세상에 독한 전염병이 돈다.

– 송하비결

미래불이 내려와 도를 펴는데
천상천하 모든 부처의 조상입니다.
진불眞佛은 절간 안에 있지 않으니
그분은 '미륵원두교'를 관장하십니다.

– 유백온

삼천 세계가 새로 열리니
빛의 시대를 즐거워하라. …
바다가 육지가 되고 육지가 바다가 된다.

– 오카모토 텐메이

선의 씨앗만 남아 요순 세계가 온다.
용화 세계, 미륵 세상이 온다.

– 이갑룡 처사

세계 지식인들이 전하는 문명 개벽

현재의 위기는 개인이나 정부 혹은 사회제도만의 위기가 아닌,
'지구 차원의 전이'이다. 개인으로서, 사회로서, 문명으로서,
전 지구의 생태계로서 우리는 '전환점turning point'에 도달하고 있다.
(프리초프 카프라Fritjof Capra, 『새로운 과학과 문명의 전환』)

언젠가부터 우리는 세상이 급변하고 있다는 말을 하기 시작했다. 아침에 눈을 뜨고 일어나 TV를 켜거나 신문을 보아도 지구촌에서 발생하는 다양한 변화와 재난을 전하는 소식이 가득하다. 경제위기, 지구 온난화, 수자원 고갈, 신종 전염병 창궐, 식량난, 환경오염, 자연재난으로 말미암아 인류는 큰 위기를 맞이하고 있다. 단순히 한 국가의 변혁이 아니라 전 지구 문명 차원의 변이가 우리 눈앞에서 펼쳐지고 있다. 과연 인류의 미래는 어떻게 될 것인가?

십이제국 괴질운수와 다시개벽

지구촌에 거대한 변화의 바람이 몰아치고 있다. 2020년에 인류는 전대미문의 전염병에 큰 충격을 받았다. BC(Before Corona)와 AC(After Corona)라는 말이 생길 정도로 코로나19는 문명의 흐름을 뒤바꿔 버렸다. 흑사병으로 서양의 중세시대가 무너지고 근대로 나아간 것처럼, 코로나19부터 진정한 21

세기가 열렸다고 해도 과언이 아니다. 코로나19로 경제활동이 위축되자, 자동차와 공장에서 나오던 배기가스가 줄어들어 잠시나마 지구가 몰라보게 깨끗해진 적이 있다. 인류는 생명의 어머니인 지구를 이용하여 물질적 번영을 누려왔다. 끝없이 탐욕을 추구하는 자본주의적 가치를 숭배하여 욕망을 향한 질주를 계속했다. 경고음이 계속 울렸지만 멈추지 않았다. 그런데 코로나19가 발생하고서야 문제를 인식하기 시작했다. 과거처럼 계속 가다가는 인류가 쌓아 온 모든 것이 무너질 수 있다는 것을 느끼기 시작한 것이다.

무엇이 문제였을까? 일찍이 19세기 중엽에 최수운 대신사는 앞으로 닥칠 인류 문명의 대세를 이렇게 선언했다.

"십이제국 괴질운수 다시개벽 아닐런가"(『용담유사』)

동학의 이 선언은, 거대한 기후변화와 지구의 생태 시스템이 뒤바뀌는 개벽을 맞이하여 전염병으로 문명이 대전환한다는 것이다. 앞으로 인류 문명이, 코로나19가 문명의 방향을 전환시킨 것과 비교할 수 없는, 차원이 다른 문명으로 대전환한다. 이것이 동학이 선언한 '다시개벽'의 메시지다. 이미 160여 년 전에 기존의 문명에 대해 사망 선고가 내려지고 새로운 문명이 펼쳐진다는 선언이 이루어진 것이다.

동학의 '다시개벽' 선언은 단순히 고대에서 중세, 중세에서 근대로 전환하는 정도의 역사 변혁을 말하는 것이 아니다. 근대 이후 눈부시게 발전한 자본주의, 물질문명 등 현대 문명에 대한 사형선고이자 현대 문명을 뛰어넘는 완전히 새로운 시대, 조화선경, 지상선경 문명의 도래에 대한 선언이다. 동학의 이 선언에서 사실상 현대가 시작되었다고 해도 과언이 아니다. 동학의 '다시개벽' 선언은 이전의 문명 구분과는 차원이 다르다. 예수, 석가, 공자의 성자 문명이 아니라 성부 하나님이 직접 여시는, 조화선경 문명이 시작된다는 것을 선언했기 때문이다.

그런데 동학은 다시개벽을 선언하면서 '십이제국 괴질운수'를 말했다. 동학은 왜 괴질을 이야기한 것인가? 인간의 삶을 지탱하는 자연환경과 문명체계, 인간의 의식까지 모두 병들어서 현 문명시스템은 이대로는 지속할 수 없다. 동학의 '괴질'과 '다시개벽'은, 병든 인류 문명이 괴질로 뒤집히고 완전히 새 문명이 열린다는 메시지를 담고 있다. 동학은 하늘땅과 인간이 모두 개벽해서 다시 태어나야 한다고 선언한 것이다.

1. 깊이 병든 어머니 지구

인류는 더 많이 소유하고 번영하기 위해 자연을 파괴했고, 그 결과 지구는 각종 공해로 가득 찼다. 대도시들은 스모그로 신음하고, 생명의 원천인 물도 오염되어 마음 편히 마실 물도 부족하다. 공기 중 이산화탄소 과잉으로 바다도 계속 산성화돼 백화白化 현상을 겪고 있으며, 미세 플라스틱으로 가득 차고 있다. 바다 생물을 먹게 되면 먹이 사슬의 최상위에 있는 인간 몸속에도 미세플라스틱이 가득 찰 것이다. 유전자 변형 식품의 생산, 경작지를 넓히기 위한 숲 파괴, 공장식 축산과 항생제 가득한 축산물, 이 모든 행위들이 인간 목숨을 옥죄고 있다. 이런 행위들과 지구 온난화는 신종 전염병을 발생시키며 인류를 공포로 몰아넣고 있다. 어떻게 보면 이런 현상들은 자연의 복수이다. 자연을 파괴하고 동물을 비인간적으로 사육한 대가인 것이다. 자연이 인간을 응징하고 있고, 인류의 미래가 위협 받고 있다.

'제6의 멸종' 시간대에 들어서는 지구

현재 지구에 일어나는 격변 중 가장 절박한 문제는 기후재난이다. 지구는 점점 뜨거워지고 가열되고 있다. 모든 것을 송두리째 무너뜨릴 수 있는 기후변화는 인류 미래에 심각한 위협이다. 핵 전쟁이 아니라 아마 기후변화 때문에 인류 문명이 무너질지도 모른다. 이제는 '기후변화climate change'가 아니라 '기후위기climate crisis', '기후비상사태climate emergency', '기후붕괴climate collapse'라는 말이 더 자주 쓰이고 있다. 2023년 UN 사무총장은 "지구 온난화global warming의 시대는 끝났다. 지구 열대화global boiling 시대가 도래했다"고 선언했다.

인간은 자연환경에 적응하고 자연을 개척하며 문명을 발전시켜 왔다. 그런데 지난 역사를 돌이켜 보면 환경이 문명의 발전이나 붕괴에 결정적인 영향을 준 사례가 많다. 인류 최초 문명이라는 메소포타미아 문명은 오랜 관개 농법 때문에 땅에 염분이 축적되어 경제가 무너지며 쇠퇴의 길을 걸었다. 18세기 중엽에 일어난 산업혁명은 산림자원의 부족에 따른 대안으로 석탄을 사용하게 되면서 시작되었다. 마야문명의 쇠망에도 기후변화가 큰 영향을 미쳤다. 기후 최적기에 번영했던 로마도 춥고 건조한 4세기를 지나 5세기에 소빙하기가 시작되자 경제가 위축되었다. 소빙하기는 훈족의 이동을 촉발시키고, 훈족에게 쫓긴 게르만족이 대이동하면서 서로마는 패망하게 되었다. 이처럼 문명은 자연의 영향을 크게 받는데, 자연환경이 갑자기 변한다면 인간의 삶은 어떻게 될까?

심상치 않은 기후 변화, 자연환경의 급격한 변화로 말미암아 인간의 생존 조건이 급속도로 악화되어 가고 있다. 이러한 변화는 과거와 달리 총체적이고 복합적이며, 가속적이라는 특징이 있고, 한 나라의 성쇠가 아니라 지구 전체, 인류 전체의 운명을 좌우할 수 있는 변화라는 데 특히 문제의 심각성이 있다.

기후변화정부간협의체(IPCC)는 2023년 3월 6차 보고서를 발표했다. 이 보고서에서는 파리기후변화협약에 따른 약속이 잘 지켜지지 않고 있다고 하면서, 현재 추이대로라면 2050년경에는 산업화 이전(1850~1900년 평균) 대비 온도가 2.8도 상승하고, 전 세계 인구 가운데 최대 33억 명 가량이 홍수와 식량·수자원 위기를 겪을 것이라고 경고했다. 그리고 기후변화에 따른 재앙을 막을 골든타임이 2040년까지라고 했다.

그런데 기후변화의 티핑포인트라 여겨졌던 1.5도 온도상승을 막기 힘들어졌다. 2023년 5월 18일 세계기상기구(WMO)는 5년 안에 1.5도 상승에 도달할 가능성이 높다고 경고했다. 이렇게 되면 생물종 감소, 자연환경 파괴, 해안 저지대 침수, 전염병 창궐, 에너지·식량·재난 등 위기가 전 세계적으로 가속화될 수 있다. 인간 생존과 문명을 유지시켜 주는 환경이 송두리째 뒤바뀌고 무너져 내릴 수 있게 된다. 현재도 기후변화로 1년에 150만 명 정도가 사망하고 있다. 최악의 경우에 지구 기온이 6도까지 올라가게 되면 영구동토층이 녹아서 메탄이 대기 중으로 대량 방출되어 폭발성구름이 형성되고 거대한 폭발로 이어지게 된다. 그런데 2050년에 '거주불능 지구'가 될 것이라는 극단적인 경고도 있다. 2050년에 20세기 초에 비해 무려 6.4도나 온도가 상승하여 인간이 거주할 수 없는 환경이 될 수도 있다는 것이다.(데이비드 월러스 웰즈, 『2050 거주불능지구』)

지구온난화는 해안가 도시와 저지대 국가들에게 악몽이다. 투발루는 해수면 상승으로 국토 포기선언을 했고 뉴질랜드로 조금씩 이주하고 있다. 뉴욕도 해수면 상승과 100만 채가 넘는 빌딩의 무게로 지반이 침하하며 서

2050년 수몰 예상 지역

자료출처 : Climate Centeral.org, KBS1TV 재인용

서히 물에 가라앉고 있다. 뉴욕은 1950년 이후로 22cm 정도 해수면이 상
승했고, 매년 1~2mm씩 지반이 내려앉고 있다. 나사NASA에 따르면 지난
1993년부터 2023년까지 30년 동안 전 세계 해수면은 평균 9.8cm 상승했
다. 한국도 2100년이 되면 부산을 비롯한 국내 해안가 저지대가 침수된다.
자카르타, 상해, 방콕 등 저지대 대도시 대부분이 이런 위기에 놓여있다.
　기후위기의 또 다른 위험성은 생물종 감소에 있다. 세계적 생태학자인 최
재천 교수는 지구온난화가 가져온 가장 위험한 변화를 생물다양성 감소로
꼽았다. 그는 현재 인류가 처한 상황을 이렇게 비유했다.

> "플라스크에 물벼룩을 기른다고 상상해 봅시다. 이 물벼룩은 1
> 분에 한 번씩 2배수로 번식합니다. 플라스크의 절반쯤 차오르는
> 순간, 누군가는 '상황이 심각해요. 이러다간 큰일나겠습니다' 하
> 고 경고하는 반면, 반대쪽에서는 '아니, 공간이 아직 절반 이상
> 남았잖아'라고 합니다. 종말의 1분 전에도 그런 이야기를 할 수
> 있다는 겁니다. 어쩌면 지금 우리가 그러고 있는지도 모릅니다."
> (JTBC 〈차이나는 클라스〉 '인류 최악의 재앙, 기후변화 - 세 개의 전쟁 인터뷰,
> 2023년 4월 16일 방영)

　세계자연기금(WWF)은 '2022지구생명보고서'에서 1970년부터 2018년까
지 야생동물 개체군의 규모가 평균 69% 감소했다고 발표했다. 특히 라틴아
메리카와 카리브해 연안은 야생동물 개체군의 규모가 평균 94% 감소했다
고 한다. '생물다양성기구'는 약 100만 종에 달하는 생물종이 수십 년 내 멸
종할 위기에 처해 있다고 발표했다.(2019년 기준) 『미국국립과학원회보』 연구
에서는 멸종위기를 "생물학적 전멸biological annihilation, 인류문명의 기반을 위
협하는 공격"이라고 했다.(제이슨 히켈, 『적을수록 풍요롭다』 참고) 생물 다양성이
감소해 생태계가 파괴되면 먹이사슬의 꼭대기에 있는 인간의 생존도 기대

할 수 없다.

지구온난화는 또한 각종 전염병을 발생시키고 있다. 2019년에 발생해 팬데믹을 일으킨 코로나 바이러스는 박쥐에서 옮아온 것이다. 그런데 기온이 따뜻해지면서 열대 지방의 각종 전염병 매개체들이 온대 지방으로 이동하고 있다. 각종 바이러스를 가지고 다니는 박쥐도 기후변화로 서식지를 옮기면서 인간과 접촉이 늘어나고 또 다른 팬데믹을 발생시킬 가능성을 높이고 있다. 온난화에 따른 해빙은 또 다른 병원체의 출현을 일으킬 수 있다. 빙하 속에는 인간이 아직 접촉하지 못한 미지의 바이러스가 가득하다고 한다. 북극 지역이 따뜻해지면서 얼음에 갇혀 있던 탄저균이 살아나 순록이 떼죽음을 하고, 순록의 고기를 먹은 사람까지 죽은 사례가 있었다. 온난화가 지속되면 극 지역의 얼음 속에 갇혀 있던 병원체가 인간을 공격해 팬데믹이 일어날지도 모른다.

이 외에도 지구온난화는 뜻밖의 재난을 일으킬 가능성이 있다.

선사시대의 지진과 화산 활동에 대한 연구에 따르면, 빙하가 녹아 물이 유출되면 거대한 양의 무게가 지각을 들어 올리고, 들뜬 지각이 제자리를 찾아가면서 지진판에 영향을 미쳐 화산 활동을 자극한다. 빙하가 약 1만 년 전으로 퇴각하면, 지중해와 남극 및 캘리포니아의 화산들이 더욱 활동적으로 된다.(샤론 베글리sharonlbegley, 〈월스트리트 저널〉, 2006.6.9.)

80만 년에 걸친 동부 캘리포니아의 화산 활동을 분석한 결과, 빙하가 세계적으로 퇴각했을 때, 화산 활동이 정점에 이르렀다는 결론을 얻었다.(Allen F. Glazner, Curtis R. Manley, 『AGU(Advancing Earth and Space Science』, 1999.)

위의 두 자료에서 빙하가 가장 적었을 때 화산활동이 가장 활발했고, 해빙이 지각 변형에 영향을 준다는 것을 알 수 있다. 빙하가 녹으면 해수면이 올라가지만, 녹은 지역은 빙하가 누르던 힘이 사라지면서 땅이 솟는 현상이 발생한다. 실제로 알래스카 남동부의 토지는 연간 1.18인치의 비율로 상승하고 있다고 한다. 빙하가 녹아 지각의 무게 재분배가 일어나면 지진과 화산활동을 촉발시킬 수 있다. 그리고 해빙으로 인한 질량의 재분배는 지구의 자전 속도를 늦추고 있다고 한다.

2011년 동일본대지진은 일본 열도를 2.4m 정도 이동시키고 지축도 10cm 정도 움직였다. 2004년 인도네시아 지진 때도 자전축이 7cm 움직였다. 2023년에 발표된 서울대 서기원 교수의 연구에 따르면, 인류가 지하수를 무모하게 개발한 결과 해수면이 상승하고 지구의 물질량 분포가 바뀌면서 자전축을 이동시켰다. 움직일 거 같지 않아 보이는 지축이 자연 재난과 인간의 행동에 따른 결과로 변할 수 있다는 사실이 입증된 것이다.

그런데 이런 위기는 서서히 다가오기 때문에 문제 인식을 잘 하지 못하고 대처가 늦어지고 있다. 호주국립기후보건센터 연구팀은 기후변화가 핵전쟁에 버금가는 위험요인이기 때문에 전시 체제에 준하는 자원 및 인원 동원 체제를 갖춰야 한다고 발표했다. 연구에 따르면 2050년까지 기후 난민 10억 명이 발생할 수 있고, 자카르타, 톈진, 방콕, 광저우 등 연안 저지대의 대도시는 생존 불가능한 지역이 될 것이다. 기후위기가 먼 미래의 일이 아니라 우리 세대에 닥치는 가장 시급한 문제가 되었다. 2020년 코로나19가 한창 유행하던 때 미국의 한 언론에 〈Main Crisis is Still Climate〉이라는 기사가 실린 적이 있다. 인류에게 닥친 가장 큰 위협은 기후위기라는 것이다.

매년 초 스위스 다보스에서는 경제인들과 정치인들이 모여 세계 현안 문제에 대해 담론을 나눈다. 2020년 다보스포럼에 제출된 '2020 국제위험보고서'에서는 앞으로 10년간 전 세계 경제를 위협할 요인을 발표했다. 이 보고서에서는 1위 기후변화, 2위 기후변화 대응실패, 3위 자연재해, 4위 생물

다양성의 상실 및 절멸, 5위 환경 재해였다. 상위 5개가 모두 기후변화와 관련된 이슈였다. 이제 기후는 우리의 생존을 위협하는 절체절명의 과제이다.

사람은 체온이 1도만 올라가도 생체 리듬이 변하여 아프거나 시름시름 앓게 되고, 3도 정도 올라가면 생명이 위험해진다. 만약 지구의 기온이 3도 올라가게 되면 지구상의 생물 대부분이 멸종 위기에 직면할 것으로 예상된다. 그런데 서서히 기온이 높아지는 것이 아니라 훨씬 급격한 변화가 올 수도 있다고 전망하는 전문가도 있다. 기후학자인 호주 맥쿼리대 팀 플래너리Tim Flannery 교수는 기후변화가 마치 전기 스위치 켜듯 갑자기 일어날 수 있다고 했다.

과거 지구에는 다섯 차례의 생물 멸종이 있었다. 하나같이 급속한 기후변화가 그 원인이었다. 시베리아에서는 먹이를 입에 문 채로 얼어 죽은 매머드가 발견된 적이 있다. 과학자들은 기후를 '비선형계'로 간주한다. 기후변화가 점진적으로 일어나는 것이 아니라 급속하게, 갑자기 일어날 수 있다는 뜻이다. 지구온난화를 막지 못하면 과학자들이 경고하듯이 백악기 공룡 멸종에 이은 '제6의 멸종'이 다가올지도 모른다.

> 티핑 포인트를 이미 지났을 수 있다. 기후 체계에 돌이킬 수 없는 변화가 일어나는 것을 우리가 목격하고 있거나 매우 가까이 온 상태이다.(영국 엑서트 대학 지구 시스템 연구소 소장 팀 렌튼Tim Lenton 교수, 〈가디언〉, 2019년)

이처럼 우리는 인류 문명 역사상 최악의 재앙이 될 수도 있는 기후비상사태의 소용돌이 속에 살고 있다. 인류가 적절하게 대응하지 못한다면 지금까지 쌓아 온 문명이 송두리째 무너질 수도 있다.

이상에서 지구온난화와 기후재난이 몰고 올 위기에 대해 간단히 알아보았다. 우리가 살고 있는 지구는 유한하며 무한한 인구를 다 지탱할 만큼 풍족하지 못하다. 성장 목표를 낮추고 탄소를 줄여야 하지만 세계 각국의 탄소 저감 정책을 합하면 IPCC가 정한 기준을 넘긴다. 경제성장과 환경보호 사이에서 고민하다 시기를 놓치고 있다. 결국 끝없이 성장을 추구하는 인간의 욕심이 화를 불러일으킨 근본 원인이다. 제6의 멸종을 위한 카운트다운은 이미 시작되었다. 이대로 가면 인류가 모두 공멸한다. 기후변화 관련 영상에는 '내가 이 행성의 마지막 인류가 될지도 모르겠군요', '타노스가 옳았어요' 등 현 위기를 직감한 댓글이 넘쳐난다. 지금 인류는 '죽느냐 사느냐' 하는 갈림길에 서 있다.

전 지구적 기후 변화의 원인과 밀란코비치 이론

지구 온난화의 주원인이 인간 때문이라는 견해에 과학자들은 대체로 동의한다. 2013년에 IPCC는 기후 변화의 95%가 인간의 책임이라고 발표했다. 하지만 그 변화의 원인이 인간과 현대 문명에 있는 것이 아니라 전 지구적인 기후 변화 주기에 따른 것이라고 주장하는 학자도 있다. 과거 기후변화 그래프는 이산화탄소가 먼저 증가한 후에 기온이 상승한 것이 아니라, 기온 상승이 먼저 이루어지고 나서 이산화탄소가 증가한 패턴을 보였다는 것이 핵심 근거이다. 한편, 인간에 의한 기후변화도 부정할 수 없지만, 자연

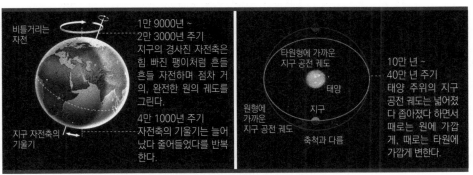

『내셔널지오그래픽』 2004년 9월

환경 변화에 따른 기후변화도 함께 살펴야 한다는 학자도 있다. 지구온난화는 객관적 관측 자료이기 때문에 부정을 못하지만, 원인에 대해서는 조금씩 다른 의견을 보이고 있는 것이다.

그런데 대부분의 학자들은 거시적인 기후변화가 태양의 활동과 지축의 기울기, 공전궤도 등에 영향을 받는다는 데 동의한다. 크로아티아 출신의 수리기상학자인 밀란코비치Milankovic는 이 거시적인 지구 기후변화의 비밀을 밝혀냈는데, 그의 이론은 기후학에서 최고의 업적으로 평가받고 있다. 이 이론의 결론은, 지구 자전축과 공전궤도의 주기적 변화가 거시적 기후변화를 몰고 온다는 것이다. 밀란코비치는 빙하기와 간빙기를 주기적으로 오게 하는 거시적 기후변화의 원인을 세 가지로 설명하였다.

첫째 원인은 태양 주변을 도는 지구의 궤도이다. 지구 공전궤도는 10만 년을 주기로 바뀌는데, 공전궤도는 완벽한 원이 아니라 타원형이며 그 모양도 주기적으로 변한다. 이 궤도에 따라 지구에 도달하는 태양 에너지의 양이 바뀌어 기후에 큰 영향을 미치게 된다.

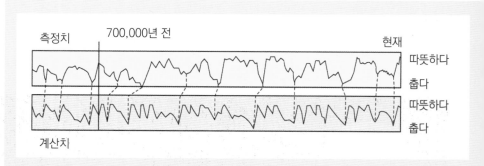

밀란코비치 효과를 계산한 그래프
밀란코비치 효과에 근거하여 계산한 북반구 여름의 장기적인 기온 변화 계산치(아래)를 측정치(위)와 비교한 그래프. 측정치는 화석에 포함된 산소동위원소비에 의거한 것이며, 계산치는 크롤-밀란코비치Croll-Milankovic 곡선에 대하여 칼더Calder가 계산한 것이다.(Calder, N, The Weather Machine, BBC Publications, London, 1974. 로널드 피어슨, 『기후와 진화』, 33쪽 재인용)

둘째 원인은 42,000년을 주기로 하는 지구 자전축의 경사도이다. 지구 자전축은 21.8도에서 24.4도까지 변화하는데, 자전축의 기울기는 위도에 따른 태양 복사열의 양을 결정한다.

셋째 원인은 약 25,920년 주기의 세차운동에서 찾고 있다. 세차운동은 팽이가 비틀대듯이 지구의 자전축이 비틀거리며 원운동을 하는 현상으로 계절의 강도에 영향을 미친다. 세차운동에 따라 북극성이 주기적으로 바뀌는데, 직녀성이 진북眞北에 놓이면 겨울은 혹독하게 추워지고 여름은 찌는 듯이 더워진다.

이러한 세 가지 요인의 상호 작용에 따라 지구에 유입되는 태양의 입사 에너지가 주기적으로 달라진다는 것이 밀란코비치 이론의 핵심이다. 이런 가설 하에 여러 복잡한 계산을 통해 과거 수십만 년 동안의 기후변화 그래프를 추정해 낼 수 있다. 이 세 가지 주기 중에 지구 공전궤도가 바뀌는 10만 년 주기는 신비스럽게도 10만 년마다 들이닥치는 빙하시대의 주기와 대략 일치한다. 최근에는 극지방의 얼음 분석, 해저와 호수 바닥에 침전된 꽃가루 분석* 등을 통해 기후의 주기가 정밀하게 측정되면서 밀란코비치 이론은 든든한 뒷받침을 받게 되었다.

이처럼 현대과학도 대개벽의 한소식을 분명하게 증명하고 있다. 비록 변화의 전체적인 논리가 과학적으로 완전히 해명된 것은 아니지만 빙하기와 간빙기의 교체, 지구 생물계의 대변화와 새로운 시대의 도래는 지구의 극이동과 공전궤도의 주기적 변화를 계기로 하여 시작된다는 사실이 점차 밝혀지고 있는 것이다.

하지만 현대 과학도 이 변화가 일어나는 근본 원인과 변화의 종결점에 대해서는 명확한 답을 찾지 못하고 있다. 이에 대한 해답은 과학이 아니라 천지대도天地大道 차원에서만 분명하게 밝혀질 수 있다.

* 1999년 세계적 권위의 과학학술지 〈네이처〉에 헝가리 푸라 분화구의 침전물을 분석한 결과 과거 기후가 124,000년의 주기로 변화하였다는 연구가 실렸다.

그러면 지구 이변에 대한 천지대도 차원의 종합적인 진단 내용은 무엇인가? 그것이 바로 4부에서 살펴볼 129,600년을 일원-元 주기로 하는 '우주 1년의 개벽 운동'이다.

2. 인류 생존을 위협하는 신종 전염병

인간은 천지를 떠나서는 살 수 없다. 천지는 인간을 비롯한 만유 생명의 부모이기 때문이다. 그런데 이 천지가 병이 들었다. 천지가 병이 들면 그 안에서 살아가는 인간도 병이 들 수밖에 없다.

미생물의 바다에 둘러싸인 인류

오늘날 지구촌에는 각종 환경 재난과 더불어 일찍이 볼 수 없던 이름 모를 전염병이 대발하고 있다. 세계보건기구는 1980년 이래 에이즈를 비롯한 새로운 질병이 30종 이상 늘었다고 한다. 2020년 코로나19도 시작에 불과할지 모른다. 내셔널지오그래픽 채널에서는 인류의 생명을 위협하는 재앙 열 가지를 이야기하면서, 6위에 신종 전염병, 1위에 합성생물학을 선정했다. 신종 전염병, 괴질X가 인류의 생명을 위협하는 시대를 살아가고 있는 것이다.

여기에 한때 정복했다고 생각한 전염병도 다시 나타나고 있다. 2019년에 미국에서 홍역이 유행했고, 2020년에는 코로나19에 신경 쓰는 사이, 저소득 국가들에 홍역과 콜레라가 창궐했다.

20세기 중후반에 의학이 고도로 발달하여 각종 전염병으로 사망에 이르는 수가 많이 줄어들었다. 하지만 인류는 전염병을 완전히 정복하지는 못한다. 왜냐하면 이전에 존재하지 않았던 새로운 감염병이 계속 나타나기 때문이다. 전염병은 왜 계속 생겨나는 것일까? 전염병은 미생물 병원체에 의해서 발생하는데, 인간을 비롯한 대부분의 생명체는 미생물의 바다에 둘러싸여 있다. 박테리아 중 어떤 종류는 화산의 분화구에서도 살 정도로 강력한 생명력을 가지고 있고, 흙 1g에 수백만 마리가 살 정도로 지구상에 박테리아가 많다. 또 그 역할도 다양한데 산소를 만들어 내기도 하고, 쓰레기나 폐기물을 분해하기도 하는 등 박테리아가 없다면 모든 생명체는 살 수조차 없다.

박테리아보다 작은 바이러스는 생물과 무생물의 중간 형태다. 살아 있는 숙주 속에서만 복제가 가능하고 한 번에 자신과 같은 바이러스를 수백에서 수천 개 복제하며, 숙주가 죽기 전에 재빨리 다른 숙주를 찾아 옮겨간다. 그래서 전염력이 강하다. 크기가 작아 박테리아에 기생하는 바이러스까지 있을 정도이니 바이러스도 전 지구에 가득 차 있는 셈이다.

인간은 이런 환경 속에서 살아가기 때문에 미생물 병원체와의 접촉을 피할 수 없다. 인간이 미생물을 죽이려 하면 이들은 눈치를 채고 피하거나, 항생제나 항바이러스제에 내성을 갖는 쪽으로 변이를 하는 등 변신의 재주가 있다. 설사 인간이 미생물 병원체를 완전히 박멸할 수 있다고 해도 그것은 생태계의 질서를 파괴하는 결과를 가져온다. 숙주가 죽으면 미생물도 죽는 것처럼, 미생물이 없으면 인간 또한 살 수 없다. 결국 미생물과 인간은 서로 영향을 주고 받으며 함께 진화[공진화共進化]하는 쪽으로 나아갈 수밖에 없는 것이다.

그런데 이런 미생물과 인간의 균형 관계가 깨지고 환경이 급변하면 반드시 질병이 발생한다. 지금은 지구 온난화와 급격한 환경 변화, 밀집 생활과 교통의 발달로 인해 과거 어느 때보다 전염병이 유행할 수 있는 최적의 환경이 조성되었다.

새로운 전염병에 노출된 인류

과거보다 훨씬 복잡하고 인구가 많은 현대 사회에 흑사병이나 스페인독감처럼 치명적인 전염병이 일어난다면 어떻게 될까?

역사를 돌이켜보면 100년에 평균 3번의 대유행 인플루엔자가 인류를 덮쳤다. 2002년 11월, 중국 광동성에서 중증급성호흡기증후군[SARS]이 발생하여 며칠 만에 전 세계로 퍼져나갔다. 그때 영국 BBC 방송에서는, '사스 SARS는 리허설일 뿐'이라고 했다. 신종플루도 다가올 팬데믹의 전조였을 뿐이었다.

> 우리가 정복했다고 느꼈을 이 시점에 이미 바이러스는 다른 전쟁을 준비하고 있습니다. … 이미 전쟁은 시작됐습니다. 1년 후가 될지 아니면 10년 후가 될지 새로운 바이러스가 사람을 감염시키는 것은 어쩌면 시간문제라고 볼 수 있습니다. [성백린, SBS 스페셜 〈잔혹한 상상, 바이러스의 습격〉 중, 2009. 10. 18]

전문가들의 예측대로 2020년에는 코로나19 바이러스가 지구촌을 공포로 몰아넣었다. 중국에서 발생한 이 전염병은 항공편을 통해 전 세계로 급속도로 번져나갔다. 세계 각국은 중국발 비행기를 차단하고 국경을 봉쇄했지만 소용이 없었다.

높은 감염력과 비교적 높은 치명률 때문에 사람들의 교류가 끊어졌다. 코로나19 감염이 심각한 나라들은 전 국민 이동 통제령까지 발동하여 전시상황을 방불케 했다. 교육·문화행사·스포츠·축제 등 모든 것이 멈추었다. 코로나19는 인류문명의 많은 것을 변화시켰다. 이제 코로나19 이전의 문명과 생활로 돌아가지 못한다. 코로나19 유입을 막기 위해 국가 간 협력보다는 국가보호주의가 득세했고, 장차 식량, 자원을 둘러 싼 국가 간 분쟁 소지를 높이게 되었다. 최초 발생국인 중국과 최다 감염자 국가인 미국은 권위가 떨어지며 세계 중심 국가로서 위상이 실추되었다. 코로나19 팬데믹을 계기로 세계 양대 강국인 두 나라가 본격적으로 대결 양상을 보이면서 세계질서가 신냉전시대로 돌입할 가능성도 생겨 났다.

그런데 코로나19가 끝이 아니다. 코로나19부터 지구촌은 본격적으로 병란病亂 시대, 개벽 실제상황으로 진입했다고 볼 수 있다. 자연적으로 발생하는 전염병이 아니라, 생물학테러나 실험실 유출에 따른 전염병도 걱정해야한다. 1967년 소련의 생물무기 프로그램에서 탄저균 균주 836에 노출된 100명 이상이 사망했고, 1960~1970년대 영국 실험실에서는 천연두 균이 세 번이나 유출된 적이 있다.(윌리엄 맥어스킬, 『우리는 미래를 가져다 쓰고 있다』, 165쪽) 앞으로도 이런 일은 언제든 발생할 수 있다. 대유행은 이제 시작일 뿐이고 머지않아 인류가 지금까지 경험해 보지 못한 새로운 병란이 지구촌을 휩쓸게 된다.

문명 전환의 계기, 전염병

지난 인류 역사를 돌이켜보면 전염병은 인간의 역사와 함께해 왔다. 윌리엄 맥닐 교수는 "전염병은 개인은 물론 민족과 국가의 운명을 좌우해 왔다. … 질병으로 사회가 무너지고 가치관이 붕괴되고, 종래의 생활양식이 모두 박탈되어 의미를 잃어버렸다. … 문명은 질병을 만들고, 질병은 문명을 만들어 왔다"라고 주장했다.(윌리엄 맥닐, 『전염병의 세계사』)

그런데 우리가 문명과 질병의 관계를 고찰해 보면 중요한 사실을 발견할수 있다. 인류가 한 시대를 마감하고 새로운 시대로 들어서는 데는 전염병이 가장 결정적인 손길로 작용했다는 점이다.

로마가 멸망한 원인이 여러 가지 있지만 이면에는 전염병이 있었다. 2세기에 천연두로 추정되는 안토니우스역병으로 당시 로마 인구의 1/4이 죽었다. 로마는 기후가 안정적이었던 5현제 시대에 번영을 누렸지만, 2세기 후반부터 기근과 전염병으로 국력이 쇠퇴하게 된다. 5세기 중반 아틸라가 이끄는 훈족이 로마를 침공했을 때에도 로마에 시두가 발병했다. 이후 병력이 부족해진 로마는 게르만 용병 장군 오도아케르에 의해 황제가 폐위되면서 멸망하였다. 서양사에서는 이때부터가 중세의 시작이다.

서양사가 중세에서 근대로 넘어가는 과정에도 흑사병이 결정적 역할을 하였다. 14세기에 발생한 흑사병은 유럽 인구 1/3 이상을 죽음으로 몰아 넣었다. 이로 인한 유럽 사회의 노동력 감소는 인건비 상승과 농노 해방의 계기가 되었다. 종교가 전염병에 무력하자 사람들은 중세의 기독교 세계관에 의문을 품고 인간의 본질에 눈을 뜨기 시작하여 르네상스의 기반이 마련되었다. 흑사병이 중세를 끝내고 근대의 문을 열어젖힌 것이다.

유럽인들의 신대륙 정착의 이면에도 전염병의 힘이 크게 작용하였다. 당시 아메리카에는 아즈텍, 잉카 같은 문명이 꽃을 피웠지만 유럽에서 넘어온 천연두와 홍역 같은 전염병에 무기력하게 무너졌다. 어떤 지역은 인구의 90% 이상이 죽었고 아메리카 대륙 전체를 통틀어 7,500만 명 이상이 죽었을 정도로 전염병의 파괴력은 엄청났다. 아즈텍, 잉카인들은 제대로 저항해 보지도 못하고 무너짐으로써 아메리카 대륙에 유럽 문명이 쉽게 이식될 수 있었다.

또한, 20세기 초 제1차 세계대전 때는 스페인독감이 발생해 전 세계 인구의 30% 이상이 감염, 5천만 명 내지 1억 명이 사망하였다. 사실상 이 독감 때문에 제1차 세계대전이 빨리 종결된 것이다. 환경이 문명의 성쇠에 큰 영향을 미친 것처럼, 전염병 또한 인류사의 큰 흐름을 바꾼 중요 요인으로 작용했다.

코로나19도 인류 문명의 방향을 바꾸고 있다. '코로나19 이전으로는 돌아가지 못한다', '지금까지 우리가 알던 문명은 끝났다'는 말이 나올 정도이다. 그런데 코로나19보다 더 치명적으로 전 인류를 휩쓸 괴질이 발생한다면 기존과는 판이하게 다른 문명으로 전환될 것이다. 지금까지 역사가 보여 준 것처럼,

『폭스 아메리카』
1775년 미국의 독립 전쟁 당시 발생한 시두가 미국 건국에 결정적인 역할을 했음을 밝힌 책(저자-Elizabeth A. Fenn, 듀크대학교 역사학 교수)의 표지

장차 미증유의 괴질이 닥친다면 지구촌은 완전히 새로운 문명으로 개벽을 하게 된다.

3. 병든 인류 문명과 대전환

인류 문명이 중세, 근대 등으로 시대를 구분할 정도로 크게 전환한 배경에는 어김없이 질병대란, 즉 전염병이 있었다. 코로나19 바이러스는 인류가 발전과 번영을 위해서 무엇을 희생시키고 잘못했는지 일깨웠다. 코로나19로 경제활동이 잠시 축소되자 그동안 인류가 자연에 저질렀던 잘못된 행동들이 적나라하게 드러났다. '욕망 바이러스'에 감염되어 자연을 파괴하고 무한 발전을 꿈꾸었지만, 그 한계가 드러나기 시작한 것이다.

대멸종 위기를 절감하지 못하는 인류

인류가 당면한 위기는 무한히 성장할 수 있다는 환상이 부른 결과이다. 이미 50년 전에 로마클럽에서는 『성장의 한계』라는 보고서를 내놓았다. '지구 생태용량 초과의 날Earth Overshoot Day'이 있다. 인류가 지구 자원을 사용한 양과 배출한 폐기물 규모가 지구의 생산 능력과 자정 능력을 초과한 날이다. 1970년대 초에는 초과하지 않았는데, 2000년에는 10월이면 다 소진할 지경이 되었고 해가 갈수록 이 날이 앞당겨지고 있다. 2023년에는 초과의 날이 8월 12일이다. 2019년 기준으로 미국은 3월에, 한국은 4월에 이미 초과를 했는데 세계 평균보다 2배 이상 많은 셈이다.(두산백과사전 참고) 전 인류가 미국과 같은 수준으로 생활하려면 지구가 3.7개가 있어야 한다.

어머니 지구가 수많은 인간을 모두 풍족하게 먹여 살리는 데는 한계가 있다. 재생 가능한 에너지가 아니라면 경제성장은 그 성장한 만큼 폐기물을 만들어 낸다. 지구에서 우리가 소비하며 만들어 낸 각종 폐기물은 결국 우리에게 돌아올 수밖에 없다. 그런데 어느 나라든지 생산과 소비를 늘리고 경제를 성장시키려 한다. 무한히 성장할 수 있다는 환상에 사로잡혀 있는 것이다.

실제로 인간의 생존을 위협하는 가장 무서운 바이러스는 우리의 마음과 영혼에 깃든 바이러스다. 무한성장과 번영, 풍요에 대한 환상은 그야말로 인간을 병들게 하는 바이러스나 다름없다.

산업혁명 이후 물질적 풍요를 가져다 준 문명은 인류의 꿈을 이루어준 긍정적인 면도 있지만, 어떻게 보면 자멸로 가는 급행열차에 올라탄 '어리석은 문명'일 수도 있다. 스스로 생명의 터전을 파괴하면서 이룩한 발전이기 때문이다. 고도 발전을 이룬 세대는 미래 세대의 꿈과 생활 터전까지 빼앗았는지도 모른다. 2019년 타임지가 선정한 올해의 인물인 그레타 툰베리 Greta Thunberg는 UN 연설에서 미래를 빼앗긴 청소년들의 심경을 토로하며 기후 위기의 심각성을 경고했다.

기후변화 시위에 나선 청소년들

사람들이 고통 받고 있습니다. 죽어가고 있어요. 생태계 전체가 무너져 내리고 있습니다. 우리는 대멸종이 시작되는 지점에 있습니다. 그런데 여러분이 할 수 있는 이야기는 전부 돈과 끝없는 경제 성장의 신화에 대한 것뿐입니다. 도대체 어떻게 그럴 수 있습니까? … 어떻게 여러분은 지금까지 살아온 방식을 하나도 바꾸지 않고 몇몇 기술적인 해결책만으로 이 문제를 풀어나갈 수 있는 척 할 수 있습니까? 오늘날처럼 탄소 배출을 계속한다면, 남아있는 탄소 예산마저도 8년 반 안에 모두 소진되어 버릴 텐데요 … .

재생 불가능한 에너지와 유한한 자원을 바탕으로 한 경제는 성장에 한계가 있을 수밖에 없다. 자연계에 무한한 성장은 없다. 봄·여름에는 성장하지만 가을이 되면 성장을 멈추고 열매를 맺는다. 지금 지구는 조금만 더 바람이 들어가면 곧 터져 버릴 풍선처럼 위험한 경계선에 와 있다. 자연환경이나 문명, 인간의 마음 모두 이제는 팽창을 멈추고 성숙하는 단계로 나아가야 한다.

시작된 문명 패러다임의 전환

지성인들은 제6의 멸종을 향해 가는 지구촌의 근본 위기가 가치관과 시스템의 문제라는 것을 느끼기 시작했다. 『우리는 미래를 가져다 쓰고 있다』, 『두 번째 지구는 없다』, 『적을수록 풍요롭다』 등 현 인류가 처한 멸종 위기와 이에 대한 해결책을 다룬 책들이 쏟아지고 있다. 파이낸셜타임스 2020년 올해의 책에 선정된 『적을수록 풍요롭다Less is More』에 나온 문제 인식을 소개한다.

이원론적인 철학은 성장을 위해 생명의 가치를 떨어트리는 지렛대 역할을 했으며 이는 더 깊은 수준에서 우리의 생태 위기에 책임이 있다. … 생명의 그물 안에서 우리의 위치를 생각하는 방식을 바꾸고 있고, 새로운 존재 이론으로 향하는 길을 만들고 있다. 지구가 생태적 재앙으로 빠져들어가는 바로 이 시점에, 우리는 나머지 생명세계와의 관계 속에서 우리 자신을 바라보는 다른 방식을 배우기 시작했다.(『적을수록 풍요롭다』, 63쪽)

경제의 모든 부분들이 언제나 성장해야 한다고 전제하는 대신에, 우리는 좀 더 합리적인 접근을 해야 한다. … 우리 스스로를 성장주의의 폭정에서 해방시키고 보다 나은 길을 개척해야만 한다. … 우리의 위를 쏜살같이 달리는 성장이라는 대형 트럭을 멈추게 하려면 시스템을 바꿔야 한다.(『적을수록 풍요롭다』, 15쪽, 20쪽)

저자는 무한한 성장에 대한 신화가 잘못되었기에 성장을 멈추어야 한다고 주장한다. 과학자들도 인류의 위기가 단순히 위기 상황을 알리는 과학적 연구가 해결책이 아니라는 것을 깨닫고, 2019년에는 150개국 1만 명 이상의 과학자들이 "GDP 성장과 과잉으로부터 벗어나 생태계를 지속시키고 좋은 삶을 증진하는 방향으로 전환하라"라고 요구하는 논문을 발표했다고 한다.(『적을수록 풍요롭다』, 56쪽)

서구 세계가 주도해 온 근현대 문명의 폐해를 극복하고 새로운 문명을 열기 위해서는 자연과 나를 분리해서 바라보는 이분법적인 사고를 버려야 한다. 물질문명으로 말미암아 발생한 문제를 또 다른 물질적인 것으로 대체하려고 해서는 해결책이 나오지 않는다. 지구상의 모든 것을 살아 있는 생명체로, 유기적으로 연결된 영적인 존재로 바라볼 때에 지속가능한 문명이 창출될 수 있다.

인류가 새로운 문명을 건설하기 위해서는 새로운 사상이 필요하다. 서구 문명은 이미 20세기 초에 사망 선고가 내려졌다. 오스발트 슈펭글러Oswald

Spengler는 『서구의 몰락』이라는 책에서, 문명도 인간과 똑같이 탄생-성장-노쇠-소멸하는 과정을 밟는다고 했다. 오늘날 서양 문명은 그리스·로마 문명이 쇠퇴하던 양상에 접어들었고 곧 멸망할 것이라 경고했다. 리차드 타나스Richard Tarnas는 『The passion of western mind』에서, "무자비한 팽창주의와 착취로 관철된 서양의 오랜 역사에 이제는 환멸의 시선이 쏠린다. … 타인의 희생 가운데 이뤄진 체계적 번영, 식민지배와 제국주의, 노예제와 대량학살, … 여성, 유색인종, 소수자, … 빈곤층에 대한 억압, 지구 전체에 대한 맹목적인 파괴" 등을 언급하며 서구 세계가 이룩해 온 문명의 문제점을 지적했다. 이러한 지적에서 볼 수 있듯이, 새 문명을 열 수 있는 비전을 서양의 철학과 종교, 사상에서는 찾기 힘들다.

서양문화사에서는 신 중심의 중세시대가 저물고 인본주의에 토대를 둔 근대가 열렸다. 모든 가치판단의 기준이 신에서 인간으로 옮겨왔다. 그 결과 모든 것이 인간 중심이 되고, 기계론적 유물론이 득세하면서 인간은 지구를 개발 대상으로만 바라보았다. 인간과 자연을 분리하고 모든 것을 이분법적으로 바라보는 사상은 한계가 뚜렷하다. 지구상의 모든 존재는 상호의존적이다. 서로 은혜를 주고받으며 생존한다. 인간의 욕심을 채우기 위해 자연을 파괴한다면 인간도 생존할 수 없다. 자연을 정복 대상으로 바라보는 문명은 오래가지 못한다. 인간도 자연의 일부이다. 인간과 인간, 인간과 자연 모두 상생으로 순환하는 관계로 나아갈 때 지속 가능한 문명이 열린다. 하늘땅과 인간을 하나로 바라보는 천지인天地人 일체 사상에 인류의 희망이 있다.

위기의 세계 경제, 버블 붕괴

은행은 초기에 자신이 가진 자본의 범위 내에서 돈을 빌려주었다. 그러다 욕심을 내기 시작했다. 자본금보다 많은 돈을 유통을 시켜도 한꺼번에 고객이 예금을 인출만 하지 않으면 자금이 융통이 되니 자본금보다 많은 돈을 대출해주고 이윤을 창출하는 방식을 쓰기 시작했다. 지금 전 세계 대부분의 은행이 이런 상황이며, 실제 있지도 않은 돈을 찍어내어 유통시키고 있다. 거품을 만들어내고 있는 것이다. 자본주의 위기의 본질인 거품은 꺼지기 마련이다. 자본주의 특성상 기업이 끊임없이 성장하고 이윤을 창출해야 하는데 이 순환이 멈추는 순간 대공황이 닥칠 수 있다.

2023년 초에 미국의 SVB은행과 퍼스트리퍼블릭 은행 등이 파산하면서 3월13일과 14일 하루아침에 글로벌 금융사들 시가 총액 607조가 허공으로 사라졌다. SVB은행 파산의 직접 이유는 뱅크런이었지만, 그 이면에는 경제 성장 부진이 있었다. 샌프란시스코에는 수많은 기술 스타트업 기업들이 있다. SVB은행은 주로 스타트업 기업들에 대출을 했는데, 기업들이 성장하지 못하기에 대출을 회수하지 못하고 유동성 부족 위기를 겪다 뱅크런으로 파산한 것이다. 전체 은행에 문제가 생긴 것은 아니고 일부의 사례이긴 하지만, 자본주의 시스템에서 금융이 가지는 위험성을 단적으로 보여준 사건이며, 앞으로도 이와 유사한 위기가 언제라도 닥칠 수 있다는 경고를 보여준 것이다.

지금 자본주의는 거품이 꺼지기 직전의 위태로운 상황에 처해 있다. 2007년부터 문제가 되었던 미국발 금융위기는 양적 완화를 통해서 서서히 회복이 되었다. 사실은 회복이라기보다는 밑빠진 독에 물 붓기였고, 근본을 해결하지 않고 돈으로 메꾸어서 회복된 것처럼 보이게 한 조치였다. 일부 경제학자들은 당시의 금융위기 해결책을, 죽기 직전 중환자실에 누워 있는 환자에게 인공호흡기를 잠시 사용한 것으로 비유를 했었다. 위기의 본질은 치유되지 않은 채 잠시 수명만 연장한 조치였는데, 이제 유사한 상황이 닥치면 같은 방법으로는 해결이 안 되는 상황으로 빠져들게 된다.

2007년에 미국의 서브프라임모기지 금융 사태 때는 개인들의 자산이 문제가 되었다. 그런데 지금은 다른 자산이 부실화되고 있다. 코로나19 팬데믹으로 재택근무 일반화, 전자 상거래 증가 등으로 사무용 빌딩들의 공실이

늘고 건물 가격이 하락하고 있다. 이렇게 되면 상업용 부동산에 투자한 은행들의 자산이 부실화되고 파산 위험도가 높아진다. 인구감소, 팬데믹, 자연재해, 전쟁 등 여러 요인으로 경제가 성장하지 못하면 은행이 파산하고 금융위기가 닥칠 수 있다.

또한 금융의 본질은 신용과 믿음에 있다. 화폐가 그 액면가만큼 가치가 있다는 믿음, 사람들이 한꺼번에 은행에서 예금을 인출하지 않을 것이라는 믿음에 기반해서 금융시스템이 돌아간다. 그런데 이 믿음은 본질적으로 불안정하다. 이 체제와 믿음이 무너지면 금융시스템이 한 순간에 무너지는 것이다. SVB은행이 파산한 이유도, 해당 은행이 유동성 위기를 겪는다는 소문에 고객들이 뱅크런을 해서 순식간에 파산을 맞은 것이었다. 은행이 뱅크런으로 무너지면 건실한 다른 은행의 예금자들도 은행을 믿지 못하고 예금을 언제 인출할지 서로 눈치싸움을 하게 되고 여러 은행들이 도미노처럼 파산할 수 있게 된다.

세계 경제의 양대 축인 미국과 중국의 심각한 부채와 부실도 문제다. 미국 정부는 매번 부채한도를 높이면서 정부 부채가 거의 4조 달러에 육박한다. 전 세계 무역에서 미국의 달러로 결재하는 비율이 줄어들고, 미 국무부 채권도 인기가 줄어들고 있어 머지않아 세계 경제에 짙은 그림자를 드리울 것이다. 중국은 지방 정부의 총 부채가 3경원 가까이 된다고 한다. 부채가 많아서 공무원에게 급여도 지급 못하는 지방 정부가 있다. 거기다 부동산 부실도 심각하고, 일대일로 사업으로 스리랑카, 파키스탄 등에 제공한 채권은 회수가 거의 불가능한 상태이다. 세계 경제의 중심 국가들이 이런 부실 문제로 흔들리고 있다. 미래 세대에서 써야 할 자산을 부채라는 이름으로 현재 시점에서 흥청망청 소비하고 있는 셈이니 언젠가는 이 부실이 폭발할 것이다.

풍요의 역설, 자본주의의 한계

　자본주의가 무너진다는 이야기는 계속되어 왔다. 그러나 자본주의는 여러 가지 문제를 수정 보완하며 지구촌을 지배하는 문명이 되었다. 냉전시대에 자본주의와 공산주의가 대립하다가 자본주의가 승리했고, 이윽고 민주주의와 시장경제보다 나은 체제는 없다며 '역사의 종말'까지 선언되었다. 욕망이라는 이름의 자본주의는 브레이크 없는 자동차처럼 쉼 없이 내달려 왔다.

　자본주의는 인간이 이제껏 경험한 어떤 경제 체제보다 현저하게 인류의 생활을 향상시킨 장점이 있다. 그런데 자본주의도 본질적인 문제를 안고 있다. 자본주의는 인간의 이기심과 욕망을 긍정하고 무한한 성장을 추구한다. 욕망을 긍정하는 정도가 아니라 과잉 소비를 장려한다. 과잉 생산과 과잉 소비는 그만큼의 쓰레기와 환경오염, 지구온난화 등 각종 부작용을 불러일으키고 있다. 인류 스스로 만든 탐욕이라는 괴물로 인해 인류는 자멸의 길로 빠져든 것이다. 빈곤해서 생기는 문제가 아니라 풍요로워서 생기는 문제이다.

　유럽에서는 자본주의를 '야수 자본주의'라고도 말한다. 약육강식하는 야수의 특성을 그대로 가지고 있다는 것이다. 심지어 '식인 자본주의'라는 표현을 쓰는 학자까지 있다. 자본주의에서 인간은 무한 경쟁에 내몰리고, 사회적 안전장치가 부족할 경우 약자는 인간 존엄마저 위협받게 된다. 자본주의 사회에서 약자는 강자의 이익을 채워주는 부속품 같은 존재로 전락될 수 있다.

　이런 특성을 잘 드러내주는 통계가 있다. 세계 8위까지의 부자들이 가진 재산이 세계 인구의 절반이 가진 재산과 맞먹는다고 한다. 소수가 이렇게 많은 부를 가져가는 것은 문제가 있다. 빈익빈부익부, 자본은 그 특성상 갈수록 눈덩이처럼 불어나고, 빈곤층은 평생 벌어도 집 한 채 사지 못할 정도로 사회적 양극화가 심해진다. 자본주의는 빈곤을 해결할 수 있는 시스템이 아니다. 선진 사회의 그늘진 곳에서 나타나는 소외 계층이나 제3 세계의 빈곤 문제 앞에서 그 무력함이 잘 드러난다. 최대 다수의 사람에게 최대 행복을 주고자 하는 자본주의 윤리와 상반되어 나타나는 실업이나 빈곤층의 확산은 자본주의의 위기를 심화시키기고 있다.

자본주의 체제의 위기에 대한 예측이 나오는 가운데 자본주의의 본질적 한계에 대한 자성의 목소리 또한 커지고 있다. 삼성의 창업주인 고 이병철 회장은 물질적으로는 전혀 부족하지 않은 삶을 살았다. 그러나 죽기 직전에 인생이 무엇인지에 대한 의문을 담은 편지를 천주교 신부에게 보냈다. 물질적으로 풍요하다고 인생의 모든 것이 해결되지 않았기 때문일 것이다. 이제는 자본주의가 이병철 회장이 물었던 질문에 대답해야 한다. 그동안 물질적 탐욕을 즐겼는데 행복했는지, 인류가 안고 있는 문제를 해결했는지 되돌아보아야 한다.

프랑스의 세계적 석학 기 소르망Guy Sorman은 "(자본주의는) 사람들의 관심을 집중시킬 수 있는 '신화창조 능력'이 부족하다. 어느 누구도 자본주의를 위해 목숨 바치지는 않을 것이다."라고 했다.

목적 없는 인생은 불행한 인생이다. 자본주의 사회는 목적이 없는 사회이다. 목적이 있다면 물질적인 풍요 추구 정도이다. 화려한 물질적 번영을 추구하는 자본주의 세상에서 인간의 영성이나 내면적 가치, 사회적 가치에 대한 것은 우리의 관심에서 멀어져 있다. 그러나 그 누구도 물질적인 풍요만을 인생의 목적으로 생각하지는 않을 것이다. 여기에 자본주의의 본질적인 한계가 있는 것이다. 그렇다면 현 경제 체제나 자본주의가 무너지면 어떤 세상이 펼쳐질까?

현재 우리가 겪는 경제와 금융 위기를 좀 더 본질적 시각에서 바라보고 대안을 제시하는 학자가 있다. 찰스 아이젠스타인Charles Eisenstein은 자신의 저서 『신성한 경제학의 시대Sacred Economics』에서 현재와 같은 자본주의는 끝날 것이라 예측한다. 그는 책에서 이렇게 주장한다.

우리가 경험하는 금융 붕괴는 물질주의적 세계관의 끝을 알리는 신호다. ⋯ 금융 붕괴는 문제가 아니라 해결책이다. 이는 우리가 이제까지의 시스템이 잘못되었음을 깨닫는 계기가 될 것이다. ⋯ 세계적인 금융 붕괴는 우리가 지금까지 이해하고 있던 모든 것을 재정의하게 만들 것이다. ⋯ 금융 붕괴의 원인은 우리의 잘못된 가치관에 불과하다. ⋯ 새로운 경제는 서로에 대한 경쟁이 아니라 협력에 기반을 두어야 한다. 우리는 같은 지구에서 살고, 같은 미래를 향해 가고 있다. ⋯ 기존의 금융 시스템은 우리를 분리하고 분쟁을 일으키지만, 새로운 경제는 우리를 연결하고 통합시킬 것이다. ⋯ 재산과 부는 개인의 것이 아니라, 모두가 공유해야 하는 공동의 재산이다. 이것이 신성한 경제의 본질이다. ⋯ 신성한 경제는 돈을 목적이 아닌 수단으로 보는 경제다. 돈은 우리가 추구하는 더 큰 가치를 위한 도구일 뿐이다.

아이젠스타인의 주장을 정리하면, 현재 금융위기가 닥치고 있는데 이 위기의 본질은 약육강식하는 자본주의이고, 다함께 잘 사는 것보다는 내가 먼저 살고 보자는 탐욕적인 가치관과, 재산과 부를 바라보는 잘못된 가치관이라고 지적하고 있다. 그리고 상극적인 경쟁에서 이기는 경제 활동이 아니라 서로 협력해 같은 미래를 향해 나아가는 상생의 경제를 실현해야 한다는 것이다.

현재 인류가 처한 금융위기, 지구온난화 등 각종 위기의 근원은 인간의 탐욕에 있다. 이웃과 다른 국가와 지구와 상생하지 않고 나만 잘 살겠다고 하는 욕심과 필요 이상으로 과잉생산하고 소비하는 습관이 화를 부른 것이다. 현재의 시스템이 무너지면 돈을 위해 사는 것이 아니라, 지구상 모든 인류와 국가가 상생하면서 인간의 자아실현을 목적으로 하는 사회가 열리게 된다.

깨어나는 인류, 시작된 영성靈性 시대

현대 문명은 외화내빈, 겉은 화려한데 속은 비어 있다고 할 수 있다. 풍요 속의 빈곤이다. 과학이 이룬 눈부신 업적과 자본주의가 이룬 풍요에 영성 마저 죽은 것이다. 이제는 방향 전환을 해야 할 때다. 그렇지 않으면 인류와 지구 모두 공멸할지도 모른다.

극즉반極卽反이라는 말처럼 이제 변화가 시작되었다. 사람들은 자연의 소중함을 알고 정신문화와 물질문화의 균형이 얼마나 중요한지 깨닫게 되었다. 과학이 발달하고 물질적으로 풍요로울수록 사람들은 그에 대한 반작용으로 종교와 대체의학, 요가 같은 정신적 안정을 찾을 수 있는 문화에 심취한다. 물질만능주의와 실용주의에 지친 서양이 동양의 정신세계와 신비스러움에 매료되고, 현대사회에서 명상과 요가가 유행하는 것도 바로 이러한 이유 때문이다. 영성靈性은 우리의 의식을 변하게 하고 미처 보지 못했던 진실에 눈을 뜨게 한다.

영성이 열리면 사람이 빛으로 보이게 된다. (출처 : Alex Grey)

이 시대 최고의 메가트렌드megatrend는 영성에 대한 탐구이다. …
수백만의 사람들이 개인적인 성장, 종교, 명상, 요가 등을 통해 자
신들의 삶에 영성을 받아들이려 노력하고 있다.(패트리셔 에버딘 외,
『메가트렌드 2010』, 33~34쪽)

이미 10여 년 전에 미래학자 패트리셔 애버딘Patricia Aburdene은 다가오는
미래의 메가트렌드를 영성이라 예견하였다. 실리콘밸리에서부터 변화의 바
람이 불기 시작했다. 고인이 된 애플 창업자 스티브 잡스는 명상을 즐겼다.
구글 같은 세계적 기업은 1년에 4회 정도 명상 프로그램을 만들어 직원에게
제공하는데, 프로그램을 개설하면 순식간에 예약이 끝난다고 한다. 이 외에
도 많은 세계적 기업의 경영진이 명상을 선도하고 있다.

이제 영성 시대가 열리고 있다. 영성 시대란 일상생활 속에서 신성함을 경
험하는 시대, 물질적인 가치보다 영적인 가치를 추구하는 것이 일상화되는
시대이다. 영성 시대에는 삶에서 더 이상 속된 영역이 없고, 모든 것이 거룩
하며 생명으로 가득 차 있어서, 우리가 홀로 떨어져 있는 존재가 아니라 이
세상 만물과 원초적으로 깊이 연결되어 있다는 것, 즉 '만물일체'를 경험하
며 산다.

영적 변화는 삶을 근본적으로 바꾼다. 영적으로 충만해지면서 사람들은
낡은 습관을 버리고, 마음의 평화를 찾고, 새로운 내면의 소리를 듣게 된다.
그리하여 모든 인간이 영적으로 성숙하는 세상이 펼쳐지게 되는 것이다.

베스트셀러 『사피엔스』의 저자인 유발 하라리Yuval Noah Harari는 인간이 호
모사피엔스 단계를 넘어 신과 같은 존재, '호모데우스'가 되려 한다고 전망
했다. 외형상 성공한 인본주의를 넘어 이제는 인간의 불멸과 신성을 추구하
게 된다는 것이다. 하라리는 인간이 생명공학을 발전시켜 불멸하는 존재가
될 것이고, 개별 인간보다 시스템과 정보가 더 중요해져, '데이터 종교'가 생
길 수 있다고 전망했다. 그렇게 되면 데이터를 지배하는 소수가 신과 같은

지위에 오르고, 나머지 인류는 도태되거나 지배를 받게 된다고 전망했다.

인간이 신적인 존재로 업그레이드 되려는 시대에 와 있다는 하라리의 의견은 탁월하다. 세상이 하라리의 선견先見 그대로 되지는 않을 것이나, 이 시대가 호모사피엔스에서 새로운 인류로 도약을 해야 하는 시기인 것은 분명하다. 과학으로 질병을 극복해 불멸의 존재가 되고 방대한 지식을 모아서 신의 지위에 오르건, 영적으로 깨어나고 신성을 회복해 신의 경지에 오르건, 과거와는 다른 신인류의 세상이 열리게 될 것이다.

문명 발전 단계로도 영성의 세상이 열리게 되어 있다. 수렵, 채집 사회에서 농경, 산업, 정보화 사회로 문명의 패러다임이 변해 왔다. 인간이 생존을 위해 노동력을 적게 쓰는 쪽으로 문명이 발전해 왔다. 앞으로 AI와 로봇이 인간의 노동을 대신하게 되면 인간은 노동에서 해방되고, 정신적인 가치와 영성을 추구할 수밖에 없게 될 것이다.

> 지구는 생명 주기를 거치면서 진화한다. … 진화 생명 주기에는 가장 기초적인 물질 영역에서 사회적이고 지적이며, 마지막으로 영적인 영역으로의 이동이라는 다소 정확한 방향이 존재한다.(윌리엄 하랄William E. Halal, 『다가오는 미래』, 613~615쪽)

인간 수명이 연장되면 의식주나 여행 같은 주제를 벗어나 자연스레 영성이 미래 사회의 중심 가치가 될 것이다. 구글은 인간 수명 500세를 목표로 연구를 하고 있다. 2023년에 하바드 대학의 데이비드 싱클레어David Sinclair 박사 연구팀은 항노화를 넘어 역노화를 시키는 데 성공했다고 발표했다. 동물 실험 단계이지만 언젠가는 인간에게 적용될 것이다.

과학의 발달에 힘입어 머지않아 인간 수명 500세 시대가 열린다. 이런 시대에 살게 되면 인간의 관심은 지구를 넘어 우주와 내면의 영성에 집중될 수밖에 없다.

지상에 세워지는 아버지 하나님의 왕국

20세기 최고의 지성 가운데 한 사람인 아놀드 토인비Arnold J. Toynbee는, 과거 문명의 흥망성쇠 유형은 사람들을 물질 중심적 목표에서 멀어지게 하고 정신적인 궁극 목표로 향하게 하는 신의 섭리Divine purpose를 보여주기 위한 것이라 했다. 또 그는 『시련에 선 문명Civilization on Trial』이라는 책에서, 문명의 기능은 '종교의 계속적인 상승 운동'이라고 강조했다.

인류의 정신에 가장 큰 영향을 준 것은 종교이다. 그래서 인류는 알든 모르든 각 종교에서 가르친 그 이상향을 마음속에 그리며 역사를 발전시켜 왔다. 인류의 역사는 '하나님의 나라'를 실현해 온 과정이었던 것이다. 모든 종교의 목표도 하나님의 나라를 지상에 건설하는 것이다. 하나님의 나라는 모든 인류가 영적으로 성숙하고 깨어나면서 이루어진다.

> 성숙한 우주론으로의 전환. 그것이 바로 위대한 깨달음이다. 그 속에서 우리는 더 이상 구원을 갈구하는 비참한 인간도, … 신으로부터 철저히 버려진 인간도 아니다. 우리는 인간의 형태를 띤 신성하고 창의적인 존재다. 우리는 의식의 진화를 거듭하는 신의 화염이다.(그렉 브레이든 외, 『월드쇼크 2012』, 253쪽)

인간과 신, 우주에 대한 성숙한 깨달음이 열릴 때 인류는 비약적인 영적 성숙을 할 수 있다고 위 책에서는 말한다. 그러나 그 성숙한 깨달음에 대한 해답은 모르고 있다.

유교, 불교, 기독교 등은 인류 문명의 밑거름이 되었다. 이 종교들은 약 2~3천 년 전, 농경이나 유목을 하던 소규모 사회가 당면한 문제를 해결하기 위해 고민한 정신적 결과물이다. 인류 문명은 산업시대를 지나 이제 AI 시대까지 발전했고, 문화 영역도 전 지구로 넓어졌다. 당면 과제도 지구온난화와 기후재난처럼 전 지구적 문제로 확대되었다. 농경 사회나 유목 사회

같은 특정 지역의 문제를 해결하기 위해 나온 기존의 종교로는 현재 인류가 처한 난제를 해결하지 못한다. 새 시대에는 새로운 성숙한 깨달음이 필요하다.

인류를 위대한 깨달음으로 이끌어 줄 성숙한 가르침과 우주론은 본서 4부와 하권에서 자세히 다룬다. 이제 3부에서는 기독교, 불교, 도교 등이 전한, 지상에 새롭게 펼쳐지는 꿈의 낙원세계, 무궁한 조화가 가득한 무병장수 신선문명 세계에 대한 가르침을 간단히 살펴보기로 한다.

개벽시대의 위기와
재난을 각성시켜 주는 영화들

　거대한 지진이 발생해 캘리포니아 서부가 미 대륙에서 떨어져 나가고 새로운 섬이 생긴다. 지각에 거대한 균열이 발생해 대형 빌딩이 내려앉고 빌딩들의 잔해가 떨어지는 사이로 비행기가 아슬아슬하게 탈출한다. 육지가 바다가 되고, 바다에 새로운 육지가 생겨난다. 이는 미국에서 방영되어 큰 충격을 주었던 미니시리즈 〈10.5〉와 전 세계적으로 인기를 끈 영화 〈2012〉의 장면들이다.

　미지의 바이러스나 괴질 때문에 발생하는 병란病亂을 다룬 소설과 영화도 많다. 치명적인 바이러스로 인류가 절멸하는 상황에서, 유일하게 항체를 생성한 주인공이 전 인류를 구한다는 스토리가 대부분이다. 최근 들어 이런 재난을 다룬 소설과 영화가 끊임없이 나오는 것은 무슨 이유일까? 그만큼 현재 지구촌이 개벽의 시대이며 위기의 파국이 언제든 일어날 수 있다고 인식하기 때문일 것이다.

　서양에서는 19세기 후반부터 소설가와 영화 작가들이 앞으로 오는 대재앙과 병란病亂, 대전쟁에 대한 탐구열이 있었다. 특히 마야 달력에서 영향을 받은 2012년 종말설을 바탕으로 여러 작품이 등장했다. 2012년은 조용히 지나갔지만 그렇다고 위기의 불씨가 사라진 것은 아니다. 위기는 여전히 진행 중이며 오히려

2012년 이전보다 더 긴박하게 세상이 흘러가고 있다. 『월드쇼크 2012』는 2012 년을 전후로 일어나는 자연과 문명, 인류 대변화의 핵심을 전하고 있다.

> 중대한 방향 전환의 요소는 이미 고루 갖추었는지도 모른다. 현 체제
> 의 실패가 불 보듯 뻔하다면 분명 그 뒤는 새로운 패러다임이 이을 것이
> 다. … 지구촌 관행의 급격한 재조직과 빠른 변화가 없다면 아마 십중팔
> 구 인간은 우리보다 앞섰던 많은 종처럼 멸망할 것이다. … 우리 시대는
> 세상이 존재해 온 이래 가장 급진적인 파괴와 재건의 시대다. 우리는 수백
> 년, 심지어 수천 년 동안 우리 것이었던 존재방식의 추모식장에 온 손님
> 들이다.(그렉 브레이든 외, 『월드쇼크 2012』)

인류는 현재 종말이냐 새로운 질서의 문명이 열리느냐 하는 기로에 서 있다. 이 책은, 인류가 이 위기를 잘 극복하면 모두 영성을 활짝 열어 깨달음을 얻고, 지구 촌이 한 가족처럼 사는 세계 일가 통일 문명이 열린다고 전한다.

그런데 서양에는 지금 지구촌에 불어 닥친 변화의 실체를 파악하고 확실한 미 래 비전을 제시할 수 있는 우주론과 인간론·신관이 결여되어 있다. 그에 대한 해 답이 바로 참동학에서 전하는 우주의 가을개벽에 있다.

자연 대재앙을 다룬 영화 〈일본침몰〉과 대병란을 다룬 영화 〈감기〉 포스터

불교·기독교에서 전해 준
핵심적 구원론인 천지개벽과
신세계 도래 문제.
특히 기독교 신관과 구원의 메시아인
우주 통치자 강세 소식.
도가에서 전하는 우주관과 개벽에 대한 이치.
후천개벽과 상제님 강세를 예고한
최수운 대신사와 김일부 대성사의 『정역』.

3부

선천 종교의 구원관과
상제님 강세 소식

3부에서는

2부에서 알아본 동서고금의 철인, 예지자가 전한 인류의 미래 운명을 기존 종교의 우주관과 신관을 통해 살펴볼 것이다. 아울러 우주 창조의 문제를 비롯하여 기존 종교에서 왜곡해 온 여러 문제를 다룰 것이다. 앞서 말했지만 '종말' 문제는 우주의 생성·변화와 우주 조화의 본체 정신을 이해해야만 풀 수 있는 가장 불가사의한 수수께끼이다.

먼저 불교의 정수라 할 수 있는 '구원의 도맥'과 진리 세계가 전개되어 나가는 핵심적 우주관인 '사법계관四法界觀', 그리고 '미륵존불의 지상 강세'와 '후천의 지상 낙원 세계에 얽혀 있는 구원 문제'를 살펴보고자 한다.

다음으로 지금까지 정통 기독교 신학이 왜곡해 온 창조주와 우주 창조의 문제, 천상 백보좌에 계신 메시아 하나님의 정체, 구원의 도맥, 천지개벽과 관련된 대변혁 문제, 그리고 구원의 성자가 과연 누구인가 하는 문제 등을 집중적으로 다룰 것이다.

마지막으로 한국의 위대한 선각자들 가운데, 동학의 최수운 대신사와 김일부 대성사가 전한 하나님 강세 소식, 상제님의 한반도 강세를 직접 탄원한 진표 대성사, 하나님 강세를 지도地道의 원리로 신비롭게 전한 「진인도통연계」를 살펴보기로 한다.

기성종교의 근본 문제

동서양을 대표하는 종교를 말하라면, 누구든 서슴없이 불교와 기독교를 꼽을 것이다. 두 종교에서는 인류의 영적 구원과 앞으로 올 천지 대변국, 인류의 운명을 판가름할 종말에 관한 소식을 전하고 있다.

그러나 이 문제들은 인간과 우주의 생성·변화를 밝혀 주는 참된 원리를 이해하지 않고서는 풀 수 없다. 미래의 새 문명, 새 시대가 열리는 우주 법도를 알지 못하고, 기존의 낡은 가르침에 정신을 빼앗기다가는 결국 구원의 바른 길을 찾지 못할 것이다.

오늘을 살아가는 전 인류의 생사가 걸려 있는 암호를 풀기 위해서는, 먼저 기성종교의 우주관과 신관, 그리고 천상 영계의 위계질서 같은 근본 문제를 살펴봐야 한다.

그러면 먼저 불교에서 전한 우주관과 말법의 시대상, 그리고 가장 중요한 미륵부처님 출세 소식과 그 미륵불이 열어 놓으시는 용화세계에 대한 개벽 소식부터 알아보기로 한다.

불교의 결론, 미륵불 출세

십세정명 때에는 큰 기근겁飢饉劫, 큰 질병겁疾病劫,

큰 도병겁刀兵劫의 이른바 삼재三災가 일어나며

인종이 거의 없어지다시피 하는데 …. (『미륵성전』)

이곳의 이름은 도솔타천이다.

이 하늘의 주님은 '미륵'이라 부르니

네가 마땅히 귀의할지니라. (『미륵상생경』)

1. 불교의 우주관: 사법계관四法界觀

　불교는 우주와 인생이 펼쳐지는 모습을 순환의 과정으로 그린다. 대우주
가 생겨나서 머물다가 허물어지고 사라지는 성주괴공成住壞空의 반복과, 생
명이 인연으로 서로 얽혀서 존재한다는 연기緣起의 진리, 그리고 천상과 지
상을 오가며 생명이 성숙해 간다는 육도윤회六道輪廻의 법도가 그러하다.
　인도인들은 존재의 무상함을 어느 민족보다 깊이 체험하였다. 인도 사람
의 의식 속에서는 대우주마저도 잠시 머물다 본체로 되돌아가는 한갓 꿈같
은 것이었다. 인도 사람들은 이 무상한 우주의 영겁의 시간대인 겁劫을 말할
때 칼파스Kalpas라는 복수형을 즐겨 쓴다. 불교에서는 '반석겁盤石劫'이라 하
여 "사방 40리 되는 바위를 백 년마다 한 번씩 엷은 천으로 닦아 마침내 그

바위가 다 닳아 없어지더라도 겁劫은 다하지 않는다"라고 한다. 그러나 유감스럽게도 인도인들이 명상을 통해 깨달은 이러한 우주의 시간에 대한 수數적 감각으로는, 인생과 우주의 현묘한 신비를 논리적으로 밝힐 수 없다. 이는 다만 중생에게 시공을 초월하여 존재하는 진리의 근본 자리를 깨우쳐 주기 위한 하나의 방편으로서 의미가 있을 뿐이다.

물론 불경에 우주 창조의 근본 자리를 지적한 구절은 더러 있다. 석가 부처가 49년 동안 속세에서 중생을 제도하기 위해 전한 불교 세계관의 핵심인 화엄 사상의 사법계관四法界觀이 그것이다. 우주와 인생에 대한 불교 가르침의 정수가 모두 여기에 정리되어 있다. 이것을 깊이 있게 체험하여 제대로 깨친다면 불법에 대해 한 소식 들을 것이다.

불교에서는 진리를 법法(Dharma)이라 한다. 그리하여 법계法界란 진리의 세계이며, 법계관은 현실의 우주 세계와 그 실상에 대해 논리적으로 따져 들어가는 가장 기본이 되는 도리道理를 말한다.

사법계관四法界觀을 통해,

첫째, 우리가 살고 있는 이 현실 우주가 어떠한 세계인가를 알아보고

둘째, 세계를 변화시켜 가는 생명의 근본 원리를 살펴본다.

셋째, 현상 세계와 영원한 우주 생명의 근본정신은 어떤 상호 관계가 있는지 밝히고

넷째, 극단의 모순과 부조리가 뒤엉켜 있는 현실 세계로 다시 돌아와, 현상계에서 벌어지는 모든 인간 문제의 뿌리와 근본적인 세계 구원의 길은 무엇인지를 알아본다.

즉, 불교의 세계관은 ① 사법계관事法界觀, ② 이법계관理法界觀, ③ 이사무애법계관理事無碍法界觀, ④ 사사무애법계관事事無碍法界觀으로 되어 있다.

1) 사법계관事法界觀: 이것은 우리가 살고 있는 이 현실 세계를 보는 도리이다. 인간이 살아가며 울고 웃는 이 차등의 현상[事] 세계(지상의 상대 세계인 천상 신명

세계 포함)가 진리의 순수한 모습을 그대로 지니고 있다는 말이다.

우리에게는 인생의 풀리지 않는 의문이 있다. '삶은 무엇이며, 죽음은 무엇일까? 나와 우주는 어디에서 어떻게, 그리고 왜 생겨난 것일까?' 삶의 외로운 길을 걷고 있는 숱한 영혼에게 허무의 열병을 앓게 하는 이러한 의문이 사실은 인간의 삶에 얽혀 있는 최상의 핵심 문제이다. 이 현상 세계가 진리이기에 삶도 진리요 죽음도 진리이다. 흘러가고 있는 저 무상한 우주의 시간과 인생 행로가 모두 우주 변화의 빛과 그림자이다. 불교의 2대 수행 방법인 선禪과 밀교密敎 수행도 이 단계부터 생명의 근본 자리로 밟아 들어간다.

> 一切有爲法이   모든 인연이여,
> 如夢幻泡影이요   꿈속의 물거품과 그림자 같아라
> 如露亦如電이니   이슬 같고 번개 같으니
> 應作如是觀이어다.   마땅히 이와 같이 볼지어다.
>
> (『금강경金剛經』「응화비진분應化非眞分」 제33)

2) 이법계관理法界觀: 이것은 '나와 우주'를 생겨나게 한 생명 창조의 근본 정신[理]을 보는 것이다. 무한한 우주와 유한한 생명인 우리 인간, 풀벌레, 짐승 같은 사사물물事事物物은, 우주 생명이 통일되어 있는 본체 세계[空]에서 비롯한 것이다. 따라서 일체 만물은 평등한 공성空性의 진여眞如를 갖고 있다. 공은 꽉 차 있으면서도 완전히 비어 있는, 언어로 표현할 수 없는 지신지묘至神至妙한, 우주가 생겨난 중도中道의 본체 정신을 말한다.

3) 이사무애법계관理事無碍法界觀: 이것은 앞에서 살펴본 생명 창조의 본체[理]와 여기서 생겨나 변화해 가는 현실 세계[事]의 상호 관계를 동시에 보는 것이다. 무애無碍란 글자 그대로 서로 모순과 차등이 없다는 말이다. 그러므로

이 말의 핵심 뜻은, 무수한 사건이 전개되는 천지 만물의 현상[事]과 생명의 본체[理, 空]는, 어느 것이 더 높고 낮은 관계도 아니요 또한 둘도 아니라는 것이다. 양자는 상호 동등한 관계를 맺고 있다. 현상이 곧 본체요, 본체의 창조 과정이 드러난 것이 곧 현실 우주다.

다시 말해서 우리가 눈으로 보는 이 세계는, 세계를 화생시킨 생명의 본체(우주신의 조화 정신)보다 열등한 것이 아니며, 그것과 일체 관계를 맺고 우주 생명의 창조·순환 원리에 따라 생성·발전해 나가기 때문에, 근본 자리의 생성 원리를 그대로 품고 있다는 것이다. 창조와 피조라는 서양의 이원론적 세계관은 여기에서 여지없이 무너진다. "아버지(생명의 근본과 그 주재자)와 나는 하나이며, … 내가 아버지 안에, 너희가 내 안에, 내가 너희 안에 거한다"라는 예수의 가르침은 바로 이 소식을 전한 것이다.

그러나 오늘날 현실을 대도 진리 차원에서 냉철히 비판해 본다면 현기증을 일으킬 정도의 광신과 맹신의 열풍을 도처에서 볼 수 있다. 지상은 죄악이 판치는 타락한 곳이기에, 잠시 머물다 가는 수준 낮은 인생 시련의 장소 정도로 아는 신앙인이 대다수다. 천상에 천당과 지옥이 있다면 지상에도 극락과 유황불 지옥이 공존하는 것이다. 이러한 수수께끼를 해명하기 위해서는 이사무애법계관의 깊은 뜻을 알아야 한다.

현실의 모든 사건과 만물은 그것을 일으키는 생명의 근본과 일체 관계에 있다. 그러므로 오늘의 현실이 모순과 투쟁, 부조리로 가득 차 있는 것은 단순히 인간만의 죄악으로 환원시킬 것이 아니다. 현상 세계를 변화시켜 가는 우주의 생명 창조 운동 자체가 미성숙한 변화 과정에 있기 때문에, 모든 인간도 자기 완성을 향한 끊임없는 성장의 시간대에서 몸부림치는 것이다.

우주 생명이 성숙을 향한 미완성의 과정에 놓여 있다니 이게 무슨 말일까? 이제까지 모든 종교는 생명의 바탕(본체) 자리는 가르쳐 주었지만, 그것이 현실 세계에 드러나 순환, 변화하는 원리, 즉 천지 생명의 변화 원리는 구체적으로 밝히지 못했다. 그러므로 이사무애법계가 암시하는 중요한 뜻은 인류의 운명과 미래는 우주 생명의 창조 원리[理], 즉 '우주 변화 원리'를 체계적으로 파악할 때만 이해할 수 있다는 것이다. 이것은 본서 4부와 하권 5부에서 자세히 설명될 것이다.

4) 사사무애법계관事事無碍法界觀: 우리는 생명의 근본 원리와 현상 세계는 차별성이 없다는 것을 확인하고, 다시 현실 세계의 문제로 되돌아왔다. 진리를 깨치는 것, 그리고 생명의 참 구원은 모두 현실 문제이다. 인간이 신神을 믿는다든지 도덕률에 입각해 바르게 살아가는 것도, 결국 인간 구원 문제 그 이상도 이하도 아니다. 신앙과 수도 생활도 나를 위한 것이지 천상의 신을 위한 것은 아니기 때문이다.

지상에서 벌어지는 모든 인간 문제와 현상 우주의 일체 사건은 제멋대로 전개되는 것이 아니라, 천지 생명의 창조와 순환 원리에 뿌리를 두고 일어난다. 다시 말해서 우주의 큰 주기(순환 원리)에 따라 전개되는 것이다. 그러므로 현상계에서 벌어지는 인생사 문제(인사人事: 역사, 천상 영계의 사건도 포함)는 천지 생명의 생성 원리보다 오히려 더 복잡하고 차원이 높다. 이는 오늘의 세계 역사에 얽혀 있는 인류의 구원 문제가 우주의 운행 원리나 천상 신도神道의 문제를 푸는 것보다 더 어려운 최상의 과제임을 시사한다. 즉, 사사무애법계의 관점에서 보면, 지상 인간과 천상 신명이 천지 속에서 한데 어우러져 일으키는 현상계의 모든 삶의 문제(역사)가 '우주 변화 원리의 최상 차원에 있는 구원의 대명제'라는 사실이다.

그리하여 석가 부처가 염원한 이상적 인간상은 세상의 모든 일을 사사무애[萬事如意]하게 끌러낼 수 있는 경계에까지 다다른 인간의 모습이다. 석가 부처의 가르침은 이것을 궁극 목적으로 하는 것이다. 사사무애란 조금 어려운 이야기지만, 미완성된 인간과 천지(일월의 자연계)까지 대통일의 새 진리로써 성숙시켜 구원할 수 있는 최상의 도통 경계를 말한다. 이것은 천지인 삼재三才를 완전히 통한 경지, 즉 상통천문上通天文·하달지리下達

地理·중통인의中通人義의 경계에서 현상계의 모든 질서를 바로잡을 수 있는 우주 통치자의 대권능으로써만 가능하다.

석가모니는, 지상에 인간으로 강세하여 인간 완성의 길을 걸으시고 사사무애의 경지에 이르시어 인류 구원의 도를 열어 주시는 분을 미래의 완성 인간인 미륵존불彌勒尊佛로 말하였다.

2. 말법 시대와 불교의 구원관

미래에 대한 석가 부처의 예언이 기록되어 있는 불교의 대표적인 경전은 『월장경月藏經』*이다. 『월장경』의 「분포염부제품」을 보면, 부처가 월장보살 마하살에게 정법음몰正法陰沒의 때를 전해 주는 대목이 있다.

> 분명히 알아라. 청정한 사나이여. … 내가 사라진 뒤 5백 년까지는 그래도 모든 비구들이 나의 법에 있어서 해탈이 견고하려니와, 다음 5백 년 동안은 나의 바른 법에 선정삼매만이 견고하게 머물 것이며, 다음 5백 년 동안은 경전을 많이 읽고 많이 들어서 견고하게 머물 것이고, 그 다음 5백 년 동안은 나의 법에 있어서 탑이나 절을 많이 세우므로 견고히 머물 것이고, 또 그 다음 5백 년 동안은 나의 법에 있어서 힘 싸움과 말다툼이 일어나 깨끗한 법은 없어지고 그 견고한 것이 줄게 되리니 분명히 알아라. 청정한 사나이여, 그 뒤로부터는 비록 수염과 머리를 깎고 몸에 가사를 입더라도 금계를 파괴하고 법대로 수행하지 못하면서 비구라는 이름을 붙일

---

* 『월장경』 | 북제北齊 때 인도 사람 나랜드라야사那連提耶舍가 한문으로 번역한 것으로, 석가 부처가 죽음을 앞두고 전한 설법 내용을 담고 있다. 현재 대승불교의 여러 경전이 집대성된 『대방등대집경大方等大集經』에 포함되어 있다(월장분月藏分). 총 20품으로 이루어진 『월장경』에서 특히 「분포염부제품分布閻浮提品」과 「법멸진품法滅盡品」에 불법의 변천과 인류의 미래에 대한 내용이 수록되어 있다.

뿐이리라.

我之正法, 熾然在世, 乃至一切諸天人等, 亦能顯現平等正法。於我滅後五百年中, 諸比丘等, 猶於我法解脫堅固。次五百年, 我之正法, 禪定三昧得住堅固. 次五百年, 讀誦多聞得住堅固。次五百年, 於我法中, 多造塔寺得住堅固。次五百年, 於我法中, 鬪諍言頌白法隱沒, 損監堅固了…

　석가모니는 이처럼 500년 마다로 불법이 점차 쇠퇴할 것이라고 선언했다. 자신의 사후 2,000년이 지나면 법란法亂을 겪게 되고 파계 승가僧伽가 많이 출현하여, 정법이 무너지는 말법末法 시대가 도래한다는 것이다. 기존의 정설을 따르면 갑인甲寅(1974)년이 불기 3000년이었으므로 석가 입멸 후 2,000년 후부터 시작되는 말법 시대도 이제 막바지 단계에 와 있다.

　그러나 말법 시대가 종말을 고한다 하더라도 부처님 진리 자체가 사라지는 것은 아니다. 진리는 시공을 초월하여 영원히 존재한다. 다만 타락한 인간들 때문에 진리의 핵심이 가려지고 왜곡될 뿐이다.

말법 시대의 모습 : 역병과 전쟁, 자연재난

　말법 시대 자체가 막을 내리게 될 때, 이 세계는 과연 어떻게 될 것인가? 여기에서 다시 한 번 『월장경』이 설파하는 내용을 들어보자.

　　국내와 외국에서 전쟁이 일어나며 일월성신이 제 자리를 찾지 못하고, 온 대지가 진동하고 … 온갖 역병이 창궐하며 … 허공에서는 나쁜 음성이 크게 들리며, … 공중엔 갖가지 두려운 불기운[火幢]이 나타나고, 혜성慧星과 요성妖星이 곳곳에 떨어지리라. … 세간에는 부처의 법이 다시 없고, 계율과 모든 경전은 죄다 남아 있지 않으리. … 그 당시 허공으로부터 큰 소리 내어 온 땅 진동하자, 허공과 땅

두루 흔들리기가 마치 물 위의 수레바퀴 같고, 모든 성벽 부서지고 집이란 집은 다 무너져 버린다. 나무, 숲, 뿌리, 가지, 잎, 열매, 꽃, 약초 따위도 다 떨어지며 … 모든 우물, 샘, 못도 죄다 한꺼번에 고갈되고, 땅이란 땅은 다 황폐되고 … 사방이 다 가뭄에 시달려 온갖 나쁜 징조가 나타나며 … (『월장경』「법멸진품」)

기존의 여러 예언이 내다본 것과 마찬가지로 전쟁, 천지일월의 대변국, 역병, 환경 파괴, 인간의 도덕적 타락 같은 대환란의 온갖 양상이 말법시대에 펼쳐진다는 것이다.

『장아함경』에서도 말법 시대에 도병겁刀兵劫[전쟁], 기근겁飢饉劫, 질역겁疾疫劫의 세 가지 재난이 한꺼번에 닥친다는 것을 상세하게 전하고 있다.

어떤 것을 기아겁飢餓劫이라 하는가? 그때의 사람들은 … 악을 행하기 때문에 하늘에서 비를 내리지 않아 온갖 풀은 다 말라죽고 … 시골, 거리, 도로의 더러운 흙 속에 있는 버려진 곡식을 쓸어 거두어 그것으로 겨우 연명하여 살아간다. 이것을 기아라고 한다.
어떤 것을 도병겁이라 하는가? … 사람이 손에 초목이건 기와건 돌이건 잡기만 하면 다 도검刀劍으로 변한다. … '이제야 산 사람을 만났구나, 이제야 산 사람을 만났구나.' 하리라.
어떤 것을 질역겁이라 하는가? … 저 귀신이 이곳 사람들을 침범하여 매질하고 때리고 하여 그 정기를 빼앗고 이 사람을 죽이고 간다. 그때 질역겁 중에 있는 사람들은 몸이 무너지고 …(『장아함경』「삼중겁품」)

질역겁이라면 전염병을 쉽게 떠올리지만, 석가 부처는 질역겁을 전혀 다르게 말하고 있다. 질역겁이 미생물 병원체에 의한 전염병이 아니라 신명에 의한 것임을 이야기하고 있는데 이는 남사고가 '귀신이 혼을 빼가는 병'이라고 말한 것과 너무나 흡사하다.

말법 시대의 승려

현재 우리가 살고 있는 이때는 바로 말법 시대의 극기極期이다. 불교는 이때를 특히 오탁악세五濁惡世*라 하여 경고하고 있다. 불법이 무너지고 승려가 타락하리라는 것을 3천 년 전의 석가는 이렇게 적나라하게 내다보고 있는 것이다.

> … 나 이제 오래지 않아 열반에 들고, 큰 지혜의 모든 성문聲聞도 나를 따라 다 열반하여 … 우리의 불법이 점차 무너지리라.
>
> 그때엔 살아가기 위하여, 먹고 살기 위하여 중이 되고, 삼승三乘을 기원하지 않고 후세를 두려워하지 않으며 거짓말을 하고도 부끄럽게 생각하지도 않는다. 탐욕에다 명리를 추구하며 권력자에게 아부하고 타인을 질투하며, 학문 수행의 길에서 멀리 물러나고 선행도 하지 않으며, 낮에는 남의 욕을 하고 그것을 즐기며 밤에는 잘도 잔다.
>
> 경전을 안 읽고, 그 대신 흥밋거리의 책자나 좋아하며, 불교의 계율을 어기고 부녀자와 희롱한다. 비속한 영업을 한다. 속인과 어울려 물건을 팔거나 논밭을 사유화한다. 또 남과 다투기를 잘하고, 덕망이 있는 스님과 학문이 높은 스님을 질투, 배척하며 자리를 같이하기를 싫어한다. 무례하고 몰상식한 말로 타인을 매도罵倒하고 속인의 악덕을 찬미하며 아첨한다. 이러한 자들이

---

* '탁濁'이란 '무엇인가 석연치 않고 깨끗하지 않아 많은 지장을 초래하는 나쁜 찌꺼기'를 가리킨다. 오탁五濁이란 '겁탁劫濁, 견탁見濁, 번뇌탁煩惱濁, 명탁命濁, 중생탁衆生濁'의 다섯 가지 묵은 기운이다.

나(석가)의 교시를 지켜야 할 절로 출가를 하니 그야말로 가짜이고, 도둑놈이며, 대악인인 것이다.(『월장경』「법멸진품」)

말법 시대에 출세하시는 미륵불

그러면 불교에서 전하는 구원의 소식은 무엇일까? 석가모니가 제시한 인류의 희망은 과연 무엇인가? 그것은 미래불이요, 구원의 부처요, 희망의 부처인 미륵부처님의 출세 소식이다. 말법 시대가 극에 달하면 미륵부처님이 지상에 내려와 온 인류를 구원한다는 것이 불교 구원관의 결론이다. 이것이 바로 소승小乘, 대승大乘, 남전南傳, 북전北傳 할 것 없이 모든 종파를 초월해서 전하는 불교 구원관의 최종 결론이다.

미륵부처님의 출세 시기에 대해서는 여러 가지 설이 있다. 57억 6백만년설(『잡심경雜心經』), 56억 7천만년설(『보살처태경菩薩處胎經』, 『현우경賢愚經』), 인수人壽 8만 4천세歲설(『장아함경長阿含經』) 등이 있는데, 모두 현실적인 시간 개념과는 전혀 거리가 먼 내용이다. 이 문제에 대해 미륵경의 권위자인 이종익 박사는 다음과 같이 밝힌 바 있다.

> 57억 6백만년설은 고대 인도의 천계天界에 대한 가정인데 … 이것은 부처의 뜻과도 전혀 위배되는 것이다.… 8만세설도 붓다가 창설한 것이 아니고 바라문교에서 사용하던 것을 뒤에 불전佛典에서 응용한 것이니, 8만세설을 신빙할 수 있는 근거가 되지 않는다.… 이런 것을 미루어 보면 도솔천 수명을 가정한 5억 7천 6백만년설이나 증감설增減說에 의한 8만세설도 다 후세에 조작한 것이 틀림없다. 5억년설, 8만세설을 어떻게 신뢰할 것인가?(『미륵성전』, 246~248쪽)

확실한 것은 불교의 생명력이 거의 소진되어 가는 말법 시대에 중생을 보편적으로 구원하는 미륵부처님이 출현한다는 것이다. 『화엄경』에서는 미륵부처님을 대의왕大醫王으로 표현하고 있고, 저명한 불교학자인 알란 스펀버그Alan Sponberg는 잘못된 모든 것을 고치시는 미륵부처님을 혁신불로도 말했다. 태평성대에 미륵부처님이 오신다면 어떻게 대의왕, 혁신불이 될 수 있겠는가! 평화 시대가 아니라 말법 시대에 오셔서 인류의 고통과 아픔을 치유해 주시기 때문에 대의왕이라 표현한 것이다.

앞에서 살펴보았듯이, 격암 남사고는 석가 입멸 후 약 3천 년이 지나면 미륵부처님이 천상의 도솔천에서 지상으로 내려오실 것이라고 전하였다. 하지만 미륵이 출세하더라도 기성종교의 묵은 관념 때문에 그 소식을 듣기가 대단히 어려울 것이라고 한탄하였다.

> 산에 들어가서 수도하는 승려들이여! 미륵세존을 고대하라. 석가의 운수는 이미 가고 다시 오지 않으니, 삼천 년의 운수로 자신의 도道가 끝나고 말세를 당하여 미륵불이 하강할 것을 석가가 예언하였도다.… 미륵불이 출현컨만, 유불선이 부패하여 아는 군자 그 누군가.
> 入山修道念佛님네 彌勒世尊苦待치만 釋迦之運去不來로 한번가고 아니오니 三千之運釋迦豫言 當末下生彌勒佛을 … 彌勒佛이 出現컨만 儒佛仙이 腐敗하여 아는 군자 누구누구. (『격암유록』「가사총론」)

불교계에서는 일반적으로 미륵부처님을 석가 부처의 제자라 한다. 이것은 다만 과거에 불제자들이 석가 부처의 가르침에 최상의 권위를 부여하여 보다 효율적으로 중생을 제도하고자 하는 과정에서 생긴 교화의 방편일 뿐 진실이 아니다. 남사고는 미륵부처님을 종불宗佛, 즉 모든 부처 중에서 가장 으뜸가는 부처라고 했는데, 이것이야말로 미륵불의 정체를 제대로 밝힌 것이다.

속세에 쌓인 모든 원한의 티끌을 털어내어, 한 점의 탁한 기운과 질병과 악함이 없는 무궁한 신의 세계가 이루어지는구나. 모든 부처의 으뜸(宗佛)인 미륵왕이 출세하니, 이제야 인간 세상의 모든 원한이 풀어지고, 첩첩이 쌓였던 모든 근심걱정 춘풍에 쌓인 눈 녹듯 절로 사라지는구나.

腥塵捽地世冤恨, 一点無濁無病。永無惡神世界。亞宗佛彌勒王, 人間解冤此今日, 憂愁思慮雪氷寒, 無愁春風積雪消。(『격암유록』「생초지락」)

3. 미륵부처님의 출세

『화엄경』「입법계품」의 마지막에 이런 내용이 나온다. 진실하고 정열적인 구도자인 선재동자善財童子가 신장神將들의 인도로 석가의 어머니인 마야 부인을 찾아뵈었다. 이때 마야부인은, "이 세계의 현겁 동안에 처음 나신 구루손 부처님이 계셨고, 다음에 구나함모니 부처님, 그 다음에는 가섭 부처님이 계셨고, 다음에는 지금의 세존이신 석가모니 부처가 계시다"라는 말씀을 전한다.

마야부인은 선재동자에게 미륵부처님에 대해서도 이렇게 전한다.

선남자여. 이 세계의 현겁賢劫에서와 같이 … 오는 세상에 미륵이 도솔천에서 내려오실 적에 큰 광명으로 법계에 두루 비추며, 모든 보살이 태어나는 신통 변화를 나타내어 인간에서 훌륭한 가문에 탄생하여 중생을 조복調伏시키는 때에도 …

미륵부처님이 인간으로 오셔서 이 세상을 구원해 주신다는 믿음은 불교가 전래된 국가들에서 가장 보편적이고 뿌리 깊은 신앙이다. 미륵부처님은 어떤 분이며 어떻게 인간으로 오시는지 여러 경전을 통해 살펴보자.

미륵부처님은 도솔천의 천주天主님

미륵부처님의 도법을 담은 미륵 경전들은 300년경부터 한역漢譯되기 시작했다. 그 이후 미륵불에 의한 인간 구제가 크게 강조된 결과 후대에 중국·한국·일본에 상당한 영향을 주었으며, 또 남방 불교권에서도 미래불과 메시아의 성격을 동시에 갖는 형태로 미륵불 신앙이 지속되었다. 특히 우리나라는 미륵부처님으로부터 직접 도통을 받은 신라 시대의 진표 대성사가 미륵 신앙을 중흥시킨 이래, 미륵 신앙은 만백성의 심성 속에 깊숙이 자리 잡게 되었다.

이 우주에서 생명의 기쁨과 즐거움이 흘러넘치는 천국 낙원의 아름다움을 요약해서 그린 『미륵상생경』을 보면, 미륵부처님의 천상에서의 위격과 권능에 대한 석가 부처의 설법이 나와 있다.

> 이곳의 이름은 도솔타천이다. 이 하늘의 주님은 '미륵'이라 부르니
> 네가 마땅히 귀의할지니라.
> 此處之名, 兜率陀天。今此天主之名曰彌勒, 汝當歸依。

본래 도솔천은 영원한 생명을 누리는 최상의 낙원으로 열 가지 착한 보응 기질[十善業]을 닦은 사람만이 오를 수 있는 열락 세계이다. 따라서 미륵부처님은 이 세상도 도솔천과 같은 낙원으로 만들 수 있는 최상의 도道의 대권자이다.

그러면 미륵님의 시대가 올 때 이 지구가 어느 정도로 살기 좋은 낙원으로 개벽되기에, 도솔천에 태어나기를 지극히 기원하던 모든 하늘의 신神들이 지상에 다시 인간으로 하생下生하기를 기도하는 것일까? 도솔천의 하나님[天主]이신 미륵님이 펼치실 지상 낙원 세계가 구도자의 한恨을 얼마만큼 남김없이 풀어 주기에, 석가불의 당대 수제자 대가섭조차 석존의 당부를 지켜 열반에 들기를 거부하고 미륵 성존께서 출세하실 때를 갈망한 것일까?

그리하여 석존은 사대성문四大聲聞의 전설을 남긴 것이리라. 그는 자신의 뛰어난 제자인 대가섭, 군도발탄, 빈두로, 라운 등 네 비구에게 지금 열반에 들지 말고, 자신의 도맥이 멸하여 없어지게 되는 말법 시대에 도道에 들어가라 하였다.(『미륵하생경』) 다시 말하면, 미륵부처님의 시대가 올 때 다시 태어나서 그때에 미륵님의 도를 받으라는 말씀이다. 아마 대가섭 등 네 비구도 지금 어디엔가 태어났으리라.

미륵불은 곧 우주의 통치자 하나님

미륵부처님의 위격과 권능에 대해서는 미륵의 어원을 추적해 보아도 알 수 있다. '미륵彌勒'은 범어로 '마이트레야Maitreya'('자비로운 어머니'라는 뜻)이며, 고대 인도어인 팔리어pali로는 '메테야Metteyya'('미래의 구원불'을 부르던 칭호)이다.

'마이트레야Maitreya'라는 말은 본래 '미트라Mitra'라는 신의 이름에서 유래하였는데, 미트라는 인도·페르시아 등지에서 섬기던 고대의 태양신이다. 그런데 대단히 흥미롭고 충격적인 사실은, 기독교에서 구세주의 뜻으로 쓰는 '메시아Messiah'라는 말도 바로 이 미트라에서 유래하였다는 것이다. 이것은

불교의 미륵부처님과 기독교의 메시아는 동일한 한 분을 가리킴

메시아 Messiah (기독교)

동일한 한 분

미트라 Mitra 태양신

마이트라 Maitra

마이트리 Maitri

메테야 Metteyya (팔리어)

마이트레야 Maitreya (불교)

미륵 (불교의 구원자)

'불교의 마이트레야(미륵) 부처님과 기독교의 메시아가 동일한 한 분'을 의미한다는 사실이다.

이상에서 알 수 있는 바와 같이, 불교에서 구제중생의 도업道業을 마무리할 분으로 수천 년 동안 고대한 미륵부처님은 다름 아닌 기독교에서 수천 년 동안 외쳤던 절대 권능을 가진 메시아로서, 곧 우주의 통치자 하나님을 가리키는 것이다.(『법화경과 신약성서』 참고)

다음으로 미륵 성존께서 인간으로 오시는 모습과 성도成道하시는 과정, 구원의 법방과 그 후에 열리는 낙원의 모습을 차례로 살펴보기로 한다.

인간으로 오셔서 최상의 등정각等正覺을 이루시는 미륵부처님

인간 세계에서 미륵 천존의 부모님은, 천상에서 지성으로 공덕을 닦은 순결의 상징이신 수범마修梵摩와 범마월梵摩越이라고 한다.

> 저 때에 미륵존불이 도솔천에서, 부모가 늙지도 아니하고 어리지도 아니한 것을 관찰하시고 문득 성령으로 강림하시어 탁태托胎하여 달이 찬 뒤에 탄생하시느니라. (『미륵하생경』)

이때 모든 하늘나라에서는 제각기 미륵 천주님께서 지상에 내려가신 것을 서로 전하며 송축하는 모습이 나온다.

미륵부처님은 지상에 한 인간으로 태어나신 후 일정한 성장 기간을 보낸 뒤에 구도의 길을 가신다고 한다.

> 그때에 미륵님이 집에 계신 지 오래지 않아서 집을 떠나 도를 닦으리라. 계두성이 멀지 않은 곳에 보리수가 있어 이름을 '용화龍華'라 하나니, 미륵존불께서 그 나무 밑에 앉으시어 무상의 도과道果를 이루시니라.(『미륵하생경』)

미륵부처님께서 기존의 어떠한 성자도 도달할 수 없었던 최상의 도통을 하게 되는 우주적인 대순간의 때가 되면, 마왕 '파순'도 미륵부처님께 굴복하고 오히려 기뻐 뛰면서 밤낮없이 7일 동안 그 분을 공경하며 예배 드릴 것이라고 석존은 전했다.

또한 이 순간에 삼천대천三千大千 세계에서는 우레가 일어나 미륵님이 최상의 도를 이루셨다는 기쁜 소식을 서로 알리며, 이 엄청난 천상의 소식은 사천왕궁四天王宮으로, 그리고 염마천·도솔타천·화락천化樂天·타화자재천他化自在天과 범천梵天 등 삼십삼천三十三天에 차례로 전해진다.

미륵부처님의 도법과 기성종교 구원관의 차이점

『화엄경』「입법계품」을 보면 선재동자善財童子가 덕생동자德生童子와 유덕동녀有德童女를 만나는 장면이 나온다. 큰 스승을 두루 찾아 구도의 길을 걷던 선재동자는, 이들로부터 미륵의 도법道法 경계에 대한 한 소식을 전해 듣고 큰 충격을 받는다. 그들은 이렇게 말한다.

> 저 남쪽에 해안海岸이라는 나라가 있고 거기에 대장엄大莊嚴 동산이 있으며, 그 안에 광대한 누각이 있으니 이름은 비로자나장엄장이라. 보살의 착한 뿌리의 과보로 좇아 생겼으며, … 미륵이 그 가운데에 계시니, 본래 태어났던 부모와 권속과 백성들을 거두어 성숙케 하는 연고며, … 또한, 그대에게 보살의 해탈문을 보이려는 연고며, 보살이 모든 곳에서 자재하게 태어남을 보이려는 연고며 …

또한 『미륵하생경』을 보면, 석가 부처는 십대 제자 가운데 한 사람인 우바리優婆離에게 미륵불에 대해 이렇게 가르치고 있다.

미륵께서 미래의 세상에 있어서 마땅히 중생들을 위하여 크게 귀

의할 곳을 이루실 것이니, 미륵부처님에게 귀의하는 자가 있으면
마땅히 알리라.

이러한 『화엄경』과 『미륵경』의 말씀을 종합해 보면, 미륵부처님께서 이루
실 구원의 스케일을 짐작할 수 있다. 미륵부처님이 강세하시는 궁극적인 목
적은 이제까지 기성종교가 보여준 중생 교화 차원에 머무르는 것이 아니라,
전 인류를 성숙시켜 보편적인 세계 구원을 이루시는 데 있는 것이다.

'거두어서 성숙케 한다'는 말은, 마치 가을에 오곡을 결실함과 같이 이제
까지의 윤회를 매듭짓고 모든 인간 종자를 열매 맺게 하는 가을개벽과 관련
이 있다. 미륵부처님은 이 개벽기에 인류가 몸 붙일 새 도법을 열어 주시는
분이다. 이와 관련하여 다음과 같은 이종익 박사의 집약된 표현은 미륵부처
님이 하시는 일을 잘 나타내고 있다.

> 석가세존이 심어 둔 공덕의 나무가 미륵불이 나오실 '용화세계'에
> 서 꽃을 피우고 열매를 맺게 된다.(『미륵성전』, 173쪽)

새 차원의 도법을 여는 미륵부처님께서 석가 부처가 설하고 염원한 진리
의 불국토를 현실 세계에서 성취하신다는 말이다. 본래 '용화龍華'란 말은
불사不死의 조화를 뜻한다. 신라 시대에는 용을 미시未尸(죽음이 없다는 뜻)라 하
였다. 따라서 용화란 불로불사하는 영생의 조화 정신을 말한다.

백절불굴하는 모범적인 구도자의 웅지를 보여주는 선재동자는, 미륵부
처님을 병든 세상을 어루만져 고치시는 의원으로 노래하고 있다. 『화엄경』
「입법계품」을 보면 선재동자가 미륵님을 찾아 알현하는 모습이 드라마의
한 장면과 같이 기록되어 있다. 먼저 선재동자가 미륵님을 찬탄한다.

중생들이 번뇌 병에 얽힘을 보시고

불쌍하게 여기는 큰 마음 내시어

지혜 약인 감로수로 소멸케 하시니

이곳은 병든 세계를 고치는 위대한 대왕이 머무시는 곳이니라.

見諸衆生嬌惑病하고 而興廣大悲愍心하여 以智慧藥悉除滅하는 此大
醫王之住處로다. (『화엄경』「입법계품」제39)

미륵님께서 선재의 찬탄에 이렇게 답하신다.

한량없는 중생들이 인과因果 속에 빠졌으니

법 수레를 운전하여 고통 바퀴 끊게 하리라.

부처님의 종자로써 법 종자를 맑게 하고 …

이러한 미륵 용화세존의 세계가 삼회설법이라는 시간적 단계를 밟아서
건설되어 간다는 것이 불경의 여러 곳에 나온다.

집을 떠나 도를 배워 가장 바른 깨달음을 이루고 널리 중생을 위
하여 거룩한 법륜을 굴릴 것이다. 그 첫 번째 법회에서는 93억 중
생을 제도할 것이요, 두 번째 법회에서는 96억 중생을 제도할 것
이며, 세 번째 법회에서는 99억 중생을 제도할 것이다.(『현우경』)

삼회설법三會說法은 곧 '삼변성도三變成道, 삼수三數 원리'라는 우주 법도를
상징하는 것이다.(하권 5부 참고)

4. 용화세계의 모습

미륵부처님은 무상의 조화력으로 이 지상 세계를 최상의 선경으로 변화시키신다. 『미륵하생경』에서는 이 지상 선경의 모습을 아래와 같이 구체적으로 묘사하고 있다.

> 그때에는 기후가 고르고 사시四時가 조화되며 사람의 몸에는 여러 가지 병환이 없으며 욕심, 성냄, 어리석음이 없어지고 사나운 마음이 없으며 인심이 골라서 다 한 뜻과 같으니라. 서로 보면 기뻐하고 즐거워하며 착한 말로 서로 향하는 그 언사가 똑같아서, 차별이 없는 것이 '울단월鬱單越 세계'와 같으니라.(『미륵하생경』)

> 그때에는 이 세상의 백성이 다 고루 잘 살아서 차별이 없으며, … 또한 그때에 국토는 평탄하고 고르며 거울처럼 말쑥하고 깨끗하며, 또 저 때에 사람의 수명이 극히 길고 모든 병환이 없어서 … 여자는 500세가 된 연후에 시집을 가느니라.(『미륵하생경』)

미륵부처님의 세상이 오면 이처럼 인간의 몸이 완전히 탈바꿈된다는 것을 알 수 있다. 그때가 되면 일 년 사계절이 조화되어 기후가 항상 고르게 유지되고, 새로 태어나는 인간은 선천적으로 심성이 평온하다. 『미륵하생경』의 말씀과 같이 대지는 거울같이 단장되고, 모든 악이 소멸되며 기후는 항상 온화하고, 영혼과 육신의 아픔이 말끔히 사라지는 이 지상의 극락정토에서 너 나 할 것 없이 모든 사람이 행복한 생활을 하게 된다. 물론 오늘의 현실에서 볼 때는 이런 예언이 허무맹랑하게 여겨지겠지만, 뒤에서 살펴볼 우주의 개벽 원리를 알고 나면 미륵부처님이 여시는 지상 낙원이 어떤 경지의 조화 세계인지 마음속 깊이 그릴 수 있을 것이다.

저 때에 염부제閻浮提 안에는 자연히 쌀이 나는데, 껍질이 없으며 극히 향기롭고 아름다워서 … 금은지보, 진주, 호박 등이 땅에 흩어져 있으나 주워 가는 사람이 없느니라. … 자연히 나무 위에 의복이 생겨나며 … 이때에 백성들의 키가 크고 작은 차이는 있는데 음성은 흡사하여 모두 비슷하니라. 때로 남녀가 대소변을 보고자 하면 땅이 스스로 벌어져서 일을 다 본 뒤에 도로 합하여 붙느니라.(『미륵하생경』)

천상 사람도 함께 구원되는 선경 세계

예정된 이 꿈같은 지상 선경에서는 인간뿐 아니라 '천상의 백성들'까지도 구원 받아서 함께 법락法樂을 누리게 된다는 것이 석존의 가르침이다.

아난아! 또 알려 줄 것이 있으니 미륵 여래께서 저 대중 가운데 앉아서 이 게偈를 설하실 때에, 그때의 대중 가운데 있는 모든 하늘[諸天]과 백성이 이 십상十想을 사유하며 모든 사람이 … 법안이 청정함을 얻었으므로 미륵 여래께서 … 항상 한 말씀으로써 경계를 하시느니라.(『미륵하생경』)

이 장래의 선경에는 지상의 대중뿐만 아니라 천상의 백성도 함께 와 있다 하셨으니, 이 우주가 장차 어떠한 모습으로 통일될지 짐작할 수 있으리라. 이것은 장차 이 지구가 지상 문명뿐 아니라 천상의 신명계까지도 통일하는 대우주의 성소聖所로 변모된다는 파천황적인 대개벽의 소식을 전한 것이다. 우리는 이러한 우주의 법도를 이제까지 불가에서 불러온 미륵부처님에 대한 호칭에서 잘 엿볼 수 있다.

범어인 '마이트레야'를 한자로 새길 때는, '가득 충만하다'는 뜻인 '미彌' 자와, '새롭게 진리의 테두리를 짜서 씌운다'는 뜻인 굴레 '륵勒' 자로 쓴다.

이 말이 전하는 핵심 의미는, 인간 세상이 극단적으로 타락하고 종교도 극한 분열로 서로 대립할 때 미륵부처님이 이 땅에 강세하시어, 새로운 대도로써 구원의 근본 틀을 짜시어 우주 삼계를 통일하신다는 것이다.

미륵존불의 지상 선경을 건설하는 양커 대왕

석존은 인류가 한가족으로 화하여 살게 되는 이 선경 세상의 통치자를 미륵천주님의 대행자로 말하고 있다.

> 이때에 양커라는 법왕法王이 출현하여 정법正法으로 다스리고 일곱
> 가지 보배(칠보)를 섭취하니 … 이에 염부제(인간 세계)의 전 영토를
> 이 칠보로써 진압하니, 무기를 쓰지 않고도 자연히 항복을 얻게
> 되느니라.(『미륵하생경』)

양커라는 이 구원의 법왕은 노스트라다무스가 말했던 '앙골무아의 대왕'으로서, 동방의 종주인 한국으로 오시는 분이다. 미륵 천주의 대행자로서 천지 대권을 집행하는 이분은 인류사의 새 시대를 여시는 법황法皇인 것이다.

석존이 전한 세상을 구원하실 절대자의 모습은 구름 잡는 식의 환상이 아니라 대단히 현실적이고 인간적이다. 영원히 중생과 더불어 고뇌하며 미래를 향해 끊임없이 노력하시는 모습으로 우리에게 다가오기 때문이다. 다시 말해 그분은 인간으로 와서 인간의 길을 함께 걸으시며, 모든 한계를 초극하고 인간 성숙의 길을 열어 '개벽과 세계 구원'을 이루신다.

5. 미륵불에 대한 왜곡과 날조

　많은 불교인들은 기존의 그릇된 상식에 사로잡혀, 미륵부처님은 석가의 제자로서 56억 7천만 년 뒤에 오신다고 철석같이 믿고 있다. 『현우경』 「바바리품」을 보면, 바바리(바라문교의 지도자)의 제자 16인이 석가 부처로부터 미래 세계에 대한 설법을 듣는 내용이 나온다. 이때 석가 부처가 장차 미륵불이 오셔서 설법을 통해 1회에 93억 명, 2회에 96억 명, 3회에 99억 명을 깨닫게 할 것이라고 말하자, 바바리의 제자인 수행승 미륵Tisya-Maitreya이 자신이 미륵불이 되고 싶다고 하여, 석가 부처가 그것을 허락했다고 한다. 이 내용을 보고 수많은 불제자들은 바바리의 제자였던 수행승 미륵이 후세에 미륵불로 출세할 것이라 믿고 있다.

미륵불은 곧 상제님
당팔선 중 가장 유명한 대신선 여동빈 선사는 미륵불이 임어하고 계신 도솔천 궁전을 직접 들어가 본 후, 도솔천이 바로 우주 통치자이신 상제님의 궁전 태라천과 같은 하늘이라는 것을 깨달았다.(玉皇至尊은 在兜率凌霄天宮이니라. 『여조휘집呂祖彙集』 권7)
미륵불은 온 우주의 통치자이며 모든 부처와 신선들의 아버지인 우주의 원주인 하나님이시다.

그러나 이것은 사실과 전혀 다르다. 불교 최고最古 경전인 『숫타니파타』의 마지막 장인 「피안도품」에도 바바리의 16제자에 관한 이야기가 나오지만 수행승 미륵이 미래불이 된다는 내용을 전혀 찾아 볼 수 없다. 팔리어 연구의 권위자 리스 데이비스Rys Davis는 미래불인 미륵불은 수행승 미륵과 전혀 관계가 없다고 결론 내렸다. 또한 미륵 사상 연구의 대가인 일본의 와타나베 쇼코渡邊照宏도 『미륵하생경』, 『미륵대성불경』 등 미륵불과 관련된 주요 경전에, 수행승 미륵이 미래불이 된다는 내용이 전혀 언급되지 않았음을 지적한 바 있다.

이제는 미륵부처님에 대한 과거의 낡고 잘못된 인식을 개벽해야 한다. 미륵부처님을 석존의 제자로 둔갑시킨 것은 과거 시대에 석존을 주불主佛로 삼아 중생에게 가르침을 전하려는 교화의 방편에 불과했던 것이다. 다시 강조하건대, 미륵부처님은 석가의 선언 그대로 도솔천 천주님이며 하나님으로서, 석가를 내려 보내신 분이다. 그리고 석가는 본래 도솔천에서 호명護明보살로 불리던 구도자였다. 석가 부처의 도법을 완성시키고, 세계 인류를 구원하여 통일의 지상 선경을 열어 주시는 분이 어찌 석가의 제자가 될 수 있으리오.

또 『화엄경』 「입법계품」을 보면, 미륵불께서 묵은 정신에 사로잡힌 구도자들에게 마음자리를 열어 주고 온 인류에게 큰 가르침을 전해 주는 소중한 구절이 나온다. 선재동자가 구도의 마지막 길로 미륵불을 찾아뵙고 한 소식 듣기를 간구하자, 미륵부처님은 아무 말 없이 선재를 비로자나 누각으로 데리고 간다. 선재가 기뻐하며 누각의 문을 열고 들어가자, 그 안에는 실로 깜짝 놀랄 정도로 무한히 펼쳐진 대우주의 법계가 찬란히 빛나고 있었다. 선재동자는 이때 엄청난 충격을 받아 미륵불의 세계관과 자유자재한 도법의 무궁한 경계를 깨치고, 즉시 모든 선정, 지혜, 서원, 바라밀다, 트임, 밝음, 해탈, 삼매문을 얻고 한량없는 공덕을 성취한다.

이 구절은 무엇을 암시하는 것일까? 이는 인류를 구원하실 미륵존불께서 펼치실 새로운 도법과 낙원의 세계상을 암시하는 최대의 공안이다. 즉, 장차 미륵존불이 사람으로 오셔서, 만사를 임의로 행하는 전능의 경지[법신불法身佛=성부 하나님의 사사무애법계]를 성취하시어 우주 최상의 조화선경을 지상에 건설하신다는 조화권造化權의 비밀을 전하고 있는 것이다.

이는 어떠한 우주 원리로써 이루어지는 것일까? 불교 경전을 보면 '십표무진+表無盡'이라 하여 10(무극)으로써 우주 최상의 조화 세계[無塵本]를 나타낸다고 하였다. 이처럼 불교에서도, 노스트라다무스와 격암이 예고한 '십무극+無極 세계의 개벽과 후천 통일 운수'를 상수象數로써 전해 주고 있는 것이다. 이러한 천지 생명의 개벽 원리에 따라 하나님天主께서 여신 성부시대가 지상에 펼쳐지게 된다.

일월성신이 제 자리를 찾지 못하고,
온 대지가 진동하고 …
온갖 역병이 창궐하며

– 월장경

이 하늘의 주님은 '미륵'이라 부르니
네가 마땅히 귀의할지니라.

– 미륵상생경

이곳은 병든 세계를 고치는
위대한 대왕이 머무시는 곳이니라.

– 화엄경

수명이 극히 길고 모든 병환이 없어서 …
양커라는 법왕法王이 출현하여
정법正法으로 다스리리라.

– 미륵하생경

예수와 백보좌의 아버지 하나님

나는 알파와 오메가요, 시작과 끝이라.

이제도 있고 전에도 있었고

장차 올 자요 전능한 자라. (『요한계시록』 1:8)

또 내가 큰 백보좌와 그 위에 앉으신 분을 보니,

그의 면전에서 땅과 하늘이 사라졌고

그들의 설 자리도 보이지 않더라. (『요한계시록』 20:11)

앞에서 살펴본 불교의 말세관이 천지일월의 대변혁을 예고하는 우주관과 직결되어 있듯이, 이번 장에서 알아보게 될 기독교의 종말론과 구원 소식도 우주론과 세계 창조의 기본 정신을 깨닫지 못하면 결코 이해할 수 없다. 이 장에서는 기독교와 관련되는 가장 중요한 몇 가지 문제를 정리해 보기로 한다. 아울러 예수의 12세~30세까지의 생애와 그동안 잘 알려지지 않은 가르침도 살펴본다.

여기에서는 특히 리바이 다울링Levi H. Dowling(1844~1911) 목사의 『예수 그리스도의 보병궁 복음서The Aquarian Gospel of Jesus the Christ』를 많이 인용하였다. 동양의 정신세계에 비추어 보아도 그 내용이 상당히 타당하기 때문이다. 『보병궁 복음서』는 신약의 공관복음서와 상치되는 부분이 거의 없으면서도, 동양종교의 정신적 틀까지 담고 있다. 그래서 기독교뿐만 아니라 동양의 정신세계를 모색하는 데도 큰 도움을 준다.

『보병궁 복음서』가 예수 성자의 숨겨진 생애를 드러내고 기존에 알던 것과 다른 가르침을 소개했다고 해서, 예수의 가르침이 퇴색하거나 폄훼되는 것은 아니다. 오히려 기독교의 본질이 무엇인지 되돌아볼 수 있는 기회가 될 것이다. 먼저 『보병궁 복음서』를 살펴보고 이후에 공관복음서를 바탕으로 기독교의 본질을 정리할 것이다.

제3의 성서, 『보병궁 복음서』

서양의 고대 천문학(점성학)에서는 황도대에 위치한 열두 별자리를 12궁이라 한다. 이 황도대의 12궁은 세차운동 주기인 약 26,000년마다 한 번씩 순환한다. 따라서 태양이 12궁의 한 자리를 지나는 데 걸리는 기간은 약 2,100년이 조금 넘는다. 이 시간의 마디가 천도의 섭리를 측정할 수 있는 한 시대가 된다. 6천 년 전은 금우궁金牛宮 시대였고, 2,000여 년 전 예수 탄생 즈음부터는 쌍어궁雙魚宮 시대였다. 현재는 보병궁寶瓶宮 시대로 전환하는 때이다.

『구약』과 『신약』은 과거 시대(금우궁, 쌍어궁 시대)의 복음서이고, 『보병궁 복음서』는 다가오는 새 시대의 복음서이다. 이 『보병궁 복음서』는 『신약』에 빠져 있는 예수의 구체적 생애와 그가 전하고자 한 근본 진리의 말씀이 실려 있는 기독교 '제3의 복음서'이자 '제3의 성서'이다.

『예수 그리스도의 보병궁 복음서』, 상생출판

리바이 다울링 목사는, "나는 영靈에 의하여 아카샤Akasha의 영내로 옮겨져 홀로 태양의 권내에 섰다. 그곳에서 나는 지혜와 오성悟性으로 통하는 문을 열 비밀의 샘을 발견했다. 나는 태양의 권내를 지키는 24명의 케루빔과 세라핌(우주

성령)을 보았다."라고 고백하였다. 또한 그는 쌍어궁과 보병궁의 수호령 케루빔과 세라핌인 라마사, 바카비엘, 아르케, 사그마킬을 직접 만났고, 천상 영계의 기록 방법인 아카샤라는 우주심宇宙心에 의해서 전달되는 기록(아카식 레코드)을 그대로 옮긴 것이라고 밝혔다.

영지주의와 기독교

『보병궁 복음서』 외에도 기독교의 우주관, 신관, 인간론 등의 진면목을 알 수 있는 또 다른 원천이 있다. 그것은 이른바 영지주의Gnosticism로서 초기 기독교 당시 예수의 가르침에 대한 해석을 두고 정통파 기독교와 대립한 기독교의 또 다른 흐름이다. 영지주의靈知主義는 '앎'을 뜻하는 희랍어 그노시스Gnosis에서 유래했다. 그러나 영지는 단순히 지식이나 이성적인 지식이 아니라 경이로운 마법으로 빛나는 지식, 통찰을 지칭한다.(세르주 위탱, 『신비의 지식, 그노시즘』) 콜롬비아 대학의 일레인 페이젤스Elaine Pagels 교수는 여기서 한 걸음 더 나아가 영지의 비밀이란 곧 하나님을 아는 것을 의미한다고 했다.

초대 기독교 교부들에 의해 이단으로 몰린 영지주의는 4세기에 콘스탄티누스 황제에 의해 기독교가 공인된 이후 극심한 탄압을 받게 된다. 교부들은 영지주의 복음서를 사악한 교사教師들에 의해 쓰인 비정통적인 가르침으로 간주하여 이를 파기시켰다. 이와 더불어 초기 기독교 당시의 수많은 영지주의 가르침이 사라져 버렸다. 그 결과 몇 편의 문서만 정경正經으로 확정한 소위 기독교 정통파는, 고대 종교 문헌 중 극히 일부만 후세에 물려주는 우愚를 범하고 말았다. 따라서 정경이 성립되기 이전에 있었다는 수많은 복음서는 초대 교부들이 남긴 문헌을 통해 그 목록만 알려져 있었을 뿐 구체적인 내용은 수수께끼로 남아있었다.

그런데 이렇게 사라져버린 줄로만 알았던 영지주의 복음서가 지난 1945년 이집트의 나그 함마디Nag Hammadi라는 조그마한 마을에서 갑자기 나타났다. 학자들은 영지주의 복음서에 나오는 문구들 중 상당수는 '큐Q'에서 따

온 것으로 믿고 있는데, 이는 영지주의 복음서들이 신약의 복음서와도 밀접한 관련을 맺고 있음을 시사하는 것이다. 원래 마태·마가·누가 복음은 '말씀들logia'이라는 공통의 줄기에서 나왔다. 이 '말씀들'은 처음에는 초기 기독교 공동체의 신도들 사이에서 입으로 전해 내려오다가, 그 일부가 훗날 복음서로 고정되고 나머지는 사라져 버렸다. 학자들은 복음서의 뿌리가 된 이 '말씀들'을, 출처 혹은 자료를 뜻하는 독일어 크벨레Quelle의 머릿글자를 따서 '큐Q'라 불렀다.

복음서 편집자들은 이 '말씀들'을 각기 나름대로 배열하여 서로 모순되는 이야기들을 만들어 냈던 것이다.(조지프 캠벨, 『신의 가면Ⅲ : 서양 신화』) 영지주의 복음서에도 신약의 복음서에 등장하는 인물들이 동일하게 나오며, 신약의 내용이 그대로 나오는 경우도 있다. 하지만 양자의 차이는 놀라울 정도인데, 주요 차이점을 몇 가지로 정리해 본다.

첫째, 신약 복음서를 믿는 정통파 기독교인은 신과 인간 사이에는 영원한 심연이 존재한다고 생각한다. 그러나 영지주의자들은 이를 부인한다. 그들은 자신을 깨닫는 것이 곧 하나님을 깨닫는 것이며, 따라서 인간의 자아自我와 하나님의 신성神性은 동일하다고 믿는다. 이는 힌두교에서 말하는 아트만과 브라만의 합일을 방불케 하는 가르침이다.

둘째, 영지주의 복음서에 나오는 예수는 신약 복음서에 나오는 예수와는 달리 죄와 회개가 아니라, 불교의 제행무상諸行無常, 제법무아諸法無我와 비슷한 교리를 설하고 깨달음에 대해서도 말하고 있다. 그리고 정통파 기독교인은 예수를 하나님의 아들로 생각하기에, 예수 역시 인간과는 건널 수 없는 간극을 가진 존재로 믿는다. 그러나 영지주의 복음서에서는 예수도 인간과 같은 근원에서 왔다고 말한다.

셋째, 기독교인은 구약의 야훼를 사랑의 하나님으로 생각하는 반면, 영지주의자는 전쟁을 좋아하며 살육을 즐기는 구약의 신이야말로 고통으로 가득찬 이 세계를 만든 악마로 본다.

넷째, 영지주의에서는 윤회를 인정하고 위대한 어머니(태모)에 대한 숭배를 이야기한다.(일레인 페인절스, 『성서 밖의 예수』)

위와 같은 영지주의의 가르침은 『우파니샤드』 같은 힌두 철학에서도 발견되지만, 많은 학자들은 특히 영지주의와 불교의 관련성에 대해 이야기하고 있다. 영국의 저명한 불교학자 에드워드 콘즈Edward Conze(1928~1979)는 불교도와 남부 인도의 도마파 기독교인—전승에 의하면 예수의 사도였던 도마는 예수가 못 박힌 후 인도로 건너가서 전도활동을 했다고 한다—이 서로 접촉을 했다고 한다.

로마제국에서 영지주의가 꽃피었을 당시(CE 80~200) 인도에서도 대승불교가 개화하고 있었으며 그때는 인도에서 로마, 알렉산드리아로 가는 무역로가 한창 번성할 시기와 일치한다고 한다.(『신의 가면Ⅲ : 서양 신화』) 심지어는 이집트의 치유능력을 가진 현자들therapeuti도 불교로부터 근원했거나 아니면 불교의 영향을 받았다는 기록이 있다.(『최초의 문명은 고대 인도에서 시작되었다』) 이러한 사실들을 놓고 볼 때, 우리는 예수가 인도에서 구도생활을 했다는 『보병궁 복음서』의 내용을 단순히 허구로만 간주할 수 없음을 깨닫게 된다.

많은 학자들은 영지주의를 1~3세기에 출현한 기독교 내부의 이단으로 치부하지만, 영지주의를 단순히 그렇게만 볼 수 없는 이유가 있다. 영지주의에서 말하는 지식은 신령스런 근원에서 흘러나온 인식이기 때문에, 단순한 믿음이나 이성적인 지식보다 우월할 뿐만 아니라, 그 가르침이 동방의 모든 고대 종교들 중에 가장 핵심적 요소들과 일치한다. 특히 영지주의를 연구한 독일의 전문가들은 "엄밀히 말해서 기독교적 영지는 기독교 내부에 존재하는 이단이 아니라, 기독교라는 새로운 종교 이전에 존재했던 또는 기독교와 원초적으로 이질적인 것이며, 그 본질에 있어 계속 이질적인 것으로 머물 사유와 기독교와의 만남의 결과이다"라는 주장을 펴고 있다. 그리고 비교祕敎의 신봉자들은 이 영지주의를 '모든 종교의 원천에 존재하는 인간의 종교적 심성의 뿌리'로까지 본다.(『신비의 지식, 그노시즘』) 학자들은 이것을 기독교 내부에 나타난 영지주의와 구별하여 원영지주의Proto-Gnosticism라 한다.

세르주 위탱Serge Hutin에 따르면, 이 영지주의가 가진 종교성은 근대적인 몇몇 열망, 예컨대 이성주의나 이신론理神論 등과 밀접한 유사성을 보여주며, 그것은 지중해 세계와 유럽에 사회적, 정치적인 위기 때마다 끊임없이 다시 대두되곤 하였다고 한다. 르네 게농René Guénon은 특히 모든 종교에서 영지, 즉 "완전한 인식에 의한 인간의 형이상학적인 해방의 개념이 나타난다"고 말했다.(『신비의 지식, 그노시즘』)

간단히 결론만 이야기하면 영지주의는 기독교의 잃어버린 역사에 빛을 비춰주는 일면도 있지만, 인류 태곳적에 나타난 모든 종교의 뿌리였던 신교神敎의 가르침과 인류를 만사지萬事知라는 완전한 깨달음의 세계로 이끌 제3의 초종교의 가르침과도 모종의 관계가 있다고 할 수 있다.

1. 예수의 인간 구원의 길

『신약』의 3대 공관복음서(「마태」·「마가」·「누가」) 내용을 대부분 포함하는 『보병궁 복음서』의 가장 큰 특징은, 신약에 누락된 예수의 생애, 특히 12세부터 30세에 이르는 삶이 자세하게 기록되어 있어 예수가 전한 가르침의 연원(배경)과 진수를 알 수 있다는 점이다.

그러면 이제 『보병궁 복음서』를 통해 예수가 걸어온 구도求道의 과정을 더듬어 보기로 한다.

원래, 예수의 탄생을 축복하러 왔던 세 명의 동방박사(호르, 룬, 메르)는 페르시아의 마기magi(사제)들이었다.(『보병궁 복음서』 5장, 38장) 그 후 세례 요한의 어머니 엘리자벳과 마리아 성모가 헤롯왕의 박해를 피해 아기 예수와 요한을 안고 이집트로 피난갔을 때, 조안zoan이라는 곳에서 엘리후와 살로메라는 현자를 만나게 된다. 엘리자벳과 마리아는 두 현자의 성림聖林의 구도장에서 사랑, 생명의 통일, 두 개의 자아, 삼위일체의 신神, 도신道神, 브라만교,

유대의 성서, 석가부처의 교훈, 페르시아의 종교 등에 대하여 3년간 영적 교육을 받은 후 다시 유대로 귀국한다.(『보병궁 복음서』7~12장)

예수가 예루살렘으로 돌아온 이후 소년시절부터 여러 차례에 걸쳐 유대의 여러 예언을 명쾌하게 해석하고, 진리에 두루 정통하여 율법학자들과 막힘없이 논하기도 하자, 어떤 이들은 소년 예수를 하나님이 보낸 예언자이거나 그리스도가 틀림없다고 생각했다.

어느덧 12세가 된 예수는 목수인 아버지 요셉을 돕고 있었다. 그때 남부인도 오릿사 주州의 왕족인 라반나가 유대의 제례祭禮에 참석하러 왔다가 성전에서 만난 예수의 총명함에 반하여, 예수의 부모를 찾아가서 아들이 동양의 지혜를 배우도록 인도 유학을 청원한다.(『보병궁 복음서』21장) 예수가 동양의 지혜를 배웠다는 구도 편력은 『보병궁 복음서』외에도, 러시아의 역사가이며 고전학자인 니콜라스 노토비치Nicholas Notovitch(1858~?)가 인도 북부의 카슈미르 지방에 있는 헤미스 사원에서 라마승에게 전해 받은(1887년) 예수에 관한 두 권의 기록을 바탕으로 출간한 『이사전The Life of Saint Issa』1)에도 자세히 나와 있다.

해 뜨는 방향을 향해 떠난 예수

이사(예수)가 아버지의 집을 은밀히 빠져 나와 예루살렘을 떠나 상인들과 함께 신드Sind로 향했던 게 바로 그때였으니 이는 하느님의 말씀 안에서 스스로 자신을 완전히 하고 대붓다(the great Buddha)의 법을 연구하기 위함이라.(『이사전』4:12~13 / 『예수의 잃어버린 세월』, 180쪽 재인용)

'해뜨는 방향'을 향해 떠난 예수는 남부 인도 오릿사 지방의 쟈간나트의 사원에 들어가 4년간 수행하면서 『베다』성전과 『마니』법전을 배우고 승려 라마아스와 깊은 우정을 나눈다. 어느날 라마아스가 "젊은 유대 선생, 진리란 무엇이라 생각합니까?"라고 묻자 시작된 두 사람의 대화를 『보병궁 복음서』는 이렇게 전했다.

예수 : 진리는 변하지 않는 유일한 것입니다. 세상에는 두 가지가 있습니다. 하나는 진리, 다른 하나는 거짓입니다. 진리는 존재하는 것입니다. 거짓은 존재하는 것처럼 보이는 것입니다. 진리는 '존재'입니다. 원인 없이 일어나지만 동시에 모든 것의 원인이 됩니다. 거짓이란 실재가 아닙니다. 그럼에도 그것은 실재로부터 발현합니다. 만들어진 것은 무엇이든지 만들어지지 않은 것이 됩니다. 시작한 것은 반드시 끝이 있습니다. 인간의 눈으로 볼 수 있는 모든 것은 '어떤 것'의 나타남이므로 아무것도 아니며 틀림없이 사라집니다. 눈에 보이는 것은 에테르가 진동하는 동안 드러나는 그림자에 불과하며, 상태가 변하면 사라져 버립니다. 성령은 진리입니다. 성령은 존재했었고, 존재하고, 영원히 존재할 것입니다. 그것은 변할 수가 없습니다. 또한, 사라질 수도 없습니다.

라마아스 : 멋진 대답입니다. 자, 그럼 인간은 무엇입니까?

예수 : 인간은 진리와 거짓이 묘하게 섞인 것입니다. 인간은 육체로 만들어진 숨입니다. 그래서 진리와 거짓이 그 안에 함께 있습니다.

라마아스 : 힘에 관하여 어떻게 생각하시는지요?

예수 : 힘은 나타난 현상입니다. 보여주는 것이지요. 그것은 불가항력의 결과입니다. 하지만 무입니다. 환상이면서 더 이상 아무것도 아닙니다. 불가항력은 변하지 않지만, 에테르가 변하는 것처럼 힘은 변합니다. 불가항력은 하나님의 의지로 전능합니다. 하지만 힘은 보여주는 그런 의지입니다. 힘은 하나님의 영의 지도를 받지요. 바람과 파도에 힘이 있습니다. 번개의 내려침과 인간의 팔에도 힘이 있으며 눈에도 힘이 있습니다. 에테르는 이런 힘들이 존재하

게 합니다. 엘로힘, 천사, 인간들 혹은 여타 생각하는 것들의 사고는 불가항력을 지도합니다. 불가항력이 자신의 역할을 다 하고 나면 힘은 더 이상 없습니다.

라마아스 : 깨달음에 대해서는 어떻게 생각하십니까?

예수 : 깨달음이란 바위입니다. 인간은 그 바위 위에서 자신을 만들어 갑니다. 그것은 '어떤 것'과 '아무것도 아닌 것', '거짓'과 '진실'에 대한 영적 인식입니다.

라마아스 : 믿음이란 무엇입니까?

예수 : 믿음이란 하나님과 인간이 전능하다는 것을 확신하는 것입니다. 인간이 신과 같은 삶에 도달할 것이라는 확신입니다. 구원은 인간의 마음에서 하나님의 마음에 이르는 사다리입니다. 구원에는 세 단계가 있습니다. 신념이 첫째입니다. 신념이란 아마도 인간이 진리라고 여기는 것입니다. 믿음은 그 다음 단계입니다. 믿음이란 인간이 알고 있는 것이 진리라는 것입니다. 성취는 마지막 단계입니다. 성취는 인간 자신이 진리인 것입니다. 신념은 믿음 속에서 사라지며, 믿음은 성취 속에서 사라집니다. 인간이 신과 같은 삶에 도달했을 때 인간은 구원받습니다. 그때 인간과 신이 하나가 됩니다.

(『보병궁 복음서』 22:1~31)

예수는 라마아스와 함께 갠지스 강 주변 마을의 노예(수드라), 농부(바이샤)들과 함께 기거하면서 그들에게 인류는 한 동포라는 것과 만민평등, 인간의 절대평등을 가르친다.(『보병궁 복음서』 23~25장)

이사(예수)께서 주거나웃, 라자그리하, 베나레스 그리고 다른 성지에서 6년을 지내셨더라. 그가 바이샤와 수드라에게 경전을 가르치시고 또한 그들과 함께 평화롭게 거하시니 모든 이들이 그를 사랑

하였더라.(『이사전』5:5; 『예수의 잃어버린 세월』, 181쪽 재인용)

우드라카에게 의도醫道를 전해 받다

갠지스 강변의 마을 베나레스는 브라만교의 성지로서 문화와 학술이 고도로 발달된 곳이었다. 예수는 인도의 의술醫術을 배우기 위해서 당시 인도 최고의 의원이었던 우드라카의 제자로 입문한다. 우드라카의 한 줄기 시 같은 가르침의 요지는 이러하다.

자연법칙은 건강 법칙이므로 이 법칙에 따라서 생활하는 사람은 결코 아프지 않다. 이 법칙을 어기는 것은 죄악이며, 이러한 죄를 짓는 사람은 병이 든다.(『보병궁 복음서』23:5~6)

신체는 현악기다. 줄이 너무 느슨하거나 너무 팽팽하면 악기는 음률이 맞지 않고 인간은 병이 들게 된다.(23:9)

자연의 모든 것들은 인간이 필요한 것을 충족하기 위해 만들어져 있다. 그래서 모든 것이 신비스런 약이다.(23:10)

인간의 의지가 가장 중요한 치료법이다. … 그래서 자신을 치유할 수 있다.(23:12)

인간이 신과 자연 그리고 자신 안에서 믿음에 도달할 때, 인간은 말씀의 힘을 알 수 있다. 말씀은 모든 상처를 치유하는 연고이다. 말씀은 인생의 모든 병을 낮게 해 주는 치료약이다.(23:13)

치료자란 믿음을 줄 수 있는 사람이다. 언어는 인간의 귀에 말을 들려줄 수 있다. 하지만 영혼에게 말하는 영혼에 의해서만 영혼에 도달할 수 있다. 영혼이 위대한 사람은 강력한 사람이 된다. 그는 사람들의 영혼 속으로 들어가서 희망이 없는 사람들에게 희망을 주고, 신과 자연, 인간에 대해 믿음이 없는 사람들에게 믿음을 갖게 해 준다.(23:14~15)

예수는 우드라카, 승려, 학자들에게 이렇게 말한다.

> 우주의 하나님은 한 분입니다. 하지만 그분은 한 분 이상입니다. 모
> 든 만물은 하나님입니다. 그리고 모든 것은 하나입니다.(『보병궁 복
> 음서』 28:4)
> 하나님의 달콤한 숨결로 모든 생명은 하나로 묶여 있습니다.(28:5)
> 모든 사람은 하나님, 그 한 분을 경배합니다. 하지만 모든 사람이
> 하나님을 똑같이 보지는 않습니다.(28:13)
> 이 우주의 하나님은 지혜, 의지, 사랑입니다.(28:14)

성현 멍쯔를 만나다

인간의 절대평등을 주장하던 예수는 인도의 신분제도(카스트)를 파괴한다
는 명목으로 자신을 정죄하려는 승려들을 피해, 라마아스의 도움을 받아 네
팔로 피신하였다. 농부, 노예, 상인들의 도움을 받으며 히말라야의 큰 봉우
리에 있는 가빠비츄 사원에 들어간 예수는 그곳의 주지 비쟈빠찌 성자와 함
께 앞으로 올 시대에 대해 여러 가지 이야기를 나눴다.

다시 예수는 험난한 고원을 넘어 티벳의 랏사에 있는 사원을 찾아간다.
그곳에서 요동遼東의 최고 성현으로 이름난 멍쯔를 만나 그의 도움으로 사
원에 소장되어 있던 수많은 고전古典을 읽었다. 예수는 이곳을 떠날 때 '광명
의 부처', '살아있는 신탁神託'이라는 찬사를 받았고, 그의 조국으로 향하는
길에 페르시아에 들러 자신이 태어날 때 찾아준 마기magi들을 만난다. 이때
예수의 나이는 24세였다.

그 후 예수는 유프라테스강까지 페르시아의 성자 카스파아의 배웅을 받
은 후, 자신의 선조 아브라함의 고향인 앗시리아의 갈데아 우르로 찾아가서
그곳 최고의 성자인 아시비나와 함께 야산에서 일주일 동안 머물렀다. 그때
예수는 인간에게 진정으로 필요한 것은 무엇이며, 다가오는 시대에 어떻게

봉사해야 할 것인지 오랫동안 생각에 잠겼다.(『보병궁 복음서』 43:16)

다시 그리스·이집트로 구도의 길을 떠나는 예수

이윽고 요단강을 건너 집으로 돌아온 예수는 기뻐 어쩔 줄 모르는 어머니의 애정 어린 환대를 받았으나, 동생들로부터는 혼자 잘난 체하며 헛된 명성을 구하는 자로 비난을 받았다. 예수는 사랑하는 어머니 마리아와 여동생 미리암에게만 지난 날 구도의 과정에서 겪었던 사연 많은 이야기를 들려주고는 곧 그리스로 떠났다. 아테네에 이르러, 성자인 '아폴로'의 인도로 다른 현인들을 만나 그들의 정신세계에 대해 듣고, 또한 그곳의 여러 교사들을 가르치기도 했다.(『보병궁 복음서』 44장, 46장)

그리스도라는 법명法名을 받다

이듬해에 이집트 조안에 가서 엘리후와 살로메를 만난 뒤, '헬리오폴리스(해의 도시)'로 가서 성자들의 모임인 형제단 입회를 허락받았다. 예수는 이들 성자들에게 이렇게 말한다.

> 저는 이 땅에 사는 모든 사람의 경험을 해보고 그들의 학문을 접하여 그들이 도달한 높은 경지에 이르고자 합니다. 누구의 고통이라도 기꺼이 직면한다면 내 형제자매인 그들의 비애, 실망, 슬픔, 가혹한 시련을 알 수 있을 것이고, 역경에 빠진 이들을 구해낼 방법을 알게 될 것입니다.(『보병궁 복음서』 47:12~13)

이 '비밀 형제단'의 서약을 받아 '성실, 공정, 신앙, 박애, 의열, 성애聖愛'라는 여섯 단계의 시험을 진실과 용기로써 극복하고 거룩한 스승의 제자가 되어, 이집트 밀교의 비밀과 생사의 문제 그리고 태양계 바깥 세계에 대한 비밀을 배웠다.(『보병궁 복음서』 47~54장) 예수는 사자의 방에서 시험을 마친 뒤에 보랏빛 방에서 마지막 일곱째 시험을 이겨내고 마침내 '그리스도(하느님의 사랑)'라는 최고의 법명法名을 받았다.

> 내가 이제 당신의 이마에 이 왕관을 씌워 주면 그대는 하늘과 땅의 위대한 성聖 형제단의 집에서 그리스도로 임명됩니다.(『보병궁 복음서』 55:6)

이어 사상의 중심지였던 알렉산드리아에 있는 파일로의 집에서 세계의 일곱 성현이 모였는데, 예수도 이 모임에 참가하여 명상에 잠겼다. 중국의 멍쯔, 인도의 비쟈빠찌, 페르시아의 카스파아, 앗시리아의 아시비나, 그리스의 아폴로, 이집트의 맛세노, 그리스 사상의 대가 파일로, 이렇게 모인 7인의 성자들과 세계의 근본원리에 대해 토론하고 이들에게 진리를 설하였다. 다음은 멍쯔의 말이다.

> 시간의 수레바퀴가 한 번 더 돌았습니다. 인류는 더 높은 사상의 단계에 이르렀습니다. 때가 무르익었으므로 우리는 새 인류에게 맞는 새 옷을 만들어야 합니다.(『보병궁 복음서』 56:9, 56:13)

그리스도의 진정한 의미

> 나는 죽은 자들로부터 살아난 사랑의 나타남이다.(『보병궁 복음서』 178:26)

그리스도란 말의 어원은 그리스어 크리스토스Kristos로서 '기름 부음을 받은 자'를 뜻하는데, 그 의미는 히브리말 메시아Messiah와 같다. 그리스도는 원래 특정한 사람을 부르는 고유 호칭이 아니므로 '기름 부음을 받은 자'라면 모두 그리스도가 된다. 즉, 그리스도의 진정한 뜻은 '인간을 영원히 구원하려는 신(하나님)의 사랑'을 말하며, 그러한 '사랑을 구현시킬 수 있는 인격자'를 말하는 것이다.

과거 각 시대마다 그리스도가 있었다. 구약 시대의 그리스도는 멜기세덱이었다. 그는 아브라함 시대의 살렘 왕[평화의 왕, 의義의 왕]으로서, 희생을 통하여 참 생명에 이르는 길을 사람들에게 가르치고 인간을 위해 자신의 목숨을 버린 그리스도였다. 4,000여 년 전의 이 신비의 인물은 『구약』의 「창세기」와 『신약』의 「히브리서」에 조금 언급되어 있는 정도이지만, 멜기세덱은 사실 구약 시대의 그리스도로서 제사장이었다. 신약 시대의 예수는 그의 구원정신을 좇아 인류 구원의 제사장이 되었다.

빵과 포도주로 아브라함을 축복하는 멜기세덱(프랑스 화가 Hippolyte Flandrin)

앞서 가신 예수께서 '멜기세덱의 반차班次를 좇아' 영원히 대제사
장이 되어 우리를 위하여 들어가셨느니라.(『히브리서』6:20)

기독교 구원의 도맥은 이렇게 '구약(멜기세덱) – 신약(예수 그리스도)'으로 이어
지는 사랑과 희생의 철저한 구원정신을 실천하여, 영원불멸의 생명의 몸을
열망하는 신선神仙 맥이다.(변찬린,『성경의 원리』상권, 62~82쪽 참고, 한국신학연구소,
2019./문암사, 1979.) 기독교는 동양의 선도仙道를 철저한 희생과 사랑, 봉사정
신으로 승화시킨 서양의 선맥仙脈인 것이다.

기독교 구원관의 최종 결론은 이제 신약의 시대가 막을 내리고, 인류의
보편적 구원과 꿈의 낙원이 지상에 이루어지는 '성약成約 시대'를 맞이하여,
제3의 그리스도인 기독교의 하나님(天主님)이 강림하신다는 구원의 메시지에
있다.

지금까지 알아본 바와 같이, 예수는 인도 유학 시절에 모든 인간이 해탈
할 수 있음을 철저히 가르치는 불교에 매혹되어 승려가 된 후, 베나레스, 사
르나트(녹야원), 부다가야, 헬리오폴리스 등지에서 오랜 수도생활을 하였으
며 티벳을 마지막으로 29세 때 귀국했다.

인도와 티벳 등지에서 예수에게 심령 치료의 비법을 전수해 준 밀교계 고
승인 우드라카와 멍쯔 같은 예수의 스승들은, 예수에게 도술을 이타적으로
쓰되 남용하지 말라고 주의를 주었다. 그러나 귀국 후 예수는 유일신교인
유대교파들에게 모든 인간의 절대 신성을 부르짖으며 여러 가지 초월적 이
적을 행하고, 군중을 모아 신의 사랑과 평등사상을 전파했다.

예수가 가르친 인간의 위대함

모든 사람은 하나님의 자손이며 만약 그들 중 누군가 거룩한 삶을
산다면 그들은 언제나 하나님과 함께하는 것이다.(『보병궁 복음서』
91:35)

인자는 이 땅 위에 하나님의 뜻을 펼치기 위해 보내진 대행자로서 병자들을 고칠 수 있으며 하늘에 있는 영들을 다스릴 수 있고 죽은 자들을 일으켜 살릴 수 있다.(91:39)

사람은 땅 위에 있는 하나님이다. 하나님을 높이는 사람은 반드시 사람을 높여야 한다. 이는 아버지와 그 자녀가 하나이듯이 하나님과 사람 역시 하나이기 때문이다.(91:41)

만물을 창조하는 이 단어로 너희는 하늘의 활동 영역들과 모든 권능을 통제하게 될 것이다.(89:8)

하느님의 나라는 하늘에 있는 것이 아니다. 그것은 잘못이다. 만일 너희들을 이끄는 사람들이 하느님의 나라가 하늘에 있다고 한다면, 새가 너희들보다 먼저 하느님의 나라에 갈 것이다. 만일 그들이 바다 속에 있다고 말한다면, 물고기가 너희들보다 하느님 나라에 먼저 갈 것이다. 그러나 하느님 나라는 너희들 속에 있다. 동시에 너희들 밖에 있다. 너희들이 너희들 자신을 안다면 너희들은 아버지 하느님의 아들이 너희들 자신임을 알게 될 것이다. 그러나 너희들이 너희들 자신에 대해서 모른다면 너희들은 가난한 나라 안에 있고 가난함이란 너희들 자신일 것이다.(『법화경과 신약성서』, 13~14쪽)

자유(생명, 구원)로 가는 유일의 길

죄를 짓지 않으면 자유롭다. 하지만 생각이나 말이나 행동으로 죄를 지으면 그대들은 노예이며, 진리를 제외한 그 무엇도 그대들을 자유롭게 할 수 없다. 만약 그대들이 그리스도를 통해 자유롭게 된다면, 마침내 그대들은 진실로 자유로워진 것이다.(『보병궁 복음서』 135:23)

생명의 근원은 인간의 마음

무릇 지킬 만한 것보다 네 마음을 지키라. 생명의 근원이 이에서
남이니라.(『잠언』 4:23)

이제 하늘에서 천국을 찾는 것을 멈추고 다만 그대의 마음의 창을
여십시오. 천국은 빛의 홍수처럼 다가와서 끝없는 기쁨을 가져다
줄 것입니다.(『보병궁 복음서』 33:10)

인간은 육화肉化한 신神이다

하나님이 자기 형상形相, 곧 하나님의 형상대로 사람을 창조하시되
남자와 여자를 창조하시고…(『창세기』 1:27)

다음에 나오는 예수의 가르침은 인간에 대한 최상의 진실된 고백이다.
'인간의 본질은 피조물로서 죄인의 상태에 있으므로 구원받아야 한다'는 것
을 기본교리로 하여, 2천 년 동안 서구 기독교가 인간의 신성神性을 억압해
온 내용과는 그 본질을 달리한다.

모든 인간은 육체를 입은 신이기 때문이다.(163:37)
인간은 우주의 경이로운 존재입니다. 인간은 생물체의 모든 단계
를 경험했기 때문에 모든 것의 일부분입니다.(32:4, 「바라타의 말씀」)

인간에 대한 이 놀라운 선언은 구약과 신약에 나타나 있는 내용과 조금
도 모순되지 않음을 알 수 있다.
인간은 하나님의 형상을 한 지상의 유일한 존재이므로, 지상의 하나님이
며 육체라는 옷을 입고 있는 신이다. 인간(성자)은 성부와 성신의 조화가 결
합하여 화생한, 우주 최상의 신비와 조화로 가득찬 존재이다. 「요한복음」

10장 30절에서 35절까지를 보면 이와 같은 인간에 대한 가르침이 더욱 뚜렷해진다.

> 나와 아버지는 하나이니라.(『요한복음』 10:30)

이 말을 듣고 유일신 관념에 사로잡힌 유대인들이 돌을 들어 예수를 치려할 때(31절), 예수는 "내가 하느님의 진리의 선한 일을 너희들에게 많이 보여주었는데 그러한 나를 왜 돌로 치려 하느냐?"라고 항변한다(32절). 이때 무지한 유대 군중이, "그런 이유가 아니라 그대가 사람이 되어 자칭 하느님이라 하는 참람僭濫함, 즉 신에 대한 불경 때문이다."라고 자신들의 정죄행위를 정당화한다. 그러나 예수는 다음과 같은 옛 이야기를 상기시키며, 인간 자신의 신성과 존엄성을 완전히 잃어버린 채 무지 속에 분노하는 폭도의 맹신을 이렇게 힘 있게 깨우쳐 준다.

> 너희 율법에 기록(『시편』 82:6)된 바 내가 너희를 신*(gods)이라 하였
> 노라 하지 아니하였느냐.(『요한복음』 10:34)
> 성경은 폐하지 못하나니 하느님의 말씀을 받은 사람들을 신(gods)
> 이라 하셨거늘 하물며 아버지께서 거룩하게 하사 '세상에 보내신
> 자'가 나는 하느님 아들이라 하는 것으로 너희가 어찌 참람하다
> 하느냐.(『요한복음』 10:36)

사실 이때의 신神은 우주신과 본질적으로 동일한 것이다. 그러기에 예수는 "내가 이것을 처음 말하는 것도 아니요, 너희 구약의 말씀에도 다 기록되어 있는 것인데 여태까지 그 뜻도 모르고 맹신과 광신만 하였으니, 너희들

---

* 대문자 God은 대우주 변화정신과 그 주재자인 하나님(상제님)을 뜻하지만, 이 구절에서 소문자 gods는 일반적인 복수複數의 인격신을 뜻한다.

참으로 무지막지할 정도로 말이 안 통하는 자들이로구나!"라고 통탄하고 있는 것이다.

필자는 우연한 기회에 20년 동안 신앙생활을 한 기독교계의 중견 간부 한 분과 함께 차를 마시게 되었다. 그 자리에서, "기독교의 교리로는 인간이 신神이라 말하기가 참으로 어렵습니다."라는 고백을 들은 적이 있는데, 지금도 그 오도된 인식을 한탄하는 한숨소리가 차가운 가을바람처럼 귓가를 스칠 때가 있다.

결론적으로 말하면 예수는 사람들로 하여금 인간이 본래부터 신(성자 하느님)이라는 이 한소식을 깨칠 수 있도록 하기 위해, 지상에 와서 형극의 길을 걸으며 자신의 생명까지 바쳤던 것이다.

> 내가 스스로 온 것이 아니로다. 나를 보내신 이는 참이시니, 너희는 그를 알지 못하나 나는 아노니, 이는 내가 그에게서 났고 그가 나를 보내셨음이니라.(「요한복음」 7:28~29)

돌아오라, 그대여!

회개하라, 천국이 가까웠느니라.(「마태복음」 3:2)

2천 년 전에 요한이 광야에서 외친 이 음성은 오늘을 사는 인류에게 더욱 큰 호소력을 발휘한다. 회개(죄의 껍질을 벗는 것 - 정신 개조)와 심판, 천국 건설의 복음은 인간 구원이라는 기독교의 대 이상을 향한 '인간관, 세계관, 신관, 우주관'의 초석이 된다.

위 구절에서 '회개하라'는 말은 히브리어로 '테슈바teshuvah'인데 여기에는 세 가지 뜻이 담겨 있다고 한다. '되돌아오다return', '대답하다answer', '회개하다repent'라는 세 가지가 그것이다.

오늘날 개신교와 가톨릭의 교의敎義는 이 중 셋째 의미인 '회개하다'에 바탕을 두고 있다. 그러나 테슈바에 담긴 영혼 구원의 참뜻은 '돌아오다'이다. 이것은 동양의 인간관이나 모든 기성종교의 구원관에 비추어 볼 때 기본적인 상식에 속한다. '회개repent'에 해당하는 그리스어 '메타노이아metanoia'를 보면 '테슈바'의 참 뜻이 명확해진다. 메타노이아는 '마음을 바꾼다change of heart', '생각을 바꾼다change of mind'는 뜻으로 인생의 방향과 목적을 회향回向시키는 것을 의미한다. '회개'는 '죄'를 전제로 한 말이며, '메타노이아'를 '회개'로 번역한 것은 후대 교회의 이권과 결탁한 의도적, 관습적 오역일 뿐이며, '메타노이아의 원의'와 관련이 없다.(김용옥, 『큐복음서』, 64쪽)

"돌아오라, 그대여! 이제 하늘나라가 가까이 왔다"는 말을 조용히 명상해 보라. 이제까지 인간을 타락한 사탄의 유물로 취급해 온 질책과 저주의 관념이 송두리째 뽑힐 것이다. 동서고금의 성자들이 전한 영적 구원에 대한 메시지나 동양의 정신세계를 조금만 이해해도, 예수가 결코 회개하라는 뜻으로 말하지 않았다는 것을 능히 깨달을 수 있다.

오쇼는 "신에게 돌아가는 것이 신에게 대답하는 것이다"라고 말했으며, "만일 '회개하라'는 말을 '돌아오라'로 바꾼다면 모든 교회와 성당이 사라지게 된다. 그리스도교인들은 이제까지 '회개하라'는 말에만 의존해 왔기 때문이다"라고도 했다.(오쇼 라즈니쉬, 『Words Like Fire』, 120~126쪽)

인간은 불완전하기에 자신의 온전함을 되찾는 영원한 구도의 길을 걸어가야 한다. 현실은 고통의 탁한 숨소리가 멎을 날 없는 머나먼 도정道程의 무대이며, 신(진리)의 나라[天國]로 승화되어야 하는 성숙의 운명을 안고 있다.

"에덴(기쁨의 낙원)에는 생명나무와 선악과가 공존한다!"

이 말에서 우리가 찾을 수 있는 깊은 의미는 무엇일까? 인간의 마음[一心]과 생명 속에는 생명의 본체(생명나무)와 상대성(선악과)이 동시에 존재한다는 것이다. 이 에덴의 설화는, 선악과를 따 먹고 일심一心의 분열과 그 긴장 속에서 생명의 성숙과 영생을 향해 달려가는 운명적 존재로서의 인간을 그려 준다.

기독교 복음의 주제는 전체적으로 '창조(탄생) – 타락(자기 성장 과정) – 구원(보편적 세계 구원, 창조의 완성)'이라는 3단 리듬으로 이루어져 있다.

그러면 기독교가 전하는 하나님, 하나님 아버지와 성자의 관계, 인간의 자기 발전 과정, 그리고 그에 대한 책임을 묻는 총체적인 대심판과 세계 구원에 얽힌 불가사의한 개벽 문제의 핵심을 살펴보기로 하자.

2. 기독교의 신관神觀

기독교는 유일신의 종교인가

기독교는 흔히 '유일신의 종교'라고 주장한다. 신은 오직 야훼 한 분 뿐이기 때문에 그분을 믿지 않으면 구원받지 못한다는 것이다. 그러나 기독교는 절대 유일신만 있는 종교가 아니다. 『구약』 「창세기」의 다음 구절만 보아도 쉽게 짐작할 수 있다.

> 하나님께서 말씀하시기를 '우리의 형상'대로 '우리의 모습'을 따라
> 사람을 만들자. 그리하여 그들로 … 모든 땅과 … 모든 것을 다스
> 리게 하자.(「창세기」 1:26)

어색할 정도로 반복되고 있는 '우리'란 단어가 말해 주듯이, 만물 창조를 실무 차원에서 주도했던 천상의 인격적인 주재자는 한 분이 아니라 다수의 성신聖神들이었다. 다시 말하면 이번 우주 1년의 봄에 인간의 화생化生을 주도한 성신은 한 분이 아니라 여럿이었다는 말이다. 이에 대해 신학자들은 봄의 화생 과정을 주도한 천상 선령 하나님들을 '천상 신들의 총회'라고 해석한다.*

이 하나님들은 "보좌 앞에는 일곱 등불이 불타고 있었으니, 그것들은 하

---

* 김정우 총신대 교수는 「삼위일체 교리에 대한 구약성경의 증언」이라는 논문에서 "창세기 1장 6절 '우리'라는 복수형은 하나님과 신들의 천상 총회를 포함한다"고 주장했다.(차영배 외, 『삼위일체 성령론』, 51~53쪽)

내가 스스로 온 것이 아니로다.
나를 보내신 이는 참이시니,
너희는 그를 알지 못하나 나는 아노니,
이는 내가 그에게서 났고
그가 나를 보내셨음이니라.

-요한복음

인간이 신과 같은 삶에 도달했을 때
인간은 구원받습니다.
그때 인간과 신이 하나가 됩니다.

- 보병궁 복음서

모든 사람은 하나님의 자손이며
만약 그들 중 누군가 거룩한 삶을 산다면
그들은 언제나 하나님과 함께하는 것이다.

- 보병궁 복음서

나님의 일곱 영이라"(『요한계시록』 4:5)라는 구절에서도 나타난다.

> 그러면 우리 함께 일(1) 수이시며, 삼(3) 수이시며, 칠(7) 수이신 하나님을 알아보도록 하자.(『보병궁 복음서』 9:14)
>
> 사람들은 하늘의 생각을 성령이라 부른다. 그리고 세 분의 하나님이 숨을 내쉬자, 일곱 영靈이 보좌 앞에 섰다. 이들은 엘로힘이며, 우주의 창조 영들이다.(『보병궁 복음서』 9:18~19)
>
> 이 세계의 초창기에 극동에 살던 사람들이 말하기를, "도는 우주적 숨결의 이름"이라 하였으며 여러 고서에 이렇게 쓰여 있다. … 위대한 도는 하나이다. 하나가 둘이 되고, 둘이 셋이 되며, 셋은 일곱으로 되어 우주를 나타난 것으로 채운다. … "사람의 영은 대도의 영과 밀접히 엮여 있다. 영혼은 대도의 일곱 영 안에 거하며 욕망의 몸은 육체의 토양에서 생겨난다.(『보병궁 복음서』 9:21~27)

즉, '1위(본체) → 3위 → 7위'라는 생명[宇宙神, 하느님]의 개벽 원리에 따라 천지와 인간이 화생하였음을 나타낸다. 이것은 한 본체신(우주 자체의 유일신)이 현상에 드러날 때는 3위, 7위로 작용한다는 말이다.

우주를 창조한 조화 생명은 온 우주에 현묘한 일원─元의 성령으로 존재한다. 이 존재를 성부(하느님, 法身佛)라 부른다. 이때 성부는 '형상 없는 형상' [無形之形]을 한 우주의 조화신이며 대우주의 변화 정신이다. 우주 조화신의 끊임없는 생성 작용으로 천지인 삼계가 열려서 땅에는 인간계가, 하늘에는 신도神道(인격의 성령 세계)가 자리 잡게 된다. 그리고 천상에는 이 조화신과 하나되어 우주를 통치하는 최상의 주재자가 자리 잡게 되는데, 이분을 천상 궁궐의 하나님(하느님 자리의 주재자)이라 한다.

현실 우주에서는 이 일신─神 속에서 삼신三神의 창조 원리가 열리고, 나아가 이것이 일곱 신으로 전개되어 이 변화 원리를 주재한 일곱 신이 신도神道

에 자리 잡을 때, 우주 창조의 신성이 모두 드러나게 된다. 실제로 기독교의 신관, 교리 체계에는 이러한 칠성령의 7수 사상이 바닥에 선명히 깔려 있다.

기독교의 신관은 또한 하나님의 완전수인 10수를 지향한다. 기독교 구원을 상징하는 십자가와 모세의 10계에서 그 정신이 나타난다.

> 하나님은 십이시며 거룩한 Jod(히브리어 알파벳 중 열 번째 자음)이시다.(『보병궁 복음서』133:6)

『보병궁 복음서』에서는 하나님의 존재 원리를 이처럼 10수로도 밝혀 주었는데, 이는 성서의 내용으로는 전혀 알 수 없는 대단히 중요한 우주 개벽 운동의 비밀을 담고 있는 말이다. 이것은 『주역』의 해설서 격인 「계사전」등 십익+翼을 공자가 십무극 수로 기록한 것이라든가, 석가 부처가 십수+數로써 무량한 조화 자리를 나타낸 것[以十表無塵本]과 같이, 하나님(성부, 법신불)의 생명은 십무극+無極의 조화 세계라는 것을 말하는 것이다.

백보좌 하나님과 칠성령
24장로가 백보좌에 앉아 계신 하나님을 경배하고 있다. 하나님 옆의 일곱 등불은 일곱 성령을 나타낸다. (출처 : 『셀던묵시록』, 1,300년경)

다양한 인격신을 섬긴 고대의 유대 민족

기독교에서 언급한 다신多神의 원형을 알려면 서양의 시원 문명인 수메르 문명에 대한 이해가 필요하다. 약 4,000년 전, 유대족의 조상 아브라함은 수메르의 도시국가 중 하나인 갈데아 우르에서 태어나 살다가 가나안 지방에 정착했다. 그 전통이 구약에 고스란히 남아 있다.

수메르는 일곱 주신主神을 포함하여 수많은 신을 섬겼다. 그 일곱 주신은 인간과 함께 호흡하는 인격신이었다. 일곱 주신에게 제사지내던 유적이 바로 지구라트이다. 성서학자들은 구약에 나오는 바벨탑을 수메르의 지구라트로 보고 있으며, 다수의 점토판에 기록된 설화의 내용이 구약의 창조 이야기, 에덴동산, 대홍수, 욥기 등과 너무 흡사해서 수메르 신화를 유대족에 맞게 후대에 각색한 것이 히브리 신화라는 연구 결과까지 있을 정도이다.(조철수, 『메소포타미아와 히브리신화』)

고대 유대 문학과 구약의 최고 권위자인 하버드대 쿠겔J.L.Kugel 교수는 명저 『옛적의 하나님The God of Old』에서 유대족의 유물과 신학적인 근거를 들어 초기 시대에 나타나는 인격적인 신들의 모습을 제시한다.

유대족의 신관에 대한 그의 견해 중 중요한 부분을 알아보자.

> 죽은 자들이 무덤 속에서 계속 살아가기 위해서는 음식과 음료를 필요로 한다고 믿었다. … 유다 왕국의 여러 평지에서 고고학자들은 여러 종류의 무덤과 매장터에서 동물들의 뼈를 발견하였으며 그와 함께 사자들의 제기로 쓰였을지 모르는 그릇과 단지, 물병도 발견하였다.

> 성서 속에서 인간은 하나님을 볼 수 없다. 하나님의 모습을 보는 것은 지극히 위험한 일로 여겨졌다. 그리하여 하나님이 인간에게 말씀을 하고자 하실 때에는 보통 인간의 모습을 한 천사를 보내

셨다. … 그러므로 하나님의 신장(the chief of the Lord's Army, 「여호수아」 5:13)은 하나님의 사자使者나 대리인인 것으로 보인다. 이 모든 것은 적어도 첫 인상에서 하나님의 신장이 일반 사람의 모습으로 보인다는 것을 말해 준다.

이 구절(창세기 18장)은 야훼께서 아브라함에게 나타나셨다는 이야기로 시작된다. … 아브라함이 보는 것은 자기 앞에 서 있는 세 명의 남자2)이다.

현대의 신은 이 세상에서 멀리 떨어진 초월적인 유일신으로 그려진다. 하지만 위에서 알 수 있는 것처럼 초기 성서 시대의 지배적인 신은 인간의 삶에 개입하고 영향을 미치는 인격적인 존재였다.

메소포타미아의 지구라트
구약 바벨탑 신화의 원형이며 수메르인들이 일곱 주신主神에게 제사지내던 곳이다.

이처럼 초기 성서 시대 신관의 특징 가운데 하나는, 고대 유대인들이 믿은 것은 유일신이 아니라 인간의 모습을 한 다신多神이었다는 것이다. 원래 군신軍神이었던 야훼는 여러 신(群神) 가운데 하나였을 뿐이다. 고대 유대인들의 신관은 다신관 → 택일신관henotheism(여러 신의 존재와 능력을 받아들이면서 동시에 가장 강력한 하나의 신을 선택하여 최고신으로 신앙) → 유일신관으로 바뀌어 왔다.

기독교의 하나님은 어떤 분인가

기독교의 신관, 구원관과 인간관을 이해하는 핵심은 삼위일체 신관에 있다. 기독교에서 말하는 '하나님'은 문자 그대로 '이 우주의 신은 한 분'이라는 의미로서 하나님이다. 기독교의 하나님 신관을 좀더 정확하게 이해하려면 먼저 본래의 신관인 성부, 성자, 성령, 즉 아버지와 아들과 성령은 하나라는 삼위일체三位一體 하나님관을 이해해야 한다.

기독교에서는 성부와 성자와 성령의 삼위를 말한다. 하나님은 아버지와 아들과 성령의 세 위격으로 구성되어 있다. 삼위일체 신관에서 제일 중요한 것은 이 세 위가 본질적으로는 한 분이나 현상계에 드러날 때는 서로 다른 존재이며, 서로 다른 역할로 역사한다는 것이다.

신학자들은 "성부, 성자, 성신 세 위격의 관계에 대해 '하나가 셋으로 작용한다고 해서 어떻게 하나이면서 셋이냐 하는 것보다는, 어떻게 세 위격이 독립된 개체인데 본질이 동일할 수 있느냐? 또 구별된 삼위의 본질이 어떻게 차이가 없이 동일한가?'를 물어야 한다"(박영선, 『성령론』)라고 한다. 그러면서 삼위의 신성과 일체 관계는 그 어떤 논리나 설명으로도 완전하게 드러낼 수 없다고 지적한다.

이제 이 세 분 하나님의 참모습을 살펴보기로 하자.

첫째, 성부 하나님이다. 서양에서는 하나님을 '아버지'라 불러왔다. 그런데 그 '아버지'라는 호칭은 인간 세상을 초월한 하느님(원신元神)과 실제 천상 옥좌에서 우주를 다스리시는 통치자로서 하나님(주신主神)을 동시에 가리키는 것이다.

하나님이 우주의 조물주 역할을 하시지만 실제로는 신의 음양적인 두 얼굴, 두 측면이 있다는 것이 대단히 중요하다. 기독교는 사실 하나님이라는 호칭으로써, 얼굴이 없는 창조주의 손길로 작용하는 원신元神(Primordial God)과, 바티칸 시스틴 성당에서 할아버지 모습으로 손을 뻗치고 있는 실제 우주를 통치하는 인격신으로서 구원자, 천상 보좌에 앉아 계신 하나님, 주신主神, 통치자(Governing God)를 동시에 이야기한다.

> 하늘에 보좌를 베풀었고 그 '보좌 위에 앉으신 이'가 있는데 앉으신
> 이의 모양이 벽옥과 홍보석 같고 …(「요한계시록」 4:2~3)
> 거룩하고 참되신 대주재大主宰시여(「요한계시록」 6:10)

「요한계시록」에는 천국의 궁전에서 이처럼 옥좌에 앉으시어 우주를 호령하시는 통치자의 모습이 그려져 있다. 기독교처럼 유일신을 강조하는 이슬람교에도 "높은 곳에 옥좌가 있노라"(『꾸란』 「와끼야」 34)라고 하였다. 그런데

	하나님을 통치자, 주재자로 표현한 여러 성서	
한글 성서	• 거룩하고 참되신 대주재여	– 한글개역개정
	• 거룩하시고 진실하신 대왕님	– 한글공동번역
	• 거룩하고 참되신 지배자님	– 한글표준새번역개정
	• 오, 거룩하시고 진실하시며 온 세상을 맡아 다스리시는 주님 – 현대인의 성경	
영문 성서	• O [Sovereign] Lord	– English Amplified Version
	• O Master	– English ASV
	• O Ruler	– English Basic Bible
	• O Sovereign Ruler	– English Darby
	• How long, Sovereign Lord	– English NIV
	• O Sovereign Lord	– English RSV
	*Sovereign : 주권자, 군주, 국왕	

이러한 사실을 모르고 얼굴 없는 하나님(원신)만 있다고 잘못 알고 있기 때문에, 기독교인들은 하나님이 영원히 인간으로 오실 수 없다고 믿는다. 그러나 다시 한 번 생각해 보라. 하나님의 아들이 인간으로 왔는데, 아들을 보내신 아버지가 인간으로 오시지 못할 이유가 없다. 아들이 인격신으로서 인간으로 왔다면 아들을 보내신 전지전능하신 아버지도 당연히 인간으로 오실 수 있는 것이다.

둘째, 성령 하나님이다. 제3의 하나님인 성령은 '하나님의 영'으로서 진리의 영이요, 치유의 영이요, 조화의 영이다. 항상 인간 곁에서 지켜 주고 돌봐 주고 하나님과 하나 되도록 해 주는 어머니와 같은 보혜사保惠師의 역할을 한다.

그러면 이 성령은 어디서 오는 것일까? 교회의 초기 역사에서 가장 중대한 사건 중의 하나는 동방과 서방의 교부들이 만든 '니케아-콘스탄티노플 신조서'에 대한 일치이다. 381년에 작성된 신조서信條書에는 성령에 대하여 다음과 같이 기록하였다. "그리고 성령을 믿는다. 그는 주님이시고 생명을 주시는 분이다. 그는 아버지로부터 나오시고 아버지와 아들과 함께 경배 받으시고 영광 받으신다." 이 신조서에서 동방과 서방 교부들은 성령에 대해서 "성령은 성부로부터 나오신다"라고 주장하였다.

하지만 서방교회는, 니케아-콘스탄티노플 신조서에서 '성자와 성령'의 관계에 대해 침묵하고 있는 것과, 성령을 발출(proceeding)함에 있어서 성부와 성자의 관계에 대한 설명이 부족함을 인지하고, "그리고 성자로부터"라는 뜻인 필리오케filioque를 삽입했다.

"성령은 성부와 성자에게서 영원히 나오신다."

서방교회는 이 필리오케 교리를 공식적으로 채택하였고, 서방교회와 동방교회가 분리되는 결정적 계기가 되었다.

양쪽의 차이점을 정리하면, 성령이 아버지에게서만 온다는 것이 동방교회의 주장이고, "아들에게서도" 온다는 것이 서방교회의 주장이다. 서방교회가 삼위三位의 본질은 같지만 각기 다른 역할과 위位로 역사한다는 것을 강조하는 반면, 동방교회는 하나님으로부터 성령과 성자가 나왔다는 아버지 하나님 위격 중심의 삼위일체를 강조하는 차이가 있다.(『개벽 실제상황』에서 동서양 성령론을 총정리한다.)

셋째, 성자 하나님이다. 하나님은 아버지로서, 또 아들의 위位로, 성령의 위位로 당신을 드러낸다. 일즉삼一卽三, 하나 속에 셋이 있다는 것이다. 하나는 홀로 작용을 못하고 반드시 셋이 있어야 작용을 한다. 그래서 하나님께서 아들을 내신다.

그런데 이 삼위일체가 왜곡되어 아들이 아버지와 꼭 같은 분으로 알고 있는 사람들이 많다. 이것을 올바로 깨닫는 데 구원의 핵심 문제가 있다.

『신약』에는 충격적인 소식 몇 가지가 있다. 계시록을 보면 아버지 하나님이 흰 보좌에 앉아 계시는데, 아버지가 보낸 성자인 예수의 제자 사도 요한을 불러서 직접 이런 말씀을 하신다.

> 나는 알파와 오메가요, 시작과 끝이라. 이제도 있고 전에도 있었
> 고 장차 올 자요 전능한 자라.(『요한계시록』 1:8)

아버지가 아들의 제자를 불러서 "내가 장차 내려갈 자다!"라고 새로운 인류 구원의 복음을 선포하신 것이다. 그런데 기독교에서는 이 내용을 곡해해서, "왜 보좌에 앉으신 분을 꼭 아버지라고만 해석하는가? 삼위일체니까 성자 하나님도 되고, 성령 하나님도 되지 않는가?"라고 말한다. 그러나 이것은 예수의 본래 가르침과 전혀 맞지 않다. 예수는 "너희는 인자가 권능의 오른편에 앉아 있는 것과 하늘의 구름을 타고 오는 것을 보리라"(『마태복음』 26:64)라고 말했다. 아들은 분명히 아버지 보좌의 우측에 앉아 있다고 했으니 어떻게 아들이 아버지 보좌에 앉을 수 있겠는가! 기독교 구원론을 바르게 깨닫는 데는 이 문제가 참으로 중요하다.

예수는 정말 자신을 하나님이라 했는가

예수가 자신을 하나님이라 말한 구절은 성서에 단 한 군데도 없다. 대신 예수는 마태복음 구절처럼 "그 '사람의 아들'"이란 표현을 즐겨 썼다. 예수가 말한 이 호칭은, 자신이 하나님이 아니라 하나님의 아들이란 것을 강조한 말이다.

세계적인 복음주의 신학자인 김세윤 교수는 '인자人子', 즉 '사람의 아들'이란 표현이 복음서에서 공통적으로 "그 '사람의 아들'"로 표현되는 것에 주목한다. 왜 복음서들은 정관사 the를 붙여서 "The 'Son of Man'"이라고 표현하였는가? 그 이유에 대해서 "그 사람의 아들이란 칭호를 가지고 예수는 자신을 종말의 시기에 하나님 백성의 내포적 대표자인 신적 존재, 즉 하나님의 아들들의 머리인 하나님의 아들로 나타내길 의도했다"고 말한다. 이는 결국 "그 사람의 아들이란 칭호를 가지고 예수는 자신을 이 땅위에서 하나님의 구원의 계획을 실현시키는 자로서 나타내길 의도하였다"는 것이다.

예수는 철저히 자신을 사람의 아들, 그리고 하나님의 아들로 한정했다. 이러한 아들로서 예수는 기독교적 호칭인 '아바abba'에 잘 드러난다. 김 교수는 "abba는 하나님에 대한 예수의 독특한 호칭으로서 예수와 하나님과의 관계의 중심, 즉 예수의 아들로서의 의식을 표현해 준다"고 하며, 다음과 같이 결론을 내린다.

> "그 '사람의 아들'"이라는 자기 칭호로 예수는 자신이 종말에 하나님의 새로운 백성(하나님의 자녀들)을 창조하여 그들로 하여금 창조주 하나님을 '우리 아버지'로 부르며 그의 사랑과 부요함을 덕 입어 살 수 있도록 하는 '하나님의 아들'임을 은근히 나타내려 한 것이었다." 즉, 예수가 '그 사람의 아들'임은 단순히 '사람의 아들'이 아니라 '하나님의 아들'임을 주장한 것이다.(김세윤, 『"그 '사람의 아들'"-하나님의 아들』)

위에서 살핀 것처럼 기독교 신관에서 성부 하나님과 성자는 별개 존재다. 예수는 절대로 자신을 하나님이라고 말하지 않았다. 예수 복음의 진정한 가치는 아들의 시대가 끝나고 곧 아버지께서 오신다는 것을 선포한 것에 있다. 그리고 그 아버지 하나님께서 "보라! 내가 만물을 새롭게 하노라" 하고, 내가 장차 내려가서 모든 걸 새롭게 한다고 선언하신 것이다. 아버지 하나님께서 이 우주 만물을 새로 태어나게 하시는 것, 그것이 바로 가을 대개벽 소식이다.

3. 기독교가 전한 세계의 대전환

성서 예언에 대한 관심은 19세기 중반 이후 본격화되었다. 기독교에서는 흔히 2천 년을 한 역사의 시간 마디로 말한다. 그래서 "진실로 내가 너희에게 말하노니, 이 세대가 지나가기 전에 이 모든 일들이 이루어지리라"(「마태복음」 24:34)라는 구절에서, '이 세대'란 20세기까지를 말한다고 해석한다. 이에 의하면 아담에서 유대 민족의 믿음의 조상 아브라함까지의 2천 년이 한 세대, 아브라함부터 예수 탄생까지의 2천 년이 또 다른 한 세대, 그 이후 말세 심판까지의 2천 년이 마지막 한 세대가 되는 것이다. 이러한 이유로 기독교인들에게는 서기 2천 년 전후에 인류의 종말과 구원이 있을 것이라는 고정관념이 신앙처럼 굳어지게 되었다.

7년 대환란

세계의 변국에 대한 성서 예언의 큰 특징 중 하나는, '7년이라는 세기말적인 고통의 일정한 과정'을 거치는 동안 우주적 차원의 대변국이 일어나리라는 것이다. 본래 이 '7년 대환란'이라는 것은 「다니엘서」(9:24~27)와, 사도 요한이 80이 넘은 노인이 되어 도적이 우글거리는 황량한 섬 밧모스에 귀양가서 계시를 받고 기록한 「요한계시록」(11:2~3절)에 기록되어 있다. 계시록에서는 환란의 전개 과정을 '전반기 3년 반'과 '후반기 3년 반'으로 나누어 말하고 있다.

7의 시간적 의미는, 성숙을 이루기 전에 전개되는 '자기 발전의 최대 분열 정신'을 나타낸다. 할 린제이 목사는 『지상 최대의 대예언 1988』에서 이 7년을 이렇게 말하였다.

> 지구 역사의 마지막 7년 … 그 7년은 운명이 판가름 날 운명의 7년이다. '7년은 기한이 정해진 내일'이다. 무서운 대재난이 다가올 것이다. 인류 역사에서 가장 무서운 대재난이, 세계를 휩쓸어 버릴 역병과 폭동의 유혈, 기아와 살육의 세월이 올 것이다.(『지상 최대의 대예언 1988』, 220쪽)

세계 역사상 최대의 고통을 몰고 올 이 7년의 기간(7火로서 불을 상징)은 '새로운 꿈의 세계'를 창조하기 위한 마지막 준비 기간이다. 자기 민족을 구원해 주기 위해 온 예수 성자를 무고하여 죽인 죗값으로 2천 년간 나라를 잃고 떠돌았던 유대족이 다시 집결하는 이스라엘의 재건이, 7년의 환란기가 다가오는 언저리에서 실현된다는 것이다. 그리고 7년 대환란은 재난의 본격적인 시작에 불과하다는 것이다.

> 또 너희는 전쟁과 전쟁의 소문을 들을 것이다. 그러나 걱정하지 말라. 이는 이 모든 일들이 반드시 일어나겠지만 아직 끝은 아니기 때문이라. 민족이 민족을 대적하고, 나라가 나라를 대적하여 일어나겠으며, 기근과 역병과 지진이 여러 곳에서 있을 것이니 ….(『마태복음』 24:6~7)

전쟁의 난리가 시간의 흐름 속에 숨어 있다가 터져 나오는 이유는 무엇일까? 여기에 대해 자연의 원리로써 누구나 쉽게 이해할 수 있는 논리적인 근거가 성서에는 나와 있지 않다.

7년 대환란은 오늘날 기독교 신자나 목회자가 말하는 바와 같이 단순히 심판에 그치는 문제가 아니다. 대환란은 우주 자연의 법칙이 변화하는 대개벽의 과정에서 일어나는 것이다. 기독교에서는 결정적인 대개벽이 있기 전에 세 가지 재난이 있을 것을 깨우쳐 주고 있다. 이것이 아마겟돈이라는 지구촌 최후의 전쟁과 대병겁, 그리고 천지와 일월성신의 큰 이변이다.

인류의 최후 전쟁과 대병겁

> 마귀들의 영들이라. 그 영들은 이 땅과 온 세상의 왕들에게로 가서 전능하신 하나님의 위대한 날의 전쟁을 위하여 그 왕들을 모으더라. 그가 그들을 히브리어로 아마겟돈이라고 하는 곳으로 모으더라.(「요한계시록」 16:14~16)

이 구절을 두고 사람들은 보통 인류 최후의 대전쟁이 아마겟돈에서 벌어진다고 해석한다. 기독교 성서가 말하는 인류 최후의 전쟁에 대해 할 린제이Hal Lindsey(1929~) 목사의 말에 주목할 필요가 있다.

노스트라다무스가 "북방 왕이 대군을 일으켜 전 세계를 폐허 상태로까지 몰고 간다"라고 한 예언처럼, 러시아(북방 왕)의 동맹군과 이집트(남방 왕)가 이끄는 아랍 군대가 이스라엘을 침공함으로써 아마겟돈의 대결전이 시작된다는 것이다.(『지상 최대의 예언 1988』, 247, 263쪽)

중동은 지구촌에서 가장 위험한 화약고이다. 이스라엘과 아랍 민족 간에는 언제 전쟁이 터져도 이상하지 않을 정도로 팽팽한 긴장감이 흐르기에 군사 전문가들도 중동을 인류 최후의 전쟁이 일어날 수 있는 곳 중 하나로 본다. 이 최후의 전쟁은 하권에서 구체적으로 밝힐 것이다.

그런데 성서에서는 전쟁보다 더 끔찍한 재난을 묘사하고 있다. 전쟁은 전쟁만으로 끝나지 않는다. 전쟁이 나면 환경이 피폐해지고 기근과 전염병이 발생한다. 역사적으로도 큰 전쟁에는 꼭 역병이 뒤를 따랐다. 훈족의 로마 침입 때에는 천연두가, 몽골군의 카파 침공 때에는 흑사병이, 제1차 세계대전 때에는 스페인독감이 발생해서 전쟁보다 더 많은 사람을 죽음으로 몰고 갔다. 인류의 최후 전쟁 때에 발생하는 대병겁을 계시록은 이렇게 전하고 있다.

> 내가 또 보니, 푸르스름한 말 한 마리가 있는데 그 위에 탄 이의 이름은 '죽음'이었습니다. 그리고 그 뒤에는 저승이 따르고 있었습니다. 그들에게는 땅의 사분의 일에 대한 권한이 주어졌으니, 곧 칼sword과 굶주림famine과 역병plague과 들짐승으로 사람들을 죽이는 권한입니다.(『요한계시록』 6:8, NIV 성서)3)

계시록의 넷째 봉인을 열 때 일어나는 일을 기록한 이 구절은 말을 타고 병겁을 집행하는 신장神將을 묘사하고 있다. 이것은 소두무족으로 표현된 귀신 신장이 병겁을 진행한다는 남사고 예언과 유사하다.

새 하늘 새 땅을 여는 대개벽

> 진실로 내가 너희에게 말하노니, 여기 돌 하나도 돌 위에 남지 않고 다 무너지리라.(『마태복음』 24:2)

> 일월성신에 징조가 나타나겠고 … 사람들은 세상에 닥쳐 올 일을 우려하며 공포에 떨다가 기절하리니, 이는 모든 천체(heavenly bodies)가 흔들릴 것이기 때문이다.(『누가복음』 21:25~26, NIV 성서)

예수는 이 진노의 큰 날이 천지의 처절한 대변국임을 말하면서 하늘과 땅, 바다까지도 흐느껴 우는 슬픔의 날이라고 하였다.

거대한 산이 불에 타서 바다로 던져지는 것 같더니 바다의 삼분의 일이 피가 되더라. 바다에 있는 생명을 가진 피조물들 삼분의 일이 죽고 배들의 삼분의 일이 피가 되더라.[4](「요한계시록」 8:7~9)

큰 음성이 보좌로부터 나와 말하기를 "다 이루었다(It is done)"라고 하니 음성들과 천둥들과 번개들이 있었고 또 큰 지진이 일어났는데, 그 지진이 너무도 엄청나서 사람이 땅에 거주한 이래로 그처럼 강력하고 큰 지진은 일찍이 없었더라. 또 큰 성이 세 부분으로 갈라지고 … 모든 섬이 사라지고 산들도 보이지 아니하더라.(「요한계시록」 16:17~20)

그러나 이러한 지구의 대격변은 절대로 궁극적인 파멸이 아니라는 것을 알아야 한다. 이는 천지가 새 시간대로 들어서는 위대한 새 우주 창조의 몸짓이기 때문이다.

헛되고 헛되며 헛되고 헛되니 모든 것이 헛되도다. … 한 세대가 지나가고 또 다른 세대가 오나 땅은 영원히 남아 있으며(「전도서」 1:2~4)

그렇다면 하늘과 땅과 별들의 대변동은 무엇을 뜻하는 것일까? 이것은 백보좌의 심판으로 새 하늘 새 땅이 우주에 펼쳐지는 순간이다.

4. 백보좌 하나님의 심판

기독교 성서에서 말하고 있는 여러 심판 가운데서 가장 무서운 것은 천상 보좌에 앉아 계신 인격신 하나님에 의한 백보좌白寶座 심판이다. 이 백보좌 심판이라는 말은 우주의 심오한 창조 원리를 담고 있으며 인간에 대한 감동적이고 신비로운 구원 내용을 함축하고 있다.

백보좌의 아버지 하나님은 누구인가

> 또 내가 큰 백보좌와 그 위에 앉으신 분을 보니, 그의 면전에서 땅
> 과 하늘이 사라졌고 그들의 설 자리도 보이지 않더라.(「요한계시록」
> 20:11)

백보좌의 신은 단순히 글자 그대로 흰색 보좌에 앉아 계신 분을 뜻하는
것이 아니다. 사도 요한이 전한 백보좌 하나님은 곧 남사고 선생이 전한 서
신西神과 동일한 분으로, 인간과 우주 자연의 완전한 구원(full salvation)을 주재
하시는 하나님을 뜻한다. 이 하나님은 기독교에서 불러온 단순히 전지전능
한 하나님보다도 훨씬 심오한 신도神道적 의미를 담고 있다.

서신은 천지일월의 운행 원리와 천지신명계의 구원의 법도까지도 설명하
는 개념이다. 불교에서는 이 서신의 강세를 미래 부처인 미륵불의 출현으로
전하면서, 장차 서방 정토 세계(가을 천지)에서 걸어오신다 하여 불상을 만들
때 반드시 입불立佛로 조성한다. 서신을 금신金神이라고도 하는데, 금金은 생
명을 여물게 하는 가을의 영기靈氣를 말하며 백색으로 상징한다. 그러므로
사도 요한은 인류 구원을 주재하여 가을 우주를 여시는 절대자를 백보좌
하나님으로 전한 것이다.

기독교의 최후의 구원관은 인과응보에 의한 예정론이다. 현 세계 인류의
죽음과 삶은, 대국적인 차원에서 볼 때 이미 이 백보좌에 계시는 대우주 통
치자 하나님의 생명책에 명문화되어 있음을 알 수 있다.

『우리는 종말의 시간대에 살고 있는가?(Are We Living in the End Times?)』라는
책은 미국의 기독교 종말론 분야에서 시리즈로 1천만 부 이상 팔렸다. 이
책의 저자들(Tim F. Lahaye & Jerry B. Jenkins)은 다음 구절이 기독교 성서에서 가장
큰 두려움을 느끼게 하는 내용이라고 고백하였다.

또 내가 죽은 자들을 보니, 작은 자나 큰 자가 하나님 앞에 서 있
는데, 책들이 펴져 있으며 또 다른 책도 펴져 있는데 그것은 생명
의 책이라. 죽은 자들은 자기들의 행위에 따라 그 책들에 기록된
대로 심판을 받더라.(『요한계시록』 20:12)
누구든지 생명책에 기록되지 않은 자는 불못에 던져지더라.(『요한계
시록』 20:15)

천상의 명부책에 기록된 모든 인간의 행위를 총체적으로 심판하는 백보
좌의 서신 하나님은, 지금의 천지를 뒤바꿔 놓으시는 대개벽의 절대자이다. 개
벽 세계의 경계를 미리 계시 받았던 사도 요한이 백보좌의 절대자 앞에서
천지가 순간적으로 사라져 버렸다고 말한 것처럼, 백보좌 하나님의 권능은
묵은 하늘과 묵은 땅까지도 일순간에 새 하늘 새 땅으로 갈아 끼우는 무상
의 대권능이다.

백보좌 하나님이 여시는 새 하늘 새 땅

그러나 주(아버지)의 날이 도적같이 오리니 그 날에는 하늘이 큰 소
리로 떠나가고 (천지의) 체질이 뜨거운 불(fervent heat)*에 풀어지고 땅
과 그 중에 있는 모든 일이 드러나리로다.(『베드로 후서』 3:10)

* fervent heat: 양화陽火 즉 칠화(7火). 보통의 타오르는 불이 아니라 천지의 조화 영
기靈氣이다.

여기에서 예수의 수제자이자 천국으로 가는 열쇠를 쥐고 있는 베드로가
말한 '체질(원소들, elements)'이란, 린제이 목사의 설명과 같이 자연계를 구성
하는 가장 기본이 되는 원자(atom)를 가리킨다. 아톰이라는 말은 그리스어
아토모스atomos에서 유래하였는데, 본래 뜻은 '나눌 수 없다'이다.
우주 공간을 가득 채우고 있는 원자가 '뜨거운 불에 풀어진다'는 것은 우

주 개벽의 순간에 벌어지는 변화의 실상을 표현하고 있는 구절로서, 우주 공간을 메우고 있는 지금의 천지 기운(분열의 극인 火氣)이 질적으로 뒤바뀔 것이라는 경고이기도 하다. 즉, 이는 지금의 인간과 천지를 잡아 돌리고 있는 이 7화[午火]의 영기가 성숙한 가을의 천지 기운인 금기金氣로 바뀐다는 것이다. 앞서 알아본 백보좌의 서신은 이 천지 성숙기의 가을 영기를 주재하시는 실질적인 우주 통치자인 하나님 아버지(인격신 성부)를 말한다. 이 하나님 아버지를 "거룩하고 참되신 대주재大主宰(Sovereign Lord)"(「요한계시록」 6:10)라는 통치자 하나님으로 표현한 데서 이를 알 수 있다.

밧모스 섬에서 계시 받는 사도 요한
백보좌 하나님으로부터 새 하늘 새 땅이
열리는 후천개벽 소식을 계시받았다.

노스트라다무스는 성장기의 이 천지 생명[7火]의 질적 대변화를 '일곱 번째 큰 수가 다 돌고 나면…'이라 하였으며, 또한 눈에 보이지 않는 헤이뽀즈Raypoz, 곧 서풍西風이라고도 하였다. 새 진리의 시간대로 들어서는 이러한 천지의 대개벽으로 새로운 하늘과 땅의 질서가 열리면서 인류의 영원한 낙원 시대가 펼쳐지는 것이다.

또 내가 '새 하늘과 새 땅'을 보니 '처음 하늘과 처음 땅'은 사라지고 바다도 더 이상 있지 아니하더라.(「요한계시록」 21:1)

기독교처럼 파멸, 심판, 재림, 구원과 같은 자극적인 언어를 많이 쓰는 종교도 아마 없을 것이다. 죄악의 때가 벗겨진 새 하늘과 새 땅에 건설되는 세계가 바로 온 인류의 에덴 동산인 것이다. 이 지상의 에덴에 천상의 하나님이 성령으로 강림하여 인류와 함께 사시리라는 것이 기독교가 전한 가장 큰 축복의 메시지이다.

20세기의 저명한 신학자 불트만R. Bultmann은 『예수 그리스도와 신화학』 첫머리에서 "예수 가르침의 핵심은 하나님의 왕국The Kingdom of God이다."라고 했다. 이 '하나님의 왕국'이라는 말에서 우리는 하나님을 인격적인 풍모를 지닌 천지의 통치자로 강하게 느낄 수 있다. 여기에는 천국 건설에 대한 인류의 간절한 열망도 깃들어 있다.

이 하나님의 왕국은 '아버지의 강세'로 '새 하늘 새 땅, 천지의 새 질서가 열림'으로써 이루어진다. 아버지의 천국이 실제로 땅 위에 건설되는 것이다.

그러나 기독교 성서의 내용으로는 어떠한 원리로 지금 천지 질서가 개벽되는 것인지 전혀 알 수가 없다. 이것은 기독교뿐만 아니라, 천지 이법에 어두운 모든 선천 종교의 본질적, 태생적 한계라 할 것이다. 이 구원과 우주 개벽에 얽힌 신비의 극치는 증산도 우주론에서 명쾌하게 해명될 것이다.

5. 아버지 하나님의 지상 강세와 인류 구원

예수가 증거한 아버지 하나님은 야훼인가

예수가 그토록 자주 부르짖은 하나님 아버지가 야훼인가 하는 문제는 아직까지도 신약성서의 최대 논쟁거리로 남아 있다. 유대 민족의 야훼는 본래 전쟁을 즐기는 군신軍神이며, 말을 듣지 않을 경우에는 가차 없이 처단하며, 정죄하고 심판하는 신으로 이미지가 굳어져 있다.

세계 각 민족의 신관을 두루 섭렵한 예수가 30세에 비로소 공생애의 첫 발을 내디디면서 인류의 가슴에 안겨 준 하나님(아바abba 아버지)의 소식인 신약의 복음 내용은 과연 유대 민족의 주신主神 야훼를 가리키는 것일까?

야훼는 우주의 절대권자 하나님(우주 생명의 주재자)이 아니라, 반고가 중국의 민족신이듯이 유대족의 운명만을 맡은 하나님의 대행자이다. 선천은 세계를 통일, 구원할 수 있는 천지의 절대자(백보좌 서신)가 나타나실 수 없는 때이다. 이것은 우주의 개벽 원리, 곧 우주의 운행 정신을 알 때 비로소 풀리는 수수께끼이다.

신약성서에서 예수는 하나님을 부르는 호칭으로 야훼를 한 번도 사용한 적이 없다. 대신 그는 하나님을 부를 때 '아버지'란 말을 즐겨 썼다.

> 그 날과 시간에 관해서는 아무도 모르나니, 심지어는 하늘의 천사들도 아들도 모르고 '오직 아버지만(only the Father)' 아시느니라.(「마태복음」 24:36)
>
> 오 나의 아버지시여(My Father), 가능하시거든 이 잔을 내게서 지나가게 하옵소서. 그러나 내가 원하는 대로 하지 마옵시고 아버지께서 원하시는 대로 하옵소서.(「마태복음」 26:39)

직접 강세하시는 아버지 하나님

하나님의 대행자인 예수의 사명은 지상천국 시대를 여는 초종교의 성부 시대를 예비하는 일이었다.

예수는 자신을 내려 보내신 하나님(우주의 주재자)의 궁극적인 섭리는 모든 인간을 완전한 인간, 열매 인간으로 성숙시키는 것이라 하였다. 비록 그는, 성부 하나님께서 어떻게 인류의 죄 껍질을 홀연히 벗겨 전 인류를 성숙한 인간으로 익히시느냐 하는 구원의 비밀을 구체적으로 전하지는 않았다 할지라도, 자신의 뒤에 오실 분이 '더욱 위대한 구원의 역사를 집행하신다'고 말하였던 것이다. 바로 이분께서 지상에서 병마에 시달리고 죄의식에 몸부림치는 인간을 완전히 구원하여, 인류를 당신과 같은 생명의 화신으로 화하게 하신다는 것이다. 그러므로 이 구원의 절대자는 다른 때에 오시는 것이 아니라, 우주 여름의 말에 인간으로 오시는 성부 하나님이심을 알 수 있다.

이 놀랄 만한 구원 소식은 성서에 다음과 같이 기록되어 있다.

> 잠시 동안 내가 너희와 함께 있다가 나를 보내신 분께로 가노라.
> (「요한복음」 7:33)

> 거룩하시도다, 거룩하시도다, 거룩하시도다. 전에도 계셨고, 지
> 금도 계시며, 앞으로 오실 전능하신 주 하나님이시여! (「요한계시록」
> 4:2~8)

기독교인들은 예수를 하나님으로 생각하고, 말세에도 예수가 다시 올 것
이라 믿는다. 그런데 예수는 하나님이 아니다. 보좌에 앉으신 아버지께서
예수를 보냈다는 내용이 성서 여러 곳에 나온다. 구원의 그날에는 이 보좌
에 앉으신 아버지 하나님께서 만물을 새롭게 하시기 위해 직접 오신다. 그
래서 요한을 천상으로 불러 당신이 내려가실 것을 기록하게 하신 것이다.

말세에 오실 이 구원의 주님은 본연의 자리 그대로인 성부 하나님으로 오
신다. 이 성부 하나님이 천지의 새로운 질서를 여시는(개벽하시는) 백보좌의
서신인 것이다. 그리고 예수가 말한 신앙의 대가는 단순한 영적 구원에 그
치는 것이 아니라, 앞으로 지상에 오시는 아버지 하나님께서 이루실 구원의

구 약	야훼(유대족의 주재신, 軍神) 시대	성자 출현 준비 시대	선천시대
신 약	성자 출현 시대 아바 아버지(하나님)의 소식을 전함	성부(법신불) 강세 준비 시대	
성 약	**성부 시대** 인격신 하나님(백보좌 서신)의 강세	**성부의 출세** 후천선경(에덴)의 낙원 시대	후천개벽

참된 영광을 함께 누리는 데에 있다. 즉, 자신의 조상과 후손과 함께 신천지 낙원에 들어가 나의 생명을 아버지 하나님의 대도 진리로 성숙시키는 것이야말로 진정한 신앙의 열매인 것이다.

구원의 빛은 동방에서

지상에 인간으로 오시는 아버지 하나님의 구원은 구체적으로 어떻게 이루어질까? 성서에서는 하나님의 구원 사역을 집행하는 대행자와 구원의 방법도 함께 전하고 있다.

> 우리에게 기름부으신 그분은 하나님이시니, 그분은 또한 우리를 인印 치시고 우리 마음에 성령의 보증을 주셨느니라.(「고린도 후서」 1:21~22)

기독교에서는 인격적인 절대자(하나님)의 성령의 '인印'을 받아야 인간으로 생겨날 수 있으며, 천지와 일월이 대변화하는 환란기에도 성령의 인을 받아야 후천(가을) 신천지로 넘어갈 수 있게 된다고 하였다. 여기에서 '인印'은 도장을 말하는데 이 도장이 곧 하나님의 보증을 상징한다.

다음의 성서 구절은, 천상 영계에서 내려와 개벽 심판을 집행하는 신명(천사)들이 지구의 동서남북에 자리 잡고 있을때, 인류를 구원하는 무리가 지상에서 성령의 '인印'으로 인간을 구원하는 장면을 묘사하고 있다.

> 이 일 후에 내가 네 천사가 땅 네 모퉁이에 선 것을 보니 땅의 사방의 바람을 붙잡아 바람으로 하여금 땅에나 바다에나 각종 나무에 불지 못하게 하더라. 또 보매 다른 천사가 살아 계신 하나님의 인을 가지고 해 돋는 동방으로부터 올라와서 땅과 바다를 해롭게 할 권세를 얻은 네 천사를 향하여 큰 소리로 외쳐 가로되 우리가 하나님

의 종들의 '이마에 인印치기까지' 땅이나 바다나 나무나 해하지 말라 하더라. 내가 인 맞은 자의 수를 들으니 이스라엘 자손의 각 지파 중에서 인 맞은 자들이 14만 4천이니 … (『요한계시록』 7:1~4)
그들에게 명령이 내려지기를 그들의 이마에 하나님의 인장으로 표시 받지 아니한 사람들만 해치라고 하더라.(『요한계시록』 9:4)

인간을 구원하는 천사는 '동방의 해 뜨는 곳'에서(From the East) 온다고 하였으므로, 하나님의 구원의 법도가 동방에서 나올 것을 암시한다. 이 동방의 해 뜨는 곳에서 출현하는 지상의 무리는 '흰 옷을 입은 민족, 즉 백의민족'을 말한다. 어린양의 피에 씻기어 옷이 희어졌다는 것은 고난과 희생, 억압을 받아온 '민족의 수난'을 뜻하며, 여기에는 우주의 또 다른 비밀이 한 가지 담겨 있다.

이 일 후에 내가 보니, 보라! 모든 민족들과 족속들과 백성들과 언어들에서 온 아무도 셀 수 없는 큰 무리가 흰 옷을 입고 그들의 손에는 종려나무 가지를 들고 보좌 앞과 어린양 앞에 서서 큰 음성으로 소리 질러 말하기를 "구원이 보좌에 앉으신 우리 하나님과 어린양에게 있도다."라고 하더라. … 장로 가운데 한 사람이 대답하여 나에게 말하기를 "흰 옷을 입은 이 사람들이 누구며, 어디서 왔느냐?" 하기에, 내가 그에게 말하기를 "이들은 대환란에서 나온 사람들이며 자기들의 옷을 씻어 어린양의 피로 희게 하였느니라."(『요한계시록』 7:9~10, 7:13~14)

앞에 나오는 하나님의 인을 가지고 온 '다른 천사'(『요한계시록』 7:2)는, 구원의 민족이 나오는 지역에서 함께 구원의 민족을 도와 구원 사역을 주재하는 천상의 보호성신들을 말한다. 이처럼 구체적으로 구원자와 구원 방법이

나와 있지만, 일부 종교인들은 지상의 인간이 신에게 일방적으로 구원 받는 존재이므로 단지 때나 기다리다가 휴거攜擧(rapture) 같은 방법으로 구원을 받을 수 있으리라고 착각을 하고 있다. 이것은 성서의 「요한계시록」을 비롯한 예언서에는 영계의 활동 이야기만 주로 나오고, 실제로 구원 활동을 하는 인간에 대한 내용 즉, '인사人事 문제'는 극히 조금밖에 나오지 않기 때문이기도 하다.

내가 만물을 새롭게 만드노라

아직은 환상의 꿈으로만 존재하는 미래의 지구촌 낙원에서는 참된 보편 진리가 세상을 인도하고, 인간은 한없는 기쁨 속에서 무병장수하며 천지를 관통하는 거룩한 영적 힘을 자유자재로 구사하게 된다.

> 그가 오시어 너희를 구원하실 것이라. 그때에 소경의 눈이 뜨이며 귀머거리의 귀가 뚫리리라. 그때에 절름발이가 사슴처럼 뛰고 벙어리의 혀는 노래하리라. 광야에는 물이 솟아나오며 사막에는 시내가 흐르리라.
> 백 세에 죽는 자가 아이요 ··· 이는 내 백성의 수명이 나무의 수명과 같겠고 ··· 그들은 헛되이 수고하지 아니할 것이요, 괴로움으로 출산하지 않을 것이니라.(「이사야」 35:4~6, 65:20~23)

> 나 요한은 거룩한 도성 새 예루살렘이 하나님께로부터 하늘에서 내려오는 것을 보았는데 마치 신부가 자기 남편을 위하여 단장한 것 같이 예비되었더라. 또 내가 들으니, 하늘에서 큰 음성이 나서 말하기를 "보라, 하나님의 성막이 사람들과 함께 있어 그분께서 그들과 함께 거하시리니, 그들은 그분의 백성이 되고 하나님께서는 친히 그들과 함께 계서서 그들의 하나님이 되시리라. 하나님

께서 그들의 눈에서 모든 눈물을 닦아내시며, 다시는 사망이나 슬픔이나 울부짖음이 없고 고통 또한 없으리니, 이는 사물의 낡은 질서(the old order of things)가 다 사라져 버렸음이라." 또 보좌에 앉으신 분이 말씀하시기를 "보라, 내가 만물을 새롭게 만드노라." 하시고 …

(「요한계시록」 21:2~5, NIV 성서)

이처럼 새 하늘 새 땅이 낙원으로 변화하게 되는 근본 원인을 '사물의 낡은 질서가 사라져 버렸기 때문'이라고 밝히고 있다. 본래 '새롭다New'라는 말에는 '질서가 새롭다'라는 뜻이 있다고 한다. 이는 인간의 고통과 죄와 구원의 문제가 단지 인간에게만 있지 않고 선천 세상의 창조 법도 때문이라는 것을 드러낸 대단히 중요한 가르침이다.

「요한계시록」에서는 이 낡은 질서까지도 새롭게 하여 생명의 질서, 평화의 질서로 만드시는 하나님의 권능과 은혜를 이렇게 노래하고 있다.

지금도 계시고 전에도 계시던 전능하신 분, 주 하나님, 감사합니다. 주님께서는 그 크신 권능을 잡으셔서 다스리기 시작하셨습니다.(「요한계시록」 11:17)

기쁨으로 가득한 낙원 세계가 저절로 열리는 것이 아니라 하나님의 다스림으로 열린 것에 감사하고 있다. 그리고 '다스리기 시작하셨다'는 말에서, 인류 구원의 시점부터는 하나님께서 하늘, 땅, 인간 삼계三界를 모두 주재하시는 크신 권능[삼계대권三界大權]으로 이 세상을 직접 다스리신다는 것을 알 수 있다.(하나님의 권능과 관련된 이 신비는 4부에서 밝힌다.)

그리고 하나님의 은혜로 살아남은 사람들이 부르는 신비한 노래에 대한 장면이 이렇게 묘사되어 있다.

그들이 보좌 앞과 네 생물과 장로들 앞에서 새 노래 같은 것을 불
렀는데, 땅에서 구속救贖을 받은 14만 4천 명 외에는 그 노래를 배
울 사람이 없더라.(「요한계시록」 14:3)

구원을 받은 자들이 부르는 이 노래는 '하나님의 노래'로 인류의 구원과
관련된 핵심 신비를 담고 있다.(본서 하권 7부에서 이 새 노래의 비밀이 밝혀진다.)

6. 기독교는 아버지 하나님의 진리 시대를 예비한 종교

이제까지 우리는 기독교 정신의 몇 가지 중요한 내용을 살펴보았다. 대국
적인 천지의 법도로 볼 때 예수가 걸어간 구도의 길은, 구원 정신을 제시하
기 위해 태초에 이미 예정된 각본이기도 했다.

여기서는 심각할 정도로 왜곡된 기독교 정신의 핵심을 좀 더 보완하여 알
아보는 의미에서, 신관과 구원관, 기독교의 도맥 등을 간단히 정리한다.

첫째, 기독교는 한 하느님(대우주 자연의 본체신)을 근원으로 하여, 우주의
창조 원리(理)를 주재하는 여러 하나님(인격신, 엘로힘)이 존재함을 밝혀낸 철
저한 일원一元적 다신多神의 종교이다. 이러한 신도神道의 비밀을 기독교는 '1
위(1수) - 3위(3수) - 7위(7수) - 10수'의 전개 원리로써 우리에게 전해 주고
있다.

또한 기독교 정신의 기본 틀은 3수로 이루어져 있다. 이를 신·구약에서
살펴보면, '유대인의 시조 아담 - 믿음의 조상 아브라함(유대족의 정신적인 태조
太祖) - 후後 아담으로서 예수'로 계승되는 혈통사의 맥과, '선악나무 - 생명
나무 - 십자가 나무(선악을 초월하여 생명으로 인도하는 중보자로서의 도목道木)'로 통
하는 정신사의 맥이 그러하다.

그리고 아직도 완전히 이해하지 못하고 있는 가장 중요한 삼위일체 신
관(성부 - 성자 - 성신)의 문제점을 살펴보면 이러하다. 삼위의 하나님 신위神位

는 본체의 관점에서 볼 때 비록 그 본
질은 동일하며 일체의 관계에 있
지만, 현실 역사에서 작용하는
삼위신 각자의 주체적 입장에
서 보면 우주의 통치자이신 아
버지(성부)와 아들(성자)과 성신(인
격신)은 엄연히 독립적으로 존재
한다. 이 성삼위신聖三位神에 대한
내용은 다섯 차례에 걸친 종교회
의에서, 삼위의 독자성을 무시한

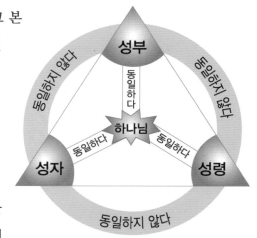

『목적이 이끄는 기독교 기본교리』, 42쪽

채 일신一神적 관점만 고집하는 그릇된 유일신관으로 해석되고 왜곡되어
오늘에 이른 것이다.

그 과정은 다음과 같다. 본래 미트라Mitra(고대 페르시아의 태양신으로 당시 로마
제국에 널리 퍼져 있었다)를 숭배하다가 임종을 앞두고 병상에서 영세를 받았다
는 콘스탄티누스 황제는 기독교 교리에 문외한이었다. 그런데 자신이 선발
한 318명의 주교를 소집한 제1차 니케아 종교회의(325년)를 주재하여 "예수
는 하나님과 같다"고 의결해 버렸다. 그 후 본체적인 일체의 면만으로 삼위
일체의 신관이 정립된 것은, 폭군 테오도시우스 1세(347~395년)가 소집한 제
2차 콘스탄티노플 종교회의에서였다. 그리하여 오늘날 기독교도인들은 이
에 대한 문제점을 전혀 진지하게 생각해 보지 않고 그저, "삼위일체에 의해
하나님과 예수는 한 분이잖아요"라고 단정지어 버린다. 하지만 현실적으로
아버지와 아들(예수)은 각기 다른 사명을 갖고 있으며 서로 독립된 인격으로
존재한다.

세계적 신학자인 차영배 박사의 신앙 고백에는 삼위일체 신관의 핵심이
담겨 있다.

성부와 성자와 성령은 참 하나님(요17:3, 요일5:20, 마12:31, 행5:3~4)으로서 그 신성이 단일單一하고 동질同質이시며(요5:17~18, 요10:30), 그 영광과 권능이 동등하신(마28:19) 삼위三位 하나님이심을 믿습니다. … 성부 하나님이 성자나 성령이 될 수 없고, 성자 하나님이 성부나 성령이 될 수 없고, 성령 하나님이 성부나 성자가 될 수 없음을 믿습니다. … 나와 아버지, 우리들은 '하나'이다.(요10:30)라는 말씀에 근거하여 '일체一體'는 '한 몸'이 아니고 '하나'이므로, '삼위일체'를 우리말로 '세 분의 하나', 또는 줄여서 '한 세분'이라 함이 가장 적절하다는 것을 믿습니다.(『삼위일체론과 성령론』, 10쪽, 14쪽)

둘째, 기독교는 10무극 시대를 예고한 7수 종교이다. 이 7수에 담겨 있는 신의 조화 원리(천지의 상수象數 원리)를 이해하지 못하면 기독교 정신의 정수에 접근조차 하지 못하게 된다.

최초로 우주와 인간 화생化生을 주재했던 일곱 성신을 비롯하여 창조의 한 역사 시대(선천 세계)를 끝맺는 7년 대환란만 보아도, 기독교는 역사의 시종始終을 7수로 상징하고 있다는 것을 알 수 있다. 뿐만 아니라 노아의 홍수 때에는 천상에 있는 일곱 개의 수문과 일곱 개의 입을 가진 샘 문을 열었다고 하는(신도神道에서 행해진 비밀) 기록이 구약 외경 「요벨서」 5:24에 남아 있다. 역시 구약 외경의 하나인 슬라브어 「에녹서」를 보면, 기독교 최초의 신선인 에녹이 침상에서 선잠을 자다가 천상으로 올라가서 첫째 하늘부터 일곱(7)째 하늘까지 차례로 보았다고 한다. 그리고 시간과 공간이 풀어져서 새로운 시공으로 '질적인 대변화'를 한다는 천지 개벽 운동의 동력이 되는 우주 조화의 타오르는 불[7午火](「베드로 후서」), 마지막 날 개벽 심판의 대환란을 주재하는 「요한계시록」의 일곱(7) 재앙 천사, 그리고 예수의 유지遺志로 베드로가 이룩한 최초의 일곱(7) 교회 등등, 이러한 모든 것이 기독교 7수 정신의 중요한 예들이다.

지금까지 살펴본 바와 같이 기독교는 우주의 '남방 7화[七午火]'의 창조 정신을 맡아서 출현한 7수의 여름 종교이다. 그래서 기독교가 세계 4대 종교 가운데 가장 번성하게 된 것이다.(이는 하권 5부에서 설명할 것이다) 이 7수는 우주의 완성(十數 무극 시대)을 준비하는 가장 중요한 기본수이다.

그리하여 성聖 말라키의 예언 중 교황 요한 바오로 2세에 해당하는 '태양의 신고辛苦(고통)'라는 말도, 바로 선천 우주의 완성을 향한 마지막 준비[7火] 시대의 종결을 의미한다. 이것이 옛사람이 그토록 외쳤던 '일곱 번째 큰 수'에 담겨 있는 심오한 의미이다.

셋째, 기독교는 십수[十無極, 十地] 지향의 종교라는 점이다. 이는 하나님이 존재하시는 조화의 바탕 자리가 10수이기 때문이다. 그러므로 예수는 '하나님은 십(10)수'라 하였으며, 구약외경 「피르게아보스」(『탈무드』를 구성하는 「미슈나」 중의 한 권) 제5장 벽두를 보면 "열 가지 말로 세계가 창조되었다"고 전해 주고 있다. 또한 아담으로부터 노아까지 꼭 10세 만에 제1차 심판이 임하였으며, 아브라함이 황야에서 받은 열(10) 가지 시련과 열 가지 전염병, 그리고 모세가 받은 십(10)계 등의 내용이 기독교가 바로 십무극의 도맥道脈을 계승하여 발전시켜 왔다는 사실을 증명하는 생생한 실례들이다.

그리고 하나님의 조화(10수) 시대를 예고하고 이를 실현시켜 가는 기독교 정신의 핵심이 십자가[十] 정신이다. 이것이 얼마나 희생과 부활의 정신을 사무치게 우주에 드러내고 있는가는, 신약외경 「니고데모복음서」 26장에 나오는 바와 같이 예수가 지옥의 중앙에 십자가를 두어 승리의 표상으로 삼는 데에서도 잘 알 수 있을 것이다. 물론 지옥은 기독교 신명계에만 있는 것이 아니라 여타 종교와 사상에서도 같거나 유사한 형태로 나타난다.

넷째, 기독교는 서양의 선도仙道이다. "성경 속에 뻗어내린 대도의 정맥正脈은 선맥[僊,仙脈]이다."(변찬린, 『성경의 원리』 상권, 11쪽, 한국신학연구소, 2019./문암사, 1979.) 성서에는 두 가지 선맥이 있다. "엘리야적 승천과 모세적 부활이다. 죽지 않고 승천하는 엘리야적 선맥僊脈과 죽었다 시해선尸解仙하는 모세적

선맥仙脈이 있다.”(변찬린, 『성경의 원리』 상권, 70쪽, 한국신학연구소, 2019./문암사, 1979)
천선天仙과 시해선[地仙]*이라는 2대 선맥仙脈이 성서에 굽이쳐 흐르고 있는
것이다.

  기독교가 선도라고 하는 데에는 대단히 중요한 의미가 있다. 아담의 7세
손인 에녹과 선지자 엘리야가 육신을 그대로 가지고 하늘로 선화仙化하였다
는 이야기가 구약에 나온다. 모세와 예수도 부활한 육신을 가지고 하늘로
승천하였다.

> 군병들이 예수를 십자가에 못 박고 그의 옷을 취하여 네 깃에 나
> 눠 각각 한 깃씩 얻고 속옷도 취하니 이 옷은 호지 않고 위에서부
> 터 통으로 짠 것이라.(『요한복음』 19:23)

  예수는 인간으로서 육신의 한계를 극복하고 영원한 불사의 생명의 몸으
로 화하여 ‘바느질을 하지 않고 만든 천의’[天衣無縫]를 입고 있었다는 것이
다. 또 예수는 여러 제자가 지켜보는 가운데 감람산 정상에서 빛의 날개를
타고, 꽃다발에 둘러싸여 하늘로 선화하였다고 전한다.(변찬린, 『성경의 원리』 상
권, 제2장 도맥론 참고, 한국신학연구소, 2019./문암사, 1979.)

  예수가 천명(하나님의 명령)으로 펼친 구원의 도맥이 선도仙道인 것을 확고하
게 알 수 있는 가장 명백한 내용은 “하나님은 십+이다”, 곧 ‘하나님은 10수
의 차원에 계신다’고 한 것이다. 왜 그러한가? 선도가 궁극적으로 도달하고
자 하는 조화의 근본 자리는 십무극(성부 하느님, 본체신本體神)인데, ‘하느님을
10수로 상징한 것’은 선도가 지향하는 이 무극 자리를 준엄한 법력으로 암

---

* 천선과 시해선 | 동양 선도의 전통에서 볼 때, 몸을 그대로 가지고 하늘로 올라가 천상
  계의 관직을 맡는 신선은 천선天仙이다. 죽고 난 이후에 무덤을 파 보면 시체가 없어지
  고 다시 살아난 신선은 시해선尸解仙이다. 옷을 입고 있는 상태에서 알맹이만 빠져 나
  간 경우, 물에 빠져 죽거나 불에 타 죽었는데 신선이 되어 있는 시해선도 있다.(김현룡,
  『신선과 국문학』, 36~41쪽 참고.)

시해 주고 있기 때문이다.(보다 자세한 내용은 하권 5부 참고)

동양의 정신세계에 비추어 보면 기독교는 근본적으로 10무극 자리를 지향하고 있기 때문에, 기독교의 도맥이 선맥이라는 것은 두말할 필요가 없다.

끝으로, 기독교의 세계관·시간관의 본질은 순환 정신으로 이루어져 있다는 사실이다. 최초의 낙원인 에덴에서 선악나무(선천 상극) 정신으로, 다시 십자가 정신과 생명나무(후천 상생) 정신으로 이어지는 기독교의 세계관이 그러하다.[최초의 황금시대(에덴)-인간의 타락-타락 이후의 퇴보의 기간-구원 후의 천국(황금시대)으로의 복귀(그레이스 케언즈, 『역사철학』)] 또한 에녹이 천상에 올라갔을 때 우주의 천체가 운행하는 장엄한 모습을 보았는데, 그것은 태양이 열두 개의 하늘 문[天門]을 통과하면서 순환하는 광경이었다.

기독교는 우주의 순환에 의해서 시간과 공간이 새로운 차원으로 대전환하는 새 하늘 새 땅의 개벽 시대를 아버지 하나님의 천명을 받아 예시하였다. 그리고 이 순환의 대국적인 마디 가운데, 인간이 철들어 가는 선천 전반기 성장 과정의 역사 정신을 철저한 인과응보의 정신으로 말하고 있다.

애초에 아담 부부는 7년간을 에덴동산에서 살았는데, 그해 2월 17일에 선악이라는 우주의 상극相克의 음성을 들었다.(『요벨서』 3:19, 이에 대한 설명은 4부 참고) 4월에 들어설 무렵 아담은 에덴에서 나와 에르다에 정착하였다. 아담은 가인과 아벨 두 아들을 두었는데, 형인 가인이 동생 아벨을 죽인 이후 야훼는 가인을 똑같은 방법으로 응징함으로써 철저한 인과응보의 정신이 확

(변찬린, 『성경의 원리』 상권 62~72쪽 참고, 한국신학연구소, 2019./ 문암사, 1979.)

립되었다. 가인은 아벨의 원기冤氣에 걸려서 자기 집이 허물어지는 순간 그 돌에 치여 죽음으로써, 인과응보의 섭리에 따라, 아우를 죽인 죄의 대가를 치렀던 것이다.(「요벨서」 4:31~32) 성서에서 말하는 천상의 하루는 지상의 1천 년인데 타락의 결과로 아담은 하루를 못 채우고 960세로 죽었다고 한다.

신약 외경인 「도마복음」5) 서언을 보면, "이 말의 해석을 찾는 자는 죽음을 맛보지 않을 것이다"라는 예수의 말이 있는데, 우주의 법도를 전하는 그 순수한 뜻을 느껴 보라.

아브라함이 적을 물리치고 조카 롯을 구한 후에 제사장인 멜기세덱에게 전리품을 바치고 축복 받는 장면. (Battista Franco 작품, 위키미디어) 「히브리서」에서는 "예수께서 멜기세덱의 반차를 따라 영원히 대제사장이 되어"라고 하여 예수의 신적 기원이 멜기세덱에 있음을 밝혔다. 신의 축복을 대행하는 자로서 멜기세덱의 정신은 아브라함, 이삭, 야곱을 거쳐서 예수에게 전해졌고, 예수는 신의 축복을 전하는 대행자로서 그리스도가 된다.

내가 이 세상에 평화를 주러 왔다고 사람들이 아마 생각하는 모양
이다. 내가 와서 이 세상에 주려는 것이 불화不和, 즉 불, 칼, 그리
고 전쟁임을 사람들은 모르고 있다.(『도마복음』 16장)

기독교는 우주의 창조 정신에 대해 전혀 알지 못했기 때문에, 예수의 이
고백을 2천 년 동안 역설로만 알고 있었다. 그러나 이 말은 역사를 전개시
켜 가는 신의 비밀인 우주 운행의 법도를 그대로 전해 준 것이다. 예수가 세
계 교회를 온전히 세우기 위해서 온 것이 아니라 다만 세계 교회의 모델을
준비하러 왔다고 스스로 말한 것처럼, 이 말은 자신이 선천 분열 상극의 우
주 법도를 집행하러 온 성자라는 예수의 고백을 거짓 없이 내보인 것이다.

기독교는 예수를 보내신 천국 백보좌의 아버지 하나님이신 서신의 진리
를 예비하는 여름철 종교이다.(하권 5부 참고) 그리하여 다수의 세계, 우주의
다천多天(7천까지를 말한다. 바울은 셋째 하늘을 체험하였다), **주재자도 다신多神이라
말한다.**[다신多神이기에 다천多天이 되는지, 다천이기에 다신이 되는지를 한 번 생각해 보
라] 또한, 기독교는 우주의 전반기 생장(상극 투쟁) 시대에 일어난 천상과 지
상의 사건 가운데, 지상 사건보다는 천상 사건을 훨씬 잘 밝혀 준다. 12
진영의 천사장 가운데 하나인 루시퍼의 반역 사건이나 천상 영계의 전쟁
을 이야기하는 데에서 이를 잘 알 수 있다.

이상으로 기독교에서 전하는 세계의 대전환과 구원 소식을 살펴보았다.
스페인의 불멸의 지성 우나무노가 『기독교의 고뇌』란 저서에서 말하고 있
듯이, 기독교는 성자의 종교이지 성부의 종교가 결코 아니다. 우나무노는,
초창기에 지녔던 순수성이 사라지고 의혹과 모순 덩어리로 변한 오늘날 기
독교의 고뇌를 이렇게 지적하였다.

기독교는 서구 문명을 죽이고 있다. 동시에 이 서구 문명은 기독
교를 죽이고 있다. 이처럼 이 두 개는 서로 죽이면서 살고 있다.(『기
독교의 고뇌』, 146쪽)

아마도 이러한 진리의 파탄은 '그날과 그때'라는, 선·후천 교역의 대개벽
기를 맞이함으로써 비로소 종결되리라. 이러한 소식은 종말을 초점으로 하
여 우주 규모의 대환란을 가장 강렬하고도 생생하게 전한 대예언서 「시빌
라 탁선」6)(구약 외경)에서 다시 한 번 실감나게 느낄 수 있을 것이다.

시빌라 대예언

저 깊은 곳에 계시는 영원하신 하나님
죽을 수밖에 없는 인간이여!
아무 힘도 없으면서
인생의 종말이 어찌되는지 눈여겨보지도 않고
왜 그다지 교만해지기만 하느냐. (1권)

너희들은 잘못 마신 술에서 깨어나지 못하고
만물을 굽어보는 하나님을 알려고 하지 않았다. (3권)

모든 것이 이루어지게 하기 위해서는
강한 필연적인 힘이 가해진다. (3권)

멸망할 수밖에 없는 인간의 비참한 울부짖음이
광대한 대지에서 일어나고,
대지 자체마저도 죽은 자들의 피를 빨아들이고
짐승은 고기를 질리도록 먹을 것이로다.

그날에는 칼과 비참이 온다!
고생의 시작이며 사람들에게는 위대한 종말이여!
종말이 다가올 때는 한밤중에
세계를 놀라게 하는 전쟁이
일어날 것이다. …

사람들 사이에서 서쪽에는 대규모 전쟁이 일어나
피는 굽이치는 강의 제방까지 넘쳐흐를 것이다.
하나님의 분노는 마케도니아의 들판에 쏟아지며
(백성에게는) 구원을 주시고
왕에게는 멸망을 내리실 것이다.

그리고 그때에 (매서운) 겨울바람이 온 땅에 거칠게 불어
들판은 다시 악한 전쟁으로 가득 찰 것이다.
그것은 불과 피와 물과 번개와
암흑과 밤하늘과 전쟁으로 인한
쇠멸과 살육으로 덮는 안개가
모든 왕과 고관을 다 함께 멸망시키기 때문이다.
그때야말로 그분은 사람들 위에 영원한 나라를 세우신다.

그것은 모든 것을 만들어 낸 대지가
인간에게 가장 좋은 결실을 … 주기 때문이로다. …
큰 심판과 지배가 사람들 가운데에 닥쳐오리라. (3권, 5권)

— 『시빌라 탁선』 중 —

도가道家에서 전하는
인생과 우주의 변화 원리

우주의 주재자[上帝]는 계신 모양 같지만
그분의 모습을 볼 수 있기는 워낙 어렵도다. (『장자』)
하늘이 만물을 낳고 만물을 죽이는 것은
천도天道의 이치이니라. (『음부경』)
순환하여 다시 되돌아가는 것이 도의 창조 운동이다. (『도덕경』)

흔히 도가와 도교의 대표적인 인물로 황제, 노자, 열자, 장자를 들 수 있다. 우주 자연의 순리인 무위이화無爲而化의 자연성을 인간 세계에 적용하여 무위지치無爲之治의 정치론을 역설하였던 노자의 사상은 열자와 장자로 이어지면서 유가와 더불어 동양 사상계의 주류를 형성하였다. 물론 그들의 도맥의 근원은 당시 동방의 주인이었던 단군조선의 신교 문화(하권 6부 참고)이다.

황제와 노자를 시조로 하는 도교는 수행을 통하여 장생불사를 추구하는 신선의 도맥이다. 도교에서는 인간의 몰락과 세계의 종말을 대자연의 운행 과정에서 일어나는 흐름의 연장선상에서 파악했기 때문에, 그에 대해서는 그다지 관심을 보이지도, 중요하게 생각하지도 않았다.

그들은 오직 마음의 허욕을 모두 떨쳐 버리고 천지 시공간의 흐름을 잠재우는 저 현묘한 우주 생명의 바닥 자리에서 소요유逍遙遊하며 불사지신不死之

身을 이루어, 하늘로부터 부여받은 유한한 생명을 완성하는 지성무욕至誠無欲의 정신을 지향하는 수행의 길을 설파했다.

이제 '세계 생성의 기원'과 '우주가 변화하는 기본 원리'에 대해 도가에서 전한 중요한 내용 몇 가지를 간단히 살펴보기로 한다. 뒤에 나오는 내용을 잘 이해하기 위해서 변화의 수리數理 등을 한마디도 소홀히 넘기지 말고 깊이 음미해 보기 바란다.

1. 『황제내경』과 『음부경』이 전하는 천지의 변국

약 5,500년 전 팔괘를 처음 그린 태호복희씨, 그로부터 약 300년 후 동양 의학의 시조이자 농경 방법을 처음으로 동방족에게 가르쳐 준 염제신농씨가 계셨고, 이분으로부터 다시 400여 년 뒤의 인물로서 중국인들이 역사의 시조로 받들고 있는 이가 바로 황제헌원黃帝軒轅(BCE 2692~BCE 2593)이다.(사마천, 『사기』「오제본기」)

앞으로 하권 6부에서 상세히 살펴보겠지만, 황제헌원은 단군조선 이전 배달 시대의 14세 치우천황(BCE 2707~BCE 2599) 때 인물로서 배달족의 혈통을 이어받았으며, 한족 문화를 통합한 그의 도통道統도 명백히 동방 배달 문화에서 연원하였다. 『포박자抱朴子』에 따르면, 황제헌원은 동방의 풍산風山에서 자부선사紫府仙師에게 신교의 도가 비서인 『삼황내문三皇內文』을 전수 받고 동방 신교의 삼신 사상의 도맥을 이어받았다.

배달 시대의 동방 조선족과 떼려야 뗄 수 없는 연관성을 지닌 헌원의 도통 전수 내력은, 조선 중종 때 한국사의 국통맥을 기록한 이맥李陌의 『태백일사太白逸史』에 자세히 기록되어 있다. 동해의 신선 현녀玄女가 황제에게 전한 『음부경陰符經』은 세계의 종말 문제와 그 근본 이유를 대도 차원에서 극히 간결하게 밝혀 준다. 또한, '동양 한의학, 동양 철학, 우주 법도'의 성전聖典이라 불리는 『황제내경黃帝內經』에는, 황제와 그의 스승으로 등장하는 기백

岐伯 천사, 귀유구鬼臾區 등이 주고받는 도담道談 속에 '인체의 신비와 천지의 생성과 변화 원리'에 대한 방대한 내용이 실려 있다.

여기서는 먼저 『황제내경』「소문素問」에 실려 있는 기본적인 내용 몇 가지를 살펴보기로 한다.

> 오호라 심원하도다, 하늘의 도여! 마치 (창공의) 구름을 올려다보는 것과 같고, 깊은 못을 내려다보는 것과 같구나.
>
> 嗚呼, 遠哉! 天之道也, 如迎浮雲, 若視深淵。(『황제내경』「육미지대론」)

생명 세계를 관통하는 우주의 순환 원리

> 오운五運이 서로 이어지면서 모두가 (해당 시령時令을) 다스리는데, 한 주기가 끝나는 날에 다시 처음부터 시작한다. 사시四時가 확립되고 절기가 분포되는 것이 마치 고리가 끝없이 이어지는 듯하다.
>
> 五運相襲, 而皆治之, 終朞之日, 周而復始, 時立氣布, 如環無端。(『황제

태산 입구에 보이는 현판　중국 북경의 궁궐인 자금성에서 보듯 자紫는 '상제님의 아들'이라는 뜻인 '천자天子'를 상징한다. 자기동래紫氣東來란 상제문화가 동방에서 왔다는 뜻이다.

이는 생장수장生長收藏하는 이치로서 기氣의 상도常道이다. 상도를 잃으면 천지 사방이 막힌다. 그러므로 '천지의 동정은 신명이 그 벼리가 되고, 음양의 왕복은 한서寒暑로 조짐이 드러난다'고 말한다.

此生長化成收藏之理, 氣之常也。失常則天地四塞矣。故曰天地之動靜, 神明爲之紀, 陰陽之往復, 寒署彰其兆。(『황제내경』「기교변대론」)

대저 도라고 하는 것은 위로는 천문天文을 알고 아래로는 지리地理를 알며 중中으로는 인사人事를 아는 것이니, 가히 장구하다 하리라.

夫道者, 上知天文, 下知地理, 中知人事, 可以長久。(『황제내경』「기교변대론」)

대저 오운과 음양이라 하는 것은 천지의 도라. 만물의 기강이고 변화의 부모이며, 생명을 낳고 죽임의 근본이요 시작이며, 신명이 머무르는 곳이니 통달하지 않을 수 있겠는가!

夫五運陰陽者, 天地之道也, 萬物之綱紀, 變化之父母, 生殺之本始, 神明之府也, 可不通乎! (『황제내경』「천원기대론」)

인간 생명의 신비와 우주의 궁극적 운명은, 무상한 변화 현상 속에 내재된 불변의 변화 원리를 환히 알 때 비로소 해명된다. 이러한 우주 본체 세계의 비밀과 그것이 현실로 드러나는 변화 원리를 논리적으로 풀어헤칠 수 있는 지름길을 오운육기(음양오행) 원리가 제시해 준다. 인간과 우주 만물이 생성·변화하는 신비는, 하늘의 기(天氣=五運)와 지구의 현묘한 기운(地氣=六氣)의 운행 원리를 체계화시킨 오운육기五運六氣를 통해서만 풀 수 있다.

그러므로 음양 사시는 만물의 마침과 시작이며, 죽음과 삶의 근본인지라, 거역하면 재해가 발생하고 따르면 중병이 생기지 않을 것이니 … 음양의 법칙을 따르면 살 것이요 거스르면 죽을 것이며, 순종하면 다스려지고 거역하면 어지러워지리라.

故陰陽四時者, 萬物之終始也。死生之本也。逆之則災害生, 從之則苛疾不起, … 從陰陽則生, 逆之則死, 從之則治, 逆之則亂。(『황제내경』「사기조신대론」)

지구는 우주의 대기가 받쳐 들고 있다

기백 천사가 대답하였다. "하늘의 아래, 땅의 위, 천지의 기氣가 교합하는 곳에 사람이 거처합니다."

岐伯曰: "上下之位。氣交之中, 人之居也。"(『황제내경』「육미지대론」)

기백 천사가 대답하였다. "… 천문을 우러러 관측하면 비록 멀더라도 알 수 있습니다." 황제가 물었다. "땅은 아래에 있는 것이 아닙니까?" 기백이 대답하였다. "땅은 사람의 아래에, 우주의 한가운데에 있습니다." 황제가 물었다. "의지하는 바가 있습니까?" 기백이 대답하였다. "우주의 대기가 이것을 받쳐 괴고 있습니다."

岐伯曰: "… 仰觀其象, 雖遠可知也。" 帝曰: "地之爲下, 否乎?" 岐伯曰: "地爲人之下, 太虛之中者也。" 帝曰: "馮乎?" 岐伯曰: "大氣擧之也。"
(『황제내경』「오운행대론」)

기백 천사가 대답하였다. "대저 만물의 생성은 화化에서 비롯하고 만물이 극에 달하는 것은 변變에서 비롯하는데, 변과 화의 다툼은 성패의 원인이 됩니다. 그러므로 기에는 진퇴進退가 있고 작용에는 불급不及과 태과太過가 있는데, 이 네 가지가 있어서 생화하고 변화하니 육기의 변화風가 발생합니다."

岐伯曰: "夫物之生, 從於化, 物之極, 由乎變。變化之相薄, 成敗之所由也。故氣有往復, 用有遲速, 四者之有, 而化而變, 風之來也。"(『황제내경』「육미지대론」)

이상의 내용을 간단하게 요약하면, 사람과 만물의 생성 변화는 천지 기운의 현묘한 교합 작용에 따라 이루어진다. 즉, 천지와 일월성신의 자전과 공전 운동에서 일어나는 모든 조화 작용은 천지 기운의 순順과 역逆의 순환 작용에 의해 발생하는 것이다.(이에 대한 기본 원리는 하권 5부에서 알아본다.)

경사진 지구의 축

앞의 두 사람의 대화에서 본 바와 같이, 황제가 믿어지지 않는 심정으로 크게 놀란 것은 지구가 우주의 허공에 떠 있다는 사실이 이해되지 않았기 때문이다. 그런데 다음에 있는 기백 천사의 설명을 살펴보면, 그는 이미 수천 년 전에 지구의 자전축이 기울어져 운행하고 있다는 것까지 환하게 알고 있었다는 사실을 짐작할 수 있다.

황제가 "(오운의 기가 순서에 따라) 이어지지 않는 경우도 있습니까?"라고 묻자 기백이 대답하였다. "저 높은 하늘의 기운에는 일정한 법도가 없을 수 없습니다. 기가 (순서에 따라) 이어지지 않는 것을 (기후가) 비정상이라고 이르는데 이처럼 비정상적으로 운행하게 되면 이변이 발생합니다."

帝曰: "有不襲乎?" 岐伯曰: "蒼天之氣, 不得無常也, 氣之不襲, 是謂非常, 非常則變矣。"(『황제내경』「육절장상론」)

오방의 기가 바뀔 때 각기 먼저 이르는 바가 있는데, 그 위치가 바르지 않으면 사기邪氣가 되고, 그 위치가 합당하면 정기正氣가 됩니다.

五氣更立, 各有所先, 非其位則邪, 當其位則正。(『황제내경』「오운행대론」.)

황제가 물었다. "본연의 위치에서 작용하면 어떠합니까?" 기백
이 대답하였다. "(육기가) 본연의 위치에서 작용하면 변화가 정상적
입니다."
帝曰: "自得其位, 何如?" 岐伯曰: "自得其位, 常化也。" (『황제내경』「육원정기대론」.)

이처럼 오묘한 육기의 운동에는 정상적인 변화[平氣]가 있고 또 비정상적
인 변화[太過·不及]도 있다. 육기가 정상적으로 변화할 때는 만물이 조화롭게
생성되지만, 비정상적인 변화는 누구도 예상치 못한 끔찍한 재해를 초래하
게 된다. 『황제내경』에서 끔찍하고도 비참한 재난과 고통스런 질병의 주된
원인으로 꼽는 이 육기의 비정상적인 변화의 원인에 대해, 한동석은 『우주
변화의 원리』에서 이렇게 밝혔다.

즉, 지축이 경사지지 않았다면 우주는 진술축미辰戌丑未가 정위正位
운동을 할 것인데 지축의 경사 때문에 자오묘유子午卯酉의 운동을
할 수밖에 없다. … 현재의 우주는 지축이 경사졌기 때문에 자오묘
유가 사정중四正中을 이루고 있으므로 우주는 자기의 이상을 실현
하지 못하고 있는 것이다. … 후천은 모든 위가 바르기 때문에 대
자화對自化 작용이 알맞게 되어서 그 운동도 또한 적당하게 되는
것이다.(『우주 변화의 원리』, 237쪽, 226쪽, 2001년판)

이는 지축의 경사로 인해 지구가 하늘과의 '호흡[風] 작용'을 할 때 한쪽의
기운이 세거나 미약함이 생기는 것을 말하는데, 이에 대한 내용도 뒤에서
구체적으로 해명될 것이다.

천리天理가 바뀌는 개벽

하늘에서 살기를 발하면 별들이 움직이고
땅에서 살기를 발하면 뱀과 용이 땅으로 올라오고
사람이 살기를 발하면 하늘과 땅이 뒤집어진다.
天發殺機, 移星易宿; 地發殺機, 龍蛇起陸; 人發殺機。天地反覆。(『음
부경』「상편」)

천지와 사람이 모두 악살惡殺을 발할 때 하늘과 땅에 이 같은 대변혁이 일
어나게 되는 근원적인 이유를 『음부경』에서는 이렇게 밝히고 있다.

하늘이 인간과 만물을 낳고 죽이는 것은 '천도天道의 이치'이니라.
天生天殺, 道之理也。(『음부경』「중편」)

이 말은 곧 그러한 종말적인 파국은 어떤 전능하신 분이 자신의 임의로
각본을 짜서 행하는 것이 아니라 우주 자체의 변화 원리에 따라 일어난다는
것이다. 그러면 인류의 궁극적인 평화는 어떻게 오는 것일까? 『음부경』에서
는 이 문제의 가장 핵심이 되는 점을 요약하여 한마디로 이렇게 지적해 주
고 있다.

천지가 뒤집어지고(개벽하고), 하늘의 신명들과 사람이 하나 되어
새 문화를 열면, 세상의 온갖 변화는 무궁한 평화의 기틀이 정해
진다.
天地反覆, 天人合發, 萬化定基。(『음부경』「상편」)

2. 노자가 말한 생명과 도道

생명의 근본 자리

노자는 만물이 태어나는 자리인 조화 정신(변화의 길)을 '도道'라 하고, 이 천지 조화의 근원을 종종 '무無'라는 말로도 표현하였다. 천지는 무無의 경계에서 태어나고, 만물은 무無에서 열린 천지의 근본 자리(1태극)에서 화생한다. 무無는 우주의 근원이 되는 극치의 조화 세계를 상징적으로 표현한 말이다.

만물을 생성하는 생명의 근원이 바로 무의 조화 세계인데, 장자가 그랬듯이 도가에서는 자주 혼돈混沌이라는 말로 무無의 창조성을 상징한다. 우주 혹은 우주의 질서를 뜻하는 그리스어 '코스모스Cosmos(질서, 태극)'라는 말은 '카오스Chaos(혼돈, 무극)'에서 비롯한 것이다. 이런 것을 보면 우주의 근원에 대한 동서양의 인식이 놀라우리만큼 유사하다는 것을 알 수 있다. 천지 만물은 우주 자연 질서의 큰 생명력에 의해 화생하고 변화해 간다. 다시 말해서 이 무의 조화 정신에 뿌리를 두고 생성되어, 무(혼돈, 무극)의 창조 질서인 도道의 운행 원리를 따라서 무상하게 변화해 가는 것이다.

도道의 순환성과 복귀성

세상에 시작이 있으니 천하의 어머니가 된다. 어머니를 알기에 그 아들도 알게 되네. 아들을 알고서 또 어머니를 지킨다면 종신토록 위태롭지 않으리라.

天下有始, 以爲天下母。既得其母, 以知其子, 既知其子, 復守其母, 沒身不殆。(『도덕경』 52장)

그러면 우리가 사는 현상계는 천지의 근원적 조화 세계[無]로부터 어떠한 생성 단계를 거쳐 나타나게 되는 것일까? 이에 관해 『도덕경』 42장은 다음과 같이 간단명료하게 지적해 준다.

> 도道는 하나를 낳고 하나는 둘(음양)을 낳고
> 둘은 셋을 낳고 셋은 만물을 낳는다.
> 만물은 음을 등지고 양을 향하며
> 텅 빈 가운데 기를 휘저어 조화를 이룬다.
> 道生一, 一生二, 二生三, 三生萬物。萬物負陰而抱陽, 沖氣以爲和。(『도덕
> 경』 42장)

　여기서 변화의 질서인 도道는, 무無 또는 무극無極에 근원을 두고 있다. 그 조화 세계의 경계를 흔히 텅빔, 즉 '허虛'라는 말로 나타낸다. 무극은 상수象數로는 '0' 또는 '10'으로 나타낸다.(10은 현상계의 가을 시간대 무극을 말함) 무극은 천지와 천상의 신명계, 인류가 태초에 생겨나기 전의 바탕 자리이다. 그런데 이 허虛하고 무無한 천지조화의 극치 경계[無極]는 그 자체에 내재된 자연 이법[理]의 역동적인 생명력으로 인해 스스로 발동한다. 그리하여 무극의 혼돈 속에서 통일의 조화체인 '태극수太極水'가 화하면서 변화의 질서(음양)가 열려 창조가 시작되는 것이다. 이 우주의 조화 생명수로부터 음양[감리坎離] 운동이 일어나고, 이 음양 두 기운[水·火]은 태극수가 생성된 바탕인 중성 생명[충기沖氣]의 조화 작용으로 말미암아 무궁한 변화를 일으킨다. 천지가 변화를 영원히 지속할 수 있는 것도 '일음일양一陰一陽 운동'을 끊임없이 지속하게 하는 중中의 조화 작용 때문이다.
　천지 만물은 이렇게 '무극無極(無) → 태극太極(一) → 음양陰陽(二) → 만물萬物(三)'이라는 조화 작용을 거쳐 비로소 태어나는 것이다. 앞의 내용에서 가장 핵심이 되는 점은, 우주가 만물을 낳을 때 삼단계의 변화를 통해 이루어진 다는 것이며, 이 우주가 열린 후 변화의 성숙(통일) 운동을 하는 전 과정도 3단계의 변화 과정을 통해 성립된다는 것이다. 그리고 우주 자체의 조화성調

和性인 중성생명[土氣]이 대자연의 변화를 끌고 가는 조화의 중추 역할을 맡고 있다는 점이다.

여기서 중요한 변화의 진리는, 도의 운동이 직선적으로 한 방향으로만 변화 운동을 하는 것이 아니라, 천지가 일정한 시간대의 변화 주기를 가지고 순환하며 복귀 운동을 한다는 것이다.

> 순환하여 다시 되돌아가는 것이 도의 창조운동이다.
> 反者, 道之動。(『도덕경』 40장)

> 최대한 마음을 비우고 독실하게 고요함을 지켜라. 만물이 생기고 없어지는데 나는 그것이 근원으로 되돌아가는 것을 지켜볼 뿐이다. 만물은 자라고 자라서 각기 근원으로 되돌아간다. ··· 하늘은 바로 도이며 도에 부합해야 영원할 수 있고 종신토록 위태롭지 않으리라.
> 致虛極, 守靜篤。萬物竝作, 吾以觀復。夫物芸芸, 各復歸其根。... 天乃道, 道乃久, 沒身不殆。(『도덕경』 16장)

우주 변화의 자연성[道]과 도의 주재자(상제上帝: 하나님)

상등 인사(기국과 근기가 뛰어난 자)는 도에 대해 들으면 힘써 이를 행하려 하고 중등 인사는 도에 대해 들으면 긴가민가 의심하고, 하등 인사는 도를 전해 들으면 크게 비웃는다. 비웃음을 받지 않고 어찌 도를 이룰 수 있으리오.

上士聞道, 勤而行之; 中士聞道, 若存若亡; 下士聞道, 大笑之。不笑, 不足以爲道。(『도덕경』 41장)

먼저 우주 변화의 법도를 깨치기 위해서는 이와 같이 자신의 그릇과 정신의 순수성을 냉철히 반성하여 자기의 도道의 깨달음이 어느 수준인가를 자각하여야 한다. 사실 천지의 법도를 깨고 보면, 우주의 한 소식을 듣기 위해 구도의 길을 걷는 것은 결코 용이한 일이 아니다. 운수를 좋게 타고나더라도 인생을 몽땅 바치는 뜨거운 정성을 들여야 비로소 한소식을 깨칠 수 있는 것이다.

노자는, 누구든지 자신의 몸과 정신 속에서 불가사의한 우주 신비의 길[道]을 느끼고 활성화시킬 수 있도록 하기 위해서는 "최대한 마음을 지키고 독실하게 고요함을 지켜서 지극한 정성을 가져야 한다"고 했다.

다음으로는 덕德이 있어야 마음자리가 환히 트인다. 이는 도를 잘 닦아 천지 만물을 품을 수 있는 마음의 그릇인 덕을 길러야 한다는 말이다. 도는 생명을 낳고[生], 덕은 도가 낳은 생명을 길러내어 성숙시키기 때문이다.(道生之, 德畜之.『도덕경』51장) 이것이 만물을 생성하는 천지의 공능功能이다. 인간은 왜 사는가? 무엇을 위해 살아가는가? 영원한 삶의 길은 무엇인가? 그 관건은 천지의 도와 덕에 합치되는 삶을 사는 데에 있다. 노자의 다음과 같은 가르침은 대국적인 우주의 변화 문제를 풀 수 있는 만고의 법언이 될 것이다.

사람은 땅을 본받고
땅은 하늘을 본받고
하늘은 도道를 본받고
도는 스스로 그러함을 본받는다.
人法地, 地法天, 天法道, 道法自然.(『도덕경』25장)

여기서 '도법자연道法自然'이란, 우주 변화는 '스스로 그러함'을 따른다는 뜻이다. 인간 역시 스스로 그러한 천지의 변화 법도를 따라서 살아가는 존재이다. 여기에는 천지가 걸어가는 변화의 길[道]은 스스로 그렇게만 돌아가는 우주 자연의 질서[理]에 그대로 담겨 있으므로, 인류의 미래 운명을 알려면 우주 변화의 원리[道]를 인식하고 실천해야 한다는 뜻이 들어 있다.

그런데 노장老莊의 가르침에서는 스스로 그러한 우주의 자연적 변화 질서[自然之道:無爲]를 따르는 삶의 길을 강조하고 있는 반면, 우주 질서의 주재자에 대해서는 희미하게 한두 마디 정도의 언급만 하고 있을 뿐이다. 우주의 질서인 도道(변화의 길)와, 그 질서를 개벽해서 모든 생명을 새 세계로 인도하시는 도의 주재자主宰者와의 관계를 구체적으로 전해 주지 못했던 것이다.

> 도는 빔으로 가득하니 아무리 써도 마르지 않는도다.
> 그윽하여라! 온갖 것의 으뜸 같도다!
> 날카로움을 무디게 하고 얽힘을 푸는구나.
> 그 빛이 튀쳐남이 없게 하고 그 티끌을 고르게 하는도다.
> 맑고 맑구나! 있는 것 같도다!
> 나는 그가 누구의 아들인지 모르네.
> 상제님보다도 앞서 있는 것 같네.
> 道沖而用之或不盈, 淵兮, 似萬物之宗。挫其銳, 解其紛, 和其光, 同其
> 塵。湛兮, 似或存。吾不知誰之子, 象帝之先。(『도덕경』 4장)

후대에 도교의 우주론이 정립되면서, 우주에는 동서남북 사방위四方位에 각각 팔천八天이 열려 있어 도합 32천의 세계가 벌어져 있다고 여겨져 왔다.(32천+중심 하늘=33천, 『도장道藏』에서는 36천을 말하기도 한다) 이 32천의 대우주를 주재하는 하나님이 바로 옥황상제玉皇上帝7)님이시다.

이것은 우주의 실상을 보는 안목에 있어서 기독교의 창조 신관과는 큰 차이를 보여 주고 있는 것이다. 이러한 우주관은 이제까지는 대우주의 신도神道 세계가 다천多天으로 열려 있으나, 가을개벽에 들어서면서 대우주를 통치하시는 상제님이 새로운 우주 대통일의 세계를 연다는 우주 변화의 섭리를 이면에 깔고 있다.

생명을 지속시키는 길

천지가 개벽된 이후 세계는 지금 이 순간까지도 모순과 처절한 투쟁의 멍에를 벗어던지지 못하고 있다. 선천 세계의 이러한 상극의 모순을 조화로 이끄는 삶의 길에 대해 『도덕경』은 이렇게 충고한다.

사람은 갓 태어났을 때는 유약하지만, 죽으면 굳어 단단해진다. 초목도 갓 자랄 때는 부드럽지만, 죽으면 말라서 굳게 된다. 그런 고로 억세고 굳은 것은 '죽음의 무리'이고, 부드럽고 약한 것은 '삶의 무리'이다. 이러므로 무력이 강하면 멸망하고, 나무도 억세면 부러진다. 강하고 큰 것은 아래에 있게 되고, 유약한 무리가 위에 있게 된다.

人之生也柔弱, 其死也堅強。萬物草木之生也柔脆, 其死也枯槁。故堅強者死之徒, 柔弱者生之徒, 是以兵強則滅, 木強則折。堅強處下, 柔弱處上。(『도덕경』 76장)

사람들은 보통 강한 것을 좋아하고 약한 것은 싫어한다. 그렇지만 부드러움[柔弱]에서 벗어나 견강堅強을 추구하면 생명의 원칙에 위배되어 오히려 죽음에 이르게 된다. 따라서 마음을 비우고[虛心] 욕심을 없애며[無慾] 근원의 도를 회복하고[復命] 중을 지켜야[守中] 생명의 원리인 도에 합일되어 생명을 지속할 수 있다.

그런데 이렇게 도와 합일하여 살아간다는 것이 말처럼 쉽지는 않다. 그런 사람들로 가득한 이상적인 국가가 되기 위한 조건을 아래와 같이 말하고 있다.

(이상 세계를 건설하려거든) 나라를 작게 하고 백성의 수를 적게 하라.

… 이러한 낙원에서 백성들은 맛있게 먹고 잘 입고 편안히 안식하

며, 자기 뜻대로 즐기게 되리라.

小國寡民。 ... 甘其食, 美其服, 安其居, 樂其俗。(『도덕경』 80장)

3. 열자가 말하는 우주와 인생

아마 동양의 철인 가운데 열자(본명은 열어구列禦寇, 전국 시대에 도가 사상을 논함)와 장자(본명은 장주莊周, 전국 시대의 사상가)만큼 입담이 좋은 이도 드물 것이다. 이들은 우주 조화의 현묘한 도道를 은유와 상징이 담긴 여러 우화형식을 빌어 전했는데, 이러한 표현 방식 때문에 아직까지도 그 철학적 내용이 완전히 정립되어 있지 않다. 그렇지만 노자가 설파한 우주조화의 근원인 무無와 삼생만물三生萬物에 대한 소식보다 더욱 상세하게 우주 생성의 신비를 밝혀준다.(구체적인 설명은 하권 5부 참고. 이하 본문은 명문당에서 나온 김학주 번역본 참고)

우주 탄생의 3단계 과정

옛날 성인은 음양의 원리로 천지를 섭리하셨소. 대저 형체 있는 것들은 무형의 도에서 나온 것이오. 그러면 이 천지는 어디서 생겨난 것일까? 그러므로 태역太易이 있었고, 태초太初가 있었고, 태시太始가 있었고, 태소太素가 있었소. 태역은 아직 기氣의 움직임이 나타나지 않은 때이며, 태초는 기가 나타나기 시작한 때이며, 태시란 형상이 드러나기 시작한 때를 말하고, 태소는 질적 변화가 나타나기 시작한 때를 말하는 것이오. 기운과 형상과 성질이 갖추어져 서로 떠날 수 없으니 이를 혼륜(혼돈)이라 하오. 이것은 만물이 서로 혼합되어 서로 떠날 수 없음을 말하는 거요.

이 혼돈은 보아도 보이지 않고, 들어도 들리지 않고, 따라가도 붙잡을 수 없으므로 이를 태역太易이라 하오. 태역이란 본래 형상과 사물의 징조가 없는 거요. 태역이 변화하여 하나의 기운이 되고,

이것(一位)이 변화하여 7(7位)이 되고, 이는 다시 9수의 변화까지 전개되고, 이 9수 변화는 변화의 극적인 상태를 말하는 것이오. 9는 다시 근원으로 돌아가는 변화를 하여 1(우주 생명인 氣의 통일 상태, 一太極水)이 되니 1(一水)은 천지 만물이 생성 변화하는 시발점(통일의 완성이라는 뜻)이오.

맑고 가벼운 것은 올라가 하늘이 되고 탁하고 무거운 것은 내려와 땅이 되며, 그 두 기운이 합하여 사람이 된 것이오. 그러므로 하늘과 땅이 조화하여 만물이 생겨나게 된 것이오.

昔者聖人因陰陽以統天地。夫有形者生於無形, 則天地安從生? 故曰: 有太易, 有太初, 有太始, 有太素。太易者, 未見氣也; 太初者, 氣之始也; 太始者, 形之始也; 太素者, 質之始也。氣形質具而未相離, 故曰渾淪。渾淪者, 言萬物相渾淪而未相離也。視之不見, 聽之不聞, 循之不得, 故曰易也。易無形埒。易變而爲一, 一變而爲七, 七變而爲九。九變者, 究也, 乃復變而爲一。一者, 形變之始也。清輕者上爲天, 濁重者下爲地, 沖和氣者爲人, 故天地合精, 萬物化生。(『열자』「천서」)

열자의 이 위대한 가르침을 간단히 요약하면 이러하다. 열자는 우주의 본체를 허무虛無로 보고 만물이 이 허무의 본체에서 생긴다고 하고 기가 점차 현저해져 가는 것을 '태역太易-태초太初-태시太始-태소太素'의 순서로 설명하였다. 다시 말해, 천상의 신명이나 지상의 인간, 그리고 이 우주가 처음으로 생겨나기까지는 생성의 근원 자리(모체)인 태역에서 시작하여 '태초(1) → 태시(2) → 태소(3)'라는 삼단계의 생성 과정을 거쳤으며, 우주의 천지 기운은 '1(水) - 7(火) - 9(분열의 종극수)'로 전개되었다가 다시 통일 운동으로 되돌아간다는 것이다.(구체적인 내용은 하권 1부 참고) 「요한복음」에도 '태초'라는 말이 언급되어 있으나, 거기에서 말하는 하느님은 엄밀하게는 태역의 조화신神의 생명 세계를 말하는 것이다.

그러면 대체 이 우주 조화의 뿌리, 밑자리 되는 태역은 어떠한 세계를 말하는 것일까?『열자』「탕문湯問」편에서는 이 자리를 '무극無極'이라 하였다[無則無極]. 그리고 만물 생성의 구체적 시원인 태초는 태극에 해당한다.(태초와 태시의 변화 내용은 하권 참고)

한편 열자는 태소 단계에 이르면 기가 현저해지면서 음양이 나뉘어 천지가 되고, 음양이 화합하여 사람과 만물이 화생한다고 하였다. 그리고 이로부터 '윤회전생설輪廻轉生說'을 제창하여 삶과 죽음은 본체의 변화에 불과한 것이라 주장하였다. 또한, 하늘의 천명을 믿고 인위적인 자유 의지를 부정하여 무위無爲를 숭상하며, 천명天命과 자연의 도에 합치하는 것을 최상의 가치로 여겼다.

자연 법칙의 절대성

> 그러므로 천지의 법칙은 지극히 아득하고 무한한 것이라 하늘의 길은 스스로 변화의 원리를 우주에 그려 내는 것이오. 너무도 막연하여 쉽게 분별할 수가 없지만 하늘의 길은 스스로 움직이는 것이라오. 천지도 그 정신을 침범할 수 없고, 성인의 지혜로도 간섭할 수 없고, 귀신과 망량의 조화로도 속일 수 없는 것이오.
> 아, 우주의 스스로 그러함이란 말없이 만물을 낳아 이루고, 그들을 제자리에 안정케 하며, 그들이 물러갈 때[死]는 잘 보내 주고 돌아올 때[生]는 잘 맞아들인다오.
> 故曰: 窈然無際, 天道自會。漠然無分, 天道自運。天地不能犯, 聖智不能干, 鬼魅不能欺。自然者, 默之成之, 平之寧之, 將之迎之。(『열자』「역명」)

이처럼 스스로 돌아가는 자율적인 우주의 생성 변화 원리의 절대성 때문에, 열자는 "성인은 만물이 존재하느냐 멸망하느냐 하는 것을 묻지 않고, 꼭 그렇게만 변화해 가는 이유를 살펴본다(聖人不察存亡, 而察其所以然。『열자』「설부」"라고 말한 것이다.

새로운 시작, 개벽과 명命

음양의 교류와 사계절의 순환도 이와 같으니, 낳지 못하는 것은
독립적이고 영원히 존재하는 것이며, 변화하지 아니하는 것은 순
환하는 규칙이오. 반복과 순환함은 그 끝이 없으며, 독립적이고
영원히 존재하는 것은 그 도가 없어지지 않는다오.
陰陽爾, 四時爾, 不生者疑獨, 不化者往復。往復, 其際不可終, 疑獨,
其道不可窮。(『열자』「천서」)

만물의 종말과 시작은 처음부터 그 극단이 없을 뿐이오.
시초가 종말이 되기도 하고, 종말이 시발점이 되는 것이니,
어찌 우주의 기원(시원 정신)을 쉽게 알 수 있으리오?
物之終始, 初無極已。始或爲終, 終或爲始, 惡知其紀? (『열자』「탕문」)

인간과 만물은 처음 생겨나 이 우주의 시공간에 자리를 잡은 이후부터 죽
음과 삶, 탄생과 소멸이 서로 꼬리와 머리가 되어 영원히 순환하는 길을 걷
게 된다. 따라서 인간의 생사 문제도 천지의 생명 창조의 변화 정신으로 인
해 우주 자연의 이법을 따르는 것이다. 이를 극복해 생명의 성숙을 실현하
는 것이 궁극적인 생명 개벽이다.

모든 것이 다 천명인 것이오. 명을 믿는 자는 오래 살거나 빨리 죽
는다는 생각이 없으며, 이치를 믿는 사람은 무엇이 옳고 그르다는
생각이 없고, 마음을 믿는 사람은 거스른다거나 순응한다는 생각
이 없으며, 천성을 믿는 사람은 안전하다거나 위태롭다는 생각이
없소.

皆命也夫。信命者亡壽夭。信理者亡是非。信心者亡逆順。信性者亡安
危。(『열자』「역명」)

　　열자는 인간의 인위적인 자유 의지를 허망한 것이라고 지적하고 있다. 모
든 것은 자연히 그러한 것이며 결국은 천명에 기인한 것이지만, 그것이 우연
적으로 보이기에 인간은 좀처럼 명을 인식하지 못하는 우를 범한다. 그리고
생명 개벽의 주재자이자 천명을 내리는 분이 바로 온 우주의 상제上帝님이지
만, 인간은 천명을 믿지 못하듯 상제님을 자신과는 상관없는 존재인 양 믿
지 못하고 마는 것이다. 그렇게 이법과 주재 정신에 대해 무지하기에 대부분
의 사람들은 대자연의 큰 변화 섭리는 무시한 채, 자연 섭리의 일부분를 밝
히는 데 그치는 얕은 지식과 눈앞의 작은 사리사욕에서 헤어나지 못하는 것
이다.

　　인간이 죽고 사는 것이여, 만물도 나도 어찌할 수 없는 것이오.
　　모든 게 하늘의 명이라오. 지혜로도 어찌할 수 없는 것이라네.
　　生生死死, 非物非我, 皆命也, 智之所無奈何。(『열자』「역명」)

4. 장자가 전하는 삶의 지혜

　　중국의 석학 임어당林語堂(1895~1976)은 장자를 '중국의 니체'라 불렀다. 장
자는 생사의 애욕에 묶여 영원한 생명의 소식을 듣지 못하고 미로迷路에서
헤매는 세인들에게, 언어의 한계성을 쾌연히 뛰어넘고 우주 존재의 비밀과
살고 죽는 문제에 대한 진정한 마음의 자세를 전하였다. 당나라 현종玄宗은
그러한 장자를 사모한 나머지, 그를 남화진인南華眞人이라 추앙하였다. 때문
에 『장자』를 『남화진경南華眞經』이라고도 한다.
　　장자는, 소위 종교가나 철학자라고 하는 사람들이 인생의 근본 문제에

대한 방향조차 제시하지 못하고, 대부분 말꼬리에 매달려 온갖 잡설로 비열한 논쟁만 일삼는 것을 이렇게 꼬집고 있다. 물론 이것은 예나 지금이나 마찬가지이다.

도는 소인배들의 잔재주에 가려지고,
말은 겉만 번지르르한 수식 때문에 속뜻을 전하지 못한다.
道隱於小成, 言隱於榮華。(『장자』「제물론」)

도는 신神이 찾아와 머무는 자리

귀와 눈을 안으로 통하게 하고
그대 마음의 지각을 벗어난다면, 귀신도 홀연히 찾아와 머물거늘
하물며 사람은 말해 무엇하리오!
이는 만물과 조화할 수 있는 유일한 길이니
성왕 순舜임금과 우禹임금이 이 길에 머물렀고
복희伏羲와 궤거도 이러한 도리를 한평생 실천했거늘,
어지러운 보통 사람들이야 말해서 무엇하리!
夫徇耳目內通而外於心知, 鬼神將來舍, 而況人乎! 是萬物之化也, 禹
舜之所紐也, 伏羲几蘧之所行終。而況散焉者乎!(『장자』「인간세」)

장자는, 조화造化 기운이 홀연히 와 머무는 이 도道의 세계에 대한 체험이 없으면 아무리 아는 것(지식)이 많아도 장님과 귀머거리에 불과하다고 했다.

마음에 시비가 일어나면 마음에 머물러 있는 도는 파괴된다.
도가 파괴되는 순간, 그대의 마음속에는 애욕의 그림자가 드리워지리라.
是非之彰也, 道之所以虧也, 道之所以虧, 愛之所以成。(『장자』「제물론」)

장자가 전한 도의 근원 자리

무릇 도는 실정이 있고 미더움이 있으나

작위도 없고 형상도 없다.

마음으로 전할 수는 있으나, 받을 수는 없고

체득할 수는 있으나 볼 수 있는 것은 아니다.

도(우주의 길)는 스스로 만물의 근본과 뿌리가 되어

천지가 있기 전부터 스스로 있어 왔소.

(이 도의 질서는) 천상의 귀신과 상제上帝님도 신령스럽게 하고

하늘과 땅도 낳은 것이오.

도는 태극太極보다 먼저 있으나 스스로 높아지려 하지 않는다오.

夫道, 有情有信。無爲無形; 可傳而不可受, 可得而不可見; 自本自根,

未有天地, 自古以固存; 神鬼神帝, 生天生地; 在太極之先而不爲高。

(『장자』「대종사」)

여기서 가장 핵심이 되는 내용은 무엇일까? 그가 말하는 만물 변화의 뿌리인 도의 근원 자리는 태극의 어머니, 즉 태극이 생할 수 있는 우주 조화의 본원 자리이다. 『남화진경』에서는 이 자리를 무無 또는 무극無極이라 하였는데, 물론 이것 역시 우주의 질서(태극)가 열리는 조화의 바탕과 그 극치의 경계를 말한다.

자상호子桑戶와 맹자반孟子反, 자금장子琴張 세 사람이 대화를 나누는 대목이 있다.

그 누가 서로 사귀지 않으면서도 능히 무심無心으로 함께하리오.

그 누가 하늘에 올라 안개 속을 노닐며,

우주 조화경인 무극의 지경에 거닐며 세상을 잊은 채 살며

다함이 없는 경계에 이를 수 있을까?

孰能相與於無相與, 相爲於無相爲? 孰能登天遊霧, 撓挑無極; 相忘以
生, 無所終窮?(『장자』「대종사」)

진지眞知는, '천부天府'이며 '영부靈府'인 본연의 마음[心]을 근원으로 되돌
림으로써 체득된다. 인간의 작은 지식[小知]을 억제하고 마음속에 있는 가식
적이고 거추장스런 속세의 꺼풀을 후련히 제거해 버리면, 우주 자연의 변화
원리이자 조화 자리인 '도'에서 노닐 수 있게 되는 것이다. 이것이야말로 장
자가 설명하는 진정한 자유이자 소요逍遙인 것이다.

> 이 우주에 시작이 있다면, 그 앞에 시작되지 않음이 있고
> 또 그 앞에는 시작되지 않은 그 이전이 있을 것이라.
> 有始也者, 有未始有始也者, 有未始有夫未始有始也者。(『장자』「제물론」)

> 천지의 밖에 대해 성인은 그 존재를 부정하지는 않았지만 논하지
> 않았으며, 천지의 안에 대해서도 언급은 하였지만 시비를 따지
> 지 않는도다. …
> 성인은 도를 가슴속에 품지만, 중생은 이를 분별하여 서로 보인다.
> 그러므로 분별이라는 찌꺼기가 남아 있을 때
> 그대는 영원한 도를 체험하지 못하리라.
> 六合之外, 聖人存而不論; 六合之內, 聖人論而不議。… 聖人懷之, 衆
> 人辯之, 以相示也。故曰: 辯也者, 有不見也。(『장자』「제물론」)

제 아무리 재주꾼이라 할지라도 자신이 직접 체험을 하지 않고는 이러한
도道의 조화 경계를 깨칠 수 없기 때문에, 모든 성인은 천지의 안과 밖의 신
비에 대해서 말이나 문자로써 자세하게 언급하지 않는다고 장자는 말하고
있다.

삶과 죽음은 하늘의 명령

장자는 생사에 대한 도의 섭리, 적어도 인생의 감미로움을 가슴에 느낄 수 있는 존귀한 생에 대한 자세를 이렇게 전하고 있다.

삶을 초극하는 자에게 죽음이란 없노라.
삶에 매인 자는 큰 삶을 누리지 못하리라.
이것이 인간과 만물이 만물되는 생명의 도리라네.
도(우주의 길)는 만물을 보내지 않는 것이 없고
맞아들이지 않는 것이 없도다.
또한 만물을 허물지 않는 것이 없고 이루지 않는 것이 없도다.
殺生者不死, 生生者不生。其爲物, 無不將也, 無不迎也; 無不毀也, 無不成也。(『장자』「대종사」)

죽음과 삶은 하늘의 명령이라네.
저 밤과 아침의 흐름이 언제나 일정한 것은
하늘의 길[天道]의 변치 않는 변화 정신인 것을.
아, 인간의 힘으로 어찌할 도리가 없는 것은 만물의 실정이로다.
死生, 命也, 其有夜旦之常, 天也。人之有所不得與, 皆物之情也。(『장자』「대종사」)

그리하여 장자는 저 영원한 생명의 삶을 위해서 '진리의 투사'가 되라고 한 것이다. 그러면 구도자가 찾는 그 초월의 경지는 무엇인가?

그 누가 무無를 머리로 삼고, 삶을 등으로 여기며
죽음을 꽁무니로 여기겠는가?
누가 생사존망이 일체의 경계임을 알 수 있으리오!
아, 그와 더불어 벗하고 싶도다.

孰能以無爲首, 以生爲脊, 以死爲尻, 孰知死生存亡之一體者, 吾與之
友矣。(『장자』 「대종사」)

삶을 기뻐함이 미혹이 아닌지 내 어찌 알 수 있으리오!
죽음을 싫어함이 어릴 때 고향 떠난 채
돌아갈 일 잊은 자가 아닌 것을 내 어찌 알리오!
予惡乎知說生之非惑邪! 予惡乎知惡死之非弱喪而不知歸者邪! (『장
자』 「제물론」)

대자연은 우리에게 형체를 주었소.
삶을 주어 우리를 수고롭게 하고
늙음을 주어 편안케 하며
죽음으로써 안식에 들게 하오.
그러니 자기 삶이 좋다는 자는 죽음도 좋다는 것이라오.
夫大塊載我以形, 勞我以生, 佚我以老, 息我以死。故善吾生者, 乃所以
善吾死也。) (『장자』 「대종사」)

「양생주養生主」 편에 보면, 문혜군文惠君 앞에서 귀신같은 재주로 소를 잡
는 요리사 포정庖丁의 이야기가 나온다. 포정이 소에 칼을 댈 때마다 음악과
같은 훌륭한 소리가 날 정도였는데 그 비법에 대한 포정의 대답에서 왕은
양생의 도를 깨치게 되었다. 포정은 다음과 같이 대답했다. "제가 가장 좋아
하는 것은 도입니다. 도는 사람의 기술보다도 훨씬 뛰어납니다.(臣之所好者, 道
也, 進乎技矣。)" 이처럼 구도 공부의 요체는 바로 각고의 노력으로 도를 체득한
입신入神의 경지에 드는 것이다. 소 잡는 사람의 신기도 19년의 수련 끝에서
만들어진 것인데, 생명의 본원으로 향하는 진리 공부야 오죽하겠는가!

우주의 진리 세계 통치자(상제上帝)가 계신다

우리가 장자의 세계관에서 특히 주시해야 할 한 가지 문제는, '우주, 우주 질서, 즉 도道를 주재하고 계시는 인격신인 통치자가 천상에 존재한다'고 언급한 사실이다.

우주의 진리 세계 참 통치자[上帝]가 계신 듯하지만
그분의 모습을 보기는 워낙 어렵도다.
그분의 행하심(역사의 창조 작용)을 내가 예전부터 믿어온 바이지만
상제님의 형모는 뵐 수 없더라.
만물과 통정하시며 형상을 감추시는 것일까?
若有眞宰, 而特不得其眹。可行已信, 而不見其形, 有情而無形。(『장자』
「제물론」)

하늘(하늘의 주재자, 상제님)로부터 부름을 받는 자, 즉 천명을 받은 자는 그 누구보다도 자신을 기만하지 말라고 경고한 다음 구절은, 오늘의 가을 대개벽기에 믿음의 길, 구도의 길을 걷는 이들이 깊이 명심해 둘 말이다.

사람을 위해 일할 때 그를 속이기는 쉬우나,
하늘(천제天帝)을 위해 일할 때 하늘을 속이기는 어렵다.
爲人使易以僞, 爲天使難以僞。(『장자』「인간세」)

최상의 삶, 천지의 정도正道를 만나는 것

세계 종말의 해답과 참된 생명의 길을 끊임없이 묻고 있는 우리는 지금 장자의 이 주옥 같은 문장에서 무엇을 얻을 수 있을까?

대저 천지가 정도正道로 운행하는 변화의 흐름을 타고

자연의 변화에 순응하여 무궁한 조화 세계에서 노닌다면
무엇에 기댈 것이 있으리오.
그리하여 지인至人은 자신[己]을 버리고,
신인神人은 공功이 없고, 성인聖人은 이름이 없음이라.
若夫乘天地之正, 而御六氣之辯, 以遊無窮者, 彼且惡乎待哉! 故曰: 至
人無己, 神人無功, 聖人無名。(『장자』「소요유」)

인용문의 앞 부분을 주의하여 다시 살펴보자. 현실적인 우주 생성 운동의
선·후천 시간 원리로 말한다면, 이 내용은, 천지가 완전히 정상적인 정도正
道 변화 운동을 시작하는 후천개벽 이후 세계 성숙기에 살게 될 때, 삶의 궁
극적인 보람을 찾게 된다는 소식이다.

깨어나지 못한 인생은 한바탕 꿈과 같다

꿈속에서 즐겁게 술 마시던 이, 아침이 되면 슬피 울고
꿈속에서 슬피 우는 이, 날이 새면 즐겁게 사냥을 떠난다오.
꿈을 꿀 때는 꿈인 줄을 모르고 꿈속에서 그 꿈을 점치기도 하다가,
깨고 난 뒤에야 인생이란 한바탕의 꿈인 줄을 안다오.
그러나 어리석은 자는 자신이 깨어 있다고
스스로 자만하여 아는 체하며,
군주라 하여 떠받들고 소치는 목동이라 하여 차별하니 옹졸한
짓이오.
공자도 그대도 모두 꿈을 꾸고 있는 것이오!
夢飮酒者, 旦而哭泣; 夢哭泣者, 旦而田獵。方其夢也, 不知其夢也。夢
之中又占其夢焉, 覺而後知其夢也。且有大覺而後知此其大夢也。而愚
者自以爲覺, 竊竊然知之, 君乎, 牧乎, 固哉! 丘也與女, 皆夢也。(『장자』
「제물론」)

보통 사람들의 지식[小知]은, 대개 어떤 관점에 따라 얻어지는 부분적이고 편향적인 것이기 때문에 상대되는 이론과 필연적으로 대립·투쟁할 수밖에 없다. 그렇지만 자연의 섭리에 조화하는 참 깨달음[眞知]은 만사만물의 근원자리에서 얻어진 것이기에, 모든 내외적인 속박에서 탈출하여 어떤 조건에서도 얽매이지 않는 진정한 자유를 누릴 수 있게 되는 것이다. 그렇지만 현대인들은 반쪽짜리 지식과 선입관에 얽매여 대자연의 무궁한 조화 원리에 대해서는 알지도 못하고 심지어 알려고도 하지 않는 경우가 대부분이니, 후천 가을개벽을 눈앞에 둔 생사의 갈림길에서 어찌 안타깝지 않으리오!

태산泰山　중국의 역대 제왕들은 태산에 올라 상제님께 천제天祭를 올렸다.

5. 여동빈이 전한 옥황상제

여동빈呂洞賓(798~?)은 당나라 팔선八仙의 한 분으로 여조呂祖로도 불린다. 여동빈은 영원불멸의 몸인 선체仙體가 되게 하는 선仙 문화를 대중화하여 동아시아와 선계仙界에서 존경받는 인물이다.

> 지극히 존귀하신 옥황상제께서는 도솔천의 능소천궁에 계신다.
> 玉皇至尊은 在兜率凌霄天宮이니라. (『여조휘집呂祖彙集』 권7)

> 여동빈이 말하기를, 옥황상제께서 머무시는 곳은 삼천대천 세계의 천종(하늘의 종주)이니 영원히 물러섬이 없고 견줄 것이 없을 정도로 지극히 높다. 그러므로 '대라'라고 한다.
> 呂純陽이 曰 玉帝所居는 爲三千大千世界天宗이니 永無退轉하며 至高無比하나니 故云大羅니라. (『도장道藏』「고상옥황본행집경주해高上玉皇本行集經註解」)

도교의 우주관에 따르면, 우주에는 36천이 있고, 이 36천의 중심에는 우주 통치자 하나님, 상제님이 계시는 대라천大羅天이 있다. 그런데 여조는 옥황지존이 미륵부처님의 하늘인 '도솔천'에 계신다고도 했다. '모든 하늘의 최고 높은 자리이자 조화의 하늘'이라는 의미의 '도솔능소천궁'에 옥황지존 곧 상제님이 계신다는 것이다.

여동빈 대선사가 말한 결론은 무엇인가? 옥황상제님이 바로 우주 통치자이고 미륵부처님이라는 것이다. 다시 말해서 미래의 부처이자 구원의 부처인 미륵부처님과 도교에서 말하는 도의 원 주인, 옥황상제님이 동일한 한 분이심을 말한 것이다.

우주의 진리 세계 참 통치자[上帝]가 계신 듯하지만
그분의 모습을 보기는 워낙 어렵도다.

－ 장자

하늘이 인간과 만물을 낳고
죽이는 것은 '천도天道의 이치'이니라.

－ 음부경

순환하여 다시 되돌아가는 것이
도의 창조운동이다.

－ 노자

옥황상제께서 머무시는 곳은
삼천대천 세계의 천종(하늘의 종주)이니
영원히 물러섬이 없고
견줄 것이 없을 정도로 지극히 높다.
그러므로 '대라'라고 한다.

－ 여동빈

지극히 존귀하신 옥황상제께서는
도솔천의 능소천궁에 계신다.

－ 여동빈

아버지 하느님의 강세를 예고한 동방의 성자와 선지자들

시천주조화정 영세불망만사지侍天主造化定 永世不忘萬事知(『동경대전』)

나는도시 믿지말고 한울님만 믿었어라(『용담유사』「교훈가」)

십이제국 괴질운수 다시개벽 아닐런가(『용담유사』「몽중노소문답가」)

만고없는 무극대도無極大道 이세상에 날것이니(『용담유사』「몽중노소문답가」)

본 장에서는 대우주의 최상의 대권자인 하나님께서 몸소 이 땅에 강세하신다는 경이로운 소식을 전한 동학의 최수운 대신사, 『정역正易』의 김일부 대성사, 신라 때의 설총과 진표 대성사, 그리고 중국 도교 전진교의 5대 조사인 구처기가 전한 한소식을 들어본다.

1. 동학에서 선언한 천주님 강세와 시천주侍天主 시대

최수운 대신사가 폈던 동학의 가르침 가운데 가장 중요한 것은 '천주님 강세와 구원의 문제'이다. 그것은 예수·석가·공자가 일찍이 말했던 '천

최수운 대신사(1824~1864)

주님, 미륵부처님, 상제님이 서로 다른 분이 아니라 동일한 한 분'이라는 메시지이며, 이 천주님(하늘님, 상제님)께서 친히 지상에 인간으로 강세하여 새 세계를 개벽하는 무극대도無極大道를 동방의 조선 땅에서 펼치신다는 구원의 선언으로 귀결된다.

그러나 지금의 세대는 최수운 대신사가 편 동학의 핵심 내용을 너무도 잘 못 알고 있다. 이는 동학의 경전인 『동경대전』을 제대로 소화하지 못하기 때문이다.

천상문답 사건: 너는 상제를 알지 못하느냐

한국의 운명이 풍전등화와도 같았던 격동의 조선 말, 동학은 한국과 인류의 앞날에 새 희망의 복음인 세계 구원의 개벽 소식을 전해 주었다.

당시 새로운 구원의 도맥을 뚫어 보려고 고군분투하던 최수운崔水雲(1824~1864) 대신사에게 희미하게나마 한 소식이 전해진 것은 32세 되던 을묘(1855)년이었다. 그해에 금강산 유점사에서 왔다는 한 승려가 천서天書를 건네주고 사라진 이른바 '을묘천서乙卯天書 사건'이 일어났다. 그리고 5년 뒤인 경신(1860)년 4월 5일에 우주의 최고 절대권자인 하나님으로부터 직접 천명을 받는 '천상문답 사건'이 이루어진다. 대신사는 49일간의 혈성 어린 기도가 끝나던 날, 전율오한의 묘경 속에서 천지의 조화 세계를 정각하고 다음과 같이 하나님[天主]의 성령聖靈의 음성을 들었다.

『동경대전』「포덕문」

두려워 말라. 겁내지 말라. 세상 사람들이 나를 상제上帝라고 이르나니, 너는 상제를 알지 못하느냐. … 주문을 받으라. … 대도를 펴라.
勿懼勿恐。世人謂我上帝, 汝不知上帝耶? … 受我呪文 … 布德天下
矣。(『동경대전』「포덕문」)

내 마음이 곧 네 마음이니라 … 너에게 무궁무궁한 도법을 주노니
닦고 다듬어 수련하여 글을 지어서 중생들을 가르치고 법을 바르
게 하여 덕을 펴면 너로 하여금 장생케 하여 천하에 빛나게 하리라.
吾心, 卽汝心也。… 及汝無窮無窮之道, 修而煉之, 制其文敎人, 正其
法布德, 則令汝長生, 昭然于天下矣。(『동경대전』「논학문」)

천상의 천주님으로부터 천명을 받고 도통을 한 대신사가 한국과 인류의
구원에 대해 선포한 소식은 다음 네 가지로 요약할 수 있다.

세계를 구원·통일하는 무극대도 출현

첫째로, 인류의 정치, 문화, 종교를 대통일하는 무극대도無極大道의 출현에
대한 메시지이다. 대신사는 세계 구원의 명제로서 '후천 5만년 시대가 도래
한다'고 선언하였다.

어화 세상 사람들아 무극지운無極之運 닥친 줄을 너희 어찌 알까보냐 …
무극대도無極大道 닦아내니 오만년지 운수로다.(『용담유사』「용담가」)

유도儒道 불도佛道 누累천년에 운이 역시 다했던가.(『용담유사』「교훈가」)

하원갑 지내거든 상원갑 호시절에 만고 없는 무극대도 이 세상에
날 것이니 너는 또한 연천年淺해서 억조창생 많은 사람 태평곡 격양
가를 불구에 볼 것이니 이 세상 무극대도 전지무궁 아닐런가.(『용담
유사』「몽중노소문답가」)

최수운 대신사는 김일부金一夫 대성사보다 앞서 후천에 대한 소식을 종교적 차원에서 전한 분이다. 그런데 대신사는 종교적 정진을 위하여 도중에 중단하긴 했으나, 한때 김일부 대성사와 함께 도학자道學者인 연담 이운규蓮潭 李雲圭 선생에게 역학 원리를 배운 바 있었다고 전한다. 이 때문에『동경대전』의「논학문」이나「수덕문」을 보면 역易철학의 원리로 가르침을 전한 구절이 적지 않다. 따라서 역을 이해하지 못하고는 동학의 핵심 정신을 결코 이해할 수 없다.

앞의 말씀에서 '무극대운無極大運'이라는 것은 '무궁하다, 무의 지극한 차원이다, 대립이 없다' 정도의 뜻이 아니다. 이때의 무극은 천지 만물의 생명의 근원을 의미하며 동시에 우주 가을철의 대통일 정신을 말한다. 앞서 알아본 노스트라다무스가 전한, 후천개벽기에 인종의 씨를 거두는 사뛰흔느(크로노스)의 십무극도 결국 이 무극과 동일한 의미이다.

이 무극의 천지 대운을 주재하시는 천상의 하나님께서 인간으로 강세하여 무극대도無極大道를 선포하심으로써, 동서 문명이 새 차원으로 개벽되고 비로소 세계의 모든 종교가 통일된다. 제3의 초종교인 이 무극대도에 의해서만 지구촌 인류가 구원을 받아 지상에 영구한 평화가 뿌리내리게 된다. 다시 말하면 '동학의 꿈을 완성하는 참동학이 나온다'는 것이 대신사가 전한 개벽 소식이다.

시천주侍天主 시대, 친히 강세하시는 아버지 하나님

둘째로, 최수운 대신사는 무극대도를 펴시는 하나님[天主]이 친히 이 강토에 강세하시어 뭇 창생이 그분의 도를 따르게 되는 시천주侍天主 시대, 즉 천주(성부) 시대를 선포하였다.

> 호천금궐 상제님을 네가 어찌 알까보냐. …
> 하늘님이 내 몸 내서 아국운수 보전하네. (『용담유사』「안심가」)

나는 도시 믿지 말고 하늘님만 믿었어라

나 역시 바라기는 한울님만 전혀 믿고.(『용담유사』「교훈가」)

마치 약 2천 년 전에 세례 요한이 스스로 자신을 구약 시대의 막을 내리고 신약의 길을 예비하는 중보자라 하였듯이, 대신사는 자신이 신약 시대를 이끌었던 공자, 석가, 예수의 성자 시대를 막 내리고 성부 하나님의 새 우주 개벽 시대를 선포하는 사도라고 밝힌 것이다.

그런데 대신사는 우주의 통치자 하나님이신 한 분의 절대자를 여러 칭호로 전하였다.

「교훈가」에서 보는 바와 같이, 대신사는 한국인과 인류에게 자신을 믿지 말고 장차 "인간으로 강세하실 하나님을 모시라"고 당부하고 있다. 또한 앞에서 살펴보았듯이 '하나님이 곧 상제님'이심을 밝혔는데, 이것은 여러 가지 절대자 칭호에 대한 기존의 고정관념을 깨기 위한 것이다.

대신사는, 지난날은 하나님의 대행자들이 교화를 행한 시대였으나, 이제는 하나님이 친히 지상에 인간으로 강세하여 온 인류가 아버지 하나님을 모시고[侍天主] 한집안처럼 살게 되는 시천주 시대임을 선포한 것이다.

시천주 가르침의 왜곡변천 과정

최수운	상제님 친견	시천주時天主	상제관
			인격신, 주재자
상제 체험의 단절			
최시형	1865년	인시천人是天	주재자 부정 하늘님을 마음으로 간주
	1867년	양천주養天主	
손병희	1900년 천도교 창교	인내천人乃天	인간중심 성리학적 이기천理氣天

일찍이 예수도, 한껏 분열 성장해 가는 지금의 선천 세상에는 인류가 통일 조화된 '세계 교회의 진리'를 가질 수 없으며, 이때는 오직 아버지의 말씀을 좇아 살라고 하였다. 이것은 아버지의 아들인 예수가 자신의 도법은 세계통일을 실현할 수 있는 대도가 아님을 고백한 것과 다름 없다.

서구의 천주교가 들어와서 천주의 아들을 믿으라고 열을 올리던 백여 년 전 19세기 말에, 동방의 한국은 기성종교를 마지막으로 수용하는 단계였다. 이때 대신사는 '너희는 겨우 하나님의 아들을 믿으라 하지만, 나는 아버지 하나님이 친히 이 강토에 강세하시게 되므로 사람으로 오시는 그 하나님을 믿으라 한다'고 가르쳤다. 또 조만간 신천지 새 시대를 개벽하는 천주님의 무극대도가 출현하여 후천 5만년의 새 역사가 열린다는 희망의 새 소식도 전했다. 이것이 바로 당시 전환기에 있었던 동방 한국의 최대 격동기에 동학이 이 나라와 세계에 던진 위대한 구원의 메시지였다.

후천 가을의 역인 '정역正易'을 선포하신 김일부 대성사도, 그동안 인류가 다양한 칭호로 불렀던 우주의 주재자가 서로 다른 분이 아니라 동일한 한 분임을 강조하였다. 뒤에서 구체적으로 알게 되겠지만 대성사는 미륵부처님을 상제님으로 호칭했다.

인존시대의 실현

셋째로, 후천 세계가 개벽되어 천운이 바뀜으로써 인존人尊시대가 실현될 것을 선포하였다.

천운天運이 돌렸으니 근심 말고 돌아가서 윤회시운輪廻時運 구경하소.(『용담유사』「몽중노소문답가」)

지금은 노천老天이라 영험조차 없거니와(『용담유사』「도덕가」)

서구의 사상가들 중 니체F. Nietzsche는 일찍이 "신은 죽었으며, 인간은 극복되어야 할 그 무엇이다."(『짜라투스트라는 이렇게 말했다』), "필요한 것은 우리의 썩어 문드러진 세계의 파멸을 불러 대는 최후 심판의 나팔소리인 것이다." (『나의 누이와 나』)라고 신과 인간의 잔약성孱弱性과 허구를 고발했다. 그런데 대신사는 니체보다 훨씬 전에, 선천의 하늘은 낡고 묵어서 새 기운을 여는 창조성이 다했다고 선포하였다. 대신사는 하늘도 늙고 병들어 이제는 기존의 모든 도맥이 끊어지고 대도를 수용할 수 없게 되어, 이 묵은하늘에서는 아무리 절규하고 구도해도 '새 운수를 열 수 없다'고 한탄한 것이다.

동양에서 말하는 천天은, 서양에서 말하는 신神의 창조성, 조화성과 인격신의 의미를 내포할 뿐 아니라, 신이 주재하는 생명의 변화 원리인 천리天理까지 포함한다는 것을 깨달아야 한다. 대신사는 기성종교의 신앙인들이 주인 정신을 모두 상실하여 막연히 하늘만 쳐다보며 말세 심판이나 기다리고 노예 신앙이나 하는 그릇된 구도 자세를 통렬히 비판하였다. 인류의 구원과 후천의 낙원 시대는 궁극적으로 인간이 실현하는 것이므로, 아버지 하나님과 그의 구원의 사역자들도 모두 인간으로 내려와서 도성덕립의 대개벽을 집행한다고 하였다.

> 도성덕립은 정성에 있으며,
> (神이 아니라) 사람에게 달려 있느니라.
> 道成德立, 在誠在人。(『동경대전』「수덕문」)

그리하여 대우주의 지존무상하신 대우주 통치자 상제님께서 친히 사람으로 내려오시어, 인간의 문제는 영원히 인간이 주체가 되어 해결한다는 구원 정신을 단호하게 보여 주시고, 또 인간이 성숙할 수 있는 새 진리의 길을 열어 주신다는 것이다.

천지天地는 살아 있는 거대한 귀신鬼神

천지 역시 귀신이요 귀신鬼神 역시 음양인 줄을 이같이 몰랐으니

경전 살펴 무엇하리.(『용담유사』「도덕가」)

이 말씀은 생명의 근원인 천지의 수수께끼를 푸는 대단히 중요한 의미를 담고 있는 만고의 명언이다. 현대인들은 천지가 순수한 물리적인 자연물自然物로만 존재하는 줄 안다. 그러나 사실은 그런 차원만이 아니다. 천지는 순수 인격을 가진 거대한 '음양의 성신', 즉 큰 귀신이다. 천지는 음(鬼: 歸)과 양(神: 伸)의 순수 영체靈體이므로, 천지가 화생시킨 천상의 신명들과 지상의 만물은 모두 음양의 영체인 것이다.

그러나 지금은 천지가 아직 성장의 시간대에 있으므로 지구의 정기도 분열·성장 과정에 있다. 이것은 인간으로 강세하시는 상제님의 무극대도에 의해서 조화·통일되는데, 그 새 진리를 깨치기가 기성종교의 관념과 사고방식으로는 지극히 어려우리라 경고하였다.(山河大運, 盡歸此道, 其源極深, 其理甚遠.『동경대전』「탄도유심급」)

대개벽기 최후 심판, 3년 대병겁

끝으로 최수운 대신사는 전 인류가 후천 개벽기에 넘어야 할 3년간의 세계적인 대병겁의 최종 심판을 예고하고, 사람으로 오시는 천상 보좌의 아버지 하나님과 자기 조상을 극진히 섬기라고 극구 당부하였다.

십이제국 괴질운수 다시 개벽 아닐런가.(『용담유사』「몽중노소문답가」)

우습다, 저 사람은 저의 부모 죽은 후에 신神도 없다 이름하고 제사조차 안 지내고 오륜五倫에 벗어나서 유원속사唯願速死 무삼 일고. 부모 없는 혼령혼백魂靈魂魄 저는 어찌 유독 있어 상천上天하고

무엇하고 어린 소리 말았어라.

그말 저말 다 던지고 하늘님만 공경하면 아동방 삼년 괴질 죽을 염려

있을소냐.(『용담유사』「권학가」)

(시천주 조화정 영세불망 만사지) 열세자 지극하면 만권시서 무엇하며.

(『용담유사』「교훈가」)

'인간은 죽으면 한갓 졸부 귀신이 되므로 제사 지내야 먹지도 않을 것이
요, 또 제사 지내는 것은 우상숭배이므로 지내지 말라'고 가르치는, 물 건너
온 기독교 지도자들의 민중 세뇌를 철저하게 공박하고, 그런 불건전한 정신
에 빠진 인간이 죽어 저 혼자 천당 가야 다 무엇 하느냐고 준열히 나무라고
있다. 다시 말하면 기존 관념의 노예가 되어 제 뿌리를 부정하는 인간은 다
가올 개벽기에 모두 심판 받을 것이라는 엄중한 경고인 것이다.

당시 대신사는 기존의 케케묵은 낡은 관념의 노예들에게 처절하게 박해
를 받는 자신의 심경을 이렇게 고백했다.

나도 또한 하늘님께 신선神仙이라 봉명奉命해도 이런 고생 다시 없
다. 세상 음해 다하더라.(『용담유사』「안심가」)

대신사는 실로 온갖 역경을 겪으면서, 하나님의 천명을 받들고 새로운 인
류사 시대의 첫 새벽인 개벽을 선언했다. 하나님 아버지의 강세와 그분의
가르침인 무극대도의 출현, 그리고 후천 5만년 선경낙원의 도래와 인간의
궁극적 성숙을 예고하는 새 희망의 메시지를 역사 속에 남긴 것이다.

2. 김일부 대성사가 전한 하나님 강세 소식

19세기는, 우주 신비의 전 면모를 드러내고 인류의 운명을 예시하며, 대개벽으로 가는 구원의 길을 제시한 성자들이 한반도에 대거 출현한 의미 깊은 시대이다. 이 가운데 『정역』을 지은 김일부 대성사와 앞에서 살펴본 최수운 대신사는, 선·후천 우주 신비의 암호 해독과 종교적 구원에 도전하여 일단의 매듭을 지었다. 두 분은 선천의 역철학과 종교에 새로운 차원의 방향을 제시하였다. 그러므로 '정역과 동학' 그리고 이들의 예고대로 인류문명사의 새 시대를 여는 개벽문화의 보편 사상으로서 이 세상에 출현한 '증산도'의 진수를 모른다면, 동방 한국을 중심으로 한 인류 문명의 총체적인 전환과 개벽의 천하 대세에 대해 제대로 알 수가 없다. .

김일부金一夫(1826~1898) 대성사는 최수운 대신사보다 2년 뒤에 충남 논산군 양촌면 남산리에서 탄생하였다. 선생의 풍모는 날아가는 학의 형상[학체鶴體]을 지녔고 손이 무릎 아래까지 내려왔다고 전한다. 후학들이 남긴 글이나 전해 오는 말을 들어 보면, 대성사는 고결한 인격의 소유자로서 우주 대도의 신비경을 밑바닥까지 환히 통관하고 우주 변화의 현기玄機를 한 손에 쥔 만고에 길이 남을 성인이었다. 대성사는 오행五行에 바탕을 둔 순수한 자연음인 오음五音을 노래하고 춤을 추는 영가무도詠歌舞蹈로 영혼과 몸을 고도로 단련하며, 구도의 외로운 길을 불고가사不顧家事할 정도로 일념과 혈심으로 정진하였다.

당시 한양에서 난세를 피해 논산에 내려와 은거 중이던 연담 이운규 선생에게 구도의 방향을 제시받고 36세(1861) 때 『서경』과 『역경』을 새로운 도적道的 차원에서 공부하기 시작하였다. 그런데 어느 날부터인지 눈을 감고 있으면 장려한 천지의 광명 속에서 홀연히 팔괘의 형상이 오랫동안 출몰하였다고 한다. 처음에는 공부에 너무 열중한 나머지 몸이 허虛해져서 그런 것으로만 알다가, 『주역』「계사전」에서 공자가 우주의 새 시대가 개벽되는 새로운 팔괘도를 암시한 구절을 확인하고 정역팔괘를 획하였다.(이정호,『정역 연구』)

  그 후 18년에 걸친 각고의 노력 끝에 실로 황홀하기 그지없는 후천 대개벽의 신비경을『정역』으로 논리화시켰다. 1885년에 완성된『정역』은, 이제까지 대표적인 종교와 위대한 예지자들이 하나 같이 말한 가을개벽의 이치를 밝힌 천리의 해설서이다.

  하지만『정역』에는 인사人事 문제와 앞으로 전개될 인류 역사의 구체적인 내용이 제시되어 있지 않다. 또 대개벽의 변화 원리도 그 핵심만 간단히 기록되어 있어 보통 사람이 이해하기는 극히 어렵다.

  『정역』의 핵심 내용 중 가장 중요한 것은, 오늘의 인류에게 '천지의 주인이신 상제님께서 이 조선 땅에 강세하시어 가을(후천)개벽의 정역 시간대를 활짝 여신다'는, 세계 구원의 놀라운 소식을 전한 것이다.

좌) 김일부 대성사(1826~1898), 그림 : 김용철, 정역연구소, 2005년
우) 당골에서 용바위로 가는 길목의 인내강변. 일부 대성사는 이곳을 오가며 영가무도 수행을 하였다.

미륵부처님으로 강세하시는 상제님

"우주가 변화하는 현현묘묘한 조화의 원리를 뚫어지게 안 것은 나 김일부가 천지에서 으뜸이다[第一元]"라고 자신 있게 일갈한 대성사는, 새 우주를 여는 상제님의 강세를 이렇게 전하였다.

우주의 조화 세계를 고요히 바라보니
천지의 공덕이 사람으로 오시는 상제님을 기다려 성사되는 줄을
그 누가 알았으리!
靜觀宇宙無中碧, 誰識天工待人成! (『정역』「포도시」)

천상의 우주 통치자, 조화옹 하나님이신 상제님도 결국은 인간으로 반드시 오시게 되어 있으며, 또한 오직 한마음[一心]으로 돌고 도는 천지일월도 우주의 역사를 추수하는 인간을 기다려서 자신의 대이상을 실현하게 된다는 구원의 섭리를 밝혀 주고 있다.

천지의 맑고 밝음이여, 일월의 새 생명 빛나도다!
일월의 새 생명 빛남이여, 낙원 세계 되는구나!
개벽의 세계여, 새 세계여,
상제님이 성령의 빛을 뿌리며 친히 강세하시도다!
天地淸明兮, 日月光華! 日月光華兮, 琉璃世界! 世界世界兮, 上帝照臨!
(『정역』「십일음」)

오호라, 누가 용화낙원 시대를 이제야 보냈는고!
誰遣龍華歲月今! (『정역』「십일귀체시」)

위의 시에서는, 천지는 청명하고 일월은 구원의 휴식을 즐기며 감미로운

새 생명의 기운을 던져주는 1년 360일의 후천 낙원 시대가 그림처럼 떠오른다. 특히 『정역』이 전하는 이러한 구원의 메시아 강세 소식은, 당래의 천지 개벽기에는 상제님이 지상에 친히 인간으로 오시어 당신의 도법으로 신천지 낙원의 새 운수를 개벽하신다는 것이다. 또한, 지상에 강세하시는 인류 구원의 절대자인 새 부처님, 즉 도솔천 천주님(하나님)이신 미륵부처님이 상제님과 동일한 분이라는 천상 신도神道의 소식도 함께 전하고 있다.

천지일월과 인간은 후천 가을개벽을 눈앞에 둔 오늘의 시간대에 이르기까지, 너무도 파란만장한 곡절과 사연을 우주 시간대의 궤적 위에 그려 왔다. 문명 전환의 마지막 매듭기에 펼쳐지는 세계 구원의 문제는 미륵존불의 도법이 출세하는 개벽기에 실현되는 '용화낙원 세계'의 비밀에 전부 함축되어 있다.

개벽을 일으키는 지구 속 불 기운

천지의 운행 도수는 곧 일월의 도수이니, 일월이 정도 운행을 하지 못하면 이는 성숙한 변화의 시간에 이르지 못한 것이라. 변화[易]가 정도의 변화[正易]를 이룰 때, 우주의 변화가 바르게 성취되리니 천지 시공의 모체인 원역이 어찌 항상 꼬리가 달려있는 윤역의 시간대만 쓰리오.

天地之數數日月, 日月不正易匪易。易爲正易易爲易, 原易何常用閏易!

(『정역』「정역시」)

김일부 대성사의 「정역팔괘도」를 보면, 선천의 묵은 시간대가 후천 정역 시간대로 개벽되어 하늘과 땅, 태양과 달이 모두 정도수로 운행된다는 것을 알 수 있다. 우선 천지의 조화 기운이 수렴·통일 운동을 한다는 것을 암시하기 위해, 괘의 방향이 선천의 복희팔괘와 문왕팔괘와는 정반대인 안쪽으로 향하여 그려져 있다. 또한 지축이 이동하여, 지금과 같이 극한극서로 운동하는 천지의 변화 정신을 나타내는 문왕팔괘의 '감[坎水]·리[離火]'가 물러나고, 우주 생성 운동의 음양의 모체인 '건乾·곤坤'이 정남북에 자리 잡는다. 그리고 결실의 개벽 원리를 암시하는 '간艮·태兌'가 동서에 자리 잡아, 음양합덕陰陽合德하게 되는 천지일월의 정음정양正陰正陽 운동을 암시하고 있다.

일찍이 노스트라다무스가 "지구 속의 불 기운으로 말미암아 새로운 도시에 지진이 일어난다"라고 한 말은 정역팔괘에서 남북에 암시해 놓은 '이천二天·칠지七地라는 불[二·七火] 기운'의 현묘한 조화 작용을 가리킨다. 사실 지구를 비롯한 천지 만물의 변화뿐 아니라 우리 인체의 기혈氣血 운동까지도 모두 수水·화火의 두 조화 기운(음양)이 균형을 잡으려는 평형 운동으로 말미암아 일어나는 것이다.

우리가 '과학적'이라는 말에 사고의 틀이 좁아져 자연의 신비스러운 이면을 쉽게 볼 수 없지만, 사실 이 지구는 수·화의 음양 기운으로 살아 움직이고 있다. 이 수·화 기운은 단순히 뜨거운 불이나 차가운 물이 아니라 거대하고 신령스런 조화 기운[靈氣]으로 이해해야 한다.

지구 내부의 2·7화火의 운동에서, 7화는 양陽성의 불 기운이므로 동動하여 '북방의 음화(2火)'를 만나야 새로운 변화성을 발휘한다. 남방 불이 북방 불에 들어가 지구를 성숙 운동으로 전환시키는 근본 이유를 우리 인체에서 찾아보면 이러하다. 본래 소우주인 인체에서 우주의 생명 작용이 그대로 투시되어 있는 구멍은 열한(11) 개이다. 이는 십무극과 일태극의 결합인 십일성도十一成道

복희팔괘도: 봄의 천도天道

원리에 따른 것이다. 이 중 배꼽과 남창리궁南昌離宮(머리 위 백회혈百會穴 자리) 두 구멍은 쓰지 않고, 우주의 9수 작용 원리에 따라 아홉 구멍만 사용한다.

그런데 이제까지는 천지 기운이, 5만 년 전 선천개벽 이래 아직 시집 장가를 가지 않은 청년기의 생장 운동 단계에 있다. 이 말은 지구[陰體]도 이제서야 음양의 조화 기운에 본격적으로 감응하기 시작하여, 막 혼례를 치르려는 처녀같이 성숙하였다는 의미이다. 즉, 천지도 음양 기운이 조화되는 계기인 선·후천이 바뀌는 대개벽기(성숙기)를 만나야 비로소 어른이 되는 것이다. 이 때가 되면 지구 속의 불 기운이 동함으로써 남방 불이 북방으로 들어가 빙하를 녹이고, 격렬한 천지 기운의 변화 운동이 시작되어 지구 곳곳에 지진이 빈번하게 일어나는 것이다. 그러므로 인간이 어른이 되어 자식을 낳을 때 하체로 낳듯이, 아래가 위가 되기 때문에 정역팔괘의 건곤乾坤도 복희팔괘와는 정반대로 자리 잡는 것이다[完成易].

문왕팔괘도: 여름의 인도人道

정역팔괘도: 가을의 지도地道

3. 미륵불의 강림을 언약 받으신 진표 대성사

신라와 백제 때부터 꽃피기 시작한 도솔천의 천주님(미륵부처님)에 대한 신앙은 진표 대성사로부터 영글어 민중신앙으로 개화되었다. 법상종의 개조開祖이기도 한 그는, 일찍이 12세 때 어머니와 아버지 진내말眞乃末의 출가 허락을 받고 고향(전주 만경현 대정리)을 떠나 곧장 전북 김제군에 있는 금산사金山寺에 가서 숭제 법사로부터 사미계沙彌戒를 받았다.

대성사는 '미륵님으로부터 직접 법을 구하여 대도를 펴겠다'는 큰 뜻을 가슴에 품고 전국 명산을 순행하다가, 27세 되던 경덕왕 19(경자庚子, 760)년 부안 변산에 있는 '부사의방장不思議方丈'에 들어가 초인적인 정열을 발휘하며 역사상 유례가 없는 구도에 정진하였다. 쌀 두 가마를 쪄서 말린 양식을 가지고 입산한 그는 하루에 두어 홉씩 먹으며 미륵불상 앞에서 지극정성으로 참회하며 기도하였다. 그러나 3년이 되어도 천상으로부터 장차 도를 통하게 되리라는 한 소식[授記]을 받지 못하자 죽을 결심으로 바위 아래로 몸을 날렸는데, 그 순간 청의동자靑衣童子가 대성사를 손으로 받아 바위에 올려놓고 사라졌다. 이에 용기를 얻은 대성사는 서원을 세우고 21일을 기약하여 생사를 걸고 더욱 정근精勤하였다. 온몸에 돌을 내려치며 수없이 참회(망신참법亡身懺法)하자, 3일이 되었을 때는 팔꿈치와 두 무릎이 터져 피가 흐르고 힘줄이 드러났다.

7일째 되는 날 밤에 지장보살이 주장자를 짚고 나타나 몸을 간호해 주고 가사袈裟와 바리때를 전해 주자, 확신을 갖고 혈심으로 정진하여 21일이 끝나는 날 마침내 대성사는 정각 도통을 하여 천안天眼이 열렸다. 이에 지장보살 등 수많은 도솔천중兜率天衆을 거느리고 오시는 도솔천 천주님이신 미륵존불을 친견하고, 증과간자證果簡子 189개를 받았다.

장하도다. 대장부여! 계를 구하기 위해 이렇게 신명을 아끼지 않고

진표 대성사(734~?)

지성으로 참회하는구나! ⋯ 이 중 제8 간자는 본래 깨달은 불종자를 표시함이요, 제9 간자는 새로 닦아 나타나는 불종자를 표시함이니 이것으로 장래의 과보를 알리라. 이 뒤에 그대는 이 몸(육신)을 버리고 대국왕大國王의 몸을 받아 도솔천에 나리라." 하시고 천상으로 환어하셨다. 이때가 율사 30세 되던 임인(762)년 4월 27일이었다.(『삼국유사』)

여기서 미륵 천주님께서 진표 대성사를 장차 대국왕으로 임명하신 것은 무엇을 뜻하는 것일까?

원각圓覺 대도통을 하신 대성사는 자신의 때로부터 천 수백 년 후에 일어날 천지 대개벽의 환란을 훤히 내다보고, 그때 미륵 천주님께서 동방의 이 강토에 강세해 주실 것과 자신을 큰 일꾼으로 써 주실 것을 지극 정성으로 기원하였다. 그리하여 미륵부처님으로부터 직접 계를 받은 대성사는, 전북 김제에 있는 금산사를 미륵불을 모신 대가람으로 중창重創하였다. 현재의 금산사 미륵전 자리는 본래 큰 연못이었다고 하는데, 대성사가 미륵불의 계시를 받고 이 연못을 모두 숯으로 메운 다음, 연화대 대신 '쇠로 만든 밑 없는 시루'를 놓고 그 위에 미륵불을 조상하였다. 그래서 지금까지도 금산사 미륵전에는 이 밑 없는 시루가 미륵불상을 떠받치고 있다.

사회에 큰 비리와 물의를 계속 일으켜 온 대순진리회에서는 자신들의 도통 연원을 합리화하기 위해 이 시루 밑에 솥이 또 있다고 조작하여 종교장사를 하고 있는데, 솥은 없고 본래부터 시루만 있다.('증甑'은 시루를 말하는데 '솥'이라는 의미로도 쓴다.)

인류 구원을 향한 큰 발원으로 미륵불의 시대를 활짝 연 진표 대성사는, 미륵부처님의 '삼회 설법'이라는 우주 구원의 대도 정신을 상징하는 의미에서 모악산 금산사를 제1 도장, 금강산 발연사를 제2 도장, 속리산 길상사(현 법주사)를 제3 도장으로 정하고 용화 도장을 열었다. 그리고 한국과 세계 구원의 기틀을 준비하기 위해 미륵신앙 전파에 한평생을 바치고 천상 도솔천으로 올라가셨다.(『삼국유사』; 『미륵 성전』, 218~223쪽)

4. 설총이 전한 미륵부처님 강세 소식

설총은 원효대사의 아들이며 어머니는 태종 무열왕의 딸 요석공주이다. 설총은 신라의 골품제도 때문에 출세를 크게 하지는 못했지만 최치원, 강수와 함께 신라 3대 문장가로 이름을 날렸고, 신라 때 일곱 성인의 한 사람으로 우주의 한 소식을 들은 인물이다. 그는 미륵존불께서 조선 말기에 이 땅에 강세하시리라는 구원의 소식을 『설총결』에서 이렇게 전하고 있다.

❶ 금산사 미륵전
❷ 미륵불을 떠받치고 있는 시루
❸ 미륵전에 봉안되어 있는 미륵불상

조선 말기에 출세하시는 미륵불

한양의 운수가 끝날 무렵 용화세존이 말대에 오시리라.

금강산에 새 기운 서려 있으니,

상서로운 청룡 백호가 굽이굽이 응하도다.

일만 이천 도통 군자를 출세시킬 새 문명의 꽃이여,

서기 넘치는 영봉에 그 운기 새롭구나.

漢陽之運過去際에 龍華世尊末代來라. 金剛山上大石立하니 一龍萬虎
次第應이라. 一萬二千文明花에 瑞氣靈峰運氣新이라.

인류를 건져 새 시대의 새 문명을 이룩할 미륵부처님의 일만 이천 도통
군자가 동방 땅 조선에 출세할 것을 위와 같이 예고하고 있는 것이다.

여자 성씨로 오시는 미륵존불

인류 성씨의 조상이 여자 성씨에 뿌리를 두고,

여자 성씨에서 다시 새로운 시원이 이루어지니,

이는 태초부터 우주 정신으로

천도의 운수가 그렇게 이루어져 있는 까닭이라.

根於女姓成於女하니 天道固然萬古心이라.

미륵불이 여자 성씨로 오시는 것은 후천이 곤도坤道 시대이기 때문이다.
그는 태초에 이미 예정된 우주 자연정신의 종시終始의 동일성 원리를 통해
세계 구원의 인사 비밀을 밝혀 주고 있다.

후천 낙원 문명의 중심, 간방의 태전

간방(한국)의 태전은 용화 낙원의 중심지라.

세계 만국(36궁)이 그 은혜를 조회하리라.

艮地太田龍華園에 三十六宮皆朝恩이라.

태전太田은 대전大田의 본래 지명이다. 설총은 미륵존불이 여실 용화 낙원 세계의 수도는 조선의 태전이라 하였다.

미륵불은 인류 구원의 대업을 백 년 전에 내려와 준비하신다

백 년 후의 일을 백 년 전에 와서 집행하시니,

먼저 믿는 자들이 소 울음 소리는 들었으나

도는 통하지 못하리라.

百年後事百年前하니 先聞牛聲道不通이라.

1부에서도 살펴보았지만 이 구절의 '소 울음 소리' 역시 대단히 중요한 사실을 나타낸다. 이것은 무엇을 뜻하는 것이며 왜 도통을 하지 못한다고 하였을까? 단순히 모든 종교의 도맥이 끊어졌기 때문인 것일까?

늦게 믿는 자들의 게으른 신앙 자세

먼저 믿는 자들의 걸음걸이는 지극히 급하였건만,

늦게 믿는 자들의 걸음은 어이 그리 더딘고.

남은 개벽의 시간 방촌에 불과하건만

게으른 신앙의 발걸음은 어찌할 것인고.

前步至急後步緩하니 時劃方寸緩步何오.

인도人道는 끊어지고 창생은 제 죄로 다 죽는다

배은망덕하고 의리 없음이여, 군사부의 도는 어디로 갔는고.

예절도 의리도 없이 인륜의 도가 다 끊어졌도다.

아, 가련하구나, 창생들이여!

모두 제 죄로 멸망당하는구나!

背恩亡德無義兮여 君師之道何處歸오. 無禮無義人道絶하니 可憐蒼生
自盡滅이라.

5. 지맥에 드러난 종교 통일의 도맥

「진인도통연계眞人道通聯系」는 유교·불교의 도맥이 이루어진 원리뿐 아니
라 유·불·선 삼교三教를 통일하고 인류를 구원하시는 우주의 메시아 강세
소식을 '지도地道의 원리'로써 실로 명쾌하게 밝혔다.

저자로 알려진 구처기丘處機는 중국 도교의 일파인 전진교全眞教의 5대 조
사이다. 도호가 장춘자長春子, 장춘진인長春眞人이라 구장춘丘長春*이라고도 한
다.

구처기의 수련이 높은 경지에 올라 명성이 자자하여 장생불사를 꿈꾸던
징기스칸이 칙서를 보내 구처기를 초청했다. 당시 구처기의 나이는 73세였
는데, 거의 2년이 걸린 긴 여행 끝에 징기스칸을 만났다. 징기스칸은 구처기
를 좋아하여 전진교에 면세 특권을 주고, 구처기에게 도교를 총괄하는 권한
을 주었다.

구처기는 전진교의 기초를 세운 종리권, 여동빈 등의 내단 수행법을 집대
성한 인물로 평가받는다. 「진인도통연계眞人道通聯系」는 구처기의 저작이라고
구전되지만, 구처기의 저서 중에 '진인도통연계'라는 글은 보이지 않는다.
본서에서 살펴본 동양의 여러 예언처럼, 구처기라는 신선의 이름을 빌려 후
세 사람이 전한 비결일 가능성이 크다.

---

* 구장춘의 중국어 발음은 '치우장춘'이다. 빨리 읽으면 츄장춘, 주장춘으로 들릴 수 있다. 이
때문에 「진인도통연계眞人道通聯系」의 저자가 구처기가 아니라 주장춘으로 알려지기도 했
다. 과거에는 명나라의 주장춘朱長春이라고 하였으나 이번 판부터 구처기로 바로 잡는다.

山之祖宗은 崑崙山이니 原名은 須彌山也라.
산지조종　곤륜산　　원명　수미산야

산의 근원은 곤륜산이니, 본래 이름은 수미산이니라.

崑崙山第一枝脈이 入于東海하여 生儒拔山하고
곤륜산제일지맥　입우동해　　생유발산

儒拔山이 生尼丘山하여 起脈七十二峯이라.
유발산　생니구산　　기맥칠십이봉

故로 生孔子하여 孔子는 七十二名道通也라.
고　생공자　　공자　칠십이명도통야

곤륜산의 제1맥이 동해 쪽으로 뻗어나가 유발산儒拔山을 일으키고,

유발산이 니구산尼丘山을 낳아 72봉을 맺으니라. 공자가 니구산 정

기를 타고 태어나 이 니구산 72봉의 기운으로 그의 제자 72현賢이

배출되니라.

崑崙山第二枝脈이 入于西海하여 生佛秀山하고
곤륜산제이지맥　입우서해　　생불수산

佛秀山이 生釋定山하여 起脈四百九十九峯이라.
불수산　생석정산　　기맥사백구십구봉

증산 상제님께서 강세하시는 지도地道의 원리

故로 生釋迦牟尼하여 釋迦牟尼는 四百九十九名道通也라.
고　　생석가모니　　석가모니　　사백구십구명도통야

곤륜산의 제2맥이 불수산佛秀山을 낳고 불수산이 석정산釋定山을 일으켜 이곳에 499봉이 솟으니라. 석가모니가 이 석정산의 영기靈氣를 타고 왔나니 그의 도통 제자 499명이 나오니라.

5만 년 전 선천개벽으로 지구의 지형이 처음 조판될 때, 오대양 육대주가 모두 중앙아시아의 곤륜산을 바탕으로 형성되었다. 따라서 이 곤륜산은 지구에 있는 모든 산의 뿌리인 조종산祖宗山이 된다.

이 곤륜산의 제1맥으로 뻗은 니구산의 정기를 타고 공자가 오고, 그 72봉의 기운으로 72현이라 불리는, 육예六藝를 통한 제자들이 배출되었다. 본래 공자의 부친은 군대 장교였는데 아들을 두지 못하다가, 60세가 넘어서 안징재顔徵在라는 20세가 채 안 된 규수를 만나 니구산에서 함께 기도하여 공자를 낳았다. 그리하여 속설에 의하면, 이 니구산의 정기를 받고 태어난 공자의 이마 모습이 니구산 봉우리와 같은 형상이어서 이름을 구丘로 했다고 전한다.

다음에 곤륜산의 제2 지맥으로 뻗은 석정산 영봉靈峰의 맥을 타고 석가가 와서 도통하였고, 석정산 499봉의 정기에 응해 석가에게 도를 받은 499나한羅漢이 나왔다.

또한 구처기는 인류 구원의 도산道山을 타고 오실, 성산聖山의 정기를 타고 뻗어나간 유교·불교의 천지 도맥을 통일하시는 '상제님 강세' 소식을 이렇게 자세히 밝혀 주고 있다.

崑崙山第三枝脈이 入于東海하여 生白頭山하고
곤륜산제삼지맥　　입우동해　　　생백두산

白頭山이 生金剛山하여 起脈一萬二千峯하니
백두산　　생금강산　　　기맥일만이천봉

故로 生甑山하여 天地門戶母岳山下에 道出於熬也라.
고　　생증산　　천지문호모악산하　　도출어오야

故로 一萬二千名道通也라.
고　　　 일만이천명도통야

곤륜산의 제3맥이 동방으로 쭉 뻗어 백두산에 맺히고 그 맥이 다시 남으로 뻗어 금강산을 수놓아 1만2천 봉이 솟았느니라. 그리하여 이 기운을 타고 증산甑山께서 오시나니 이분이 천지의 문호인 모악산 아래에서 결실의 추수 진리(오도熬道 : 볶을 오熬)를 열어 주시나니 그분의 도道는 '모든 진리를 완성'시키는 열매가 되리라. 후에 그분의 도문에서 금강산 정기에 응해 1만2천 명의 도통군자가 출세하리라.

이 예언의 핵심은, 동방의 영산靈山인 금강산의 영기에 응해 천상의 하나님(상제님, 천지 주재자)께서 오셔서 증산甑山이란 존호를 쓰시고, 천지 문호인 모악산(전라북도 전주 소재) 아래에서 인류 구원의 대도를 이루시게 된다는 것이다. 그런데 상제님은 왜 하필 증산이라는 존호를 가지고 오시는 것일까?

이것은 '도출어오道出於熬'라는 말에 그 깊은 뜻이 잘 나타나 있다. 이 말은 '인류 구원의 대도가 오熬에서 나오게 된다'는 의미이다. '오熬'의 뜻은 글자의 부수部首인 불 화(灬 = 火)에 있으며, 그 의미는 '볶는다'는 것이다. 이는 설익어 미완성인 이제까지의 모든 선천 종교와 사상, 철학, 과학 등을 총체적으로 익혀서 성숙시킨다는 깊은 뜻을 나타낸다. '오熬'를 자전에서 찾아보면 '건전乾煎, 십전十煎'이라 풀이하는데, 이것은 분열의 극기인 불[火] 시대 문명을 볶고 익혀서 가을 문명 세계를 여는 우주 십무극의 조화 기운(노스트라다무스가 말한 황금의 사뛰흐느)을 말한다.

그러므로 오도熬道란 선천 말기 불 시대의 극한에 출현하는 인류 구원의 성숙한 가을 진리, 즉 인류문명사의 열매기 진리인 가을의 대도를 의미한다.

이상에서 구처기가 전한 위대한 소식의 핵심은, 우주의 주재자인 천상의 천주님께서 '한 일一' 자, '순박할 순淳' 자의 함자로 오셔서, 결실을 의미하는 '시루 증甑 뫼 산山'을 존호로 삼으시고 인류 구원의 오도熬道를 창도하시리라는 것이다. 그리하여 오늘날 온갖 참상을 겪고 있는 인류에게, 이 가을(후천) 시대를 열고 선천의 모든 것을 성숙시키는 새 진리의 고소한 맛을 봐야만 구원 받을 수 있다는 섭리를 전한 것이다. 이 진리의 사명을 완수하는 상제님의 1만2천 도통 군자들이 동방 한국 땅에서 역사의 일꾼으로 나온다는 축복의 메시지도 함께 전하였다.

인류 역사상 일찍이 어느 시대 어떤 성자나 예지자도 천지의 현기玄機를 이처럼 뚫어지게 보고 전하지 못했다. 유교·불교가 지상에 출현하여 어떻게 통일되느냐 하는 구원의 비밀을 오직 구처기 한 사람만이 이렇게 핵심을 꿰뚫어 전한 것이다. 구처기는 공자·석가·예수를 내려 보내신 천상의 주재자께서 천지의 도맥을 따라서 지상의 어느 곳으로 강세하시고, 또 어떠한 존호尊號와 함자를 가질 것이냐 하는 문제까지도 뚫어지게 보았다.

독선과 아집에 빠지지 않고 올바른 진리를 만나는 길은 어디에 있는가? 그것은 구처기가 전한 상제님의 강세 소식에서 짐작할 수 있듯이, 성숙한 통일의 대도 진리로써 병든 세계를 뜯어고친다는 상제님의 개벽세계관을 깨칠 때 비로소 확연해진다.

보라! 천지도 생명의 맥(무극 → 태극 → 황극)을 따라 인간과 만물을 생성·변화시키고 있다. 인간도 부모와 조상의 혈통을 따라 생겨난다. 굽이굽이 뻗어 있는 산과 물도 산맥山脈과 수맥水脈을 따라 그 기운이 뻗어 흘러가고 있다.

세상 사람들은 "강증산이 인간으로 태어났다면 어떻게 그가 하나님이란 말이냐"라는 말을 자주 한다. 이런 사람들은 '얼굴 없는 하느님'과 '얼굴 있는 하나님'의 관계를 전혀 알지 못하기 때문에 이런 질문을 하는 것이다. 즉, '천지의 본체本體인 우주 생명의 조화신 자체(하느님)'와, '생명을 주재하고 우주를 통치하는 실재하시는 하나님(인격신)'의 차이점을 명료하게 깨닫지 못하기 때문이다. 통치자 하나님은 천상의 수도인 옥경玉京에 엄연히 인격신으로 존재하시며, 지상에 인간으로도 강세하실 수 있는 분이라는 것을 깨달아야 한다.

하나님(천주)이란 인간이 도저히 알 수 없는 전능한 창조주이거나 또는 절대 섭리 자리로서 무형인 빛과 순수 사랑과 진리의 성령으로 계시는 것으로만 아는 것은, 신도에 어두운 서구의 신학 논리에 수천 년 동안 왜곡되고 세뇌당한 결과이다.

이 우주 대권자의 강세 소식은 2~3천 년 전에 이미 선천 종교의 성자들이 한결같이 예고하였다. 기독교에서는 '백보좌 하나님'으로, 불교에서는 '미륵부처님'의 명호로, 유가와 도가에서는 '상제'와 '천제'라는 칭호로 우주 주재자의 출세를 선포해 왔는데, 증산 상제님께서 바로 만백성의 바람과 기원에 응해 인간으로 오신 것이다. 상제님의 도격道格은 오직 그분의 진리 세계와 그분이 행하신 무상의 도권道權과 신권神權의 경계를 통해서만 알 수 있다. 이것은 2~3천 년 전이 아니라, 바로 우리의 조국 산하에서 불과 백여 년 전에 현실화된 상제님의 대권능의 기적과, 지금까지 전혀 풀리지 않았던 우주와 인생의 궁극 목적과 구원의 수수께끼를 명쾌하게 뚫어 주는 대도의 진리 말씀에서 여실히 확인할 수 있다.

세상 사람들이 나를
상제上帝라고 이르나니,
너는 상제를 알지 못하느냐.

– 동경대전

무극대도無極大道 닦아내니
오만년지 운수로다.
십이제국 괴질운수
다시 개벽 아닐런가
하늘님만 공경하면
아동방 삼년 괴질
죽을 염려 있을소냐.

– 용담유사

상제님이 성령의 빛을 뿌리며
친히 강세하시도다!

– 정역

간방(한국)의 태전은
용화 낙원의 중심지라.

– 설총결

각 종교와 예지자가 전한 상제님 강세와 구원 소식

1. 개벽기의 현상과 개벽 후의 지상선경

	천지의 변국(개벽기의 현상)	개벽 후의 지상선경
불교	• 불기 2000년 이후부터 말법시대 • 일월성신이 제 자리를 찾지 못하고 온 대지가 진동한다. • 큰 기근겁, 질병겁, 도병겁刀兵劫	• 도솔천 천주님(미륵)의 용화세계 (기후가 고르고 수명이 길며 병환이 없어진다.)
기독교	• 7년 대환란 • 일월성신의 변동 • 백보좌 아버지 하나님의 심판	• 아버지의 새 하늘 새 땅 개벽 • 아버지 하나님의 왕국 건설
도가 道家	• 천지반복天地反覆 - 천지가 뒤집어진다. • 이성역수移星易宿 - 별들이 자리를 옮긴다.	• 천인합발天人合發 - 신명과 사람이 하나 된다. • 만화정기萬化定基 - 평화의 기틀이 정해진다.
동학	• 십이제국 괴질 운수, 3년 괴질	• 상제님의 5만년 무극대도
정역	• 타원 궤도, 윤역(365¼) → 정원 궤도, 정역(360일)	• 상제님의 용화낙원, 유리세계

2. 구원의 법방에 대한 동서 예언과 종교의 공통점

	나를 죽이는 것	하나님 호칭	구원의 주재자 (상제님의 대행자)	나를 살리는 것	구원 후의 세계
불교	• 귀신	• 미륵불	• 양커 대왕	• 삼회설법	• 용화세계
기독교	• 생명책 심판	• 백보좌 하나님	• 동방의 흰 옷 입은 무리	• 하나님의 인印	• 아버지의 천국 • 새 하늘 새 땅
동학	• 3년 괴질	• 천주(하늘님) • 상제님		• 시천주의 길 • 상제님 공경	• 5만년 무극대도
정역		• 상제님		• 상제님 강세	• 용화세계
노스트라다무스	• 공포의 대왕 • 헤이브즈	• 하나님	• 앙골무아 대왕 • 동양인	• 그의 장대	
남사고	• 소두무족 • 이름없는 하늘의 질병	• 상제님 • 미륵불	• 참 성인	• 해인海印 • 소 울음 소리	• 불로불사 • 영춘永春
정감록	• 소두무족		• 미륵불	• 이재전전利在田田 • 수행	
설총결	• 배은망덕 • 자신의 죄	• 용화세존	• 1만2천 도인	• 소 울음 소리	• 용화낙원
신교총화	• 천사만마 • 사도邪道	• 상제님	• 대교주 • 1만2천 도인	• 동방 배달의 신교 • 진리	• 천하대동 • 낙원세계
진인도통연계		• 증산甑山	• 1만2천 도인	• 가을의 열매 진리	
핵심 정리	상제님(= 미륵불 = 천주님 = 아버지 하나님 = 백보좌 하나님 = 하늘님)께서 개벽기에 지상에 인간으로 강세하시고, 상제님의 새 진리에 의해 지구가 지상 선경(용화낙원, 새 하늘 새 땅)이 된다. 상제님의 진리를 만나야 선경 세상에 들어갈 수 있다.				

우주 통치자 하나님이신
증산 상제님께서 창도한
증산도甑山道의 핵심 진리인
우주관과 인류 구원의 개벽 소식.
증산도에서 전하는
대개벽과 지상 조화선경 문명의 비전

4부

증산도가 전하는
가을의 신천지 개벽 세계

4부에서는

이제까지 살펴본 문제를 대국적인 차원에서 총정리한다. 4부의 내용은, 하권에서 다루게 될 세계 구원의 주인공인 동방의 나라와 우주 생성의 근본 정신, 인류 문명사가 전개되는 기본 틀을 구체적으로 살펴보기 위한 기초가 될 것이다.

그리고 동학에서 선언된 동방의 주인인 한국 문화 정신의 총결론으로서 오늘의 '인류 구원에 대한 최종적인 해답'인 무극대도 증산도甑山道에 대한 기본 내용을 알아본다. 증산도는 기존 종교의 가르침을 뛰어넘기에 이해를 돕기 위해 초종교라는 표현을 사용하였지만 종교가 아니다. 증산도를 종교로만 생각하는 것은 증산도에 대한 가장 큰 오해이다. 종교라는 단어는 일본인들이 영어의 religion을 번역한 말이고, 동양에는 도道가 있을 뿐이다. 동학과 참동학 증산도는 종교가 아니라 아버지 하나님의 무궁한 진리 도법, 무극대도無極大道이다.

여기서는 증산 상제님께서 전해 주신 가장 기본적인 내용들, 즉 이제까지 '여러 호칭으로 불린 우주 통치자의 문제', '선천 상극相克 시대의 인간의 고난과 선악과 죄의 문제'와 '가을(후천)의 상생相生 시대와 관련한 우주 변화의 원리', '인간의 타락과 파멸을 몰고 오는 가장 근원적인 힘에 대한 문제', '인간의 참모습', '천상 신명계의 구조와 지상 인간 세계와의 관계' 등을 중심으로 살펴본다.

아울러 오늘날 세계가 처한 운명에 대해 증산 상제님께서 대도 차원에서 내려 주신 명쾌한 진단과 구원의 법방을 함께 알아보기로 한다.

세속의 탁류에 동화同化되어 고정적인 관념의 틀을 벗어나지 못하는 사람에게는 새로운 깨달음의 불꽃이 점화되지 않는다. 성성惺惺하게 깨어나서 명경明鏡과 같은 정신으로 정독하기 바란다.

아버지 하나님의 강세와
무극대도의 출현

예수를 믿는 사람은 예수의 재림을 기다리고

불교도는 미륵의 출세를 기다리고

동학 신도는 최수운의 갱생을 기다리나니

'누구든지 한 사람만 오면 각기 저의 스승이라' 하여 따르리라.

공자, 석가, 예수는 내가 쓰기 위해 내려 보냈느니라.

(『道典』 2편 40장)

지금까지 우리는 동서양의 성자와 현철賢哲의 고귀한 말씀을 통해 우주의 개벽에 얽힌 수수께끼를 일부 해명하였다. 이제부터는 문제의 초점을 한국의 대도 세계로 옮겨와서, 오늘의 세계가 이토록 골수까지 병들어 타락하게 된 원인은 무엇이며, 인류의 구원은 어떤 과정을 밟아서 이루어지게 될 것인지 그 해답을 찾아보고자 한다.

대도의 가르침은 더 이상 생명력 없는 구태의연한 내용이 아니라, 우주 법도를 바탕으로 한 보편적인 세계 구원의 진리여야 한다. 또한 기성종교에서 해결하지 못하고 있는 여러 의문을 시원스럽게 풀어 주어야 할 것이다.

본래 초종교의 출현은 선천 유·불·선·기독교의 각 성자들에 의해 이미 오래 전부터 예고되었고, 동학의 최수운 대신사가 천주님께서 천상 궁궐의 보좌를 떠나 몸소 지상에 강세하신다는 구원의 소식을 선언함으로써 더욱 구체화 되었다.

동서 성자와 예지자, 학자들이 이구동성으로 새로운 가르침이 나온다고 말했던 대로 세계 정신사의 결론으로 출현한 구원의 새 진리가 바로 증산도甑山道이다. 증산도는 인류가 이제까지 잘못 알고 매달려 온 기존의 묵은 관념을 폭넓은 차원에서 바로잡아 준다.

선천 종교는 이제까지 한국과, 인류의 미래, 그리고 그것에 관련된 구체적인 인사人事 문제에 대해서는 극히 제한된 내용만 제시하였다. 그러나 제3의 초종교는 한국과 인류의 구원 문제에 대한 해답을 동시에 내려 준다. 증산도는 '새 시대의 도래'와 '인간의 궁극적인 구원'에 대한 근본 문제를 누구나 논리적으로 납득할 수 있도록 구체적으로 밝혀 준다.

증산도는 일제日帝 시대에는 보천교普天敎라는 이름으로 한때 구도자가 7백만에 달했으며, 현재도 많은 사람이 증산 상제님의 진리를 따르고 있다. 사실 우리 사회의 각 분야가 직간접적으로 증산도의 영향을 받고 있다. 이는 각계각층에서 지도적 인사로 활동하는 종교인, 정치가, 예술가, 학자들이 개벽과 해원·상생을 인용하면서 나누는 담론이 실은 증산도의 핵심 교리에서 빌려 간 것이라는 점에서도 확인할 수 있다.

진리는 언제나 시대를 앞서간다. 역사의 흐름 속에서 한 시대가 새로운 정신, 새로운 가치관에 의해 혁명기를 맞이할 때는 필연적으로 기존의 묵은 관념이 부서지는 진통이 따르기 마련이다. 이것은 인류의 문명사가 증명하는 역사 발전의 법칙이다.

여기에서는 증산도에서 전하는 기본적인 내용을 간단히 짚어 보고, 개벽 상황과 같은 좀 더 구체적인 내용은 하권과 완결편에서 살펴본다.

1. 개벽의 땅, 조선에 강세하신 하나님

천지의 가을 기운을 몰고 탄강하심

증산도의 도조道祖 강증산姜甑山 상제님은 신미辛未(1871)년 음력 9월 19일, 전라도 고부군古阜郡 우덕면優德面 객망리客望里, 곧 지금의 전라북도 정읍시井邑市 덕천면德川面 신월리新月里에서 탄강하셨다. 부친은 존휘尊諱가 문文 자 회會 자요, 자字가 흥興 자 주周 자이며, 모친은 성이 권權씨요 존휘는 양良 자 덕德 자였다.

> 경오庚午(道紀前 1, 1870)년 9월에 성모께서 근친覲親하러 홀로 서산리에 가 계실 때 … 하루는 밭에 나가셨다가 오한을 느껴 집으로 돌아와 소나기가 내린 뒤 깊이 잠드셨는데 꿈에 홀연히 검은 구름이 가득한 가운데 뇌성이 진동하고 하늘이 남북으로 갈라지며 큰 불덩이가 성모의 앞으로 내려오거늘 유심히 보니 마치 호박琥珀과 같은 것이 황금색의 신비한 광채를 발하는지라. 성모께서 품에 안으시매 순간 온 세상이 광명하여지더라. 이로부터 성령을 잉태하여 열석 달 만에 상제님을 낳으시니, 이때 성모 권씨의 존령尊齡 22세이시더라.(『道典』 1:16)

대우주의 지존자 하나님이신 상제님은 전라도 고부 손바래기 마을[客望里]에서 탄강하셨다. 인류를 구원하실 '하늘의 주主를 기다린다'는 전설이 전해 내려오는 손바래기 마을의 주산主山은 방장산 상제봉上帝峰과 시루산[甑山]이다. 상제님은 이 시루산에서 공부하실 때 그 이름을 취하시어 스스로 호를 '증산甑山'이라 하셨다.

상제님은 성이 진주 강姜씨요, 존휘尊諱가 '한 일一' 자 '순박할 순淳' 자이다. 앞에서 살펴보았지만, 증산 상제님의 존호와 성씨, 존휘尊諱에는 인류 구원의 도비道祕가 암시되어 있다.

열석(13) 달 만에 태어나신 것은, 상제님이 천상 백보좌의 가을 기운인 서방 4·9금金 기운을 주재하시는 분임을 나타내기 위해서이다. 또한, 수운에게 내려 주신 시천주侍天主 주문, 곧 '시천주조화정 영세불망만사지侍天主造化定永世不忘萬事知'의 열석 자 기운에 응해서 오셨음을 보여주신 것이다.

> 증산 상제님께서는 어용御容이 금산 미륵불金山彌勒佛과 흡사하시어 용안龍顔이 백옥처럼 희고 두루 원만하시며 양미간에 불표佛表의 큰 점이 있고 천안天眼은 샛별과 같이 반짝이시니라. 또 목소리는 인경처럼 맑고 크시며 왼손바닥에 '북방 임壬' 자와 오른손바닥에 '별 무戊' 자 무늬가 있고 등에는 붉은 점으로 뚜렷하게 북두칠성이 새겨져 있으며 발바닥에는 열세 개의 점이 선명하니라. …
> 또 아랫입술 안에 바둑돌만 한 붉은 점이 있는데 하루는 성도들에게 보여 주시며 말씀하시기를 "금산 미륵은 붉은 여의주如意珠를 손에 들었으나 나는 입에 물었노라." 하시니라.
> 증산 상제님께서는 정대하시고, 자애가 충만하시고, 호탕하시고, 과감하시고, 소탈하시고, 웅장하시며 항상 격에 구애받지 않고 진실하시니라.(『道典』 3:320, 3:321)

혜명慧明하셨던 유소 시절

증산 상제님의 유소 시절과 청년 시절에 대해서는 특기할 내용 몇 가지만 살펴보기로 한다.(상세한 내용은 『道典』 1편 참고 바람)

여섯 살 되시던 해에 성부께서 태인泰仁 장군리將軍里에 사는 황준재黃俊哉(1842~1906)라는 훈장을 청하여 천자문을 가르치셨다. 그때 상제님이 스스로 천자문을 펼치시어 '하늘 천' 자와 '땅 지' 자를 집안이 울리도록 큰 소리로 읽으시고 책을 덮고 나가신 뒤 그 후로는 읽지 않으셨다. 그 까닭을 묻는 훈장에게 "하늘 천天 자에 하늘 이치를 알았고 땅 지地 자에 땅 이치를 알았으면 되었지 더 배울 것이 어디 있습니까?" 하시며 천지를 가르는 혜명을 보여주셨다.(『道典』 1:19)

'천지를 알았으면 되었지 더 배울 것이 어디 있느냐!'

사람은 하늘땅에서 태어나 살다가 다시 하늘땅으로 돌아간다. 그러니 하늘과 땅을 깊이 깨치는 데 진정한 삶의 의미가 있다. 하늘땅을 진정으로 아는 것이 '인간이 천지의 주인'으로서 제 노릇을 하느냐 못 하느냐를 결정짓는 중요한 열쇠가 된다는 소중한 말씀을 하신 것이다.

일곱 살 때 어느 글방에 가서 훈장에게서 '놀랄 경驚' 자 운韻을 받고 지으신 시를 통해서도, 천지와 하나 되어 삼계를 호령하시는 상제님의 웅혼한 기상을 느낄 수 있다.

객망리(현재 신월리 신기 마을) 상제님께서 하늘 보좌를 떠나 인간으로 오셔서 자라신 곳. 백두대간의 맥이 두승산을 거쳐 시루산으로 이어진다.

遠步恐地坼이요 **大呼恐天驚**이라
원보공지탁　　　대호공천경

멀리 뛰려 하니 땅이 꺼질까 두렵고

크게 소리치려 하니 하늘이 놀랄까 두렵구나.(『道典』 1:20)

　이 땅에 가난한 농부의 아들로 오신 상제님은 인생의 길을 걸으며 14~15
세 때에는 기울어 가는 가세 때문에 글 공부를 중단하고 사방으로 외유하
시면서 농사일을 하셨고, 남의 집 머슴 노릇도 하셨다. 새 하늘을 개벽한 하
나님이신 증산 상제님께서 하늘 보좌에서 내려와 세태를 둘러보시기 위해,
고통 받는 민초의 바닥 생활을 몸소 체험하신 것이다.

청년 시절, 광제창생을 선언하심

　그렇다면 상제님께서 이 세상에 강세하신 목적을 이루시도록 결단을 내
리게 한 결정적인 사건은 무엇이었을까? 바로 24세 때인 갑오(1894)년에 상
제님의 고향 땅 고부에서 발원한 동학혁명이다.

　동학혁명에는 농민전쟁의 요소와 종교적인 요소가 동시에 깔려 있었다.
상제님이 성령으로 천명을 내리셔서 동학을 창도하게 하셨던 최제우 대신
사가 세상을 떠나고 약 30년이 지난 1894[甲午]년에, 고부군수 조병갑의 학
정에 분노한 농민들이 부패하고 묵은 제도를 개혁하고자 뭉쳐 일어났다. 농
민들은 동학에서 노래하는 새 세상이 하루빨리 열리기를 고대하며 혁명을
일으켰던 것이다.

　농민들은 죽창을 들고 '시천주' 노래를 부르며 관군과 맞서 싸웠다. 처음
에는 관군을 물리치고 승리했지만 이후 동학혁명을 핑계로 조선을 침탈하
러 온 일본군의 적수가 되지 못했다. 상제님은 몰살의 큰 위기에 빠진 동학
군의 운명을 내다보시고 곧장 공주에 있는 전명숙 장군의 진영을 찾아가
"무고한 백성들만 죽이고 절대 성공을 못 하니 당장 전쟁을 그만두시오"라
고 강력하게 권유하셨다. 그러나 전명숙 장군은 외세를 몰아내고 탐관오리

를 물리쳐 도탄에 빠진 백성을 구하고자 하는 일념뿐인지라 상제님 말씀을 듣지 않았다. 결국 농민군은 공주 전투 이후 패배를 거듭하였고 최남단 해안과 섬 지역으로 내몰려 몰살을 당했다.

상제님은 동학혁명의 참상을 목격하시고, 패망의 소용돌이로 빠져드는 조선의 현실과 지구촌의 대세를 꿰뚫어 보셨다. 그리하여 지난날의 성자들의 가르침이나 깨달음으로는 세상을 건질 수 없음을 아시고 몸소 세상을 널리 구하실[광구천하匡救天下] 것을 분연히 선언하셨다. 범상한 인간의 삶을 과감히 떨치고 새 문화를 여시는 우주의 통치자로서 인간 역사의 중심에 뛰어드신 것이다.

상제님은 27세 때 유불선과 음양 참위讖緯 같은 지난날 문명사에 등장했던 주요 서적을 모두 탐독하셨다. 이어 3년 동안 천하를 유력하시며 세상의 대세와 민심을 살피시고 천하를 건질 법방을 구상하셨다.

김일부 대성사와의 만남

고향을 떠나신 상제님은 곧장 익산과 강경을 거쳐 연산에 이르러 『정역正易』을 완성한 김일부金一夫(1826~1898)를 만나셨다. 당시 상제님의 성수聖壽는 27세였고 일부는 72세였는데, 일부가 세상을 떠나기 1년 전(1897년)이었다. 상제님이 김일부 대성사를 만난 과정을 살펴보면 다음과 같다.

충청도 강경을 지나 연산連山에 이르러 향적산香積山 국사봉國師峯에 있는 김일부를 찾으시니라. 지난밤 일부의 꿈에 하늘로부터 천사가 내려와 '옥경玉京에 올라오라.'는 명을 전하거늘 일부가 천사를 따라 올라가 '요운전曜雲殿'이라는 편액이 걸린 장려한 금궐에 들어가 상제님을 뵙고 내려왔는데 이제 맞이한 증산을 뵈니 간밤 꿈에 뵌 상제님과 그 형모가 같은지라. 그 일을 아뢴 뒤에 '요운曜雲'이란 도호를 드리며 심히 경대하되 증산께서는 그 호를 받지 않으시

니라. 증산께서 그곳에 머무르시며 영가무도의 교법을 관찰하시
고 일부와 후천개벽의 천지대세에 대해 말씀을 나누시니라.

(『道典』 1:68)

2. 가을 천지의 무극대도

무상無上의 대도통, 중통인의中通人義

천하 유력을 끝내고 경자(1900)년 가을에 고향으로 돌아오신 증산 상제님
은 이듬해 31세 되시던 신축년에, "종전의 알며 행한 모든 법술法術로는 세
상을 건질 수 없다"(『道典』 2:1)라고 단언을 내리신다. 이에 상제님은 모악산
아래 유적幽寂한 대원사 칠성각七星閣에서 수도에 정진하신 지 21일 만에 선
천의 어떤 성자도 이르지 못한 완전한 신성神性과 인성人性이 겸비된 무상無
上의 대도통문大道通門을 여셨다. 이때부터 상제님은 깊은 병독에 빠진 인간
과 대자연을 구원하시기 위해 우주를 통치하시는 대권능인 삼계대권三界大權
을 발동하여, 새 천지를 개벽하는 구원의 대공사를 9년 동안 처결하셨다.

> 옛적에는 판이 작고 일이 간단하여 한 가지 신통한 재주만 있으면
> 능히 난국을 바로잡을 수 있었거니와 이제는 판이 워낙 크고 복잡
> 한 시대를 당하여 신통변화와 천지조화가 아니고서는 능히 난국
> 을 바로잡지 못하느니라.(『道典』 2:21)

> 예로부터 상통천문上通天文과 하달지리下達地理는 있었으나 중통인의
> 中通人義는 없었나니 내가 비로소 인의人義를 통하였노라.(『道典』 2:22)

증산 상제님께서 이루신 중통인의中通人義라는 도통은 모든 인간이 마땅히
가야 할 올바른 생명의 길에 대한 궁극의 깨달음, 미성숙한 '자연(천지)과 인

간', 그리고 '천상의 신명'들까지도 두루 구원할 수 있는 가을철의 성숙한 도통, 궁극의 도통이다.

우주의 조화권능을 뜻대로 행하시는 상제님의 도법 세계는, 선천 분열 성장기에 단지 도의 근원 경계나 조화 자리만을 깨닫고 인생과 죄, 수행과 영생에 대한 인간 구원의 길을 제시하는 선천 종교와는 깨달음의 차원을 완전히 달리한다. 증산도는 기성종교처럼 인류를 도덕적으로 교화하는 경계에 머무는 진리가 아니라, 하늘과 땅과 인간과 신명을 동시에 개벽하고 통일하여 가을(후천)의 성숙 문화를 여는 새 진리이며 인류가 진정한 상생의 세상을 영위하는 생활대도이다.

삼계대권三界大權의 권능을 쓰심

우주의 주재자이신 상제님은 총체적 차원에서 인류의 보편적 구원을 이루시기 위해 삼계대권이라는 권능을 쓰셨다.

대원사 칠성각 상제님께서 신축辛丑(道紀 31, 1901)년 7월 7일에 만고에 없는 중통인의 대도통문과 천지대신문天地大神門을 여신 곳

내가 삼계대권을 주재하여 조화造化로써 천지를 개벽하고 불로장
생不老長生의 선경仙境을 건설하려 하노라. 나는 옥황상제玉皇上帝니
라.(『道典』 2:16)

삼계 즉 천계·지계·인계를 다스리는 대권을 주재하시는 증산 상제님께서
신축(1901)년 이후 9년 동안 천지공사를 보시며 행하신 조화권의 기적을 체
험하고 목격한 사람은, 상제님의 도문의 주요 성도 60여 명과 그들의 가족,
일가친척과 민중을 합해 수천 수만 명을 헤아린다.

증산 상제님은 무위無爲로 돌아가는 대우주 자연질서의 주재자로서 무상
의 조화권능을 보여주셨다. 증산 상제님께서 행하신 무궁한 기적 중 일부를
살펴보면 다음과 같다.

상제님은 "이제는 판이 크고 일이 복잡하여 가는 해와 달을 멈추게 하는
권능이 아니면 능히 바로잡을 수 없느니라"(『道典』 4:111) 하시며 일월日月의
운행을 멈추게 하시는 대권능을 종종 보여주셨고, 천지조화로도 불가능한
날씨 변화의 기적까지도 보여주셨다.

"풍운우로상설뇌전風雲雨露霜雪雷電을 일으키기는 쉬우나 오직 눈
온 뒤에 곧 비 내리고, 비 온 뒤에 곧 서리 치게 하기는 천지조화로
도 오히려 어려운 법이라. 내가 오늘 저녁에 이와 같은 일을 행하
리라." 하시고 글을 써서 불사르시니 과연 눈이 내린 뒤에 곧 비가
오고, 비가 개자 곧 서리가 치니라.(『道典』 4:76)

상제님은 대우주 천체권의 주재자 위치에서 천지신명을 뜻대로 부리시는
분이다. 길을 가시기 전에는 항상 치도신장에게 치도령治道令을 내리시어, 여
름에는 바람을 불게 하여 길에 이슬을 떨어뜨리시고, 겨울에는 진 길을 얼
어붙게 하여 마른 신발로 다니셨다.

또한, 상제님은 숱한 치병 이적을 행하시고 죽은 자도 살려 내심으로써, 인간의 복록福祿과 명命줄을 맡아 다스리는 참 하나님의 면모를 보여주셨다.

상제님께서 차마 보지 못하시고 죽은 아이를 무릎 위에 눕혀 배를 만져 내리시며 … 모과를 씹어 그 즙과 함께 침을 흘려서 죽은 아이의 입에 넣으시니 아이가 문득 항문으로 추깃물을 쏟거늘 상제님께서 "나가서 회초리 하나 끊어 오라." 하시어 회초리로 아이의 종아리를 탁탁 때리시매 죽었던 아이가 크게 소리를 지르며 홀연히 살아나더라. 이에 아이의 어머니가 기쁨에 넘쳐 눈물을 흘리며 미친 듯 술 취한 듯이 말하기를 "하느님이시여! 하느님이시여! 죽은 자식을 살려 주시니 이 큰 은혜 호천망극昊天罔極하옵니다." 하니라.(『道典』 4:124)

또한, 상제님은 천지의 조화 기운을 자유자재로 용사하시는 신도神道의 조화옹 하나님이시다. 상제님은 "나는 사람의 마음을 빼었다 찔렀다 하노라"(『道典』 2:22) 하시며, 인간과 신명의 마음을 꿰뚫어 보고 그 성품을 뜯어 고치기도 하셨고, "너희들도 잘 수련하면 모든 일이 마음대로 되리라"(『道典』 3:312)고 하시며 궁극적이며 참된 인간 성숙의 길을 열어 주셨다. 상제님은 인간은 누구나 덕행과 수련과 큰 공덕을 통해 선천 성자보다 더 높은 궁극의 도통 경계에 다다를 수 있다고 말씀하셨다. 이에 대해서는 9년 천지공사를 보실 때 무수한 조화권 발동을 통해서 그 가능성을 보여주셨다.

증산 상제님은 중통인의의 도권道權으로 천상과 지상의 모든 신명과 인간을 성숙으로 인도하는 삼계 우주의 조화주이자 주재자 하나님이신 것이다.

3. 상제님의 조화권을 체험한 성도들

　증산 상제님이 천지공사를 행하신 1901년 신축년부터 1909년 기유년
까지 공사에 수종 든 성도들은 모두 60여 명에 달하는데, 이들의 연령층은
10대부터 70대에 이르기까지 실로 다양하였다. 상제님을 가장 오랫동안(8
년) 모시면서, 증산 상제님이 미륵불로 강세하신 천주님이라는 것을 너무
도 깊이 체험한 수석 성도聖徒 김형렬金亨烈(1862~1932), 당대 조선의 거부였
던 전주의 백남신白南信(1858~1920), 천상 신명계에서 조화선경의 문명을 여
는 대학교(후천 통일 문명을 여는 인재 양육과 문화의 심장부) 총장으로 임명 받은 김
경학金京學(1861~1947), 기국이 남달라서 판몰이 포교 대운을 여는 데 상제님

모악산(후천 어머니산) 전경　　상제님은 인간으로 강세하시기 전, 이 모악산 아랫자락에 있는 금
산사의 미륵불상에 30년 동안 임어하셨으며, 강세 후 31세 되시던 해에는 모악산 중턱에 자리 잡
은 대원사에서 천지대신문을 여셨다.

께서 크게 쓰신 정읍 대흥리의 차경석車京石(1880~1936, 일제강점기에 700만 신도를 거느렸던 초기 교단 보화교의 교주), 상제님이 후천개벽을 집행하는 천상 신명계의 총사령관으로 임명하신 충직한 의인義人 박공우朴公又(1876~1940), 제3변 마무리 추수 도운의 주인공을 표상하는 문공신文公信(1879~1954), 상제님 말씀을 후세에 전수하는 사명을 받고 후천개벽 문명을 개창할 인사 대권자에게 상제님의 9년 천지공사의 진리 말씀을 전해 줌으로써 도맥 전수의 중보자 역할을 한 여성 증언자 김호연(1897~1992), 소녀 호연과 함께 상제님을 따라다니며 공사에 수종을 든 간태합덕艮兌合德 도수의 주인공 소년 백복남(1888~1955) 등이 특히 중요한 성도이다.(『道典』 3편 참고)

여기서는 당시 성도들이 자신이 모신 상제님을 어떤 분으로 인식하고 있었는지 간단히 살펴보기로 한다.

상제님을 모신 성도들은 천상 옥경에 올라가서 보좌에 앉아 계신 상제님을 직접 뵙거나 수도와 기도 생활을 통하여, 자기가 모시고 있는 분이 우주의 대권자, 천지의 주재자 하나님임을 깨달았다.

여기서 우리가 한 가지 명심할 점은, 어떤 성자들도 자신을 지칭할 때는 천상 신명 세계의 위계질서 이상의 칭호를 절대로 못 쓴다는 사실이다. 그러기에 예수는 자신을 '아버지 하나님의 아들'이라 하였다. 도솔천에서 천명을 받고 내려온 석가는 자신을 '깨달음을 얻은 자'라 하고, 말법시대에 인간이 이룰 수 있는 최상의 도법道法을 열어 주는 미륵 천주님의 강세 소식을 전하였다. 그런데 증산 상제님께서는 당신을 스스로 '상제', '옥황상제'로 분명히 규정하셨다. 하나님을 일컫는 여러 칭호 중에 가장 합당한 말이 '상제上帝'이다. 상上은 '천상의', '최상의'란 뜻이며 '제帝'는 '하나님 제' 자이다. '상제'란 '천상의 하나님', '천상 보좌에서 하늘과 땅과 인간, 삼계 우주를 통치하시는 하나님'을 말하는 공식 명칭인 것이다.

천상의 하나님을 친견한 김형렬, 김경학 성도

김형렬 성도는 상제님을 따라 천상 옥경에 올라가, 상제님이 천국의 하늘 보좌에 앉으시어 수많은 신명을 거느리고 조회朝會를 주재하시는 것을 여러 차례 목격했다.

하루는 상제님께서 형렬에게 말씀하시기를 "형렬아, 평소에 너의 지극한 소원이 천상에 올라가서 천조天朝를 보고자 하는 것이니 오늘은 이를 허락하리라." 하시고 "내 뒤를 따르라." 하시니 홀연 천문天門이 널따랗게 열리거늘 형렬이 날개가 돋쳐 신선이 된 듯 가볍게 하늘을 날아올라 상제님을 모시고 따르니라.

천상에 다다르니 문무백관이 상제님의 영令을 받들기 위해 모여서 기다리고 있는데 하나같이 환한 관복으로 성장盛裝하였고 그 선명한 옷차림이 오색으로 조화되어 인간 세상의 법식과 다르니 나아가고 물러남과 온갖 언행의 규범이 정연하고 눈부시며 동정어묵動靜語默이 우아하고 화락和樂하며 환하고 밝아서 마치 어린아이 같더라 …

어느 대전大殿에 이르니 안에는 용상龍床이 있는데 황금과 백옥으로 용이며 봉황이며 거북과 기린, 그리고 온갖 아름다운 짐승들을 새겼거늘 휘황찬란하여 똑바로 쳐다볼 수가 없더라.

상제님께서 용상에 앉으시니 만조백관이 모두 절을 드리니라. 잠시 후에 한 선관仙官이 들어와서 상제님 곁에 있는 책상 앞에 앉거늘 백금 조각으로 비늘을 한 관을 쓰고 옷을 입었는데 그 의관이 햇빛에 반사되어 온갖 빛깔로 황홀하게 반짝이더라. 길고 고운 손은 분가루보다 희고, 그윽하고 서기 어린 얼굴은 흰 눈보다 더 맑으며 붓놀림 또한 놀랍도록 유려하니라.

이 때 죄수 한 명이 대전大殿 아래에 불려 와 고통으로 절규하며 상

제님께 살려 달라고 호소하거늘 신장神將이 아랑곳 않고 여러 차례
죄를 물으니 그 모습이 지극히 엄중하더라.(『道典』 4:33)

김경학 성도도 90일 동안 지극한 정성으로 시천주侍天主 주문을 읽으며
기도 생활을 하던 어느 날 천상 궁궐에 올라가서 상제님을 뵌 적이 있었다.

일찍이 경학이 석 달 동안 시천주주侍天主呪 수련을 하던 중 꿈에 천
상에 올라가 옥황상제玉皇上帝를 뵈온 일이 있었는데 하루는 상제님
께서 이르시어 "네 평생에 제일 좋은 꿈을 꾼 것을 기억하느냐?"
하고 물으시거늘 경학이 일찍이 상제님을 뵙던 꿈을 아뢰며 "선생
님의 형모가 곧 그때 뵌 상제님의 형모이신 것을 깨달았습니다." 하
고 아뢰니 증산 상제님께서 여러 성도들에게 말씀하시기를 "내가
바로 옥황상제니라." 하시니라.(『道典』 3:174)

상제님의 천지 조화권을 체험한 박공우 성도

증산도의 초기 개척 시대(1911~1935)에 도문을 크게 일으킨 인물은 차경석
성도이다. 그가 상제님의 풍모를 흠모하여 따르기 시작할 즈음 친구 박공우
를 상제님께 인도한 적이 있었는데, 상제님은 박공우의 인물됨을 보고 다가
오는 가을 대개벽기에 지상 역사에 병겁 심판을 집행하는 천상의 만국대장
萬國大將으로 임명하셨다. 그런데 박공우 성도가 상제님을 경외하며 따르다
가 하루는 자신이 모시는 분이 인간으로 강세한 하나님이심을 크게 깨닫는
사건이 있었다.

하루는 신원일과 박공우, 그 외 서너 사람을 데리고 고부 살포정
이에 이르시어 주막에 들어 쉬시는데 갑자기 우레가 일어나고 번
개가 번쩍이며 집을 내리치려 하는지라 방 안에 있는 사람들이 두

려움으로 허둥지둥하고 그 광경을 보는 사람들 모두 겁에 질려 어쩔 줄 모르거늘 상제님께서 공중을 향하여 "이놈아, 즉시 어지러운 번개를 거두어라!" 하고 큰 소리로 꾸짖으시니 번개가 바로 그치니라.

공우가 상제님께서 대흥리에서는 글을 써서 벽에 붙여 우레를 크게 일으키시더니 또 이번에는 우레와 번개를 꾸짖어 그치게 하심을 보고 비로소 상제님께서 천지조화를 마음대로 쓰시는 분인 줄 알고 이로부터 더욱 경외하니라.

하루는 상제님께서 공우에게 이르시기를 "네가 오랫동안 식고食告를 잘하였으나 이제 만날 사람 만났으니 식고는 내게로 돌릴지어다." 하시니 공우가 매우 기뻐하며 평생 소원을 이루었음을 깨닫고 "곧 그리하겠습니다." 하고 대답하니라.

원래 공우는 동학 신도의 통례와 같이 '대신사응감大神師應感'이라는 식고를 하지 않고, 항상 "하느님 뵈어지이다." 하고 발원하였는데 이제 상제님께서 말씀하신 바를 들으니 마음으로 생각하는 것을 통찰하실 뿐 아니라 천지조화를 뜻대로 쓰시는 것을 볼진대 '분명 하느님께서 강림하셨음이 틀림없다.'고 생각하니라.(『道典』 3:200)

이렇듯 성도들은 인류가 그토록 찾던 하나님이 곧 증산 상제님이라는 것을 체험과 기도를 통해 확신하였다.

4. 상제님의 천지 위격

가을철의 신으로 강세하신 백보좌 하나님

나는 서신이니라.(『道典』 6:39)

이때는 천지성공 시대라. 서신西神이 명命을 맡아 만유를 지배하여 뭇 이치를 모아 크게 이루나니 이른바 개벽이라. 만물이 가을바람에 혹 말라서 떨어지기도 하고 혹 성숙하기도 함과 같이 참된 자는 큰 열매를 맺어 그 수壽가 길이 창성할 것이요 거짓된 자는 말라 떨어져 길이 멸망할지라.(『道典』 4:21)

왜 천상의 상제님이 친히 '구원의 신'으로 강세하신 것일까? 그것은 농부가 봄에 씨를 뿌렸다가 가을 추수기가 되면 곡식을 거두는 것처럼, 천지 자체가 가을 기운으로 영글어 성숙하는 결실기에는 생명의 씨를 뿌려 놓으신 상제님께서 그 열매를 온전하게 거두려 하시기 때문이다. 다시 말하면 하늘(구체적으로는 신명계)과 땅이 그 목적을 달성하는 우주 가을의 성공 시대에는, 자연과 문명 개벽을 친히 주재하는 상제님께서 선천 세상의 모든 종교와 철학과 과학 문명(뭇 이치)의 정수를 통일하여 성숙케 하시는 이치 때문이다.

추수는 오직 가을이 되어야만 가능하다. '새 하늘 새 땅'에 이루어지는 기독교의 '지상천국', 미륵불이 강세하여 펼치시는 불교의 '용화세계', 도교의 '태청太淸세계', 유교의 '대동大同세계' 등, 선천 종교에서 제시한 인류의 이상향도 바로 후천 상생시대에 들어와서 성취된다. 농부가 들판에서 아무리 노력을 해도 봄·여름 철에 열매를 거둘 수 없는 것처럼, 대자연 섭리를 주재하시며 천지자연과 더불어 자존하시는 증산 상제님께서도, 우주의 가을철이 되어야 비로소 이 지상에 강세하시어 개벽 세계를 열고 진리의 열매를 거두실 수 있는 것이다.

천지를 성공으로 이끄는 가을 추수 기운[金]을 몰고 오시는 이때의 인존 하나님[西神]을 불교에서는 서방 정토에서 걸어오시는 미륵불로 전하였고, 기독교에서는 장차 강세하실 백보좌 하나님으로 말하였다.

그러므로 오늘 이 개벽 시대의 구원이란 천지와 함께 여물어 영원한 생명의 삶을 누리게 되느냐, 아니면 가을의 추살秋殺기운에 말라 떨어져 영원히 사멸해 버리느냐 하는 궁극적인 생사판단을 가늠질하는 마지막 구원의 의미를 띠고 있는 것이다.

공자, 석가, 예수를 내려 보내신 하나님

예수를 믿는 사람은 예수의 재림을 기다리고 불교도는 미륵의 출
세를 기다리고 동학 신도는 최수운의 갱생을 기다리나니 '누구든
지 한 사람만 오면 각기 저의 스승이라.' 하여 따르리라. '예수가 재림
한다.' 하나 곧 나를 두고 한 말이니라. 공자, 석가, 예수는 내가 쓰
기 위해 내려 보냈느니라.(『道典』 2:40)

기성종교에서 외쳐온 인류를 구원해 주실 분이 서로 다른 분이 아니라 동
일한 한 분이며, 그분이 천명을 내려 선천 성자들을 지상에 보내셨음을 증
산 상제님은 이렇듯 극명하게 밝혀 주신다.

사람들은 대부분 '하나님'이라 말하면 자연스럽게 들리지만 '상제님'이라
하면 고루하게 들리고, '미륵불' 하면 불교의 전용어로만 여겨진다고 한다.
그래서 기성종교에서 서로 다른 호칭으로 부르는 우주의 통치자 하나님이
좀처럼 '동일한 한 분'으로 마음에 와 닿지 않는다고 한다. 이것은 선천 종
교문화에 대한 고정관념을 갖고 있는 데다가, 이제까지 진리의 바탕과 천지
대세의 테두리를 모르고 있기 때문이다.

우리는 동학의 가르침에서 천주天主님이 서구 기독교가 2천 년 동안 외쳐
온 주 하나님과 동일한 분임을 깨달을 수 있다. 상제님은 선천 성자들과 상
제님의 관계를 명쾌히 밝혀 주셨다. 동학의 최수운 대신사와 서학(기독교)의
예수 성자가 피 흘리며 전한 절대자는 서로 다른 분이 아니라, 그 표현이 천
주님이든 하나님이든 혹은 하늘님이든 간에 모두 '동일한 한 분'이라는 사
실을 친히 밝혀 주신 것이다. 절대자가 '동일한 한 분'이라는 사실은, 동서
양 종교 통일의 관건인 우주 통치자 하나님의 호칭 문제에 대한 최종적인
해답이다.

도솔천의 천주이신 미륵부처님

하루는 상제님께서 말씀하시기를 "내가 미륵이니라. 금산사 미륵은 여의주를 손에 들었거니와 나는 입에 물었노라." 하시고 "내가 금산사로 들어가리니 나를 보고 싶거든 금산 미륵불을 보라." 하시니라.(『道典』 10:33)

형렬의 집이 가난하여 보리밥으로 상제님을 공양하더니 8월 명절을 당하여 할 수 없이 밥솥을 팔아 상제님을 공양하려고 솥을 떼어 내거늘 상제님께서 보시고 말씀하시기를 "솥이 들썩이는 것을 보니 미륵불이 출세함이로다." 하시니라.(『道典』 2:46)

형렬에게 말씀하시기를 "너는 좌불坐佛이 되어 처소를 잘 지키라. 나는 유불遊佛이 되리라." 하시니라.(『道典』 2:111)

증산 상제님은 천상 도솔천의 천주이신 미륵부처님으로 이 땅에 강세하셨다. 인간으로 강세하신 상제님은 지상에 후천 선경낙원을 여는 대개벽의 천지공사를 행하심으로써, 석가 부처의 예언을 이루시고 불교의 이상 세계인 용화낙원을 실현하시는 것이다.

5. 한국과 상제님의 인연

인류 구원의 새 기운은 언제나 동東에서

하늘의 태극 정신에 따라 지구도 동양과 서양이라는 음양의 태극체로 작용한다. 동서 문화의 대세를 놓고 볼 때, 동양은 아버지[陽] 문명으로 정신문화를 창출하고, 서양은 어머니[陰] 문명으로 물질문화를 빚어낸다. 그러나 오늘의 서양 문명은 인륜도의가 땅에 떨어지고 삶의 새로운 가치가 부재한 나머지, 죽음의 집[명부冥府]으로 화하고 있는 실정이다. 때문에 상제님은 앞으로 대개벽으로 들어서는 이때, 천지 대세를 못 보고 서구 종교와 서양 정신의 포로가 되어 제 것을 우습게 여기는 자들은 모두 이 가을개벽기에 우주의 낙엽이 될 것이라고 경고하셨다.

> 서양이 곧 명부冥府라. 사람의 본성이 원래 어두운 곳을 등지고 밝은 곳을 향하나니 이것이 곧 배서향동背西向東이라. 만일 서양을 믿는 자는 이롭지 못하리라.(『道典』 2:120)

천지 도덕심판의 벼락을 동반한 먹구름은 서구에서 시작하여 지구촌 곳곳으로 확산되어 가고 있다. 이 말씀은, 양심을 가누기 힘든 선천 말 암흑시대에 인류 구원의 대도가 동방의 한국에서 출현하였으니, 한국인은 동방 문명의 뿌리 문화의 주인으로서 주체성과 정통성을 잃지 말고 천지 대도의 광명에 눈뜨라고 경고하신 것이다.

잔혹의 극을 달린 서양의 숱한 종교 전쟁과 무고한 이들을 이단으로 몰아 학살한 중세 유럽의 마녀재판, 수천 만 아프리카인을 가축보다 못한 존재로 전락시킨 식민지 개척기 유럽인들의 반인륜적인 인간 사냥과 노예 무역, 그리고 아메리카 원주민의 씨를 말려 버린 서구인들의 생명 파괴의 실상을 보라. 서양문명사의 이면에는 죽음의 명부 기운이 짙게 흐르고 있음을 깊이 깨달아야 한다.

신교神敎의 종주, 조선 땅으로 오심

> 이 세상에 조선과 같이 신명神明 대접을 잘하는 곳이 없으므로 신명들이 그 은혜를 갚기 위하여 각기 소원을 따라 꺼릴 것 없이 받들어 대접하리니 도인道人들은 아무 거리낌 없이 천하사天下事만 생각하게 되리라.(『道典』 2:36)

신명 세계의 법도를 꿰뚫어 본 우리 조상들은 역대로 하나님뿐만 아니라 모든 천지신명을 함께 공경하고 받들어 왔다. 이제는 하늘의 신들이 그 은혜를 한민족에게 돌려주는 보은報恩의 때를 맞이하였다. 그리하여 인류 문화의 개창기부터 동서 각 민족이 섬겨 온 바로 그 상제님께서 원시반본하는 가을개벽의 이법에 따라 인류의 시원 문명, 즉 신교의 종주宗主인 조선 땅에 강세하시게 된 것이다.

> 동방의 조선은 본래 신교神敎의 종주국으로 상제님과 천지신명을 함께 받들어 온, 인류 제사 문화의 본고향이니라. 한민족은 환국-배달-조선의 삼성조시대가 지난 후 열국시대 이래 중국 한족漢族과 일본에 의한 상고上古 역사의 왜곡으로 민족사의 뿌리가 단절되어 그 상처가 심히 깊더니 상제님께서 원시반본原始返本의 도道로써 인류 역사의 뿌리를 바로잡고 병든 천지를 개벽開闢하여 인간과 신명을 구원하시기 위해 이 땅에 인간으로 강세하시니라.(『道典』 1:1)

상제님께서는 일본과 서구 제국주의 열강이 조선을 향해 강력한 침략의 손길을 뻗치던 19세기 말엽(1871년) 이 땅에 강세하셨다. 동방의 종주문명국의 자리에서 이름 없는 약소국으로 전락한 한국의 한을 끌러 내어, 인류 구원의 길을 여시기 위해 이 땅에 오시게 되었던 것이다. 상제님께서 한반도로 강세하신 깊은 역사의 이치는 하권에서 자세히 살펴보기로 한다.

"공자, 석가, 예수는 내가 쓰기 위해 내려 보냈느니라."

－『道典』2:40

우주의 조화권능을 뜻대로 행하시는
상제님의 도법 세계는,
선천 분열 성장기에
단지 도의 근원 경계나 조화 자리만을 깨닫고
인생과 죄, 수행과 영생에 대한
인간 구원의 길을 제시하는 선천 종교와는
깨달음의 차원을 완전히 달리한다.

증산도는 기성종교처럼
인류를 도덕적으로 교화하는 경계에 머무는 진리가 아니라,
하늘과 땅과 인간과 신명을 동시에 개벽하고 통일하여
가을(후천)의 성숙 문화를 여는 새 진리이며
인류가 진정한 상생의 세상을 영위하는 생활대도이다.

왜 천상의 상제님이
친히 '구원의 신'으로 강세하신 것일까?
그것은 농부가 봄에 씨를 뿌렸다가
가을 추수기가 되면 곡식을 거두는 것처럼
천지 자체가 가을 기운으로 영글어
성숙하는 결실기에는
생명의 씨를 뿌려 놓으신 상제님께서
그 열매를 온전하게 거두려 하시기 때문이다.

다시 말하면
하늘(구체적으로는 신명계)과 땅이
그 목적을 달성하는
우주 가을의 천지성공 시대에는
자연과 문명 개벽을 친히 주재하는 상제님께서
선천 세상의 모든 종교와 철학과
과학 문명(뭇 이치)의 정수를 통일하여
성숙케 하시는 이치 때문이다.
추수는 오직 가을이 되어야만 가능하다!

지구의 혈이며 열매[艮] 자리인
한반도

안운산 증산도 태상종도사太上宗道師님이
최초로 밝혀 주신 지구의 지리地理

대한민국이 지구의 원 중심, 고갱이, 알캥이, 핵심 혈穴이다!
삼계를 다스리는 우주의 절대자 하나님께서
이 넓은 지구상에서 바로 이 땅으로 오셨다.

"지정학상으로 우리나라가 지구의 혈穴이다. 학술 용어로 따지지 않아도, '우리나라를 위해서 전 지구가 형성되어 있다.' 이렇게 알면 아주 틀림이 없다. 여기 한반도가 그런 곳이다. 지구의 속알캥이, 고갱이, 진짜배기 땅이다!

세계지도를 펼쳐 놓고 보면, 우리 한반도를 중심에 두고 일본이 왼편에서 감싸 주었다. 이렇게 좌측에 붙은 건 청룡靑龍이라고 한다. 집으로 얘기하면 담이라고 할까, 초가집의 울타리라고 할까. 저 부산 태종대에 가서 보면, 날씨 좋은 날에는 구주九州가 건너다 보인다. 일본이 우리나라를 그렇게 바싹 감아 주었다. 일본은 좌청룡 중에서도 내청룡이다. 그리고 저 아메리카가 외청룡이다.

또 우측에 붙은 건 백호白虎라고 한다. 중국 대륙, 저 싱가포르까지가 내백호다. 백호가 튼튼해야 녹줄이 붙는다. 헌데 중국 대륙이 얼마나 육중한가. 아프리카도 한 6억 이상이 사는 굉장히 큰 대륙 아닌가. 그 아프리카가 외백호다. 호주 저쪽은 안산案山이고. 또 대만과 중국 대륙 사이가 물 빠지는 파破다. 마지막으로 제주도가 기운 새는 것을 막아 주는 한문閒門이다. 가만히 봐라. 꼭 그렇게 돼 있다.

그렇게 해서 우리가 살고 있는 이 땅, 우리나라가 이 '지구의 중심축'이다."

(안운산 태상종도사님 말씀)

상제님이 주재하시는
우주의 변화 세계 : 생장염장

나는 생장염장生長斂藏 사의四義를 쓰나니

이것이 곧 무위이화無爲以化니라.

해와 달이 나의 명命을 받들어 운행하나니

하늘이 이치理致를 벗어나면 아무것도 있을 수 없느니라.

(『道典』2편 20장)

우리 인생은 신비 그 자체다. 인간은 우주와 생명의 수수께끼를 돌돌 말고 나와서 미지의 운명의 길을 걸어가며, 수수께끼와도 같은 우주와 생명의 실타래를 한 올 한 올 풀어 가는 꿈과 자유의 투사이다. 한없이 이어진 레일 위로 기차가 달려가듯, 우리도 진리의 길을 끊임없이 걸어가며 한 생애를 살다 간다.

그 어떤 권좌에 올라선 사람도, 지구 땅덩어리를 다 살 수 있는 황금 보옥을 가진 사람도, 인생의 진창에서 끝없는 고통과 쉴 틈 없는 들볶임에 눈물 짓는 사람도, 자신의 유한한 삶이 다하기 전에 기어코 풀어내야 할 커다란 숙제는 동일한 것이다.

이제 우리가 찾아 나서려는 이 진리의 해답은, 일찍이 청 세조淸世祖 순치제順治帝(1638~1661)가 왕위를 버리고 말년에 구도자로서 금산사(중국 금산사)

에 들어가 살면서 인생의 허무를 고백했던 양심 선언과 동일한 것이리라.

> 황금빛 곤룡포를 붉은 가사로 바꿔 입고 구도 길에 나서니
> 내 본래 서방에서 구도하던 한 이름 없는 승려이더라.
> 그런데 어찌하여 떠돌다 제왕의 집안에 떨어졌는가!
> 아, 내가 생겨나기 전에는 무엇이 나였던 것일까?
> 사람으로 생겨난 이 나는 누구인가?
> 아, 이렇게 다 큰 성인이 된 지금의 나는 누구인가?
> 두 눈 감으면 몽롱한 환상의 어둠 속에서 노니는 이는 또 누구
> 인가?
> 백 년의 세상사 한밤의 꿈이요
> 만리강산은 한 판의 바둑놀음이로다.
> 黃袍換却紫架裟, 吾本西方一納子, 然何流落帝王家! 未生之前誰是
> 我? 我生之後我是誰? 長大成人方是我, 合眼朦朧又是誰? 百年世事三
> 更夢, 萬里江山一局棋。(「순치 황제 출가게」에서)

산하대지의 주인으로서 6세에 황제가 되어 17년간 나라를 통치하며 중국 통일의 대업을 이루고자 했던 순치제도 인생 무상과 허무에 강렬한 충격을 받고, "내 이제 빈손 들고 부처님께[西] 돌아가노라[我今撤手西歸去]"라고 했던 것이다.

우리 또한 인생을 살다 보면 이따금 삶의 신비와 우주의 수수께끼에 대한 억누를 수 없는 의문이 솟아오르는 순간과 마주치게 된다. 불현듯 떠오르는 이 의문의 불덩어리는 태초에 신神이 우주를 생성할 때 오직 인간의 영혼 깊은 곳에만 넣어 준, 근원에 대한 솟구치는 향수鄕愁임에 틀림없으리라.

우주는 왜, 어떻게 생겨난 것일까? 만약 조물주가 정말로 존재한다면 무엇 때문에 인간을 만들어 내었는가? 죄를 짓지 않고는 살 수 없도록 되어

있는 이 지상에서의 인생이란 전지전능한 하나님의 실패작일까? 아니면 선악과를 따 먹은, 유혹에 약한 인간의 원죄와 타락 때문인 것일까?

인간의 뇌세포가 진리의 빛으로 깨어나기 시작하던 문명의 여명기 때부터 이지理智가 극도로 발달한 현대에 이르기까지, 아직도 이러한 의문은 풀리지 않고 다만 무지로 채색된 채 오늘도 우리 가슴속에 남아 있다. 그칠 줄 모르는 번뇌와 괴로움이 영혼을 들볶을 때, 인간은 무지의 벽 앞에서 아파하고 허전함으로 인해 흐느끼게 된다. 종교는 왜 이다지도 많아야 하며, 선천 종교의 신자들은 무엇 때문에 성전聖戰의 깃발을 높이 치켜든 채 원수처럼 싸웠던가?

필자는 그동안 여러 학문 분야에서 나름대로 깊은 경지에 이르렀다고 하는 여러 계층의 사람들을 만나면서 마음속에 다음과 같은 결론을 내리게 되었다. 그것은 대부분의 사람들이 현대의 과학적 사고와 논리에 깊이 젖어, 천지 대생명의 율동을 있는 그대로 보고 가슴으로 느낄 수 있는 감수성을 상실함으로써 진리의 불감증 환자가 되어가고 있다는 가슴 아픈 사실이다. 그들의 정신을 열어 주고 함께 수행하면서 여러 차례에 걸쳐 이를 뼈아프게 체험하였다.

그런데 다행히도 신과학의 세계관이 세상에 소개되기 시작하면서 기존의 단편적인 묵은 세계관을 극복하고 우주의 근본과 생명의 근원을 통일적으로 보려는 안목이 대두하였다. 이러한 안목은 21세기로 들어서 더욱 성숙해 가고 있다. 신과학의 세계관에서는 기존의 정태적, 선형적, 단편적, 분석적, 객관적인 시각으로 우주를 해석하려는 서구의 논리를 극복하고 동태적, 비선형적(순환적), 다차원적, 통일(통합)적, 주관적인 시각으로 세계를 조망한다. 이런 의미에서 신과학이 21세기의 새로운 과학을 만들려는 시도라고 할 수 있지만, 이 우주에 대한 궁극적인 수수께끼를 해명하기에는 아직 미흡한 수준에 머물러 있다.

증산도에서는 이러한 궁극적인 의문점을 우주 생성과 변화 원리 차원에서 처음으로 밝혀 준다.(더욱 구체적인 내용을 알고자 하는 독자에게 『증산도의 진리』를 정독하기를 권한다.)

1. 시간이란 무엇인가

천지일월의 생성

우리가 바라보는 신비스러운 이 천지는 처음에 어떻게 열렸을까?

이 의문점에 대해 증산 상제님은 도통의 문을 열어 주는 핵심 말씀을 전해 주셨다.

> '천지가 간방艮方으로부터 시작되었다' 하나 그것은 그릇된 말이
> 요, 24방위에서 '한꺼번에' 이루어진 것이니라.(『道典』 6:83)

천지가 24방위에서 한꺼번에 이루어진 것이라는 말씀을 깊이 깨치기 위해서는 현대물리학에서 주창하는 우주창세론을 알아볼 필요가 있다. 근래의 연구 성과에 따르면, 무無에서 대폭발(Big Bang)로 탄생한 아기 우주가 급격한 팽창(inflation)을 거쳐 현재 우주로 성장했다고 한다. 대폭발 후 우주에서는 불과 수십 분 만에 양자와 중성자가 융합하여 수소가 만들어지고, 이렇게 생겨난 수소 구름은 수십억 년 세월을 거쳐 장려한 일월과 뭇 별을 광대한 공간에 수놓았다고 한다.(여기에 대한 논의는 『증산도의 진리』 1장 참고 바람)

직선적 시간관과 순환적 시간관

그러면 우주 자체의 변화성과 조화성으로 생겨난 천지일월은 어떻게 만물을 생성·변화시키는 것일까? 이것을 알기 위해서는 시간 문제에 정통해야 한다.

미국의 우주왕복선 콜롬비아호가 발사된 1981년 4월 이후로 지구의 역

사는 우주사 시대로 접어들었건만, 아직도 시간에 관한 한 원시적인 사고 방식에서 헤어나지 못하는 사람이 대단히 많다. 지금도 많은 사람이 시간은 태초로부터 미래를 향해서 직선적으로 영원히 흘러가는 것으로만 알고 있다. 즉, 태초에 전능한 어떤 유일신이 혼돈의 우주에서 이 세계를 창조한 이후, 일정한 시간이 흐른 뒤에 인간이 생겨났고, 그 후 인간이 타락하여 극악무도한 말세가 되어 심판의 날이 임하고, 그 다음에는 꿈같은 낙원의 안식 세계가 영원무궁토록 이 지상에 계속되리라는 '직선적(linear) 시간관'이라는 환상에서 깨어나지 못하고 있는 것이다.

그러나 시간은 직선적으로 흘러가는 것이 아니라 일정한 변화 원리를 따라 순환(circulation)한다. 극미의 원자 세계나 극대의 천체 운동이 모두 순환 속에서 끊임없는 변화 운동을 한다. 낮과 밤의 주기적인 교차, 사계절의 주기적인 순행順行 등등. 어디 그뿐인가! 우리의 생명조차도 음양의 순환 리듬을 벗어나서는 존재할 수 없다.

낮에는 동動하는 양기를 타고 무의식의 기반 위에 있는 의식 세계에서 살아가지만, 황혼이 서서히 밀려와 이윽고 밤이 되면 대지에 짙게 드리우는 음 기운을 타고 육신은 잠의 세계에 빠져들고, 마음의 날개는 무의식의 공간 속을 날아다닌다. 무의식이 체體라면, 의식은 무의식의 용用이다. 우리의 영혼은 다음 날을 위해 밤에는 하루 동안 의식의 공간에 너저분하게 헝클어

동양의 시간관(개벽론)
순환무궁循環無窮: 탄생, 성장, 성숙, 휴식을 거듭한다.

기독교의 시간관(창조론)
기독교의 직선적 시간관(태초의 창조, 타락, 구원, 영원한 천년왕국)은 순환하는 고리의 일부분을 말한 것에 지나지 않는다.

져 있는 사연을 지워 버리면서-무의식 세계에 옮겨 놓는-휴식을 하는 것이다. 우리의 마음 세계는 이렇게 크게는 '의식(낮) → 무의식(밤) → 의식(낮)'의 순서로 순환함으로써 생명 활동을 영위해 나간다.

우주의 영원한 생명 창조의 리듬 : 순환(Circulation)

생명 순환의 주기성을 크게 보면, 전반기는 '창조 과정', 후반기는 '성숙과 재창조를 위한 파괴 과정'을 끊임없이 되풀이한다는 사실을 알 수 있다. 기독교에서 전한 '예전의 하늘과 땅, 새 하늘과 새 땅', 불교에서 겁劫으로 표현하는 성주괴공成住壞空의 우주 순환 이야기나 미륵 천주님이 오실 때 '하늘의 별들의 위치가 바뀐다'는 대변국 소식, 그리고 유교의 우주관과 『주역』, 『정역』의 역도易道에서 정립되어 증산도에서 완성된 선·후천 시간관은 모두 우주가 순환하는 변화 정신을 말한 것이다.

힌두교에서도 순환적 시간관을 이야기한다. 우주는 4유가를 한 주기로 하여 생성과 소멸을 반복하는데, 우리는 현재 이 4유가 중에서 마지막 시기인 칼리 유가에 살고 있다고 한다. 브라흐마는 창조와 수렴(결실)을 하는데, 이를 하루로 치면 12시간은 창조하고 12시간은 퇴화退化하는 운동을 주기적으로 되풀이한다고 한다. 즉, 우주의 창조와 파괴가 시간의 순환을 통해 무한히 반복된다는 것이다. 불교나 자이나교에서는 시간의 순환을 열두 개의 바퀴살을 가진 수레바퀴에 비유한다. 또 구약에서 에녹은 열두 천문을 통과하는 천체 운동에 따라 우주가 순환하는 모습을 천상에서 직접 보았다고 한다. 동서양 종교 문화에 빈번히 나오는 12수를 주의 깊게 눈여겨볼 필요가 있다.

신의 창조 목적은 세속[俗]의 세계를 성聖의 세계로 완성하는 것이라고 했던 엘리아데M. Eliade는 동서양의 신화, 종교, 제의, 건축 양식 등을 종합 검토하여 『우주와 역사』(일명 '영겁회귀의 신화')라는 책을 저술하였다. 여기서 그는 '우주의 근본적인 변화 리듬의 영원한 반복은 주기적인 파괴와 재창조(recreation)'라 말하고, 이 세상 어느 곳에나 일정한 시간의 끝[終]과 시작[始]에 대한 무의식적인 관념이 있는데, 이는 생生우주적(bio-cosmic)인 리듬을 관찰하는 데서 기원하였다고 지적하였다. 그리하여 이 우주 생명의 영원한 재생 리듬 때문에, 우리의 마음과 생명도 새해를 맞을 때마다 과거의 종말과 새로운 삶의 시작이라는 마음을 갖게 된다고 한다. 그는 이러한 대우주 순환설을 '대시간(Great Time)설'이라 하였다.

독일의 신학자인 불트만R. Bultmann(1884~1976)은 『역사와 종말론』이라는 저서에서 "종말론이란 세계의 끝과 그 파멸에 관한 교리"라고 말하고, "서양 역사에서 결정적인 의의를 가진 종말론은 세계적 사건의 주기성(periodicity)이라는 생각에서 발생했으며, 이것은 말할 것도 없이 세계의 과정을 자연계의 계절 순환으로부터 유추해서 성립된 것이다"라고 말하였다. 일년 사계절이 계속 순서대로 따라오듯이 세계의 과정에서도 '세계의 해', '대세계년大世界年'이라는 사계절(우주의 일년)에 해당하는 시기가 있다는 것이다. 동서 문명의 역사, 불교, 힌두교, 자이나교, 이슬람, 기독교, 조로아스터교, 중국 사상, 토인비와 슈펭글러의 역사철학 등 모든 순환론을 집대성한 케언즈Grace E. Cairns는 『역사철학』에서 우주 순환의 최후 목적을 다음과 같이 전해 주고 있다.

인류와 다른 우주의 생물들에 대한 그러한 초역사적인 목표는 역사에 대해서 '영혼의 해방'이라는 목적을 부여한다. 인류는 지상에서 완전하게 된 사회 질서에 가까이 인도된다는 사실을 설명한다. … (그리하여 인생의 섭리는) 우리가 절멸絶滅의 고통을 겪으면서도 보다 높은 차원의 영성靈性을 위해 투쟁하는 것은 신성神聖한 우리의 사명인 것이다.(『역사철학』, 443쪽, 459쪽)

이상에서 살펴본 여러 가지의 내용을 종합하면, 이들은 모두 동양 문명에서 약 5,700여 년이란 장구한 세월의 각고刻苦 끝에 정립된 선·후천에 대한 소식으로서, 천지가 인간과 만물을 화생하고 길러서 성숙시키는 천지 문명의 일회 주기(우주 일년)에 대한 메시지들인 것이다.

오늘날 우리는 위대한 우주의 시時 – 간間(Time-Between), 즉 선·후천 개벽 시간대의 대 교역점에서 숨 가쁘게 살아가고 있다.

불트만이 말했듯이, 우리가 맛보고 있는 고통의 세계는 신의 저주가 아니라 시간의 속성에 휩쓸려 들어가는 대자연 변화의 숙명과 같은 것이다. 그러면 이 시간의 정체에 대해 간단히 살펴보기로 한다.

시간의 흐름은 곧 우주 조화신造化神의 얼굴

시간이란 무엇인가? 시간은 어떻게 영원에서 영원으로 흘러가는 것일까? 우주 본체신(하느님)이 천지일월 속에 자신의 존재 원리를 숨겨 놓았기 때문에, 이러한 의문은 시간 그 자체의 흐름을 통해(변화의 진리 자리를) 깨쳐야 풀린다.

구소련의 저명한 천체 물리학자 코지레프 박사는 시간에 관한 신新이론을 주장하였는데, 이것을 보면 현대 과학의 시간관이 동양 우주론의 시간관과 상당 부분 일치한다는 것을 알 수 있다.

시간은 에너지의 한 형태이다. 이 세계에 있어서의 생명의 원천을 발견하기 위해서 우리들이 고찰하지 않으면 안 되는 것은 바로 시간의 속성이라고 말할 수 있다. … 시간이야말로 가장 중요하고 또 가장 불가사의한 자연의 속성이라고 말할 수 있다. … 시간은 우리들의 모든 것을 연결시키고 또 존재계의 모든 사물을 결부시키고 있다.

현대 과학이 밝혀냈듯이, 우주의 조화 생명[氣]이 스스로 지니고 있는 변

시간의 수수께끼를 푸는 천지의 비밀코드,
역도易道

『주역』은 우주, 달리 말해서 천지인 삼계三界가 어떻게 생겨났고 어떠한 원리로 변화하는지 아주 간단한 논리로 명쾌하게 설명한다. 우주의 본체와 현상을 동시에 설명할 수 있는 일체화된 통전統全적 논리로, 우주의 근본 바닥 자리와 천변만화하는 현실 세계의 모습을 함께 해명하여 준다. 따라서 어떠한 종교의 창조관이나 신의 역사 창조 섭리[神道]도 이 역도의 원리를 통하지 않고서는 설명이 불가능하다.

이 대자연의 역도易道(변화의 길)의 생성 원리를 바탕으로 하여 모든 기성종교가 성립되었다.

'역易'이란 인생과 천지 만물이 변화해 가는 것을 가리키는 말이다. 극미의 소립자 세계로부터 인간의 마음, 그리고 저 불가사의한 자연계와 대우주마저도 잠시도 정지하지 않고 무상하게 변화해 가고 있다. 그런데 우리가 무엇보다 알고 싶어 하는 것은 우주 만유를 무엇이 변화시켜 가느냐 하는 바로 그 '변화의 본체[神] 자리'일 것이다. 미국 버클리 대학의 신학 교수 이정용李正勇 박사는 역易을 '되어감의 과정(process of becoming)'이라 정의했다. 다시 말하면 역은 진행형(~ing)으로서 변화의 과정과 변화 정신 자체를 말한다. 이러한 역의 정신에 담겨 있는 가장 핵심되는 몇 가지 내용을 『주역』을 바탕으로 정리해 보기로 한다.

(1) 역易은 우주의 영원한 생성의 연속 과정이다.(生生之謂易.「계사」상 5장)

지금 이 순간의 모든 변화와 죽음까지도 새로운 창조와 탄생을 위한 진행 과정이다. 대국적인 차원에서 볼 때 우주의 변화는 오직 완성을 지향하는 끊임없는 창조(생성)의 과정인 것이다.

(2) 역易은 생성의 근원과 종점을 함께 밝히는 것을 바탕으로 삼는다.(原始要終, 以爲質也.「계사」하 9장)

역철학은 우주 변화의 과정은 물론이고 그러한 흐름의 근본 원인인 변화의 시종始終을 오묘한 이치로 해명해 준다.

(3) 역易의 기본 논리는 대단히 쉽고 간단하다.[易簡의 道](乾以易知, 坤以簡能.「계사」상 1장)

천지는 음양의 원리로 무궁한 변화를 지어낸다. 그러므로 우주 변화의 신비는 실제로는 쉽고[易] 간단[簡]하다. 대우주가 창조와 변화 운동을 통해 새로운 시간대로 전환해 가는 근본 원리는 대단히 쉽고 간단하다는 말이다. 물론 이것은 인간의 감각적인 차원으로 쉽게 생각할 수 있는 문제는 아니다.

(4) 우주 변화[易]의 원리와 신비는 먼저 자신의 몸에서 찾을 수 있다.(近取諸身, 遠取諸物.「계사」하 1장)

이는 5,500여 년 전 태극팔괘를 처음으로 그은 태호복희씨의 도법道法 세계를 설명하며 공자가 전한 만고의 명언이다. 인간 속에 깃들어 있는 생명의 변화 원리는 천지자연과 만물에서 찾고, 천지자연의 변화 원리는 천지의 주체가 되는 인간의 몸에서 찾을 때, 천지와 인간 양자의 수수께끼를 동시에 풀 수 있다는 것이다.

그 이유는 천지자연(객관)과 인간(주관)이 한 몸으로 연관성을 맺고 있어 서로 삶의 뿌리가 되기 때문이다. 따라서 인간 생명의 신비는 우주 변화의 구조를 해명할 때, 그리고 우주 자연의 수수께끼는 인간 생명의 신비를 밝혀낼 때 비로소 의문이 함께 규명되는 것이다.

(5) 역易의 근본 자리는 신이다.(陰陽不測之謂神.「계사」상 5장)

물론 이때 신神이란 인격과 비인격을 초월한 우주의 변화 정신을 말한다. 즉, 천지와 인간을 화생·변화시켜 가는 조화 정신으로서 우주 자연의 음양 본체신本體神을 뜻한다. 이 신은 우주 정신이다. 역에는 천지 만물의 주재 원리뿐 아니라, 변화의 지극함이요 변화의 주재위主宰位인 신의 인격성이 동시에 나타나 있다.

역은 생명의 변화 정신[神]이 일으키는 우주의 현상적 변화 원리(宇宙神의 변화 원리[理]적 측면=易理)에 중점을 두고 현실 세계의 변화를 밝힌다. 이때 신神은 우주 변화의 몸체(변화를 일으키는 핵심 조화 정신=본체=神=道)라 하며, 여기서 벌어지는 현실적인 변화는 우주 변화의 작용 원리[易理]라 한다. 그리하여 주역은 천지 변화의 '체와 용', 즉 변화의 본체(태극)와 그 본체의 구체적이고 현실적 작용(음양오행 원리)을 동시에 밝혀 주는 '우주의 신교神教 문서'이다.*

(6) 도道(우주 변화의 길) 자체는 스스로 변화하고 움직인다.(道有變動.「계사」하 10장)

아직도 많은 종교인이 생명의 근본 자리[본체: 道, 神]에 대한 고정관념을 가지고 있다. 그들은 단지 천상의 하나님과 그 생명의 조화 세계는 영원불변한 것으로 알고 있다.

그러나 불교, 기독교, 유교, 도교 같은 세계 종교는 모두 천지 생명이 순환하며 자존自存하는 원리에 따라 성립된 가르침이다. 그러므로 우주 생명의 존재 섭리에 대한 기본적인 이해가 없으면 기성종교에서 전하는 구원의 진정한 대개벽 소식을 깨칠 수 없다.

우주는 쉼 없는 변화성 때문에 영원히 살아 있는 것이다. 이 우주의 변화 정신[神, 하나님]이 만물을 낳아 길러 내는 이치는 뒤에서 살펴본다.

(7) 세계를 변화시켜 가는 우주 조화신造化神은 양극성을 넘어선 중화中和의 덕을 본성으로 한다.

우주의 조화 정신 그 자체는 기쁨과 슬픔, 전쟁과 평화, 선과 악에 대해서 '중용中庸의 덕'을 지킨다. 말없는 우주의 자연自然(저절로 그러함) 정신은 그 변화의 과정 속에서 온갖 사연을 불러일으키지만, 정작 그 자신은 다만 중도中道의 길을 따라 무한의 시간 궤도를 영원히 걸어갈 뿐이다.

(8) 우주의 신비 세계로 들어서는 근본 변화의 문호가 건곤乾坤이다. (乾坤, 其易之門耶.「계사」하 1장)

---

* 『주역』과 『정역』은 다 같이 도道의 상단 자리를 하나의 일관된 논리로 명쾌하게 해명해 주는, 신의 심오한 계시[神教] 문서이다. 복희씨 때부터 시작한 『주역』은 『정역』을 펴낸 김일부에 의해 비로소 완성되었다. 일부는 역도易道가 완성되기까지 복희 성인 이래 자신에 이르기까지 15인에 달하는 성철聖哲의 공덕이 있었음을 언급하였다. 그 가운데 핵심 인물은 '태호복희-문왕-주공-공자-김일부' 다섯 성인인데, 모두 동방 동이족東夷族의 혈통을 타고 태어난 인물이다. 역철학은 약 6천 년 동안 동방의 지혜 안에서 성립된 것이다.

따라서 건곤이 무엇을 의미하는지 철저히 깨쳐야 한다. 이 건곤을 뚫어지게 알지 못하고서 동양의 심오하기 그지없는 도道의 세계를 이해한다는 것은 불가능하다.

먼저 천지天地, 건곤乾坤, 율려律呂, 음양陰陽과 같은 술어의 개념상 차이점을 명백히 이해해야 한다. 생명은 현실에서 음양의 양면성으로 작용한다. 때문에 천지, 건곤, 율려는 모두 우주 생명(무극)이 음양(태극)으로 작용하는 변화의 실상을 구조화하여 나타낸 말이다.

(9) 생명의 흐름[道]을 타는 역사적 인물이 반드시 있다.

하늘과 땅은 혼자서 그저 무상하게 흘러가는 것이 아니다. 변화의 단계마다 천지 기운을 받아 자연 정신의 흐름을 현실 역사에 이화시키는 '역사의 인물'이 반드시 있다. 이것은 객관 세계인 천지가 그냥 심심풀이로 우연히 생겨난 것이 아니라, 천지 변화의 이상과 목적이 현실 세계에 펼쳐지도록 인간이 주체 역할을 한다는 깊은 뜻을 암시한다.*

바로 '그 사람'이 있기 때문에 천지 생명은 의미 있는 변화의 길을 영원히 걸어갈 수 있는 것이다(苟非其人, 道不虛行。「계사」하 8장). 세상만사와 천지 대사大事에는 '그 때[其時], 그 운[其運]을 타는 그 사람[其人]이 반드시 있다'는 말이다.

(10) 역도易道의 우주론에서 우주 생성의 기본 구조는 3수 원리로 구성된다.

대우주 정신[宇宙神]의 핵심 창조 원리인 '일즉삼 삼즉일一卽三 三卽一'의 생성논리에 따라 우주는 천天·지地·인人 삼계[三界, 三才, 三元]로 구성되어 있다고 말한다. 그러므로 변화무상한 천지 시공의 비밀을 푸는 것이 우주 신비의 핵심 틀을 깨는 열쇠이다. 천지의 시간의 수수께끼를 풀어 내는 것이 우주의 개벽 정신과 변화성을 이해하는 제1의 관건인 것이다.

---

* 서양에도 우주와 인간의 관계에 대한 이와 비슷한 논리가 있다. 스티븐 호킹 박사는 '인류 원리anthropic principle'를 통해, '이 우주는 인간이라는 존재가 생겨나지 않으면 안 되게끔 만들어졌다'고 주장하고 있다. 그에 따르면 이 인류 원리는 정확한 공식화가 가능하며, 우주의 기원을 다루는 데 없어서는 안 될 이론이라 한다.(스티븐 호킹,『호두껍질 속의 우주』)

화 원리[理]의 흐름이 바로 시간으로 나타난다.

그런데 시간의 흐름은 현실적인 측면에서 보면 천지일월의 순환 운동에 의해서 비로소 우리에게 인식된다. 그러므로 우리가 시간의 속성과 시간의 흐름에 관련된 우주의 법칙을 알려면 반드시 천지일월의 운행 법도를 깨쳐야만 하는 것이다.

한마디로 묶어서 말한다면, 시간이란 우주의 신(우주 변화 정신)이 현상계에 자신을 그대로 노출시켜 놓은, 조화신의 자기 얼굴이다.('본체＝현상'이라는, 양자의 일체 관계를 생각해 보라.)

체體와 용用의 시간대로 흐르는 시간

천지의 시간도 '어머니 시간[母時]'과 여기서 생성되는 '아들 시간[子時]'으로 구분되어 흘러간다. 즉 '시간이 시간을 낳는 것'이다.

뒤에서 자세히 살펴보겠지만 모든 시간의 모체가 되는 시간을 찾아낸 분은 『정역』을 지은 김일부 대성사이다. 그는 그러한 모체가 되는 시간을 '원역原曆 375도'라고 정의했다.

원역은 천지의 순환 속에서 시간의 출발이 이루어지는 모체 역할을 하는 근원 시간[母時]이다. 이 모체 시간은, 현실 세계에서는 음양의 두 가지 시간을 만물 생성의 궤도로 쓴다. 즉, 어머니 시간이 천지 속에서 작용[用]할 때는 '선천 윤역閏曆'의 양의 시간대와 '후천 정역正曆'의 음의 시간대라는 대칭적인 시간 질서로 천지 만물과 인간 생명을 잡아 돌리는 것이다.

문명 전환의 비밀을 푸는 열쇠 : 천지의 시간개벽

『제3의 물결』, 『권력이동』 등을 통해 우리에게 잘 알려진 미국의 미래학자 토플러Alvin Toffler는 『미래의 충격』이란 저서에서 현대 문명의 거대한 변혁의 특성을 이렇게 전하고 있다.

우리는 젊은 사람들의 혁명, 성性의 혁명, 인종의 혁명 그리고 가장 빠르고 심각한 기술상의 혁명을 동시에 경험하고 있다. 우리는 산업사회의 전반적인 위기 속에서 살고 있다. 한마디로 말해서 우리는 초산업사회 혁명의 한가운데 놓여 있다.

혁명이란 새로운 사태를 뜻하는 것이다. 혁명은 수많은 개인의 생활에 신기한 사태를 가져다 주고, 달라진 제도나 이제까지는 볼 수 없었던 전혀 새로운 환경으로 사람들을 몰아내고 있는 셈이다.

그러면 이러한 '제3의 문명'은 어떤 변혁의 과정을 거쳐서 이루어지는 것일까? 결론부터 말한다면, 이것은 문명 구조의 전환 문제이자 대우주의 창조 섭리에 얽혀 있는 세계 개벽의 문제이다. 문화적, 사회적 차원뿐만 아니라 자연의 시간 질서가 바뀌는 개벽 문제에 대한 근본적 의문을 해명할 때, 지금 일어나고 있는 변혁의 총체적인 해답을 구할 수 있다. 우주의 시간대가 순환하며 주기적으로 빚어내는 새로운 시간 질서 개벽의 비밀을 알아내야만 '제3의 문명'의 도래에 대한 수수께끼를 풀 수 있는 것이다.

'새로운 사이클이 생기는 재조정의 시기', '위대한 새 인종의 출현이 이루어지는 수정 시대', '일곱 번째 큰 수가 다 돌았을 때', 또는 '황금의 사뛰흔느가 쇠로 변한다'는 등, 동서의 성자와 철인이 예고한 변국에 관련된 이야기들은 모두 우주가 새로운 차원으로 전환한다는 천지 시간의 순환성을 암시한다.

그렇다면 우주 시간은 도대체 어떠한 원리로 순환하는 것일까? 이에 대한 명확한 이해를 위하여 천지 만물을 잡아 돌리는 조화 기운[聖氣]이 작용하는 변화의 체體와 용用의 관계에 대해 먼저 알아보기로 한다.

2. 인간은 우주의 주인

우주 변화의 본체와 작용, 체體와 용用

동양의 정신은 인간과 우주의 오묘한 신비를 체體와 용用의 논리로써 밝혀 준다. 체와 용은 변화의 본체와 작용을 의미한다. 우리가 눈으로 볼 수 있는 우주의 모든 현실 변화의 작용은 그것을 일으키는 근원적인 몸(본체)으로부터 이루어진다.

이에 대한 간단한 예를 근취저신近取諸身하여 우리 몸에서 찾아보자. 체와 용의 관계는 자신의 몸에서 가장 쉽게 터득할 수 있다. 오장육부가 들어 있는 몸통은 변화의 중심체[體]인데, 이 몸을 움직일 수 있도록 작용[用]하는 것은 사지四肢, 즉 팔다리이다. 머리와 몸통의 관계도 동일하다. 팔을 좀더 세분해서 보면, 하나의 팔뚝 전체가 체라면 이 팔뚝을 현실적으로 활용할 수 있게 하는 것은 다섯 손가락이다.

그런데 위의 예에서 알 수 있듯이 체와 용은 일체 관계이면서도 현실적으로는 엄연히 구분되어 존재한다는 사실이 대단히 중요하다. 손과 그것이 맞붙어 있는 팔은 일체가 되어 작용을 하지만 엄연히 손은 손이며 팔은 팔인 것이다.

우주를 마음에 그릴 때는 항상 이러한 체와 용의 관계를 동시에 인식하면서, 일체와 분리의 양면으로 존재하는 생명의 창조 원리를 파악해야 한다. 우주의 신비와 변화하는 세계의 상호 연관성은 사실 깨치고 보면 이처럼 간단한 것이다. 다만 이를 해명해 주는 논리 구조를 있는 그대로 볼 수 있는 정신자세와 트인 마음가짐을 갖는 것이 중요하다.

한 가지 더욱 중요한 점은, 이 체와 용의 상호 관계를 정반대로 뒤집어서 생각할 줄 알아야 한다는 것이다. 간단히 예를 들어보기로 한다. 한 국가조직의 중심 자리에 있는 핵[體]은 국가의 최고 통수권자인 대통령이고 대통령의 지도 역량을 현실적으로 펼치는 일[用]은 행정기관의 공무원과 국민이 하는 것이다. 그러나 성사시키는 주체적 입장에서 거꾸로 볼 때는 국민이 국가의 주체[體]이며, 대통령은 국민에게 선출되어 이들을 이끌어 가는 사역자[用] 역할을 하는 중심 일꾼이다. 가족을 예로 들면 아버지와 어머니는 한 가정의 중심[體] 자리에 있으며, 자식은 부모의 교육 방침과 가훈을 따르며 저마다 이상을 실현시키려 노력하는 인생의 역군[用]이다.

그러나 현실적 입장에서 볼 때는 자식이 부모의 뜻과 삶의 지표(이상)를 실현시켜 가는 주체[體]가 되며, 아버지 어머니는 자식을 뒷바라지하는 밑거름 역할[用]을 한다.

이것은 지극히 중요한 사항이니, 문제의식을 가지고 잘 기억해 두기를 재삼 당부한다.

변화의 본체 토±와 그 작용인 사상四象

우주를 움직이는 근원적인 힘은 네 가지이다(양: 木·火, 음: 金·水). 이를 사상四象이라 한다. 사상은 시간으로 전개될 때 사시四時, 공간으로 전개될 때 사정방위四正方位가 된다. 인체에도 사지四肢가 있다(＋ 자의 모습으로 생각해 보라). 이 네 가지 우주의 힘은 한 뿌리의 조화 기운(중성 土, 무극)에서 흘러나와 현상 세계를 작용 변화시켜 간다. 즉, 사상四象은 용用이며, 중심 토는 변화의 본체[體]이다. 물론 현실 변화의 입장에서 볼 때는 사상이 천지 조화의 이상을 펼치면서 변화 작용을 해 나가는 주체가 된다. 이 중성의 조화 기운이 변화해 가는 길을 도가에서는 도道라 한다. 이 도와 조화되는 것이 바로 우주의 진리 세계의 주인이 되는 길이며, 종교에서 말하는 믿음[信] 자리이다.

뒤에서 자세히 살펴보겠지만, '음과 양'이라는 두 가지 상대적인 조화 기운도 중성의 조화 기운인 토에서 분화되어 이루어졌다. 음양은 유형무형의 모든 존재가 가지고 있는 양면성과 상대성을 통틀어서 일컫는 말이다.

건곤과 천지일월의 관계

그러면 우주의 순수 음양의 조화 기운인 건곤과 천지는 어떠한 관계가 있는 것일까? 그리고 이 천지와 일월의 관계는 어떻게 맺어져 있는 것일까? 또 천지일월과 인간의 관계, 나아가 우주와 천지의 관계는 무엇인가?

건곤은 조화의 핵심체[體]이며, 천지는 구체적인 형상으로 나타나는 우주 생명의 역사 무대로서 현실 세계에서 만물을 생성하고 그 이상을 실현시켜 가는 창조의 작용체[用] 역할을 한다. 천지와 일월의 상관관계도 마찬가지이다. 천지는 음양의 본체[體]이며, 만물을 생성·변화시키는 구체적인 음양(태극) 운동은 일월이 수행[用]한다.

이를 좀 더 자세히 말하면, 순수 음양의 조화 기운 자체[無形]인 건곤乾坤은 천지로 드러난다. 여기에서 건乾의 반려자로서 곤도坤道의 작용을 현상계에 펼치는[用] 주체가 바로 지구이다. 천은 조화의 바탕으로 음[體]이지만 이 곤으로서의 지구는 형체를 쓰고 있는 양[用]이다. 눈으로 보이지 않는 조화의 바탕을 음陰, 형체를 쓰고 드러난 작용체를 양陽으로 본다. 반대로 체용의 관계로도 생각해 볼 수 있다.

그리고 태양은 무형의 건乾을 대행하여 양기운을 지구에 던져 주고, 그 양기운은 지구[坤]의 유일한 짝이 되는 태음[月: 달]의 음기운과 조화되어 음양의 태극 운동을 함으로써, 지상의 만물을 길러낸다.

이처럼 천天·지地가 서로 음양으로 한 짝을 이룬 뒤에 일(태양)·월(태음)과

바탕		작용		바탕	작용
(음) — 天(乾)	⋯	日(양) —	(양)	天地(음)	— 日月(양)
(양) — 地(坤)	⋯	月(음) —	(음)	天地日月(음)	— 人間(양)

천지일월의 음양적 구조성

다시 한 몸체[천지(음)·일월(양)]를 이루어, 인간과 만물을 화생하여 길러내게 되는 것이다. 그리하여 천지일월은 대자연의 순수 객관 세계로서 만물을 빚어내는 조화의 바탕(음)이 되어, 인간(양)을 자신의 짝으로 생성하여 완전한 우주의 주객 운동을 시작하게 된다. 이는 우주의 한소식을 듣는 가장 기본적인 문제이므로 가슴으로 확연히 느껴질 때까지 반복하여 깨쳐야 한다.

천지일월과 인간 : 인간은 우주의 열매

그러면 인간은 이 우주에서 어떠한 위치에 있으며 또한 어떤 의미를 가진 존재일까? 천지일월과 인간의 관계에서, 우리는 이 양자가 음양 짝으로 존재한다는 것을 알았다. 천지일월은 우주의 시간대를 형성하는 변화와 조화의 주체[體]이며, 인간은 그 이상을 현실 세계에 직접 실현시켜 가는 사역자[用]가 된다. 천지일월도 그의 이상을 실현하는 주체(주인공)인 인간이 있음으로써 비로소 의미를 갖게 되는 것이다.

즉, 인간과 천지일월은 한 몸으로 맺어져서 동일한 우주 변화 원리의 흐름을 타고 변화해 간다. 따라서 천지일월의 운행 도수가 바뀔 때는 인간의 문명과 세계사의 시운도 똑같이 변혁의 물결을 타면서 요동치게 되는 것이다.

그리고 체와 용의 상호 관계를 반대로 생각할 줄도 알아야 한다. 이는 주체란 말의 진정한 의미를 알아내기 위해서이다. 체에는 주체主體·본체本體 등의 뜻이 있는데 주의해서 구분할 필요가 있다. 체와 용의 관계를 주체적 입

乾坤	天地	日月		天地日月	人	
체 —	용			체 —	용	현실변화 중심
	체 —	용		용 —	체	주체적 입장

장에서 생각하면, 우주의 주체는 우주가 아니라 인간이 되는 것이다. 인간은 본래부터 이런 위격位格으로 우주 속에서 태어났다. 대우주의 궁극적 이상은 인간을 통해서만 실현되므로, 인간이야말로 우주의 가능성이며 꿈이며 열매인 것이다.

체와 용을 둘로 분리시키지 말고 한 몸[一體]으로 생각하는 사고방식을 길러야 한다. 이는 우주 정신의 본체인 태극의 상대성 원리 때문이다.

천지와 우주 : 천지는 우주 조화의 산실產室

대체로 천지는 우주의 일부이므로 체와 용으로 말할 때 무변광대한 우주가 본체이고 천지는 그 중에 일개 행성이 운행하는 구석진 곳으로 알고 있다. 이것도 전혀 틀린 말은 아니다. 우주를 체라 한다면, 우주가 생명을 생성할 수 있도록 구체적 변화 작용의 기틀이 되는 것은 천지(하늘과 땅)이기 때문이다. 즉, 우주는 천지의 정신이 영원히 작용할 수 있는 바탕인 '무한(무극)의 시공성'이고, 천지는 우주의 조화 기운[乾坤]이 개벽되어 온갖 변화를 일으키는 만물 생성의 핵심체가 된다. 다시 말해서 우주의 시공간은 체이며 그 속의 무수한 별은 변화의 작용이 구체적으로 드러난 것이다.

만일 이 체용 문제를 어느 한 관점에서만 바라본다면, 우주와 천지가 서로 체와 용이 될 수 있다는 것을 알지 못하게 된다. '천지와 우주' 변화의 일체 관계에 대한 개념을 모르게 되는 것이다. 천지와 우주의 기본 개념도 제

우 주		천 지	
조화의 체	———	조화의 용	현실 만물 생성·변화의 기틀
운용의 용	………	운용의 체	시공 운동을 중심으로 볼 때

대로 파악하지 못하고 인생과 우주를 논하거나, 동양의 정신 세계를 마음대로 비판하며 창생을 오도하는 무리를 필자는 적지 않게 보아 왔는데, 이 또한 난법 시대가 자아내는 무지의 단편이라 할 것이다.

우주는 천지가 살아 움직이게 하는 시공 생성의 어머니이며, 천지는 우주의 온갖 변화가 일어나는 생명 창조의 신묘한 몸체이다. 따라서 천지는 전체 대우주의 이상을 실현시키는 핵심적인 작용[用]을 하는 우주 조화의 산실産室인 것이다. 이 천지의 자녀로 태어난 대우주의 위대한 주인공이 바로 인간이다. 인간은 천지일월의 열매이다. 모든 종교, 철학, 현대 과학의 가르침의 결론도 이 한마디를 깨쳐서 실천하는 것에 있다.

3. 생장염장으로 순환하는 우주 일년 사계절

천지 만물의 생성 법칙 : 생장염장

그러면 이 우주 창조의 순환 정신은 무엇일까? 상제님은 그 정신의 핵심에 대해 이렇게 명쾌하게 해답을 내려 주신다.

> 나는 생장염장生長斂藏 사의四義를 쓰나니 이것이 곧 무위이화無爲以化
> 니라. 해와 달이 나의 명命을 받들어 운행하나니 하늘이 이치理致를
> 벗어나면 아무것도 있을 수 없느니라.(『道典』 2:20)
> 모든 일이 이치 없이는 못하는 것이니라.(『道典』 4:84)

인생을 살아가는 가장 기본적인 주기週期인 지구 일년의 근본 창조 정신은 '생장염장生長斂藏'으로, '탄생[生] → 성장[長] → 성숙의 수렴[斂] → 휴식[藏] (결실된 종자를 거두어 저장)'이라는 사계절 시간 질서를 따라 순환하는 것이다. 작게는 오전과 오후를 반복하는 하루 24시간의 순환 질서에서부터, 크게는 인류 역사의 대국적 발전 과정 역시 생장염장의 자연 질서를 따라 순환한

다. 마치 지상의 초목이 지구 일년의 변화 주기에 따라 봄에 싹을 틔우고 여름에 커 나가고 가을에 열매를 맺는 것처럼, 인류 문명은 우주 일년의 변화 주기에 따라 '탄생·성장·성숙·휴식'을 하는 것이다.

이번 우주 일년의 봄 시대는 지금부터 약 5만 년 전에 시작되었다. 이때 처음으로 현생 인류의 조상(Homo Sapiens Sapiens)이 화생化生하였다. 이 봄철이 지상에 태고 문명의 여명이 동트기 시작한 '시원始原 문화 시대'이다. 이 봄철 시간 정신의 핵심을 '생生'이라 한다.

우주의 여름철은 만물이 분열하며 성장하는 시간대로서 그 창조 정신의 핵심을 한마디로 '장長'이라 한다. 이때는 봄철에 화생化生한 생명이 번식을 거듭하고, 인류 문명 역시 여러 갈래로 나뉘어 발전한다. 이 시기에 만물을 분열·성장시키는 기운을 동양 철학에서는 불 기운(火, 숫자로는 7)으로 나타낸다.

우주의 가을철은 '통일의 시대'요, '성숙의 시대'이다. 봄·여름 생장 과정 동안 가꾸어 온 모든 생명의 진액을 갈무리하는 완성의 시기요, 결실의 시대인 것이다. 가을이 되어야 비로소 지상에 오곡백과가 탐스럽게 여물듯이, 인류는 우주의 가을 시간대에 이르러 비로소 이 지상에 통일 문명의 이상을 성취할 수 있다. 만물을 성숙시키는 가을 기운은 금金과 대광명의 백색으로

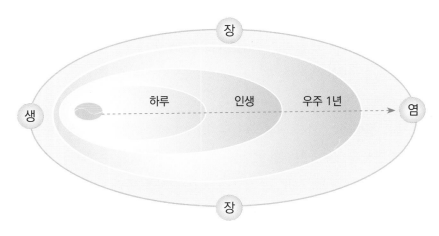

대주기 속에 소주기가 들어 있다.

상징된다. 이처럼 수렴收斂·결실하는 가을철 정신의 핵심을 '염斂'이라 한다.

우주의 겨울은 지상이 대부분 얼음에 뒤덮여 버리는 '빙하기'이다. 이 시기는 다음 우주 봄철에 이루어질 새로운 탄생을 예비하기 위해 생명의 진액을 우주의 본원[水]으로 되돌린다. 이때가 하늘과 땅이 휴식을 취하는 '장藏'의 시간대이다.

이 우주의 순환 법도는 어떤 인격적인 신이 인위적으로 지어낸 것이 아니라, 천지 자체의 조화 원리에 따라서 저절로[自] 그렇게[然] 돌아간다.

이렇게 자기충족적인 우주 질서를 주재하시는 통치자가 바로 '상제님(하나님)'이시다. 상제님은 생장염장의 법도를 근본으로 하여 천상과 지상의 문명을 발전시키고 통일을 주도해 나가신다. 그러므로 신비에 싸인 절대자의 진면목을 깨치기 위해서는 상제님이 주재하시는 우주 법도, 즉 우주가 변화해 가는 원리를 먼저 체득해야 하는 것이다.

> 대인을 배우는 자는 천지의 마음을 나의 심법으로 삼고, 음양이
> 사시四時로 순환하는 이치를 체득하여 천지의 화육化育에 나아가느
> 니라. (『道典』4:95)

선천先天과 후천後天

태극의 대칭성에 따라, 우주는 크게 양과 음의 시간대인 선천과 후천으로 구분되어 순환한다. 선천과 후천이란 일년 사계절 중 '봄·여름의 전반기'와 '가을·겨울의 후반기'를 선·후로 하여 부르는 말이다. 물론 하루에도 선·후천은 존재한다. 낮(양)과 밤(음)의 주기적인 대칭 변화 작용이 그것인데, 하루 중 오전은 선천으로, 오후는 후천으로 작용한다. 여기서 시간대는 항상 음양의 쌍으로 순환하며 존재한다는 것을 알 수 있다.

낮과 밤이 양과 음으로 대칭을 이루어 짧아졌다 길어졌다 하면서 사계절의 리듬을 형성하듯이, 천지의 시간대도 인간과 우주 자연을 창조·변화시키

우주 1년 4계절의 창조 운동

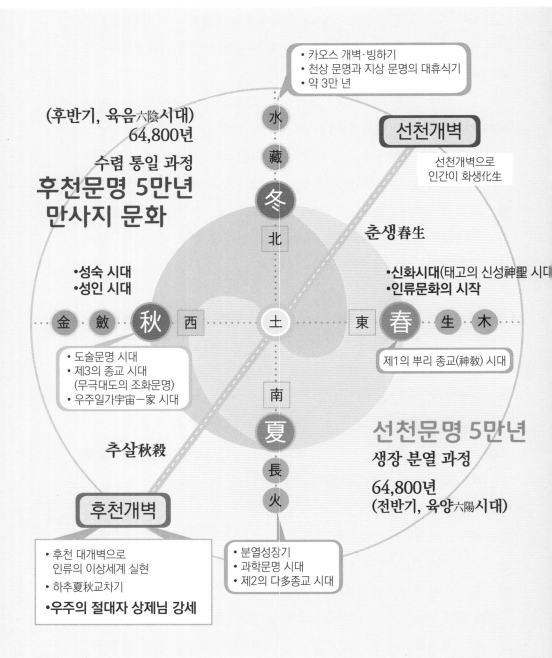

• 카오스 개벽·빙하기
• 천상 문명과 지상 문명의 대휴식기
• 약 3만 년

水
藏
冬
北

선천개벽

선천개벽으로
인간이 화생化生

(후반기, 육음六陰시대)
64,800년

수렴 통일 과정
후천문명 5만년
만사지 문화

춘생春生

•성숙 시대
•성인 시대

•신화시대(태고의 신성神聖 시대)
•인류문화의 시작

金　斂　秋　西　　土　　東　春　生　木

• 도술문명 시대
• 제3의 종교 시대
  (무극대도의 조화문명)
• 우주일가宇宙一家 시대

제1의 뿌리 종교(神敎) 시대

南
夏
長
火

추살秋殺

선천문명 5만년
생장 분열 과정

64,800년
(전반기, 육양六陽시대)

후천개벽

• 후천 대개벽으로
  인류의 이상세계 실현
• 하추夏秋교차기
•우주의 절대자 상제님 강세

• 분열성장기
• 과학문명 시대
• 제2의 다多종교 시대

기 위해 선천과 후천이 대칭을 이루는 것이다. 선천과 후천은 연결되어 있는 것 같으나, 밤과 낮이 전혀 질적으로 다르듯이 운동하는 원리 자체가 정반대이다. 만물이 탄생·성장(자기 발전) 운동을 하는 천지의 봄·여름(선천)은 남성 에너지[乾]가 주도하여 인간을 성장시키므로 6양陽 시대 또는 건도乾道(陽道) 시대라 하고, 후천의 6개월(6×10,800=64,800년) 동안은 여성 에너지[坤]가 중심이 되어 결실·성숙시키므로 6음陰 시대 또는 곤도坤道(陰道) 시대라고 한다. 극히 짧은 주기에서 대우주의 커다란 순환 주기에 이르기까지 그 이치는 마찬가지이다.

선천은 생장·분열 과정이기 때문에 과학과 철학이 판을 달리하고, 정치와 종교가 분리되는 때이다. 특히 만물이 세분화·다극화의 극한에 다다르는 우주의 여름철 말기가 되면, 인간의 정신마저도 분열 기운에 포로가 되어 생명의 근본을 상실하고, 사회는 윤리 기강이 무너지게 되어 극심한 혼란 상태에 빠지게 된다. 바로 이 우주 여름철의 말기가 기성종교에서 외친 '말세', '말법'에 해당하는 시기이다.

하지만 우주는 결코 무한히 분열·성장 운동만을 계속하는 것은 아니다. 성장이 한계에 다다르면, 우주 만유는 필연적으로 그것을 넘어서는 반대 방향으로 창조 운동을 시작한다[極則返]. 분열의 최극단에 이르면 다시 통일의 새 기운이 움트고, 반대로 통일 수렴의 정점에서 다시 분열 기운이 싹튼다. 마치 달[月]이 차면 기울고, 오르막이 다하면 내리막이 있듯이, 선천의 분열 도수度數가 다[盡]하면 후천의 통일 도수가 숙명적으로 밀려오는 것이다.

후천 가을 세상은 상생相生의 시대이며 성숙과 통일의 시대이다. 선천 시대에 극도로 분열·대립하던 여러 종교와 이념, 사상이 모두 하나의 열매 진리로 합쳐지고, 정치와 종교도 한 갈래로 통합되어 종교적 이상을 직접 구현하는 새로운 도권道權 정치의 대개벽 문화 시대가 열린다.

옛적에는 신성神聖이 하늘의 뜻을 이어 바탕을 세움에 성웅이 겸비

하여 정치와 교화를 통제관장統制管掌하였으나, 중고中古 이래로 성
과 웅이 바탕을 달리하여 정치와 교화가 갈렸으므로 마침내 여러
가지로 분파되어 진법을 보지 못하였나니, 이제 원시반본原始返本
이 되어 군사위君師位가 한 갈래로 되리라.(『道典』 2:27)

선·후천이 반복·순환하는 우주의 일주기 시간에 담겨 있는 가장 중요한
창조 원리의 내용을 압축하여 정리하면 아래 도표와 같다.

천지 사계절의 변화성 : 방放·탕蕩·신神·도道

이 우주에는 생장 과정의 선천 문화 5만년 양陽 시대와, 성숙하는 통일·염
장 과정의 후천 문화 5만년 음陰 시대를 주재하시는, 권능의 대권자이신 인
격적인 하나님이 계신다. 아버지 하나님이자 대우주의 통치자인 상제上帝(우
주 주재자 하나님의 공식 호칭)님께서는, 천지조화의 바탕인 '기氣의 생성변화 원
리'로써 우주 사계절의 변화(생·장·염·장)를 일으키는 천지일월의 변화성을 더
욱 구체적으로 밝혀 주셨다.

선·후천 특성 비교

선천先天 5만년	후천後天 5만년
양陽 시대, 분열·생장 시대	음陰 시대, 통일·수렴 시대
천지의 생장 시대(인간 성장)	천지의 성숙 시대(인간 성숙)
상극相剋 시대	상생相生 시대
영웅 시대[罪]	성인 시대[善]
억음존양抑陰尊陽	정음정양正陰正陽
다종교(敎) 시대: 성자 시대	천주(성부) 강세 : 무극대도無極大道 출현 성부 시대
천존天尊, 지존地尊 시대	인존人尊 시대

萬物資生하여 羞恥하나니 放蕩神道는 統이니라
만물자생 수치 방탕신도 통

春之氣는 放也요 夏之氣는 蕩也요
춘지기 방야 하지기 탕야

秋之氣는 神也요 冬之氣는 道也니
추지기 신야 동지기 도야

統은 以氣主張者也라 知心大道術이니라
통 이기주장자야 지심대도술

만물은 어머니 곤덕(坤德: 땅)에 바탕하여 생겨나

부끄러워하는 본성이 있으니

방放 탕蕩 신神 도道는 천지변화의 큰 법도와 기강(統)이니라.

봄기운은 만물을 내어놓는 것(放)이고

여름기운은 만물을 호탕하게 길러내는 것(蕩)이요

가을기운은 조화의 신神이며 겨울기운은 근본인 도道이니라.

내가 주재하는 천지 사계절 변화의 근본 기강은 기氣로 주장하느
니라.

마음을 훤히 들여다보는 대도술이니라.(『道典』 6:124)

봄에는 하늘에서 내치는[放] 생生의 기운[木]을 받아 인간을 비롯한 뭇 생명
이 탄생하고, 여름에는 만물을 분열·성장시키는 불[火] 시간대[長]의 기운을 받
아 천상과 지상에서 문명이 발전해 간다. 그리고 후천 가을에는 결실하는 수
렴·통일[金]의 정역正易 시간대를 따라 인간이 성숙하는 천지 대운이 열린다.

여기에서 "천지의 가을 기운은 신이다[秋之氣神也]"라는 말씀은 대단히 중요
하다. 가을의 대개벽 세계는 모든 것이 신도神道로 성취된다는 뜻이다. 신도에
대한 것은 뒤에서 자세히 설명한다.

천지의 겨울이 되면 지구는 더욱 신비한 시간 세계로 빠져든다. 상제님은
이때 우주의 조화 기운[水]이 도道로 돌아간다고 하셨다. 천지의 겨울 시간대
에 깃들어 있는 생명 질서의 속성을 밝혀 주신 이 말씀에는 실로 심오한 뜻
이 내재되어 있다.

천지의 겨울은 다음 우주의 봄에 새로운 생명이 탄생할 수 있도록 준비하기 위하여, 겉으로 드러나는 생명 활동을 모두 멈추고 새 기운을 축적하는 지구 문명의 휴식기[藏]이다. 이때는 지구의 많은 지역이 천지와 인간을 생성한 영수靈水의 고체 상태인 얼음으로 뒤덮이는 혼돈混沌 상태의 빙하기이다. 아무런 생명 활동이 없는 듯하지만, 겨울이야말로 다음 우주 봄철에 새로운 종種의 모든 생명을 태어나게 하는 생명 창조의 포란기抱卵期이다. 그러므로 겨울의 창조 정신은 봄·여름·가을의 창조 정신인 '방放·탕蕩·신神'의 모태가 되며 생명 활동의 바탕이 되므로, '도道'라고 하는 것이다.

우리는 앞에서 우주의 변화 원리[理]와 그 변화 속에서 전개되는 인사人事 문제의 관계[理事無碍]를 살펴본 바 있는데, 상제님은 이러한 선·후천 우주의 시간 정신에 따라 지상 인간 구원이라는 인사 문제를 최종 매듭지으신다.

천지의 생명 생성 운동 일주기 129,600년: 대주기 우주 1년과 소주기 지구 1년

증산 상제님은 천지일월이 순환하는 대주기를 처음 밝힌 한 인물에 대해 이렇게 말씀하셨다.

> 수운가사에 새 기운이 갊아 있으니 말은 소장蘇張의 구변이 있고, 글은 이두李杜의 문장이 있고, 앎은 강절康節의 지식이 있나니 '다 내 비결'이니라.(『道典』 2:32)

상제님은 송대宋代의 철인 소강절邵康節(1011~1077)이 밝힌 12만9천6백 년을 인류 역사 전개의 일주기를 정확하게 규명한 우주 일년Cosmic year의 개벽 도수로 인정해 주셨다. 129,600수數는 천지일월이 만물을 '탄생 – 성장 – 성숙'시키는 우주 일년의 이수理數로서, 당신이 주재하고 통치하시는 개벽 시간대의 비밀을 바르게 전한 것이라고 밝혀 주신 것이다.

그러면 이 129,600수가 나오는 원리에 대해 알아보자.*

만물의 모든 변화는 지속적인 순환 속에서 이루어진다. 지구가 태양을 안고 순환 운동을 무수히 반복할 때, 지구가 태양의 주위를 돈다는 것은 동일하지만 그 이면에 누적되는 변화의 에너지는 장차 차원이 다른 변화를 일으키는 근원적인 힘으로 작용한다. 천지자연은 만물을 길러 내기 위해서 지극한 정성[至誠] 기운으로 일초의 쉼도 없이 일하고 있는 것이다.

우주 변화 운동의 기본 도수 360은 다시 360회의 완전한 일주기 반복 운동을 함으로써 대순환의 기본 일주기가 짜여진다. 그리하여 지구와 태양[日]과 달[月]의 삼자 운동에서 지구는 하루에 360도 자전 운동을 하여 낮과 밤이라는 1일 시간대를 만들어 내는데, 이것이 1년 360일간 계속 순환함으로써 일년 사계절의 완전한 변화 도수를 빚어낸다.(360도×360일=129,600도)

이러한 변화 원리와 동일하게, 천지일월이 변화 운동을 할 때도 순환의 일주기인 360년을 다시 360번 반복하여 변화의 힘을 계속 누적시키면, 129,600년(360×360)을 한 주기로 하는 천지일월의 사계절이 이루어진다. 이로써 우주의 인간 창조 운동의 일주기[우주 조화 정신의 창조의 1년 대주기(Cosmic year, 宇宙年]가 형성되는 것이다.

여기서 인간이 문명을 건설하여 살 수 있는 지상의 생존 기간은, 선천 5만 년 건운乾運의 양陽 시대와, 곤운坤運의 음陰 시대인 후천 5만 년을 합한 10만 년이다. 그리고 나머지 약 3만 년은 빙하기로 천지의 재충전을 위한 휴식기이다. 이것을 처음으로 밝힌 것이 바로 증산도의 개벽 우주론이다.

---

* 사람이 하루 동안 하는 호흡의 수와 사람 몸에서 하루에 뛰는 맥박의 수를 합하면 129,600[(18+72)회×60분×24시간]회가 나오는데, 이 또한 우주 일년의 개벽 도수와 정확하게 일치한다. 여기서 천지와 인간은 같은 창조 법도를 따른다는 우주의 이법을 명확히 깨달을 수 있을 것이다.
하루 맥박[음] 수 72회/분×60분×24시간 = 103,680회
하루 호흡[양] 수 18회/분×60분×24시간 = 25,920회

지구와 우주의 일년 도수 관계를 다시 간단히 요약하여 나타내면 아래 도표
와 같다. 물론 이것은 정도수正度數를 기준으로 한 것이다.

4. 천지 계절의 대변혁, 후천개벽

천지의 4대 개벽 운동

개벽은 '천개지벽天開地闢'에서 나온 말로서 태초에 하늘과 땅이 열리는
것, 즉 천지의 생성을 뜻한다. 이를 '창조 개벽'이라 한다. 그런데 변화하는
현실 우주에서의 천지개벽은 음양의 순환을 통해 천지가 새로운 차원의 변
화 운동을 시작함으로써 천지의 일체 생명이 새로운 시간대에 들어서는 시
간 변화를 뜻한다. 다시 말하면, 천지개벽이란 대국적으로는 천지일월의 각
계절의 운행 원리에 따라서 새로운 시간과 공간대가 열리는 천지기운의 대변화
사건이다. 나아가 이러한 시간대의 거대한 변화 운동에 따라 인간이 묵은
기운을 벗고 성숙한 새 문명과 새로운 삶의 질서를 열어 나가는 것을 의미
하기도 한다.

인간이 지상에 처음으로 생겨나는 봄의 탄생(선천)개벽, 인류 문명이 봄에
서 여름철의 성장 과정으로 넘어가는 중개벽, 후천 가을로 넘어갈 때 인류
성숙의 보편적인 세계 구원을 성취하는 후천 대개벽, 그리고 우주의 겨울철

		지구		우주
변화의 기본	년年	129,600도 (12月)	원元	129,600년 (12會)
대변화	월月	10,800도 (30日)	회會	10,800년 (30運)
중변화	일日	360도 (12時)	운運	360년 (12世)
소변화	시時	30도 (1時)	세世	30년 (1世)

지구 일년과 우주 일년의 관계

로 들어가는 카오스개벽에 이르기까지, 현실 세계에서 작용하는 대자연 시간대의 개벽 운동은 모두 이 사계절의 환절기 때마다 일어난다. 따라서 우주 일년 사계절은 각기 다른 네 개의 시간대가 형성됨으로써 이루어진다. 이 점이 우주 시간 개벽에 있어서 가장 핵심이 되는 부분이다. 개벽은 궁극적으로 천지자연과 시간 질서의 주재자인 상제님(하나님)에 의해 성취되는 천지의 문명 개벽을 의미한다.(이것은 하권 7부에서 상세히 살펴본다.)

이때는 선천과 후천이 바뀌는 천지개벽 시대:
여름 말에서 가을로 전환한다

그러면 우리는 지금 우주의 일년에서도 어느 시간대에 살고 있을까? 상제님께서는, 오늘날 인류는 천지의 일년 중 봄·여름의 성장 과정인 선천 시대가 모두 끝나고 통일과 결실의 후천 가을문명 시대로 막 전환하려고 하는 대변국기를 살고 있다고 말씀하시고, 당면한 이 전환기를 '천지성공天地成功 시대', '천지개벽 시대'라고 선언하셨다. 다시 말하면 우리는 약 5만 년 전인 이번 우주 일년의 봄에 최초로 생겨나 여름철 기나긴 성장의 여정을 모두 마치고, 이제 자신의 생명을 성숙시켜야 하는 가을우주(후천)의 시간대 속으로 들어서려 하고 있다.

> 지금은 온 천하가 '가을운수의 시작'으로 들어서고 있느니라.

(『道典』 2:43)

일찍이 상제님의 지상 강세를 선포한 최수운 대신사가 "무극대도 닦아내니 오만년지 운수로다(『용담유사』「용담가」)"라고 한 것은, 실로 이때가 선천 세상을 마감하고 후천 5만년 새 운수 시대를 여는 무극대도가 출현하는 때라는 우주의 도비道祕를 전한 것이다.

우주의 근본 원리
(The Fundamental principle of the Universe)

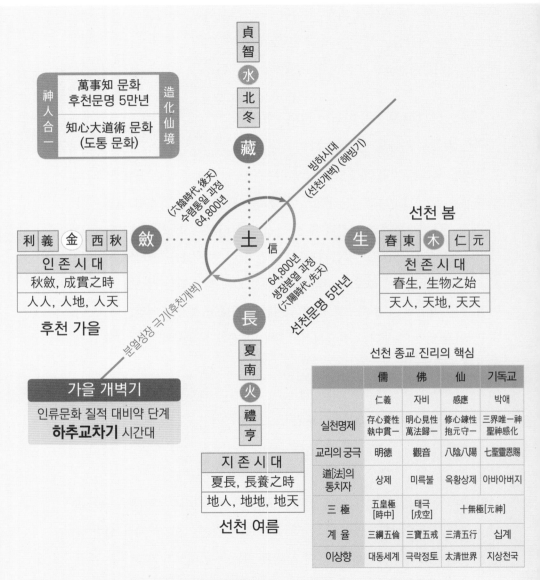

貞
智
水
北
冬
藏

神人合一	萬事知 문화 후천문명 5만년	造化仙境
	知心大道術 문화 (도통 문화)	

방황시대
(선천개벽) (해방기)

(六陰時代, 後天)
수렴통일 과정
64,800년

선천 봄

利	義	金	西	秋	斂

土 信

生	春	東	木	仁	元

인 존 시 대
秋斂, 成實之時
人人, 人地, 人天

천 존 시 대
春生, 生物之始
天人, 天地, 天天

후천 가을

64,800년 과정
생장분열 과정
(六陽時代, 先天)

선천문명 5만년

분열성장 극기(후천개벽)

長
夏
南
火
禮
亨

가을 개벽기

인류문화 질적 대비약 단계
하추교차기 시간대

지 존 시 대
夏長, 長養之時
地人, 地地, 地天

선천 여름

선천 종교 진리의 핵심

	儒	佛	仙	기독교
	仁義	자비	感應	박애
실천명제	存心養性 執中貫一	明心見性 萬法歸一	修心鍊性 抱元守一	三界唯一神 聖神感化
교리의 궁극	明德	觀音	八陰八陽	七聖靈恩賜
道[法]의 통치자	상제	미륵불	옥황상제	아바아버지
三 極	五皇極 [時中]	태극 [戌空]	十無極[元神]	
계 율	三綱五倫	三寶五戒	三淸五行	십계
이상향	대동세계	극락정토	太淸世界	지상천국

안운산 증산도 태상종도사님께서 해방 다음해인 1946년에
우주론에 대한 깨달음의 정수를 그림으로 그려 내려주셨다.

현대 과학과 세계 각 문명의 시간 순환 주기 인식

인도	칼리 유가 2,160년 드바파라 유가 4,320년 트레타 유가 6,480년 크리타 유가 8,640년 합계 21,600년 (= 10,800 x 2) * 인도의 시간관에서는 이 4유가가 계속 되풀이된다.
불교	• 인간 세상의 100살은 바로 도리천의 하루 낮·하루 밤에 해당한다. 　(『장아함경』「폐숙경」) • 우리가 100년도 안 되는 인생을 온갖 욕심 부리고 … 도리천의 하루도 　안 되며 도솔천의 6시간이 조금 넘는 시간일 뿐이다.(『중아함경』) – 도솔천의 하루는 지상의 400년에 해당하며 도솔천의 1년은 144,000년에 　해당한다. * 시간의 길이는 다르지만 지구 일년보다 더 큰 주기에 대한 인식의 구조가 　같다는 것을 알 수 있다.
그리스	• 헤라클레이토스의 대희년大禧年: 10,800년-우주의 1개월 • 플라톤의 대희년大禧年: 3,600의 제곱 12,960,000일 * 플라톤의 대희년 개념은 완전한 대주기인 129,600도(360 x 360)의 　개념과 일치한다.
마야	1일 = 1 K'in 1 Winal = 20 K'in (20일) 1 Tun = 18 Winal (360일) 1 K'atun = 20 Tun (7,200일) 1 B'ak'tun = 20 K'atun (144,000일, 약 400년) * 우주 일년처럼 큰 주기와 작은 주기가 같은 구조로 반복되는 모습을 　보여준다.
빙하기 주기	• 현대 과학이 밝혀낸 빙하기의 주기는 129,400년 　(《네이처Nature》, Vol 397, 1999년)

후천개벽을 선포한 두 성인: 최수운 대신사와 김일부 대성사

우주 시간대의 대칭성과 개벽에 대한 내용은, 세계 종교의 각 경전에 조금씩 언급이 된 우주 생성의 극치의 문제이다. 기독교 신약성서에 나오는 "예전의 하늘과 땅과 새 하늘 새 땅", 불교 『미륵경』의 "그때(새로운 시간대)에는 기후가 고르고, 사시가 조화되며"라는 내용은 천지와 일월이 새로운 질서로 운행할 것을 암시하는 고귀한 말씀이다. 유교의 세계관을 구성하고 있는 역철학에서는 이것을 원리적으로 해명하고 있다. 특히 선·후천 우주 시간대 구조에 대한 비밀은, 약 6천 년의 장구한 세월이 걸려서 체계화된 『주역周易』과 김일부 대성사의 『정역正易』에 이르러 그 신비의 베일을 완전히 벗게 되었다.

역사적으로 볼 때, 역법은 천체의 운행에 일정한 규칙성과 고유한 주기가 있다는 사실을 바탕으로 하여 탄생하였다.[1] 역수曆數란 천지일월이 순환·변화하는 주기 도수週期度數이다. 본래 우주의 신비를 찾아내는 생명의 상수象數에는 물상수物象數와 역상수曆象數가 있다. 물상수는 만물의 변화 모습을 자연수로 파악하는 것이며(하권 5부 참고), 역상수는 천지 시간 변화의 비밀을 자연수의 구성 원리와 변화 논리로 알아내는 것을 말한다. 『정역』은 이러한 역상수의 역법을 완성한 문서이다. 다음은 『정역』 「대역서大易序」에 나오는 말씀이다.

> 아! 거룩하도다.
> 우주의 변화가 무궁한 변화로 이루어짐이여!
> 우주의 변화란 역수曆數의 변화 내용이니
> 역수의 시간대 변화가 없다면 성인은 나올 수 없고
> 시간의 새 질서를 열어 주는 성인이 나타나지 않으면
> 우주 변화의 이상은 실현될 수 없음이라.
> 聖哉! 易之爲易! 易者, 曆也。無曆無聖, 無聖無易。

김일부 대성사는 우주 시간대에 변화가 있을 때에는 반드시 이 변화의 거대한 흐름을 타고 내려오는 성인이 있고, 그 성인이 우주의 신비와 인생의 섭리를 밝혀 한소식을 전한다는 만고의 명언을 전하고 있다. 성인은 중생처럼 아무 때나 윤회하는 것이 아니라, 이러한 우주의 변화 원리에 맞추어 반드시 인류 역사 시간대의 크고 작은 개벽기에 오게 됨으로써, 최초의 창조 시간대와 미래 시간대의 변화 내용을 밝혀 준다는 것이다.

그리고 선·후천 시간대의 내용을 천상의 하나님으로부터 직접 계시[神敎] 받고, 인류 구원의 차원에서 전해 주신 분이 바로 동학의 교조 최수운 대신사이다. 수운은 혈심으로 구도 정진하여 상제님으로부터 천강서天降書(侍天主呪文)를 받고, 후천 가을개벽으로 열리는 새 우주 시대와 하나님의 지상 강세를 세상에 선포하였다.

우주 일년의 4대 시간대와 후천 대개벽 운동

『정역』에 따르면, 우주에는 계절마다 각기 다른 시간대가 있다는 시간의 비밀을 처음으로 알아낸 성인은 공자이다. 공자는 다가올 미래 대개벽의 360일 시간대를 예고하면서 이렇게 개벽의 한소식을 전하였다.

시고是故로 사영이성역四營而成易하고(『주역』「계사」상 9장)

이것은 우주의 조화옹이 우주 대변화의 한 주기를 네 개 시간대로 운영하여, 천지와 인간을 생성 변화시키는 기틀을 열어 놓는다는 말씀이다.

그리고 이 네 시간대의 내용을 체계적으로 밝혀 놓은 분이 바로 김일부 대성사이다. 『정역』을 보면 이 내용을 다음과 같이 기록해 놓았다.

제요지기帝堯之朞는 366일이니라.
제순지기帝舜之朞는 365¼이니라.

일부지기一夫之朞는 375도이니

15를 존공尊空하면 정오부자지기正吾夫子之朞 당기當朞 360일이니라.

(『정역正易』「금화오송金火五頌」) (여기서 朞는 1년이라는 뜻이다.)

이 사역수의 변화 내용을 간단히 요약하면 도표와 같다.

지금은 시간의 흐름이 미완성이다. 우주를 파도치게 하는 시간의 꼬리인 윤도수(5¼일)가 거세게 흔들리고 있기 때문에 천지 시간의 물결도 같이 요동치고 있다. 윤도수閏度數란 선천의 6일, 5¼일과 같은 시간의 꼬리를 말한다. 이 대우주에 거세게 일렁이는 선천개벽의 시간의 파도(윤도수)는 그 힘이 너무도 엄청나서 우주의 몸체인 천지일월[天體]조차 기울게 만든다.

그런데 이 시간의 파도가 잠들어 가는 모습이 시간의 대개벽 운동으로 나타난다. 이 말은 시간대도 삼변三變하며 완전한 우주의 캘린더calendar 도수인 360일의 정역正易으로 성숙해 간다는 뜻이다. **신의 창조와 심판, 그리고 문명의 탄생과 성숙에 관한 모든 비밀은, 선천 윤역 시간대를 거쳐 시간 자체**

우주 시공의 3역 변화	원역原曆	선천 윤역閏曆		후천 정역正曆
	변화의 모체	봄의 역수	여름의 역수	가을의 역수
4대 개벽의 시간대	카오스개벽	소개벽	중개벽	대개벽
발 견 자	김일부	당 요	우 순	공 자
변화 도수	375도	366일	365¼일	360일
사시四時	동冬	춘春	하夏	추秋
사상四象	수水	목木	화火	금金
변화 원리	수생목水生木	목생화木生火		화극금火克金
시간의 3변 완성	제1변(生) (소변화)	제2변(長) (중변화)		제3변(成) (대변화)

가 정역으로 완성되는 천지의 가을(후천)이 되어 시간 개벽의 삼변三變 원리가 완전히 해명됨으로써 그 해답을 찾게 된다.

우주 봄철의 조화력은 목기木氣이다. 만물을 극한으로 분열·성장시키는 선천 여름철의 주기主氣는 불[火] 기운이다. 이때는 목생화木生火 하는 상생相生 원리에 따라 시간의 파도가 잠들 때 일어나는 변화의 충격이 그다지 크지 않지만(366일 → 365¼일), 천지가 여름에서 가을로 넘어갈 때는 화극금火克金 하는 상극相克 원리에 따라 하늘과 땅과 인간 삼계에 걸쳐 엄청난 대변화가 일어난다. 이것은 시간의 파도가 완전히 잠드는 천지일월의 대변국으로서, 윤도수(5¼)가 완전히 떨어져 나가 현실적으로는 기울어진 지축이 대이동하는 가공할 후천 대개벽 운동으로 나타난다. 이는 선·후천이 교역할 때마다 일어나는 개벽 현상으로서 이 우주가 안고 있는 어찌할 수 없는 숙명이다.

오늘의 인류는 우주가 생장분열기(선천 여름 말)에서 결실기(후천 가을)로 바뀌려고 하는 결정적인 운명의 문턱을 막 넘으려 하고 있는 것이다.

천체의 궤도 수정으로 일어나는 시간대의 변화

동서양의 모든 위대한 성자와 철인, 예지자들은 한결같이 지구의 극이동을 대개벽의 가장 큰 변국으로 전해 주고 있다. '달의 주기가 완성되기 전에 …'라는 노스트라다무스의 예언시도 달이 본래의 운행 주기를 되찾을 때 비로소 지구의 고통이 멎으리라는 우주 시간대의 비밀을 조금 언급하고 있는 것이다.

앞에서 언급했지만, 이 같은 현상은 천지일월이 운행하는 궤도의 형태(타원 혹은 정원)를 결정짓는 윤도수가 선천 윤역의 시간대와 후천 정역의 시간대에 붙었다 떨어졌다 하기 때문에 일어난다. 시간의 꼬리인 윤도수가 우주 사계절을 수놓으면서, 우주 조화의 바닥 자리[眞空]로 숨었다 나타났다 하는 숨바꼭질을 계속하며 변화하기 때문에 극이동이라는 공전절후의 대격변이 일어난다. 윤도수라는 시간의 파도가 부침할 때 발생하는 충격은 천지만물을 울리기도 하고 웃음 짓게도 하는 조화력을 가지게 되는 것이다.

그런데 이 변국은 단순히 지구 차원에 그치는 변화가 아니다. 이때는 태양과 지구와 달을 포함한 태양계 내 모든 행성의 궤도 이동이 일어난다.

지금은 윤도수의 그물에 걸려 천체 자체가 극克의 정신으로 기울어져 있으므로 태양은 7도, 달 5도, 금성·수성 7도, 천왕성 8도, 해왕성 18도 등 태양계의 모든 행성이 기울어진 채 타원궤도를 달리고 있다. 행성들이 후천 가을의 자유 시간대로 일제히 뛰어드는 순간을, 노스트라다무스는 "죽음의 날이 생일이 되고 성령은 영혼을 행복하게 만들리라"고 표현하였다. 동·서양에서 전하는 모든 우주 순환론의 마지막 이야기는 뒤이어 오는 황금의 시대 크로노스와 연결이 되어 있는데(엘리아데, 『우주와 역사』), 이러한 이야기가 암시하고 있는 것도 결국 극 이동 소식으로 귀결된다.

이와 같은 파천황적인 대변국을 맞이하는 것은 이번이 처음이 아니라는 것을 지각의 대변동 때문에 멸망한 대서양의 아틀란티스Atlantis 문명의 전설로도 알 수 있다. 그러나 슬픔과 고뇌와 한恨이 뒤범벅되어 있는 지구촌에서, 이처럼 많은 인간이 파산의 문턱에서 대개벽의 변국을 맞이하는 것은 우주가 열린 이래로 지금이 '처음 있는 일'이다.

후천개벽으로 바뀌는 지구의 공전궤도

동양 정신을 공부하지 않고 서양의 사유 방식과 논리로만 무장한 사람이 도道의 큰 기틀을 깨닫기란 매우 어렵다. 물론 서양의 사유 방식도 철저하게 습득해야 하겠지만 먼저 대세를 보는 큰 안목을 열어 주는 동양 공부를 한 뒤에, 서양의 정신세계에 들어가는 것이 올바른 순서이다. 앞에서 알아본 서양의 예지자와 철인이 말하는 다가오는 개벽 천지의 변국 소식도 모두 현상론에 불과할 뿐, 그러한 대변화가 왜 일어나느냐 하는 원인에 대한 해명이 전혀 없는 것도 서양 정신이 가진 한계를 드러내는 실례라 할 것이다.

공부하는 자들이 '방위가 바뀐다.'고 이르나니 내가 천지를 돌려놓

았음을 세상이 어찌 알리오.(『道典』 4:152)

증산 상제님은 우주의 계절 변화는 천지의 방위가 바뀜으로써 일어난다

고 밝혀 주셨다. 그런데 이것은 현실적으로 '지구 자전축 경사의 변동과 지

구 공전궤도의 변화'로 나타난다. 바로 이것이 천지의 시간 질서를 완성하는

개벽의 정체이다.

우주 일년의 한 주기 동안 모두 네 번 일어나는 천지개벽 현상 중에서도

인간의 삶에 가장 커다란 영향을 끼치는 개벽이 바로 가을개벽이다. 가을

개벽은 봄·여름의 분열·생장 시대를 종결짓고 통일·성숙 기운의 후천이 새

로 열리는 개벽이다. 이때는 우주 시공의 에너지 장場(field)이 질적으로 대변

화하여 지구를 비롯한 여러 행성의 자전축의 기울기도 동시에 변한다. 선천

시대에는 지구 자전축이 현재와 같이 동쪽으로 23.5도 기울어져 있지만, 후

천 가을철에는 엄청난 규모의 이동이 발생한다. 뿐만 아니라 일 년 365일의

타원 형태의 지구 공전 궤도가 가장 이상적인 형태인 360일의 정원 궤도로

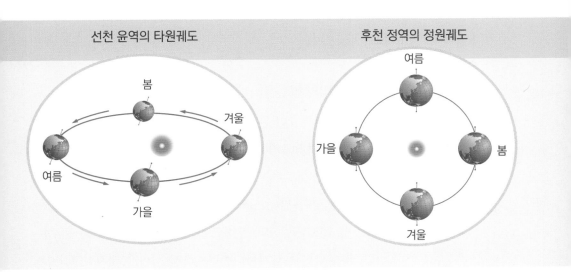

탈바꿈한다.

이때부터가 실질적인 후천 가을 세계로서, 정음정양으로 완전히 조화된 천지 기운이 온 누리에 넘쳐흘러 명실상부한 신천신지新天新地의 새 세계가 열리는 것이다.(상세한 내용은 하권 7부 참고)

그런데 가을개벽은 인류에게 실로 엄청난 환란과 고난을 몰고 온다는 사실이 중요하다. 지축이 틀어지는 순간 80억이 넘는 인류의 운명은 과연 어떻게 될 것인가? 개벽기의 실제 상황을 상상해 보라. 그때 일어나는 대환란이 바로 동서고금의 성자와 수많은 예지자, 철인이 한결같이 전한 대변국의 정체이다.

증산 상제님은 그날 그때의 절박한 상황을 이렇게 말씀하셨다.

> 하루는 호연에게 말씀하시기를 "장차 열 사람 가운데 한 명 살기가 어려우리니 내 자식이라도 어찌 될지 모르느니라." 하시니라.
>
> (『道典』 3:311)

> 일본은 불로 치고 서양은 물로 치리라. 세상을 불로 칠 때에는 산도 붉어지고 들도 붉어져 자식이 지중하지만 손목 잡아 끌어낼 겨를이 없으리라.(『道典』 2:139)

지구촌을 강타하는 개벽의 전주곡

지구촌 전역에 걸쳐 발생하고 있는 초대형 재난들이 대변혁의 시점에 성큼 다가선 21세기에 더욱 격렬하게 세계 곳곳을 동시다발적으로 강타하고 있다. 인도네시아의 지진해일(쓰나미, 2004년), 미국 허리케인 카트리나(2005년), 미얀마를 덮쳐 10만 명이 넘는 사망자를 낸 킬러 사이클론 나르기스(2008년), 직접 피해자만 1,000만 명이 넘을 것으로 추산된 중국 쓰촨四川성 대지진(2008년), 5만 명이 넘는 사망자를 낸 튀르키예-시리아 대지진(2023년)

등 지구촌에서 발생하고 있는 재난들이 점점 대형화, 글로벌화하는 추세로 그 강도를 높여가고 있다. 또한, 날이 갈수록 홍수도 자주 발생하고 가뭄은 길어지며 폭풍은 강도가 세지고 있다.

중국 쓰촨성에서 발생한 대지진(진도 8.0)은 중국 건국 이래 최대 규모로 피해 면적이 한반도의 절반가량이나 된다. 이 지진의 위력은 1995년 1월에 일어난 일본 고베神戸 대지진의 32배에 이르며, 미국이 제2차 세계대전 때 일본 나가사키長崎에 투하한 원자폭탄 252개에 해당한다고 한다.

그런데 세계의 내로라하는 학자들도 이러한 현상이 왜 일어나는지, 앞으로 지구는 어떻게 변할 것인지 뚜렷한 답안을 제시하지 못하고 있다. 이는 하늘과 땅의 변화를 빚어내는 우주 변화의 천리에 어두운 과학의 한계를 대변한다 할 것이다.

이제 지구촌 전체는 본격적인 가을철의 천지개벽과 연관된 지진, 화산 폭발, 기상이변, 질병 등 각종 재앙이 더욱 강도 높게 발생하는 총체적인 재난 지대로 변화하고 있다. 특히 판과 판이 충돌하여 지진이 빈발하는 단층 지대와 화산 지대에 지구상 인구의 8분의 1인 10억 명이 살고 있다니, 그 사람들은 실로 내일이 불안하지 않을 수 없을 것이다. 한반도도 더 이상 지진 안전지대가 아니다. 천지 질서가 뒤바뀌는 개벽철에 어찌 이 땅이라고 해서 온전할 수 있겠는가.* 일찍이 예수는, 그날이 이르면 "돌 하나도 돌 위에 남지 않고 다 무너진다"(「누가복음」 21:5)라고 했다.

---

* 2009년 12월, 서울시는 우리나라가 더 이상 지진 안전 지대가 아니라고 판단하고 지진 발생시 시민의 생명과 재산 피해를 최소화하기 위한 '시민 행동 요령 열 가지(지진이 발생하면 어떻게 해야 할까요?)'를 발표했다. 매년 20회 미만이던 국내 지진 발생 건수가 2006년에는 50회를 넘었고, 2009년에는 60회를 기록하는 등 갈수록 증가하고 있는데, 이는 20년 전에 비해 평균 2배 이상 늘어난 것이다. 2016년 경주 지진으로 한국이 지진 안전지대가 아님이 사실로 드러났다.

하루는 상제님께서 어린 호연에게 말씀하시기를 "앞으로 개벽이 될 때에는 산이 뒤집어지고 땅이 쩍쩍 벌어져서 푹푹 빠지고 무섭다. 산이 뒤집혀 깔리는 사람, 땅이 벌어져 들어가는 사람, 갈데없는 난리 속이니 어제 왔다가 오늘 다시 와 보면 산더미만 있지 그 집이 없느니라." 하시고 "정신을 똑바로 차리고 다녀야 한다. 먼 데 보지 말고 앞을 보고 다녀라. 하늘에서 옥단소를 불적에는 귀가 밝아야 하느니라." 하시니라.(『道典』 7:23)

하지만 대부분의 사람들은 이러한 경고 메시지에 이미 만성이 되어 문제의 심각성을 인식하기는커녕, 개벽의 파도를 맞닥뜨리기 전에는 도저히 고칠 수 없는 자기기만과 무관심의 늪에서 헤어나지 못하고 있다. "천지는 말이 없으되 오직 뇌성과 지진으로 표징하리라"(『道典』 5:414), "천하에 지진이 자주 일어나면 일이 다 된 줄 알아라"(『道典』 7:17)고 하신 증산 상제님의 말

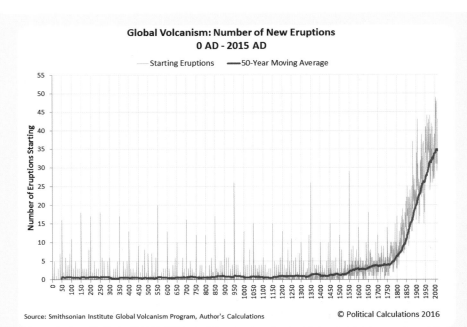

2015년까지의 화산 폭발 수(자료 출처 : 스미소니언 연구소)

씀처럼, 그 누가 천지에서 들려 주는 신비로우면서도 지공무사至公無私한 대개벽의 암호를 해석하겠는가? 지구촌에서 일어나는 크고 작은 환란은 후천 가을을 여는 천지의 수기水氣가 돌기 때문에 필연적으로 일어나는 지구 정화淨化의 과정인 것이다.

2011년에 규모 9.0의 동일본대지진이 발생한 이후 2024년 1월, 일본 노토반도에서 규모 7.6의 강진이 발생했다. 동일본대지진으로 발생한 지진의 여파가 뭉쳐 있다가 일본의 북단에서 대규모 지진이 발생한 것이다. 이 지진의 여파로 동해 묵호항에는 1m 가까운 해일이 발생했다. 탄허스님은 개벽기에 일본 지진의 영향으로 한국의 동남해안 100리가 해일 피해를 입을 것이라 했다. 앞으로 동해안의 일본 지역에서 초대형 지진이 일어나거나 일본의 섬이 가라앉는 사태가 발생한다면, 한국의 동남해안에는 영화에서 보던 장면보다 훨씬 심각한 상황이 벌어지게 된다.

노토반도 지진은 앞으로 일어날 일에 대한 일종의 신호탄이다. 지금은 피난을 준비해야 하는 시간대다. 단순히 위험지역을 벗어나 대피하는 것을 넘어 자연과 문명, 우주의 시간 틀이 바뀌게 되는 개벽 실제상황을 극복할 수 있도록 대비해야 한다. 개벽기에는 자연재난이 어디에서 발생할지 과학적 분석으로는 한계가 있기에, 자신의 주변에서 앞으로 발생할 재난을 예지할 수 있는 영안을 틔워야 한다. 그러기 위해서는 인간이 본래 타고난 영안을 틔우는 생존수행을 해야 한다. 이때는 생존수행을 해야 살 수 있다. 자세한 수행법은 하권에서 소개한다.

천지가을이 열리는 대개벽 시운을 타고 있는 오늘의 인류는, 자신의 생명이 시간의 제물이 되어 진공 속으로 소멸되어 영원히 사라져 버리느냐 아니면 천지의 가을 문명인 후천 통일 세계를 건설하는 큰 사명을 걸머진 구원의 일꾼으로 살아남느냐 하는, 선천 시간대의 인생을 총결산하는 천지의 졸업식장에서 분주히 서성이고 있다. 이에 대한 자세한 내용은 하권 7부에서 다룰 것이다.

"지금은 온 천하가 '가을운수의 시작'으로
들어서고 있느니라."

-『道典』2:43

우리는 지금 우주의 일년에서도 어느 시대에 살고 있을까?
상제님께서는, 오늘날 인류는 천지의 일년 중
봄·여름의 성장 과정인 선천 시대가 모두 끝나고
통일과 결실의 후천 가을문명 시대로 막 전환하려고 하는
대변국기를 살고 있다고 말씀하시고,
당면한 이 전환기를
'천지성공天地成功 시대', '천지개벽 시대'라고 선언하셨다.

다시 말하면 우리는 약 5만 년 전인
이번 우주 일년의 봄에 최초로 생겨나
여름철 기나긴 성장의 여정을 모두 마치고
이제 자신의 생명을 성숙시켜야 하는
가을우주(후천)의 시간대 속으로 들어서려 하고 있다.

인류 구원의 새 길

이제는 판이 넓고 일이 복잡하므로 모든 법을 합하여 쓰지 않고는

능히 혼란을 바로잡지 못하느니라.

(『道典』 4편 7장)

무릇 판 안에 드는 법으로 일을 꾸미려면

세상에 들켜서 저해를 받나니 그러므로

판 밖에 남 모르는 법으로 일을 꾸미는 것이 완전하니라.

(『道典』 2편 134장)

　오늘날 진리를 갈구하며 지혜와 영성에 뜻있는 현대인은 어지럽게 영혼
을 잡아 흔드는 종교의 무능을 혹독하게 비판한다. 도대체 종교는 왜 이토
록 많은 것이냐? 어느 종교든지 다 그렇고 그런 거 아니냐? 종교의 가르침
이 과연 이토록 복잡하고 혼란한 세상에 매몰되어 가는 인간을 건져낼 수
있느냐? 이러한 의문은 사실 우주에 대한 의문만큼 중대하다. 증산도는 무
엇보다도 선천 종교의 진리를 대국적인 차원에서 정리해 주면서, 인류의 구
원 문제에 대해 기성종교와는 전혀 다른 차원의 판 밖의 시각에서 명쾌한
해답을 제시한다.

1. 증산도: 동서 종교 문화의 성숙

유·불·선·기독교 진리의 핵심

유·불·선·기독교가 인류사에서 맡은 사명과 역할에 대해 증산 상제님은 이렇게 말씀하셨다.

> 선도仙道와 불도佛道와 유도儒道와 서도西道는 세계 각 족속의 문화
> 의 근원이 되었느니라.(『道典』 4:8)

> 東有大聖人하니 日東學이요 西有大聖人하니 日西學이라
> 동유대성인   왈동학   서유대성인   왈서학
>
> 都是教民化民이니라
> 도시교민화민
>
> 동방에 대성인이 있으니 곧 동학이요 서방에 대성인이 있으니 곧
> 서학이라. 이는 모두 창생을 교화하는 데 그 사명이 있느니라.
>
> (『道典』 5:347)

동양의 대표적 종교를 말하라면 누구나 유·불·선 삼도三道를 꼽는다. 그리고 서양 문명의 모체를 이루는 대표적 종교는 물론 기독교이다. 그런데 이 기독교는 동양의 도의 세계로 분석해 보면 선도仙道의 도맥을 계승한 것이다.

여기서 세계 종교는 왜 꼭 유·불·선 삼도三道로만 이루어져 있느냐 하는 것과, 왜 선도만이 동선東仙과 서선西仙(기독교) 두 갈래의 도맥으로 성립되어 있는 것일까 하는 의문이 들 수도 있다. 이는 우주 정신(본체신)의 창조 운동 원리를 알게 되면 자연히 이해될 것이다.(하권 5부 참고)

여기서는 인류 문화의 모체인 이들 세계 종교가 하늘로부터 받은 교화教化사명을 실현하기 위해 개척한 진리의 화원花園이 어떠한 도맥으로 가꾸어

져 있는가 하는 것을 간단히 살펴보기로 한다.

佛之形體요 仙之造化요 儒之凡節이니라
불지형체　선지조화　유지범절

불도는 형체를 주장하고 선도는 조화를 주장하고

유도는 범절을 주장하느니라.

受天地之虛無하여 仙之胞胎하고
수천지지허무　　선지포태

受天地之寂滅하여 佛之養生하고
수천지지적멸　　불지양생

受天地之以詔하여 儒之浴帶하니
수천지지이조　　유지욕대

선천 4대 종교의 진리 핵심

구 분	유儒	불佛	선仙	
			동선東仙	서선西仙
핵심 교리	인의仁義	자비慈悲	감응感應	박애博愛
실천 명제	존심양성 存心養性 집중관일 執中貫一	명심견성 明心見性 만법귀일 萬法歸一	수심연성 修心鍊性 포원수일 抱元守一	삼계 유일신三界唯一神 성신감화聖神感鋌 신천신지 개벽新天新地開闢 백보좌 서신白寶座西神
삼극 三極	오황극 五皇極	일태극 一太極[空]	십무극十無極	
			팔음팔양八陰八陽	칠성령七聖靈
우주 본체신의 삼수三數 존재 원리	삼극三極	삼신불三身佛	삼청三淸	삼위신三位神
	무극無極 황극皇極 태극太極	법신불法身佛 화신불化身佛 보신불報身佛	옥청玉淸 태청太淸 상청上淸	성부聖父 성자聖子 성신聖神
도(법)의 통치자	상제	미륵불	옥황상제	백보좌의 하나님 아버지
계율 戒律	삼강오륜 三綱五倫	삼보오계 三寶五戒	삼청오행 三淸五行	십계 十戒
이상향	대동大同	극락極樂	태청太淸	천국天國

冠旺은 兜率 虛無寂滅以詔니라
관왕　도솔 허 무 적 멸 이 조

천지의 허무(無極)한 기운을 받아 선도가 포태하고

천지의 적멸(太極의 空)한 기운을 받아 불도가 양생하고

천지의 이조(皇極)하는 기운을 받아 유도가 욕대하니

이제 (인류사가 맞이한) 성숙의 관왕冠旺 도수는

도솔천의 천주가 허무(仙) 적멸(佛) 이조(儒)를 모두 통솔하느니라.

(『道典』 2:150)

이 말씀의 요지는, 선천 종교가 삼도三道로 이루어진 것은 우연이 아니라, 천지대도의 진리 자리를 한 분야씩 맡아 인간을 길러 내도록 천지 기운을 받고 역사에 출현했기 때문이라는 것이다. 이들 종교의 전공 분야를 간단히 살펴보면, 불도는 생명의 조화 주체인 심법心法을 닦는 데 가장 뛰어나고, 선도는 몸을 가지고 장생長生하며 조화造化를 쓰는 데 주력하고, 유도는 인륜人倫 분야에 대해 천지의 도덕 정신에 입각하여 가장 체계적인 가르침을 전해 주고 있다.

그러면 4대 종교는 아무런 정신적인 기반 없이 동서의 성자들에 의해 독창적으로 각기 다른 곳에서 이루어진 것일까?

　　　모든 술수術數는 내가 쓰기 위하여 내놓은 것이니라.(『道典』 2:150)
　　　공자, 석가, 예수는 내가 쓰기 위해 내려 보냈느니라.(『道典』 2:40)

상제님은 인류사의 위대한 지성과 영혼이 빚어낸 각종 문명의 가르침인 종교, 철학, 과학 등은 당신께서 우주의 가을철에 결실하기 위해 내어 놓으신 것이라 하셨다. 그렇다면 전 인류의 정신세계의 뿌리[始原態]가 되는 모체 종교는 과연 무엇일까?

인류 문명의 모체, 신교神敎

본래 유儒·불佛·선仙·기독교西仙는 모두 신교에 연원을 두고 각기 지
역과 문명에 따라 그 갈래가 나뉘었더니 이제 성숙과 통일의 가을
시대를 맞아 상제님께서 간방 땅 조선에 강세하시매 이로써 일찍이
이들 성자들이 전한 천주 강세의 복음이 이루어지니라.(『道典』 1:6)

나의 일은 무위이화無爲以化니라. 신도神道는 지공무사하니라. 내가
천지를 주재하여 다스리되 생장염장生長斂藏의 이치를 쓰나니 이것
을 일러 무위이화라 하느니라.(『道典』 4:58)

천하의 모든 사물은 하늘의 명命이 있으므로 신도神道에서 신명이
먼저 짓나니 그 기운을 받아 사람이 비로소 행하게 되느니라.

(『道典』 2:72)

이 말씀에서 가장 중요한 내용은, 우주의 주재자가 천지를 다스리는 법도
는, 천지신명을 인사에 개입시켜 만사를 이루어[成事] 나가는 신교神敎의 도
법이라는 사실이다. 신교는 종교가 아니지만, 현대인의 눈높이에 맞게 설명
하기 위해 편의상 인류 문명의 '시원 종교', '제1의 종교' 등으로 지칭하기로
한다.

신교는 동방 한국 정신문명의 젖줄이자, 인류 문화 황금 시절의 최초의 정교正
敎요 한국인의 정통 신앙이다. 신교는 우주 최고의 조화 주신造化主神을 중심
내용으로 하여, 우주 자연의 생성 원리, 인류의 종국적인 운명 등을 대국적
인 차원에서 밝혀 준다.(자세한 내용은 하권 6부 참고) 그러나 일부 학자들과 대중
은 신교를 샤머니즘, 애니미즘 등 원시 시대의 신앙으로만 알고 있다. 오늘
의 세대는 신교가 있었다는 것조차 모르고 있으니 참 안타까운 일이다.

예수나 석가, 공자 등 세계 종교의 성자들은, 이 제1의 종교 신교神敎에서

전해 준 우주 조화신의 진리 세계를 좀더 구체적으로 밝힌 상제님의 사역자이다. 상제님이 지상에 강세하시기 전에 최수운 대신사에게 내려 주신 천명도 인류 문화의 시원 종교인 '신교를 구원의 정신으로 부활시켜 역사에 선포하라'는 것이었다. 증산 상제님은 '참 진리'가 드러나고 성숙되어 가는 대국적인 천지의 창조 원리를 이렇게 말씀해 주신다.

> 내 일은 삼변성도三變成道니라.(『道典』 5:356)
> 삼천三遷이라야 내 일이 이루어지느니라.(『道典』 6:64)

우주의 역사 정신을 주재하시는 상제님은, 종교의 법술을 내놓으실 때도 먼저 문명의 뿌리 되는 어머니 종교인 신교神敎를 탄생[生]시키고, 다음은 이 신교의 내용을 세 가지 도맥(유·불·선)으로 구체적으로 전개하여 발전[長]시키고, 최종적으로 가을 개벽기를 타고 천상과 지상 문명을 성숙시킬 때, 판밖의 제3의 진리(초종교)로써 모든 종교를 통일하여 마무리[成] 지으신다. 이것은 '뿌리·탄생(신교) → 분열·성장(제2의 종교) → 성숙·통일(초종교, 무극대도)'로 세 번 옮겨 가면서[三遷] 인간을 구원하는 우주의 역사 정신 때문이다. 삼천三遷은 삼단계의 시간 과정을 거쳐 성숙하는 우주사의 대변화 과정을 말한다. 영원히 순환하는 우주 자연 정신의 창조의 기본 원리는 봄에는 탄생하고(春生), 여름에는 성장·발전하고(夏長), 천지의 가을(후천)에는 영혼이 영글어 완성되는 〈화생 → 성장 → 성숙〉의 3수 변화 리듬이다. 그러므로 우리가 이 창조의 기본 정신을 알지 못하면, 종교와 철학과 과학과 역사에서 부르짖는 신神(우주 정신과 그 주재자를 동시에 말함)의 구원의 깊은 섭리, 우주 역사의 최후 목적, 인간 실존의 참모습 같은 핵심 문제에는 접근도 못하고 지엽적인 논쟁과 시비만 일삼게 된다.

죄로 먹고 살아가는 선천 시간대는 인간이 천지의 조화 기운으로부터 화생하여(생겨나서) 자신을 닦아가는 자수自修 과정, 즉 자기 성장 과정이다. 이

종교의 삼천성도三遷成道 원리

제1의 종교 시대[神教]
인류 문화 황금 시절
성자 시대 준비
生

↓

제2의 종교 시대
성부 시대 준비
長

선천우주사先天宇宙史

↓

후천後天 가을 천지

成
제3의 초종교(道) 시대
아버지 하느님 상제님의
동방 땅 강세

런 시간대에 사람들에게 자기 수행의 길을 제시하고 가급적 사랑과 자비를 베푸는 삶을 살도록 함으로써, 역사와 문명을 진보시킨 선도자 역할을 한 것이 바로 제2의 종교인 것이다.

따라서 이때는 자신을 알지 못하는 무지가 가장 큰 죄이다. 왜냐하면 제2 종교의 교조들은 내면의 무한한 가능성[神性, 佛性]을 계발하여 자기들과 같이 자유인으로 거듭나라는 것을 구원의 핵심 내용으로 제시했기 때문이다.

그러나 보편적인 세계 구원의 실현은, 유·불·선·기독교 등 제2의 종교가 아니라, 우주의 가을 대개벽을 실현하는 판밖의 제3의 보편 진리에 따라 이루어지게 된다. 지금은 천지의 추수기를 맞아 선천 상극의 분열 기운을 타고 분파되어 대립하는 제2의 종교 시대가 막을 내리고, 제1의 뿌리 진리와 성장기 제2의 종교 진리를 수용·통일하는 제3의 결실 진리가 출현하는 역사의 대전환기이다.

바로 이 인류문명사의 대개벽 시대를 열기 위해 동방 땅에서 나온 새 시대의 새 진리가 바로 증산도甑山道인 것이다.

제3의 새 진리(초종교) 출현의 불가피성

요즘 사람들은 대부분 자기 마음이나 잘 지키고 살아가겠다며 종교를 멀리하는 경향이 있다. 제2의 종교가 진리적 한계에 부딪혀 인류에게 새로운 비전을 제시하지 못하기 때문이다. 이제 제2의 종교는 제3의 초종교에 의해 개벽되고 통일되어야 하는 중차대한 시기에 와 있다.

천지의 시공 구조가 변화하면 인간 정신의 인식 차원도 다르게 변화한다. 그리하여 우주의 시간대가 가을의 대개벽기, 성숙기에 이르러 선천 문화의 유·불·선·기독교와는 차원이 다른 새 진리가 출현하는 것은 자연의 이법이기도 하다. 소우주인 인간은 우주 대자연 시공의 영향권 안에서 삶을 영위해 나가므로, 인류 문명의 대국적인 진리의 틀도 우주의 선천 시대(봄, 여름)와 후천 시대(가을)가 서로 다를 수밖에 없다.

인류 문명의 모체인 신교의 정신을 확립하고, 이들 제2의 종교인 4대 종교의 모순과 대립을 모두 종결지을 '제3의 초종교 출현의 불가피성'을 상제님께서는 이렇게 말씀하셨다.

> 옛적에는 신성神聖이 하늘의 뜻을 이어 바탕을 세움(繼天立極)에 성웅이 겸비하여 정치와 교화를 통제관장統制管掌하였으나 중고中古 이래로 성聖과 웅雄이 바탕을 달리하여 정치와 교화가 갈렸으므로 마침내 여러 가지로 분파되어 진법眞法을 보지 못하였나니 이제 원시반본이 되어 군사위君師位가 한 갈래로 되리라. 앞세상은 만수일본萬殊一本의 시대니라.(『道典』 2:27)

> 지금은 여러 교敎가 있으나 후천에는 한 나무에 한 뿌리가 되느니라. (『道典』 11:410)

> 옛적에는 판이 작고 일이 간단하여 한 가지만 따로 쓸지라도 능히 난국을 바로잡을 수 있었으나 이제는 판이 넓고 일이 복잡하므로 모든 법을 합하여 쓰지 않고는 능히 혼란을 바로잡지 못하느니라.(『道典』 4:7)

제2의 종교는 지구촌 동서 문명의 한 영역씩을 맡아 각 문화권의 정신적 기반이 되어 왔으나, 이제는 통일과 성숙을 하는 우주 문명 개벽이 임박하여 유·불·선·기독교를 제3의 결실 진리로 수렴, 통일하여 거두어들이지 않을 수 없는 급박한 상황에 처해 있다. 우주의 자연 섭리와, 그 섭리를 주재하는 절대자는 항상 일체로 작용하여 만물을 화생·성숙시킨다. 동서고금의 성자들이 수천 년 전부터 외쳤던 구원의 메시아는 하늘과 땅의 때가 무르익는 가을 개벽기가 도래해야, 비로소 지상에 오시어 세계 인류를 구원하고 문명의 열매를 거둔다.

이미 오래 전부터 제2 종교의 성자들은, 궁극적인 구원의 진리를 펼치시는 우주의 주재자를 '옥황상제(도교), 미륵부처(불교), 상제 혹은 천제(유교), 창조주 하나님 혹은 천주님(개신교·가톨릭)'으로 호칭해 왔다. 이는 명칭만 달리할 뿐 결국은 동일한 천지의 통치자 하나님 한 분을 지칭하는 말이다.

일찍이 『정역』을 펴낸 김일부 대성사도, 가을개벽 시대를 맞이하여 대도大道 진리를 여시는 우주 삼계의 절대권자이신 상제님의 지상 강세를 후천의 우주를 여는 최종 관건으로 선언했다. 또한, 이 상제님이 바로 기독교의 참 하나님(천주님)이시며 성숙의 도道를 열어 주시는 불교의 미래불인 미륵불이라 하였다. 김일부 대성사의 이러한 개벽 문화의 선포는 세계 구원의 최종 결론이기도 한 것이다.

우주 조화옹은 선천 윤역의 시공을 완전히 개벽시켜, 성숙 운동을 하는 시공 궤도인 제3의 가을(후천) 정역正易의 시공에서 당신의 이상과 구원을 매듭짓는다. 온갖 죄악과 불합리가 난무하는 오늘의 이 시대상을 통탄한들 무슨 소용이 있으리오! 오직 판밖에서 성사成事되는 가을 대개벽의 천지 도수와 구원 정신을 깨쳐야, 자신과 가족을 구원하고 나아가 이웃과 인류를 건질 수 있다.

2. 증산도의 인간관: 인간은 어떤 존재인가

인간은 죽으면 어떻게 되는가? 죽음에 이르면 한 인간의 모든 것이 그냥 소멸되고 마는가? 아니면 생물학적인 죽음 이면의 또 다른 세계에서 삶을 이어나가는가? 그리고 영혼이 있다면 그것은 어떤 방식으로 존재하며 그 수명은 영원한가? 이제까지 종교는 이러한 삶과 죽음의 문제를 원리적으로 명쾌하게 해명해 주지 못하였다. 다른 의문점과 마찬가지로 인간의 본질에 얽힌 수수께끼는 증산 상제님의 생명 말씀을 통해서만 구체적으로 풀리게 된다. 그러면 이제 증산도의 인간관을 통해 생사에 얽힌 영생의 비밀을 풀어보기로 한다.

죽음의 의미: 왜 도를 닦아야 하는가

> 도道를 잘 닦는 자는 그 정혼精魂이 굳게 뭉쳐서 죽어서 천상에 올라가 영원히 흩어지지 아니하나 도를 닦지 않는 자는 정혼이 흩어져서 연기와 같이 사라지느니라.(『道典』 9:76)

> 죽고 살기는 쉬우니 몸에 있는 정기精氣를 흩으면 죽고 모으면 사느니라.(『道典』 10:45)

천지는 음양 조화의 산실이며, 일월은 음양 운동을 일으키는 현실적인 작용의 주체이다. 그리고 인간은 천지일월(우주)의 결실이다.

천지의 속성인 건곤乾坤은 순수 음양의 영체靈體로서 무형적으로 영원히 존재하는 우주 정신의 본체이며, 일월日月은 건곤 부모를 대행하여 현실적으로 음양 변화 운동을 일으키는 작용체이다. 건곤(☰ ☷)은 우주와 더불어 무궁하게 존재하는 순음순양의 생명 기운이지만, 천지와 일월(괘상으로는 감☵과 리☲)은 편음편양偏陰偏陽의 실질적인 형체를 가진 채 만물을 생성한다.

인간은 일월의 소생이기 때문에 당연히 혼탁한 심령과 기운을 갖고 태어난다. 때문에 인간은 순수 생명으로 정화되지 않으면, 필연적으로 죽음을 맞이할 수밖에 없다.

그런데 증산 상제님께서 말씀하신 죽음이란 육신의 죽음뿐만 아니라 영혼조차 소멸되는 완전한 죽음을 뜻한다. 도道를 닦지 않으면 정기가 뭉쳐진 정도에 따라서 그 수명에 장단이 있으나, 종국적으로는 육신의 죽음에 이어 영혼까지도 소멸하는 '영원한 진짜 죽음'을 당하게 된다. 이 때문에 인간은 영원한 구도자로서 수행의 길을 걸어가야만 하는 운명적인 존재인 것이다.

수행을 함으로써 영생할 수 있는 이치를, 천지일월을 나타내는 건곤감리 괘로 살펴보면 다음과 같다. 일월을 표상하는 감坎(☵)과 리離(☲)는 괘의 가운데 효를 하나씩 주고받으면 순수음양인 건(☰)과 곤(☷)으로 바뀐다. 건곤은 순수 음양의 생명이기 때문에 우주와 더불어 영원하다. 따라서 인간은 수행을 통해 편음편양 상태인 감괘와 리괘를 순수 음양인 건곤 괘로 변모시켜야 한다. 이것은 수행을 하여 몸의 수승화강水昇火降을 통해 생명의 순수 기운을 체득해 감으로써 마침내 가능해진다.

사람은 죽으면 신神이 된다

> 사람에게는 혼魂과 넋魄이 있어 혼은 하늘에 올라가 신神이 되어 제사를 받다가 4대가 지나면 영靈도 되고 혹 선仙도 되며 넋은 땅으로 돌아가 4대가 지나면 귀鬼가 되느니라.(『道典』 2:118)

증산 상제님은 이 몇 마디 말씀으로, 신비에 싸인 인간의 사후에 일어나는 영체의 변화 과정을 간단명료하게 밝혀 주셨다. 이 말씀을 깊이 있게 새겨 보면, 인간 몸속에 깃들어 있는 천지 생명의 큰 수수께끼에 대한 총체적 해답을 깨칠 수 있다.

인간은 하늘과 땅의 음양 조화로 생성되어 생명 활동을 영위한다. 즉, 하늘의 양기陽氣와 땅의 음기陰氣로 화생된 혼魂과 넋魄이 태극체로 합일되어 음양 운동을 함으로써 생명의 온갖 조화가 일어나는 것이다.

일반적으로 죽음이라 부르는 현상은 몸속에 있는 정기가 소진되어 영혼과 육신이 분리되는 사건을 말한다. 이때 속사람인 영혼은 육신에서 이탈하여 천상 영계로 떠나 새로운 생활을 하고, 인간의 육신은 땅으로 돌아간다. 흔히 알고 있는 것처럼 이 육신이 단순히 한 줌의 흙으로만 돌아가는 것은 아니다. 육신이 땅에 묻히면, 살아생전에 몸속에 깃들어 있던 땅의 영기靈氣인 넋은 다시 지기地氣로 환원되는 과정을 거쳐 4대가 지나면 새로운 인격체인 귀鬼로 변모한다. 그런데 이 땅 속의 귀와 천상의 신神이 후손의 화복禍福에 지대한 영향을 끼친다는 것은 놀라운 사실이다. 백골이 묻힌 곳의 지기

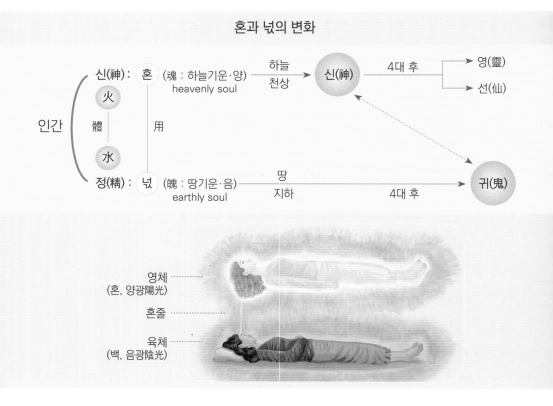

혼과 넋의 변화

사람마다 몸속에 신神이 있다
몸 주변을 둘러싸고 있는 생명의 빛, 오라aura는 영적인 진화 수준에 따라 다양한 빛깔로 나타난다.(미국 NBC 방송에서 시청자의 이해를 돕기 위해 오라를 컴퓨터그래픽으로 합성한 화면)

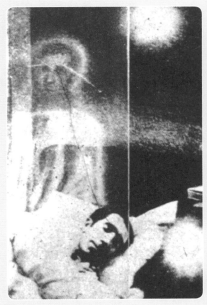

몸에서 빠져나오는 혼魂의 모습
죽음이란 몸속에 있는 정기가 소진되어 혼과 넋이 분리되는 사건이다.(1968년 Y.H.C.라는 사람이 죽는 순간을 포착·촬영하여 멕시코에서 공인된 유명한 심령 사진)

제삿상에 나타난 영혼
제삿날은 조상이 인간의 몸을 벗고 신명으로 새로 태어난 날이다. 제삿상 둘레에 현대 여성의 헤어스타일을 한 영혼의 모습이 커다랗게 보인다.

가 시운時運을 타고 발음發蔭되어 후손의 삶 속에 전해지는 것이다.

인간의 죽음이란 신으로 탄생하는 대사건이다. 좀 더 정확하게 정의하면, 혼과 넋이 신과 귀로 변화하여 음양이 조화된 천지 속에 새 사람으로 입적入籍하게 되는 것을 말한다. 혼과 넋이 각기 하늘의 영기와 땅의 영기로 돌아가 천지의 순수 영적 존재인 우주의 속사람, 즉 신명神明으로 새로 태어나는 것이다. 지상 사람을 인간人間이라 부르듯이, 하늘과 땅의 속사람은 밝음을 본질로 하기 때문에 신명神明이라 하는 것이 정명正名이다.

또 신도神道 세계의 영적 존재가 지상에 신명神明으로 나타날 때는 밝은 광명체光明體로 보이나, 귀체鬼體로 나타날 때는 구체적인 인간의 모습을 한 음체陰體라는 사실도 신비롭다. 왜 그런지 잘 생각해 보라.

인간은 '살아 있는 귀신'이다. 귀와 신이 육신 속에 일체가 되어 살아 숨쉬는 신적 존재인 것이다.

> 동짓날이 되니 집집마다 팥죽을 끓여 광이나 샘 등에 떠다 놓거늘 상제님께서 팥죽이 놓인 곳마다 다니시며 새알심을 찍어 드시고 "너도 먹을래?" 하며 호연에게도 주시니라. 또 그 많은 팥죽을 하나도 빼놓지 않고 일일이 마셔 보시거늘 … 호연이 "귀신 먹으라고 모두들 해 놓은 것을 왜 마셔?" 하고 여쭈니 "산 귀신이 무섭지, 죽은 귀신은 안 무서워." 하시거늘 다시 "죽은 귀신이 무섭지 어떻게 산 귀신이 무서워요? 산 귀신은 먹고 배부르면 자빠지지만, 죽은 귀신은 처먹어도 자빠지지도 안 해요." 하니라. 상제님께서 이에는 대답하지 않으시고 "얻어먹는 귀신 다르고, 귀신도 다 출처가 있는 것이여." 하시니라.(『道典』 2:71)

상제님께서 어린 호연과 나누신 말씀에서, 인간이 있음으로써 귀신(천지간에 있는 일체의 인격적인 영적 존재, 인격신 즉 신명을 말함)이 생겨난다는 우주

심령 세계의 창조(생성)의 핵심 문제를 깨달을 수 있다.(자세한 내용은 『증산도의 진리』 3장 참고)

　지상을 다녀간 성자나 부처는 물론이고 범부 중생까지도 모두 천지의 속사람인 귀신의 범주에 속한다. 하지만 세상의 왜곡된 관념 때문에, 성령聖靈이나 신선神仙은 고상하게 여기고 귀신鬼神은 해코지나 하기 위해 나타나는 타락한 저급령으로 받아들이는 경우가 대부분이다. 이것은 천지 생명 질서가 내포한 음양의 양면적 바탕과 기틀을 보는 신교의 안목을 잃어버리고, 하늘 중심으로 치우친 외래 종교의 이분법적 사고가 빚어낸 우리 시대의 비극의 한 단면이 아닐 수 없다.

천상보다 영적 성숙이 빠른 지상의 삶

　사후의 삶에 대한 상제님 말씀의 핵심은 인간이 신이 된다는 것이다. 인간은 지상에서 생활하면서 정신과 육신이 성장되어 가고, 이승의 명줄이 다한 사후에도 천상에서 신명神明으로서 4대 동안 시간 여행(30년×4=120년)을 하면서 영적 성숙을 향해 수행을 계속한다. 이처럼 끊임없는 정진을 통해서만 영적으로 진화·발전하여 궁극적으로 성령[靈]이나 신선[仙]의 경계를 성취할 수 있다.

> 하늘에 가면 그 사람의 조상 가운데에서도 웃어른이 있어서 철부
> 지 아이들에게 천자문을 가르치듯 새로 가르치나니 사람은 죽어
> 신명神明이 되어서도 공부를 계속하느니라.(『道典』 9:213)

　우리는 상제님 말씀을 통해서 우주의 한 소식을 듣기 위한 구도의 길이 사후에도 계속 이어지며, 지상보다 천상에서의 구도 생활이 더 어렵고 장구한 세월이 걸린다는 것을 깨달을 수 있다. 그러므로 우리는 육신을 가지고 하루하루 지상에서 영위하는 생활이 얼마나 고귀한 것인지 알아야 하며, 우

리의 생명을 스치고 지나가는 한순간 속에 오묘한 천지의 섭리가 깃들어 있다는 것도 절실히 느껴야 한다.

삼변성도 원리에 따라 성숙하는 인간

삼천三遷이라야 내 일이 이루어지느니라.(『道典』 6:64)

앞서 살펴보았듯이, 천지의 변화는 대국적으로 볼 때 삼변성도三變成道의 과정이다. 대우주는 '봄 → 여름 → 가을'로 시간 질서를 세 번 옮겨가며 창조의 궁극 이상인 인간의 성숙에 도달하게 된다. 증산 상제님은 우주가 이러한 변화 과정을 거치는 궁극적인 목적을 간단명료하게 밝혀 주셨다.

천존天尊과 지존地尊보다 인존人尊이 크니 이제는 인존시대人尊時代니라. (『道典』 2:22)

기성종교가 설파한 인간에 대한 가르침의 극치는 '인간이 곧 신神'이라는 명제다. 그러나 이것은 선천 상극의 생장 시대를 살아가는 인간에게는 거의 적용할 수 없는 공허한 외침일 뿐이다.

인간이 처음 생겨나 문명의 씨를 뿌린 천존(신존神尊) 시대는 삼신三神상제님을 받든 신교 시대였다. 지존 시대(365¼)는 제2 세계 종교의 가르침대로, 인간이 자신의 신성神性을 깨치고 지상에 불국토, 지상천국과 같은 이상 세계를 구현시켜 보려고 애쓰는 때이다.

그러나 이제는 지난날의 선천 역사와 달리 천지가 가을 성숙의 정역 시간대(360일)로 접어들어, 인간이 우주의 상극相克의 고통을 끌러 내고 이상 세계를 여는 최상의 소명을 부여받는 존재로 등장하게 된다. 즉, 천지자연의 성숙과 더불어 인간도 비로소 보편적인 구원의 길, 성숙의 길로 들어서는 것이다.

이러한 우주의 창조 법도에 따라, 인간의 역사가 인존시대로 들어설 수 있도록 하기 위해 우주의 주재자이신 상제님이 몸소 인간으로 내려오셨다. **인류사는 인간으로 다녀가신 참 하나님이신 우주 질서의 주재자 상제님의 새 진리를 만나, 병들어 있는 세계질서를 총체적으로 개벽할 수 있는 새로운 대전환점으로 접어들게 된 것이다.**

'인존人尊'이란 '인간이 천상 문명의 인격신[神]까지 구원하는 인간 사명의 지존지대함을 천명하신 것'으로, 모든 기성종교의 인간관을 뒤엎는 말씀이다. 상제님은 '천 - 지 - 인'의 시대에서 '인 - 지 - 천'의 시대로, 우주사에서 처음으로 천지인의 서열을 완전히 뒤바꾸어 인존 문명 시대를 개벽해 놓으셨다.

앞 세상은 인존시대 : 모든 역사는 인간이 실현한다

이제 인존시대를 당하여 사람이 천지대세를 바로잡느니라.

(『道典』 2:22)

선천에는 모사謀事는 재인在人이요 성사成事재천在天이라 하였으나

이제는 모사는 재천이요 성사는 재인이니라.(『道典』 4:5)

지난날 선천은 인간이 신을 섬기고 신의 율법을 지키고 신의 계시를 받으며 살아가는 신존神尊(天尊) 시대이자, 마음을 참되게 닦고 이 지상에 신(우주)의 이상 낙원 세계를 이루어보려고 분투한 제2 종교의 지존地尊 시대였다. 지난 선천 세상에 인간은 일을 성사시키기 위하여 온갖 노력과 공력을 쏟아 부었지만, 그 성사는 천운에 좌우되거나 신에게 매달려 있다고 생각했다. 자신의 운명과 일체의 영적 가능성을 신에게 양도한 나머지, 인간 내면의 무궁한 창조성과 신성을 계발하고 발휘할 엄두를 내지 못하였던 것이다. 더욱이 모든 제2 종교마저도 선천 말 개벽기에 이르면 그 도맥이 끊어져 기

복祈福 신앙으로 전락해 버리고 만다.

이제 가을우주의 성숙한 대운을 맞이하여, 동서 각 교파의 성자들을 지상에 내려 보내셨던 천지의 주재자이신 상제님께서 친히 강세하시어 인간이 진정한 우주의 주인으로 우뚝 설 수 있는 참된 인간 성숙의 길을 열어 주셨다. 그리하여 모든 일을 최종적으로 성사시키는 과업을 인간이 온전히 떠맡아 실현해야 하는, 인간이 온 우주의 구원자로서 가장 존귀한 위位에 자리를 잡는 인존 시대를 맞게 되었다. 상제님은 인간이 가을의 선경을 건설하는 모든 역사 과정을 주도적으로 집행하여 인간과 세상을 구원하는 천지의 큰 일거리를 천하사天下事라고 하셨다.

> 천하창생의 생사가 다만 너희들 손에 매여 있느니라.(『道典』 8:21)

> 평천하平天下는 내가 하리니 치천하治天下는 너희들이 하라.
>
> (『道典』 4:155)

> 너희들도 잘 수련하면 모든 일이 마음대로 되리라.(『道典』 3:312)

> 나를 믿고 마음을 정직히 하면 하늘도 오히려 떠느니라.(『道典』 6:3)

3. 증산도의 신관神觀: 신이 존재하는 원리

종교에서 말하는 진리의 핵심 자리는 신神과 마음[心]이다.

자신의 모습을 보여주지 않으면서 우주 만유를 창조하여 기르는 이 신비의 조화신은 어떠한 원리로 존재하는가? 그리고 인간은 이 조화신과 어떠한 영적 관계를 맺고 있을까? 선천의 성자들이 나름대로 생명의 창조 세계에 대해 한 소식 전하고 갔으나, 수많은 세월이 흐르도록 누구나 납득할 수 있을 정도로 그 핵심 내용을 제대로 밝힌 이는 없었다.

아직까지도 많은 사람이 진리는 절대적이고 영원한 것이며, 또 하나님은 유일하고 전능하신 분이라고만 알고 있다. 신은 '유일신唯一神인가 혹은 다신多神인가' 하는 우주신의 존재 원리마저도 제대로 깨닫지 못하고, 무조건 하나님만 찾아 왔을 뿐이다.

증산도는 진리의 근본을 지극히 명료하게 깨닫게 해 주는 인류 문화의 대도이다. 이제 증산도에서 제시하는 가르침을 통해 실로 오묘하기 그지없는 신의 존재 섭리[道]를 알아보기로 한다.

우주의 본체신과 인격신

앞에서 우리는 기독교에서 말한 천지 창조를 한 주재신이 '일곱 성신'이었다는 것을 살펴보았다. 그러나 신도의 존재 섭리에 어두운 서구 신학 맹신자들은 '일곱 명의 성신 하나님'에 대한 해답을 전혀 구하지 못한 채, 오히려 기독교를 유일신 종교로 왜곡시켜 버렸다. 그리하여 지난 2천 년 동안 수십억의 고귀한 영혼이 거짓 가르침에 세뇌되어 왔다. 이에 대한 해답을 우리는 우주의 주재자이신 상제님의 다음 말씀에서 찾아보자.

> 귀신은 천리天理의 지극함이니라.(『道典』 4:67)

> 천지간에 가득 찬 것이 신神이니 신이 없는 곳이 없고 신이 하지 않는 일이 없느니라.(『道典』 4:62)

> 하루는 호연이 "참말로 신명이 있나요?" 하고 여쭈니 말씀하시기를 "신명이사 없다고 못 하지. 사람이 죽고 사는 것도 모두 신명의 조화로 되는 것이다." 하시니라.(『道典』 2:61)

이 말씀에서 우리는 '우주의 최고 주재신은 한 분이지만 신은 셀 수 없이 많다'는 해답을 찾을 수 있으며, 신神은 유일신이냐 다신이냐 하는 의문에 대한 해답도 명쾌하게 내릴 수 있다. 사람 모습을 하고 있는 인격신人格神은

'천리天理의 지극한 존재'이다. 이들 인격신은 어디에서 어떻게 출현했을까?

천지 만물과 인간이 생겨나는 생명 세계의 창조성과 신성을 한 분의 신으로 말할 때는 우주의 본체신本體神, 즉 '우주의 조화 정신(순환 원리), 우주 생명의 창조 원리, 한 하느님(순수 인격), 법신불法身佛'이라고 부른다. 상제님은 이 조화의 근원 경계 자리를 더욱 구체적(원리적)으로 '천리天理'라고 말씀하셨다. 이 우주 본체신이 주재하는 '화생 → 성장 → 수렴(결실) → 폐장(휴식)'이라는 4단계 창조 원리에 따라, 스스로 화생[自生, 自化, 自在]하여 천지신명계에 자리 잡은 숱한 인격신이 세상만사의 내적 변화를 일으키는 역사 창조의 근원적 주체가 된다.(창조보다는 화생化生이 천리天理에 더 부합하는 말이다) 현실적인 삶의 입장에서 볼 때는 천지 생명의 조화 정신으로부터 화생한 인격신들이 우주 변화의 내적 주체가 되고, 우주 변화의 정신은 이들 삶의 주인공들을 위해서 대국적인 변화의 환경(선·후천 사계절)을 열어 주는 조화의 바탕(기틀)이 된다.

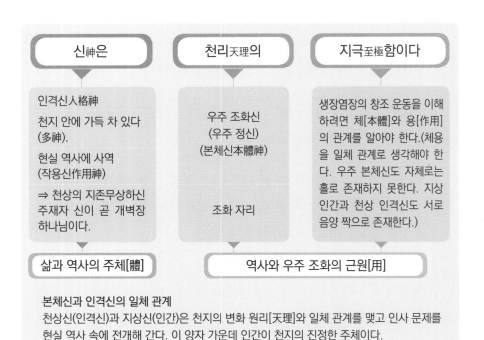

본체신과 인격신의 일체 관계
천상신(인격신)과 지상신(인간)은 천지의 변화 원리[天理]와 일체 관계를 맺고 인사 문제를 현실 역사 속에 전개해 간다. 이 양자 가운데 인간이 천지의 진정한 주체이다.

인격신들은 우주의 본체 조화신 속에서 동등한(일체) 관계로 공존한다. 이들은 본체신[元神]Primordial God이 가지고 있는 변화 정신의 전 과정(인간도 이 과정의 일부이다)을 거쳐 출현한 지극히 존귀한 존재로서 대자연과 역사의 주체이다.

사람들은 대부분 우주의 본체신(하느님)을 언제나 고정적이고 불변하는 존재로만 알고 있다. 그런데 이 본체신은 영원히 사람으로 올 수 없는, 우주를 움직이는 대자연의 조화신造化神 그 자체이지만, 무궁한 변화를 본성으로 하는 대우주 섭리로 말미암아 현실 세계에서는 시간의 흐름으로 나타난다. 사역수四曆數 시간대의 창조 원리에서 살펴보았듯이, 우주의 조화신은 무위이화無爲以化의 조화로써 스스로 인과율因果律에 따라 4대 시간대의 천리를 그려 낸다. 즉, 선천 생(366일)·장(365¼일)의 시간대에는 지상에서 인간이, 동시에 천상에서 신명이 화생하여 성장해 나간다. 이때 지상에서의 인간의 화생은 천상의 인격신들이 주관한다. 그리고 염(결실, 360일)·장(휴식, 375일)의 후천 시간대가 열리면 가을 음陰 개벽의 통일 운동을 하는 것이다.(우주 본체신의 자존自存 원리는 하권 5부 「삼극三極 원리」 참고)

인격신 하나님이 천지(우주) 조화 정신에 따라 현실적으로 만물을 창조하는 전 과정을 주재하신다. 가을 대개벽기가 무르익으면 상제님(하나님)은 선천 시간대보다 더욱 강력한 최상의 우주 절대자의 권능(삼계대권三界大權)을 쓰는 백보좌 신[西神]이 되어, 우주 본체신(하느님)*의 가을철 창조 원리(결실, 완성)를 역사에 실현시키기 위해 지상에 인간으로 강세하시게 되는 것이다.

이러한 우주의 창조 원리에 따라 상제님께서 천지를 통치하시기 때문에 "나는 생장염장生長斂藏 사의四義를 쓰나니 이것이 곧 무위이화無爲以化니라"

---

* 하느님의 고어는 '하늘님'이다. 이 단어가 하느님, 하나님으로 변천되었다. 한국인은 일반적으로 인격적인 모습을 한 우주의 절대자를 '하느님'으로 불러왔다. 이와 달리 '하나님'은 우주를 통치하시는 인격신이 한 분이라는 것을 강조하는 용어이다. 우주의 주재자를 지칭하는 용어로 '하나님'과 '하느님' 어느 쪽을 사용해도 무방하다.

(『道典』2:20)라고 하셨다. 이 백보좌의 서신西神을 불교에서는 우주를 통일하는 하늘, 즉 도솔천兜率天에 계신 미륵 천주天主님이라 불러왔다.

> 내가 미륵이니라. 금산사 미륵은 여의주를 손에 들었거니와 나는
> 입에 물었노라.(『道典』10:33)

> 상제님께서 형렬에게 말씀하시기를 "너는 좌불坐佛이 되어 처소를
> 잘 지키라. 나는 유불遊佛이 되리라." 하시니라.(『道典』2:111)

그리고 이분은 장차 서방 정토(가을) 세계에서 걸어오신다고 하여, 불상을 건립할 때는 반드시 입불立佛(서 있는 부처, 개벽기에 오시는 부처)로 조성한다.[2] 이 입불은 인류 문명을 추수 통일하기 위해 가을의 결실 기운을 몰고 강세하시는 미륵 천주님이 걸으시는 가을개벽의 우주적 삶의 섭리를 암시한다.

인간[聖子]으로 오신 아버지 하나님

증산 상제님은 예수가 증언한 아버지로서, 예수의 제자 사도 요한이 100세가 넘어 기도하다가 천상에 불려 올라가 말세에 '장차 오시는 분(Who is coming, 「요한계시록」1:8)'이라 증언한 백보좌의 하나님이시다. 예수가 그토록 외쳤던 천국 건설의 한恨을 풀어주시는 아버지 하나님이시다. 한국인은 태고 시절 이래 신교 문화 속에서 이 아버지 하나님을, 천지 만물 창조의 본체신인 삼신을 주재하여 만유를 다스리는 삼신상제三神上帝님이라 불러왔다.(하권 6부 참고)

> 태시太始에 하늘과 땅이 '문득' 열리니라. 홀연히 열린 우주의 대광
> 명 가운데 삼신이 계시니, 삼신三神은 곧 일신一神이요 우주의 조화
> 성신造化聖神이니라. 삼신께서 천지만물을 낳으시니라. 이 삼신과

하나 되어 천상의 호천금궐昊天金闕에서 온 우주를 다스리시는 하느님을 동방의 땅에 살아온 조선의 백성들은 아득한 예로부터 삼신상제三神上帝, 삼신하느님, 상제님이라 불러 왔나니 상제는 온 우주의 주재자요 통치자 하느님이니라.(『道典』 1:1)

상제님께서 하늘을 가리키시며, "사람들은 여기서 보이는 하늘이 전부인 줄로 알고 있으나 그것은 중간하늘일 뿐이니라. 내가 참 하늘이니라." 하시니라.(『道典』 4:66)

聖父
성부

聖子　元亨利貞 奉天地道術藥局 在全州銅谷生死判斷 (『道典』 5:347)
성자　원형이정 봉천지도술약국 재전주동곡생사판단

聖神
성신

이 말씀의 요지는, 인간으로 강세하신 하나님이신 상제님께서 우주 본체신 하느님이 전개하는 사계절 창조 운동[元亨利貞]의 엄정한 법도에 따라 우주정신의 결실 원리를 주재하여, 영원히 죽느냐 아니면 영원히 사느냐 하는 가을 개벽철 생사 판단의 대세를 동방 조선(한국) 땅 전주 구릿골에서 짜 놓으신다는 것이다. 증산 상제님은 후천개벽 시간대의 정신을 상징하는 양띠[未土]로 강세(1871, 신미생辛未生)하셨다. 여기서 양[未]은 노스트라다무스와 최수운 대신사가 전한, 황금의 사뛰흔느(사투르누스)인 십토(十土, 未土)와 우주의 가을 세상을 여는 무극無極을 상징한다. 이 십미토는 가을의 통일 정신을 주재하시는 우주 통치자 하나님이 쓰시는 대권능의 조화 기운을 뜻하는 말이기도 하다.

일원적一元的 **다신관**多神觀

이러한 아버지 하나님으로 오신 증산 상제님은, 지상 인간과 천상 신명에 대해 피조물이라는 용어를 단 한 번도 쓰지 않으셨다. 우주 본체신과 인격신은 일체로 존재하기 때문에, 피조물이라는 말은 우주신의 창조 법도에 전혀 맞지 않는 잘못된 언어이다.

상제님은 우주 본체신(우주 자연의 조화신)의 생장 운동에 따라 천상 신명들이 조화 속에서 스스로 화생하여, 현실의 시공간 속에서 인격신으로 작용하는 것을 이렇게 말씀하셨다. 이 말씀은 여러 가지 심오한 의미를 담고 있음을 깨달아야 한다.

> 천지간에 가득 찬 것이 신神이니, 풀잎 하나라도 신이 떠나면 마르고 흙 바른 벽이라도 신이 떠나면 무너지고, 손톱 밑에 가시 하나 드는 것도 신이 들어서 되느니라.(『道典』 4:62:4~5)

천지간의 모든 신은 천리(우주의 창조 원리로서 본체신의 변화 정신)를 그대로 안고 자생한 인격신이다. 이 신은 우주(조화신)의 변화 운동에 따라 자신의 삶을 살며 생의 의미를 깨달아 가는 존재이다. 지상 인간들이 신(우주 본체신) 앞에 평등하듯이, 인간으로 살다 간 무수히 많은 천상 신명도 한 우주의 하느님(본체신) 속에서 화생하였기 때문에 그 본질은 서로 평등하다. 단지 타고난 기국과 성품이 다르고, 자신이 닦은 마음자리와 생전에 세상에 베푼 공덕에

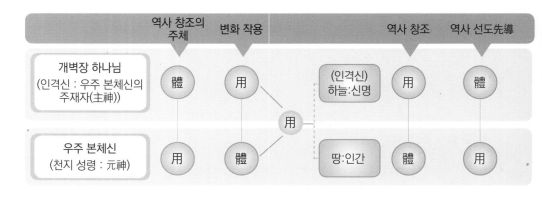

차이가 나기 때문에 천상 신도 문명 세계天上神道文明世界에서 위격과 신격이 다를 뿐이다. 지상 인간은 육신을 가진 지상신으로서, 인간의 삶을 살다 간 천상 신명들보다 더욱 존엄한 자리에 있다. 인간이 신명보다 존엄하다는 것은 신도神道 우주의 창조의 궁극 목적을 해명하는 열쇠이기도 하다.

지상에 선과 악이 공존하듯이, 천상 인격신 세계에도 선·악의 신이 공존한다. 자기를 희생하면서 인간을 도道의 세계로 인도하는 신성이 있는가 하면, 극악무도하여 악마의 경지를 뛰어넘는 사마邪魔도 있다. 본래 순수 인격신으로 탄생하였다가 우주의 봄여름 생장 과정을 살면서 환경적 요인과 타고난 심성으로 말미암아 죄를 짓고 타락한 신명을 사탄이나 악마라 부른다. 지상에서 인간이 큰 죄를 지으면 죄인이라 낙인을 찍듯이 천상에서도 마찬가지인 것이다.

> 천지간에 가득 찬 것이 신神이니 신이 없는 곳이 없고 신이 하지
> 않는 일이 없느니라.(『道典』 4:62:6)

결론적으로 말해서 이 말씀은, 천지간에 가득 차 있는 인격신은 한 본체신 하느님[一元神] 아래 본질적으로 서로 평등한 관계에 있으며 다신多神으로 존재한다는 가장 본질적인 선언이다. 그러므로 우주 속의 신을 유일신, 또는 다신이라고만 주장하는 것은 모두 진리의 핵심을 모르고 하는 거짓인 것이다.

우주는 일원적一元的 다신多神의 신도神道 세계로 구성되어 끊임없이 우주의 역사를 새 질서로 생성·변화시켜 간다. 우주 안에서 일어나는 모든 사건은 이들 인격신이 개입하여 이루어지는 것이다. 그리고 여기에는 천상 신명을 불러들임으로써 변화의 인도자 역할을 하는, 창조와 조화의 근본 씨앗인 인간의 마음이라는 핵심 문제가 걸려 있다.

마음이란 귀신鬼神의 문지도리요 ··· 천지보다 더 큰 조화의 근원이
니라. (『道典』 4:100)

이제 천상 인격신들이 어떻게 현실 역사에 개입하게 되는지를, '이신사
理神事 원리'와 인간의 마음이 만들어 내는 무궁한 조화성을 통해 살펴보기
로 한다.

이理·신神·사事 원리 : 천명과 신도가 인사로 귀결

인간이 하늘로부터 부여받은 본성(본래 면목)을 찾는 일이 왜 이다지도 어
려운 것일까? 신은 일부러 우리에게 영원히 풀리지 않는 숙제를 제시해 준
것일까? 결코 그렇지는 않으리라.

천상과 지상에서 일어나는 모든 사건은 대국적으로 우주 본체의 창조 원
리[天理]에 따라 전개되며 특히 지상의 사건은 그 일에 관련된 신명神明이 개
입하여 현실적으로 이루어진다. 예를 들면 허접스런 농담을 지나치게 하면
농신弄神이 들어서 일을 망치고, 남의 것을 탐내면 적신賊神이 뛰어들어 마음
을 흥분시키고 일을 어지럽히며, 마음이 비뚤어져 사곡邪曲한 심정으로 살아
가는 자에게는 마음속에 사신邪神이 들어앉아 될 일도 겪어 놓는다. 우주의
창조·변화 원리[理]는 → 현실에 '신명神明이 개입'하여 → 크고 작은 역사의
사건, 즉 인사人事로 전개되어 나가는 것이다.

천하의 모든 사물은 하늘의 명命이 있으므로 신도神道에서 신명이
먼저 짓나니, 그 기운을 받아 사람이 비로소 행하게 되느니라.

(『道典』 2:72)

성현의 신이 응기하면 어진 마음이 일어나고 영웅의 신이 응기하
면 패기覇氣가 일어나고 장사壯士의 신이 응기하면 큰 힘이 생겨나

고 도적의 신이 응기하면 적심賊心이 생기나니 그러므로 나는 목석

이라도 기운을 붙여 쓸 수 있느니라.(『道典』 4:89)

인간은 누구나 수많은 천지의 신과 생명의 내적 관계를 맺고 살아간다.
이 사실을 자각하든 혹은 전혀 모르든, 심지어 신의 존재 자체를 아예 부
정하든, 모든 인간은 지극히 신적神的인 존재이다. 인간이야말로 몸속에 생
명의 주관자인 신이 깃들어 있는 지상의 살아 있는 신이라는 말이다. 이러
한 신도 세계의 법도는 수행을 통해서 누구든지 깊이 있게 체험하고 깨칠
수 있다.

천지간에 존재하면서 본체신 하느님의 뜻을 실현해 가는 신의 수효는 무
수히 많다. 인간이 생각할 수 있는 모든 영역에, 성격과 기국과 능력을 달리
하는 신이 천지간에 다양한 모습으로 실존하고 있는 것이다.

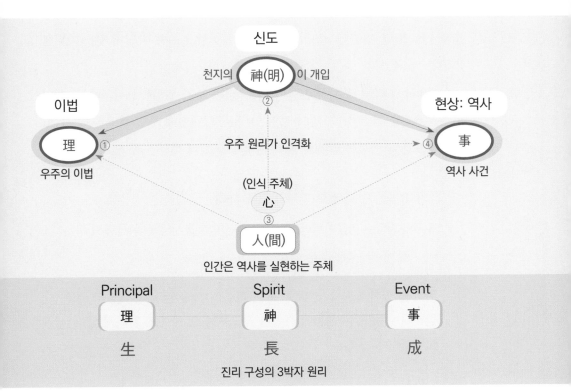

선천 우주의 본체신이 상극의 생장 운동(분열)을 처음 시작(선천개벽)할 때 우주의 마음은 상극相克의 심정이며, 이때는 인간의 마음도 선악의 대립이 일어나 상극성을 띠게 된다. 여기까지는 상극이 아직 선천 생명의 순수한 모습일 뿐이다. 이 상극 원리[理]가 현실적인 인사[事] 문제로 전개되는 '고통의 과정'은 각양각색의 신명이 인간의 마음에 들어와서 '어느 날 갑자기' 이루어진다. 이때의 신명을 기독교에서는 사탄이라고 말하지만 이는 우주와 인간이 성숙되기 위해서는 선악이 투쟁하는 상극의 선천 시대(성장 발전 시대)를 숙명적으로 살아가야 한다는, 천지 본체신 하느님의 창조 섭리를 전혀 모르고 하는 말이다.

머지않아 선천 상극의 생성 과정이 완료되면, 인간이 생명나무의 도과道果를 먼저 따 먹고 하나님의 사랑의 정신인 상생相生의 법도로 살아가는 우주사의 창조 신화가 새롭게 쓰일 것이다. 물론 이것은 우주의 주재자 하나님인 상제님이 강세하여 가을철 새 우주를 개벽하시어 새 진리 새 문화를 펼치시고, 또한 인간이 그 진리를 만나 실천함으로써 마침내 현실화되는 것이다.

이상에서 우리는 젊은 영혼들이 "하나님은 누가 만들었느냐" 하는 '현명한 우문愚問'을 던졌을 때, 믿어 보면 안다든지, 체험해 보면 자연히 알 수 있다는 가르침을 이제는 끝맺을 때가 되었음을 깊이 깨달을 수 있으리라.

인간의 마음은 천지 조화[天理]의 주재 자리

천지의 중앙은 마음이니라. 그러므로 천지의 동서남북과 사람의 몸이 마음에 의존하느니라.(『道典』 2:137)

하늘은 이치(理)이니라. 밝고 밝은 하늘이 사람 마음속 하늘과 부합하니 이치(理)는 하늘에 근원을 두고 사람의 마음에 갖춰져 있느니라.(『道典』 2:90)

천지의 중심 자리는 우주 본체신(하느님)이 아니라, 그것이 그대로 깃들어 열매 맺은 인간의 마음이다. 따라서 증산 상제님은 인간의 마음이 대우주보다 더 크다고 하셨다. 작은 몸을 가진 인간의 마음이 무한한 우주도 그대로 담을 수 있는 대우주의 주체라는 말씀이다. 이것은 천지가 '우주 본체신 → 인간[生] → 인격신[長] → 성숙한 인간[成]'의 순서로 창조 목적을 이루어 감으로써, 인간이 바로 우주 정신의 궁극적인 완성 자리가 되기 때문이다.

인간의 일심一心 경계에서 일어나는 생생한 기적의 실례와 일심의 무한한 조화성과 창조성에 대한 상제님 말씀이 있다.

> 최익현崔益鉉이 순창에서 잡히거늘 상제님께서 말씀하시기를 "일심의 힘이 크니라. 같은 탄우彈雨 속에서 정시해鄭時海는 죽었으되 최익현은 살았으니 이는 일심의 힘으로 인하여 탄환이 범치 못함이라. 일심을 가진 자는 한 손가락을 튕겨 능히 만리 밖에 있는 군함을 깨뜨리느니라." 하시니라.(『道典』 8:53)

> 너희는 매사에 일심하라. 일심하면 안 되는 일이 없느니라. 일심으로 믿는 자라야 새 생명을 얻으리라.(『道典』 8:57)

> 일심이 없으면 우주도 없느니라.(『道典』 2:91)

4. 천지인, 삼계의 문명 구조

우주의 신비에 대한 의문만큼 인간의 호기심을 자극하는 문제는 없다.

우주는 얼마나 클까? 우주에는 끝이 있는가, 없는가? 우주는 어떻게 생겨났으며 아득한 미래에는 어떠한 모습으로 진화해 나갈 것인가? 광대무변한 우주에서 우리 인간이 유일한 지적 생명체인가, 아니면 지구 밖 외계 행성에도 인류와 유사한 생명체가 존재하는가? 만약 존재한다면 그 문명 수준은 어느 정도이며, 그 외계 문명은 우리 지구 문명과 어떤 관계를 맺고 있을까?

이러한 의문은 미지의 세계에 대한 끝없는 동경에서 흘러나오는 근원적 물음이며, 또한 인간 생명의 뿌리와 근본을 확인하고픈 본능적 의문이리라.

이제 천지인 삼계의 입체적 구조와 외계 문명에 얽혀 있는 여러 신비를 우주의 통치자 하나님이신 증산 상제님의 대도 말씀을 통해 살펴본다.

하늘의 별자리에 있는 수많은 나라

상제님께서 제를 지내시는 동안 용과 말을 그린 종이를 일일이 소지하며 고축하시니 마당이 불꽃밭처럼 환하거늘 호연이 "하늘이 쳐다보간디? 뭣 하려고 맥없이 종이를 불지를까. 이런 것 하면 하늘이 뜨겁다고 하겠네!" 하니 … 말씀하시기를 "하늘도 수수천 리이고, 수많은 나라가 있어. 이런 평지에서 사는 것하고 똑같다." 하시니라.(『道典』 5:280)

이 말씀에서 알 수 있듯이 증산 상제님은 지극히 평범한 일상 언어로 지구 밖 외계 천체에도 수많은 나라가 있으며, 그중에는 현 인류의 생활상과 유사한 곳도 있다는 것을 밝혀 주셨다.[3]

이 외계 문명에 얽힌 비밀은 그동안 지구 중심적으로 형성된 가치관, 생명관, 종교관, 세계관 등을 근본적으로 뒤바꾸어 놓을 중차대한 문제가 아닐 수 없다. 외계 문명에 대한 문제는 앞으로 인류가 후천 가을문명을 열어 나가는 데 대단히 중요한 변수로 작용할 뿐 아니라, 궁극적으로 우주 문명의 전체 구조를 해명하는 데에도 결정적인 역할을 하게 될 것이다.

지구 문명의 뿌리는 천상 문명

서양 사람 이마두가 동양에 와서 천국을 건설하려고 여러 가지 계획을 내었으나 쉽게 모든 적폐積弊를 고쳐 이상을 실현하기 어려우므로 마침내 뜻을 이루지 못하고 다만 동양과 서양의 경계를 틔워 예로부터 각기 지경地境을 지켜 서로 넘나들지 못하던 신명들로 하여금 거침없이 넘나들게 하고 그가 죽은 뒤에는 동양의 문명신文明神을 거느리고 서양으로 돌아가서 다시 천국을 건설하려 하였나니 이로부터 지하신地下神이 천상에 올라가 모든 기묘한 법을 받아 내려 사람에게 '알음귀'를 열어 주어 세상의 모든 학술과 정교한 기계를 발명케 하여 천국의 모형을 본떴나니 이것이 바로 현대의 문명이라. 서양의 문명이기文明利器는 천상 문명을 본받은 것이니라.(『道典』 2:30)

증산 상제님께서는 서양 과학 문명이 천상天上 문명에서 유래한 것이라고 하셨다. 여기서의 '천국, 천상 문명'이란 지구 밖의 모든 문명을 총칭하는 말씀으로, 지구를 중심으로 펼쳐진 신도 문명뿐만 아니라 외계 문명(외계의 신도 문명도 포함) 전체를 포괄하는 것이다. 이 말씀을 통해 지구 문명은 순수하게 지구에서 자생적으로 발전한 것이 아니라, 그 뿌리가 천상 문명이라는 충격적인 사실을 알 수 있다.

우주촌 통일 문명의 기초를 세운 이마두 신부

상제님 말씀에서 알게 되는 또 한 가지 놀라운 사실은, 근대 지구 문명을 급속도로 발전시킨 분은 서양의 이마두利瑪竇 대성사, 곧 마테오 리치 (1552~1610) 신부라는 것이다.

리치 신부는 중국으로 와서 16세기 후반에서 17세기까지 신학을 비롯한 천문, 지리, 수학, 과학 등 다방면에 걸쳐 왕성한 저술과 번역 활동을 하여 서양 문화를 동양에 소개했다. 또한 동양 문화를 서양에 알리기 위해 사서四書 등 유가儒家 서적을 라틴어로 번역한 바 있다. 상제님께서는 이러한 리치 신부의 열정적인 노력 덕분에 지상 인간계의 문화 장벽뿐 아니라 신명계의 문화 장벽까지도 총체적으로 허물어지게 되었다고 밝혀 주셨다. 리치 신부의 공덕으로 지구의 인간과 천상의 신명이 자유롭게 교류하기 시작했다는 것이다.

아울러 이 말씀을 통해서, 육신의 삶을 마치고 신명이 된 리치 신부님이 문명 개벽의 활동 영역을 우주적으로 확대시켜 고도로 발달한 천상 문명을 지구에 이식시키는 계기를 만듦으로써, 장차 지구에 꽃피게 될 가을 우주촌 통일 문명의 원원한 기초를 세웠다는 것을 알 수 있다.

상제님은 마테오 리치 대성사가 어느 성자나 철인, 과학자와도 견줄 수 없을 만큼 우주사적인 불멸의 공덕을 쌓았다고 누누이 칭찬하셨다.

> 이마두의 공덕을 세상 사람들이 알지 못하나 천지신명들은 그를 떠받드나니 이마두는 신명계神明界의 주벽主壁이니라. 항상 내 곁에서 나를 보좌하여 모든 것을 맡아보고 있나니 너희는 마땅히 공경할지라.(『道典』 4:12)

구천九天으로 이루어진 천상 신명계

지상에서 육신을 벗어 버린 뒤에 인간은 어디서 어떠한 모습으로 존재하게 되는 것일까? 사후에도 삶이 계속된다면 그곳은 어디이며 어떻게 이루어져 있는 것일까? 또 우리가 살고 있는 이 지구는 영적靈的인 차원에서 보면 과연 어떤 곳일까?

이러한 의문은 모두 인간의 현세적 삶과 대단히 밀접한 관계가 있다. 영적 세계를 어떻게 바라보느냐에 따라서 현세에서의 삶의 방식과 가치관이 근본적으로 달라진다. 일례로, 죽으면 모든 것이 끝난다고 생각하는 사람과, 죽은 후에도 삶이 계속되고 윤회하여 닦은 바와 공덕에 따라 지상에 다시 태어날 수 있다고 생각하는 사람은 삶을 대하는 태도 자체가 근본적으로 다를 수밖에 없다.

상제님께서는 이 우주 신명계의 전 구조를 천지의 상수象數 원리로 처음 밝혀 주셨다.

하루는 김송환金松煥이 상제님께 여쭈기를 "하늘 위에 무엇이 있는지 그것만 알면 죽어도 소원이 없겠습니다." 하니 상제님께서 "하늘이 있느니라." 하시니라. 송환이 다시 여쭈기를 "하늘 위에 또 하늘이 있습니까?" 하니 말씀하시기를 "있느니라." 하시매 또 여쭈기를 "그 위에 또 있습니까?" 하니 말씀하시기를 "또 있느니라." 하시고 이와 같이 아홉 번을 대답하신 뒤에 "그만 알아 두라." 하시니라.(『道典』 4:117)

가을의 성숙을 향해 분열 성장해 가는 선천 세상에서는 양수陽數[1, 3, 5, 7, 9]의 극수極數인 9수[老陽數] 원리로 천지의 조화 기운이 열려 가기 때문에, 하늘(영적 공간)도 종적으로 9천으로 이루어져 있다. 그리고 횡적으로는 대우주의 신도 문명계가 33천으로 열려 있다.

1천 지옥, 2천 연옥, 상하常夏의 나라(아스트랄계)로 불리는 3천 세계와, 4천 순미純美의 세계, 그리고 심령 종족psychic tribe 집단이 있는 5천, 불교, 기독교, 유교 등 세계 종교 집단이 있는 6, 7천과 우주의 최고 주재자이신 상제님이 임어해 계시는 천상의 수도 옥경玉京이 있는 최상천 9천九天에 이르기까지, 천

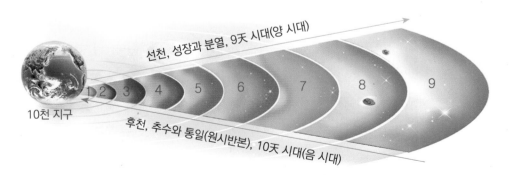

신명계의 구조 인간이 땅에서 살다 육신을 벗은 뒤에는 지상에서의 공덕과 개인의 영적 진화 정도에 따라 각기 다른 하늘에서 신명으로 살아간다.

상 신명계와 지상 인간계는 손바닥의 앞뒤와 같이 일체 관계로 존재한다.

외계 문명은 신도神道와 결합된 다차원의 복합 문명

지구 문명뿐 아니라 외계 문명도 물질계와 신명계가 유기적으로 결합되어 긴밀한 관계를 맺고 존재하는 다차원의 복합 문명이다. 다만 문명권 별로 시공 구조가 다르고, 문명의 발전 단계도 각기 다를 뿐이다. 물질 차원의 문명은 존재하지 않고 영靈 차원의 문명만 존재하는 곳도 있다.

> 사람의 죽음길이 먼 것이 아니라 문턱 밖이 곧 저승이니 나는 죽
> 고 살기를 뜻대로 하노라. 생유어사生由於死하고 사유어생하니라.
> 삶은 죽음으로부터 말미암고 죽음은 삶으로부터 말미암느니라.
>
> (『道典』 4:117:10, 13)

이 말씀을 통해 신명계는 물질계와 분리된 별개의 세계가 아니라, 다만 물질계와 차원, 밀도, 진동, 구조가 다른 세계라는 것을 알 수 있다. 다시 말하면 다차원으로 이루어진 우주의 시공 구조 속에 물질계와 여러 영靈 세계가 겹쳐서 공존하는 것이다. 물론 시공간적으로 멀리 떨어져 있는 신명계도 얼마든지 있다.

지구는 영계와 분리된 세계가 아니라, 신명들이 육신이라는 옷을 입고 완성을 향해 닦아 나가는 우주의 중심 도량道場인 특수 영계이다. 다시 말하면 지상과 같은 물질계는 영체가 육신의 옷을 입고 살면서 가장 이상적인 영육병진靈肉竝進의 문화를 발전시켜 나가는 최상의 영 세계이다. 지구든 외계 행성이든 물질 차원의 문명이라 함은 사실상 물질 문명과 신도 문명이 공존하는 복합 문명이다.

앞으로 후천 가을개벽과 더불어 인간의 인식 지평이 다차원으로 확대되어 외계 문명과 신명계의 전모를 파악할 수 있게 되면, 그 누구도 물질계와

신명계를 더 이상 분리된 세계로 보지 않을 것이다.

신명들의 삶의 터전인 외계 우주

후미진 인생의 외길을 살아가노라면 불현듯 북받쳐 오르는 어떤 그리움이 있기 마련이다. 그럴 때마다 찬바람이 스쳐 지나가는 들녘에 나가 초롱초롱 빛나는 하늘의 저 무수한 별을 바라보라. 사람들은 밤마다 지구라는 조화 세계에서 무한한 공간 저 너머에 있는 수많은 문명 세계를 바라보고 살아왔지만, 환상과 무지로 인해 이를 전혀 모르고 있다.

지구만이 생명이 꽃피는 유일한 물질계이고, 여기를 떠난 죽음의 세계가 곧 영계라고 보거나, 밤하늘에 총총히 박혀 있는 무수한 별을 단지 생명이 존재하지 않는 우주의 황량한 사막으로 아는 통념은 잘못된 것이다. 우주 공간에 무수히 박혀 있는 별은 각기 다른 영기靈氣를 허공에 방사하며 지구의 생명계에 크고 작은 영향을 끼친다.

삼태성三台星에서 허정虛精의 '허' 자 정기가 나온다.(『道典』 10:42)

하루는 정읍 수통점水桶店에서 유숙하실 때 공우가 모시고 있더니 이도삼이 찾아와 "이웃 버들리(朋來)에서 스무 살쯤 된 여자가 호랑이 밥이 되어 인근이 놀라고 있습니다." 하고 아뢰는지라 상제님께서 마침 대청에 누워 계시다가 급히 일어나 공우에게 "하늘에 충성蟲星이 보이는가 보라." 하시거늘 공우가 나가서 살펴보고 나타나 있음을 아뢰니 상제님께서 목침으로 마루를 치시며 "충성아, 어찌 사람을 해하느냐!" 하시고 잠시 후에 말씀하시기를 "생명은 상하지 아니하였노라." 하시니라. 이튿날 그 여자가 살아 돌아왔는데 의복은 찢어졌으나 몸은 크게 다친 곳이 없더라.(『道典』 3:216)

천지 만물은 우주 본체신의 화현化現이다. 이 대우주에는 신이 없는 곳이 없다.

> 나는 동서양의 만고역신萬古逆神을 거느리느니라. 원래 역신은 시대와 기회가 지은 바라. 역신이 경천위지經天緯地의 재능으로 천하를 바로잡아 건지려는 큰 뜻을 품었으나 세상 사람들은 그들을 미워하여 '역적놈'이라 평하며 일상용어에 모든 죄악의 머리로 일컬으니 어찌 원통치 않겠느냐. 그러므로 이제 모든 역신을 만물 가운데 시비是非가 없는 별자리(星宿)로 붙여 보내느니라.(『道典』 4:28)

상제님은 역신逆神의 원과 한을 끌러 주기 위해 이들을 천상의 외계 별자리 문명계로 보낸다고 선언하셨다. 이 말씀에서 우리는 밤하늘에 보이는 무수한 별자리 속에는 현묘하기 짝이 없는 영계 문명이 자리 잡고 있다는 것을 깨달을 수 있다. 그러므로 증산 상제님의 천지공사天地公事는 단순히 지구적 차원이 아니라, 우주적 차원의 통일 문화를 여는 대개벽 공사라는 것도 알 수 있다.

우주 통일 문명의 중심으로 개벽되는 지구 문명

은하계의 여러 행성에 다양한 문명이 꽃피고 있다면, 우주의 통치자 하나님인 증산 상제님께서는 다른 행성을 제쳐 두고 왜 지구를 택하여 강세하셨을까? 참으로 호기심을 자극하는 수수께끼가 아닐 수 없다.

지구는 우주 영靈 세계의 핵심 자리에 있다. 또, 지구의 생명 시스템은 외계의 어느 행성보다 정교하다. 지구는 은하계의 어느 행성보다도 다양한 생명의 향연이 펼쳐지는 우주의 오아시스이다. 외계 우주인들과의 채널링chan-neling[4] 기록에 따르면, 지구의 공기층은 굉장히 조화로우며, 지구 생명계에는 여러 외계 행성에 있는 생명의 구성 요소가 두루 포함되어 있다고 한다.

이러한 사실은 지구가 대우주 문명권을 통일할 수 있는 가장 이상적인 장소라는 것을 반증한다. 이를 동양의 우주 원리에서는 '지구가 곤토坤土의 덕德을 갖고 있다'고 표현한다. 지구 외에도 지적 생명체가 살고 있는 행성이 대우주에 숱하게 많지만, 우주 조화[乾]의 통일 이상을 실현할 수 있는 곳은 지구[坤]밖에 없다.

그러므로 천상 신명 세계는 지구를 중심으로 할 때 더 큰 존재 의미를 갖게 된다. 천상 신명들은 지상 인간을 위해 봉사하고 공덕을 베풀어 줌으로써 창조의 이상을 실현할 수 있게 된다. 천지 생성의 궁극 목적은 인간 성숙이며, 그것은 결국 인존시대로 개벽되면서 성취되기 때문이다.

이러한 이유로 삼계대권을 주재하시는 대우주의 통치자인 상제님께서 이 지구에 강세하신 것이다. 증산 상제님께서 열어 놓으신 후천 5만년 조화의 개벽 세계는, 각 성좌에서 발달한 모든 천상 문명이 마침내 지구에서 하나됨으로써 열리게 되는 우주적 차원의 대통일 문명이다.

10천 조화문명으로 개벽되는 지상 문명

지금은 우주 정신이 성장[陽道]의 극기에서 통일의 음도陰道인 후천 세계로 질적 대비약 운동을 하는 가을 개벽기이다. 지금까지는 신의 세계가 최고 9천까지 분화되어 있었으나, 앞으로는 온 우주의 문명이 지구에서 통합되므로 이 지상 문명이 가장 높은 10천 문명으로 개벽된다. 즉, 우주의 통일을 실현하기 위해 대우주에서 가장 불가사의한 중성의 조화 기운[坤, 土]으로 생명을 길러 내는 이 지구가, 극즉반極則返의 우주 원리에 따라 가장 차원이 높은 십천十天 문명으로 대개벽을 하게 된다. 증산 상제님은 개벽 후 지상의 조화선경에 성령으로 감응하실 것을 다음과 같이 언약하셨다.

내가 출세할 때에는 주루보각朱樓寶閣 삼십육만 칸을 지어 각기 닦

은 공력功力에 따라 앉을 자리에 들어앉혀 신명들로 하여금 옷과
밥을 받들게 하리라. … 또 나의 얼굴을 잘 익혀 두라. 후일에 출세
할 때에는 눈이 부시어 보기 어려우리라. 예로부터 신선이란 말은
전설로만 내려왔고 본 사람은 없었으나 오직 너희들은 신선을 보
리라.(『道典』 7:89)

가을개벽을 통해 지구는 새로 태어나서 우주 문명의 중심지로 탈바꿈하고,
상제님 천지공사의 근본 정신인 '원시반본, 보은, 해원, 상생'은 지구인뿐 아니
라 우주간의 모든 신명과 만물 생명에게 삶의 새 이념으로 선포될 것이다.

지하 문명의 존재와 지구공동설

상제님은 천상 문명뿐 아니라 땅속에도 사람이 살고 있다는 지구의 실상
에 대한 놀라운 말씀을 전해 주셨다.

천상사람이 있고 땅속에도 사는 사람이 또 있느니라.(『道典』 4:66)

天上無知天하고 地下無知地하고 人中無知人하니 知人何處歸리오
천상무지천　　　　지하무지지　　　　인중무지인　　　　지인하처귀
천상에서는 하늘 일을 알지 못하고 지하에서는 땅 일을 알지 못
하고 사람들은 사람 일을 알지 못하나니
삼계의 일을 아는 자는 어디로 돌아가리.(『道典』 2:97)

인공위성이 찍은 북극 상공의 사진을 보면, 지하 문명의 존재에 관한 상
제님 말씀이 더욱 실감나게 다가온다.

옛날부터 지구공동설地球空洞說이 전해 온다. 지구 내부는 뜨거운 금속성
물질로 꽉 차 있는 것이 아니라 속이 비어 있는 테니스 공 모양이며, 지구
중심에는 지저 세계를 비추는 태양이 있고, 지구 양극을 비롯하여 지표의

여러 곳에 지저 세계와 연결된 통로가 있어 이 입구를 따라 들어가면 '지하의 대왕국'이 실존해 있다는 것이다.

이 지구공동설은 아주 오래 전부터 동서 여러 민족의 신화와 전설 속에 끊임없이 전해오고 있다. 제2부에서 살펴본 바와 같이 아갈타 왕국은 중앙아시아의 고원 밑에 실재한다고 전해진다. 또 『열자』「탕문」편을 보면 우임금이 9년 치수治水 사업을 할 때 북해 북쪽에 자리 잡고 있는 꿈의 낙원 종북국終北國에 가 보았다는 기록이 있다. 주나라 목왕穆王은 우연히 북쪽 여행을 하다가 이 북극의 낙원인 종북국에 들러서 3년간 생활을 하였는데, 고향에 돌아와서도 그곳을 사모하는 마음을 지우는 데 두 달이나 걸렸다는 이야기도 전한다.

과학계에서 처음(1692년)으로 지구 공동설을 주장한 사람은 영국의 핼리Halley(핼리혜성 발견자)이다. 20세기에 들어 지구 공동설을 주장한 대표적 인물은 문학박사이며 철학박사인 레이먼드 버나드Raymond Bernard이다. 그는 1969년 미국에서 『공동空洞의 지구The Hollow Earth』라는 서적을 발간하여 지구 공동설을 널리 소개하였다.

버나드는 의학박사 네피 코틀과 문필가 에머슨이 쓴 두 건件의 노르웨이 어부들의 지구 내부 체험담과, 시어도오 횟치의 『지구 내부, 우리들의 낙원』을 접하고 지구 공동설에 지대한 관심을 가지고 있던 중, 미국의 해군 소장이던 리처드 버어드의 북극 탐험 비행(1947년)과 남극 탐험 비행(1956년)에 관한 기록을 조사하고 지구 공동설에 관한 소신을 굳혔다고 한다.[5]

또 지구공동설을 소개할 때 빼놓을 수 없는 인물은 노르웨이 사람인 옌스Jens, 올랍 얀센Olaf Jansen(1811~1906) 부자父子이다. 두 사람은 1829년 북극 통로를 통하여 지구 내부 세계에 들어가 그곳에서 약 2년간을 지내다가 남극 통로를 통하여 다시 이 세상에 돌아왔다고 한다. 이들에 따르면, 지하 인간들은 키가 3m가 넘는 거인으로서 수명은 대개 600~800살 정도이며, 지저 세계의 문명 수준은 지상에 비해 고도로 진보되어 있다고 한다.

땅 속 세계를 직접 탐험했다고 하는 얀센의 주장이나 버어드 소장이 남긴 기록의 세부 내용을 지금의 지식 수준으로 확인한다는 것은 쉬운 일이 아니다. 그리고 지구뿐 아니라 모든 천체에도 공동空洞이 나 있다는 주장이 있는데, 공동은 별의 생성 시에 최초의 소용돌이 운동에 의해 이루어진 것으로 추정되고 있다.

상제님 말씀을 통해 확실히 알 수 있는 것은 지하 문명은 분명히 존재하며, 이 지하 문명이 천상 문명을 지상 문명에 이어 주는 문명의 가교架橋 역할을 했다는 것이다.

> 선천에는 천지간의 신명들이 각기 제 경역境域을 굳게 지켜 서로 왕래하지 못하였으나 이마두가 이를 개방한 뒤부터 지하신地下神 이 천상에 올라가서 천국의 문명을 본떠 사람들의 지혜를 열어 주었나니 이것이 오늘의 서양 문명이니라.(『道典』 4:13)

위 말씀을 보면 지상 문명은 '천상 세계 → 지하 세계 → 지상'의 순서로 옮겨가면서 발전·성숙하여 우주의 종국적 이상이 실현된다는 것을 알 수 있다. 이것 또한 삼천성도三遷成道하는 우주 정신의 3수의 창조 원리에 따른 것이다.

가을개벽 시기가 점차 다가옴에 따라 일부 지하 세계의 사람들이 지상 인간과 접촉하여 지구 극이동의 위험을 경고하고, 지하 문명에 대한 각종 정보와 지구의 미래 문명에 대한 비전을 전해 주고 있다는 것은 흥미로운 사실이다.

> 지구 내부 문명과 지상 문명의 통합이 이루어지면, 외부 도시에 있는 사람들은 지구의 내부 도시에 있는 사람과 마찬가지로 고도로 진보된 의식 수준을 유지할 것입니다. … 극이동의 환란을 극복한

후 세계는 하나가 될 것이며, 살아남은 사람들은 근심, 가난, 질병, 착취가 없는 새로운 세상을 건설할 것입니다. 세상은 보다 수준 높은 파동들로 가득할 것이며, 사람들은 그들의 진실한 역사와 유산을 알게 될 것입니다.(『지구 속 문명』, 212, 227쪽)

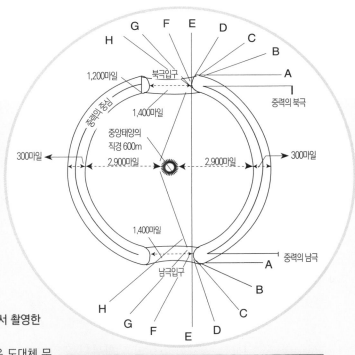

지구의 내부 구조
양극에 구멍이 있고 내부에 중심 태양이 있다. D지점에 이르면 중심 태양의 코로나를 발견할 수 있으며, E지점에 이르면 중심 태양의 전모를 볼 수 있다. (티모시 베클리Timothy Green Beckley, 『지구 속 문명』, 77쪽)

2005년 8월 유럽 우주국 ESA에서 촬영한 북극의 모습
북극점에 뻥 뚫린 이 검은 구멍은 도대체 무엇일까? 위성이 2시간마다 지구를 일주하면서 하루에 북극 상공을 12번 촬영하고 그것을 컴퓨터로 합성하였을 때 나타나는 지구의 그림자를 보여주는 것으로, 지구공동설과는 무관하다는 것이 과학자들의 입장이다. 하지만 지하 세계는 다만 물리적으로 나타나지 않을 뿐 실재하는 것으로 보아야 한다. 상제님께서는 "사람들이 허리띠를 가운데에 띠고 위에 목도리를 하고 밑에 꽃대님을 하듯이, 천상사람이 있고 땅속에도 사는 사람들이 또 있느니라."(『道典』 4:66) 하시며 지하에도 영적인 신명계가 존재함을 밝혀 주셨다.

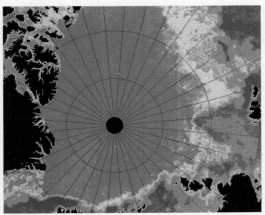

이들이 전한 메시지의 핵심은 앞으로 극이동이 일어난 후, 지상 문명과 지하의 신도神道 문명이 긴밀하게 교류하며 상호 발전을 도모한다는 것이다.

이상의 상제님 말씀과 여러 자료를 통해, 우주의 삼계 문명권은 그 근본은 동일한 영 세계이지만 그 구조와 차원이 서로 다를 뿐이라는 사실을 알 수 있다.

이제 이러한 우주 삼계 문명권의 종착점이 되는 이 지상 문명과, 천상 신도 문명의 관계를 살펴보기로 한다.

신명계와 인간계는 일체 관계: 하늘의 조상과 땅의 자손은 공동운명체

> 신神은 사람 먹는 데 따라서 흠향歆饗하느니라.(『道典』 4:144)

> 태모님께서 말씀하시기를 "너희가 먹어도 너희 선령들이 다 응감하느니라." 하시니라.(『道典』 11:405)

> 사람들끼리 싸우면 천상에서 선령신들 사이에 싸움이 일어나나니 천상 싸움이 끝난 뒤에 인간 싸움이 귀정歸正되느니라.
> 전쟁사戰爭史를 읽지 말라. 전쟁에서 승리한 자의 신명은 춤을 추되 패한 자의 신명은 이를 가나니 도가道家에서 글 읽는 소리에 신명이 응하는 까닭이니라.(『道典』 4:122)

천상의 신도 세계와 지상의 인간 세계는 손바닥의 앞뒤와 같이 서로 연관되어 있다. 그러므로 지상에서의 원한은 천상에, 천상(신명들)의 원한은 다시 지상에 충격을 가하는 '악순환'을 반복함으로써, 원한의 살기가 삼계 문명에 넘쳐흘러 마침내 세상의 모든 참혹한 재앙을 일으키게 된다.

그리하여 깊은 한恨이 서려 있는 하늘은 이제 노천老天이 되어 영험을 상실하였고, 모든 기성종교는 도맥이 끊어졌으며, 인간은 진리의 길을 상실함으로써 실로 허무의 존재로 전락하고 말았다.

> 이 때는 원시반본原始返本하는 시대라. 혈통줄이 바로잡히는 때니
> 환부역조換父易祖하는 자와 환골換骨하는 자는 다 죽으리라.

(『道典』 2:26)

생사를 판단하는 심판의 계절인 가을 개벽기를 맞아 이제까지 선천 세상에 화생되어 인간으로 다녀간 천상의 조상신들은 어찌 될 것인가? 조상의 삶의 최종 열매는 자손이다. 따라서 자손이 살아남아야만 하늘의 선령은 후천(가을) 세상에서 자손과 함께 살 수 있는 자격을 얻게 되고 지상에도 다시 내려올 수 있는 것이다. 그렇기 때문에 이번 가을 대개벽에 자손이 살아남는 것은 선령의 사활이 함께 걸린 가장 중차대한 일이 아닐 수 없다.

천지에서 인종씨를 추수하려고 하는 이때에 증산 상제님은, "모든 선령신先靈神들이 쓸 자손 하나씩 타내려고 60년 동안 공을 들여도 못 타내는 자도 많으니라. 이렇듯 어렵게 받아 난 몸으로 꿈결같이 쉬운 일생을 어찌 헛되이 보낼 수 있으랴"(『道典』 2:119)라고 간곡한 당부 말씀을 하셨다.

세상 돌아가는 이면의 영혼 세계를 똑바로 보라. 하늘땅을 삼키고도 남을 원한의 다이너마이트를 가슴 속에 품고 다니는 헤아릴 수 없이 많은 신명들이 지상에 내려와 떠돌고 있다. 그들은 개벽의 시간대에 마지막으로 인간의 몸을 한 번 더 받기 위해, 혹은 뼛속까지 사무친 그 깊은 원한을 풀기 위해 이승과 저승의 경계를 분주히 넘나들고 있다.

5. 증산도의 구원관: 상극相克에서 상생相生으로

모든 종교는 인류의 구원을 외쳐 왔다. 그러나 어느 종교도 인간 세상에서 일어나는 고통과 죄의 근원을 속 시원하게 설명해 주지 못했다. 수천 년이 흘러도 풀리지 않는 의문들. '하나님은 태초에 인간의 영혼 속에 영원한 생명과 사랑을 주신 것일까?' 아니면 '시기와 교만의 타락한 마음을 심어 놓으신 것일까?', '인간의 죄는 과연 전적으로 인간만의 책임인 것일까?'

증산도에서는 이에 대한 해답을 다음과 같이 명쾌하게 내려 준다.

> 이제 예로부터 쌓여 온 원寃을 풀어 그로부터 생긴 모든 불상사를 소멸하여야 영원한 화평을 이루리로다.
>
> 선천에는 상극의 이치가 인간 사물을 맡았으므로, 모든 인사가 도의道義에 어그러져서 원한이 맺히고 쌓여 삼계에 넘치매 마침내 살기殺氣가 터져 나와 세상에 모든 참혹한 재앙을 일으키느니라.

(『道典』4:16)

선천 우주의 창조 원리, 상극相克

우리는 흔히 '진리는 유일하고 영원하고 불변한다'는 고정관념을 가지고 있다. 하지만 진리(변화의 참 이치)가 현실 우주만유에 그렇게 단순하게 드러나지만은 않는다. 물론 진리의 본질은 영원불변한 것이지만, 진리가 현상계에 드러나는 참모습은 오히려 역동적인 변화성 속에서 찾아야 한다.

우주의 창조 정신[本體神]은 구체적으로 극克과 생生의 양면성으로 드러난다. 만물이 처음 생겨나서 커 나가는 과정은 서로 극克하는 원리를 통해서 이루어진다. 초목도 대지를 뚫고 나오는 역逆 도수 과정을 거친 후에야 비로소 대기大氣를 쏘이고 해맑은 미소를 짓지 않는가? 인간도 어머니의 산도를 뚫고 고통으로 일그러진 울음을 터뜨리며 생의 첫출발을 한다. 눈물과 한

숨으로 얼룩진 역경逆境을 극복하는 과정 속에서 행복이 영글어 가듯, 모든 생명의 탄생과 성장은 끊임없는 극克의 극복과정을 통해서 이루어지는 것이다.(하권 5부 참고)

인간이 철들어 가는 선천의 성장 시대에는 상극相克이 천지의 창조 원리가 되어 만사[事]와 만물[物]을 길러 낸다. 우주가 만물을 생성하는 양면적 변화 원리인 상극과 상생은 천지가 개벽되는 순간부터 불변의 창조원리로서 성립된 것이다.6)

죄로 먹고살아 온 선천 인간

선천 영웅시대에는 죄로 먹고살았으나 후천 성인시대에는 선으로 먹고살리니, 죄로 먹고사는 것이 장구하랴 선으로 먹고사는 것이 장구하랴. 이제 후천 중생으로 하여금 선으로 먹고살 도수度數를 짜 놓았노라.(『道典』 2:18)

상제님이 지상에서 천지공사를 행하시며 선언하신 이 말씀은, 부조리한 삶 속에서 원한을 뿌리며 살아가는 우리들에게, 선·후천 우주에서의 삶의 실상과 희망의 미래를 밝혀 주신 만고의 성언聖言이다.

이 대경대법한 말씀을 깊이 음미하여 보라! 선천 상극 시간대에서 살아가는 인간은 제 자신이 아무리 양심적이라 할지라도, 상황에 따라 언제든지 폭발할 수 있는 한恨과 죄악의 씨앗을 품고 있다. 흐르는 시간의 초침에서는 느끼기 어려울지 모르나 지금 이때는 미성숙한 상극의 시간대이기 때문이다.

윤도수의 꼬리를 흔들며 흘러가는 선천 시간대의 궤적 위를 내달아 온 인류의 자취를 보라! 무언가 이루어 보려고 나름대로 도전하다 넘어진 수많은 인간의 회한 어린 기억과 눈물 젖은 사연이 느껴지지 않는가!

이러한 부자유한 상극의 생장 시대에 경쟁자를 제거해야 생존할 수 있는 삶의 방식 자체가 '죄 아닌 죄'를 낳게 한다.

> 어머니가 뱃속에서 열 달 동안 아이를 기르면서 온갖 선을 다하다
> 가 날 때에 이르러서는 일분 간의 악을 쓰나니 이로써 악이 생기느
> 니라.(『道典』 9:216)

> 묵은하늘이 사람 죽이는 공사만 보고 있도다.(『道典』 5:411)

　원죄와 윤회, 전생의 업보와 우주의 창조 원리 등을 거창하게 말하지 않더
라도, 인간은 어머니 뱃속에서 나오는 바로 그 순간부터 이미 '악의 씨'를 받
아 가지고 생겨난다. 상극의 하늘 아래 살아온 선천의 인간은 때로는 폭풍우
처럼 닥쳐오는 비정한 운명을 원망하며 반항도 하고 남을 저주하기도 한다.
때문에 세계는 그칠 줄 모르는 경쟁과 투쟁의 길을 걸을 수밖에 없었고, 인
간은 도의道義를 따르는 진실된 삶을 살기 어려웠다. 그리하여 뜻을 이루지
못한 채 깊은 원寃과 한恨을 맺고 비극의 인생행로를 걸어왔고, 갈수록 커지
는 원한의 덩어리로 뭉쳐진 생명 파괴의 폭탄을 가슴에 안고 살아왔다.
　원한이 넘쳐흘러 살기가 폭발하는 이 선천 상극의 시간대에는 천지의 순
수 성령聖靈이 인간을 키우는 때이다. 이로 인해 인간(주체)과 천지(객체)가 부
자유 속에서 성숙(통일)을 이루기 위한 머나먼 고난의 시간을 걸어왔다. 하지
만 앞으로 개벽 후 후천의 만백성은 '선善의 씨'를 받아 가지고 이 세상에 태
어난다. 이는 선·후천이 교역하는 가을 대개벽과 더불어 우주 진리의 얼굴
이 상극에서 상생으로 바뀌기 때문이다.

선천 상극에서 후천 상생의 선경 세계로
　우리는 흔히 애들은 싸우면서 큰다고 말한다. 때로 코도 깨지고 팔도 삐
고, 부모의 말을 안 듣고 불경하게 굴다가 혼나기도 하면서 점차 인생의 의
미를 깨닫고 철들어 간다. 이처럼 천지도 선천 우주의 어린 시절[生]과 청년

기[長]의 성장 과정을 거치면서 비로소 성숙한 모습으로 변모하게 된다.

> 나의 도는 상생相生의 대도이니라. 선천에는 위무威武로써 승부를 삼
> 아 부귀와 영화를 이 길에서 구하였나니, 이것이 곧 상극의 유전이
> 라. 내가 이제 후천을 개벽하고 상생의 운을 열어 선善으로 살아가는
> 세상을 만들리라.(『道典』 2:18)

천지는 살아 있는 순수 인격체의 거대한 성령이다. 천지의 품 안에서 살
아가는 인간과 만물은 천지부모가 뿌려 주는 기운을 받아먹고 살아가는 소
우주로서의 운명을 타고났다.

이제까지 천지는 자신이 낳은 만물을 분열·성장시키는 과정에서 '상극의
변화 원리'를 바탕으로 인간의 생명과 마음, 그리고 인류사를 다스려 왔다.
선천 생장生長 과정 동안 천지부모가 기혈의 충동을 일으킬 때마다 그 자녀
인 인간의 운명은 거세게 파도쳤다. 예측할 수 없이 다가오는 천지의 몸짓
은 인간에게 견디기 어려운 재앙을 퍼부었다. 인간이 대립하며 서로 죽이는
것보다, 오히려 천지부모가 인간과 만물을 키우는 과정 속에서 극克의 기운
을 뿜을 때 일어나는 지진이나 홍수와 같은 재앙의 충격이 더욱 컸다. 지난
누천년 동안의 인류 역사가 그것을 생생하게 증명한다.

선천 시간대에는 인간과 만물뿐 아니라 천지마저도 미성숙한 채로 돌고
있다. 그러나 선천의 미완성된 시간대에서 성장의 몸부림을 치던 천지도 우
주 생명이 완성과 조화의 후천 가을 시간대로 들어서면, 더 이상 선천에서
와 같은 무자비한 재앙의 기운을 뿌리지 않게 된다. 이는 물론 지금의 기울
어져 있는 천축과 지축이 다 같이 이동함으로써 현실화된다.

인간성숙을 위한 우주의 법도 : 선악나무와 생명나무

선천에는 상극이 생명 창조의 원리로 작용한다. 그러므로 역사의 지평에

터져나오는 상극 현실의 모순은 성숙을 향해 가는 인류사에서는 피할 수 없는 숙명이었다. 그러므로 우주 창조의 근본 원리에서 보면 인간은 선천개벽기에 선악과를 따 먹도록 되어 있으며, 따 먹는 것이 지극히 자연스러운 우주의 법도인 것이다.

기독교에서 말하는 '선악나무'와 '생명나무'는 우주의 본체신이 인간을 길러 내고 구원하는 생명의 창조 법도를 이원적二元的으로 표현한, 선천 상극 우주가 던져 주는 공안公案이다. 따라서 인간은 선악나무의 열매만 따 먹는 것이 아니라, 생명나무의 열매도 반드시 따 먹도록 되어 있다.

다만 인류가 생존해 온 지금까지의 시간대는 분열과 상극의 아픔을 겪으면서 성장하는 천지의 봄·여름철의 과도기이므로, 기독교의 창조 설화에는 선악나무의 상극적 상징성만 나타났다. 그러나 이제 하늘과 땅에 때가 무르익어 천지의 성숙기인 가을 시대가 도래하게 됨으로써 인간은 비로소 상생의 생명나무 열매(가을의 생명, 우주의 조화옹 상제님의 진리)를 따 먹을 수 있게 되었다. 미래 후천문명의 신화는, 선악나무의 상극 상징이 추억 속에 묻혀 버리고 상생으로 거듭나는 생명나무의 상징으로 새롭게 꾸며질 것이다.

선천 시대에 기쁨과 슬픔으로 수놓아진 인생의 배는 선과 악, 생명나무와 선악나무, 상생과 상극의 물결이 주기적으로 넘실대는 시간의 파도를 타고 수많은 사연을 그리며 항진航進한다. 이 속에서 천지 만물은 무궁한 변화 세계의 물결을 타고 끊임없이 새롭게 생성되어 간다.

그렇다면 선천 상극 세상에서 인간의 고통이란 어떤 의미가 있는 것일까?

일찍이 예수는 이러한 선천 천지의 창조 법도에 대해 "평화의 왕자는 먼저 투쟁의 왕자가 되어야 합니다."(『보병궁 복음서』 113:10)라고 설파하였다. 인류의 이상적인 평화 시대는 인간 스스로 상극의 발전 과정에서 불가피하게 일어나는 온갖 고난을 극복함으로써 성취된다는 것이다. 오직 고난 속에서만 겁기劫氣로 찌든 묵은 기운과 정신이 철저히 깨지는 것이다. 따라서 일체의 고통은 인간을 단련시키는 필요악必要惡이다.

결론을 내린다면, 6천 년이나 끌어 오면서도 아직 풀지 못하고 있는 기독교의 원죄론原罪論에 얽힌 선천 인간의 타락, 즉 선악나무와 생명나무에 대한 공안公案은 우주 일년의 전반기인 선천 상극 우주의 창조 정신을 가리키는 것이다.

기나긴 선천의 상극 운로를 지나 온 지금은, 우주의 상극성을 극복하는 상생의 대도가 인류 문명사의 무대 위에 전격적으로 출현하는 가을(성숙)의 대개벽기이다. 선천에는 천체와 지축이 기울어져 있어, 우주가 부자유와 부조화속에서 땅 위의 인간과 천상의 신명들을 길러 낸다. 그러나 가을(후천)의 360일 정역 시간대로 들어선 뒤에는, 우주가 인간 창조의 목적을 완성하는 이상적인 창조 운동을 실현함으로써 천지의 모든 불완전이 일시에 해소된다. 우주 개벽 문제의 깊은 핵심을 깨고 들어가서 보면 우주 자연(천지일월)은 맹목적으로 돌아가는 것이 아니라 인간을 키워 성숙시켜야 하는 막중한 사명을 띠고 있음을 알 수 있다. 그리하여 인간은 무지 속에서 관념적인 신을 찾고 매달리기 이전에, 대자연과 한 몸이 되어 자신을 닦고 영혼을 성숙시켜야 하는 지고한 삶의 목적을 우주로부터 부여받았다는 것을 깨달아야 한다.

비극적 현실에 대한 종합적 진단

상제님은 서구의 위대한 사상가나 철인이 절규한 "신은 죽었으며, 인간은 극복되어야 할 그 무엇이다"라는 명제를 한마디로 묶어서, 선천의 하늘과 땅과 인간의 삼계 문명을 종합 진단한 최종 결론을 이렇게 내려 주셨다.

> 하루는 성도들에게 이르시기를 "묵은하늘이 사람 죽이는 공사만
> 보고 있도다. 이 뒤에 생활용품이 모두 핍절乏絶하여 살아 나갈 수
> 없게 되리니 이제 뜯어고치지 않을 수 없노라." 하시고 사흘 동안
> 공사를 보신 뒤에 말씀하시기를 "간신히 연명하게는 하였으나 장
> 정의 배는 채워 주지 못하리니 배고프다는 소리가 구천九天에 사무

치리라." 하시니라.(『道典』5:411)

이 말씀에서 묵은하늘이란 다양한 의미를 담고 있다. 스스로 그 의미를 마음으로 깊이 느껴 보라. '묵은하늘'은 저 푸른 공간이 아니다. 이 묵은하늘은 선천 문명을 상징하는 하늘이며, 낡은 진리의 대명사이기도 하다. 인류는 지금까지 상극의 창조 원리로 돌아가는 묵은하늘의 위엄에 짓눌려 왔다. 그리하여 지난 수천 년 동안 우려먹은 기존 진리(낡은 세계관)에 예속된 나머지, 새로운 시공 세계가 열리는 가을 대개벽기에 처한 지금 이 순간까지도 선천 우주와는 전혀 차원을 달리하여 새 세상을 개벽하는 판밖의 새 진리를 이해하지 못하고 있다.

그러나 증산 상제님은 이 문제를 처음으로 우주의 근원적인 차원에서 밝혀 주셨다. 상제님께서는 인간의 투쟁과 분열의 근본 원인으로 선천 시간대에는 상극이 천지의 창조 원리로 작용하여 인간과 만사를 길러 내고, 천상 신명계의 위계질서가 어그러져 있으며, 지구의 산하 정기인 지운地運이 고르지 못하고 분열되어 있다고 하셨다. 이러한 상극 질서 속에서 살아가는 인류는 제각기 처한 환경에 따라 상극의 문화를 지어내어 삶을 영위해 나가는 과정에서 극한 투쟁을 계속하지 않을 수 없다고 밝혀 주신 것이다.

이로 인해 선천 하늘 밑의 모든 사람(하늘 사람인 신명도 포함)은 가슴 속에 한恨의 응어리를 안고 살아왔다. 이렇게 수천 년 동안 맺히고 쌓인 채 유전되어 온 원기寃氣는 천상과 지상 인간 세계에 넘쳐흘러, 마침내는 그 살기殺氣가 터져 나와 이 세상에 모든 참혹한 재앙을 일으키고 있는 것이다.

지금은 인류 문화의 틀이 바뀌는 대전환기

이제는 하늘도 병들고 땅도 병들어, 인간으로서는 더 이상 어찌 해 볼 도리가 없는 불치不治의 막다른 지경에까지 이르게 되었다. 때문에 상제님은 깊이 병들어 긴박한 절체절명의 위기에 빠져 있는 이 세계를 구원하는 근본적인 치유의 길을 다음과 같이 내려 주셨다.

> 이제 하늘도 뜯어고치고 땅도 뜯어고쳐 물샐틈없이 도수를 굳게 짜
> 놓았으니 제 한도限度에 돌아 닿는 대로 새 기틀이 열리리라.

(『道典』 5:416)

지금은 구원의 해답을 구하기 위해 신에게 매달려 온 선천의 노예 신앙 시대가 종결되고, 가을우주의 인존시대가 개벽됨으로써 인간 문화 속에서 새로운 구원의 법방이 나오는 인류사의 총체적 대전환기이다. 이때는 인류 문화의 틀을 바꾸는 새로운 사상과 진리가 역사의 전면에 떠오르는 인류사의 마지막 대혁명기이다. 이러한 인류 문화의 마지막 혁명! 이것을 개벽이라 한다.(증산 상제님께서 행하신 개벽공사의 구체적 내용은 하권 7부 참고)

공전궤도가 변하는 자연계의 후천개벽

인류가 이제까지 겪었던 비극은 무엇 때문일까? 천지의 조화造化 세계에서 볼 때, 모든 비극의 뿌리는 '천지가 기울어져 있다'는 사실에 있다. 지축이 동북방으로 기울어지는 선천개벽으로 하늘의 생生의 조화 기운이 터져서 땅에서 인간과 만물을 길러낼 수 있는 선천 생장 과정이 열리게 된다. 그러나 지구가 선천의 기울어진 시공간의 궤적을 달리는 동안, 인류는 나뉘고 찢기는 상극의 분열 과정 속에서 살게 되었다. 대국적 차원에서 볼 때 지구가 이 상극의 생장의 시공 궤도를 벗어나지 못하는 한, 인류는 고난과 갈등 그리고 상극의 행로에서 한 발자국도 이탈할 수 없다.

정신과 육체는 둘이 아니라 하나[一體]로 생명 활동을 한다. 이는 우주에 있어서도 동일하게 적용된다. 그러므로 천지의 변화 정신이 여름에서 가을로 바뀔 때는, 천지의 몸(천체)도 여름의 몸체에서 가을의 몸체로 변모한다. 이때 일어나는 여러 가지 변화 중 가장 대표적인 것이 지구 공전궤도 변동

이다. 타원형의 공전궤도가 후천 가을철이 되면 정원 궤도로 바뀌고 지구는 이때부터 성숙 운동을 시작한다.

이러한 지구 공전궤도 변동 순간이 실질적인 선·후천의 분기점이 되는 때이다. 이 시기를 전후하여 대지진과 화산 폭발이 전세계적으로 일어나 대규모 지각변동이 발생하고, 또한 괴질도 발생하여 실로 가공할 속도로 전 지구촌을 엄습한다.

이 두 가지 엄청난 충격, 즉 지구를 뒤흔드는 지각 변동과 괴질병에 의해 전 인류는 살아남기가 극히 어려운 전무후무한 대환란을 당하게 되는 것이다. 이때 인류를 구원하는 과업이 상제님의 의통醫統 성업이다.(구체적인 내용은 하권 참고)

동방 한국을 중심으로 열리는 세계 통일의 지상선경地上仙境

천지 기운이 분열의 극기에 처한 개벽기인 이 시대에는 다양한 피부색의 여러 인종, 색색의 언어가 공존하고 있다. 우주 공간을 탐색하는 문명화된 국가가 있는가 하면, 현대 문명의 혜택을 전혀 누리지 못하는 부족도 있다.

지금 인류는, 이러한 형형색색의 수많은 문화적인 장벽과 이질적 요소를 천지 차원에서 해소시켜, 세계가 한 가족 문화권이 되게 하는 가을개벽이라는 큰 과제를 안고 있다.

이것이 머지않아 동북 간방艮方 개벽의 땅, 한국을 중심으로 하여 '지구촌 통일 문화 시대의 대운大運'을 타고 성취되는 세계일가世界一家의 복음인 것이다.

세계를 한 가족으로 묶는 이 개벽기의 변혁 운수는, 남북 분단 시대를 마감하고 통일로 대전환하는 급박한 흐름으로 시작된다. 바야흐로 이때부터 한국이 후천 가을 5만 년의 천지 개벽 운세를 타기 시작하는 것이다.(개벽의 실제 상황은 하권 7부와 개벽책 시리즈 완결본인 『개벽 실제상황』에서 해명된다.)

이는 간방 한국이 천지 변혁의 운運을 거두어들이는[收斂] 구심점으로서,

변혁의 눈, 개벽의 심장, 숨구멍[穴]이기 때문이다.

　분단의 비극을 극복한 동방 한국의 진정한 자유, 대해원大解寃의 그날은 세계의 신질서를 여는 대개벽의 실제 상황과 함께 찾아온다. 이날은 사무친 상극의 원한, 피와 눈물로 얼룩진 지난날 선천 세상의 모든 투쟁과 부조리를 일거에 쓸어내는 천지의 가을개벽 축제의 전야제를 동방 한국에서 치름으로써 그 큰 무대의 막이 오르기 시작한다. 이를 증산 상제님께서는 100여 년 전에 개벽공사를 처결하시며 "앞으로 개벽기에 세계에서 살 수 있는 길은 오직 동방의 남조선 한국에 있다(萬國活計南朝鮮)"(『道典』 5:306)라고 하셨다.

　가을은 생명이 열매를 맺기 위해 근본(뿌리)으로 돌아가는 때이다. 천지의 가을철은, 인류 문명의 중심 무대와 역사 창조의 주도권이 본래의 중심 뿌리 자리로 다시 돌아가는[回歸] 천시天時이다.

　바야흐로 동방 한국 문명의 시대를 맞아, 신시개천神市開天 이래 서리고 서린 6천 년의 한恨을 푸는 대해원의 개벽 시간이 눈앞에 닥쳐 왔다.

　　그대 동방의 한국인이여,
　　누천년의 깊은 잠에서 깨어나라!
　　지금은 성성한 정신으로 깨어나
　　대개벽의 시운을 맞을 때다!

　왜 동방 한국이 가을의 대개벽 문명 시대에 인류의 종주宗主가 되는가? 한민족 문화의 대도大道 세계의 본래 모습은 무엇인가? 가을 천지의 개벽 운세는 한민족을 도주道主로 하여 어떻게 펼쳐지게 되는가? 앞으로 대개벽의 실제 상황은 지구촌 문명 질서의 차원에서 어떻게 전개될 것인가? 그리고 그 개벽 상황은 어떻게 극복되는가? 이러한 숱한 의문은 대도의 진리 차원에서 던져 주는 파천황적인 메시지와 더불어 하권에서 구체적으로 살펴보기로 한다.

상권을 매듭지으며

이제까지 우리가 살펴본 내용을 종합 검토해 보면 하나의 결론을 이끌어낼 수 있다. 그것은 세기가 바뀔 때를 전후하여 지구뿐 아니라 전 우주의 신명계에까지 공전절후空前絕後한 대재앙이 일어나며, 지상의 인간과 천상의 신명이 마지막 세계 구원을 통해 새로운 차원의 문명 세계인 후천 선경낙원을 건설하게 된다는 파천황적인 대개벽 소식이다.

급박한 속도로 다가오는 가을 대개벽의 변국에 담겨 있는 우주의 창조 비밀을 간단히 요약하면 다음과 같이 다섯 가지 내용으로 정리된다.

첫째, 인간 도덕성의 심판이다.

인간은 절대선의 존재도 절대악의 존재도 아니다. 물론 세상에는 지극히 선량한 사람도 있고 용납 못할 악인도 많이 있지만, 인간이 본래 우주의 조화 기운을 받고 화생할 때는 선악을 떠나 천지의 중도中道 본성을 갖고 생겨난다. 그런데 이렇게 생겨난 인간은 '시대와 환경'을 빚어내는 우주 시간 질서의 흐름을 타고 선과 악의 파도타기를 한다. 즉, 어머니의 손을 잡고 따라가는 어린아이의 동심처럼, 지순至純한 우주 순환의 창조 정신을 따라 부침하는 중화中和의 인간성은 선천 상극 시대에는 악한 성품 쪽으로, 후천 상생 시대에는 착한 마음 쪽으로 화化하게 된다.

다시 말하면 탄생과 성장 운동을 하기 위해 우주의 몸이 기울어진 선천에는 인간의 마음도 기울어지고, 후천의 대운이 도래하여 천지의 정신이 바로 잡힐 때는 인간의 마음도 총체적인 선악 심판의 대개벽을 겪으며 새롭게 열린다.

"평화는 투쟁 뒤에 오노라"(『보병궁 복음서』 113:10)라는 명언처럼, 선천은 우주의 마음이 상극의 역도수逆度數로 인간과 만물을 길러 내기 때문에 대국적인 차원에서 볼 때 인간의 죄악은(개인적 차원의 죄악이 아니라 집단적인 역사의 죄악을 말함) 결코 인간만의 잘못도 아니고, 신神의 시행착오도 아니며, 선악과를 따먹은 아담의 원죄 때문만도 아니었다. 이것은 탄생과 자기 성장의 한 시대를 걸어가는 선천 상극의 시간대 과정에서 빚어졌던 불가피한, 아니 꼭 거쳐야 할 천지의 '시간 창조 법도'에서 기인한 것이다.

그렇다고 해서 개개 인간 차원의 죄악이 모두 합리화될 수 있다는 의미는 아니다. 지상에 인간의 도덕을 심판하는 법정이 있듯이, 천상의 신도神道 문명에도 인간과 신명의 선악을 재판하는 천상의 법정인 명부冥府가 있어, 천지의 기강을 바로 세운다는 것을 알아야 한다.

둘째, 우주가 주기적으로 대개벽 운동을 하는 변화의 문제이다.

순간순간 다가오는 자연개벽과 문명개벽이라는 대변혁의 핵심 내용은, 우주를 움직이는 조화 기운 자체가 이제까지와는 성격이 전혀 다른 방식으로 운동한다는 사실이다. 다시 말하면 우주 공간의 에너지 장場(field)이 선천의 양量적 변화 운동에서 후천의 질質적(분열 → 통일) 변화 운동으로 바뀌어 대변혁을 일으키게 된다.

오늘의 이때는, 천지의 조화 정신이 차원이 다른 창조 운동을 함으로써 천상(신명 세계)과 지상(인간 세계)과 천지일월 즉 삼계가 하나의 문화권으로 통일되는 우주 혁명의 대개벽기이다.

이러한 우주 개벽의 섭리는 개벽기를 살고 있는 인간이 무의식적으로 외치는 일상 언어에서도 잘 알 수 있다. '신神난다'는 신神이 나온다는 뜻이며, '미치未致겠다'는 말은 인간의 정신이 극한 분열하는 십무극十無極의 미토未土 시대 직전인 우주 여름철 말기에 도달하여 제 정신 갖기가 어렵다는 뜻이다. 이와 같이 인류가 무의식적으로 내뱉는 말 속에 우주 개벽의 원리가 들어 있다. 이 시대를 살아가는 인간이라면 너 나 할 것 없이 일상생활 속에서 장래의 천지 변국의 운명을 이구동성으로 외쳐 대고 있는 것이다. 일상에서 쓰는 이런 언어를 통해 인간의 무의식 세계는 천지 대개벽의 비밀을 이미 감지하고 있음을 알 수 있다.

셋째, 이제 천지가 대환란의 시대로 접어들고 있다.

앞에서 개벽에 대해 가장 많이 언급한 내용은 천지 변혁의 시간 사슬에 얽혀 있는 소식이었다. 노스트라다무스가 말한 '일곱 번째 큰 수', 기독교의 '7년 대환란', 고대 중남미의 아즈텍족과 호피족이 말한 '불의 태양'으로 상징되는 순환력, 남사고가 말한 '재앙의 불 기운을 떨어뜨리는 화신火神' 등은, 케이시의 말을 그대로 빌어 표현하면, 천지가 후천(가을)으로 넘어가는 '재조정의 시기'에 돌입한다는 것을 지적한 명구名句들이라 할 것이다. 이는 모두 천지에서 인간을 길러 내는 여름철 최후의 기간을 상징하는 7화[七午火]의 기운이 후천 가을 기운[金]으로 바뀌려 하는 고통의 시운時運을 고발한 내용이다. 이 7화 기운이 선천의 인류 역사에 마지막으로 작용하는 구체적인 시간과 사건 내용은 하권에서 해명할 것이다.

넷째, 후천 가을철 대개벽에서 인류를 구원하는 '도道와 제帝'에 대한 소식이다.

오늘날 인류는 기존 성자들을 통해서 전해진 '구원의 주재자'에 대하여 대부분 잘못된 신도神道 관념을 가지고 있기 때문에, 호칭만 다른 동일한 한 분을 전혀 다른 분으로 착각하고 있다. 특히 동방의 한국인은 인류 문화의 뿌리인 신교의 정신을 송두리째 상실하여 하나님이라는 호칭은 거룩하게 생각하고 부처는 진리를 깨달은 사람으로 여기지만, 상제님이라는 말은 도교나 전통 민간신앙에서 받들어 온 절대자에 대한 낡은 호칭으로 잘못 이해하고 있다.

절대자의 호칭 문제에 대해서는 이미 동서의 여러 성자와 철인이 해답을 내려

준 바 있다. 절대자를 호칭하는 '상제님, 하나님, (도솔천) 천주님, 미륵님', 이 네 가지 존칭 중에서 천지 신명계의 위계질서를 가장 잘 반영하는 것은 '상제님'이라는 호칭이다. 중국어 성서를 보라. 하나님이 모두 상제님으로 표현되어 있다. 서로 다른 호칭으로 불러왔더라도 구원의 주재자는 오직 한 분이다.

이 소식을 『미륵경』에서는 천상 신도 문명과 지상 인간 문명을 모두 구원하시기 위해 천상의 천주님이 분열의 종반기에 인간 세상에 오신다고 전했고, 『화엄경』에서는 구천의 천상 낙원에 어재하시는 도솔천(통일천)의 천주님이 병든 세계를 근본적으로 구원하는 대의왕大醫王이시며, 그분은 '새로운 법(진리) 수레를 굴려 천지의 모든 고통의 바퀴를 끊어 주시고 모든 인간 종자를 거두어 성숙케 하신다'고 가르치고 있다.

기독교는 통치자 하나님께서 지상에 강세하는 구원의 소식을 불교보다 더욱 뚜렷하게 전하고 있다. 「요한계시록」에는 그분을 '천상 궁궐의 백보좌에 계신 하나님', '장차 오실 주 하나님'으로 말하며 상제님의 강세를 전하고 있다. 그리고 공자는 이러한 소식을 한마디로 묶어서 "상제님의 강세는 동북 간방(한국)에서 이루어진다"(『주역』)라고 전했다.

1871(辛未)년, 마침내 선천 성자와 모든 철인의 예언 그대로, 상제님이 동방 조선 땅에 강세하여 후천 개벽 시대를 활짝 열어 놓으신 대도 진리를 내려 주심으로써 인류 구원 문제에 대한 모든 의문이 풀리게 되었다.

그러나 증산 상제님께서는, 세계 창생이 우주의 주재자가 이렇게 사람으로 오게 되는 역사의 핵심 명제를 모른다고 한탄하셨다.

인류의 구원은 천상에서 구름 타고 오는 식의 환상적인 방법으로 이루어지는 것이 아니다. 이런 환상을 경계하기 위해 수운 대신사는 오직 인간을 구원하는 도성덕립은 사람에게 있다[道成德立, 在誠在人.]고 하였으며, 김일부 대성사는 우주 창조

의 지고한 공덕은 사람으로 오시는 구원의 주재자를 기다려 비로소 성취된다[誰識
天工待人成]고 한 것이다.

상제님이 개벽하여 열어 놓으신 신세계는 '360일'의 가을(후천) 개벽 시간대를
타고 이루어진다. 때문에 지금과 같이 시간의 파도가 꼬리를 흔들면서 분열하는
선천 말대에 묵은 관념과 행동 방식을 송두리째 개조하는 정신 개벽이 되어야 새
진리를 만날 수 있다.

다섯째, 후천개벽을 다스리는 천상 신도神道의 심판인 백보좌 심판과, 이를 지상
에서 집행하는 구원의 주체 민족에 대한 인사 문제이다.

선천 역사의 큰 흐름을 되돌아보면서 인간이 어떤 고난 속에서 살다 갔는지 생
각해 보라. 인간은 상호간의 투쟁보다, 오히려 고르지 못한 천지기운으로 말미암
은 자연재앙으로 훨씬 많이 죽어갔다. 이것은 선악이나 윤리 도덕을 초월해 있는
'대자연의 성숙 문제'이다. 어찌 이것을 단순히 신의 심판과 저주라고만 말할 수
있겠는가!

윤도수가 붙어 있는 선천 세계에서는 천지 기운이 분열 운동하며 만물을 길러
내기 때문에, 수재(홍수)와 한재(가뭄), 지진과 화산 폭발 같은 재앙이 그칠 날이 없
었다. 세계는 지금 말세의 한숨을 쉬며, 천지일월이 선·후천 교역이라는 우주 환
절기의 대개벽 운運을 타고 처절하게 벌이는 불장난의 자취를 날마다 보고 있다.

그렇다고 인류의 미래가 그렇게 비관적인 것만은 아니다. 동서고금의 성자들이
예고한 것처럼 천지의 대환란과 더불어 막혀 있던 천지의 조화 기운이 활짝 열리
면서, 새로운 우주 시대인 10무극수의 조화 시대가 펼쳐지기 때문이다. 이때부터 비
로소 그칠 새 없이 재앙을 뿌려 온 천지일월의 자연 세계는 인간과 함께 온전히
구원되어 성숙되는 것이다.

이제까지 선천 종교는 인간이 생겨나서 살아가는 가장 중요한 환경의 모체인 우주 자연의 생성 원리와 그 자연을 다스리는 우주 주재자에 대해서는 구체적인 소식을 전해 주지 못하고, 오직 멸망하는 가을 대개벽의 상황만을 일부 들려 주었을 뿐이다. 그런데 가을 천지의 변혁에 얽힌 인류 구원의 핵심 비밀은 십무극 시대가 열리는 개벽의 이치에 모두 들어 있다. 물론 상제님의 특별 보좌관으로서 제2 종교 시대의 문을 연 선천 성자들은 마치 약속이나 한 듯이, 한결같이 우주의 주재자가 강세함으로써 인간과 우주가 동시에 성숙되는 무극대도의 조화 시대가 열린다고 선언했다.* 특히 수운 대신사는 상제님의 강세 소식을 이렇게 구체적으로 전하였다.

> 지난해에 영우靈友(신령한 벗)를 서북에서 찾았더니, 지금은 그 사람이 없더라. 일후에 반드시 나를 비할 만한 분이 있을 것이라. 그분은 호서땅 완주 북쪽에 있으리니 그 가르침이 좋을 것이니 안심하고 그분을 따르라.
> 去歲, 吾欲尋靈友於西北, 而今無其人也。然日後, 必與我比之者, 在於完北 湖西之地, 而善於敎誨, 君其安心, 相從也。(『동경대전』 용강본龍剛本, 국립중앙 도서관 소장)

---

* 예수는 "하느님은 십수十數(God is the Ten) 차원의 조화 세계에 계신다."(이 말은 천상의 주재 자가 천지 가을의 십무극 기운이 돌기 시작하는 선천 말에 강세하심을 의미한다)라고 하였고, 석가도 "무량한 우주 조화의 근본 정신은 10수로 나타낸다."라고 하였다. 또 공자는 성인들이 예고한 이 조화 세계는 동북방의 나라에서 실현된다고 전했다. 특히 최수운 대신사는 천주님 (상제님)으로부터 천명을 받고, 상제님께서 친히 조선 전라도에 강세하여 후천 새 우주를 여는 무극대도를 펼치실 것을 선언함으로써, 성자들의 예고에 대한 결론을 내려 주었다.

누천년 동안 예고된 이러한 구원의 맥을 따라 오신 상제님은 가을의 후천개벽 정신(십무극)을 주재한 당신을 스스로 백보좌의 서신西神이라 선언하셨다.

> 이때는 천지성공 시대라. 서신西神이 명命을 맡아 만유를 지배하여 뭇 이치를 모아 크게 이루나니 이른바 개벽이라. 만물이 가을바람에 혹 말라서 떨어지기도 하고 혹 성숙하기도 함과 같이 참된 자는 큰 열매를 맺어 그 수壽가 길이 창성할 것이요 거짓된 자는 말라 떨어져 길이 멸망할지라.(『道典』 4:21)

그리하여 2천 년 동안 무조건 전능하신 분으로만 외쳐 온, 천상 백보좌에 어재御在하신 우주 통치자가 펼치시는 구원이 우주 변화 원리를 통해 비로소 해명된 것이다.

오늘 인류가 맞이한 가을개벽은, '이제까지 사람을 길러 온 하늘과 땅이 비로소 성공의 운을 맞아, 천상 조상과 지상 자손이 함께 성공하여 생명이 성숙할 수 있는 가을철 시간대를 타느냐, 아니면 우주의 무無로 소멸되어 영원히 멸망하느냐' 하는, 창세 이래 윤회를 거듭해 온 모든 생生을 마무리 짓는 단 한 번뿐인 마지막 구원의 기회이다.

이때, 후천개벽의 구원의 진리를 들고 나와 세계 통일(후천) 문명 시대를 개창하는 주체 국가가 역사의 전면에 부상한다. 동서고금을 통해 천상 신명神明들을 가장 잘 대접해 온 '동방의 한국'이 바로 그 주체 국가이다. 그러나 상제님은 '너희 민족이 묵은 기운에 워낙 오랫동안 찌들어 나의 도문에 들어올 확률이 극히 낮을 것이며, 다만 삼생의 인연이 있는 자만이 찾아오게 된다'고 하셨다.

삼생三生의 인연因緣이 있어야 나를 따르리라.(『道典』 2:78)

시속에 남조선南朝鮮 사람이라 이르나니, 이는 남은 조선 사람이란 말이
라. 동서 각 교파에 빼앗기고 남은 못난 사람에게 길운吉運이 있음을 이
르는 말이니 그들을 잘 가르치라.(『道典』 6:60)

그리고 상제님은 오늘날 "너희 한국인에게 천지의 대명大命을 내려 준 깊은 뜻
을 헤아려 보라"라고 반문하신다.

너희들은 손에 살릴 생生 자를 쥐고 다니니 득의지추得意之秋가 아니냐. 삼
천三遷이라야 일이 이루어지느니라. 천하사는 생사양도生死兩道에서 그치
나니 우리의 부단한 노력은 하루에 밥 세 때 벌이 하는 일이니라. 나의
일은 남 죽을 때에 살자는 일이요, 남 사는 때에는 영화榮華와 복록福祿을
누리자는 일이로다.(『道典』 8:117)

노스트라다무스는 일찍이 그의 예언시에서 "세계 인류는 조비알리스트jovialiste
(조커Joker)에게 심판을 받으리라"(『백시선』 10:73)라고 하였다.
조비알리스트는 동방 한국에서 출현하는, 7화七火의 천지 기운을 주재하여 세
계 구원을 집행하는 역사적 인물을 의미한다. 구체적으로는 자하 선인과 구처기
가 한소식 전해 주었듯이, 금강산 1만2천 도봉道峰의 정기를 타고 한국 땅에서 출
세하는 상제님의 대행자와, 사역 일꾼인 1만2천 도통 군자를 가리킨다. 그러면 이
후천개벽의 대환란을 주재하는 천지의 대행자들, 세계 역사의 심판자(선천 우주사에
서 결실되는 상제님의 핵심적인 천지 일꾼)들은 개벽기에 어떠한 인사人事로 출세하게 되는

것일까? 이것은 하권에서 구체적으로 밝힐 것이다.

오늘날 지구촌은 선천 말대의 온갖 사연과 내부 갈등을 가장 생생하게 드러내면서 '하나 된 세계'를 향한 길을 숨 가쁘게 달려가고 있다. 이 거대한 전환기에 살고 있는 우리는, 선천 묵은하늘이 뿌리는 비극적 재앙이 지공무사至公無私한 대자연의 운행 정신의 소산임을 엄숙하면서도 비정한 심정으로 느끼게 된다.

일찍이 노자는 이러한 천지의 길을 '도법자연道法自然', 즉 만물 변화의 길[道]은 스스로 그러함을 따른다고 하였다. 이 구절이 오늘의 대개벽기에 말해 주는 것은 무엇일까? 그것은 스스로 그렇게만 돌아가는 천지일월의 운행 원리(우주 일년 사계절의 농사 이치)를 아는 것이 바로 우주를 움직이는 도道의 기본 정신을 아는 길이라는 말이다.

이제 인간은 천지의 호흡이 더욱 거세지는 절체절명의 개벽 시간대를 맞고 있다. 하지만 '살아서는 죽을 줄을 모르고 죽어서는 살 줄을 모른다'고 열자가 말했듯이, 겨우 밥 먹고 즐기는 것만이 인생의 전부인 것으로 생각하는 사람들이 이 세상에 꽉 들어 차 있다. 그런 삶의 태도야말로 단 한 번뿐인 자신의 고귀한 인생에 대한 모욕이며 죄악이다.

가을(후천)의 인간 개벽 시대에 우리가 살 수 있는 유일한 길은 오직 진정한 구원의 새 진리를 만나는 데 있다. 시대가 요구하는 새 진리는 기존 문화의 낡고 상투적인 가르침을 포용하면서도, 종교와 과학과 철학에서 풀지 못한 모든 의문을 속 시원히 풀어 줄 수 있어야 한다. 그리고 천상의 조상까지 천지의 가을(후천) 운수로 인도하여 살려낼 수 있는 대도大道여야만 한다. 그것이 바로 인간으로 오신 상제님이 열어 주신 무극대도이다.

우리는 본서를 통해 동서양의 철인 예지자들이 전해 준 미래 시간대의 대변국과 심판의 문제, 불교와 기독교에서 말한 우주 시간대 개벽과 구원 문제, 현대의 예지자들이 이야기한 말세 대환란의 실상 등 여러 메시지에 대한 궁극적인 해답을 증산 상제님의 말씀을 통해 살펴보았다.

여기에서 더 나아가 '개벽의 현상적인 변혁 문제', '천지개벽의 정체와 개벽 시간대의 비밀', '한국의 뿌리 역사와 한국인이 한반도에 들어와 살게 된 역사 섭리', '인류사의 인사 문제와 천상의 신도神道 문제', '가을(후천) 대개벽을 맞이한 지구와 세계 심판', 그리고 '후천 조화선경 세계' 등에 얽혀 있는 여러 비밀을 본서 하권과 개벽 완결본인 『개벽 실제상황』에서 심도 있게 조명해 보기로 한다.

생명의 대도大道 세계에 들어가는 정신자세

첫째, 마음을 크게 비워라.

또한 자신의 분수를 철저히 깨달아 그칠 곳을 알아야 한다. 천지대도는 마음을 철저하게 비워 두었을 때 열린다.[心虛則受道] 오쇼Osho의 말과 같이 '신(천지의 조화성령)은 그대가 준비되어 있을 때' 찾아오기 때문이다.

둘째, 남을 잘되게 해야 한다.

남을 잘되게 하려는 착한 마음[好生之心]으로 사는 생활습성을 길러야 한다. 남 잘되게 하는 마음과 남에게 베푼 만큼 도심道心이 열린다. 살기殺氣를 띠면 절대로 깨달음의 문門이 열리지 않는다.

셋째, 과학의 합리적 사고를 넘어서야 한다.

우주의 조화세계(특히 신도神道) 이면에 흐르는 정신을 간파하기 위해서는 영기靈氣를 뭉쳐서 감성이 크게 터져야 한다. 과학적 사고방식만으로는 우주의 근본 섭리를 깨닫기 어렵다. 현상으로부터 사물을 분석하려 하는 귀납적인 '역逆의 사고방식'만을 고집하지 말고, 사물의 근본 바닥자리를 마음으로 꿰뚫어 버리는 '순順의 사고방식'에도 익숙해져야 한다.

깨달음은 로고스(이성)의 분석력과 파토스(감성)의 직관력이 만나는 교차점에서 불이 붙는다. 즉, 천지를 가슴으로 순수하게 느낄 수 있는(정관正觀할 수 있는) 마음의 역량을 길러야 한다는 말이다.

넷째, 반드시 스승을 구해야 한다.

생명의 수수께끼를 풀고서 구원의 목적지를 거닐려는 자는 이 최상의 인생 공부 이전에 먼저 '영대靈臺를 여는 공부'를 해야 한다. 영대는 자신의 타고난 기국에 따라 열리는 것이지만, 큰 스승을 만나 지름길을 밟는 것이 꽉 막혀 있는 외통머리를 트이게 하는 최상의 방책이다. "성인은 사만물師萬物, 범인은 사성인師聖人"이라는 말이 있다. 성인은 만물을 스승으로 삼아 스스로 깨치고, 중생은 그 성인을 스승으로 모시고 깨달음에 도달할 수 있다는 말이다. 대도大道 세계로 들어가는 데 가장 결정적인 성패는 문제의 핵심을 볼 수 있게 해 주는 '뛰어난 스승을 만날 수 있느냐'에 달려 있다.

다섯째, 초발심初發心 때에 꼭 이루려고 정진하여야 한다.

그리고 가급적 젊을 때 근본을 확립하기 위해 뼈를 깎는 노력을 하라. 생명 창조의 원리를 보아도, 대도 공부는 혈기 왕성한 젊은 시절부터 하는 것이 성공의 첩경이다. 역사상 대부분의 성인과 위인들도 20대와 30대에 자신의 근본을 확립했다. 장년을 넘어서면 체질적으로 그리고 환경적으로 공부하기가 쉽지 않게 되어 있다. 누군가의 말과 같이 "젊음은 청춘의 시대요, 장년은 허덕거리는 시대요, 노년은 허무의 시대"이다. 옛사람은 "삼십(30)이 되면 삼삼해지고, 마흔(40)이 되면 매지근해지고, 쉰(50)이 되면 쉬지근해진다"라고 하였다. 하물며 삶의 원리와 가치가 송두리째 실종되어 허무와 고

독, 난법亂法의 정신만이 거세게 흐르고 있는 오늘날에 있어서는 오죽하겠는가! 인생의 황혼녘에 들어서면 설수록 잡다한 것만 머리에 꽉 들어차 허망한 죽음의 무덤터만 가까워질 뿐이다.

여섯째, 도道의 하늘 문은 오직 정성 기운에 따라 열린다.

큰 법기法器란 지극한 정성 기운과 믿음[至誠至信之心]으로 이루어지는 법이다. 정성은 도 기운을 받아내리는 마음의 그릇이다. 이 정성 기운이 온 몸에서 실로 사무치게 흐를 때 우주조화(천지의 순수음양)의 숨소리인 천악성天樂聲(律呂聲)을 들을 수 있다. 정성스러운 마음자세에 대해, 김일부 대성사의 『정역正易』에 있는 명구 한 수를 전하려 한다. '아화화옹我化化翁'이 누구를 가리키는지 깊이 생각해 보라.

> 성의정심誠意正心하야 종시무태終始無怠하면
> 정녕丁寧 아화화옹我化化翁이 필친시교必親施敎하리라.(『정역』「구구음」)

우주 만유가 기쁨에 찬 환호성을 지르게 하는 이 율려 천악성(천지조화의 노랫소리를 상징)을 처음 들으면 대단한 영적 충격을 받게 된다. 경우에 따라서는 숨이 멎을 정도의 황홀감을 느끼고 영대가 환하게 열리기도 한다. 물론 율려성은 현실의 어느 곳에도 있다. 그러면 어떻게 해야 이 경계에 다다를 수 있을까?

천지의 대도를 공부하는 방향제시서인 『대학大學』 「경일장經—章」에 있는
다음 구절이 가장 체계적이면서도 종합적인 가르침이 될 것이다.

> 먼저 아는 것[知]이 철저히 성숙된 후 마음이 한곳에 그칠 줄 알아
> 야 하고, 마음이 한곳에 머무를 때 고요함을 얻고, 마음이 잔잔한
> 호수와 같이 고요하게 통일되면 지극한 평안함을 얻는다. 이때 생
> 각을 일으키면 비로소 능히 본래의 깨달음을 체험하게 된다.
> 知止而後有定, 定而後能靜, 靜而後能安, 安而後能慮, 慮而後能得。

　이렇게 6단계[止 - 定 - 靜 - 安 - 慮 - 得]의 공부를 거치면 능히 정각正覺을 얻을
수 있다는 『대학』의 가르침이 얼마나 쉽고 체계적인가 하는 것은 새삼스럽
게 강조할 필요가 없을 것이다. 대도大道 공부에 있어 깊이 새겨둘 만한 명
구이다.

미주

1부

1) que je treuve le monde avant l'universelle conflagration advenir tant de deluges si hautes inundations, qu'il ne sera gueres terroir qui ne soit couvert d'eau : sera par si long temps que hors mis enographies topographies, que le tout ne soit peri.

2) aussi avant telles apres inundations, en plusieurs contrées les pluies seront si exigues, tombera du ciel si grande abondance de feu, de pierres candentes, que n'y demourra rien qu'il ne soit consummé : ceci avenir, en brief, avant la derniere conflagration. Car encores que la planette de Mars paracheve son siecle, à la fin de son dernier periode, si le reprendra il : mais assemblés les uns en Aquarius par plusieurs années, les autres en Cancer par plus longues & continues.

3) Puis dans la mesme anneé & les suiuantes s'en ensuivra la plus horrible pestilence, & la plus meruelleuse par la famine precedente, & si grandes tribulations que jamais soit advenue telle.

4) Et sur ces entrefaictes naistra la pestilence si grande que trois pars du monde plus que les deux defaudront. Tellement qu'on ne sçaura, cognoistre ne les appartenans des champs & maisons, & naistra l'herbe par les ruës des cités plus haute que les genoux:

5) Vient asture entendre mon filz, que je trouve par mes revolutions que sont accordantes à revellée inspiration, que le mortel glaive s'aproche de nous pour asture par peste, guerre plus horrible que à vie de trois hommes n'a esté, & famine, lequel tombera en terre, & y retournera souvent, car les astres s'accordent à la revolution : que la plus part de mes propheties seront acomplies, & viendront estre par accompliment revoluës.

6) le grand Dieu éternel viendra parachever la révolution : ou les images celestes retourneront â se mouvoir, le mouvement superieur qui nous rend la terre stable & ferme, non inclinabitur in saeculum saeculi : hors mis que quand son vouloir sera accompli,

7) Et maintenant que sommes conduicts par la lune, moyennant la totale puissance de Dieu eternel, que avant qu'elle aye paraché son total circuit, le soleil viendra, puis Saturne. Car selon les signes celestes le regne de Saturne sera de retour, que le tout calculé le monde s'approche, d'une anaragonique revolution :

8) entre unefois lié Satan … cela sera proche du septiesme millenaire, que plus le sanctuaire de Jésus Christ ne sera conculqué par les infidèles qui viendront de l'Aquilon, le monde approchant de quelque grande conflagration. ·

9) accommençant depuis le temps presêt, qui est le 14. de Mars, 1557. & passant outre bien loing iusques à l'aduenement qui sera apres au commencement du 7. millenaire profondement supputé, tât que mon calcul astronomique & autre sçauoir s'a peu estendre où les aduersaires de Iesus Christ & de son Eglise: commenceront plus fort de pulluler, le tout a été composé et calculé en jours et heures d'élection et bien disposé, le plus justement qu'il m'a été possible et le jour avec « un esprit libre et non forcé, … qu'il ma esté

possible & le jour Minerua libera, et non inuita, supputant presque autant des aduentures du temps aduenir,

10) pource que tout a esté calculé par le cours celeste, par association d'esmotion infuse â certaines heures delaissees par l'esmotion de mes antiques progeniteurs. Mais l'injustice du temps, ô Sérénissime Roy, exige que tels événements secrets ne soient manifestés que par phrases énigmatiques, ayant un seul sens et une compréhension, car je n'y ai rien mis d'ambigu ni de calculs douteux :

11) Que possible fera retirer le front â quelques uns en voyant si longue extension, par souz toute la concavité de la lune aura lieu intelligence : ce entendent universellement par toute la terre,

12) Et pource, Sire, que par ce discours je mets presque confusément ces predictions, & quand ce pourra être & l'avènement d'iceux, pour le dénombrement du temps que s'ensuit. ... que si ie voulois â vn chacun quatrain mettre le dénombrement du temps, se pourroit faire: mais â tous ne seroit agréable,

13) 『위대한 가짜 예언서 격암유록』을 펴낸 김하원은 『격암유록』이 박태선(1917~1990) 장로가 자신이 세운 신앙촌과 전도관을 선전하기 위해 조작한 예언서라고 단정한다. 그리고 통일교, 대순진리회 등에서도 교리를 날조하고 합리화시키는 데 『격암유록』을 악용하고 있다고 말한다.

14) 『신약』의 4대 복음서는 일반적으로 60년부터 110년까지 쓰인 것으로 알려져 있으나, 확실한 집필 연대와 채록 과정은 안개 속에 묻혀 있다. 또한, 기독교 경전이 쓰일 당시에는 현재의 『신약』 성서 내용뿐만 아니라 훨씬 많은 양의 카발라, 하가다, 헤르메스 경전, 플로티누스의 저서, 그노시스파 경전이 있었다. 그런데 유대교도, 그리스도교도, 그노시스파 교도간의 격렬한 정치적·종교적 대립 때문에 『신약』의 구성에 대해 수많은 논란이 일어났다. 이 과정에서 여러 종류의 외경外經이 정경正經에 편입되지 못한 채, 397년 카르타고 공의회에서 오늘날의 『신약』 성서가 최종 확정되었다.

2부

1) 1994년 11월 미국 NBC 방송 〈고대의 예언들〉 후속편에서는, 미국의 평범한 주부인 로리Lori Toye의 미래 체험을 방영했다. 그녀는 80회 이상의 명상 상태에서 미국의 미래지도를 계속 보았고 이를 정밀하게 그려냈는데, 이 지도는 스칼리온이 그린 미래지도와 아주 유사하다.

2) "태양 자기장의 방향이 전위轉位되면 그 영향으로 지구의 축이 뒤틀리게 된다. 이렇게 기울어진 지구에는 지진, 홍수, 대화재, 화산 분화 등이 빈발하게 된다. 태양 자기장은 매 장기 우주 주기(long cosmic cycle) 동안 다섯 차례 방향을 바꾼다. 이것이 아

마도 마야와 그 밖의 종족들이 지구가 과거 네 차례 파괴되었으며, 다섯 번째 태양 시대의 파멸이 21세기 초기에 다시금 일어날 것이라고 믿는 이유인 듯하다."(에이드 리언 G. 길버트 & 모리스 M. 코트렐, 『마야의 예언The Mayan Prophecies』, 352쪽)

3부

1) 이 기록의 원본은 고대 인도어인 팔리어Pali로 기록되어 랏사Lhasa 근처의 사원에 보존되어 있다고 한다. 노토비치는 『알려지지 않은 예수의 생애 : 성聖이사Issa의 일대기』(불어판, 1894)를 출간하여 성서에서 사라진 예수의 13세부터 29세까지의 행적을 최초로 밝힘으로써 세계를 깜짝 놀라게 했다. 당시 인도에서 예수의 불교식 이름은 '이사Issa'였는데, 지금도 인도에서는 예수를 이사라 부르고 있다. 예수는 『꾸란』에도 '이사'라는 이름으로 나온다.

2) 아브라함의 부인 사라는 90세까지 아기를 못 낳고 있다가 야훼의 계시를 받고 아들 이삭을 낳았다. 이삭이 야곱을 낳고 야곱의 열두 아들이 갈라져 이스라엘의 12지파가 형성된다. 창세기에서 야훼가 자신을 아브라함의 하나님, 이삭의 하나님, 야곱의 하나님이라고 3대를 언급하며 지칭하는 것, 아브라함에게 찾아온 세 명의 남자, 삼위일체 교리 등은 동방 삼수三數 문화의 흔적을 보여주는 것이다.(본서 하권 6부 신교神敎 부분 참고)

3) "킹제임스 흠정역KJV이 그 시대에 했던 일을 오늘 우리 시대를 위해 하자"는 목적으로 1973년 발행된 New International Version 성서. 17세기에 제작된 KJV에 고어가 많은 반면 NIV는 현대 영어로 번역되었고, 15명의 성경학자와 100여 명의 학자가 참여한 방대한 작업 끝에 간행되었다. 영어권에서 가장 많이 읽히는 성서이다.

4) 이슬람교 경전인 『꾸란』에서도 이와 비슷한 대개벽기의 현상을 증언하고 있다. "태양이 은폐되어 그의 빛이 사라지고 별들이 빛을 잃고 떨어지며, 산들이 신기루처럼 사라지고 … 바다가 물이 불어 넘쳐흐르며 …"(『꾸란』 81장 「타크위르」 1~6절)

5) 신약성서 외경의 하나로 예수의 제자인 디디모스 유다 도마가 썼다고 전한다. 1945년 이집트 나지함마디에서 콥트어 문서로 발견되었다. 예수의 생애가 없이 예수의 가르침만을 담고 있는 '어록 복음서'이다. 도마복음서의 3분의 1이 정확하게 'Q'(복음서의 어록 부분) 자료와 중복될 뿐 아니라, 나머지 부분도 공관복음서의 기록과 내면적 연관성이 확보되기에 폭넓게 인정받고 있다.

6) 고대 그리스, 로마 시대의 여성 예언자들인 시빌라Sibylla가 한 말을 모아 놓은 책으로 총 12권으로 구성되어 있다. 그녀들은 지혜롭고 신비로운 영능력으로, 과거와 미

래는 물론 신의 길까지도 밝혀주는 예언을 남겼다. 『시빌라 탁선』 중 제일 오래된 것이 3권~5권인데, 이 부분을 저술한 사람은 기원전 2세기경 나일강 유역의 항구 도시인 알렉산드리아에 살던 한 유대인으로 알려져 있다.(월리스 반스토운, 『숨겨진 성서The Other Bible』, 275쪽 참고)

7) 옥황상제께서는 호천금궐에 사시며 천궁을 망라하시고, 모든 하늘을 통치하시고 모든 성인을 통솔하시고, 우주를 주재하시고 온 하늘을 이끄시며, 하늘의 도를 행하시고 하늘의 덕을 펴시며, 만물을 만들어내시고 뭇 생명을 제도하시며, 천지인삼계를 저울질하시고 모든 신령을 통솔하시고 한량없이 사람을 구제하시니, 천계 최고의 존귀한 신이시며 모든 천제의 주인이시다.(玉皇上帝, 居昊天金闕, 彌羅天宮。統御諸天, 綜領萬聖, 主宰宇宙, 開化萬天. 行天之道, 布天之德, 造化萬物, 濟度群生。權衡三界, 總御萬靈, 而無量度人. 爲天界至尊之神, 萬天帝主也..)

4부

1) 태양과 달에 대한 호기심은 인간이 지상에 처음 발을 디뎠던 원시시대부터 그 마력을 발휘하였다. 오늘날 과학이 범하는 최대의 난센스 중 하나는 지구와 태양과 달 삼자에 얽혀 있는 생명의 연관성을 알고 있지 못한다는 것이다. 즉, 일월은 어떠한 창조 정신으로 시공간 속을 운행하며, 지구는 우주의 수많은 별과 무엇이 다르기에 만화경 같은 현란한 조화를 이루어 낼 수 있는가 하는 근원적인 변화 원리를 모르는 것이다. 진리는 심오하면 할수록, 그 스케일이 크면 클수록 실상 그 근본은 간단하다. 우주의 변화 원리도 조화의 노른자에 해당하는 본체의 변화에 들어가면 극히 단순해진다.

하버드 대학 피바디 고고학 박물관의 알렉산더 마세크 박사는, 여러 가지 모습의 점과 지그재그와 원들이 새겨진 뼈, 상아 조각 따위를 수천 점 이상 검토한 뒤에 다음과 같은 놀라운 발언을 했다.

"그것들은 달과 성좌의 변화에 관한 정보를 적은 일종의 문자일 가능성이 크다. 그리고 그것들은 모두 서기전 1만 년에서 3만 년의 것으로 추정된다."(『신들의 비밀』, 212쪽)

4백여 개의 거석 구조물을 조사한 바 있는 영국 옥스퍼드 대학의 알렉산더 톰 교수는, "신석기 시대의 사람들은 천문학과 기하학의 지식을 놀라울 정도로 수준 높게 터득하고 있었다"고 말했다. 또 "신석기 시대의 사람들은 매일매일 달이 뜨는 위치를 1초에 몇 분의 1의 오차도 없이 정확하게 계산하는 방법까지 알고 있었다. 그 후 곧 잊혀진 이 계산법은 3천 년이 지나서야 재발견되었다"라고 하였다. 롤프 뮐러 교수도 "신석기 시대의 사람들이 성좌의 위치에 따라서 거석군巨石群을 배치했다"고 주장한 바 있다.(『신들의 비밀』, 210쪽)

2) 미륵불을 선천의 부처인 석가불과 달리 입불立佛로 모시는 데에는 미륵부처의 도법 세계를 들여다볼 수 있는 깊은 섭리가 깃들어 있다. 미륵불은 우주 가을 개벽기에 인간으로 강세하시어 절멸絶滅의 위기에 빠진 천지인 삼계의 뭇 생명을 구원하시는 분이다. 따라서 미륵불은 죽어가는 인간과 신명, 그리고 금수마저도 살리기 위해 항상 분주히 돌아다니는 부처인 것이다. 좌불坐佛로 조성되는 석가불이 마음자리나 닦고 앉아서 도통하는 선천 가르침의 경계를 상징한다면, 입불로 조성되는 미륵불은 생명력이 다하여 이제는 최후의 진혼 나팔소리만 기다리는 선천의 하늘과 땅과 인간을 근원적으로 치유하여, 새로운 생명의 낙원 세계인 후천 조화선경으로 인도하는 절대자 하나님의 전능한 도법 세계를 상징한다. 미륵불을 일명 '생각하는 부처(thinking buddha)', '고뇌하는 부처'라고도 하는데, 이 말에서도 종말의 위기에 다다른 삼계의 중생을 구원하시기 위해 끊임없이 사색하고 고뇌하는 미륵불의 사명과 역할을 짐작해 볼 수 있다.

3) 한 은하계에는 태양처럼 빛나는 항성이 1천억 개 이상 있으며, 항성 주위를 공전하는 행성은 적어도 수천 억 개 있다고 한다. 그리고 대우주에는 이런 은하계가 1천억 개 이상 있는 것으로 알려져 있다. 그런데 이 중에서 생명이 탄생하기에 적당한 환경(적정 온도와 물)이 조성된 행성이 존재하기만 하면, 그 행성 속에서 생명체가 자연 발생을 하든, 혹은 우주를 떠돌던 성간 물질 속에 깃들어 있는 생명의 씨앗이 그 행성에 정착하여 진화하든, 혹은 다른 행성에서 이미 고도로 진화된 생명체가 새로운 행성으로 입식入殖하든 간에, 지구 밖 다른 천체에서도 얼마든지 다양한 생명체가 탄생할 수 있다는 것이 과학자들의 일반적인 견해이다.
미국 코넬 대학의 천문학자로서 '지구 밖 문명 탐사(SETI)' 프로젝트를 창안한 바 있는 프랭크 드레이크Frank Drake 교수는 우리 은하계 안에 지적 문명이 존재할 확률을 산출하기 위한 일련의 방정식을 만들었다. 드레이크 방정식에 따르면 우리는 지구 밖의 333개의 지적 문명과 접촉할 수 있다는 가능성이 도출된다.

4) 미지의 외계 생명체로부터 메시지를 전달 받고 교류하는 것을 말한다. 외계 생명체로부터 메시지를 전달 받는 사람을 채널러channeler라 한다. 채널링 한 메시지를 살펴보면 외계 존재들은 모두 고차원적인 영성과 과학기술 문명을 갖고 있으며, 특히 지구에 지대한 관심을 표명한다는 것을 알 수 있다.

5) 미 해군 비행대 소속 버드 소장은 1947년에 북극을 넘어 2,700km를 비행하고, 1956년에는 남극점을 넘어 3,700km를 비행하여 지구 내부 세계를 본격 탐험했다

고 한다. 1956년 1월 13일, 미국의 한 라디오 방송에서는 버어드 소장의 남극 탐험 비행에 대하여 "1월 13일 미국 탐험대는 남극점 서쪽 640km 지점 맥머드 후미 기지로부터 4,300km의 탐험 비행을 달성. 다시 극점을 넘어 3,700km까지 진입했다"는 요지로 보도를 했다. 1956년 3월, 남극 탐험 비행에서 돌아온 버어드는 "이번 탐험에서는 광대한 새로운 땅Land을 개척했다"고 말했다. 또한 1957년 버어드 소장은 죽기 얼마 전에 "궁천穹天에 있는 마법의 대륙, 영원한 신비의 나라여!"라는 표현으로 극 저편에서 발견한 새로운 세계를 동경했다고 전한다.

이러한 지구 내부 세계에 관한 중차대한 정보는 군사상 기밀로 분류되어 공식적인 발표가 금지되었다고 버나드 박사는 주장했다.

6) 증산도에서 말하는 '창조'는 기독교적인 창조와 그 의미가 전혀 다르다. 어떠한 인격신이 우주 질서를 빚어내고 흙으로 인간을 지어내는 개념의 창조가 아니라는 것이다. 스스로의 조화 질서로 돌아가는 우주 자연의 창조 원리는 어떤 인격신이 빚어낼수 있는 차원이 아니다. 우주의 조화성·변화성은 그렇게 단순치 않다. 현대물리학의 최근 우주론에서도 그런 방향으로 결론이 나고 있다. 우주 조화 세계의 극치 자리에는 이 우주의 변화 질서를 통치하는 상제님이 계신다. 따라서 상제님은 우주 질서를 주재하시는 통치자 하나님(Governing God)이 되신다.

참고문헌(상·하권)

【원전 – 역사】

『고려사高麗史』
『고지끼古事記』
『규원사화揆園史話』
『니혼쇼기日本書紀』
『단군세기檀君世紀』
『단기고사檀奇古史』
『동사강목東史綱目』
『모두루묘지牟豆婁墓誌』
『사기史記』
『사기보삼황본기史記·補三皇本紀』
『사기정의史記正義』
『사기집해史記集解』
『삼국사기三國史記』
『삼국유사三國遺事』
『삼국지三國志』
『삼성기三聖紀』
『세종실록』
『신사기神事記』
『십팔사략十八史略』
『오월춘추吳越春秋』
『위략魏略』
『응제시주應制詩註』
'이십오사二十五史'
『제왕운기帝王韻紀』
『진서晉書』
『태백일사太白逸史』
『한서漢書』
『해동고승전海東高僧傳』
『해동이적海東異蹟』
『후한서後漢書』
『환단고기桓檀古記』

【원전 – 종교】

『성 꾸란』
『금강경金剛經』

『기독교성서』
『대방광불화엄경大方廣佛華嚴經』
『대방등대집경大方等大集經』
『도장道藏』
『동경대전東經大全』
『만세불역지전萬世不易之典』
『묘법연화경妙法蓮華經』
『미륵삼부경彌勒三部經』
『미륵상생경彌勒上生經』
『미륵상생경종요彌勒上生經宗要』
『미륵하생경彌勒下生經』
『보병궁 복음서』
『수심결修心訣』
『숫타니파타』
『역대신선통감歷代神仙通鑑』
『용담유사』
『우파니샤드』
『운급칠첨雲笈七簽』
『월장경月藏經』
『장아함경長阿含經』
『피르게아보스』(구약 외경)
『현우경賢愚經』
『화엄경華嚴經』

【원전 – 문집·사상】

『관자管子』
『노자老子』
『논어論語』
『논형論衡』
『대학大學』
『도덕경道德經』
『독단獨斷』
『동국이상국집東國李相國集』
『맹자孟子』
『묵자墨子』
『산해경山海經』

『삼일신고三一神誥』

『서경書經』

『설원說苑』

『순치황제출가게順治皇帝出家偈』

『언서운해諺書韻解』

『열자列子』

『예기禮記』

『음부경陰符經』

『음부경삼황옥결陰符經三皇玉訣』

『일부추모비一夫追慕碑』

『장자莊子』

『정역正易』

『주역周易』

『중용中庸』

『천민심훈天民心訓』

『천부경天符經』

『청학집靑鶴集』

『춘추좌전春秋左傳』

『크리티아스Critias』

『태을금화종지太乙金華宗旨』

『포박자抱朴子』

『황제내경黃帝內經』

『황제음부경黃帝陰符經』

『회남자淮南子』

【비결 및 예언서】

『격암유록格菴遺錄』

『궁을가弓乙歌』

『설총결薛聰訣』

『백시선百詩選 Les Centuries』

『신교총화神敎叢話』

『정감록鄭鑑錄』

『진인도통연계眞人道通聯系』

『춘산채지가春山採芝歌』

『토정비결土亭祕訣』

【자전류】

『강희자전康熙字典』

『불학대사전佛學大辭典』

『설문해자說文解字』

『중문대사전中文大辭典』

【단행본】

D. L. 카모디 著, 강돈구 譯, 『여성과 종교』, 서광사, 1992.

E. B. 안드레에바 著, 권혁선 譯, 『신비의 섬 아틀란티스 대륙』, 이성과 현실, 1990.

E. H. 카아 著, 김승일 譯, 『역사란 무엇인가』, 범우사, 1989.

E. V. 데니컨, 『신들의 과학』, 새론기획출판부, 1982.

F. 카프라 著, 이성범 외 譯, 『현대물리학과 동양사상』, 범양사, 1979.

K. A. 브런스타인 著, 김정인 譯, 『5차원의 세계를 알 수 있는 책』, 진화당, 1992.

R. 피어슨 著, 김준민 譯, 『기후와 진화』, 민음사, 1987.

S. 보일·J. 아딜 共著, 김영일 譯, 『지구의 마지막 선택』, 동아출판사, 1991.

U. M. 부찐, 이항재·이병두 譯, 『고조선』, 소나무, 1990.

Worldwatch Institure 編, 김범철·이승환 譯, 『지구환경보고서 1994』, 따님, 1994.

강덕영 역, 『격암유록』, 도서출판 동반인, 2006.

강성학, 『시베리아 횡단열차와 사무라이』, 고려대학교 출판부, 1999.

강주헌 編, 『노스트라다무스가 예언한 21세기 대충돌』, 나무생각, 2001.

게오르그 포이어스타인 외 著, 정광식 譯, 『최초의 문명은 고대 인도에서 시작되었다』, 사군자, 2000.

계연수, 『환단고기』(현토본 개정신판), 상생출판, 2010.

고도 벤 著, 강은형 譯, 『지구 최후의 날』, 동호서관, 1981.

고도 벤 著, 박준황 譯, 『성모마리아의 대예언』, 고려원, 1982.

고도벤 외 著, 노스트라다무스 연구회 譯, 『노스트라다무스 최후의 대예언』, 하늘출판
사, 1995.

고마쓰 샤코 著, 이정회 譯, 『일본침몰』, 미래사, 1992.

고준환, 『하나되는 한국사』, 범우사, 1991.

공자르 트뢰 著, 이재형·도화진 옮김, 『세계여성사』, 문예출판사, 1995.

교학부 연찬실, 『민족문화의 원류』, 한국정신문화연구원, 1980.

菊村紀彦 著, 배태인 譯, 『극락과 지옥』, 한섬사, 1981.

그레이스 E. 케언스 著, 이성기 譯, 『역사철학』, 대원사, 1990.

그레이엄 헨콕 著, 이경덕 譯, 『신의 지문, 사라진 문명을 찾아서』 상·하, 까치, 1996.

그렉 브레이든 외 著, 이창미 외 譯, 『월드쇼크 2012』, 쌤앤 파커스, 2008.

기 소르망 著, 김정은 譯, 『자본주의 종말과 새 세기』, 한국경제신문사, 1999.

김달수, 『일본 속의 한국문화』, 조선일보사, 1986.

김대성 엮음, 『금문의 비밀』, 컬처라인, 2002.

김도용 역주, 『송하비결』, 바른북스, 2018.

김명자 저, 『팬데믹과 문명』, 까치글방, 2020.

김상일, 『인류문명의 기원과 한』, 상생출판, 2018.

김상일, 『한사상』(개정판), 상생출판, 2014

김상일, 『오래된 미래의 한철학』(개정판), 상생출판, 2014

김세윤, 『"그 '사람의 아들'"-하나님의 아들』, 엠마오, 2002.

김열규, 『동양의 신들』, 한국능력개발, 1977.

김열규, 『한국 신화와 무속 연구』, 일조각, 1982.

김열규, 『한맥원류恨脈怨流』, 주우사, 1981.

김영주, 『한민족의 뿌리와 단군조선사』, 대원출판, 2004.

김용옥 講述, 『老子 길과 얻음』, 통나무, 1990.

김용옥, 『여자란 무엇인가』, 통나무, 1990.

김용옥, 『절차탁마대기만성』, 통나무, 1989.

김원룡, 『한국 고고학 개설』, 일지사, 1973.

김일부, 『정역正易』, 正經學會.

김재원, 『단군신화의 신연구』, 탐구당, 1891.

김진영·김진경 共著, 『수수께끼 고대문명』, 넥서스, 1996.

김진영·김진경 共著, 『수수께끼 외계문명』, 넥서스, 1995.

김진현, 『세계화의 비전과 전략』, 서울프레스, 1995.

김탄허 譯註, 『신화엄경합편』, 화엄학연구소, 1975.

김탄허, 『부처님이 계신다면』, 예조각, 1980.

김탄허, 『주역선해周易禪解』 1·2·3권, 교림출판사, 1982.

김하원, 『위대한 가짜 예언서 격암유록』, 만다라, 1995.

김학주 譯, 『열자列子』, 명문당, 1991.

김현구, 『백제는 일본의 기원인가』, 창비, 2002.

김현룡, 『신선과 국문학』, 평민사, 1989.

김형기, 『새정치경제학』, 한울, 2001.

나라정책연구회 編著, 『21세기 프론티어』, 길벗, 1994.

나미또 마사도시 著, 김동사 譯, 『그리스도와 핵전쟁』, 내외신서, 1981.

나운몽, 『동방의 한나라』, 애향숙출판부, 1978.

노스트라다무스 연구회, 『노스트라다무스 새 예언』, 도서출판 하늘, 1991.

노스트라다무스 著, 강은형 譯, 『원전原典─모든 세기諸世紀』, 동호서관, 1981.

노오만 가이슬러, 윌리암 닉스 共著, 이송오 譯, 『성경의 유래』, 생명의말씀사, 1985.

니얼 퍼거슨 著, 이현주 譯, 『증오의 세기』, 믿음사, 2010.

다니얼 벨 著, 서규환 譯, 『정보화 사회와 문화의 미래』, 디자인하우스, 1992.

데이비스 월친스키 著, 유기만 譯, 『대예언자들』, 삼중당, 1982.

드 뷰스 著, 민석홍 譯, 『서구의 미래』, 을유문고, 1969.

라비 바트라 著, 송택순 외 譯, 『뉴 골든 에이지』, 리더스북, 2009.

라비 바트라 著, 윤유숙 譯, 『세계 대공황』, 쑥맥, 1995.

라즈니쉬 著, 석지현 외 譯, 『마하무드라의 노래』, 일지사, 1980.

레오 호우 외 엮음, 김동환 외 譯, 『미래는 어떻게 오는가』, 믿음사, 2000.

레이몬드 버나드 著, 백남철 編譯, 『지구 속의 신세계』, 갑인출판사, 1987.

롤프 옌센 著, 서정환 譯, 『드림 소사이어티』, 리드리드출판, 2005.

루돌프 불트만 著, 서남동 譯, 『역사와 종말론』, 대한기독교서회, 1968.

루디 러커 著, 김동광·과학세대 譯, 『4차원 여행』, 세종서적, 1996.

루이스 멈포드 著, 김문환 譯, 『예술과 기술』, 믿음사, 1999.

리더스 다이제스트 編, 『초능력과 미스터리의 세계』, 동아출판사, 1994.

리더스 다이제스트·재단법인 연강학술재단, 『세계의 불가사의』, 1985.

리더스 다이제스트사 編, 『인류가 겪은 대재앙』, 동아출판사, 1994.

리바이 다울링 저, 상생문화연구소 역, 『예수 그리스도의 보병궁 복음서』, 상생출판, 2022.

리영자, 『불교와 여성』, 민족사, 2001.

리지린, 『고조선 연구』, 열사람, 1969.

리처드 도킨스 著, 과학세대 譯, 『눈먼 시계공』, 믿음사, 1994.

리처드 모리스, 『파국破局』, 새론기획출판부, 1982.

매릴린 퍼거슨 著, 정성호 譯, 『의식혁명』, 민지사, 1982.

멀치아 엘리아데 著, 이윤기 譯, 『샤머니즘』, 까치, 1992.

멀치아 엘리아데 著, 정진홍 譯, 『우주와 역사』, 현대상사, 1976.

메어리 S. 렐프 著, 장인순 譯, 『세계정부와 666』, 우정출판사, 1981.

모리스 샤틀랭, 『바로 그 날』, 고려문화사, 1982.

문정창, 『고조선 연구』, 백문당, 1969.

문정창, 『한국 고대사』, 백문당, 1971.

문정창, 『한국·수메르·이스라엘의 역사』, 백문당, 1979.

문청장, 『일본고대사』, 인간사, 1989.

미래환경 연구소 編著, 『이래도 될까 지구촌 환경』, 범우사, 1994.

민중서림 편집부, 『세계사 대사전』, 민중서림, 1980.

민희식, 『법화경과 신약성서』, 불일출판사, 1986.

민희식, 『성서의 뿌리』, 山房, 1989.

바바라 마시니액 著, 김대환 譯, 『어머니·지구·땅』, 금비문화, 1996.

박성수 외, 『새로운 한국사』, 삼광출판사, 1989.

박성수, 『단군기행』, 교문사, 1988.

박성수, 『민족사의 맥을 찾아서』, 집현전, 1985.

박시인, 『국사 개정의 방향』, 주류, 1982.

박영만, 『동방의 태양 한민족』, 육지사, 1982.

박영선, 『성령론』, 엠마오, 1995.

박영하 역, 『격암유록 신해설』 상권·하권, 도서출판 해인, 2021.

박용옥, 『한국여성연구』1, 청하, 1990.

박우인, 『초고대 여행』, 예예원, 1994.

박원길, 『유라시아 초원제국의 샤마니즘』, 민속원, 2001.

박원호 編, 『중국의 역사와 문화』, 고려대학교 출판부, 1992.

박정재, 『기후의 힘』, 바다출판사, 2021.

박종현 외 譯, 『플라톤의 티마이오스』, 서광사, 2000.

박창범, 『인간과 우주』, 가람기획, 1995.

박표, 『초고대 문명에의 초대』, 드라이브사, 1983.

배병철 譯, 『황제내경·소문素問』, 성보사, 2000.

백광하, 『태극기』, 동양수리연구원출판부, 1965.

변찬린, 『성경의 원리』, 문암사, 1979./한국신학연구소, 2019.

백남철 編著, 『코스믹 바이블』, 갑인출판사, 1982.

버나드 딕슨 著, 이재열 외 譯, 『미생물의 힘』, 사이언스북스, 2002.

보조국사 지눌 著, 강건기 강의, 『마음 닦는 길(修心訣 講義)』, 불일출판사, 1990.

북애자, 『규원사화揆園史話』, 명지대 출판부, 1979.

빈센트 크로닌 著, 이기반 譯, 『서방에서 온 현자, 마테오 리치의 생애와 중국 전교』, 분도출판사, 1989.

서양자, 『16세기 동양 선교와 마테오 리치 신부』, 성요셉출판사, 1989.

서희건, 『잃어버린 역사를 찾아서』, 고려원, 1986.

석지현, 『밀교密敎』, 현암사, 1977.

세르주 위탱 著, 황준성 譯, 『신비의 지식, 그노시즘』, 문학동네, 1999.

송호수, 『위대한 민족』, 보림사, 1992.

송호수, 『한민족의 뿌리 사상』, 인간연합, 1983.

슈퇴릭히 著, 임석진 譯,『세계철학사』, 분도출판사, 1978.
스웨덴 보그 著, 하재기 譯,『나는 영계를 보고 왔다』, 서울출판사, 1994.
스튜어드 로브 著, 안동민 編,『기적과 예언』, 대종출판사, 1974.
스티븐 제이 굴드 著, 이명희 譯,『풀 하우스』, 사이언스 북스, 2002.
스티븐 호킹 著, 김동광 譯,『호두껍질 속의 우주』, 까치, 2001.
스티븐 호킹 著, 현정준 譯,『시간의 역사』, 삼성출판사, 1990.
스티븐 호킹 著, 현정준 譯,『시간의 역사』2, 청림출판, 1995.
스폴딩 著, 강흥수 譯,『초인생활』1·2·3권, 성광문화사, 1982.
신성렬,『아니, 세상에 이런 일이 또』, 하나로, 1996.
신지은 외,『세계적 미래학자 10인이 말하는 미래혁명』, 일송북, 2007.
신채호,『조선상고사』, 인물연구소, 1982.
아놀드 토인비 著, 노명식 譯,『역사의 연구』, 삼성출판, 1997.
아모라 콴 인 著, 강주헌 譯,『금성 화성 말데크로의 기억여행』, 대원출판, 1997.
아모라 콴 인 著, 서민수 譯,『빛의 시대, 빛의 인간』, 대원출판, 1997.
아사히저널 편, 김광희 譯,『세계경제삼국지』上, 나남, 1990.
안경전,『강증산과 후천개벽』, 대원출판, 1987.
안경전,『다이제스트 개벽』, 대원출판, 1986.
안경전,『관통증산도』1·2권, 대원출판, 1990.
안경전,『증산도 대도문답』1, 대원출판, 1989.
안경전,『증산도 대도문답』2, 대원출판, 1990.
안경전,『증산도의 진리』, 대원출판, 1981.
안경전,『환단고기』(역주본), 상생출판, 2012.
안경전,『증산도의 진리』(개정판), 상생출판, 2014.
안나알리 著, 김광준 譯,『성스러운 호소』, 청담문학사, 1994.
안명선,『빛나는 겨레의 얼』, 성문각, 1962.
안영배,『충격대예언』, 둥지, 1995.
안창범,『민족사상의 원류』, 교문사, 1988.
안호상,『배달 동이는 동이 겨레와 동아문화의 발상지』, 백악문화사, 1979.
안호상,『단군과 화랑의 역사와 철학』, 사림원, 1979.
알렉산더 고르보프스키 著, 김현철 譯,『잃어버린 고대문명』, 도서출판 자작나무, 1994.
알렉산더 킹·베트랑 슈나이더 共著, 전형배 譯,『제1차 지구혁명(로마클럽보고서)』, 청림출판, 1992.
앨 고어 著, 이창주 譯,『위기의 지구』, 도서출판 삶과꿈, 1993.
앨빈 토플러 著, 이규행 譯,『권력이동』, 한국경제신문사, 2002.
앨빈 토플러 著, 윤종혁 譯,『미래의 충격』, 한마음사, 1981.
앨빈 토플러 著,『제3의 물결』, 문화서적, 1981.
엘빈 토플러 외 著, 김원호 譯,『불황을 넘어서』, 청림, 2009.
어번 라즐로 著, 이종현·최준영 譯,『초이스』, 한겨레, 1994.

에드워드 윌슨 著, 황현숙 譯,『생명의 다양성』, 까치, 1995.

에리히 프롬 著, 김상일 譯,『도전받는 절대자』, 진영사, 1976.

에리히 프롬 著, 최혁순 譯,『소유냐 존재냐』, 범우사, 1978.

에리히 프롬 著,『자아를 위한 인간』, 서음출판사, 1981.

에이드리언 G. 길버드·모리스 M. 코트렐 共著, 김진영 譯,『마야의 예언』, 넥서스, 1996.

엘 고어 著, 김명남 譯,『불편한 진실』, 좋은생각, 2006.

엘리아 스카네티 著, 강두식 외 譯,『군중과 권력』, 주우사, 1982.

엘리자베스 C. 프로펫트 著, 황보석 譯,『예수의 잃어버린 세월』, 동국출판사, 1987.

여익구 編著,『미륵경의 세계』, 지양사, 1986.

오스트 랜더 외 著, 소붕파 譯,『소련권의 4차원 과학』, 일신사, 1977.

오지영,『동학사』, 문선각, 1973.

요네모토 쇼우헤이 著, 박혜숙·박종관 譯,『지구환경문제란 무엇인가』, 따님, 1995.

우나무노 著, 장선영 譯,『기독교의 고뇌』, 평민사, 1977.

윌리스 반스토운 著, 이동진 譯,『숨겨진 성서』1권, 문학수첩, 1994.

윌리엄 H. 맥닐 著, 김우영 譯,『전염병의 세계사』, 이산, 2005.

윌리엄 맥어스킬 저, 이명래 옮김,『우리는 미래를 가져다 쓰고 있다』, 김영사, 2023.

유기천 編著,『점성학』, 고려원미디어, 1992.

유발 하라리 저, 조현욱 역,『사피엔스』, 김영사, 2015.

윤내현,『고조선 연구』, 일지사, 1994.

윤내현,『고조선, 우리의 미래가 보인다』, 민음사, 1995.

윤내현,『중국의 원시시대』, 단국대출판부, 1986.

윤내현,『한국 고대사 신론』, 일지사, 1986.

윤내현,『한국 고대사』, 삼광출판사, 1989.

윤내현,『한국열국사연구』, 지식산업사, 1998.

이강식,『한국 고대 조직사』, 교문사, 1988.

이능화,『조선도교사朝鮮道敎史』, 민족문화사, 1981.

이덕일 외,『고조선은 대륙의 지배자였다』, 역사의 아침, 2006.

이덕주,『조선은 왜 일본의 식민지가 되었는가』, 에디터, 2001.

이도학,『환단고기의 사료적 검토』, 단군학회, 1999.

이두호·박석순 共著,『지구촌 환경 재난』, 따님, 1994.

이리유카바 최,『교회에서 쉬쉬하는 그리스도교 이야기』, 대원출판, 2002.

이마뉴엘 벨리코프스키,『충돌하는 우주』, 맥밀런출판사, 1950.

이상시,『단군 실사實史에 관한 고증 연구』, 고려원, 1990.

이우구스트 베벨 著, 이순예 譯,『여성론』, 까치, 1990.

이우정,『여성들을 위한 신학』, 한국신학연구소, 1994.

이유립 註解,『신시개천경神市開天經』, 光吾理解社, 1979.

이유립,『커발한 문화사상』, 왕지사, 1976.

이윤기,『이윤기의 그리스 로마 신화 1』, 웅진, 2000.

이정호, 『정역연구』, 국제대출판부, 1976.

이종익, 『미륵성전』, 삼일각, 1968.

이철, 『이미 시작된 전쟁 : 북한은 왜 전쟁을 일으킬 수밖에 없는가』, 페이지2북스, 2023.

이태우 編著, 『지구촌의 대이변』, 학구사, 1983.

이형구, 『한국 고대문화의 기원』, 까치, 1991.

일레인 페이젤 著, 방건웅 외 譯, 『성서 밖의 예수』, 정신문화사, 1989.

일본성서학연구소 編, 『구약외경』(Ⅰ권2, Ⅱ권4), 성인사, 1980.

일본성서학연구소, 『신약외경』(Ⅰ권7, Ⅱ권8, Ⅲ권9), 성인사, 1980.

잔스추앙 著, 김영수 譯, 『여성과 도교』, 북피아, 1993.

장 지글러 著, 유영미 譯, 『왜 세계의 절반은 굶주리는가?』, 갈라파고스, 2007.

장용학, 『허구의 나라 일본』, 일월서각, 1984.

장화수 저, 『탄허 큰스님·장화수 교수, 대예언·대사상』, 혜화출판사, 2018.

정만, 『미륵성지를 찾아서』, 우리출판사, 1994.

정연종, 『한글은 단군이 만들었다』, 넥서스, 1996.

제레미 리프킨 著, 최현 譯, 『엔트로피』, 범우사, 1999.

제레미 리프킨 著, 김용정 譯, 『엔트로피Ⅱ』, 원음사, 1984.

제스 스턴 著, 정봉화 譯, 『초인 케이시의 예언』, 자유문학사, 1981.

제스 스턴 著, 홍준희 譯, 『잠자는 예언자』, 대원출판사, 1988.

제이슨 히켈 지음, 김현우·민정희 옮김, 『적을수록 풍요롭다』, 창비, 2021.

제임스 데이터 엮음, 우태정 譯, 『다가오는 미래』, 예문, 2008.

제임스 러브록 著, 이한음 譯, 『가이아의 복수』, 세종서적, 2008.

제임스 처치워드 著, 지방훈 譯, 『아틀란티스』, 부름, 1983.

제임스 처치워드 저, 박별 역, 『잃어버린 문명을 찾아서』, 뜻이있는사람들, 2022.

조나단 포리트 編著, 조우석 譯, 『지구를 구하자』, 청림출판, 1992.

조용기, 『요한계시록 강해』, 영산출판사, 1981.

조철수, 『메소포타미아와 히브리 신화』, 길, 2000.

조프레이 파린더 著, 김동규 譯, 『종교에 나타난 성』, 동심원, 1996.

존 나이스비트 著, 한국경제신문 譯, 『대변혁의 물결』, 동광출판사, 1983.

존 나이스비트 著, 정성호 譯, 『글로벌 패러독스』, (주)세계일보, 1994.

존 호그 著, 이인철 譯, 『노스트라다무스』, 디자인하우스, 1994.

존 호그 저, 최환 역, 『밀레니엄의 대예언 1,2』, 물병자리, 1998.

존 화이트, 『극이동을 예측한다』, 드라이브사, 1981.

죠셉 캠벨 著, 정영목 譯, 『신의 가면Ⅲ : 서양 신화』, 까치, 1999.

즈비그뉴 브레진스키 著, 최규장 譯, 『통제 불능의 세계』, 을유문화사, 1996.

증산도 교수신도회, 『증산도 사상연구』1~6집, 대원출판, 1992~1996.

증산도 도전편찬위원회 編, 『증산도 도전道典』, 대원출판, 2003.

증산도 전국 청년 연합회, 『대순진리회의 정체와 증산도 왜곡의 실상』, 대원출판, 1990.

증산도 전국대학생포교회 편집부, 『대순진리회의 정체』, 대원출판, 1990.

증산도 전국대학생포교회 편집부, 『증산도 왜곡의 실상』, 대원출판, 1991.
증산도 편집부, 『9천년 역사의 뿌리를 찾아서』, 대원출판, 2000.
증산도 편집부, 『우주심상』, 대원출판, 1982.
차영배 외, 『삼위일체 성령론』, 태학사, 1999.
차이헝시蔡恒息 著, 김일곤 譯, 『역으로 본 현대과학』, 여강출판사, 1992.
차하순 編著, 『사관史觀이란 무엇인가』, 청람, 1986.
찰스 버리츠 著, 정봉화 譯, 『죽음의 날(Dooms Day 1999)』, 자유문학사, 1981.
찰스 아이젠스타인 著, 『신성한 경제학의 시대』, 김영사, 2015.
천관우, 『고조선사 삼한사 연구』, 일조각, 1989.
천관우, 『한국 상고사의 쟁점』, 일조각, 1986.
최   인, 『한국의 재발견』, 국민출판사, 1970.
최길성, 『한국인의 한』, 예전사, 1991.
최재석, 『일본 고대사의 진실』, 일지사, 1989.
최재천, 『생태적 전환, 슬기로운 지구 생활을 위하여』, 김영사, 2021.
칼 세이건 著, 김명자 譯, 『에덴의 용』, 정음사, 1990.
콜린 윌슨 著, 박광순 譯, 『아틀란티스의 유산』, 하서, 1999.
클라이브 폰팅 著, 김현구 譯, 『진보와 야만』, 돌베개, 2007.
클라이브 폰팅 저, 이진아 역, 『녹색세계사』, 그물코, 2010.
토마스 불핀치 著, 최혁순 譯, 『그리스 로마 신화』, 범우사, 1980.
티모시 그린 베클리 著, 안원전 譯, 『지구 속 문명』, 대원출판, 1996.
팀 플래너리 著, 이한중 譯, 『기후 창조자』, 황금나침반, 2006.
패트리셔 애버딘 외 著, 윤여종 譯, 『메가 트렌드 2010』, 청림출판, 2006.
페닉스 노아 著, 최 현 譯, 『계시록의 대예언』, 범우사, 1981.
평양향토사편집위원회, 『평양지』, 한국문화사, 1999.
폴 데이비스 著, 이상헌 譯, 『우리뿐인가?』, 김영사, 1996.
프랭크 M. 스노든 저, 이미경·홍수연 역, 『감염병과 사회』, 문학사상, 2021.
프리드리히 니체 著, 이덕희 譯, 『나의 누이와 나』, 홍익사, 1980.
프리드리히 니체 著, 황문수 譯, 『짜라투스트라는 이렇게 말했다』, 문예출판사, 1975.
프리초프 카프라 저, 이성범 외 譯, 『새로운 과학과 문명의 전환』, 범양사, 2007.
필립 E. 존슨 著, 이수현 譯, 『심판대 위의 다윈』, 과학과예술, 1993.
학생중앙편집부, 『충격의 파티마 대예언』, 학생중앙사, 1981.
한국문헌연구소 編, 『금산사지』, 아세아문화사, 1982.
한동석, 『우주 변화의 원리』, 대원출판, 2001.
한배달, 『시원문화를 찾아서』, 컴네트, 1988.
한스 크리스티안 후프 엮음, 정초일 譯, 『쿠오바디스, 역사는 어디로 가는가 1』, 푸른숲, 2002.
할 린제이 著, 김형섭 譯, 『대예언 1988; 지상 최대의 대예언』, 국제문화출판공사, 1982.
허신행, 『지식사회는 가고 정각사회가 온다』, 범우사, 2000.

허영식 編著, 『충격 UFO 보고서』, 제삼기획, 1996.
현원복, 『나노테크 숟가락』, 동아출판사, 1994.
홀거 게르스텐 著, 장성규 譯, 『인도에서의 예수의 생애』, 고려원, 1987.
홍만종 著, 이석호 譯, 『해동이적海東異蹟』, 을유문고, 1982.
홍윤기, 『일본 천황은 한국인이다』, 효형출판, 2000.
황상기, 『환국 6천년사, 대홍수의 년월일』, 한국역사학회, 1980.
황필호, 『철학적 인간, 종교적 인간』, 주우사, 1983.
후까노 가즈유끼 著, 김신일 譯, 『지구 대파국』, 강천, 1992.

【일반 논문 및 잡지류】

박창범·라대일, 「단군조선시대 천문현상기록의 과학적 검증」, 『한국상고사학보』 제14호, 1993.9.
임승국, 「한국사를 관류貫流하는 선가국풍仙家國風의 맥락」, 『자유』, 1983년 3월호~10월호.
최남선, 『불함문화론不咸文化論』, 1925.
최몽룡, 「북한의 단군릉 발굴과 그 문제점(1)」, 『단군 그 이해와 자료』, 서울대학교출판부, 2001.
피터 워로우, 「지구 자장의 변동은 있었던가」, Journal of Physics 제11호, 1979.
『민족지성』, 1986년 11월호.
『시사저널』, 1993.9.30.
『역사비평』, 1990 가을호.
『자유自由』, 1980년 11월호, 1983년 1월호, 3월호, 10월호.
『한국학보』 2집, 14집, 일지사, 1976/1979.
『홍익인간학 회보會報』, 1982.1.20 / 11.15.

【중문中文 자료】

『中國民族史』 上·下, 林惠祥, 臺灣商務印書館, 1983.
『中國史稿地圖集』, 郭沫若, 地圖出版社, 1979.
『中國史前史話』, 徐亮之, 華正書局, 1979.
『中國歷史地圖集』, 譚其驤, 地圖出版社, 1982.

【영문英文 및 불문佛文 자료】

A. T. Mann, *Millennium Prophecies*, Element Books, U.K., 1992.
Adam D. Barber, *The Coming Disaster Worse Than the H-bomb*, Washington D.C., Privately Printed, U.S.A., 1955.
B. S. Rajneesh, *Words like fire*, Haper & Row Publishers, 1976.
Barbara J. Marciniak, *Bringers of The Dawn*, Bear & Company, 1992.
Barbara J. Marciniak, *Earth*, Bear & Company, 1995.

Beinsa Douno, *The Wellspring of Good*: The Last Words of the Master, CreateSpace Independent Publishing Platform, 2015.

Brad. C. Carrigan, *2012 Enlightened*, Trafford Publishing, 2010.

Calder, N., *The Weather Machine*, BBC publications, London, 1974.

David Lorimer Edit, *Prophet for Our Times*: The Life & Teachings of Peter Deunov, Hay House UK, 2015.

Deepak Chopra, *Quantum Healing*, Lecture Tape.

Deepak Chopra, *Quantum Healing: Exploring the Frontiers of Mind/Body*, A Bantam Book, 1989.

Edgar Leoni, *Nostradamus and His Prophecies*, Bell Publ., U.S.A., 1982.

Elizabeth Clare Prophet, *The Lost Years of JESUS*, Summit University, 1987.

Frank Waters, *Book of The Hopi*, Penguin Books, 1977.

Gordon-Michael Scallion, *The Earth Changes*—Australia, Audio tape, 1992.12.17.

Gordon-Michael Scallion, *The Eatrh Changes Report*, 1994.7-8.

Gordon-Michael Scallion, *The Future Map of the United States*: 1998 - 2001, U.S.A.

James Churchward, *The Children of Mu*, VAIL-BALLOU PRESS, 1931.

James. L. Kugel, *The God of Old*, Free Press, 2003.

John H. Hogue, *Millennium*, Doubleday/Dolphin, U.S.A., 1987.

John Hogue, *Nostradamus & the Millenium*, Doubleday/Dolphin, U.S.A., 1991.

John White, *Pole Shift*, A.R.E.Press, U.S.A., 1981.

Jose and Miriam Arguelles, *Mandara*, Shambhala Publication, 1972.

M. Corvaja, *Les Prophetes de Nostradamus*. De Vecchi, 1996.

Marshall B.Garner, *A Journey To The Earth's Interior*, 1913.

Moira Timms, *Beyond Prophecies And Predictions*, N.Y., Ballantine Books, U.S.A., 1994.

Niles Eldredge and Stephen Jay Gould, *Punctuated equilibria: an alternative to phyletic gradualism (1972) pp 82-115 in Models in paleobiology*, edited by Schopf, TJM Freeman, Cooper & Co, San Francisco.

Nature, Vol.397, 1999.

Raymond Bernard, *The Hollow Earth*, Carol Publishing Group, 1969.

Richard Tarnas, *The Passion of Western Mind*, Ballantine Books, 2011.

Ruth Montgomery, *Herald of The New Age*, Fawcett Crest, U.S.A., 1987.

Ruth Montgomery, *Strangers among Us*, Ballantine Books, U.S.A., 1982.

Ruth Montgomery, *The World Before*, Ballantine Books, U.S.A., 1982.

Ruth Montgomery, *Threshold to Tomorrow*, Ballantine Books, U.S.A., 1982.

Stephen Jay Gould, *Wonderful Life*, W. W. Norton & Co., 1989.

Tim F. Lahaye & Jerry B. Jenkins, *Are We living in the End Times?*, Tyndale House Pub, 1999.

W. Alexander Wheeler, *The Prophetic Revelations of Paul Solomon*, Samuel Weiser, U.S.A., 1994.

たつき諒,『私が見た未来』, 飛鳥新社. 2022.

【국내외 신문·방송 및 인터넷 자료】

<Ancient Prophecies I >, NBC-TV, 1994.4.10.
<Ancient Prophecies II >, NBC-TV, 1994.11.18.
<다가오는 재앙―에볼라>, 일요스페셜, KBS-TV 방송, 1995.6.4.
동아일보, 1995.12.28.
동아일보, 2001.11.24.
동아일보, 1996~1999년.
<몽골문화탐방>, 중앙일보 1990.8.16(1회)~1991.2.18(24회).
<몽골학술기행>, 조선일보 1990.8.14(1회)~1990.12.20(29회).
<빙하시대의 도래, 지구대기행(8편)>, KBS-TV 방송, 1988.12.
서울신문, 1983.3.31.
<역사특강-민족사의 맥을 찾아서>, STB상생방송, 2009.6월.
<예언의 세계, 그것이 알고 싶다>, SBS-TV, 1995.2.25.
<예언인가 조작인가―격암유록의 정체>, PD 수첩, MBC-TV, 1995.9.26.
<이규연의 스포트라이트>, 200~201회, JTBC, 2019.6.6; 2019.6.13.
<제3편 불의 시대>, KBS 일요스페셜, 1998.1.1.
조선일보, 1983.3.31; 1986.8.1.
<차이나는 클라스 : 최재천, 혼자 살 수 있는 인간 생명은 없다.>, JTBC, 21.12.19.
<추적―환단고기桓檀古記 열풍>, 역사스페셜, KBS 1TV, 1999.10. 2.
http://4umi.com/nostradamus
https://archive.org/details/childrenofmubyja00chur_0/page/72/mode/2up
https://agupubs.onlinelibrary.wiley.com/doi/abs/10.1029/1999GL900333
https://www.bibliotecapleyades.net/profecias/esp_profecia01c1a.htm#top
https://catholicprophecy.org/
http://www.futurerevealed.com/
『日月神示』: https://hifumi.tomosu.link/
https://www.smithsonianmag.com/science-nature/melting-glaciers-are-wreaking-havoc-earths-crust-180960226
http://theshamanictimes.com/
https://www.wsj.com/articles/SB114981650181275742

자연과 문명, 인간이 새로 태어난다

지구촌 자연 재앙과 문명 전환의
비밀을 대도大道로 파헤친다

개벽 실제상황

안경전 지음

지구촌 대재앙의 비밀을 파헤친다.
이 비밀을 풀어 줄 자 과연 누구인가?
개벽완결본
The Rebirth of Our World
모든 위기를 극복하고 마침내 웅비하는 대한의 미래를 만난다

개정 신판

GLOBAL UPHEAVAL AND RENEWAL: @AEBYEOK

안경전 지음
160×235 | 560쪽
양장 28,000원 |
보급판 25,000원

이 책에는 길을 찾아 방황하는 오늘의 우리 이야기에서 시작하여 신천지가 열리는 원리(1부), 뿌리 뽑힌 한국의 혼과 한국사의 진실(2부), 동서 문화의 뿌리인 신교神敎의 맥과 인간으로 오신 상제님이 여시는 새 역사의 길(3부), 대개벽의 실제상황과 개벽의 의미(4부), 그리고 구원의 새 소식과 개벽 후에 지상에서 맞이하는 아름다운 세상 이야기(5부)가 담겨 있다. '언제쯤 진정한 개벽 소식, 구원 소식을 들을 수 있을까?' 하고 새 소식에 목말라 했다면, 이제 당신은 생명수를 찾은 것이다.

국내외 주요 '무병장수 조화신선 수행센터'(도장) 안내

지역	수행센터	연락처	지역	수행센터	연락처
대전 충청 세종	태 전 대 덕	042-634-1691	인천 경기	구 리 수 택	031-568-1691
	태 전 도 안	042-523-1691		김 포 북 변	031-982-1691
	태 전 보 문	042-254-5078		동 두 천 지 행	031-867-1691
	태 전 유 성	070-4320-1691		성 남 태 평	031-758-1691
	계 룡	042-841-9155		수 원 장 안	031-247-1691
	금 산	041-751-1691		수 원 인 계	031-212-1691
	공 주 신 관	041-858-1691		안 산 상 록 수	031-416-1691
	논 산	041-732-1691		안 성 봉 산	031-676-1691
	당 진 읍 내	041-356-1691		안 양 만 안	031-441-1691
	보 령 동 대	041-931-1691		여 주	031-885-1691
	부 여 구 아	041-835-0480		오 산 대 원	031-376-1691
	서 산	041-665-1691		용 인 신 갈	031-283- 0056
	서 산 대 산	041-681-7973		의 정 부	031-878-1691
	서 천	041-952-1691		이 천 중 리	031-636-0425
	아 산 온 천	041-533-1691		파 주 금 촌	031-945-1691
	예 산	041-331-1691		평 택 합 정	031-657-1691
	천 안 구 성	041-567-1691		포 천 신 읍	031-531-1691
	태 안	041-674-1691	충북	음 성	043-872-1691
	홍 성 대 교	041-631-1691		제 천 중 앙	043-652-1691
	청 양	041-942-1691		증 평 중 동	043-836-1696
	세 종	044-863-9125		청 주 중 앙	043-224-1691
서울	서 울 강 남	02-555-1691		청 주 흥 덕	043-262-1691
	서 울 강 북	02-929-1691		충 주 연 수	043-851-1691
	서 울 관 악	02-848-1690		진 천 성 석	043-537-1691
	서 울 광 화 문	02-738-1690	강원	강 릉 옥 천	033-643-1349
	서 울 동 대 문	02-960-1691		동 해 천 곡	033-535-2691
	서 울 목 동	02-2697-1690		삼 척 성 내	033-574-1691
	서 울 영 등 포	02-2671-1691		속 초 조 양	033-637-1690
	서 울 은 평	02-359-8801		영 월 영 흥	033-372-1691
	서 울 잠 실	02-403-1691		원 주 우 산	033-746-1691
	서 울 합 정	02-335-7207		정 선 봉 양	033-563-1692
	강 화	032-932-9125		춘 천 중 앙	033-242-1691
	인 천 구 월	032-438-1691	부산 경남	부 산 가 야	051-897-1691
	인 천 주 안	032-429-1691		부 산 광 안	051-755-1691
	인 천 송 림	032-773-1691		부 산 덕 천	051-342-1692
	부 천	032-612-1691		부 산 동 래	051-531-1612
	고 양 마 두	031-904-1691		부 산 온 천	051-555-1691

지역	수행센터	연락처	지역	수행센터	연락처
부산경남	부 산 중 앙	051-244-1691	광주전남	나 주 남 내	061-333-1691
	언 양	052-264-6050		목 포 옥 암	061-283-1691
	울 산 옥 현	052-276-1691		순 천	061-745-1691
	울 산 자 정	052-281-1691		여 수 오 림	061-652-1691
	거 제	055-635-8528		완 도	061-555-1691
	거 창	055-945-1691		해 남 성 동	061-537-1691
	고 성 송 학	055-674-3582		무 안	061-452-1692
	김 해	055-339-1691		진 도	061-542-1692
	김 해 장 유	055-314-1691	전북	군 산	063-446-1691
	남 지	055-526-1697		남 원 도 통	063-625-1691
	마 산	055-256-9125		익 산 신 동	063-854-5605
	밀 양	055-355-0741		전 주 경 원	063-285-1691
	사 천 벌 용	055-833-1725		전 주 덕 진	063-211-1691
	양 산 북 부	055-382-1690		정 읍 연 지	063-533-6901
	진 주	055-743-1691	제주도	서 귀 포 동 홍	064-733-1691
	진 해 여 좌	055-545-1691		제 주 연 동	064-721-1691
	창 원 명 서	055-267-1691			
	통 영	055-649-1691	해외도장		
	함 양 용 평	055-962-1691	미국	워 싱 턴	1-703-731-6686
대구경북	대 구 대 명	053-628-1691		뉴 욕	1-917-621-0179
	대 구 죽 전	053-652-1691		로스엔젤레스	1-323-937-2535
	대 구 복 현	053-959-1691		시 카 고	1-408-709-0045
	대 구 수 성	053-743-1691		콜 로 라 도	1-510-552-1436
	대 구 시 지	053-793-1691		아 틀 란 타	1-404-944-1863
	대 구 강 북	053-312-8338		뉴 저 지	1-201-401-6254
	경 주 노 서	054-742-1691			
	구 미 원 평	054-456-1691	독일	베 를 린	49-30-3395-0577
	김 천 평 화	054-437-1691			
	문 경 모 전	054-554-1691	일본	도 쿄	81-80-5039-8204
	상 주 무 양	054-533-1691		오 사 카	81-6-4392-7561
	안 동 태 화	054-852-1691		고 베	81-78-262-1559
	영 주	054-636-1691		아 시 야	81-797-25-7576
	영 천	054-338-1691			
	포 항 대 신	054-241-1691	인도네시아	자 카 르 타	62-816-131-2500
광주전남	광 주 상 무	062-373-1691			
	광 주 오 치	062-264-1691	필리핀	마 닐 라	63-2-7719-5075
	강 진 평 동	061-433-1690			